신자유주의 금융화와 문화정치경제

문화과학 이론신서 70

신자유주의 금융화와 문화정치경제

지은이 | 강내희

초판인쇄 | 2014년 11월 10일
초판발행 | 2014년 11월 17일

펴낸이 | 손자희
펴낸곳 | 문화과학사

출판등록 | 제1-1902 (1995. 6. 12)
주소 | 120-831 서울시 서대문구 성산로 13길 22(연희동)
전화 | 02-335-0461
팩스 | 02-334-0461
이메일 | transics@chol.com
홈페이지 | http://cultural.jinbo.net

값 28,000원
ISBN 978-89-97305-07-0 93300
이 도서의 국립중앙도서관 출판시도서목록(CIP)은 서지정보유통지원시스템 홈페이지(http://seoji.nl.go.kr)
와 국가자료공동목록시스템(http://www.nl.go.kr/kolisnet)에서 이용하실 수 있습니다. (CIP제어번호: CIP
2014030498)

문화과학 이론신서 70

신자유주의 금융화와
문화정치경제

강내희 지음

문화과학사

고 김진균 선생께 이 책을 바친다

환경을 변형시키는 과정에서 우리는 필연적으로 스스로를 변화시킨다. 이것이 바로 자연과 인간의 신진대사 관계의 변증법에 대한 맑스의 가장 근본적인 이론적 지점이다. 오직 "자연에 대한 사람의 관계가 역사 속에서 배제되었을" 때 "자연과 역사 사이의 반정립이 성립한다"고 맑스와 엥겔스는 말했다. 그리고 만약 그 관계를 변증법적으로 내적인 관계 문제로 본다면, 직접적으로 구체-추상의 문제에 부딪히게 된다. 그러므로 생태적인 측면에서 자본축적이 어떻게 생태계 속에서 그것을 변화시키고 교란하면서 작동하는지를 이해해야만 한다. 에너지의 흐름, 물적 균형의 변천 (때론 비가역적인) 환경적 변화는 모두 이러한 틀을 통해 해석되어야 한다. 하지만 사회적 부문 역시 생태적 외피와 전혀 다르다고 치부할 수는 없다.

—데이비드 하비

서문 | 신자유주의 금융화와 문화정치경제

이 책 『신자유주의 금융화와 문화정치경제』는 지난 40년가량 한국사회와 세계를 지배해온 자본주의적 축적의 작동 원리와 방식, 지배적 경향을 비판적으로 살펴보고 파악하려는 노력의 일환이다. 여기서 나는 자본주의가 이 시기에 접어들어 신자유주의적인 축적구조를 구축했으며, 이를 위해 금융화를 핵심적인 축적 전략으로 활용했다고 보고, 신자유주의와 금융화가 문화, 정치, 경제와 어떻게 관련을 맺고 작동해온 것인지 '문화정치경제'의 시각을 통해 살펴보고자 했다.

'문화정치경제'는 문화와 정치와 경제를 각자 자율성을 지닌 사회적 실천 층위로 인정하되, 그것들 간에는 언제나 상호작용이 일어난다는 점에 주목하여, 사회 또는 사회적인 것을 복잡한 전체로서 이해하고자 채택한 문제설정이다. 자본주의 사회의 지배적 지식생산은 통상 문화적인 것, 정치적인 것, 경제적인 것을 서로 분리해 다룬다. 오늘날 지식생산의 본거지인 대학에서 학문과 교육이 분과체제로 운영되고 있는 것이 단적인 예다. 대학의 '분과학문체제'는 자본주의적인 노동 분할 관행이 학문과 교육 영역에까지 침투해 들어왔음을 보여주는 사례로서, 오늘날 사회와 삶의 현실을 파편적으로만 파악하도록 하는 자본주의적 지배의 한 방식이라고 할 수 있다. 나는 이 책에서 '문화정치경제'의 관점을 채택함으로서, 자본주의 사회에서는 문화적인 것과 정치적인 것, 경제적인 것은 각자 자율성을 누리면서도 경제적인 것은 토대로, 정치적인 것과 문화적인 것은 상부구조로 작용하면서, 서로 일정한 결정력과 영향력을 갖고 각기 다른 영역과 넘나들며 관계를 맺는다는 점을 강조하려 했다.

여기서 '문화정치경제'를 기본적인 문제설정으로 삼는 것은 비판적인 인문사회과학적 연구에서 서로 다른 경로를 통해 발전해 나온 정치경제학 비판, 비판적 문화연구, 문화경제학 비판 전통을 서로 대면시키고 통합해 보려는 나름의 시도이기도 하다. 세 비판적 전통은 자본주의 사회와 현실을 파편적으로만 파악하도록 만드는 자본주의적 지식생산의 한계를 극복하려는 노력들로서, 비판적 지식인이라면 꼭 참고할 필요가 있는 소중한 지적 자산이다. 하지만 이런 전통도 자본주의 사회를 실제로 분석하는 과정에서는 각자가 출현한 경로 의존성 때문인 듯, 각기 특정한 사회적 실천에만 관심을 두는 경향이 컸고, 자본주의적 지식생산의 틀을 온전히 벗어나지 못한 경우가 적지 않은 것도 사실이다. '문화정치경제'라는 문제설정이 따로 필요하다고 느낀 것은 비판적 지식생산 전통에서도 문화와 정치와 경제, 또는 정치경제와 문화정치와 문화경제로 따로 취급하는 관행을 넘어서야 하고, 이를 위해서는 한편으로는 정치와 문화와 경제의 변별성을 인정하면서, 다른 한편으로 그것들 간에 형성되는 복잡한 관계망을 살펴보는 노력이 중요하다고 여겼기 때문이다. 이것은 자본주의가 지식생산 영역에서도 가동시키는 '분할지배' 전략을 돌파하려면, 비판적 지식생산에까지 침투해 들어온 분과주의도 극복하려는 노력이 중요하다는 인식의 소산이라고 할 수 있다.

이 책 『신자유주의 금융화와 문화정치경제』에서 다루는 주된 연구 대상은 신자유주의와 금융화, 이 중에서도 '금융화'다. 비판적 지식생산 분야에서, 특히 한국의 비판적 전통에서는 금융화를 진지한 연구과제로 삼는 경우가 드물다. 금융화는 통상 금융기관의 투자자 같은 소수의 전문가들만 이해할 수 있는 기술적이고 전문적인 사안인 것이지, 유장한 인문사회과학적 논의의 대상은 아닌 것인 양 간주되는 것이다. 하지만 인문학자 출신으로서 내가 이 책을 준비한 것은 금융화야말로 문화와 정치와 경제 층위를 관통하며 자본의 지배를 관철시키고 있는 오늘날 자본주의의 핵심적 축적 전략이고, 따라서 금융화 문제를 살펴보는 일이 문화적인 것, 정치적인 것, 경제적인 것이 오늘날 따로 또 서로 작용하는 방식을 이해하는 첩경이 된다고 믿었기 때문이다. 독자들이 그런 믿음에 근거가 있다고 수긍할 만큼, 이 책의 분석과 논의가 설득력 있게 진행되었기를 기대한다.

개인적으로 '금융화' 현상의 중요성을 깨닫고 이 방면의 연구가 필요하다고 느끼게 된 것은 비교적 최근의 일이다. 2010년 가을 한국연구재단의 한국사회기반연구사업(SSK) 지원을 받는 '문화경제의 형성과 변천' 연구진에 속하게 된 것이 중요한 계기였다. 우리 연구진은 중앙대학교 사회학과의 주은우 교수가 책임연구자, 계원예술대의 서동진 교수와 내가 공동연구원으로 참여하고 박사과정 학생 3명이 연구보조원 역할을 맡은 작은 단위였는데, 여기서 2010년 가을부터 2012년 봄까지 2년 남짓 문화경제를 주제로 진행한 세미나가 나 같은 문외한이 금융화 문제를 처음 접하고 이해하는 데 큰 도움이 되었다. 금융파생상품과 기획금융 같은 금융상품의 작동원리나 현황을 파악하는 일이 한국을 포함한 오늘날 세계의 사회적 변동을 이해하는 데 핵심적임을 깨닫게 되고, 이 책을 써야겠다는 마음을 갖게 된 것은 이 연구진의 활동에 참여할 수 있었던 덕분이다. 이 자리를 빌려, 당시 함께 세미나를 진행한 동료 연구자들에게 고마움을 전한다.

이 책의 원고를 쓸 수 있었던 것은 그동안 재직해온 중앙대학교로부터 마지막 연구학기를 얻어 2012년 봄 학기 넉 달을 중국의 상해대학교에서 보낸 인연을 바탕으로, 2012-13년 겨울방학, 2013년 여름 방학, 2013-14년 겨울 방학 기간을 상해대 외국인기숙사에서 지낼 수 있었던 덕택이다. 학기 중에 밀린 사회활동을 벌충하기 위해 방학 때가 되면 더 바빠지는 것이 활동가 교수의 관례인데, 최근에 나는 세 차례의 방학기간을 중국에서 보낼 수 있게 됨으로써, 모처럼 집필에 몰두할 수 있는 행운을 얻게 되었다. 이 기회를 통해 한국 지식인과의 교류에 큰 관심을 보여준 상해대 문화연구계 주임 왕샤오밍 교수, 내가 왕 교수 및 다른 중국 지식인과 교류할 수 있게 도와준 목포대학교의 임춘성 교수에게 사의를 표한다. 원고 탈고를 위한 시간을 버는 데는 중앙대 독일유럽연구센터의 도움을 받았다. 이 센터 상임연구원 자격으로 독일 훔볼트대학교 독문학연구소의 초청을 받아 2014년 여름방학 기간을 베를린에서 보낼 수 있었던 덕에 초고 상태의 원고를 완성해 탈고할 수 있었다. 이런 도움을 준 독일유럽연구센터, 동 센터와 협력관계를 맺고 독일 체류비, 항공기 비용 등을 지원해준 독일학술교류처(DAAD)에도 감사의 말을 전한다.

책의 초고 작업이 어느 정도 진행된 뒤 책에서 다루는 몇몇 주제와 관련한 발표 기회를 가졌다. 2013년 가을 문화연대에서 이 책 내용을 중심으로 진행한 13차례의 강의는 혼자 글을 쓰면 놓치곤 하는 빈틈 일부를 메울 수 있도록 해줬고, 2014년 4월과 5월에 가진 2회의 참세상 주례토론회 발표, 1회의 진주 경상대 사회과학대학원 강의도 6장과 7장, 9장의 내용을 새로 정리할 수 있는 기회를 제공했다. 이런 발표할 기회를 준 데 대해 위 단체들에도 감사의 말을 전한다. 또한 원고를 검토해준 이정구, 심광현 교수에게 감사의 말을 전하고 싶다. 이 교수는 이 책의 원고가 절반쯤 진행되었을 때 1-5장까지의 내용을 읽고 문제점들을 지적해 수정할 수 있도록 해줬고, 심 교수는 초고가 완성된 뒤 전체 원고를 읽고, 특히 서론에 해당하는 부분의 '이론적' 미비점을 지적해 새로 보완할 수 있도록 도와줬다. 아직도 미비한 점은 물론 내 책임으로 남는다.

이 책은 온전한 단행본 저서 형태로는 개인적으로 처음 내는 것이다. 전에도 단행본을 더러 출간하긴 했으나, 모두 미리 쓴 글들을 다시 모아 엮은 것들로서, 처음부터 단행본을 낼 요량으로 일관된 주제를 대상으로 집필하여 완성한 이번 책과는 성격이 달랐다. 물론 이 책에도 이전에 쓴 글이 전혀 포함되지 않은 것은 아니다. 본문의 해당 부분들에서도 밝히고 있지만, 이 책에서도 나는 내용 전개에 필요하다고 판단될 경우 이전에 쓴 글 일부를 재구성해서 사용하는 것을 서슴지 않았다. 그 중에서도 신자유주의 금융화와 관련하여 발표한 논문 몇 편 경우는 상당히 많이 활용한 편에 속한다. 「금융파생상품의 작동원리와 문화적 효과」(『마르크스주의 연구』, 2011), 「미래할인 관행의 확산과 일상생활의 변화」(『경제와 사회』, 2011), 「시간의 경제와 문화사회론」(『마르크스주의 연구』, 2012), 「신자유주의 너머 문화사회로」(『사상이 필요하다』, 글항아리, 2013) 같은 것이 그런 경우다. 2013년에 열린 제6회 맑스코뮤날레에서 발표한 「문화사회를 위한 시공간 재편과 주체 형성—맑스주제에 따른 변주곡」이 경우는 제9장의 서본으로 활용했다. 그러나 이들 글을 활용할 때에도 모두 새로 보완하고 수정하는 과정을 거쳤기 때문에, 이번 단행본은 거의 전적으로 새로운 작업이라 할 수 있다.

『신자유주의 금융화와 문화정치경제』는 내가 비판적 지식인으로 살아온 덕택으로 거둔 지적 수확물에 해당한다. 한국에서 진보적 활동에 참여하면서 저작 활동을 겸하는 것은 쉬운 일은 아니다. 많은 경우 우리는 급박하게 펼쳐지는 사회적, 학술적 정세에 대응하는 데 공력을 쏟아야 하는 편이고, 단행본은 물론 논문 쓸 시간을 마련하기도 어려운 경우가 많다. 하지만 비판적 지식인의 삶이 제공하는 자양분이 없었더라면 내가 이 책을 써낼 수는 없었을 것이다. 1987년부터 함께 해온 민주화를위한전국교수협의회, 나중에 사회진보연대로 이름을 바꾼 지식인연대, 이태에 한 번씩 학술대회를 조직해 개최하고 있는 맑스코뮤날레, 현재 내가 공동대표로 있는 문화연대 등에 함께 참여한 동료 지식인, 활동가 동지들에게 깊은 감사 마음을 느끼는 것은 그런 점 때문이다. 그러나 이 책의 가장 중요한 지적 자양분은 아무래도 1990년대 초부터 20여 년간 『문화/과학』을 출간하며 800회 이상은 진행했을 편집회의에서 나왔다고 봐야 할 것이다. 그동안 편집회의 토론 과정에서 이 책에서 언급하고 있는 많은 쟁점들에 대한 문제의식을 일깨워준 데 대해 심광현, 이득재 등 편집위원들에게 깊은 지적 동지애를 표하고 싶다.

끝으로, 이 책을 고 김진균 선생에게 헌정한다. 김 선생은 통합학문의 중요성을 깊이 인식하고 그 자신 그것을 실천하는 데 누구보다도 앞장선, 내가 교직에 있는 동안 만난 가장 훌륭한 선배 교수이자 지식인이었다. 선생은 『문화/과학』 자문위원으로서 편집회의에도 종종 참석했는데, 어느 날인가 지식인은 연구자로서 자신의 전공 영역에서 한발이라도 더 나아가려는 태도를 취해야 하고, 그렇게 해서 만나게 되는 상대방이 반발이라도 앞으로 나오도록 힘써야 한다고 한 말씀이 기억에 남아 있다. 이것이 이 책의 기본 정신이라 생각하며, 선생께 이 책을 바친다.

2014년 9월 강내희

제1장

문화정치경제의 문제설정과
신자유주의 금융화

1. 서론

이 책에서 나는 지난 40년가량 자본주의가 신자유주의의 모습을 하고
어떻게 인류사회를 지배해 왔는지, 신자유주의적 삶의 방식이 사회와 자연,
우주의 일부로서 우리가 영위하는 인간적 삶의 지속을 위협하고 있는지
살펴보고, 새로운 대안적 삶의 방향을 모색하려고 한다. 이를 위해 여기서
특히 주목하려는 것이 자본주의가 최근 가동한 주요 축적 전략인 금융화와
그와 연동하여 복합적인 사회적 실천으로서 작동해온 문화정치경제다. 금
융화는 자본주의가 신자유주의를 새로운 축적체제로 구축하면서 채택한
핵심적 축적 전략으로서, 인간적 삶의 기본 조건인 시간과 공간의 구축,
그리고 거기서 살아가야 하는 사람들의 주체성 형성에 실로 중대한 영향을
미쳤다. 신자유주의 금융화와 함께 새로운 문화정치경제가 형성됨으로써
사회적 생산과 실천이 근본적으로 바뀐 것이다. 물론 신자유주의는 금융화
이외에도 노동유연화, 민영화, 시장화, 구조조정, 자유화/개방화, 세계화, 탈
규제, 복지 해체 등 다양한 전략을 구사해 왔다. 하지만 여기서 금융화에
특히 주목하려는 것은 이 전략이 다른 전략들과 합동하며 신자유주의적

축적을 주도한다고 보기 때문이다. 문제는 금융화 및 그와 합동을 이루는 다른 축적 전략들을 가동한 신자유주의의 지배를 받는 동안 인류가 사회적 생존은 물론이려니와, 지구상의 생존까지 위협받는 '유적 위기'에 직면했다는 것이다. 갈수록 소수의 인구가 사회적 부를 독점하고, 인류의 공통성 및 인간과 자연의 공통성을 짓밟는 개발이 상상을 초월할 정도로 자행된 결과, 이런 일이 벌어졌다.

이 책의 논의는 주로 이런 상황이 벌어지게 된 연유와 과정, 그로 인해 생겨난 사회적 현상의 특징과 문제점, 그리고 문제되는 상황 극복을 위한 대안 등을 어떻게 이해하고 마련할 것인가를 놓고 전개된다. 이를 위해 내가 주목하려는 것은 문화정치경제가 오늘날 지배적인 사회적 실천으로서 작동하는 방식이다. 이 복합적인 사회적 실천은 신자유주의가 채택한 핵심적 축적 전략인 금융화 과정과 긴밀한 관계를 맺고 있을 터, 나는 이 관계가 어떻게 형성되어 작동해 왔는지 살펴보기 위해, 지난 수십 년간에 걸쳐서 전개된 신자유주의화, 금융화 과정을 살펴보고, 이 과정에서 어떤 금융상품들이 개발되어 금융화를 추동해 왔는지, 그리고 이와 더불어 시공간은 어떤 특징을 지니게 되었고, 사람들은 어떤 인간형으로 전환되었는지 알아볼 것이다. 이런 논의의 목적은 물론 신자유주의 금융화가 어떤 경제적, 정치적, 문화적 문제들을 야기하고 있으며, 이런 문제들이 궁극적으로 우리에게 어떤 새로운 사회적 과제를 부과하는지 파악하려는 데 있다. 이 책의 결론으로 구성하는 장에서 나는 그래서 신자유주의적 금융화를 극복하는 대안적인 사회는 어떤 모습이어야 할 것인지도 탐색해 보려고 한다.

2. '문화정치경제'의 문제설정

'문화정치경제'는 여기서 3대 사회적 실천 층위에 해당하는 문화와 정치와 경제가 복합적인 방식으로 빚어내는 관계망을 가리키는 말로 사용된다.[1]

이들 사회적 실천 층위는 개별적으로도 방대하고 복잡한 문제들을 안고 있어서, 따로 하나씩 다루는 것도 어렵지만 그 상호관계를 다루는 것은 더욱 어려운 일이다. 하지만 '문화정치경제'라는 관점을 견지함으로써 내가 일차적으로 눈여겨보려는 것은 세계와 사회, 그리고 개인의 삶이 재료가 되어 엮이는 사회적 실천 층위들의 관계양상, 다시 말해 그것들이 서로 침투해서 영향을 미치며 보여주는 어떤 운동성, 관련성이다. '문화정치경제'를 말한다는 것은 그래서 경제와 문화와 정치는 서로 맞물려 있고, 이들 층위는 분석적으로는 구분하여 따로 다룰 수는 있다 해도, 현실 속에서는 언제나 하나의 통일체로서 복합적이면서도 일관된 운동을 전개한다는 점을 강조하는 셈이라 하겠다.

내가 이런 관점을 갖게 된 것은 '비판적 문화연구'를 수행해오면서 얻은 문제의식의 결과다. 지난 20년 넘게 문화연구자로서 자본주의 사회의 작동방식을 관찰하는 동안 확인했다고 생각하는 것은 문화와 경제와 정치는 서로 분리된 채 작용하지 않는다는 당연하다면 당연한 사실이다. 한때 문화를 거의 절대적인 자율의 공간으로 보는 순수 문화론자의 입론이 지배적 위상을 차지한 적도 있었지만, 오늘날 그런 주장을 액면 그대로 받아들이는 논자는 많지 않다. 그러나 문화가 정치 및 경제와 긴밀한 관계를 맺고 있음을 인정하더라도, 그 관계를 어떻게 이해하느냐는 것은 또 다른 문제다. 문화와 정치와 경제는 개별적으로도 복잡한 양상들, 쟁점들을 갖고 있지만, 서로 맺고 있는 관계는 더욱 복잡하기 때문이다. '문화정치경제'를 분석 대상으로서 설정하는 것과는 별도로, 그 대상이 어떻게 구성되어 있는지 알아

1_ 문화, 정치, 경제만으로 사회적 실천 전체를 포괄할 수 있는 것은 아니다. 사회적 실천에는 이들 층위 이외에도 예컨대 생태와 기술이 포함될 수 있다. 생태의 경우 사회와 대비되는 자연 전체를 구성하면서 동시에 이 자연을 대하는 특정한 접근을 구성한다는 점에서, 중요한 사회적 실천 층위를 이룬다. 아울러 기술 또한 독자적인 작용을 하는 중요한 사회적 실천 층위에 해당한다고 볼 수 있다. 하지만 여기서는 사회적 실천 전체를 다루려는 것은 아니기 때문에, 논의를 한정하여 일단 문화와, 정치, 경제에 초점을 맞추고자 한다.

보는 일이 따라서 중요해진다. 일단 문화와 정치와 경제의 관계를 위와 같이 형상화할 수 있을 것 같다. 이 도표는 3대 사회적 실천 층위를 하나씩 중심에 놓고 다른 두 층위와 맺고 있는 관계를 형상화해 본 것이다. 문화의 경우 정치와 경제로부터 영향을 받기도 하고, 또 정치와 경제에 대해 영향을 끼치기도 한다는 점에서, 이런 영향관계는 정치문화, 경제문화, 문화정치, 문화경제의 모습을 띤다고 생각해볼 수 있다. 그리고 정치도 이런 식으로 문화와 경제와 관계를 맺는다고 보면, 문화정치, 경제정치, 정치문화, 정치경제의 관계망을 갖게 되고, 경제의 경우는 문화경제, 정치경제, 경제문화, 경제정치의 양상을 띠게 될 것이다. 이렇게 추출된 항목들 가운데 중복을 빼고 나면, 정치문화, 경제문화, 문화정치, 문화경제, 경제정치, 정치경제의 여섯 항목이 남게 된다. 우리가 문화, 정치, 경제가 서로 맺는 관계를 살펴보려면, 이 여섯 단위가 따라서 주요한 분석 대상으로 떠오른다고 하겠다.

그렇다면 문화와 정치와 경제의 관계를 보여주는 이들 여섯 항목을 어떻게 이해할 것인가? 우선 그 여섯 항목에서 나타나는 사회적 실천 층위들 간의 관계는 앞의 항들이 뒤의 항들을 규정하는 식으로 이루어졌다고 이해하는 것이 가능해 보인다. 예컨대 '정치문화'에서 문화와 정치의 관계는 정치의 규정력이 문화의 그것보다 더 크고, '경제문화'에서는 경제의 그것이 더 크다고 이해하는 식이다. 이렇게 볼 때 '정치문화'는 정치의 장에서 벌어지는 문화, 또는 정치를 중시하거나 지향하는 문화, '경제정치'는 경제의 장에서 벌어지는 정치, 또는 경제가 중심이 되는 정치가 될 수 있다. 물론 이와는 반대로 뒤에 놓이는 항이 더 큰 힘을 갖는 것으로 이해하는 것도 가능하다. 이 경우 '정치문화'는 문화의 장에서 형성되는 정치를 가리킬 것이다.

하지만 문화와 성지와 경제의 관계를 이런 식으로 보는 것은 사회적 실천 층위들의 특징이나 경향, 그리고 그것들 간의 관계양상을 사회적 과정과는 사실상 무관하게, 즉 형식적이고 초역사적으로 간주하는 측면이 크다. 문화와 정치와 경제는 개별적으로도 나름의 복잡성을 가지고 있지만, 무엇보다도 역사적 과정 다시 말해 각종 사회적 모순과 적대, 갈등을 거쳐 구성되어 작용해 왔다고 봐야 하며, 이 점은 삼자의 상호관계에 이르게 되면 더 말할 것이 없다. 예컨대 정치경제를 경제정치와 기계적으로 대비시키면서 정치경제는 정치 우위 하에 정치와 경제가 서로 관계를 맺고 있는 모습으로만 이해할 경우, 적어도 19세기 이후의 정치경제는 (정치와 경제의 관계를 이해하는 지배적 관점이라 할 '경제결정론'이 가리키고 있듯이) 오히려 경제를 중심으로 하여 작동해 왔다는 점을 외면하는 꼴이 된다. 다른 한편 문화가 한때 그 나름의 원리와 지향을 지닌 자율적 실천인 것으로 이해되었다면, 그것 또한 문화가 원래 자율적이기 때문이라기보다는, 근대 초기에 진행된 육체노동과 지식노동의 분할과 함께 인간 역능이 개별 부문 또는 분과로 쪼개짐으로써 생겨난 현상이었던 것으로 이해하는 것이 필요하다.[2] 오늘날 문화의 자율성을 주장하는 목소리가 줄어든 것도 같은 방식으로 이해된다. 문화는 이제 상품의 부가가치를 높이는 경제적 수단이면서 동시에 자본주의적 재생산을 위해 대중의 욕망과 이데올로기를 관리하고 통제하는 주요 전략으로 작용하고 있는 것이다. 이는 문화경제나 문화정치라는 문화와 경제, 문화와 정치의 관계망이 형성된 것은 단순히 논리적으로 또는 초역사적으로 문화와 정치와 경제가 서로 관계를 맺을 수 있기 때문만은 아니라는 말이다.

다른 한편, 경제는 문화 및 정치와 어떻게 관계를 맺고 있는가. 경제가 정치와 긴밀하게 관련되어 있다는 점은 오래 전에 '정치경제학이 성립한

2_ 문화의 자율성이 강조된 것은 문화 또는 예술이 18세기 말 이후 독자적인 사회적 '제도'로서 성립된 결과라고 볼 수 있다. 이에 대해서는 뷔르거Peter Bürger(1986), 윌리엄스 Raymond Williams(1960), 강내희(2004) 등 참조.

데서 확인되지만, 경제는 이제 과거에 비해 더 분명하게 '문화경제'의 모습을 드러내는 것으로 보인다. 이런 변화 역시 자본주의적 발전의 결과로 인식하는 역사적 관점이 필요하다. 예술의 상품화로 대변되는 문화의 경제화와 더불어 미학적 매력이 없는 상품은 교환가치가 떨어지는 상황이 전개됨에 따라서, 부가가치를 높이려는 목적으로 경제적 재화를 심미적 대상으로 만들려는 경향이 만연한 것이다. 이것은 오늘날 자본주의가 "미학의 꾸준한 상품화와 상품세계 심미화의 이중운동"을 진행시키는 경향을 가지고 있음을 말해준다(Žižek, 2000: 28).

정치가 다른 사회적 실천 층위들과 관계를 맺는 양상도 비슷한 방식으로 이해될 수 있다. 발터 베냐민Walter Benjamin은 이미 1930년대에 나치 파시즘 치하에서 '정치의 심미화'가 진행되는 위험에 대해 경고하고, 심미적인 것 즉 예술의 정치화를 대안으로 제시한바 있지만(Benjamin, 2007), 오늘날은 '정치의 문화화'가 사회 전체에 만연하고 있는 실정이다.3 소비자본주의가 일상을 재생산하는 기본적 기제로 작동하면서 경제적 재화로서의 상품이 심미화되는 것은 한편으로는 문화경제 현상이지만, 이 과정에서 자본주의적 권력관계의 재생산이 이루어지기도 한다는 점에서, 지배적 정치가 문화적인 방식으로 이루어지는 '문화정치' 양상이기도 하다. 다른 한편 정치는 '경제정치'의 형태를 띠는 경우가 갈수록 늘어나고 있다. 근래에 들어와서 한국사회를 가리켜 '삼성공화국'이라 부르는 경향이 생긴 사실이 말해주듯이, 오늘날 정치적 행위가 경제적 계산에 따라서 움직이는 경향이 크게 강화되었음을 부정하기는 어렵다. '정치경제'가 경제의 정치적 성격을 강조하는 말이라면, '경제정치'는 이때 오늘날 정치는 경제적 성격이 강하다는 역사적 사실을 지적하는 말인 셈이다.

3_ 정치의 '심미화'나 '문화화'는 기본적으로 동일한 현상이다. 그러나 '심미화'가 아직도 근대적인 예술 개념을 전제하고 있다면, '문화화'는 20세기 말, 21세기 초에 이르러, 근대적 예술이 지배문화로서의 위상을 상실하고, 대중문화가 지배문화로 자리를 잡은 상황에서 일어나는 사회적 변동을 가리킨다고 볼 수 있다.

문화와 경제와 정치의 상호관계 변화로 인해 이처럼 다양한 문제영역들—정치문화, 경제문화, 정치경제, 문화경제, 문화정치, 경제정치—이 생겨났다. 이들 영역은 독자적 문제들과 쟁점들을 가지고 있기도 하지만, 현실 속에서는 서로 맞물려 유동하며, 통일적인 지형을 이루는 하나의 전체로서 작동하고 있다고 봐야 한다. 오늘날 문화정치경제를 이해하는 작업은 따라서 각 영역의 고유한 특징을 가려내는 것 못지않게, 이들 영역이 어떻게 서로 침투하여 복잡한 전체로서의 효과를 만들어내는지 살피는 일이 될 것이다.

3. '문화적 정치경제', '경제적 문화정치', '정치적 문화경제'

그러나 문화와 정치와 경제가 맺는 모든 관계양상을 다루려는 것이 이 책의 목적은 아니다. 이 책 전반에 걸쳐 나의 관심은 주로 문화정치, 문화경제, 정치경제 세 영역이며, 이들 영역을 통해 문화와 정치와 경제가 서로 맺는 관계양상에 집중된다. 3대 사회적 층위가 논리적으로나 역사적으로 서로 관계를 맺을 수 있는 여섯 가지 방식 가운데 이들 셋만 고르는 것은 한편으로는 문화정치경제 관련 논의가 그동안 진행되어온 방식, 즉 그 논의의 역사적 '경로의존성'에 대한 고려 때문이기도 하다. 세 문제 가운데 인문사회과학적 논의에서 가장 먼저 관심을 끌고 논란을 촉발한 것은 정치경제라고 볼 수 있다. 정치경제의 작동 방식과 효과에 대한 지적, 학술적 연구와 분석은 인문사회과학계의 비판적 논의를 거의 전적으로 지배해 왔다고 해도 과언이 아닌 것이다. 그러나 비판적 논의를 지배해 왔다 하더라도, 정치경제를 어떻게 이해할 것인가는 여전히 문제로 남아있다. 정치 중심이냐 경제 중심이냐에 따라서 정치경제를 이해하는 시각은 크게 양분된 것으로 보인다. 자본주의적 정치경제가 경제 우위 하에 정치와 경제가 결합되어 작동하는 것으로 이해하는 것이 '경제결정론'적 관점으로, 이것은 그러나 오래 전부터 정치경제 구성의 복잡성을 경제문제로 환원한다는 비판을 받아왔다. 이와는 반대로 정치의 우위를 주장하는 '정치주의'가 등장하기도 하지만, 이런 입장을 취한다고 꼭 현실 파악을 제대로 하는 것 같진 않다는 것이 정치경제의 복잡성일 것이다. 20세기 초의 볼셰비키 혁명은 정치주의 노선의 성공으로 보였으나, 이후 이 노선에 입각한 사회주의 경제 건설의 시도는 결코 성공적이었다고 할 수는 없다. 하지만 이처럼 계속해서 문제 상황을 야기하는 그 복잡성 때문에라도, 정치경제는 그동안 숱한 논란 대상이 되어온 것이 사실이다.

다른 한편 문화정치와 문화경제에 대한 논의의 경우도, 물론 정치경제 논의에 비하면 부차적이긴 하지만, 적어도 20세기 후반부터는 나름대로 중요하게 다루어져 왔다고 볼 수 있다. '문화정치'는 1950, 60년대에 다양한 형태의 '차이들'이 중요한 사회적 쟁점으로 부각되고, 이 과정에서 '정체성의 정치'가 새로운 정치 형태로 주목받게 되면서 떠오른 주제다. 문화정치가 중요성을 인정받게 된 것은 비판적 문화연구가 새로운 지적 기획으로 부상한 것과 무관하지 않다. 문화연구는 대중매체 확산에 따른 이미지 및 기호 범람에 의해, 의미와 주체성 형성에 주된 역할을 하는 상징적, 기호적 실천이 사회적 권력관계를 규정하는 또 다른 중요한 실천으로 떠올랐다는 인식을 전제로 하며, 그런 점에서 문화정치를 위한 기획이었던 셈이다. 문화연구는 계급 문제로 환원되지 않는 의미생산 또는 기호적 과정에서 발생하는 권력관계, 즉 새로운 차원의 '계급투쟁'인 문화정치를 강조하는 지적 기획인 것이다(Hall, 1992). 비판적 문화연구가 제출한 문화정치의 문제설정은 계급투쟁을 경제적 권력관계 문제로 환원시키는 경향을 드러낸 지배적 정치경제학적 이해, 통상 '교조적 맑스주의'로 불리던 접근법에 대한 비판적 반성을 불러일으킴으로써, 자본주의 체제를 새롭게 이해하는 데 기여했다.

반면에 '문화경제'의 문제설정은 '문화정치'가 지닌 문화주의적 경향에 대한 경계와 반성을 담고 있으며, 후자의 정치경제 외면 경향을 제어하려는 지적 기획이다. '문화정치'는 기본적으로 의미와 주체성 생산에 초점을 맞춘다는 점에서 상징적 표현을 중심으로 실천되는 경향을 띤다. 문제는 이렇게 되면 자본주의 체제에서 핵심적인 사회적 실천 층위로 작용하는 경제적 층위가 문제로서 부각되지 못하고 비판적 검토 대상에서 생략되곤 한다는 점이다. 자본주의 체제가 기본적으로 경제를 중심으로 작동하는 생산양식임을 고려할 때, 문화정치의 문제설정이 비판적 기획임을 자칭하면서 경제적 실천 비판을 외면한다면, 그것은 중대한 결함이 아닐 수 없다. 문화경제의 문제설정은 이런 문제의식에서 요청되었다고 할 수 있다. '문화정치'가 '정치경제'가 지닌 경제 중심적 경향을 비판하면서 설정된 문제의식이라면, '문화경제'는 거꾸로 '문화정치'가 자주 드러내는 문화주의 경향에 대한 비판적 의식을 담고 있는 것이다. '문화경제'가 '문화정치'에 대한 비판을 담은 지적 기획이라는 것은 비판적 인문사회과학에서 '문화경제'가 문제로서 자주 논의되기 시작한 것이 대략 1980년대 이후라는 점이 말해주는 바이기도 하다. 이때는 문화정치를 강조하는 문화연구 전통이 지적 기획으로서 일종의 '유행'이 된 가운데, 자본주의의 지배논리에 포섭된 측면이 없지 않다는 비판이 나오던 시점이기도 하다.4 의미와 주체성 구성을 중심으로 하는 문화정치의 문제의식을 강조한 문화연구가 '지구적global' 지적 기획으로 확산될 무렵 신자유주의 역시 세계화했다는 점을 기억하면, 이런 지적을 근거 없는 것으로 치부하기는 어려울 것 같다.

하지만 경제 환원론의 문제가 있다고 하여 정치경제적 문제설정을 포기할 수 없듯이, 문화경제의 문제의식이 적실하다고 하여 문화정치의 그것은 필요 없다고 할 수는 없다. 여기서 '문화정치경제의 문제설정'은 문화정치, 정치경제, 문화경제 가운데 어느 것도 사회적 문제로서 외면할 수 없으며,

---

4_ 1980년대 이후 문화연구가 쾌락에의 집착, 상업주의, 대중주의, 따분함 등의 모습을 드러내며 그 비판적 예각을 잃기 시작했다는 지적들의 소개를 보려면 Turner(2003: 181 이하) 참조. 이런 지적은 반드시 신자유주의와의 직접 관련성을 놓고 나온 것은 아니지만, 1980년대 이후 신자유주의가 지배적 영향력을 행사하기 시작한 점을 고려하면, 당시 문화연구의 모습 일부는 신자유주의적 지배 강화와 무관했다 하기 어렵다.

따라서 세 문제는 반드시 서로 함께 비판적 분석 대상으로 취급되어야 한다는 관점이다. 문화정치, 문화경제, 정치경제는 문화정치경제라는 전체의 한 측면으로서 어느 것도 전체를 대표하는 지위를 누릴 수 없음과 동시에 어느 것도 그 중요성이 간과되어서는 안 될 것이다. 이런 문제의식에서 나는 '문화정치경제'를 생각할 때에는, '정치경제', '문화정치', '문화경제'로 분리하여 생각하되, 다시 이들 층위를 각각 '문화적 정치경제', '경제적 문화정치', '정치적 문화경제'로 인식하는 것이 중요하다고 본다. '문화정치경제'는 하나의 전일적 체계, 즉 어떤 요소나 성분으로도 환원될 수 없는 전체이기 때문이다.

물론 이렇게 볼 때는 분석상의 어려움이 생길 수 있다. 문화정치경제를 하나의 복잡한 전체로 본다는 것은 그것을 문화, 정치, 경제 각각과 구분하는 것은 물론이고, 정치경제, 문화정치, 문화경제와도 다르고, 나아가서 문화적 정치경제, 경제적 문화정치, 정치적 문화경제와도 다른 층위의 문제로 파악하는 것일 수 있다. 문화정치경제는 이때 기존의 문화와 정치, 경제가 서로 맺고 있는 관계양상과도 판이하게 다른 새로운 창발emergence로 이해될 것이며, 그것을 분석하고 이해하는 것은 복잡하지만 단일한 하나의 층위를 대상으로 갖는 셈이 된다. 현실에서 문화정치경제는 이런 창발을 야기하는 복잡계로서 작용하겠지만, 여기서 나는 그런 복잡한 전체를 전제하되, 그것을 구성하는 정치와 문화와 경제, 또는 정치경제, 문화정치, 문화경제가 각기 나름의 독자적 문제를 가지면서도 서로 관련되어 있는 것으로 이해하려고 한다. 그렇게 하는 것이 이들 사회적 실천 층위가 어떻게 역사적, 사회적 변동을 겪고 있는지 이해하는 데 더 큰 도움이 될 것 같기 때문이다. 이에 따라서 이 책이 취하는 기본 관점은 정치와 경제와 문화, 또는 정치경제와 문화정치, 경제문화는 언제나 이미 상호관계를 맺고 있으며, 이것이 중요한 문제라는 것이다. '문화적 정치경제'의 문제설정은 이때, 이미 정치와 경제의 복잡한 관계를 가리키는 정치경제라는 문제가 문화적 차원과의 관계로 인해 그 복잡성이 배가된다는 점을 강조하는 셈이 된다. '문화적 정치경제'는 이런 점에서 정치경제를 문화적으로 이해하려는 시도와는 구분될 필요가 있다. '정치적 문화경제'의 경우도 마찬가지다. 이 문제설정은 문화경제 자체의 복잡한 구성을 이해하기 위해서라도, 문화경제와 정치의 관계를 새롭게 조명할 필요가 있다는 인식에서 제기되는 것이다. '경제적 문화정치'의 경우도 문화정치의 문제설정을 문화경제의 그것으로 전환하려는 시도라기보다는, 문화정치의 문제설정을 놓치지 않음과 동시에 문화정치의 현실에서도 사라지지 않는 경제적 실천 층위까지 살펴보려는 문제설정이다.[5]

4. '문화정치경제'와 사회 구성의 문제

이 책에서 다루고자 하는 '문화정치경제'는 '문화적 정치경제', '정치적 문화경제', '경제적 문화정치'의 측면을 모두 갖고 있지만, 특히 '문화적 정치경제'와 많은 상동성을 갖는 것으로 보인다. 그것은 일단 용어 구성상 양자가 서로 닮았기 때문이기도 하다. 그러나 나는 여기서 둘을 구분하여 사용할 생각이다. '문화적 정치경제'는 밥 제솝Bob Jessop의 'CPE' 접근법을 상기시킨다. 제솝은 20세기 후반 인문사회과학 분야에서 일어난 '문화적 전회'를 정치경제학 비판 전통에 수용하고자 최근 '문화적 정치경제학 cultural political economy(CPE)' 접근법을 제안한 바 있다. 그에 따르면 "CPE는 방법론적으로 비판적 기호과정 분석에서 가져온 개념 및 도구와 비판적 정치경제학에서 가져온 것들을 결합한다"(Jessop and Oosterlynck, 2008: 1157).[6] 제

5_ '문화적 정치경제', '경제적 문화정치', '정치적 문화경제' 각각은 정치경제의 문화적 측면, 문화정치의 경제적 측면, 문화경제의 정치적 측면을 가리키기도 하겠지만, 또한 문화의 정치경제, 경제의 문화정치, 정치의 문화경제 측면을 가리키는 것으로 봐도 될 것이다.

6_ 여기서 나는 제솝Bob Jessop과 오스테르링크Stijn Oosterlynck가 공동으로 작성한 논문을 인용하고 있지만, 제솝이 독자적으로 또는 다른 연구자들과 공동으로 CPE 관련 논문들

숍이 이처럼 서로 다른 연구 전통을 통합하려는 것은 자본주의 정치경제를 이해하려면, 사회적 현상이나 관계가 기호적인 것과 기호외적인 것의 복잡한 공진화를 통해 변화, 선택, 유지, 강화 과정을 거친다는 점을 인식하는 것이 중요하다고 보기 때문이다. 그에 따르면 "경제적 활동 전체는 너무나 체계가 없고 복잡하여 효율적인 계산, 관리, 통할governance, 또는 지도 대상이 될 수 없다. 대신에 그런 실천들은 기호학적으로 그리고 어쩌면 조직적으로나 제도적으로 개입하기에 적합한 대상들로 정해져 있는 경제적 관계의 부분집합들(경제적 체계들, 하위체계들 또는 집합들ensembles)에 언제나 맞춰져 있다"(Jessop and Oosterlynck: 1157). 이 말은 기호과정 없이 경제적 실천이 이루어질 수 없으며, 경제란 그 나름의 효율성에 따라서만 계산되고 관리되고 통할되고 지도받는 대상이 아니라는 것, 경제적 조직과 제도에도 기호과정이 틈입할 수 있다는 것이다. 이런 점을 강조하기 위해 제숍이 도입하는 것이 '경제적 상상economic imaginaries'이라는 개념이다. 그에 따르면, "하나의 경제적 상상은 하나의 기호질서 즉 특정한 장르들, 담론들, 양식들의 편제이고, 어떤 주어진 사회적 현장, 제도적 질서 또는 더 광의의 사회구성체에서 일어나는 사회적 실천망에 속한 기호적 계기를 이룬다. 따라서 경제적 상상은 경제와 경제외적 존재조건에 대한 특수한 개념화를 중심으로 다양한 장르들, 담론들, 그리고 양식들을 (재)절합시킨다"(1158). 제숍은 이런 작용을 하는 '경제적 상상 없이는 오늘날 자본주의와 같은 경제적 질서가 결코 작동할 수 없다고 보는데, '문화적 정치경제학(CPE)'은 이런 점에서 그동안 문화를 경제의 하위 층위라고 간주해온 많은 정치경제학적 입장과는 달리, '문화적 전회'가 제기한 문제제기, 즉 사회 또는 사회적인 것을 분석하고 이해할 때에도 문화 개념을 중시해야 한다는 제안을 진지하게 받아들인 경우라 하겠다.

그런데 내가 이 책에서 '문화정치경제'를 '문화적 정치경제'의 의미로 국

을 다수 집필했다는 점을 고려하여 여기서는 그의 이름만 거명한다.

한하여 사용하기를 망설이는 것은 그렇게 할 경우에는, 문화와 정치와 경제가 서로 관계를 맺을 때 작용하는 이들 사회적 실천 각각의 '상대적' 중요성에 대한 오해가 생길 것 같아서이다. 제숍이 문화적 정치경제(CPE)의 문제설정을 도입한 것은 비판적 정치경제학자로서의 자기반성에 해당하는 것으로 보인다. 그가 기호학적 분석이 도입한 개념과 도구를 활용하려는 것은 기본적으로 자본주의적 정치경제 비판을 하기 위함인 것이지, 문화적 현상을 비판하기 위해 정치경제학 비판의 관점을 도입하는 것은 아닐 것이다. 이 과정에서 그는 정치경제학적 접근과 기호학적 접근의 조화를 유난히 강조하는데, 이런 점은 그가 경제란 상상된 형태로 존립함을 가리키는 듯, '상상된 경제imagined economies'라는 개념을 사용하면서, 이런 경제는 "많은 현장과 규모에서, 상이한 공간적-시간적 맥락에서 다양한 공간적-시간적 지평에 걸쳐 담론적으로 구성되고 물질적으로 재생산된다"고 말하고 있는 데서도 드러난다(1158). 여기서 '담론적인 것'과 '물질적인 것'은 각기 '기호적인 것'과 '기호외적인 것'에 호응할 텐데, 제숍은 양자 중 어느 것에도 우위를 부여하지 않으면서, "기호적이고 물질적인 자원들 및 실천들이 적합하게 어우러진 목록 유지의 중요성"을 강조하고 있다(1158). 경제적 질서란 물질적인 차원과 기호학적 차원으로 구성된 것으로 봐야 한다는, 즉 경제적 실천에 문화적 실천이 내재해 있다고 보는 제숍의 견해에 대해 반대하려는 마음은 전혀 없다. 여기서 내가 제출하는 '문화정치경제'의 문제설정 자체도 사회적 실천에는 상이한 차원이 동시에 들어있음을 전제하고 있기 때문이다. 하지만 이때에도 경제와 정치와 문화의 '관계'가 어떻게 이루어지는가, 다시 말해 이들 사회적 실천들의 상호 작용이 어떤 모습을 띠는가 하는 문제는 그대로 남는 것 같다. 제숍은 경제란 것은 따지고 보면 문화와 섞여 있다고 말하고 있지만, 이런 지적이 올바르다고 하더라도 양자 사이에 어떤 역관계가 형성되고 있는지는 여전히 규명할 필요가 있다. 이 맥락에서 핵심적으로 떠오르는 것이 경제적인 것 또는 물질적인 것과 문화적인 것 또는 담론적인 것의 '상대적 중요성'의 문제, 즉 양자의 관계에서 어느 쪽이 더 큰 결정력을 행사하느냐의 문제로 보인다. 문화와 정치와 경제의 관계를 언급할 때 이 문제를 꼭 다뤄야 한다면, 우리는 이제 사회적 실천의 제 층위 즉 경제와 정치와 문화의 관계 문제를 이들 층위 간의 상호 결정의 문제로, 그것들 간에 무엇이 토대를 구성하고, 무엇이 상부구조를 구성하는지의 문제로, 다시 말해 사회구성의 문제로 다룰 필요가 있겠다. 알다시피 전통적으로 이런 문제를 가장 중요한 화두로서 다뤄온 담론이 '사회구성체론'이다.7

사회구성체론의 주된 관심은 기본적으로 하나의 사회가 어떻게 하나의 구성체formation로서 존속하고 지속하는가의 문제에 집중되어 있다고 할 수 있다. 이와 관련하여 핵심으로 떠오르는 것이 생산양식과 그것의 재생산 문제다. 어떤 사회구성체라도 자신의 장기 존속을 위해서는 "생산을 함과 동시에 생산 조건들을 재생산"해야만 하는바(알튀세르, 2007: 349), 이것은 사회적 실천 제 층위들 간의 관계가 적어도 상당 기간 안정적으로 지속하도록 만드는 일에 해당한다. '관계'는 이때 이들 층위의 상대적 중요성의 배분, 혹은 상이한 실천들이 행사하는 힘들의 배치라는 시각에서 이해될 수 있다. 다시 말해 하나의 사회구성체에서 문화와 정치와 경제의 관계는 각 층위가 다른 층위에 대해 어떤 식의 결정력을 행사하느냐, 서로 상대를 어떻게 규정하느냐에 따라서 그 양상이 결정되리라는 것이다. 물론 이 결정 과정을 구체적으로 어떻게 이해하느냐는 여전히 문제로 남는다. 내가 여기서 취하는 관점은 사회구성체에서 토대의 역할을 하는 것은 경제적인 층위이고, 정치적인 것과 문화적인 것은 상부구조를 형성한다고 보는 맑스주의적인 것이다. 이것은 사회라는 복잡한 전체가 경제, 문화, 정치라는 심급들로 구성되는 한 이들 심급의 상호 관계에서 '결정적인 것'은 경제라는 것, 경제가 '최종심급'을 구성하며, 정치와 문화의 토대 즉 물질적 한계로서 작용한다는 말이다.8 그러나 이처럼 경제를 최종심급으로 인정하는 것이 곧바로 경

7_ 문화정치경제의 문제설정과 관련하여 문화와 정치와 경제의 상대적 중요성 문제 즉 사회구성 문제의 중요성을 지적해준 심광현 교수에게 감사를 표한다.

제결정론으로 이어지진 않음을 기억하는 것도 중요하다. '토대'와 '상부구조' 간의 관계를 최종적으로 결정하는 역할을 하는 것은 전자이지만, 그렇다고 후자가 이 과정에서 아무런 작용도 하지 않고 수동적인 위치만 차지하는 것은 아니기 때문이다. 알튀세르가 제시한 재생산 테제, 즉 자본주의적 생산양식은 재생산될 수 있어야 지배력을 갖는다는 것, 이 재생산에는 상부구조에 속하는 이데올로기적, 억압적 기제들이 작용해야만 한다는 것이 바로 이런 점을 말해준다.

여기서 제시하는 '정치문화경제'의 문제설정은 사회를 경제와 비경제로 나눈 토대-상부구조론의 한계를 뛰어넘고자 하는 '사회적 실천들의 3심급론'에 해당한다고 할 수 있다. 이것은 "알튀세르의 사회적 실천들(정치적, 경제적, 이데올로기적, 이론적 실천들)의 심급론과 재생산 이론의 계승 및 변형"으로서, "이데올로기적 실천과 욕망이론을 비판적으로 절합하여 '문화정치적-문화경제적 실천'으로 재개념화"해서 구축한, 사회구성에 대한 새로운 이해에 속한다(심광현, 2012: 78). '문화정치경제'는 한편으로는 문화와 정치와 경제가 서로 복잡한 관계 속에 배치된 형태이고, 다른한편으로는 정치경제, 문화정치, 문화경제가 복잡하게 배치된 형태로서, 여기서 정치경제는 토대인 경제와 상부구조의 일부인 정치가 서로 절합된 형태이고, 문화정치는 상부구조에 속하는 정치와 문화가 절합된 형태이며, 문화경제는 상부구조의 일부인 문화와 토대인 경제가 절합된 형태라고 하겠다. 그런데 사회구성이 역사적 과정이라는 사실, 즉 사회구성체

8_ 이와 비슷한 '결정' 개념은 이때 윌리엄스Raymond Williams가 다음과 같이 제시한 바 있다. "결정은 실제적인 사회과정인 것이지 결코(일부 신학적이고 일부 맑스주의적인 설명에서처럼) 전적으로 통제하고 전적으로 예측하는 원인들 집합이 아니다. 반대로 결정의 실제상황은 한계의 설정이고 압박의 행사로서, 여기서 가변적인 사회적 실천들은 깊이 영향을 받지만 결코 필연적으로 통제되지는 않는다. 우리는 결정을 단일한 힘 또는 힘들의 단일한 추출이 아니라 하나의 과정으로, 실제적 결정 요인들—권력 또는 자본의 배분, 사회적이고 정치적인 유산, 집단들 간의 규모나 크기 관계—이 한계를 정하고 압박을 행사하되 이들 한계에서나 그 안에서, 그리고 이들 압박 하에서나 그에 맞서 전개되는 복합적 활동 결과를 전적으로 통제하거나 전적으로 예측하지는 않는 하나의 과정으로 생각해야 한다"(Williams, 2003: 133).

론이 역사유물론의 문제라는 것은 경제와 정치와 문화, 또는 정치경제와 문화정치와 문화경제의 각 층위가 단순히 형식 논리에 의해서만 사회에 모습을 드러내는 것이 아니라 사회구성의 정세적 상황에 따라 각기 다르게 나타난다는 점을 고려하도록 만든다. 앞에서도 언급한 바지만, 문화정치가 1960년을 전후해 인문사회과학 담론에서 주목을 받기 시작한 것은 당시 자본주의 사회의 변화와 밀접한 관련이 있고, 또 문화경제학적 논의가 1990년대 이후 전개된 것 또한 당시 전개된 사회적 변동과 밀접한 관련이 있다.

오늘날 문화정치경제의 문제설정을 통해 경제와 정치와 문화의 새로운 관계를 사고할 필요가 있는 것은 자본의 순환에 새로운 변화가 생겨났다는 점과 무관하지 않다. 문화정치적, 문화경제적 실천이 등장한 것은 문화적 심급이 이제 "정치적 심급과 경제적 심급 사이에 위치하여 생산과 재생산의 현실적인 고리로 작동함"을 보여주는 것이라 할 수 있으며(심광현: 78), '자본의 제4차 순환'이 등장한 결과다. 심광현에 따르면, 이 '4차 순환은 "자본의 1-2-3차 순환과정에서는 공백으로 남겨져 있던 일상생활(몸과 감정, 대인관계, 자연과의 관계 등)과 공동체적 의례(관혼상제), 제반 학문과 표의 체계 등을 포함한 '문화적 실천' 대부분의 영역을 상품화하는 과정"으로서, "현존하는 자본의 1-2-3차 순환과 별개의 차원을 의미하기보다는 오히려 그간 완성된 자본의 1-2-3차 순환 과정 전체를 '신자유주의적인 문화 논리'에 따라 전면 재구성하는 과정을 가시화"해 줄 수 있는 개념이다(46-47).[9]

9_ '자본의 4차 순환'은 자본의 1차, 2차, 3차 순환에 뒤이은 과정이다. 여기서 말하는 '자본의 순환' 개념은 데이비드 하비David Harvey가 처음 언급한 것이다. 하비는 이 순환을 3중 순환으로 설명하고 있다. 다음은 이 3중 순환에 대한 한 요약이다. "자본의 1차 순환은 맑스의 자본 비판에서 보는 '생산 과정'을 의미한다. 자본이 투하되고 더 많은 자본을 축적하는 이 메커니즘은 누군가 '상품→자본'으로의 전환을 발생시켜야 하지만 이 순환 내에는 이런 순환을 지속적으로 보장시켜 주는 것이 없다. 그 불안정성을 해결하기 위해 자본의 2차 순환으로 이어진다. 2차 순환은 '고정자본'과 '소비기금'이라는 특징을 갖는다. 고정자본은 공장의 생산라인과 같은 생산내부 영역뿐만 아니라 상품이 소비되기 위한 인구의 집적을 가능하게 해주는, 즉 '도시적인 것'을 포함하는 '건설된 환경'을 의미한다. 이 순환에서 사적 자본은 고정자본에 투하된 가치가 실현될지 안

이렇게 보면, 문화정치적, 문화경제적 실천을 비판적 분석의 대상으로 삼는 '문화정치경제'와 같은 문제설정이 필요해진 것은 문화적 실천이 자본과 새로운 관계를 맺고, 나아가서 정치경제적 실천과도 새로운 관계를 맺게 되었기 때문이라고 할 수 있다. 이 새로운 관계에서 주목할 점은 물론 문화적 실천의 상대적 중요성이 강화되었다는 것이다. 과거 문화적 실천은 '돈벌이 수단', '권력의 시녀'와 같은 말이 시사해주듯이, 그 토대라고 할 경제적 실천과 같은 상부구조에 속하는 정치적 실천에 의해 일방적으로 영향을 받는 수동적 차원에 속했다고 할 수 있다. 그러나 오늘날 문화는 디자인, 광고, 패션, 스타일, 소비, 정책 등의 부문에서 전례 없는 영역확장을 이루었다고 할 수 있으니, 근래에 들어와 경제적 토대에서 진행되는 상품 생산에서의 심미적 고려, 중앙정부나 지자체 등에서의 문화정책 강조 현상이 나타고 있는 것은 그런 과정에서 일어난 일일 것이다. 하지만 문화적 실천이 이렇게 새로운 중요성을 갖게 되었다고 해서 토대와 상부구조의 역관계가 바뀌었다고 볼 수는 없다. 왜냐하면 문화적 실천이 중요성을 획득한 것은 물론 문화가 자본의 축적에서 과거에 비해 더 중요한 역할을 하게 되었다는 것이지만, 이런 변화 자체가 자본의 축적 방식에서 새로운 변화가 일어났다는 것을 말해주는 것으로, 자본 자체의 작동 방식에서 일어난 변화의 효과라고 봐야 할 것이기 때문이다. 문화가 정치적 실천, 경제적 실천과 새로운 관계를 맺은 것은 사실이나 그런 사실 자체가 자본의 축적 방식에 새로운 변화가 왔다는 것, 즉 '토대'인 경제적 실천에서 일어난 변동의 효과에 해당한다고 할 수 있다.

오늘날 문화정치경제를 특징짓는 것이 문화적 층위의 상대적 중요성이

될지를 알 수 없기에, 안정된 자본 순환은 항상 위기에 봉착하며, 도로건설 등으로 국가가 개입하게 되나 이 또한 위기를 맞는다. 아무리 국가가 개입한다 하더라도 자본의 유동성에 의해 파생되는 가치잠식들이 있기 때문이다. 이를 극복하는 자본의 3차 순환은 과학기술, 교육, 금융제도 등으로 발전하나 이 역시 미국 비우량주택담보대출 문제에서 보듯이 위기를 분산시킬 뿐이고 그 때문에 오히려 위기가 사회 전 영역으로 확산되는 결과를 초래한다"(임동근, 2008: 243-44).

강화되었다는 점이라고 하더라도, 그래도 문화정치경제를 '문화적 정치경제'로 환원시킬 수 없다고 보는 것은 그럴 경우 문화와 정치와 경제 각 실천 층위의 관계가 결정되는 과정에서 토대 즉 최종심급으로서의 경제가 행사하는 힘과 그에 따른 그것의 '중심'으로서의 성격이 자칫 희석될 것 같기 때문이다. 나는 그동안 자본주의 사회를 정치경제학 비판보다는 비판적 문화연구의 관점에서 탐구하고자 했고, 그에 따라 문화와 정치와 경제가 서로 맺을 수 있는 관계양상 여섯 가지, 그 중에서도 (비판적 담론의 경로 의존성이나 문화와 정치와 경제의 관계를 설정해온 역사적 맥락 때문에) 인문사회과학 논의에서 특별한 주목을 받아온 정치경제, 문화정치, 문화경제 가운데서 후자 두 차원에 대해 더 많은 관심을 기울여온 편이다. 이 책이 그동안 내가 진행해온 작업을 부정하는 것이 아닌 한, 문화정치경제의 문제설정에는 따라서 근래에 인문사회과학 담론의 한 뚜렷한 흐름으로 등장한 '문화적 전회'에 대한 지지가 기본적으로 깔려 있다 하겠다. 하지만 자본주의 사회를 비판적으로 이해하고 분석하는 과정에서 문화적 실천의 중요성을 인정하는 것과 그것이 중심임을 주장하는 것 사이에는 큰 차이가 있을 터, 여기서 문화정치경제를 3심급의 관점에서 살펴보고자 하는 취지도 문화적 실천의 중요성이 경제적 실천의 그것을 능가하게 되었음을 주장하려는 것은 아니다. '3심급론'은 또한 문화와 정치와 경제가 자본주의 사회의 3대 사회적 실천 층위를 구성하고 있다는 단순한 묘사적 전제와도 구분될 필요가 있다. 왜냐하면 그것은 사회구성이 토대와 상부구조의 상호관계에 의해 이루어지며, 자본주의에서 결정적인 것은 경제적 실천이라고 보는 관점에서 심급들 간의 관계를 이해하려는 데 목적이 있기 때문이다. 인자들의 '관계'는 기본적으로 그것들 각각의 상대적 중요성의 배치 양상과 관련되어 있고, 이런 관계를 분석하고자 하는 한 '문화정치경제론'은 따라서 문화적 실천, 경제적 실천, 정치적 실천의 역관계 분석을 소홀히 할 수 없을 것이다.

이런 점에서 '문화정치경제'를 문화와 정치와 경제, 나아가 문화정치와 문화경제와 정치경제, 더 나아가 경제적 문화정치와 정치적 문화경제와 문화적 정치경제로 구분하여 살피고자 하는 것은 사회적 실천들을 인수因數와 같은, 수학적 형식논리의 요소처럼 간주하여 그것들 간의 가능한 관계를 살펴보려는 데 목적이 있는 것은 아닌 셈이다. 오히려 나는 그동안 수행해 왔다고 생각하는 비판적 문화연구에 대한 반성의 일환으로 문화정치경제의 문제설정을 제출하는 편에 가깝다. 문화정치경제를 새로이 탐구해야 할 문제로 설정하려는 데에는 그동안 문화경제와 문화정치, 특히 후자를 주된 관심사로 삼아 자본주의 비판을 수행하면서 정치경제의 중요성, 경제적 실천이 토대로서 행하는 역할을 외면해 왔다는 자기비판이 작용하는 것이다. 이 책 전반에서 주된 탐구대상을 경제적 문제라 할 신자유주의 금융화로 잡은 것도 그런 반성의 결과라 할 수 있다. '신자유주의 금융화'는 여기서 경제적 토대로서 간주되며, '문화정치경제'는 이 토대의 변화 및 작용과 더불어 발생하는 사회적 효과를 문화와 정치와 경제 또는 문화정치와 정치경제, 문화경제 간의 복잡한 관계 속에서 파악하려는 접근법에 해당한다고 하겠다.

5. '문화적' 실천의 특성과 위상

그렇다면 이 책에서 채택하는 문제설정을 일컬어 '정치경제문화'나 '경제문화정치'라고 하지 않고 굳이 '문화정치경제'라는 표현을 선택한 이유가 무엇인가 하는 질문이 제기될 수도 있을 것 같다. 한국어 복합명사 조어법에서는 가장 중요한 의미를 담고 있는 부분이 통상 앞에 나오는 법이다. 이런 점에서 '정치경제문화'나 '정치문화경제', '문화경제정치', '경제문화정치' 대신 '문화정치경제'라는 표현을 선택한 것은 문화와 정치와 경제가 복합적으로 구성하는 하나의 복잡한 전체에서 가장 중요한 층위나 측면은 문화의 그것임을 암시한다는 오해를 불러일으킬 여지가 다분하다. 물론 이것이 이 책의 취지가 아니라는 것은 앞 절에서 밝힌 바다. 문화와 정치와 경제의 상대적 중요성이라는 측면에서 굳이 순서를 정해보라고 한다면, 경제적 차원에 가장 큰 결정력을 부여하고, 정치적 차원과 문화적 차원이 그 뒤 차례가 된다는 것이 애초에 토대와 상부구조를 구분할 필요성을 제기한 맑스주의의 기본 입장이다. 그런데도 이 책에서 문화정치경제를 주된 문제로 간주하려는 데에는 이유가 있다. 그것은 이 책을 통해 살펴보려는 주된 대상이 한편으로는 신자유주의적 금융화라고 하는 새로운 경제적 실천이지만, 다른 한편으로는 그 새로운 경제적 실천의 등장과 함께 나타난 사회적 변동 가운데서도 특히 문화적 실천의 변화와 그와 연동된 사회적 변동을 조명하고자 하기 때문이다.

문화정치경제의 문제설정을 통해 문화적 실천 차원에 주목하려는 데에는 앞 절에서 잠깐 언급한 바이기도 하지만 최근 일어난 사회 변동의 특정한 경향에 대한 생각, 다시 말해 나름의 일정한 정세 판단이 작용한다. 오늘날 자본의 순환을 특징짓는 것은 이미 완성된 1차, 2차, 3차 순환 과정 전체가 문화의 상품화—과거에는 자본축적 과정 외부에 있던 문화의 영역과 차원이 교환가치로 전환되는 과정 또는 심광현이 '자본의 4차 순환'이라고 부르는 과정—가 중요하게 부상했다는 점일 것이다. 아도르노Theodor Adorno와 호르크하이머Max Horkheimer에 의해 '문화산업' 테제가 이미 20세기 중엽에 제출된 데서도 드러나듯이(Horkheimer and Adorno, 1982), 문화의 상품화는 최근에 비로소 나타난 현상인 것은 아니다. 그러나 4차 순환은 1차, 2차, 3차 순환 과정을 거치면서도 상품화에서 제외되었던 일상생활과 공동체적 의례, "제반 학문과 표의체계, 학습과 교육, 보건의료, 대중문화를 포함한 여타의 '주체화 양식' 전반을 포함하는—인류학에서 말하는 가장 넓은 의미의—'문화적 실천' 전체를 전면적으로 상품화하는 과정"이며, "생산력의 핵심이 되는 인간 주체의 신체적-정서적-지적 능력과 생산수단 및 자연자원의 결합방식에서 나타나는 관련된 생활방식 전반을 포괄"한다는 점에서(심광현, 2013: 91), 기존의 문화적 실천 상품화와는 구별된다고 할 수 있다.

이런 변화가 대대적으로 일어난 것은 신자유주의 시대이며, 이 책 전반을 통해 오늘날 자본축적의 핵심적 전략으로 간주해 다루고자 하는 '금융화'가 본격 가동되기 시작한 것도 신자유주의 시대에 들어와서다. 이처럼 금융화와 4차 순환이 동시대에 진행되었다는 것은 양자 사이에 긴밀한 관계가 작동함을 시사해준다고 하겠다.

광의의 문화적 실천이 이처럼 자본 순환에 포섭되었다는 것은 문화가 이제 거의 전면적으로 자본주의적 지배 및 생산양식의 재생산 수단으로, 이데올로기로 작용하게 되었다는 말이기도 하다. 전통적으로 문화, 그 중에서도 특히 학문과 예술은 시장과 국가의 영향에서 독립되어야 한다는 관념이 지배적이었다고 할 수 있다. 문화적 실천에 대한 신자유주의적 포섭이 전면화되기 전인 수정자유주의 시대까지만 해도, 문화적 실천이 이루어지는 영역은 대체로 자율적인 영역으로 간주되었던 것이다.[10] 이처럼 문화의 자율성을 인정하는 입장은 문화란 자연이 성장하듯이 그 자체의 원리에 의해 성장하고 발달한다는 것과 통한다고 할 수 있다. 문화에 이런 의미가 생긴 것은 레이먼드 윌리엄스가 지적한 대로 (서양어에서) 문화의 일차적 의미가 농사에서 유래하여—영어 'culture'에 '경작'이라는 의미가 있는 데서 볼 수 있듯이—"자연적 성장의 돌봄"을 뜻한다는 점과 무관하지 않다(Williams, 1976: 77). 그것이 지닌 '경작과 돌봄'이라는 의미가 인간 정신과 역능에 적용될 때, 문화는 인간적 성장 다시 말해 지적, 정신적, 예술적 발전과 연결될 수 있으며, 이리하여 학문과 예술 활동을 지칭할 수 있게 된다. 아울러 문화는 인간적 능력의 전반적 발전 결과로 나타나는 삶의 특정한 형태를 가리킬 수도 있게 되어 인류학에서 말하는 특정한 삶의 양식을 의미할 수 있게 되었다. 그런데 여기서 관심을 기울일 부분은 신자유주의 시대에 들어

10_ 물론 이때 '자율성의 인정'은 늘 정세적으로 규정된다는 점을 잊으면 안 될 것이다. 18세기 말 이후 문화 또는 예술의 자율성 테제를 가장 강력하게 제출한 세력이 부르주아지였던 것은 특정한 계급만이 문화적, 예술적 활동을 자신의 배타적 여유로 누릴 수 있었기 때문이다.

와 자본의 4차 순환이 전개되면서 자본의 변증법에 의해 포획되기 시작한 것이 기본적으로 인간적 차원의 자연 성장에 대한 돌봄에 해당하고, 이 활동은 과거와는 달리 인간적 삶의 영역 거의 전체를 포괄한다는 점이다. 최근에 들어와 4차 순환에 포섭된 일상생활, 통과의례, 교육, 과학기술, 학문 등 또는 인간의 신체적, 정서적, 지적 역능 전반은 사실상 인간이 자연적으로 지닌 생명력, 인간의 창의적 삶을 가능케 하는 역능 전반을 말하며, 이것이 오늘날 자본의 변증법에 포획되고 있는 것이다. 이런 점에서 오늘날 인간은 자신의 역능 전면과 삶의 방식 전반에 걸쳐 자본주의에 의해 철저히 지배되고 있는 셈이라고 할 수 있다. 자본주의적인 문화 지배는 문화경제와 문화정치가 새롭게 형성된 것으로도 나타난다. 문화경제와 문화정치의 새로운 형성은 과거 문화와 상대적으로 분리되어 있다고 간주되었던 경제와 정치의 영역 또는 차원에서 문화가 소환되거나 수단화되어 새로운 역할을 하게 되었음을 의미한다. 이런 점은 자본의 노동력 즉 자연적 피와 활기가 넘치는 인간의 생명력에 대한 포섭, 착취, 그리고 수탈이 전면적으로 이루어지고 있다는 말이기도 하다.

문화정치의 경우 이미 1950, 60년대부터 그 모습을 드러낸 만큼 신자유주의 시대의 고유한 현상은 아니라고 할 수도 있을 것이다. 그러나 지난 시기의 문화정치가 자본주의 헤게모니 국가들 중심으로 전개되었다고 한다면, 오늘날의 문화정치는 과거 제3세계로 분류되었던 한국과 같은 국가에서도 만연하고 있다는 점이 다르다. 이것은 신자유주의가 세계화됨으로써 이제는 지구상 대부분의 나라들이 자본주의로 전환했기 때문이기도 하다. 덧붙여, 신자유주의 지배 이전에는 문화정치가 저항적 성격을 강하게 띠었다—'68 혁명'이 문화혁명의 형태로 전개된 점이 단적으로 보여주듯이—고 한다면, 오늘날의 그것은 전반적으로 국가에 의해 문화가 지배적 장치로서 활용되고 있다는 것이 또 다른 중요한 차이다. 아래의 장들에서 더 자세하게 보게 되겠지만, 한국의 경우 1980년대에 전두환 정권에 의해 '문화의 시장화'가 전개된 뒤 1990년대에 들어와서는 국가 주도의 문화정책을 통해 문화는 통치성의 중요한 요인으로 작용하게 된다. 3심급론의 관점에서 볼 때, 이런 형태의 문화정치는 문화와 정치가 속한 상부구조 차원에서 억압적 국가기구(RSA)가 이데올로기적 국가기구들(ISAs)을 활용하는 양태를 가리키는 셈이 될 것이다.11

다른 한편 문화경제, 다시 말해 문화와 경제의 복합적 결합 또한 이미 오래 전에 나타난 현상이지만 이것 역시 신자유주의 시대에 들어와서 새로운 양상을 드러내고 있다. 호르크하이머와 아도르노가 중시한 '문화산업'도 문화경제의 한 형태라 하겠지만 20세기 중엽 그것의 출현은 미국을 중심으로 하는 자유주의 헤게모니가 지배하는 국가들에 국한된 제한적 현상이었다.12 하지만 오늘날은 문화경제가 문화정치와 마찬가지로 신자유주의 세계화로 인해 자본주의 국가 대부분에 나타나고 있는 현상이 되었으며, 그 결과 이제 삶의 영역 거의 전반으로 확산되었다고 할 수 있다. 무엇보다도 이미지나 기호, 상징 등이 동원되는 의미화 과정이 중요한 상품의 설계, 도안, 포장, 인터페이스 등에서 디지털 기술과 같은 새로운 기술이 적용됨과 아울러, 상품 생산에서 심미화가 급속도로 진행되었다는 점이 다른 점이다. 아래의 장들에서 좀 더 자세하게 살펴보겠지만, 오늘날 상품은 그 실용성만이 아니라 브랜드 자산의 증가를 통해 가치를 제고하는 방식으로 그 자체로 하나의 이미지, 의미체계가 되는 경향이 있다. 이것은 동일한 상부구조에 속하는 정치적 실천에 문화가 활용되는 문화정치와는 달리, 새로 등장한 문화경제에서는 문화가 토대에 속하는 경제적 실천, 특히 상품생산 과정에서 새로운 중요한 역할을 맡게 되었음

11_ 억압적 국가기구(RSA)는 경찰, 군대, 감옥 등 다양하지만 궁극적으로 폭력, 억압에 의해 그 영향력이 행사되기 때문에 단일한 기구로 간주될 수 있는 반면, 이데올로기적 국가기구(ISAs)는 교회나 사원과 학교 간, 학교와 대중매체 간, 대중매체와 교회 간에 경합과 갈등이 자주 빚어지는 점이 보여주듯 단일한 차원으로 환원될 수 없기에 복수로 표기된다.

12_ "의미심장하게도 문화산업 체계는 자유주의 산업 국가들에서 유래하며, 영화, 라디오, 재즈, 잡지 등 그것의 모든 특징적 매체는 그런 나라에서 번창한다"(Horkheimer and Adorno, 1982: 132).

을 말해준다고 하겠다.

그런데 우리가 여기서 다시 생각할 점은 이처럼 노동력 또는 인간적 역능 전반을 자본이 자신의 축적 순환과정에 포섭하게 된 것은 자본의 위기가 드러나는 양상이기도 하다는 사실이다. 자본의 축적이 기본적으로 노동력의 착취나 수탈을 통해 이루어지는 한, 자본은 축적의 반복과 지속을 위해 노동력을 재생산해야 하며, 그 비용을 최소화하는 것이 필요하다. 4차 순환에 의한 문화적 실천의 포섭이 이루어지기 전까지 노동력은 개인들의 생명과 활력이 공동체적 삶, 생태적 생활방식, 호혜와 연대에 기반을 둔 사회생활 등 아직 상품화되지 않은 생존 기반에 의해 유지되고 보존됨으로써 재생산되는 측면이 적지 않았다. 하지만 자본의 변증법 외부에 있던 비-상품 영역이 이제 대거 상품화됨에 따라서, 노동력의 재생산 비용은 비자본주의적 영역에서 제공되는 삶의 자원이 줄어든 만큼이나 자본의 부담으로 이전되었다고 할 수 있다. 재생산 비용이 폭발적으로 증가한 것은 오늘날 소비자본주의가 고도로 발달했다는 사실이 단적으로 보여준다. 소비자본주의의 유례없는 팽창은 개인들이 자본주의적 상품과 가치의 소비자로 전락했다는 점 못지않게, 인간적 삶 대부분이 자본의 지휘 하에 영위되고 아울러 개인들의 노동력과 생명력의 재생산도 자본이 책임지게 되었다는 말과 다르지 않다. 자본으로서는 문화적 실천의 전반을 포섭하게 됨으로써 자신의 지배력을 강화했지만 동시에 자신이 감당할 수 없을 만큼 사회적 생명력을 자신의 내부로 끌어들인 셈인 것이다. 오늘날 노동 유연화와 구조조정이 만연하며 비정규직이 양산되고, '사회적 노동' 또는 공장 외부의 노동이 급증한 것은 자본의 노동력에 대한 지배가 위기를 맞았다는 말과 같다. 자본에 의한 문화적 실천 전반의 포섭을 자본의 위기 징후로 볼 수 있는 것은 이런 이유 때문이다.

문화가 행하는 자연적 성장의 돌봄 즉 인간 생명력의 활성화나 육성은 생태와 마찬가지로 자연의 일부로서 인간이 생명력을 유지해야 하는 한 고갈시킬 수 없는, 인간 생명력 보존을 위해서는 반드시 지켜내야 할 활동이다. 인간의 생명력이야말로 새로운 가치 즉 잉여가치를 생산할 수 있는 유일한 힘, '산 노동'의 원천이기 때문이다. 반면에 "자본은 죽은 노동[주어진 일정한 가치]인데, 이 죽은 노동은 흡혈귀(vampire)처럼 오직 살아 있는 노동을 흡수함으로써만 활기를 띠며, 그리고 그것을 많이 흡수하면 할수록 점점 더 활기를 띤다"(맑스, 2001a: 307). 새로운 문화정치, 특히 새로운 문화경제의 형성은 자본이 이제 최고도의 활기를 띠고 있음을 보여주며, '살아 있는 노동'에 대한 자본의 흡수가 그만큼 광범위하게 이루어지고 있다는 증거일 것이다. 그러나 이때 자본의 '활기'는 흡혈귀의 그것임을 잊지 말자. 흡혈귀가 산 노동의 피, 인간의 생명력을 최대로 흡수했을 때 그것의 활기는 정점에 치닫겠지만, 그것이 흡수할 생명력을 그 이상 확보할 수 없게 되는 것도 바로 그런 순간이다. 오늘날 대대적인 노동 배제가 이루어져 사람들이 좀비처럼 방치되고 있는 것은 노동의 위기만이 아니라 자본의 위기이기도 한 것이다. 이때 생명력과 노동력의 원천으로서의 문화, 자연적 성장과 그 육성으로서의 문화가 새로운 힘을 발휘할 수 있지 않을까? 물론 문화적 실천은 지금 최대로 광범위하고 전면적으로 자본에 의해 포섭되었지만, 바로 그런 지금이야말로 새로운 활로를 찾을 수 있는 가능성을 갖게 된 것 아니냐는 말이다. 왜냐하면 문화는 한편으로는 문화산업의 형태로 문화경제의 일부를 이루고, 다른 한편으로는 문화정책의 형태로 문화정치의 일부를 이룸으로써, 자본의 변증법 가동 또는 이데올로기적 효과 생산에 핵심적인 역할을 하게 되었지만, 자본의 문화적 실천 포섭이 광범위해진 만큼이나 문화가 원래 지닌 생명력과의 연계 즉 자연성장의 돌봄 역능이 비록 전위된 형태일망정 과거와 달리 상부구조 일부만이 아니라 토대와 상부구조 전반에 걸쳐 적용되게 됨으로써 이 역능이 반-지배 효과, 혁명적 효과를 불러일으킬 가능성도 커졌기 때문이다. 물론 이런 가능성이 실현되려면 문화의 이데올로기적 효과가 아니라 해방적 효과가 만개해야만 하고, 그러려면 문화적 혁명이 요구된다고 할 수 있다.

이런 점을 생각하면 오늘날 자본의 4차 순환이 1차, 2차, 3차 순환과 함께 전개되고 있다는 것은 이제 문화혁명이 전에 없는 중요성을 띠게 되었음을 말해주는지도 모른다. 이 책에서 '문화정치경제'의 문제설정을 채택한 것은 문화적 실천이 어떻게 전개되느냐에 따라서 자본주의의 재생산과 변혁도 상이하게 결정될 것이라는 이런 생각을 반영하고 있는 셈이다. 자본주의 변혁은 토대와 상부구조 전반에서 이루어져야 하며 무엇보다도 경제적 기반이 변해야 가능하겠고, 이것이 가능하려면 국가권력의 장악과 같은 정치경제적 혁명 과정이 필수적이겠지만, 삶의 의미와 가치의 창조와 형성, 주체의 형태와 그 역능의 구성이라는 문화적 실천 즉 인간적 삶의 자연적 성장 돌봄 방식의 근본적 변화도 그와 동시에 마찬가지로 요구한다고 봐야 한다. 사회의 근본적 변혁은 착취에 기반을 둔 자본주의적인 경제적 토대, 이 토대의 유지와 재생산을 위해 기능하는 억압적 국가기구 및 이데올로기적 국가기구의 장악과 해체, 기능전환 없이는 불가능할 터, 이런 인식에서 보면 자본과 국가의 동맹을 해체하는 위로부터의 정치경제적 혁명 못지않게 삶의 방식과 인간 주체성의 새로운 구성이라는 문화혁명도 필수적이라 할 수 있다.[13] '문화정치경제'는 이런 점을 염두에 두고 제기하는 문제의식이기도 하다.

6. 신자유주의 금융화

오늘날의 문화정치경제가 작동하는 방식을 파악하기 위해서는 어떤 방향에서 접근하는 것이 좋을 것인가? 문화정치경제는 한편으로는 문화적 차원, 정치적 차원, 경제적 차원에서, 다른 한편으로는 정치경제의 차원, 문화정치의 차원, 그리고 문화경제의 차원에서, 또 다른 한편으로는 문화

---

[13]_ 위로부터의 정치경제적 혁명과 아래로부터의 문화적 혁명 또는 사회문화적 혁명의 동시적 진행이 비자본주의적 사회로의 이행에 필수적이라는 주장에 대해서는 심광현 (2013, 2012, 2011b)을 참고.

적 정치경제의 차원, 경제적 문화정치의 차원, 그리고 정치적 문화경제의 차원에서 이해될 수 있다. 하지만 문화정치경제를 이런 식으로 여러 차원으로 나누는 것은 필요한 측면도 분명히 있지만, 앞서 지적한 것처럼 그것을 형식논리에 따라 인수 분해하는 측면이 적지 않고 또한 지나치게 실체화하는 점이 크다. 문화정치경제는 관계의 집합 또는 체계인 것이지 대상들의 집합은 아니다. 관계의 체계라는 점에서 문화정치경제에는 그것을 구성하는 요인들, 인수들이 펼치는 역학이 중요하게 작용한다고 할 수 있다. 이 책을 통해 내가 살펴보고자 하는 것이 바로 이 역학으로서, 여기서 나는 문화경제의 문제설정을 통해 오늘날 자본주의 사회에서 발생하는 주된 사회적 경향들을 포착하고자 한다.

내가 이런 문제의식을 활용하여 살펴보려는 오늘날 사회의 '결정적' 경향은 크게 봐서 '신자유주의 금융화'이고, 아울러 그와 연동되어 있는 시공간 조직 및 주체형성의 변동이다. 신자유주의가 오늘날 자본주의가 채택하고 있는 기본적 축적체제라면, 금융화는 이 체제를 작동시키는 주요 전략에 해당한다. 신자유주의를 '축적체제'로 보는 것은 한편으로는 그것을 자본주의 축적체계와 구분하는 셈이다. 축적체계가 자본주의적 축적 전반을 가리킨다면, 축적체제는 이 후자의 특정한 국면 또는 단계라 할 수 있다. 신자유주의 축적체제는 그렇다면 자본주의 축적체계가 가장 최근에 맞이한 국면으로서, 구체적으로는 미국 헤게모니 하에 작동하는 자본주의 축적체계의 두 번째 국면인 금융적 팽창 단계에 해당한다. 다른 한편, 축적체계와 축적체제는 이데올로기적이고 전략적인 측면을 갖는바, 신자유주의는 자본주의의 지배이데올로기인 자유주의가 지닌 오늘날의 형태이며, 그 나름의 전략들을 구사할 것이다.[14] 이 맥락에서 금융화는 신자유주의가 작동시키는

14_ 근대 세계체계 하에서는 3대 이데올로기 즉 보수주의, 자유주의, 사회주의가 서로 경합해 왔지만, 이 가운데서 지배적 위상을 누려온 것은 자유주의다. 월러스틴Immanuel Wallerstein 에 따르면, 자유주의는 정세에 따라 때로는 보수주의, 때로는 사회주의와 협력관계를 유지하며 자신의 헤게모니를 지켜왔다(Wallerstein, 1991: 9). 이렇게 보면 신자유주의는 자유주의의 최근 모습인 셈이다.

핵심적 전략을 일컫는 말이 된다.

신자유주의가 자본주의적 축적을 위해 가동하는 전략은 금융화 이외에도 노동유연화, 민영화, 시장화, 자유화/개방화, 구조조정, 세계화, 탈규제, 복지 해체 등 많이 있다. 하지만 여기서 금융화에 특히 주목하는 것은 그것이 근래에 들어와서 다른 어떤 것보다 강력하게 작동하는 신자유주의 축적 전략이라는 판단 때문이다. 게다가 금융화는 다른 전략들과도 긴밀한 관계를 맺고 있어서, 신자유주의적 축적체제를 이해하고자 할 때는, 그것을 반드시 그리고 더욱 중요하게 고려하는 것이 필요해 보인다.

민영화, 시장화, 자유화, 구조조정, 노동유연화, 세계화, 탈규제, 복지 해체 등이 어떻게 금융화와 연결되는지 잠깐 살펴보자. 민영화의 경우 공적 부문으로 보호받아 오던 '공유재commons'를 사적 부문으로 전환시키는 조치로서, 금융세력의 지대수익을 높이는 데 기여한다고 할 수 있다. 그동안 많은 나라에서 공적 부문으로 관리해온 전기, 수도, 통신, 철도, 에너지 산업 등은 사람들에게 필수적인 사용가치를 제공해온 공통적 자원 성격을 띠었으나 최근 대거 민영화되어 개인들, 특히 자본을 동원할 수 있는 세력의 '자산이 되었다.15 공적 소유의 토지, 산업, 시설 등이 민영화되면, 그것들은 자본의 수익용 자산으로 활용된다. 이 자산의 현재가치는 미래노동으로부터 오는 수익에 대한 기대에 의해 결정되며, 이렇게 취득되는 수익은 금융자본의 기본적 전유 대상인 지대에 해당한다. 민영화가 시장화, 자유화, 세계화와 연결되는 것도 이런 이유 때문이다. 세계화는 기본적으로 자본, 특히 금융자본의 세계화다. 금융자본은 국민경제의 틀에 기반을 두는 산업자본과는 달리, 국민국가의 틀을 벗어나는 경향이 더 크다. 이런 점을 가장 잘 보여주는 것이 신자유주의 시대에 들어와서, "실질적인 세계 화폐 체계를 위한 전제조건으로서 민족국가 영토와 규제를 초월하도록 고안된 화폐

15_ 민영화의 방식이나 정도는 각 나라의 사정에 따라 다를 수밖에 없다. 한국에서는 그동안 전기, 통신 등이 민영화되었고, 박근혜 정권 하에서는 철도와 병원 민영화가 시도되고 있다.

형태"인 파생상품이 거대한 규모로 거래되기 시작했다는 점이다(Bryan and Rafferty, 2006: 141). 신자유주의 시대에는 파생상품 이외에도 기획금융, 채권, 펀드 등 다양한 금융상품이 개발되어 유통되고 있으며, 세계화, 자유화, 시장화, 민영화, 복지 해체 등은 이들 상품의 유통 조건을 개선하고, 공공 부문을 해체하여 대중의 공통적 자원을 사적 자산으로 전환시켜 유통될 수 있도록 하는 조치에 속한다. 이 과정에서 노동유연화나 구조조정이 이루어진 것은 이런 조치에 저항하는 노동자계급의 조직적 힘을 약화시킬 필요 때문이다. 민영화와 시장화는 다양한 형태의 공통성을 관리해온 공공 부문을 사적 소유나 관리 하에 두려는 조치인 만큼, 노동에 대한 공격 성격을 띤다. 수도, 전기, 통신, 교통, 의료 등의 민영화는 그동안 사회적 보장의 중요한 축으로 작용해온 공공 부문의 관리와 운영을 사적 자본의 이익을 위해 새로운 지배체제로 바꾸려는 기도로서, 노동자계급에게는 복지 해체와 다를 바 없는 불리한 조치다. 민영화가 이루어지면 노동자계급은 각종 사회적 서비스를 더 비싼 상품으로 사야 하기 때문이다. 민영화는 이런 점에서 기본적으로 시장화와 연계된다고 하겠는데, 이 과정을 관리하는 것이 노동유연화다. 노동유연화는 공통적인 것이 사적 개인의 소유로 넘어가고 시장의 상품으로 전환되는 것을 막으려는 노동자계급의 저항을 약화시키기 위해 취해진 조치인 것이다. 그리고 노조의 권력을 약화시킨다는 점에서 그것은 신자유주의의 복지 해체 전략과도 밀접한 관련이 있다. 후자는 민영화, 시장화와 함께 전반적으로 노동자 계급의 권리를 축소하는 조치에 속하며, 이 과정에서 빈번하게 발생하는 것이 탈규제다. 탈규제는 기본적으로 과거 자본에 의한 공적 영역 침탈 방지를 위해 설치한 국가와 자본 간 경계를 지우는 조치로서, 공적 부문에 속한 다양한 공통적인 것들을 자본이 지배할 수 있도록, 지난 시기 구축해놓은 각종 규제를 풀고 새로운 규제로 전환시키는 과정이다.16 이런 점은 신자유주의 시대에 일어난 각종 경향들

16_ 탈규제는 엄밀한 의미에서 '재규제'라고 봐야 한다. '탈규제'는 지난 시기에 작용하던 규제를 푸는 것이지만, 이를 위한 새로운 법적, 제도적 장치 즉 새로운 규제체제를

이 기본적으로 금융화와 연동되어 있거나 그 '지휘'를 받음을 말해준다. 복지 약화, 민영화, 노동유연화와 함께 사회적 공통성이 대거 사적 시장의 상품으로 전환되는 것은 자본의 이동을 자유롭게 하고, 수정자유주의 시기 케인스주의 경제이론에 의해 독자적 규제 하에 있던 국민 경제와 시장들이 개방되고 자유화되어 세계화가 추진되면, 상이한 자본들이 서로 교환을 통한 경쟁체제로 들어가게 된다. 이 과정은 금융화를 촉진함과 동시에 금융화에 의해서 강화되는 과정이다. 금융화가 여기서 지배적 요인으로 작용하는 것은 민영화, 시장화 등을 통해서 공통적인 것이 사적 자산으로 전환되고, 이것이 다시 금융체계와 연계되기 때문이다.

신자유주의는 대략 1970년대 초부터 지금까지 40년 가까이 자본주의의 축적체제로 작용해왔지만, 최근에 들어와서 위기에 빠진 것으로 보인다. 이 위기 조짐이 분명히 드러나기 시작한 것은 2000년대 후반부터다. 2007년 미국의 비우량주택담보대출subprime mortgage 위기를 시발로 하여, 2008년에 20세기 초 대공황 이래 최대 규모로 일컬어지는 미국 발 금융위기가 발생하고, 2010년 이후 유로존에서 국가부도 위기가 빈발한 것이 단적인 증거다. 물론 이 글을 정리하고 있는 2014년 중반 현재 미국의 금융위기, 유럽 일대의 부도 위기 등은 어느 정도 진정된 만큼, 위기는 극복되었다는 주장이 나올지도 모른다. 그러나 유로존 위기 이후 최근에는 미국에서 양적완화를 축소하기 시작하면서 '신흥시장'에서 새로운 위기 조짐이 나타나는 등, 금융위기는 꼬리에 꼬리를 물고 있는 모습이다. 게다가 이런 위기는 실물경제로까지 번져서 세계경제가 회복될 전망은 까마득해 보인다. 신자유주의는 수정자유주의 말기에 드러난 실물경제 위기를 금융적 팽창을 통해 관리해 왔으나, 이제 금융적 팽창도 한계에 다다랐고, 아울러 실물경제도 회복되기 어려운 지경에 이른 것처럼 보인다. 금융위기와 실물경제 위기가 결합될 경우 세계경제는 다시 1930년대와 같은 대공황, 아니 어쩌면 특

필요로 하기 때문이다.

대공황을 맞을지도 모른다(강내희, 2012b: 183-87).

신자유주의는 그 자체가 위기의 소산임을 인식할 필요가 있다. 1970년대에 들어와서 자본주의가 신자유주의적 이데올로기와 전략을 채택하며 새로운 축적체제로 선회한 것은 1960년대 말부터 뚜렷해지기 시작한 축적위기로 인해 그때까지 가동시켜 오던 수정자유주의 축적체제를 계속 유지할 수 없었기 때문이다(다음 2장 4절 참조). 새로운 축적체제로 전환하면서 자본주의는 한편으로는 복지 후퇴, 공공영역 해체, 불평등 심화 등 다양한 사회적 위기를 초래하면서, 다른 한편으로는 이런 위기 조장을 통한 축적조건 개선의 효과로 생명력을 얻었다. 오늘날 신자유주의가 위기에 처했다는 것은 이 대응책도 이제는 위기에 빠졌다는 말이다.

그렇다면 신자유주의는 해체될 것인가? 너무 앞서 나가면 곤란하다. 신자유주의는 오늘날 위기에 처했음이 분명하지만, 이 위기를 관리하는 것도 신자유주의 세력이다. 2008년 미국의 금융위기를 관리한 것은 월가 중심의 금융세력 이익을 대변하는 재무부였고, 유로존 위기를 관리한 것은 유럽의 신자유주의 세력인 유럽연합(EU)집행위원회, 국제통화기금(IMF), 유럽중앙은행(ECB)의 '3인방the troika'이었다. 이런 사실은 신자유주의가 근년에 들어와서 심각한, 다시 말해 대공황 또는 특대공황을 야기할지 모르는 중대한 위기 상황을 맞고 있지만, 적어도 당분간은 이 위기를 관리하는 주된 전략으로 작용할 것임을 말해준다. 다시 말해 신자유주의는 인류를 지배하고 있는 현재형 자본주의적 축적체제인 것이다.

오늘날 문화정치경제의 작동방식을 살펴보려고 하면서, 이 책에서 신자유주의와 금융화에 주목하는 것은 이런 이유 때문이기도 하다. 신자유주의와 금융화는 인류 전체 운명 차원의 중대한 위기를 야기함과 동시에 그 자체도 위기에 빠져 있지만, 여전히 지배적 축적 전략 및 체제로서 작동하고 있다. 문화정치경제가 복잡한 사회적 관계망 또는 전체로서 일정한 운동 방향성을 가진다면, 이 방향을 결정하는 힘은 따라서 신자유주의와 그 핵심 전략인 금융화에서 찾아야 할 것이다. 현단계의 문화정치경제는 신자유의적 축적체제를 기반으로 하여 작동하고 있고, 이 체제에서 주요 전략으로 작용하는 금융화에 의해 그 변동 방향이 좌우되기 때문이다. 문화정치경제의 문제설정에 의거해서, 신자유주의와 금융화가 어떻게 작동하고 있는지, 또 신자유주의적 금융화가 지배적인 사회적 변동 요인으로 작동하면 지배적인 사회적 실천은 어떤 변동을 일으키는지 살펴보는 일은 그래서 가까운 미래에 인류의 운명이 어떻게 될 것인지 가늠하는 중요한 작업이 될 수 있다. 이 책은 이런 문제의식에서 신자유주의와 금융화를 일차적 연구 대상으로 설정한다.

7. 금융파생상품과 기획금융

오늘날 지배적인 축적체제가 신자유주의이고, 이 신자유주의의 핵심적 축적 전략이 금융화라면, 이 과정을 추동하는 기본 기제는 무엇일까? 나는 그 기제를 금융공학 또는 금융상품의 전면적 적용에서 찾을 수 있지 않을까 생각한다. 금융상품에는 저축, 연금, 신탁, 적금, 보험, 주식, 파생상품, 증권, 채권, 펀드 등 매우 다양한 종류의 상품이 포함되겠지만, 이 책에서 자주 언급하는 금융공학은 금융파생상품과 기획금융, 자산담보부증권asset-backed securities(ABS), 주택저당담보부증권mortgage-backed securities(MBS), 자산담보부기업어음asset-backed commercial paper(ABCP), 주택저당담보부다계층증권 collateralized mortgage obligations(CMO), 부채담보부증권collateralized debt obligation (CDO), 신용부도스와프credit default swap(CDS), 뮤추얼 펀드, 리츠, 사모펀드 등 신자유주의적 금융화와 함께 등장한 금융상품들이다. 하지만 이들 상품 각각이 지닌 작동원리를 일일이 다룰 수는 없기 때문에, 이 책에서는 '금융파생상품'과 '기획금융'을 선택하여, 4장과 5장에서 이들 상품에 대한 심도 깊은 논의를 진행하려고 한다.

왜 파생상품과 기획금융인가? 무엇보다도 두 금융상품이 지닌 중요성 때문이다. 둘 가운데 전자는 신자유주의적 금융화가 작동하기 위해서는 필수적인 시공간을 가로지르는 '가치 통약'을 가능하게 하는 금융공학이고, 후자는 오늘날 시공간을 재구성하는 대규모 건설사업의 자원을 조달하는 데 활용되는 핵심적인 금융기법이다. 물론 양자가 자본주의 정치경제에서 지닌 위상이 같지는 않다. 파생상품은 브라이언Dick Bryan과 래퍼티Michael Rafferty에 따르면, "명백하게 자본주의적인 상품"(Bryan and Rafferty, 2006: 155), "명백하게 자본주의적인 화폐"(Bryan and Rafferty: 137, 143, 155), 또는 "자본의 지배적인 형태"(90)이고, 리푸마Edward LiPuma와 리Benjamin Lee에 따르면, "완벽한 자본주의적 발명품"(LiPuma and Lee, 2004: 105)이다. 자본주의적 축적에 핵심적인 위상을 차지하는 만큼, 파생상품은 현재 명목 가치가 1000조 달러가 넘을 정도로 세계 최대 규모의 상품시장을 구성하고 있다. 반면에 기획금융 세계시장은 2012년에 3823억 달러 규모로서 물론 대단한 크기이기는 해도, 파생상품 시장의 규모에는 한참 미치지 못한다.[17] 한국에서도 두 시장의 규모는 격차가 크다. 2010년 기준으로 파생상품 시장은 명목가치로 7경원에 육박하는 반면, 기획금융 시장은 100조원이 되지 않는다. 이 책에서 파생상품처럼 기획금융에도 별도의 장을 배정하여 그 역사, 현황, 작동방식, 효과 등을 살펴보려는 것은 따라서, 기획금융이 파생상품만큼 오늘날 핵심적인 역할을 하는 금융상품이라고 보기 때문은 아니다. 하지만 그렇다 해도 기획금융은 여전히 중요하다. 무엇보다도 그것은 오늘날 공간의 생산에서, 그리고 그와 함께 시간경험의 변화에서 중요한 역할을 하고 있다. 기획금융은 오늘날 도시경관을 지배하는 건조환경 건설에서 중심적 역할을 하는 고정자본 형성에 핵심적인 금융공학인 것이다.

파생상품과 기획금융 등의 금융공학은 사회적 현상으로 파악되기 이전에, 자연적인 것으로 치부되는 경향이 있다. 파생상품, 특히 최근에 부상한

17_ 기획금융 시장은 2012년의 경우, "유럽재정위기와 글로벌 경치 침체 등으로" "전년보다 6퍼센트가 줄어든 3823억 달러에 그쳤다"(박종진, 2013).

금융파생상품 거래에는 입자물리학에서 다루는 '브라운운동'을 계산할 때 사용되는 수리공학이 동원된다. 1994년 여름 인텔사는 당시 생산한 신형 펜티엄 처리기의 나눗셈 기능에 하자가 있음을 발견하고, 소속 전문가를 시켜 문제의 하자가 골칫거리로 떠오를 분야가 어디일지 알아본 적이 있다. 조사 결과 문제가 될 수 있다고 지적된 것은 공학 및 과학적 응용 분야와 금융공학 분야였다. 그런데 조사 결과가 뜻밖이었다. 인공위성 발사처럼 통상 생각할 때 가장 정교한 계산이 필요할 것 같은 공학 및 과학 응용 분야의 경우, 큰 문제가 발생할 확률이 1000년에 한 번 꼴이었는 데 반해, 금융공학 분야에서는 1주일에 한 번 꼴로 문제가 생기겠다는 지적이 나온 것이다. 문제의 금융공학 분야는 옵션과 복합 채권 가격산정 분야로서 금융파생상품과 관련된 분야였다(MacKenzie, 2004a: 101). 금융파생상품 분야야말로 오늘날 가장 복잡한 계산을 요하는 분야임이 이로써 증명된다고 하겠는데, 펜티엄사의 문제가 일어난 시점이 1990년대 중반이었음을 상기할 필요가 있다. 1990년대 초반 금융파생상품 거래의 규모는 세계적으로 100억 달러 정도에 불과해, 줄잡아도 1000조 달러가 넘는 오늘날의 그것에 비하면 아주 작은 편이다. 거래 물량이 커졌다고 꼭 계산이 복잡해지는 것은 아니겠지만, 근래에 들어와서 파생상품을 구조화하는 방식도 그만큼 복잡해졌다는 점, 따라서 계산방식의 복잡성도 더 커졌다는 점은 염두에 둘 필요가 있다.

파생상품은 전문 지식과 기술을 가져야만 이해하고 활용할 수 있는 복잡한 내용과 작동방식을 갖고 있어서 주로 전문가들 간에 거래된다. 리푸마와 리에 따르면 파생상품 거래에 참여하는 주체는 크게 세 종류다. 첫째 종류는 세계적인 차원에서 사업을 벌이는 다양한 형태의 조직들로서, 이들은 이자율과 통화, 그리고 다른 유형의 위험 회피를 위해 파생상품을 이용한다. 이런 부류로는 대출 자산구성(포트폴리오 포지션)의 위험 방지를 위해 파생상품을 활용하는 세계은행이나 아시아개발은행처럼 대규모 대출을 해주는 국제기구, 최근 파생상품 담당 금융 부서를 크게 늘린 초국적 기업

등이 있다. 두 번째 부류는 투자은행들로서, 이들은 고객 기업을 위해 파생
상품을 만들어 판매하거나 파생상품 제품의 2차 시장을 만들어 유동성을
증가시키는 일을 한다. 세 번째 유형은 부유한 고객들의 재원을 파생상품
거래에 투자하는 헤지펀드들이다(LiPuma and Lee, 2004: 43-44).[18] 물론 파생
상품 거래에는 이들 전문가 집단들 이외에도 일반 개인이 참여하는 경우도
있다. 하지만 이들의 참여는 전문가가 설계해놓은 파생상품 거래에 숟가락
하나 더 얹기와 다를 바 없다. 위에서 언급했듯이 고도의 계산이 필요한
과학응용 분야보다 더 복잡한 계산을 통해서 가격결정이 이루어지는 파생
상품의 설계, 구조화 과정을 일반인들은 알기 어렵기 때문이다. 오늘날 한
국 언론에서도 파생상품에 대한 보도가 자주 나오고 있지만, 대부분 거래규
모 등 외형적 부분에 대한 언급으로 그친다.

　기획금융도 마찬가지다. 기획금융을 일으키기 위해서는 특정 자산을 조
성하려는 시행사가 설립하는 특수목적기구(SPV)에 세계은행이나 아시아개
발은행과 같은 국제금융기관들, 각급 정부 기관, 시공사, 장비대여업자, 도
급업자, 시설운영자, 최종상품구입자 등의 참여가 필요하다. 이처럼 다양한
주체들이 참여하게 되는 것은 기획금융이 주로 대규모 기반시설을 조성하
려는 목적으로 거대 자본을 장기간에 걸쳐 동원하는 금융이고, 그 진행 과
정에서 일어날지 모르는 각종 위험 요인을 전문적으로 관리해야 할 필요성
때문이다. 이런 점은 기획금융도 금융, 법률, 도시계획, 정치 등의 분야 전문
가나 엘리트가 참여하여 이루어지는 전문적 금융공학임을 말해준다.[19] 그
러나 기획금융 역시 일간지, 특히 경제지 등 대중매체에서 언급되는 경우가
적지 않으며, 기획금융에 투자하는 일반 개인의 수도 상당하다. 한국의 경
우 기금(펀드) 계좌수가 한때 경제활동인구와 맞먹을 만큼 높았던 적이 있

---

[18] 두 번째와 세 번째는 사실상 같은 부류라고 할 수 있다. 투자은행과 헤지펀드는 둘
　다 고객의 자금으로 파생상품을 만들거나 거래하기 때문이다.
[19] 기획금융 과정에는 파생상품의 설계가 요구되는 경우가 많다. 이와 관련해서는 5장
　6절을 참조할 것.

고(장영희, 2008.11.24), 기금 가운데는 기획금융에 투자하는 것도 많다. 2012년 9월 한국의 기금 전체 순자산은 304조3000억원, 자산운용사 AUM (운용자산) 평가액은 607조6000억원으로, 이 가운데 부동산기금은 설정액이 19조1000억원, 순자산이 19조3000억원이었고, 특별자산기금은 설정액이 22조2000억원, 순자산이 20조8000억원이었다(프라임경제, 2012.10.9). 부동산기금과 특별자산기금 가운데는 기획금융에 투자한 것도 있다. 하지만 이때에도 일반 대중의 기획금융 참여는 간접적인 방식에 그친다고 봐야 한다. 펀드투자자 다수는 설령 특정 기획금융에 투자하더라도 그 내역을 제대로 알기 어렵고, 투자처 결정은 투자기금을 운용하는 금융기관의 수중에 있기 때문이다.

8. 시공간 조직 및 주체형성의 새로운 변화

신자유주의 금융화가 진행되면서 파생상품과 기획금융이 중요한 금융공학으로 떠오르고, 금융공학이 축적 전략의 핵심 메커니즘으로 작용하게 되면서, 문화정치경제에도 중대한 변화가 일어났다. 이것을 우리는 시간과 공간의 경험 방식이 바뀌고, 주체형태를 만들어내는 방식이 바뀐 데서도 확인할 수 있다. 칸트Immanuel Kant에 따르면, 시간과 공간은 이미 주어져 있는 경험 방식으로서, 구체적인 역사를 초월하는 인식의 범주다. 양자는 '직관의 선험적 형식'이라는 것이다.[20] 아울러 우리의 주체성도 관념론 전통에 따르면, 이미 주어져 있는 것으로 이해된다. 주체는 자기의 근원이고, 자기의식의 소유자라는 것이다. 하지만 이 책에서 취하는 입장은 이와는 다르다. 여기서 내가 살펴보려는 것은 시공간 경험은 근래에 어떻게

20_ 들뢰즈Gilles Deleuze는 칸트 식의 시공간 개념을 다음과 같이 요약하고 있다. "시간과 공간, 직관의 선험적 형식들, 선험적 직관들 자체는 경험적 나타남 혹은 후험적 내용 (예컨대 붉은색)과 구별된다"(들뢰즈, 2006: 28).

조직되고 있고, 주체의 형태는 어떻게 형성되고 있느냐는 문제다. 이것은 기본적으로 사회적 생산 견지에서 시공간과 주체를 파악하려는 시도에 해당한다.

최근에 들어와서 시공간이 새롭게 구축되고 있고, 인간형도 새롭게 만들어지고 있다. 먼저 시간을 경험하는 방식으로 보면, 우리는 이제 더 이상 자연적 시간, 기계적 시간에만 종속되어 있지 않다. 자연적 시간은 전근대적 삶을 지배하던 시간 형태로서, 사람들의 일상을 자연의 순환에 따라서 조직하는 방식이다. 아직 자본주의적 생산양식이 전면화되지 않았던 시절, 농촌에 살던 사람들은 해가 뜨면 일터로 나가고, 해가 지면 잠을 자는 식으로 자연적 시간의 지배를 받고 살았다. 자본주의적 근대화 이후, 자연적 시간은 그러나 기계적 시간에 의해 대체되거나 보완되었다. 농업이 주된 생산방식이었던 시대에는 농업생산물이 자연생태의 조건 하에 있었던 이유로, 인간의 시간 경험이 계절, 일기 등의 자연적 순환과 그런 순환에 장착된 생태시계의 흐름으로부터 분리될 수 없었으나, 자본주의적 공장생산이 주된 생산방식으로 정착된 뒤에는, 기계적 시간이 인간의 삶을 지배한 것이다. 하지만 오늘날 시간 경험을 지배하는 것은 기계적 시간만이 아니다. 이제 시간의 경제를 지배하는 것은 '미래할인 관행'이다. 이에 따라서 우리는 시간을 자연적 흐름, 기계적 흐름만으로 경험하지 않고, 훨씬 더 복잡한 가상적 시간을 경험하게 되었다. 현재는 이제 더 이상 과거의 뒤를 잇고 미래에 앞서 있기만 한 것이 아니라 과거를 재해석하고 각색하는 시간, 나아가 미래의 가치를 할인하여 미래를 말소시키는 시간으로 작용한다. 이런 시간 조직의 변동을 신자유주의 금융화와 그에 의해 가동되는 파생상품, 기획금융과 연관시켜 생각해 보려는 것은 그 변동이 무엇보다도 자본축적의 새로운 전략과 긴밀하게 연결되어 있다고 보기 때문이다. 오늘날 자본은 금융화 과정을 통해, 그동안 자본주의의 사회적 신진대사를 지배해온 M-C-M' 운동만이 아니라 M-M' 운동을 새롭게 강화하고 있고, 이로 인해 단기성과 주의short-termism나 양의 시간 선호positive time preference 또는 순현재가치

net present value 계산과 같은 관행을 광범위하게 만들어내고 있다. 지난날에 비해 신자유주의 시대에 들어와서, 삶이 더욱 부산하고, 일회용 물건들이 갈수록 많이 만들어지고, 또 갈수록 많은 사람들이 자신의 능력들을 포트폴리오로 만들고 있는 것은 이런 점과 무관하지 않다. 다시 말해 오늘날 시간경험은 새로운 축적체제의 구축과 함께 재조직되고 있는 것이다. 이 책에서 나는 이런 시간경험의 변화가 새로운 문화정치경제 구축에 어떤 조건으로 작용하는지 살펴보고자 한다.

공간의 모습 역시 신자유주의 금융화와 더불어 새롭게 바뀌었다. 최근에 들어와서 공간의 사회적 생산이 새로워졌다는 것은 급격한 도시화와 도시경관의 출현이 확인해주는 바다. 새로운 도시경관의 조성은 동시대인의 공간 감각까지도 근본적으로 바꿔 놓았다. 예컨대 과거에는 도시라 하더라도 골목이 있었고, 골목 공간을 통한 사람들의 교류가 가능했지만, 이런 골목은 이제 거의 다 사라지고, 사적 소유의 공간, 자본축적을 위한 통로로 대거 전환되었다.[21] 골목이 통행만이 아니라 사람들 간의 교류에 필요한 지체를 가능하게 하는 공간 형태라면, 오늘날 골목 대신 들어선 '통로'는 자본운동에 최대한 효율적인 방식으로 움직이게 하는 일종의 이동기계다. 골목의 통로로의 전환을 부추기는 것이 2000년대에 들어와서 대규모로 진행된 공공-민간협력(PPP) 사업들이다. 공적 공간을 사적 자본의 영향권 아래 두는 이들 사업의 효과는 공적 공간을 해체하는 것만으로 그치지 않는다. 그런 사업은 사람들이 공간을 삶의 조건으로 인식하고 활용하는 방식에서도 중대한 변화를 일으키는 것이다. 새롭게 조성되는 공간 환경이 민영화 또는 사유화를 통해 공적 영역이 간직해야 할 공유지 성격을 없애버리거나 축소시켜버리는 데서 그런 예를 볼 수 있다. 지역경제 발전, 근린 생활환경 개선 등의 명목으로 진행되는 각종 공모형 부동산

21_ 서울 인사동 일부가 '쌈지골로 개발되면서, 이전에 있던 골목들이 사라지고, 현재는 '골목이 모두 상가로 이어지는 통로로 바뀐 것이 단적인 예다. 종로 이면에 있던 피맛골 골목도 그 일대가 재개발되면서 사라졌다.

개발 사업은 '용산 참사'가 보여준 것처럼, 한편으로는 사람들의 삶의 근거지와 생명을 빼앗고, 다른 한편으로는 갈수록 많은 사람들로 하여금 부채를 내어서까지 그런 사업에 투자하게 만듦으로써, 공간을 삶의 터전이라기보다는 투자 대상인 양 전환시킨다. 이 과정에서 정치경제, 문화정치, 문화경제가 새로운 방식으로 작동하는 것은 당연한 일이다. 이 책에서 나는 신자유주의 금융화로 인해 공간이 어떻게 자본의 축적 조건 개선에 활용되고, 그 과정에서 어떤 새로운 문화정치경제가 작동하게 되는지 살펴볼 것이다.

경험 조건들을 규정하는 시간과 공간이 새로운 형태로 조직되면서, 사람들의 사고와 행동 방식 또는 주체화 방식 또한 크게 바뀌었다. 다시 말해 시공간의 새로운 생산양식과 함께 인간 주체성의 새로운 형태들이 등장한 것이다. 오늘날 사람들은 여러 측면에서 '투자자' 주체의 모습을 드러내는 경우가 많다. 한편으로 이것은 갈수록 많은 사람들이 주식, 부동산, 펀드, 파생상품 등에 투자를 하기 시작해 나타난 결과다. '금융민주화' 또는 '일상의 금융화' 과정을 통해 이런 흐름이 미국 등 '선진' 자본주의 국가에서 형성된 것은 1990년대 초이고, 한국의 경우도 외환위기를 계기로 IMF의 구제금융을 받으며 금융자유화를 본격적으로 진행하게 되는 1990년대 말부터 비슷한 흐름이 나타나기 시작했다. 투자자 주체는 다른 한편으로는 '빚진 주체'이기도 하다. 외환위기 전인 1997년 초 한국의 가계부채는 182조원 정도였는데, 17년이 지난 2014년 현재 그 규모가 1100조원이 넘는다. 사람들이 부동산 등에 투자한 것은 부채를 자산으로 삼도록 만드는 금융적 축적 전략에 휘둘린 결과, 채무자 주체가 될 수밖에 없었기 때문이다. 이 결과 사람들은 늘 부족한 존재, 그래서 타인이나 자신에게 빚진 존재라는 자의식을 갖게 되고, 자신을 끊임없이 계발해야 할 대상으로 만들고 있다. 은행이나 연금공단과 같은 기관투자자도 아니고 전문 예술가도 아닌 사람들이 자신이 보유한 각종 유형의 자산들—현금이나 부동산만이 아니라 자격증, 연수경력, 시험성적 등을 포함한—을 포트폴리오로 만들어 관리해야 할 필요를 느끼는 것은 그 때문이다. 이런 변화가 일어날 경우, 문화정치경제는 어떤 방향으로 변동하게 되는 것일까? 이 책에서 나는 신자유주의 금융화와 그에 따라 파생상품, 기획금융 등을 통해 금융공학이 작동할 시, 주체화 방식에서 어떤 변동이 생겨나게 되는지도 문화적 정치경제, 경제적 문화정치, 정치적 문화경제의 관점에서 살펴볼 계획이다.

9. 연구의 필요성

이 책에서 다루는 내용에는 인문학자, 문화연구자가 자주 취급하지 않는 것들이 포함되어 있다. 앞에서 우리는 파생상품과 기획금융이 일반인들은 그 내용을 알기 어려운, 고도의 수리공학이 동원되는 금융공학에 해당한다는 사실을 확인했었다. 이런 점은 기획금융과 파생상품의 작동, 그 문화정치경제적 의미를 이해하려면 매우 전문적인 지식이 필요함을 말해준다. 어디 기획금융과 파생상품뿐이랴. 사실 금융화와 신자유주의를 이해하는 일도 전문적인 사회과학적 지식을 전제로 한다. 이런 점은 넓게는 신자유주의 금융화, 좁게는 파생상품 및 기획금융과의 연관 속에서, 오늘날 문화정치경제의 특징과 경향을 파악하려는 이 책의 시도를 어렵게 만들 수 있다. 신자유주의 금융화가 고도의 금융공학을 통해 작동할진대, 그와 관련된 문화정치경제학적 현상을 다루기 위해서는 '전문적' 지식이 필수적이다. 유감이지만 그런 자원과 능력이 나에게는 크게 부족하다. 사실 개인적으로 파생상품과 기획금융의 존재를 인식하고 관심을 기울이게 된 것은 몇 년밖에 되지 않는다. 금융파생상품과 기획금융이 한국시장에 등장한 것이 1990년대 중반 이후임을 감안하면, 이제 근 20년 가까이 인구에 회자되었다고는 할 수 있지만, '파생상품'과 'PF'는 최근까지도 내게는 귀를 스쳐지나가는 뜻 모를 용어들이었다.[22] 지금은? 금융파생상품과 기획금융에 대한 나의 지식, 특히 경험적 지식은 여전히 일천하다. 그동안 파생상품을 거래하거나 그와 관련하여 투자를 경험한 적도, 기획금융과 관련된 업무를 본 적도 없다. 두 금융 현상에 대한 나의 지식은 그래서 지난 몇 년 사이에 관련 신문기사, 논문, 서적 등을 접하며 축적한 간접적 지식의 수준에 머문다. 지금까지 나온 선행연구를 완벽하게 섭렵했다고 할 수도 없지만, 이 분야에서 축적된 인문사회과학적 연구가 그렇게 많지 않다는 점도 나 같은 연구자로 하여금 금융파생상품과 기획금융에 대한 심도 깊은 논의를 하기 어렵게 만드는 조건이다.[23]

이런 점을 고려하면 답변하기 어려운 질문이 예상된다. 언감생심 금융파생상품, 기획금융, 금융화 등에 관한 심각한 논의를 전개하려는 의도가 무엇인가? 이때 문제가 되는 것은 논의의 학술적 근거다. 나는 여기서 전문가가 아니면 이해하기 어려운 내용과 작동방식을 지니고 있고, 알게 된 지 얼마 되지도 않는 대상을 연구 주제로 삼아 지적인 담론을 펼치려는 무모한 짓을 벌이는 셈이다. 자신이 대상으로 삼는 것에 대해 무지함을 토로하는 연구자의 연구 작업은 어떻게 가능한가? 잘 모르는 대상에 대한 논의는 어

22_ '금융파생상품'은 한국에서는 '파생상품', '파생금융상품'으로, 그리고 기획금융은 'PF'나 '프로젝트 파이낸스' 또는 '프로젝트 파이낸싱'이라 불리곤 한다. 여기서 '금융파생상품'이라는 용어를 사용하는 것은 한편으로는 '파생상품'으로부터 구분하기 위함이고, 다른 한편으로는 '파생금융상품'보다는 더 나은 표현이라고 보기 때문이다. 우선, 금융파생상품은 1970년대 초에 등장한 것으로, 금융상품을 기초로 하는 파생상품의 일종이라는 점에서, 기존의 파생상품과 구분될 필요가 있다. 다른 한편 금융파생상품과 파생금융상품은 같은 의미로 사용되고 있으나, 파생상품의 한 종류인 상품파생상품과 구분하려면 '파생금융상품'보다는 '금융파생상품'이 더 나은 표현으로 보인다. 단 아래에서는 맥락이 허용할 경우, '파생상품'을 사용하는 때도 있을 것이다. 기획금융은 국내 언론에서 외래어 표현인 '프로젝트 파이낸싱'이나 '프로젝트 파이낸스', 또는 아예 'PF'로 부르는 경우가 많으나, 여기서는 한국어 표현을 사용한다.

23_ 브라이언과 래퍼티에 따르면, 2000년대 중반까지 "금융과 세계화를 다루는 최근의 사회과학적 연구 대부분"이 파생상품의 중요성을 인식하고 있지 못하고 있었다(Bryan and Rafferty, 2006: 34). 국내의 경우에도 개인적으로 강내희(2012a)를 쓸 때까지는, 파생상품에 관한 비판적 논의를 시도한 논문을 한 편도 찾지 못했다. 기획금융에 관한 국내 연구는 전혀 없었던 것은 아니나, 대부분 '전문적'인 내용을 다룬 것이어서, 비판적 시각을 담은 글을 찾기는 역시 어려웠다.

떻게 이루어질 수 있는가? 당장 떠오르는 이미지는 '코끼리 다리 만지는 장님'이다. 이 책에서 나 역시 이런 곤란한 상황에서 벗어나지 못할 가능성이 크다. 하지만 이런 우려에도 불구하고 내가 이 책을 써야 하는 이유는 크게 두 가지라고 생각한다.

첫째, 금융화, 금융파생상품, 기획금융 등은 앞으로 밝히겠지만, 오늘날 사회의 경제적 토대를 작동시키는 핵심 기제에 속한다. 지난 수십 년 동안 자본주의는 신자유주의를 지배적인 축적전략으로 가동시켜 왔고, 이에 따라 자본의 금융화를 도모해 왔다. 금융파생상품이 오늘날 엄청난 규모의 시장을 형성하고 있는 것이나 기획금융이 (한국의 경우만 놓고 보더라도) 가공스런 시공간적 변동을 야기하는 핵심 동인으로 작용하고 있는 것은 신자유주의가 추동해온 금융화 경향과 무관하지 않다. 현단계 자본주의의 작동방식을 이해하려면, 양자를 포함한 금융상품의 작동원리나 효과, 거래 양상 등을 파악하는 일이 그래서 매우 중요하다고 하겠는데, 더 중요한 점은 금융상품 거래의 확산이 현재 전개되고 있는 신자유주의적 자본주의의 위기와도 깊이 관련된 것으로 보인다는 것이다. 앞으로 대공황을 야기할 수도 있는 최근의 세계경제위기를 촉발시킨 2008년의 미국발 금융위기와 2010년부터 시작하여 2013년 초 현재에도 진행 중인 유럽의 국가부채 위기 뒤에는 주택저당담보부다계층증권(CMO), 부채담보부증권(CDO), 신용부도스와프(CDS) 등의 형태로 거래되던 금융파생상품이 도사리고 있었다. 기획금융의 경우도 최근 한국의 대도시 경관을 경악스러울 만큼 뒤바꿔낸 초고층 주상복합건물, 거대 부동산단지 등의 조성에 소요되는 재원 조달에 핵심적인 역할을 하는 금융기법이라는 점에서, 진행 중인 경제위기와 무관하지 않다. 5장, 7장에서 살펴보겠지만 기획금융은 기본적으로 '고정자본' 형성에 기여하는 금융공학으로서 '의제자본'의 참여를 필요로 하며, 이 과정에서 파생상품, 주택저당담보부증권(MBS), 자산담보부기업어음(ABCP), 뮤추얼펀드, 리츠 등의 금융적 매개 수단을 활용하기도 한다. 기획금융이 한국에서 확산 적용된 시점이 부동산 시장이 이상 활황을 띤 2000년 이후라는 점도 기획금융과 경제위기의 관련성을 의심케 할 대목이다. 부동산시장 붐은 1990년대 초 일본의 사례, 2000년대 중반의 미국, 스페인, 아일랜드 사례가 보여주듯이 경제위기의 전조인 경우가 많다.[24]

이상으로 확인할 수 있는 것은 파생상품과 기획금융 등 금융상품은 지금 급박하게 돌아가는 자본주의 변동과 밀접한 관련이 있다는 것인데, 이런 정세의 급박함이 나처럼 아직은 관련 분야의 전문 지식이 태부족한 연구자로 하여금 파생상품과 기획금융 같은 금융 상품 및 공학, 나아가 이것들을 활용하여 작동되고 있는 금융화가 오늘날 수행하는 사회적 역할을 따져볼 필요성을 느끼게 만든다. 신자유주의는 지난 수십 년간 자본주의의 지배적 축적전략으로 작동해 왔지만, 21세기 초에 들어온 뒤로 중대한 위기에 처했음이 분명하다. 아니 자본주의 자체도 위기에 처한 것이 아닐까 한다. 그렇다면 무엇을 어떻게 해야 할 것인가. 자본주의는 인류사회를 질곡으로 몰아가는 착취와 수탈의 거대한 톱니바퀴로 작동함과 동시에, 자연생태계마저 파괴하며 인류의 미래를 박탈하는 체계인 만큼, 반드시 극복해야 한다는 것이 내 생각이다. 게다가 이런 체계가 전에 없던 위기에 처했다는 것은 자본주의 극복의 서광이 비치기 시작했음을 말해주는지도 모른다.

물론 막연한 기대와 착각은 곤란하다. 지금 자본주의는 위험한 바다를 항해하는 거대한 배로 보인다. 신자유주의적 자본주의가 위기에 처했다는 것은 이 배가 말썽을 부리고 있다는 말이겠지만, 그렇다고 해서 우리가 배를 바로 버릴 수 있는 것은 아니다. 위기에 처한 자본주의를 수선하여 새롭게 개비하자는 말이 아니다. 자본주의에서 벗어나지 않으면 인류의 미래는

24_ 20세기 초반 대공황 직전 미국에서도 부동산 붐이 크게 일었다. 플로리다 주는 지금도 미국의 투기적 주택시장의 중심을 이루고 있지만, 1919–25년 사이에 건설 허가를 받은 주택의 명목가치가 8000퍼센트나 상승했고, 같은 시기 미국 전역의 주택 가치는 약 400퍼센트 상승했다(Harvey, 2012: 32).

없다. 하지만 지금 문제는 우리가 탄 배에 문제점이 있다 해도, 그것의 정체가 무엇인지, 배를 벗어나면 과연 넓은 바다에서 갈아탈 만한 배가 따로 있는지 불분명하다는 점이다. 물론 과거 역사의 바다에서 사회주의 깃발을 단 배들이 있었고, 지금도 몇 군데 있기는 하지만 과연 그 배들이 지금 항해적합성을 지녔는지는 다시 알아봐야 할 일이다. 이런 상황은 우리로 하여금 두 가지 작업을 과제로 던져주는 것 같다. 한편으로는 '자본주의 이후' 즉 오늘의 지배체제를 대신할 신뢰할 수 있는 대안을 찾는 일이요, 다른 한편으로는 자본주의의 문제가 무엇인지 제대로 분석하는 일이다. 지금 역사의 바다에 거대한 태풍이 몰아닥치고 있는 만큼, 이런 작업은 일정이 촉박할 수밖에 없다. 이 촉박함이 얼마 전까지만 해도 신자유주의에 대한 관심은 있었으나 금융화 문제는 전문가나 다룰 문제라고 여겼고, 파생상품과 기획금융 등에 이르러서는 이름만 가끔 들었을 뿐 그 내용은 전혀 모르던 나 같은 사람까지 그 작동방식과 효과를 살펴보도록 만든 셈이다. "좋은 낡은 것보다는 나쁜 새 것"으로 일을 벌이라는 브레히트Bertolt Brecht의 격언이 뇌리에 떠오른다(Benjamin, 1998: 121). 형세가 급변하는 오늘날 같은 상황에서는 어떤 문제 현상이든 알아보려는 적극적 태도가 필요할 것 같다.

둘째, 역설처럼 들리겠지만 금융파생상품과 기획금융, 신자유주의 금융화를 중요한 주제로 삼아서 나름의 논의를 전개하려는 마음을 먹게 된 데에는 그에 대한 전문 지식이 없기 때문일 수도 있다. 금융파생상품에 관한 글을 준비하고 있다는 내 말을 듣고 한 맑스주의 정치경제학자가 보였던 반응이 떠오른다. 원래 전공분야인 '문화'에 관한 식견을 더 심화시켜 다른 사람에게 도움을 주면 좋을 텐데, 왜 엉뚱한 주제에 관심을 두느냐는 그의 지적은 내 귀로 듣기에는 힐책이었다. 금융 문제는 정치경제학 전문가의 영역이니 함부로 들어오지 말라는 식의 말은 아니었으나, 지식생산의 '분과주의'에 근거한, 전문성에 근거하지 않은 학술적 논의에 대한 불신이 담긴 발언인 것만은 분명했다. 하지만 내가 파생상품, 기획금융 같은 '엉뚱한'

주제를 곧잘 화두로 삼는 것은 분과주의야말로 지식생산의 전진을 위해서는 극복되어야 할 태도라고 보기 때문이다. 이런 태도는 물론 이 책의 핵심 취지로 언급한 '문화정치경제의 문제설정', 즉 문화와 정치와 경제가 서로 따로 분리되어 있다고 보기보다는, 이들 사회적 실천 층위가 서로 맺고 있는 관계양상, 다시 말해 그것들이 서로 침투해서 영향을 미치며 보여주는 어떤 운동성, 관련성을 파악하고자 하는 문제의식과 연결되어 있다. 이때 '문화정치경제'는 문화와 정치와 경제가 각자 나름의 운동을 한다고 하더라도 언제나 서로 관련을 맺고 있다는 생각, 따라서 오늘날 복잡한 사회현실을 이해하겠다면서 어느 한 분야 연구에만 골몰할 경우, 정작 그 분야도 제대로 이해하지 못할 것이라는 믿음에서 제출된 '문제설정'이다.

'문제설정problématique' 개념은 우리로 하여금 연구의 대상을 경험적 대상으로만 간주하지 말 것을 요구한다. 경험적 대상은 미리 주어진 대상, 다시 말해 존재하기만 하는 대상이다. 하지만 하나의 문제설정에서 하나의 대상은 존재로서만이 아니라, 부재의 형태로 나타날 수도 있다. 문제설정 개념은 이처럼 "어떤 텍스트나 담론에서 이미 전제된 이론적 개념들의 배치를 가리킨다. 문제설정은 제기될 수 있는 질문들의 '장과 답변이 취해야 하는 형태들을 규정한다"(Benton, 2002). 이렇게 보면, 지식생산으로서의 연구가 이루어지는 것은 연구할 대상이 경험적으로 미리 주어져 있기 때문만은 아니다. 통상 연구대상은 객관적으로 존재하는 것으로, 연구는 그런 대상을 보편타당하게 설명하는 것으로 간주된다. 하지만 학문 영역에서도 계급투쟁이 존재하며, 지식도 쟁취되어야 하고, 연구대상도 투쟁을 통해 설정될 필요가 있다. 금융파생상품과 기획금융에 대한 전문 지식과 식견이 한참 모자란다고 봐야 할 사람이 그에 대한 지적 담론 작업을 벌이려는 것은 양자를 나름의 연구대상으로 설정하는 행위이며, 그런 점에서 지식생산에서의 계급투쟁에 속한다. 나는 그동안 수행해온 '비판적 문화연구'가 이런 식의 지식생산에 복무해 왔다고 믿고 있다. 문화연구는 문학

연구에서 출발했든, 아니면 사회학, 역사학, 철학 등에서 출발했든, 지식생산의 분과주의 타파를 기본 취지로 삼고 있는 지적 접근법이다. 기존의 분과학문들이 일정한 연구 대상과 영역을 확보하고 있고, 그로 인해 안정적인 관행과 식견을 가지고 있다면, 문화연구는 그런 분과학문들과는 달리 연구 영역이 확정되어 있지 않으며, 따라서 연구대상을 설정하는 방식에서든, 연구방법론을 설정하는 방식에서든, 동요 경향을 드러내곤 한다. 문화연구가 '문제설정'의 지적 기획이라 할 수 있는 것도 이처럼 연구 대상과 방법론을 새롭게 설정하는 일을 중요한 자신의 지적 과제로 삼기 때문일 것이다. 이런 점을 긍정적으로 평가하면, 기존의 지식생산 방식에 대한 비판적 접근이 문화연구의 특장이 된다. 반면에 그런 경향은 문화연구가 1960년대에 영국에서 처음 새로운 지적 기획으로 등장했을 때에나 있었을 뿐, 수많은 연구자들을 양산해내고 나름의 관행과 관록을 지닌 학문 분야로서 '안정적으로' 재생산되고 있는 지금은 그런 말이 통하지 않는다는 지적도 가능하다.[25] 이제 문화연구는 한때의 지적 유행이기를 넘어서 학문적 기득권이 되었다는 지적이 일각에서 나오는 것도 그 때문이 아닐까 싶다. 하지만 나로서는 처음 등장했을 때, 분과학문이 가진 제도적 성격을 타파하고 지적 모험으로서의 지식생산을 추구한 문화연구의 정신이 완전히 사라졌다고는 보지 않는다.[26] 수년 전까지 전혀 알지 못하던 연구 대상에 관해 의미 있는 지적 담론을 구축하려는 것은 연구자로서의 무모함을 보여주는 일일 수도 있겠지만, 이 무모함이 그래도 기존 지식생산의 안정적

25_ 2012년 7월 초 파리에서 열린 세계문화연구학회의 경우, 개최장소가 세계적인 관광지라는 점도 얼마간 작용했겠지만, 참석자가 3000명이 넘었다. 이들이 세계 도처에서 모여든 학자들임을 생각하면, '문화연구'는 이제 지식생산 조류로서 상당한 기득권을 획득했음을 부인하기 어려울 것 같다.

26_ 이 맥락에서 문화연구가 대학의 독자적 학과로 제도화되어 있는 경우가 드물다는 사실을 되새겨볼 필요가 있다. 한국에서는 독자적으로 문화연구학과로 두고 있는 대학이 아무 데도 없다. 연세대학교와 중앙대학교에 문화학과, 문화연구학과가 설치되어 있기는 하지만 모두 대학원과정으로서, 학부과정을 운영하는 여타 학과들과는 성격이 다르다.

영토를 벗어나서 실수까지 무릅쓰는 지적 모험을 감행하려는 문화연구의 전통을 잇는 한 예가 되기를 바란다.

10. 서술 전략—해석과 설명

물론 '무지함으로 무장된' 지식생산 시도를 함부로 진행할 수는 없다. 금융상품, 금융공학을 잘 모른다는 것을 근거로 그에 대한 학술적 논의를 진행할 수 있다고 하는 것은 만행이요, 지적 사기일 것이다. 이 책을 금융파생상품, 기획금융, ABS, MBS, ABCP, CMO, CDO, CDS, 리츠, 뮤추얼 펀드 등의 금융상품, 금융화 전반에 대한 본격적 연구서처럼 꾸미지 않은 것도 (이미 실토한 무지의 한계를 별도로 치면) 이런 점과 무관하지 않다. 논의 대상에 대한 일정한 지식은 필수적일 것이기에, 그 역사, 기본 내용, 작동방식, 사회적 의미 등을 알아내고 설명하는 작업까지 기피할 수는 없다. 2장에서 8장에 이르는 각 장에서 신자유주의, 금융화, 금융파생상품, 기획금융, 미래할인, 공간생산, 주체형성 등의 개별 주제와 관련된 기본적 지식과 정보 등을 다룬 것은 그런 이유 때문이기도 하다. 그러나 신자유주의화나 금융화 같은 사회학적 현상, 기획금융이나 파생상품 같은 경제학적 주제에 대한 전문적 식견이 크게 부족한 점 때문에라도, 이 책은 나름의 글쓰기 전략을 필요로 한다. 내가 채택한 전략은 신자유주의 금융화의 축적체제 및 전략에 동원되는 금융상품, 금융공학을 관심의 중심에 놓되 그것들을 주된 논의 대상으로 삼기보다는, 그런 상품과 공학이 다른 사회적 현상들과 맺고 있는 관계에 초점을 맞추는 것이다. 이는 이들 상품이 경제학적 현상으로만 그치지 않고 문화와 정치와도 관련이 있으며, 이 관계가 오늘날 인류사회에 중대한 문제점들을 야기하고 있다고 보는 비판적 관점, 즉 오늘날 지배적인 문화정치경제 비판 또는 비판적 문화정치경제학의 관점이기도 하다. 이에 따라 나는 신자유주의적 금융 현상이 중요한 경제학적 문제로 등장함에 따라서, 개인적 사회적 의미 및 가치 생산, 주체성 형성, 시공간 조직 등 넓은 의미의 삶의 방식에서 어떤 변화가 일어나고 있는지 관찰하고, 이런 변화가 자본주의 사회에서 어떤 권력관계와 지배효과를 만들어 내는지 살피는 데 논의의 초점을 맞추고자 한다.

이 책에서 또한 주목하는 것은 그래서, 오늘날 금융공학을 가동하며 작동하는 금융화 과정에 따라 발생하는 문화와 정치와 경제의 상관관계, 이 관계의 작동방식, 그리고 그로 인해 만들어지는 사회적 효과다. 사실 내가 파생상품과 기획금융 등의 작동원리와 그에 따른 파장이 중요한 사안임을 깨달은 것은 이들 상품 자체의 정체를 제대로 파악했기 때문이라기보다는, 오늘날 일어나고 있는 일상생활의 변화, 다시 말해 일상적 경험의 조건이나 방식 변화에 대한 관심 때문이었다. 최근에 들어와 대규모 개발과 건설이 유난히 빈번하게 이루어지고, 그로 인해 자연환경과 도시경관이 천지개벽 수준으로 바뀌는 것을 보고 의아해한 사람이 어디 나뿐이었겠는가. 급격한 변화가 일어난 것은 시간 경험에서도 마찬가지다. 자연적 시간 흐름은 물론이고, 시간에 대한 기계적 통제 수준도 벗어나서, 거의 자의적이다 싶을 정도의 현란함을 보여주는 시간 조작이 빈번하게 행해지고 있는 것이 오늘날이다. 디지털기술의 광범위한 보급과 더불어, 공간적 배치에 따라 자연적 시간 차이를 갖는 장소들 간의 실시간 소통이 가능해지고, '세계화' 현상과 함께 대규모 수준의 교역이 증가하면서, 서로 다른 공간들 간에 전에 없던 관계들이 대거 생겨나고 있다. 더 나아가 경험조건들을 규정하는 시공간이 새로운 형태로 조직됨과 아울러, 사람들의 행동이나 활동 방식, 사람들이 추구하는 인간형 또한 크게 바뀐 것으로 보인다. 한마디로 새로운 시공간 생산양식과 주체성 형성양식이 맞물려 등장한 것이다. 애초에 나의 관심을 끌기 시작한 것은 바로 시공간 직조가 이처럼 새롭게 변화하고, 그와 더불어 새로운 인간형이 등장하고 있다는 점이었다.

하지만 시공간의 직조와 주체형태에 대한 나의 관심은 오랫동안 '느낌'

차원에만 머물렀고, 그것을 현상학적으로 묘사하는 데 그쳤던 편이다. 눈앞에 전개되는 현란한 도시경관, 전에 없이 복잡한 시간경험을 개인적으로 흥미롭게 느낀 결과다. 하지만 이 책에서 나는 새로운 경험에 대한 현상학적 묘사만으로 그치지 않고, 좀 더 심층적인 분석으로까지 나아갈 작정이다. 현상학적 묘사가 중요하지 않다는 말은 물론 아니다. 시공간 직조와 경험의 묘사는 그 자체로 가치 있는 작업이며 이 책에서도 필요할 경우 그런 작업을 마다하지 않을 것이다. 하지만 오늘날 시공간에 대한 현상학적 묘사를 넘어서고 싶은 것은 지식생산은 '해석적' 접근만으로 이루어지지 않고, '설명적' 접근도 동시에 요구하며, 적어도 여기서는 후자가 더 필요하다고 보기 때문이다.[27]

빌렘 플루서Vilem Flusser에 따르면, 하늘에 뜬 구름을 대하는 방식에는 두 가지가 있다. 하나는 그것을 또 다른 정신으로 보고 해석하는 것이고, 다른 하나는 설명해야 할 대상으로 보는 것이다. 시인은 구름을 또 다른 정신으로 간주해 말을 걸고, 과학자는 그것을 설명해야 할 대상으로 본다(플루서, 2001: 11-15).[28] 전문적 지식생산 실천으로서의 학문들이 서로 분리될 수 있는 것은 동일한 대상을 놓고도 이처럼 상이한 접근이 가능하기 때문이다. 하지만 오늘날 '구름'에 접근하는 지배적 방식은 과학자의 그것이라고 할 수 있다. 17세기 이후 고전역학을 중심으로 한 자연과학의 등장으로 '과학적' 모형이 더 큰 영향력을 갖게 되고, 19세기에 등장한 사회과학

27_ 이 부분을 작성하고 난 뒤 하비의 다음 구절을 읽게 되었다. "공간과 시간이 사회적이면서 객관적이라면, (흔히 갈등적인) 사회적 과정들이 그런 객관화를 규정하게 된다. 그렇다면 이런 과정은 어떻게 연구될 수 있는가? 무엇보다도 공간과 시간의 객관화는 생각, 아이디어, 믿음의 세계를 살피는 것에 의해서가 아니라(그런 것들의 연구가 늘 보람이 있다고는 해도), 사회적 재생산의 물질적 과정들에 대한 연구로부터 이해되어야 한다"(Harvey, 2000: 231).

28_ 이와 같은 방식의 이해는 "빌헬름 딜타이Wilhelm Dilthey 이래 보편화된, 자연과학을 '설명'으로, 정신과학을 '이해'로 규정하는 방법론적 이원론"에 기반을 두고 있다고 할 수 있다(뵈메·마투섹·뮐러, 2009: 32). 이들 전통은 20세기 중반 스노C. P. Snow가 극복해야 한다고 말한 '두 문화'를 대변한다.

이 '가치중립적' 지향을 표방하면서 '해석'보다는 '설명'이 더 중요한 지식의 형태로 부상한 것이다(Richard Lee, 2004; 강내희, 2010a: 52). 근대에 들어와서 과거 앎의 대상을 정신현상으로 보던 인문학의 지위가 크게 낮아진 것은 이 결과이기도 하다. 이런 점을 고려할 때, 다양한 금융상품과 함께 오늘날 시공간과 주체형태가 새롭게 조직되고 형성되는 방식을 놓고 여기서 '설명'을 더 중시하겠다는 것은 '시류'를 따르자는 것, 따라서 중요하다고 한껏 강조한 비판적 문화연구의 정신과는 어긋난 것으로 보일 수도 있겠다. 그러나 오해를 무릅쓰더라도 '설명'의 중요성을 강조하는 것은 오늘날 지배적인 자본주의적 '문화정치경제'에 대한 비판적 이해를 위해서는, 이 '문화정치경제'의 형성 기제를 내재적으로 규명할 필요가 있겠다는 생각 때문이다. 이런 판단에는 내가 영문학 전공자로서 전문적인 지식생산의 길에 처음 들어섰다는 점이 적잖이 작용한다. 비판적 문화연구의 길로 접어들었다고 영문학 연구의 가치와 의의를 잊은 것은 물론 아니나, 나는 작품 비평 즉 해석에 매달리는 영문학 연구, 나아가서 인문학의 지배적 관행에서 벗어나고 싶었다. 밥 제솝이 제시한 'CPE 접근법'에 대해 많은 부분 공감하면서도, '문화적 정치경제' 대신 '문화정치경제'를 이 책의 문제설정으로 삼고자 하는 것 역시 비슷한 이유에서 비롯된 일이다. 거대한 사회적 변동을 통해 형성되는 새로운 시공간적 직조에 대한 현상학적 관심에 못지않게, 오늘날 삶의 결을 '과학적으로' 이해하고 설명하는 일도 중요하며, 때로는 더 그러하다고 보는 것이다.

여기서 요청되는 '설명'은 언뜻 보면, 프레드릭 제임슨Fredric Jameson이 말하는 구조의 이해, 또는 총체성의 이해에 가깝다. 제임슨에 따르면, "'총체화' 과정이란 종종 다양한 현상들 간의 연결 맺기 이상의 의미가 아니다"(Jameson, 1991: 403). 오늘날의 지배적 '문화정치경제'를 총체성으로 파악하는 것은 물론 중요하다. 문화정치경제를 문화정치, 문화경제, 정치경제로 분해하면서도, 동시에 이들 인수因數를 각각 경제적 문화정치, 정치적 문화경제, 문화적 정치경제로 다시 조합하여 생각할 필요가 있다고 보는 것은 제임슨이 말하듯이 '다양한 현상늘 간의 연결' 즉 총체화하려는 노력을 지속하기 위함이다. 그런데 문제는 '현상들 간의 연결 맺기'를 구체적으로 어떻게 하느냐는 것이다. 제임슨은 과연 자신의 '연결 맺기'를 통해 '설명' 작업을 제대로 수행한 것일까? 내가 보기에 그의 '총체성'은 구체적인 경험적 대상이라기보다는 상징물에 가깝고, 그의 '연결 맺기'는 따라서 상징적 현상들 간의 상동성 읽기에 멈춘 경우가 많은 것 같다. 총체성을 복잡한 인과관계를 지닌 개별적 인수들로 구성된 구체적인 현실로 인식한다면, 우리는 이 대상을 해석해야 할 상징적 텍스트로서만이 아니라 규명하고 설명해야 할 작동 기제로 취급할 필요가 있다. 내가 이 대상에 접근하는 방식은 따라서 좀 더 '경험과학적'이다.29 이 책 전반에 걸쳐, 인문학자가 통상 금기시하는 통계 제시를 통해 내 논지를 입증하는 서술방식을 취한 것이 그 한 예다.

그렇다고 다양한 현상들 간의 상동성 확인이 쓸모가 없고, 현상들의 해석이 무의미하다는 말은 아니다. 오늘날 대규모로 조성되어 삶의 결 바꾸기에 큰 몫을 하고 있는 초고층 건물들을 예로 들어보자면, 이들 건물의 외관과 그 미학적 특징, 그리고 그 존재가 삶의 방식에 미치는 영향 등을 묘사하고, 분석하는 작업은 문화연구를 포함하여 인문사회과학을 전공하는 연구자라면 당연히 중요한 일로 여기고 성의를 갖추어 추진할 일이다. 오히려 문제는 한국의 지식생산에서는 이런 작업을 성의 있게 추구하는 연구자가 드물다는 데 있다고 봐야 한다. 오늘날 한국처럼 지식생산자를 20세기 중반 이전에 조직된 분과학문체제에 가둬놓고 옴쭉 달싹 못하게 하는 곳도 없을 것이다. 그뿐만 아니다. 한국은 특히 인문학 분야의 경우 학문이 아직도 탈식민화되지 못하여, 자기 현실에 대한 관심 자체가 희박

29_ 이때 '경험'은 '문제설정' 개념에 의해 새롭게 이해된 것임을 인식할 필요가 있겠다. 하나의 '문제설정'에서 경험적 대상은 '이미 주어진 것'이라기보다는 '이미 주어진 것으로 나타나는 것'으로 이해된다. 이에 따라 경험적 대상의 현상적 모습은 불변하지만 그 의미는 새롭게 해석될 수 있다.

하다. 이런 조건에서는 목하 사람들이 일상생활을 영위하고 경험하는 방식과 틀을 직접 묘사하는 것 자체가 대단한 지적 모험이 된다. 하지만 나는 여기서도 한 걸음 더 나아가야 한다고 말하고 싶다.[30] 전공의 한계를 뛰어 넘어 현실의 모습에 관심을 갖는 것은 좋은 일이지만, 그렇다고 그에 대한 현상학적 묘사에만 그치고, 과학적 규명과 설명을 시도하는 일은 또 다른 사람 몫으로 넘긴다면, 통합적 지식생산은 계속 요원한 일로 남게 된다.

초고층 건물의 외관에 대한 관심과 함께 왜 그런 건물들이 들어서고 있는 것인지, 그 형성의 물적 조건은 무엇인지, 오늘날 거대한 규모로 우리 눈앞에 나타나고 있는 도시경관은 어떤 기제를 통해 형성되는 것인지, 그리고 새로운 경관은 어떤 주체형태를 전제하고 있는지 따져보는 작업, 이런 작업이 아마도 해석과 설명을 함께 추구하는 지적 작업이 될 것이다. 서울 용산에서 추진했다가 최근 무산된 국제업무지구 조성 공사가 한 예다. 이 사업에는 처음 150층짜리로 짓는다고 하다가, 나중에는 111층으로 낮추기로 했지만, 그래도 여전히 눈을 현란하게 만들 만큼 높은 표지건물을 비롯하여, 99층의 쌍둥이 건물 등 50층 이상의 초고층 건물 23동을 건설할 계획이 포함되어 있었다. 국제업무지구 사업이 계획대로 추진되었다면, 사람들의 공간감각을 얼마나 크게 바꿔놓았을까. 시골 출신으로 세계적인 대도시 서울에서 살아오면서 실감해온 바로는, 이런 공간은 그 속에 들어가거나 심지어 멀리서 보고만 있어도 우리의 신체행동까지 은연중에 바꿔낸다. 따라서 이런 경험적 변화 기제를 이해하고 분석하는 일은 우리의 공간적 경험을 심층적으로 이해하는 일이 될 수 있다.

물론 용산국제업무지구 조성 계획은 무산되었다. 서울 상암동에 150층 규모로 들어서기로 되어있던 디지털단지 등 많은 유사한 사업들도 2008년

30_ 자기 전공 분야 외부로 한 발짝 더 나아가려고 노력하는 것이 비판적 지식인이 취할 태도이며, 그렇게 하는 것이 분과학문 체제 나아가 지배적 생산양식을 깨는 의미 있는 행보가 될 것임을 몸소 일깨워준 선배 지식인이 고 김진균 선생이다.

부터 시작된 세계경제의 위기와 맞물려 취소된 경우가 많다. 이런 점을 두고 혹자는 공간의 금융화는 이제 큰 문제가 아니라고 할지도 모르겠다. 그러나 이들 사업은 상황에 따라서 언제든지 재개될 수 있고, 이미 조성된 건조 환경만 갖고서도 한국의 많은 대도시들은 이미 천지개벽이 된 상태라는 점에서, 우리의 관심을 충분히 끌만하다.[31] 지금 부산의 해운대 지역은 과거 모습을 전혀 찾아볼 수 없을 만큼 초고층 건물들이 밀집해 있다. 따라서 왜 최근에 한국 전역에 대규모 건설사업이 벌어지게 되었는지, 그 과정에서 작동하는 문화정치경제적 기제는 무엇인지 알아낼 필요가 있다고 본다. 우리가 갖게 되는 현상학적 경험도 그런 기제의 작동과 무관할 수 없겠기 때문이다.

자신의 재임 시절 '디자인 서울' 사업을 추진하던 오세훈 전 서울시장이 2008년 10월 영국의 건축가 리처드 로저스와의 면담에서 도시 개발과 관련하여 밝힌 입장이 이런 맥락에서 관심을 끈다. 그는 해당 사업 과정에서 600년 전통의 서울 종로 피맛골이 사라지게 되자, "피맛골의 향수를 간직하기 위해 많은 노력을 했지만 현재의 시스템 안에서는 (보존을 위한) 뾰족한 수가 없다"는 요지의 발언을 했다. 이유인즉슨 "도시는 아무래도 효율을 중시하기 때문에 인구 밀도가 높은 도시의 경우 개발이 불가피하다"는 것이었다(한겨레, 2008.10.30). 이 발언에서 '현재의 시스템'이란 표현에 특히 주목할 필요가 있다. 오세훈은 피맛골을 없애며 도시 개발을 추진해야 하는 이유로 이 시스템을 꼽았지만, 이때 그는 '시스템'을 효율과 관련된 것으로 당연시할 뿐, 그 내용이나 그것을 구축해야 하는 이유를 제대로 해명하거나 밝히고 있지는 않다. 이 책을 통해 주목해서 살펴보고자 하는 것이 이 '시스템'이다.[32] 이런 시스템을 해석만 할 대상으로 여기는 것은 큰 실수일 것

31_ 이 부분을 고치고 있는 동안 두바이가 금융위기 이후 중단되었던 대규모 건설사업을 다시 시작했으며, 특히 세계 최초의 '실내도시' 건설 계획을 발표했다는 내용의 기사를 보게 되었다(Wainwright, 2014.7.9).

32_ 여기서 제임슨이 포스트모던 상황을 언급하며 한 말을 떠올릴 수 있겠다. "우리는 체계의 이름을 불러야 한다"(Jameson: 418). 이 책에서 내가 하고자 하는 작업은 이

같다. 해석도 필요하지만, 그 작동기제를 규명하고 설명하는 일도 생략할 수 없다. 이 책에서 내가 하려는 작업은 그래서 신자유주의 금융화와 문화정치경제의 작동방식을 규명하고 그 의미를 살펴보는, 다시 말해 '설명'과 '해석'을 결합하는 한 시도가 될 것이다.

체계의 이름을 찾는 일이 될 것이다.

제2장

신자유주의

1. 서론

이 책에서 중점을 두고 전개하려는 논의는 각종 금융상품의 최근 등장으로 인해, 시공간과 주체성을 조직하고 형성하는 조건이나 방식에서 어떤 변화가 생겨나고, 이와 더불어 3대 사회적 실천 층위인 문화와 정치와 경제가 서로 관계 맺는 과정 및 방식이 어떻게 바뀌어 왔는지 살펴보는 데 초점이 맞춰져 있다. 이런 작업을 진행할 때에는, 각종 경험적 대상, 사회적 제도와 구조, 일상적 관행과 신체적 습속, 담론상의 주제나 쟁점 등을 우리가 어떻게 접하고 이해하고 수용하는지 살피는 일이 중요하다. 금융파생상품과 기획금융, ABS, MBS, 리츠, 뮤추얼펀드 등의 등장은 우리로 하여금 다양한 사회적 현상과 경향, 개인 또는 집단 차원의 발전을 위한 노력, 즉 사회적 여망과 계획 등을 새로운 방식으로 바라보고 추구하도록 하는 특정한 영향력을 발휘할 것으로 예상되므로, 직접적인 경험 대상으로 떠오르는 각종 사회적 현상과 경향이 단순한 '대상'이기만 한 것이 아니라, '대상으로서 제시되고 있는 것'임을 잊지 말아야 한다. 1장에서 언급한 것처럼, '문화정치경제'의 문제를 이 책의 주된 탐구 대상으로 설정한 것도 파생상품 같은 금융상품이 금융적 축적에서 핵심적 기제로 작동하게 되면, 문화가 문화이고 정치가 정치이며 경제가 경제인 방식에 새로운 변화가 생긴다는 것, 문화는 정치 및 경제와, 정치는 문화 및 경제와, 경제는 문화 및 정치와 새로운 관계를 맺게 되고, 이들 관계 및 이들 관계가 거치는 사회적 과정과 관련된 우리의 지식, 습속, 욕망에도 새로운 관계지형이 형성될 것임을 염두에 두었기 때문이다. '문화정치경제'의 문제설정은 이런 점에서 '문화정치경제(학) 비판' 또는 '비판적 문화정치경제학'을 지향하는 지식생산 기획에 해당한다고 하겠다. 오늘날 지배적인 '정치경제' 문제를 정치경제 비판의 시각과 함께 비판적 문화분석 및 문화경제의 관점에서도 살펴보고, 지배적인 '문화정치'의 경향을 지배적인 문화정치 및 정치경제 비판의 관점에서, 그리고 지배적인 '문화경제'를 문화경제에 대한 비판적 분석과 함께 정치경제 및 문화정치 비판의 관점에서 살펴보려는 것이 '문화정치경제'라는 문제를 설정하는 취지인 셈이다.

그런데 오늘날 문화정치경제의 특징들을 형성하는 요인들이 있다면 무엇을 가장 중요한 것으로 꼽아야 하는 것일까? 이 책에서 내가 오늘날의 문화정치경제적 변동에서 핵심적으로 작용하는 사회적 동인으로 간주하는 것은 '신자유주의적 금융화'다. 이런 관점은 문화정치경제의 날줄과 씨줄이 되어 작동하는 시간과 공간의 조직, 주체의 형성에 지난 수십 년간 진행된 신자유주의적 축적 전략과 이에 따라 강화된 금융화가 중대한 요인 또는 조건으로 작용한다는 판단에 근거한다. 신자유주의적 금융화가 오늘날 문화정치경제에서 미치는 중요성을 보여주는 단적인 예를 우리는 파생상품, 채권, 펀드, 리츠, 기획금융 등 다양한 금융상품의 등장과 함께 일어난 거대한 변화를 통해 볼 수 있다. 이들 금융상품은 신자유주의적 축적체제에 강화된 금융화의 산물이라는 점에서 일차적으로 제솝이 말하는 비담론적 제도적 층위—예컨대 금융제도—에 속한다고 여겨지지만, 오늘날 그것들이 거대한 시장을 형성하며 거래되고 추진되는 것은 '일상문화의 금융화'라는 문화적 변동을 촉진한 담론과정의 결과라는 점(Martin, 2002) 또한 부인하기 어렵다. 현단계 문화정치경제의 흐름을 살펴보기 위해 파생상품과 기획금융이라는 금융상품들의 작동에 관심을 갖는 것은 따라서, 꼭 '정치경제학적' 관점으로 후퇴함을 의미하는 것은 아니다. 물론 나는 인문학자 '출신'의 한계를 극복하고자 '모험적 문화연구자'의 자세를 취하겠다는 다짐을 내비친 적은 있다. 이에 따라 이 책에서의 논의는 정치경제의 작동 자체를 살펴보기 위해 때로는 인문학적 담론의 영역을 벗어나는 경우도 있겠지만, 그래도 그런 논의를 가능한 한 다시 인문학적 담론과 접속시켜, 되도록이면 문화와 정치와 경제의 상호 관계 및 그 전체상이 드러나도록 진행해 보려고 한다.

이 장에서 살펴보려는 것은 신자유주의와 문화정치경제의 문제다. 신자유주의는 이 책에서 오늘날 자본주의가 지구적 차원에서 가동하는 축적체제 또는 이데올로기로 설정된다. 신자유주의는 대략 1970년대 초부터 부상하여, 1970년대 말 이후 미국, 영국, 중국 등 주요 자본주의 국가들에 의해 축적을 위한 국가적 정책 노선으로 채택된 뒤, 여타 국가로 확산되어 지금까지도 세계자본주의의 지배적 축적체제로 작동하고 있다. 물론 신자유주의는 2000년대 후반 이후 위기에 빠진 것이 사실이다. 미국에서 2007년의 비우량주택담보대출 위기에 이어 2008년 금융위기가 발생한 뒤, 2010년에는 유럽에서 국가부도위기가 발생하더니, 미국이 위기 극복을 위해 취해온 '양적 완화'를 축소하기 시작한 2013년부터는 '신흥시장'이 위기 조짐을 드러내는 등, 신자유주의가 주도하는 자본주의 세계경제는 크게 휘청거리고 있다. 하지만 그렇다고 신자유주의의 영향력이 축소되었다고 할 수는 없으며, 그 지배력은 여전하다고 봐야 한다. 신자유주의의 헤게모니는 미국의 재무부와 연방준비은행, 유럽의 '3인방'(유럽연합집행위원회, 유럽중앙은행[ECB], 국제통화기금[IMF]) 등이 최근의 위기관리를 지휘하고 있다는 사실로써 확인이 가능하다. 이들은 그동안 세계경제의 금융화 과정을 주도했고, 최근의 금융위기를 야기한 투자은행 등 금융세력이 위기 해결 과정에서 더 큰 이득과 혜택을 얻을 수 있도록 하는 조치를 취해 왔다(홍석만·

송명관, 2013). 세계 경제위기를 일으킨 당사자가 위기의 관리자로 나선 형국인 것이다.

신자유주의에 대해 비상한 관심을 기울여야 하는 이유도 여기에 있다. 오늘날 신자유주의가 위기에 처했는데도, 헤게모니를 잃지 않고 세계를 지배하고 있다는 것은 우리에게 중대한 과제를 던져주는 것 같다. 현단계 자본주의는 어떻게 작동하고 있는 것인지, 신자유주의가 야기하는 문제와 위험은 무엇인지 정확하게 파악하고, 어떤 대안을 찾아야 할 것인지 따져봐야 하는 것이다. 이를 위해서는 무엇보다도 지금 인류사회를 지배하고 있는 자본축적의 체제와 전략을 규명하는 것이 중요하다. 신자유주의, 나아가 신자유주의 축적체제와 함께 작동하는 금융화 전략에 대한 과학적 이해가 필요한 것도 여기에 있다. 이 장에서 나는 신자유주의가 어떻게 부상하여 지배적 축적체제의 위상을 차지하게 되었는지 그 경과를 알아보고, 아울러 신자유주의와 함께 문화정치경제는 어떻게 변하게 되었는지 살펴보고자 한다.

2. 신자유주의 시대 불평등의 심화

데이비드 하비David Harvey에 따르면, 신자유주의 정책을 본격 시행하기 시작한 1970년대 말 이후, 미국에서는 상위 소득자의 소득이 총 국민소득에서 차지하는 비중이 지속적으로 커졌다. 상위 1퍼센트 인구의 경우 관련 비중이 20세기 말에 이르러 2차 세계대전 이전 수준에 육박하는 15퍼센트로 증가했고, 상위 0.1퍼센트가 차지하는 비중도 1978년 2퍼센트에서 1999년 6퍼센트로 상승한 것이다. 다른 한편 노동자 월급의 중간 값과 최고경영자의 급여 비율은 1970년에 30 대 1이 조금 넘었던 데서 2000년에는 거의 500 대 1로 폭증했다. 이런 추세는 미국에서만 확인되는 것이 아니다. 영국에서도 상위 1퍼센트 소득자가 총 국민소득에서 차지하는 비중이 1982년 이후 6.5퍼센트에서 13퍼센트로 증가했다(Harvey, 2005: 15-19). 이런 사실은 1970년대 말 이후에는, 2차 세계대전 종전 이후부터 1960년대 말까지 시기와는 정반대의 추세가 형성되었음을 보여준다. 하비에 따르면, 1차 세계대전 이전 미국의 상위 1퍼센트 소득자가 총 소득에서 차지한 지분은 16퍼센트였다가 2차 세계대전이 끝날 무렵 8퍼센트 수준으로 떨어진 뒤, 1960년대 말까지는 비슷한 수준이 유지되고 있었다(Harvey: 15).[33] 이런 사실은 1970년대 이후에 상황이 악화하기 시작했음을 말해준다. 최근의 통계가 보여주는 불평등의 모습은 더 암울하다. 2014년 초 가디언 지 보도에 따르면, 영국에서는 최상위 5가구가 최하위 20퍼센트 1260만명보다 더 많은 부를 보유하고 있고, 세계적으로는 89명 부자가 세계인구 절반인 35억명의 그것과 같은 규모의 재산을 갖고 있다(Elliott, 2014.3.17). 피케티Thomas Piketty에 따르면, 지금처럼 '슈퍼매니저'가 보너스 등으로 상상을 초월하는 임금 소득을 독점하는 추세가 계속될 경우, 2030년 미국의 상위 10퍼센트 인구가 차지하는 전체 소득 지분은 60퍼센트까지 이를 것이라 한다(Piketty, 2014: 264).[34]

33_ 프랑스의 경우는 미국 및 영국과 다른 추세를 보여준다. 1913년 프랑스의 상위 0.1퍼센트 인구의 소득 지분은 8퍼센트 정도였다가, 20세기 내내 줄곧 내려와서 2차 세계대전이 종전된 뒤에는 2퍼센트 수준에 머물렀다(Harvey, 2005: 17). 하지만 피케티Thomas Piketty는 프랑스의 임금 소득 불평등이 1945-2010년 기간에 양상이 다른 세 국면을 보여준다고 지적하고 있다. 상위 10퍼센트 소득자의 임금 소득의 경우 1945-67년 사이에는 전체 소득의 30퍼센트보다 낮은 수준에서 36, 37퍼센트로까지 상승하다가, 1968-1982년 사이에는 68혁명의 영향으로 불평등이 개선되면서 30퍼센트로 낮아졌으나, 1983-2010년 기간에는 소득 불평등이 다시 악화되어 33퍼센트로 상승했다는 것이다. 한편 상위 1퍼센트 임금 소득자의 지분은 1980년대, 90년대에는 전체 6퍼센트였다가, 2010년대 초에 이르면 7.5-8퍼센트로 증가한다(Piketty, 2014: 287-90). 여기서 피케티가 언급하는 소득은 세전 소득이다.

34_ 여기서 '전체 소득'은 노동으로부터 오는 임금 소득과 자본으로부터 오는 이자 등의 소득을 합친 것이다. 피케티는 최근 소득 불평등의 주된 원인은 임금 소득의 격차에서 비롯되는 것으로 설명한다. 자본 소득보다 임금 소득이 더 중요한 것은 일반적으로 임금이 전체 국민소득의 3분의 2 또는 4분의 3이나 차지하기 때문이다. 피케티에 따르면, 상대적으로 평등한 스칸디나비아 국가들의 상위 10퍼센트 인구가 차지한 지분은 1970년대, 80년대에 국민소득의 25퍼센트였고, 같은 시기 독일과 프랑스는 30퍼센트였으나, 뒤 두 나라의 경우 2010년대에 들어와 35퍼센트를 차지하게 된다. 하지만 불평등이 더 심한 나라에서는 상위 10퍼센트 인구가 국민소득의 50퍼센트나 차지하고,

한국의 경우도 경향이 전반적으로 비슷하다. 신광영의 연구에 따르면, 한국은 1987년의 민주화 체제 수립 이후 불평등이 개선되다가, 1997년 외환위기 이후 신자유주의 강화와 함께 다시 악화된 것으로 나타났다. 지니계수의 경우 1988년에 0.336이던 것이 "지속적으로 감소해 1996년에는 0.295로 0.3이하로 떨어져서 상대적으로 분배가 양호한 국가군에 속하게 되었"으나, "외환위기 이후인 2000년 지니계수는 3.50으로 1988년 이전의 수준으로 불평등이 심화"된 것이다(신광영, 2013: 44). 가구를 10퍼센트 단위로 구분했을 경우, 하위 30퍼센트 가구의 소득은 1990년대 중반까지는 증가했다가 이후 급격히 줄어든 반면, 상위 10퍼센트는 반대 양상을 보이는 것으로 나타났다. 부의 집중 현상은 2000년대 이후에 1988년 전보다 더욱 심해져 상위 10퍼센트의 소득 비중과 하위 10퍼센트의 소득 비중 간 차이가 "1988년 9.83에서 1993년 8.82와 1996년 8.43으로 감소 추세를 보이다가, 2000년 12.85로 크게 증가"한다. 상위 20퍼센트의 가구소득 비중과 하위 20퍼센트 소득 비중의 비율에서도 "1988년 5.72, 1993년 5.27, 1996년 4.96으로 줄어들다가, 2000년에 이르러 5.93으로 크게 증가했다"(신광영: 66-67).

1970년대 이후 세계의 정치경제적 변화를 이런 식으로 정리하는 것은 그동안 인류가 성취한 '놀라운 발전'을 무시하는 처사라는 지적이 제기될 수도 있다. 사실 신자유주의 정책이 펼쳐지는 동안 엄청난 부를 축적한 나라도 적지 않다. 그린Francis Green에 따르면, OECD 국가의 국민들은 2000년에 이르러 1970년에 비해 두 배는 더 부유해졌다(Green, 2006: 1). 부가 급증한 것은 한국도 마찬가지다. 신자유주의 정책이 도입되기 시작한 1980년 한국은 국내총생산(GDP)이 39.1조원에 불과했지만(국회예산정책처, 2011), 30여년이 지난 2011년에 이르러서는 1237조원으로 31배 넘게 증가했고, 1인당 국민총소득(GNI)은 2012년 기준 22708달러가 되는 등 세계 주요 경제 국가로 부상했다(한겨레, 2013.3.26). 중국의 경우도 1980년 2024.6억 달러에

상위 1퍼센트 인구의 지분만도 20퍼센트나 된다. 앙상레짐 시절 프랑스와 영국이 이런 상태였고, 지금은 미국이 같은 모습이다(Piketty: 263).

서 1990년에는 3902.8억 달러, 2000년 1조1984.8억 달러, 2011년 6조9884.7억 달러로 한국과 엇비슷하게 34.5배로까지 증가해서(Sedghi, 2012), 1인당 GDP 는 5000달러 남짓해 아직은 낮은 수준이나, 경제규모로는 세계 2위로까지 올라섰다. '경이로운 경제 발전'을 이룩한 나라가 한국과 중국으로 그치는 것도 아니다. 과거 한국, 중국과 함께 제3세계로 분류되던 홍콩, 싱가포르, 타이완 등도 '개발도상국'은 말할 것도 없고, 이제는 '신흥공업국' 수준을 넘어선 선진국으로 분류된다. 오늘날 '신흥공업국'에는 멕시코, 브라질, 인도, 말레이시아, 타이, 터키, 남아프리카 공화국 등이 포함되며, 이들 나라 일부는 러시아와 함께 '브릭스'(BRICs)라 불리면서 새로운 경제발전 잠재력을 가진 나라들로 간주되고 있다. 신자유주의적 축적이 진행되는 동안 상당수 나라들에서 놀랄 만한 규모와 수준의 부가 축적되었다는 말이겠다.

하지만 대규모의 부가 축적되었다고 해서 사람들이 골고루 혜택을 누리지는 않는다. 한국인 다수는 소득상의 불평등과 더불어 지금 전례 없이 큰 규모의 부채로 시달리는 중이다. 가계부채가 1100조원을 넘어선 것이다. 이와 무관하지 않은 자살률 급등도 문제다. 한국인의 자살률은 세계에서 2위, OECD 국가 중에서는 1위로까지 '등극한' 실정이다. 중국에서도 거대한 경제적 성장과 함께 심각한 사회적 불평등 심화가 이루어져, 2013년 초 새로 등장한 중국지도부는 소득 격차 문제 등을 해결하는 방편으로 부패와의 전쟁을 선포하고 나서야만 했다. 더 부유해진 개인일지라도 문제가 없지 않다. 2000년 현재 1970년보다 두 배 더 부유해진 OECD 국가 국민들의 경우, 삶의 질 특히 노동의 질이 크게 악화된 것으로 분석되고 있다. "노동과 생활의 균형 악화, 노동 강화에 따른 작업장 스트레스 증가, 비숙련 노동자의 임금 적체 또는 감소, 고용불안 증가" 등이 그 원인이다(Green, 2006: 4).

핵심 문제는 역시 소득 불평등과 빈곤 증가일 것이다. 마르틴Hans-Peter Martin과 슈만Harald Schumann에 따르면 세계는 이미 1990년대부터 '20 대 80 사회' 현상을 빗고 있고(마르틴・슈만, 1997), 초스도프스키Michel Chossudovsky 에 따르면 신자유주의 세계화의 진행과 함께 줄지어 부채위기에 빠진 국가들에 IMF가 '충격요법'을 가한 결과 '빈곤의 세계화'가 일어났다(초스도프스키, 1999). 오늘날 사회적 불평등과 빈곤 문제의 심각함은 미국과 유럽 등 OECD에 속한 '선진국'이라고 예외는 아니다. 미국의 경우 빈곤과 불평등 수준이 OECD 선진국 중 가장 높은데, 신자유주의가 강화된 1980년대 이후 이런 현상이 특히 두드러졌다(이강익, 2010). 랜디 마틴Randy Martin에 따르면 수정자유주의가 축적전략으로 작용하던 1959년부터 1973년까지 미국의 빈곤율은 22.4퍼센트에서 11.1퍼센트로 내려갔으나, 신자유주의적 금융화가 진행되어 최고의 호경기를 맞은 1990년대에는 오히려 증가했다. 빈곤율은 1989-95년 사이에 더 증가했다가 1990년대 후반부에 들어와서 14.1퍼센트에서 13.1퍼센트로 떨어졌는데(Martin, 2002: 161), 이것은 '벨 에포크 belle époque' 즉 호시절이라던 1990년대가 1980년대보다 빈곤율이 더 높아졌다는 것으로, 신자유주의 지배 하에서는 축적의 증가가 사회적 불평등 축소나 개선으로 이어지진 않는다는 말일 것이다. 아이작스Gilad Isaacs에 따르면, 미국 노동자의 임금과 급료가 국내총생산(GDP)에서 차지하는 비중도 1970년 53퍼센트에서 2005년에는 46퍼센트로 감소했고, 비농업 부문 노동자의 실질임금은 1972년 8.99달러에서 2006년 8.24달러로 줄어들었다(Isaacs, 2011: 13). 2007년의 비우량주택담보대출 위기와 2008년의 금융위기 여파로 2010년 미국에서 압류된 주택 수가 100만 채가 넘은 점을 생각하면(Harvey, 2012: 54), 미국인의 삶은 최근 들어와 더욱 크게 어려워졌을 것임이 분명하다.

영국도 상황이 비슷한데, 특히 아동빈곤의 문제가 심각하다. 중간소득의 60퍼센트 이하 소득 가정에 속하는 상대적 빈곤 아동의 숫자가 2010-12년 전체 아동 18퍼센트에 해당하는 230만명이며, 주택비용을 계상하고 나면 27퍼센트에 해당하는 360만명이나 된다(Ramesh and agencies, 2012). 2013년의 영국통계당국 발표에 따르면 현재 추세가 계속될 경우 상대적 빈곤에 처하게 될 빈곤 아동은 230만명에서 340만명으로 치솟을 전망이다(Ramesh, 2013). 2011년에 영국에서 청소년 폭동이 일어나고, 스페인, 포르투갈, 이스라엘 등에서 '분노한 사람들'이 등장하고, 미국에서 점령운동이 시작된 것을 우리는 이런 맥락에서 이해해야 할 것이다(강내희, 2012d).

3. 신자유주의 이론

신자유주의 정책이 광범위하게 실시되는 동안 한편으로는 거대한 사회적 부가 축적되면서도 다른 한편으로 빈곤이 확산된 것은 축적된 부가 상향 집중되었기 때문이다. 여기서 질문이 하나 떠오른다. 신자유주의는 어떻게 해 이런 결과를 낳게 되었는가? 이 질문에 대한 답변은 신자유주의는 "국제 자본주의 재조직에 사용할 이론 설계를 위한 유토피아적 기획, 또는 자본축적의 조건을 재확립하고 경제 엘리트의 권력을 회복시키기 위한 정치적 기획"(Harvey, 2005: 19)으로, 최상 부유층의 "특권 회복을 겨냥한 정치적 쿠데타"요(Duménil and Lévy, 2007: 2), "생산에 대한 투자, 특히 사회의 진보보다는 상층 소득 계층의 소득 증대를 겨냥한 사회질서"(Duménil and Lévy, 2011: 22)라는 데서 찾아야 할 것으로 보인다. 3장에서 보겠지만, 사회 최상층의 이 권력 회복은 주로 금융화를 통해서 이루어졌다.

신자유주의는 이론상으로 보면 발본적 자유주의에 해당하며, 사회주의에 대한 노골적 반대의 입장이다. 신자유주의가 사회주의를 적대시한 것은 사회주의가 개인의 자유와 자발성을 짓밟는다는 이유 때문이다. 1947년에 오스트리아 출신 경제이론가 하이에크Friedrich Hayek가 주도하여 결성한 몽페를랭협회Mont Pelerin Society의 출범취지문이 이런 점을 잘 보여주고 있다. 이 취지문의 주요 내용은 "문명의 핵심 가치가 위험에 처해있다", "개인과 자발적 집단의 위상이 자의적 권력의 확장으로 갈수록 취약해지고 있다", "서양인의 가장 귀중한 소유물인 사상과 표현의 자유마저 위협당하고 있다", 그리고 이런 변화가 "사유재산과 경쟁 시장에 대한 신뢰 감소로 조성되었다"는 것이었다(Harvey, 2005: 20에서 재인용). 여기서 사회주의는 직접 언급되고 있지는 않지만, 개인과 집단의 위상을 약화시키는 '자의적 권력'이나, 서양인이 소중하게 여기는 '사상과 표현의 자유'를 위협하는 것이 사회주의임은 두말할 필요가 없다. 사회주의가 당시 자유주의자들에게 커다란 위협으로 다가온 까닭은 분명하다. 20세기 중반에 이르게 되면 이미 혁명에 성공한 소련만이 아니라 동구권과 중국, 북한, 중남미로까지 사회주의가 영향력을 키워가고 있었기 때문 아니겠는가.

그러나 몽페를랭에 모인 신자유주의자들의 주적은 역사적으로 이미 출현한 현실사회주의라기보다는 자유주의 진영 내부의 '변절자', 그들이 보기에는 사회주의의 위협에 굴복해버린 내부의 자유주의 흐름이었던 것으로 보인다. 사실 하이에크 등이 사회주의 권력이 구축된 나라들에 직접 영향력을 행사하려 했다고 보기는 어렵다. 그들의 활동 무대는 자유주의 국가들에 국한되었고, 따라서 그들이 할 수 있는 일이란 이들 국가의 정책기조가 결정되는 과정에 개입하여 영향력을 행사하는 정도에 불과했을 뿐이다. 신자유주의가 케인스주의를 자신의 실질적 경쟁 대상으로 삼게 된 것은 따라서 자연스런 일이라 할 수 있다. 몽페를랭협회가 창립된 1940년대 말은 미국을 위시한 자유주의 국가들이 케인스주의를 지배적인 경제정책, 사회운영 기조로 채택하기 시작했을 때다. 케인스주의는 1930년대 대공황과 같은 자본주의 위기를 예방하려면 시장에 대한 국가 개입이 필요하다는 입장이다. 반면에 신자유주의자들은 그와 같은 개입은 사회주의 노선에의 투항이라 규정하고, 강력하게 반대하고 나섰다. 물론 종전 이후 한동안은 케인스주의가 대세였던지라, 신자유주의자들이 처음부터 영향력을 행사했던 것은 아니다. 하지만 1970년대 이후부터는 자본주의적 축적의 조건 변화로 인해 신자유주의가 케인스주의 대신 자유주의 내부에서 헤게모니를 행사해오고 있다. 신자유주의가 이처럼 새로운 축적체제 또는 전략으로 부상하게 된 것은 어떤 의미가 있는 것일까. 이 질문에 대한 답을 구하려면 먼저 신자유주의의 이론적 경향과 특징을 살펴보는 것이 필요하다. 여기서는 신자유주의에 이론적 토대를 제공한 것으로 평가되는 하이에크의 입장을 중심으로

신자유주의 이론을 살펴보고자 한다.[35]

하이에크는 인간의 합리성을 신뢰하지 않았다. 기본적으로 인간의 능력, 특히 이성에는 한계가 있다고 봤기 때문이다. 하이에크에 따르면, 인간의 행동에는 수많은 변수들이 있으며, 이 변수들을 합리적으로 즉 인간이 만들어낸 계산으로 통제할 수 있는 가능성은 거의 없다. 그가 1930년대 대공황 극복을 위해 자본주의가 도입한 케인스주의적 계획경제를 강력하게 반대했던 것도 사회를 합리적 이성에 의해 관리하거나 통제하려는 시도, 인간의 이성적 계산에 의한 사회운영을 깊이 불신했기 때문이다. 하이에크가 계획이나 국가 대신 선택한 것은 '시장의 길'이다. 시장은 이때 구매자와 판매자를 연결하고, 가격 기제를 통해 공급과 수요에 대한 정보를 제공함으로써, 개인들 간의 거래를 일반적 부로 전환시킬 수 있을 것으로 간주된다. 시장이 이런 순기능을 할 수 있는 것은 '합리성 체계'로 작용하는 국가와 달리 인간 행동에서 등장하는 변수들을 선택할 자유를 제공하기 때문이다. 여기에는 인간 이성에 의해서는 그 변수들을 통제할 가능성이 없다는 판단, 차라리 그것들 스스로 자유로운 관계를 맺도록 내버려두는 것이 낫다는 판단, 즉 시장이야말로 변수들의 자유로운 선택을 허용해 궁극적으로 거래 조건을 개선시키며 최선의 진화과정을 보장한다는 생각이 작용한다. 이런 점에서 하이에크는 '자발적 진화의 신화'를, 시장에서의 적자생존을 최선의 선택으로 보는 사회적 진화주의를 수용했다고 할 수 있다. '자발적 진화'란 비합리적 행동이나 조직, 그리고 불리한 인간관계란 진화과정에서 자동적으로 걸러지게 마련이라는 발상이다. 하이에크가 자발적 진화를 만들어내는 기제로 간주한 것은 '경쟁'이다. 경쟁이야말로 진화를 위한 더 나은 선택을 제공하며, 인간지식의 한계를 보충하는 '발견절차'라고 본 것이다. 그는 경쟁을 제한할 경우 정보부족 현상이 생겨나며, 그렇게 되면 진화과정이 왜곡될 가능성이 높아진다고 믿었다. 각자에게 유리한 정보를 얻게 해주는

35_ 아래 하이에크 관련 내용은 드바인(Devine, 1999)에 근거하여 작성한 강내희(2007b: 246-48)에서 가져와 고친 것이다.

경쟁을 가능하게 하는 시장적 조건을 유지해야만, 사회는 비합리적이고 불리한 행동, 조직, 관계 등을 효과적으로 퇴출시킬 수 있다고 생각한 것이다. 이런 사유체계에서는 시장은 정부보다 더 우위의 사회조직 방식으로 받아들여지고, 반면에 합리적 제도 즉 정부와 같은 국가장치는 그 효율성과 존재 가치를 의심받게 된다. 정부는 그 주된 역할이 개인의 권리, 선택의 자유, 재산권 등 시장의 기반을 보호하는 데 국한될 때에만 존속을 허락받을 뿐이다.

적자생존을 바람직한 것으로 보는 데서 알 수 있듯이, 하이에크에게는 시장에서의 경쟁으로 인해 발생하는 정보나 부의 불평등이 문제가 되지 않는다. 시장 진입 가능성의 평등만 보장된다면, 시장 진입 결과 일어나는 사태는 어떤 불평등의 모습을 띠든 관계없다고 본 때문이다. 그는 누구나 참여할 수 있고, 물건을 사고팔 의무를 아무도 지지 않는다는 점에서 시장은 기본적으로 자유롭다고 주장했다. 이런 주장에는 사람들이 시장에서 자신에게 유리한 선택을 할 수 있는 자유만 갖게 된다면, 사회는 자동적으로 더 나은 형태로 발전할 것이라는 믿음이 깔려 있다. 시장은 이때 사회 발전을 위한 자동 조절 기제로 간주된다.

문제는 위에서 확인한 것처럼 개인의 자유, 시장의 자유를 강조하는 신자유주의적 관점이 사회운영의 기본 정책노선으로 수용되고 나면, 자본 권력이 사회적 통제로부터 벗어나서 그 힘을 끝없이 강화하게 된다는 데 있다. 이렇게 되면 '자유'도 새로운 모습을 띠게 된다. 그것은 더 이상 '양심의 자유, 언론의 자유, 집회의 자유, 결사의 자유, 자신의 직업을 선택할 자유' 등 인류가 추구하고 보호해야 할 형태의 자유가 아니다. 이제 자유는 "자신의 동료를 착취할 자유, 공동체에 걸맞은 기여는 하지 않은 채 과도한 이익을 취할 자유, 기술 발명이 공공 혜택을 위해 쓰이는 것을 막을 자유, 또는 사적 이득을 위해 은밀하게 획책한 공적 재앙으로부터 이익을 얻을 자유"로 바뀌어 버리기 때문이다(Polanyi, 1954; Harvey, 2005: 36에서 재인용).

4. 수정자유주의

신자유주의는 말 그대로 '새로운' 자유주의다. 신자유주의가 새로운 자유주의인 것은 자유주의이긴 하되 기존과는 다른 모습을 띠고 나타나기 때문이다. 기존의 자유주의는 수정자유주의였다. '수정자유주의'는 '착근자유주의embedded liberalism', '진보적 자유주의', '케인스주의' 등 다양하게 불린다. 수정자유주의가 역사적으로 등장한 맥락을 이해하려면, 20세기 초반에 자본주의의 안위를 위협하며 전개된 세계역사를 잠깐 돌이켜보는 것이 필요하다. 19세기 말까지 자본주의가 작동시킨 고전적 자유주의는 자본축적을 위한 자신의 활동에 대해 별다른 통제를 받지 않았던 편이다. 이 자유주의를 흔히 '자유방임주의'로 부르는 것은 그런 이유 때문이다.36

폴라니Karl Polanyi가 『거대한 변환』(1944)에서 지적한 것처럼, 19세기 자유주의는 자신의 역사적 사명을 경제를 사회로부터 분리시키는 데서 찾았다. 자유주의가 경제를 지배하기 이전의 전통 사회에서 경제는 사회로부터 분리된 실천 영역이 아니었다. 이전에 경제가 사회와 서로 엇물려 있었다는 점은 기근이나 다른 재앙으로 사람들이 살기 어려워지면, 관공서만이 아니라 부유한 개인들도 곳간을 열어서 사람들을 구휼하는 관행이 어느 사회나 만연했다는 점이 잘 보여준다. 그러나 사회 성원들을 기근 등으로부터 구제해 주곤 하던 전통사회의 이런 연대와 호혜 제도는 고전적 자유주의가 부상하면서 해체되기 시작했다. 폴라니는 방글라데시의 면화사업이 자본주의 관리 하에 들어가면서 경제가 크게 발전하긴 했지만, 이후부터는 기근만 들면 과거와는 달리 수백만 명이 죽어나가는 일이 생겨났다는 사실을 언급하며, 자유주의에 의해 경제가 사회로부터 유리될 경우 어떤 문제가 생기는

36_ 19세기에도 시장에 대한 통제가 아예 없었던 것은 아니나, 1945년 이후처럼 국가가 주도하여 시장을 관리하던 관행은 없었다고 봐야 한다. 질라드 아이작스에 따르면, 대공황 이전까지는 화폐발행, 가격안정, 금융제도 자체의 작용 등 금융에 대한 통제가 사적 제도인 은행 수중에 있었다(Isaacs, 2011: 10, 12).

지 예리하게 지적한 바 있다(폴라니, 1991: 200).[37]

그러나 이런 고전적 자유주의는 1917년에 러시아혁명이 성공을 거두고 뒤이어 사회주의 세계혁명이 독일, 이태리 등으로 번져나가게 되면서 커다란 도전에 직면하게 된다. 이것은 20세기 초에 들어와서 폴라니가 말한 '이중운동'이 강력하게 작용한 결과다. 한편으로 사회를 파괴하는 자유주의적 경향이 강화되자, 다른 한편으로 사회를 방어하려는 더 큰 힘이 나타난 것이다.[38] 자유주의는 이에 따라 새로운 생존전략을 구사하지 않으면 안 되었다. 물론 1차, 2차 세계대전을 치르고 난 뒤 미국 헤게모니가 수립된 것은 자유주의가 계속 지배력을 유지했다는 것을 말해준다. 하지만 이미 혁명에 성공한 소련이 건재한 가운데, 세계 최대 국가 중국이 공산화되고, 동구권이 사회주의로 전환한 20세기 중반의 역사적 조건은 자유주의가 고전적 형태로 작동하는 것을 더 이상 허락하지 않았다. 이때부터 자유주의가 수정자유주의 형태로 사회주의와 일정하게 타협한 것은 자유주의가 자신의 지배력을 유지하고자 후퇴 전략을 선택했음을 보여준다.

자유주의는 근대 세계체계의 지배적 이데올로기에 해당한다. 근대 세계체계에서 작동한 주요 이데올로기는 세 가지다. 전근대 지배계급 귀족의 보수주의, 새로 지배계급으로 부상한 자본가의 자유주의, 그리고 새로운 사회를 꿈꾸는 진보적 혁명세력의 사회주의가 그것이다. 이들 이데올로기

37_ 베스트Jacqueline Best와 패터슨Matthew Paterson에 따르면, 경제가 문화와 정치로부터 분리될 수 있다는 생각, '자유 시장경제'는 탈착된 경제라는 관점, 즉 "경제 영역은 자율적이고 자기-규제적 실체로서 사회적, 정치적, 문화적 영역들과 맞서있다"는 생각은 잘못된 것이다(Best and Paterson, 2010: 2). 어떤 경우든 경제와 정치와 문화, 사회는 서로 분리될 수 없다는 이유 때문이다. 이 책에서 나는 기본적으로 이런 관점을 지지하지만, 그렇다고 폴라니가 지적한 '경제의 사회로부터의 탈착'이 틀렸다고 보지는 않는다. 폴라니의 기본 논지는 자유주의 하에서 경제가 사회에 대해 더 큰 지배력을 갖게 되었다는 점, 즉 자유주의의 경향성을 지적하는 것으로 이해할 수 있다.

38_ "백 년 동안 근대사회의 역학은 이중적 운동에 지배되고 있었다. 즉 시장은 꾸준히 확대했지만, 그 운동은 특정 방향으로의 확대를 저해하는 대항적 운동에 직면하였다. 이 대항운동은 사회의 방어에 있어서 매우 중요한 것이었지만, 결국 시장의 자기조정 작용과는 양립할 수 없는 것이고, 따라서 시장체계 자체와도 양립할 수 없는 것이었다"(폴라니, 1991: 165).

는 때로는 서로 경쟁하고, 때로는 서로 협조하는 관계를 갖고 있었지만, 기본적으로 자본주의적인 근대 세계체계에서 지배이데올로기의 위상을 차지한 것은 당연히 자유주의다. 월러스틴Immanuel Wallerstein에 따르면, 자유주의는 국면과 정세에 따라서 일정한 양보를 통해 사회주의를 자신의 세력권 안으로 끌어들이거나 아니면 보수주의와 연대하면서 자신의 헤게모니를 행사해왔다(Wallerstein, 1991). 이렇게 보면, 제2차 세계대전 종전 이후 수정자유주의가 자본주의 축적전략으로 등장했다는 것은 당시 자유주의가 보수주의보다는 사회주의의 영향력을 더 크게 의식했다는 말이 된다. 종전 후 미국이 세계자본주의 체계의 헤게모니 국가로 등장함으로써, 자본주의의 재생산이 이루어지고, 따라서 자유주의가 계속 자본주의의 지배적 전략으로 작용하긴 했지만, 20세기 중반에 접어들면서 자유주의 세력은 소련을 중심으로 한 사회주의 세력의 존재를 의식하지 않을 수 없었던 것이다. 수정자유주의의 출현은 별다른 사회적 통제를 받지 않고 자본축적의 자유를 마음껏 누릴 수 있었던 19세기 후반과는 달리, 이제는 자본이 노동자계급에게 일정한 양보를 해야만, 자신의 헤게모니를 유지할 수 있게 되었음을 보여준다.

  20세기 중반에 수정자유주의가 축적전략으로 채택될 수 있었던 것은 당시 축적 조건이 좋았기 때문이기도 하다. 미국 헤게모니 아래 있던 자본의 축적순환 체계는 1940년대 후반 이후부터 1960년대 말까지 약 4반세기에 걸쳐 '실물적 팽창'을 누릴 수 있었다. 아리기Giovanni Arrighi에 따르면 자본주의적 축적은 역사적으로 네 차례의 순환주기를 거쳐 왔는데, 각 순환은 '실물적 팽창'과 '금융적 팽창' 두 국면으로 구성된다. 이 가운데 실물적 팽창 국면은 실물경제가 성장하는 시기, 즉 자본주의적 상품 생산이 순조롭게 이루어져 경제가 실질적으로 성장하는 시기다(아리기, 2008). 논자들이 이 시기를 가리켜 '자본주의의 황금시대'라고 부르는 것은 당시 실물적 팽창과 더불어 자본의 축적이 순조롭게 진행되었음을 말해준다 (Isaacs, 2011: 11). 실물경제가 호황을 이룬 덕택에, 자본은 노동자계급에게 양보를 할 수 있는 여유가 생겼다. 게다가 사회주의의 위협이 코앞에 있었던지라, 당시 자유주의가 사회주의에 대해 일정한 타협의 태도를 취한 것은 당연한 일이었다. 착근자유주의 하에서는 그리하여 자본과 노동의 계급타협이 이루어질 수 있었고, 미국의 경우 이것은 보건, 교육 등과 관련한 다양한 복지제도 구축을 통해 일정한 수준의 사회적 임금을 지불하는 형태를 띠게 된다. 이때 자유주의가 일정한 통제 하에 놓이게 되는 것은 최대한의 자유를 구가해온 "시장 과정, 기업 활동이 일련의 사회적, 정치적 제약과 규제 환경으로 둘러싸이게" 되기 때문이다. 반면에 "신자유주의 기획은 자본을 이런 제약들로부터 탈착시키려는 것이다"(Harvey, 2005: 11).

5. 신자유주의 부상

1970년대 초에 신자유주의 세력이 강력한 정치력을 갖게 된 데에는 여러 가지 역사적 요인이 작용했겠지만, 무엇보다 중요한 사실은 이때부터 축적의 조건이 크게 악화되었다는 것이다. 수정자유주의를 지탱하던 축적의 호조건, 경제적 여유는 1960년대 말에 이르러 소진되었으며, 공황이 도래했다.[39] 불경기와 통화팽창의 결합이라는, 수정자유주의의 경제이론인 케인스주의로써는 해결할 수 없는 스태그플레이션이 자본주의 경제를 위협하기 시작한 것이다. 자본의 축적순환은 이때쯤부터 금융적 팽창 국면에 접어들게 된다. 금융적 팽창이 일어난다는 것은 실물 경제를 중심으로 축적을 진행해오던 자본이 축적 조건과 환경 악화를 맞게 되었다는 것, 사실 위기 국면을 맞게 되었다는 것이다. 이런 시점에 신자유주의가 부상했다는 것은

39_ 하비에 따르면 최근의 세계화는 이때 발생한 공황에 대한 대응으로 진행된 것이다. "현재 모습의 세계화는 무엇보다도 1973년계에 발생한 위기에 대한 일련의 모든 공간적 조정을 추구한 것이었다"(Harvey, 2001: 28).

그렇다면 자본주의가 자신의 위기 극복을 위해 새로운 전략을 채택했다는 말이 된다.

안토니오 그람시Antonio Gramsci에 따르면, 한 사회세력이 사회적 주도권을 발휘하는 방식은 '헤게모니'를 행사하는 것이며, 이것은 '지배'와 '지적 도덕적 지도력' 두 형태로 나타난다(그람시, 1993: 77). '헤게모니' 개념에서 특히 강조되는 것은 '지도력'이다. 사회를 지배하고자 주도권을 잡으려는 세력은 "무력을 통해서라도, 그 집단을 '청산 또는 복종시키는" 것이 필요하지만, 계속하여 강압에만 의존할 수는 없다. "한 사회집단은 통치권을 획득하기 전에 이미 '지도력'을 발휘할 수 있으며 또 발휘해야 한다(이것은 그러한 권력을 획득하는 데 필요한 주요한 조건들 중의 하나다). 그러다가 그 집단이 권력을 행사하게 될 때, 그 집단은 지배적이게 된다. 그러나 권력을 확고하게 장악했다 할지라도 '지도'는 계속되어야 한다"(그람시: 78). 여기서 '지도'는 궁극적으로 무력과 같은 폭력에 의존하는 정치적 주도권과는 구분되는 것으로서, 도덕적, 지적, 나아가서 경제적 지도력까지 포함하는 사회적 능력이다. 헤게모니가 통상 '동의에 의한 지배'로 이해되는 것은 이런 지도력 개념을 전제하고 있기 때문이다. 특정한 집단이 사회적 주도권을 잡아 계속 헤게모니를 행사하려면, 그 집단은 군대나 경찰 같은 합법적 폭력수행 장치 등을 장악함으로써 지배를 공고히 하는 한편, 인민에게 경제적 혜택을 제공하고 아울러 일상적, 전문적, 과학적 상식이나 지식 등으로 구성되는 지배이데올로기를 주도할 수 있어야 한다. 이는 사회적 여유, 능력을 가진 세력만이 헤게모니를 행사할 수 있다는 말이기도 하다. 그런데 1970년대 초에 이르러 자유주의 세력은 과거에 지녔던 능력과 여유를 급속하게 잃어가던 중이었다. 2차대전 종전 이후 4반세기 가량 지속되던 '자본주의 황금시대'가 끝나고, 자본이 축적위기를 맞기 시작한 것이다(Veltmeyer and Petras, 2005: 122). 위기에 직면한 자본이 위기를 극복하고자 새롭게 찾아낸 축적 전략이 신자유주의였다.

신자유주의가 경제정책 이론으로 처음 집단적 모습을 드러낸 것은 앞서 살펴본 것처럼 하이에크 등 일부 자유주의자들이 1947년 몽페를랭협회를 결성한 때다. 그러나 신자유주의가 새로운 축적 전략으로 채택되는 데에는 4반세기 가량이 더 소요되었다. 1960년대 말까지는 수정자유주의 헤게모니가 건재했기 때문이다. 공화당의 배리 골드워터Barry Goldwater와 민주당의 린던 존슨Lindon B. Johnson이 후보로 대결한 1964년의 미국 대선 결과를 봐도, 1960년대까지는 신자유주의가 수정자유주의의 경쟁 상대가 아니었음을 분명히 알 수 있다. '작은 정부', '감세', '반공주의' 등을 소신으로 가지고 있던 골드워터는 공화당 안에서도 극우 보수에 속했는데, 암살당한 케네디John F. Kennedy 뒤를 이어 대통령 직을 수행하고 있던 존슨과의 선거전에서 대패를 당한다.[40] 존슨은 빈곤 퇴치와 인종차별 척결을 주요 골자로 하는 '위대한 사회' 건설을 제창한 대표적 수정자유주의자다. 수정자유주의는 1968년 대선에서 공화당의 닉슨Richard Nixon이 민주당의 험프리Hubert Humphrey를 물리치고 집권한 뒤에도 그 위력을 잃지 않았다. 1960년대 말에 이르러 미국헤게모니가 위기에 빠졌다는 조짐이 여기저기 드러난 것은 물론 사실이다. 코츠David M. Kotz에 따르면, 미국의 전후 사회적 축적구조는 "잉여가치 창출상의 문제"로 1960년대 말에 이르면, "구조적 위기"를 드러내기 시작한다(Kotz, 2013: 4). 바로 이때 68혁명 즉 러시아혁명에 뒤이은 20세기 두 번째 세계혁명이 발발한 것은 전후에 구축된 미국 헤게모니가 위기에 처했다는 경고였을 것이다(강내희, 2011c). 하지만 이때까지도 수정자유주의에 대한 신뢰가 전적으로 사라졌다고 하기는 어렵다. 1971년까지도 공화당 출신의 닉슨 대통령이 "우리는 이제 모두 케인스주의자"라고 공언할 정도였으니 말이다(Harvey, 2005: 13).

　신자유주의 정책을 세계 최초로 수용한 국가는 제3세계에 속한 남아메

40_ 골드워터는 1964년 대선에서 고향인 애리조나와 조지아, 앨라배마, 미시시피 등 최동남부 5개주에서만 승리를 거두고 일반투표의 38.47퍼센트만 얻어, 61.05퍼센트를 얻은 존슨에게 큰 차로 패배했다. 선거인단 투표에서도 전체 538표 가운데 그가 얻은 표는 52표에 불과해, 486표를 얻은 존슨에게 크게 뒤졌다("United States presidential election, 1964," Wikipedia).

리카 칠레였다. 칠레의 신자유주의 수용은 유혈이 낭자한 가운데 이루어졌다. 1973년 9월 "미국의 기업들, 중앙정보부(CIA), 키신저Henry Kissinger 국무장관의 지원을 등에 업고"(Harvey: 7),[41] 피노체트Augusto Pinochet 장군이 당시 대통령 아옌데Salvador Allende를 죽음으로 내몬 군사쿠데타를 일으켜 폭력적으로 집권함으로써 생긴 일이다.[42] 아옌데 정권의 붕괴와 피노체트 정권의 수립은 세계역사적인 의미를 지닌 사건으로 봐야 할 것이다. 라틴아메리카에서 사회주의자로서 선거를 통해 집권한 것은 아옌데가 최초였다. 하지만 그는 사회주의(또는 사민주의) 성향의 정책을 펼치다가 세계헤게모니 국가가 조종한 쿠데타로 제거되고 말았고, 그 대신 집권한 피노체트는 즉각 신자유주의를 국가정책 노선으로 수용하기 시작한다. 칠레의 정변은 세계 전역에서 신자유주의가 폭력을 통해서라도 수용될 것임을 알리는 신호탄이었다. 이런 점은 신자유주의의 사도로 알려진 하이에크와 프리드먼 Milton Friedman이 폭력적인 피노체트 정권과 깊은 유착관계를 관계를 맺고 있었다는 사실로써도 확인된다. 1974년, 1976년에 각기 노벨 경제학상을 타게 되는 이들 신자유주의 사도는 자신들이 시카고 대학에서 가르친 '시카고 보이들Chicago Boys'이 군부정권의 경제정책을 주도하게 되자, 수차례 칠레를 방문하여 인민을 학살한 피노체트에 대한 지지를 노골적으로 표명하곤 했다.[43]

41_ 지주형에 따르면, CIA 등이 피노체트를 지원했다는 것은 설일 뿐 "입증된 바는. 없다." 하지만 그도 "미국이 칠레에 경제적 압박을 가해 쿠데타의 조건을 만들고 쿠데타 이후에 피노체트의 군사정부를 지원한 것은 분명하다"고 인정하고 있다(지주형, 2011: 57-58).

42_ 쿠데타 과정에서 일어난 아옌데의 죽음을 둘러싸고 오래 계속되어오던 논란은 2012년 칠레의 한 법정이 공식 조사를 통해 자살로 규정함으로써 종결되었다. 그동안 아옌데의 사인을 놓고 군부에 의한 처형, 아옌데 친위부대에 의한 사살, 자살 등 분분한 의견이 제기되어 왔었다(Castillo, 2012).

43_ 피노체트 치하의 칠레를 수차례 방문한 하이에크는 칠레에서 몽페를랭협회 회의를 열기도 했다. 그는 런던타임스에 보낸 한 편지에서 "혹평 받는 칠레에서 개인의 자유가 아옌데 치하보다 피노체트 치하에서 훨씬 더 많이 보장되고 있다는 데 동의하지 않는 사람은 단 한 사람도 찾을 수 없었다"고 썼다. 마찬가지로 칠레를 수차례 방문한 프리드먼도 쿠데타로 들어선 정권이 "40년 전에 시작하여 아옌데 정권에서 그 소름끼

세계자본주의가 칠레를 신자유주의 정책의 실험 장소로 잡은 것은 여러 가지로 생각해볼 점을 제공한다. 1970년대 초 상황으로 돌아가 보면, 당시는 자본축적에 거대한 위기가 도래하고, 자본주의 체계에 대한 거센 도전이 일어나고 있던 시점, 프랑스에서 발발하여 세계 전역으로 혁명을 전파시킨 68혁명이 일어난 지 몇 년 지나지 않았을 때다. 세계자본주의는 1960년대 말부터 위기 조짐을 드러내기 시작하지만, 이 위기는 1970년대 초로 접어들며 더욱 뚜렷해진다. 1973년의 석유파동과 함께 공황이 밀어닥친 것이다. 1970년대에 일본, 독일, 이탈리아, 프랑스, 미국 등에서 '적군파', '바더-마인호프 강', '붉은 여단', '직접 행동단,' '웨더맨' 등에 의한 테러, 요인 암살, 항공기 납치 등이 성행했던 것도 자본주의의 이런 위기와 무관하지 않을 것이다. 물론 당시 극좌파의 그런 무모한 행위는 "1960년대 서방 세계를 휩쓴 혁명운동의 물결이 후퇴와 패배에 봉착"하자 절망에 빠진 모습이기도 하다(장석준, 2001). 하지만 그렇다고 당시 자본주의가 위기를 맞았다는 사실이 부정되지는 않는다. 1970년대는 물가상승과 경기침체가 결합된, 자본주의 경제로서는 최악인 '스태그플레이션'의 시대였다. 1970년대 중후반까지 극좌파가 원한 정도만큼은 아닐지라도, 1968년부터 불타오른 세계혁명의 열기가 여전히 뜨거웠던 것은 이런 조건 때문이었을 것이다.[44]

이런 상황에서 자본주의 헤게모니 국가가 칠레의 사회주의 정권 전복에 개입했다는 것은 미국이 중대한 전략적 전환을 시도했음을 보여준다. 그것

치는 논리적 절정에 이른 사회주의적 경향"을 철회시킴으로써, "칠레를 '올바른 방향으로 되돌려 놓았다"는 내용의 편지를 피노체트에게 보낸 바 있다(Grandin, 2006).

44_ 알튀세르Louis Althusser는 프롤레타리아독재 노선 포기를 결정한 1976년의 프랑스공산당 제22차 당 대회의 의미를 해석한 한 글에서, 당시 "정치상황을 특징짓고 세계의 수억에 달하는 사람과 관계가 있는" "두 가지 결정적 사실"로 '제국주의 위기의 심화'와 '국제 공산주의운동의 위기의 첨예화'를 꼽은 바 있다. 그의 분석에 따르면 1970년대 중후반에 이르러 공산주의운동은 첨예한 위기를 맞았지만, "인민대중은 새로운 투쟁형태를 찾았으며", "투쟁목표는 노동 및 생활조건, 주거관계, 교통수단, 위생, 학교, 가족, 환경으로 확산되었"고, "해일은 거대하며 지금까지 예상치 못했던 힘을 얻고 있다"(알튀세르, 1992: 23-24).

은 또한 그동안 복지정책 수용 등 사회주의를 일면 허용한 자유주의 세력이 사회주의를 정면으로 배척하기 시작했다는 신호이기도 하다. 자본주의가 새로운 노선을 취한 것은 악화된 축적 조건에 대한 나름의 대응책 강구라 할 수 있다. 미국에서 개인 소득자 상위 1퍼센트가 전체 소득에서 차지한 지분이 전전의 16퍼센트에서 8퍼센트로 떨어졌다는 것은 앞서 언급한 바다. 성장이 안정적일 때는 자본 세력에게도 이 정도의 지분이 문제가 아니었으나, 1970년대에는 여건이 달라졌다. 실질 이자율이 영 이하가 되고, 이윤이 형편없어진 것이다. 이 결과 "곳곳에서 위험을 느끼게" 된 상층계급이 자신의 "정치적 경제적 몰락"을 방지하고자 선택한 길이 신자유주의로의 선회다(Harvey, 2005: 15). 하지만 반제국주의 및 사회주의 혁명의 불길이 여전히 세차게 타오르고 있는 상황에서, 그동안 일정하게 타협해 오던 사회주의와 노골적인 적대 관계를 펼치는 일이 쉬울 리는 없었다. 칠레에서 신자유주의가 가장 먼저 수용된 까닭을 여기서 찾을 수 있을 것 같다. 칠레는 사회주의로 방향 전환을 하려던 아옌데 정권을 쿠데타로 무너뜨리고 군사독재를 실시하는 피노체트 정권 하에 있었기 때문에, '상층계급 권력 회복' 계획으로서의 신자유주의를 실험할 수 있는 최적의 장소였을 것이다.45

신자유주의의 도입 과정이 꼭 피를 동반했던 것만은 아니다. 신자유주의가 자본주의적 축적의 세계적 전략으로 작용하려면 세계자본주의 주요 국가인 미국, 영국 등에서 수용되는 것이 필요했다. 알다시피 이들 나라는 그러나 칠레와 같은 '변방'이 아니다. 인민에 대한 착취와 수탈을 강화하려

45_ 한국에 신자유주의가 처음 도입되었을 때 한국이 박정희 정권, 전두환 정권 하에 있었다는 것도 이런 점에서 우연이었을 것 같지 않다. 1970년대 말, 80년대 초에 자본의 권력 회복을 위한 반민중적 정책 노선이 도입된 것은 한국이 당시 군부권위주의 세력의 지배 하에 있었다는 점 때문일 것이다. 하비는 신자유주의 정책이 도입되기 위해서는 그것을 도입하는 국가의 정치적 조건이 중요하다고 하면서, 2000년대 초 미국 주도 연합군 점령 하의 이라크에서 신자유주의 정책이 대대적으로 강요된 것은 칠레가 군부 쿠데타 이후 신자유주의를 도입한 것과 같은 맥락이라고 지적한다(Harvey, 2005: 6-7).

는 목표가 같더라도 양국에서 신자유주의가 수용되는 방식은 칠레와 같을 수가 없었다. 하이에크는 1970년대 말 영국에서 정권을 장악한 마거릿 대처 Margaret Thatcher에게 칠레를 "자유시장 혁명 완수를 위한 모형"으로 추천했다고 한다. 대처의 대답은 "영국의 민주적 제도와 높은 수준의 동의에 대한 필요성" 때문에 피노체트가 취한 "조치들 일부"는 "전적으로 수용할 수 없다"는 것이었다(Grandin, 2006).46 미국과 영국 등에서 신자유주의를 도입한 방식은 그래서 '민주적' 성격을 띤 것으로 하비에 따르면 대중적 '동의 구축'의 방식이다. 이를 위해 신자유주의 세력이 주력한 일 하나가 자신에게 유리한 담론지형 구축이었다. 하이에크와 프리드먼 등 신자유주의 경제 이론가들이 노벨상을 받을 수 있도록 하고,47 대학 경제학과들이 신자유주의를 수용하도록 재정을 지원하고, 신자유주의적 입장의 연구소들을 지원하여 영향력을 높이는 작업을 수행한 것이다(Harvey, 2005: 39-63). 이런 사실은 신자유주의적 체제가 자본주의 중심부에 도입되는 데에는 우호적인 정치적, 사회적 조건, 다시 말해 밥 제솝이 말한 새로운 지배적인 '경제적 상상'이 구축될 필요가 있었음을 보여준다.

신자유주의가 '경제적 상상'을 지배하기 위해서는 무엇보다 수정자유주의에 대한 승리가 필요했다. 1960년대 말에 "착근자유주의가 와해되기 시작"하고(Harvey: 12), 해고와 인플레이션 등 문제가 급증하자, 각 나라는 나름대로 해법을 찾아 나섰으나, 처음 제시된 해결책은 여전히 수정자유주의 전통에 입각한 것이었다. 당시 "조합주의적 전략을 통한 경제의 국가 통제

46_ 이것은 자유민주주의가 권위주의, 전체주의와는 다른 방식으로 민주주의를 관리한다는 말과 같다. 자유민주주의는 노골적인 독재나 억압을 자행하지는 않는다. 그렇다고 자유주의 지배 하의 민주주의가 온전하다는 말은 아니다. 자유민주주의 질서를 확립한 '1987년 체제' 출범 이후 한국의 사회적 불평등이 극도로 심화했다는 사실은 자유민주주의가 실질적 민주주의와는 거리가 있음을 보여준다. 자유민주주의는 자유주의 즉 자본 세력을 위한 민주주의인 것이다.

47_ 하비가 지적하고 있듯이 노벨경제학상은 노벨상이라는 이름을 갖고는 있지만 사실은 노벨상이 아니다. 그 상의 상금은 은행들이 낸 기금으로 마련되며, 노벨상위원회와는 무관하다(Harvey, 2005: 22).

및 규제"를 통해 경제위기를 극복하려 했던 것은 유럽의 사회주의 및 공산주의 국가들만이 아니다. 수정자유주의의 영향력이 얼마나 컸던가는 1971년 미국 의회를 장악한 민주당이 주도하여 마련한 개혁법안에 서명하며 공화당 출신인 닉슨이 "우리는 이제 모두 케인스주의자"라는 발언으로 동의할 수밖에 없었던 사실이 잘 보여준다(13). 하지만 결국 승리를 거둔 것은 신자유주의였다. 다시 말해 자본주의적 정치경제가 1960년대 말부터 축적 위기 징후를 드러냄에 따라서 경제적 상상계가 동요하게 되자, 이런 흐름 속에 신자유주의적 경제적 상상이 일련의 담론 과정을 통해 주요 정책을 지배하게 된 것이다. 이런 변화와 관련하여 하비는 1978-80년 시점이 세계의 사회사 및 경제사에서 '혁명적 전환점'이라고 하면서, 1978년 중국에서 덩샤오핑鄧小平의 새로운 경제정책 착수, 1979년 폴 볼커Paul Volker의 미국 연방준비위원회 이사장 취임 및 그에 의한 통화정책 전환, 같은 해 영국 보수당 출신 마거릿 대처의 수상 선출, 1980년 미국 공화당 로널드 레이건 Ronald Reagan의 대통령 당선 등을 주요 지표로 꼽는다(1). 이들 변화를 통해 세계 주요 국가들에서 신자유주의가 본격 작동하기 시작한 것으로 보는 것이다.

대처와 레이건의 집권이 중요한 것은 그로 인해 자유주의의 지배적 모습이 근본적으로 바뀌었기 때문이다. 자유주의가 연대 대상으로 삼은 것은 이제 보수주의였다. 대처와 레이건은 통상 '신보수주의자'로 불린다. 그들은 수정자유주의가 지배하던 시절의 보수주의자와는 다른 태도를 취했다. 수정자유주의 시절 보수주의는 닉슨처럼 '케인스주의자'로 자처한 경우도 없지 않다. 반면에 레이건과 대처는 개인의 자유와 책임, 가족적 가치, 전통 등을 극단적으로 강조한 편이다. 이들에게는 착근자유주의가 중시한 '사회'란 존재하지 않았다. 대처는 "사회란 것은 없다, 개인 남녀, 가족만 있을 뿐이다"라는 말을 한 것으로 유명하다(Thatcher, 1987). 물론 대처와 레이건 같은 보수주의자들만이 미국과 영국의 정치권력을 독차지했던 것은 아니다. 1990년대에 들어와서 미국에서는 빌 클린턴Bill Clinton이 이끄는 민주당이, 영국에서는 토니 블레어Tony Blair가 이끄는 노동당이 집권을 하기도 했다. 그러나 레이건과 대처의 집권이 중요한 것은 그들의 임기 이후에도, 그들이 추진한 자유주의와 보수주의의 결합으로서의 신자유주의 정책이 후임자들에 의해 계속 추진되었기 때문이다. 대처 이후 영국에서는 '대처 없는 대처주의', 레이건 이후 미국에서는 '레이건 없는 레이건주의'가 이어 졌다. 지주형은 이렇게 된 까닭을 신자유주의가 "새로운 지구적 자본축적 의 구조"로서 계속 작동한 데서 찾고 있다. 신자유주의를 도입한 "보수우파 가 권좌에서 물러난 1990년대 중반"에 이르러서도, 미국과 서유럽에서 "신 자유주의는 형태만 바꾸었을 뿐 퇴조하지 않"는다. "통상적으로 좌파로 분 류되는 클린턴의 미국 민주당 정부와 블레어의 영국 노동당 정부는 오히려 이러한 지구적 축적의 구조를 확대 발전시켰으며, 유럽 대륙의 진보적 좌파 정권들도 유럽연합이라는 틀 속에서 이러한 구조에 적응하는 데 급급했"던 것이다"(지주형, 2011: 59). 이런 사실은 이제 신자유주의가 수정자유주의를 대체한 축적구조 또는 전략으로서 세계 주요 국가들을 지배하기 시작했음 을 말해준다.

신자유주의는 미국과 영국이 자국의 정치경제를 본격 신자유주의 노선 으로 전환하게 되면서, 세계화의 길도 동시에 걷게 된다. 흔히 신자유주의 의 세계화는 '워싱턴 콘센서스Washington Consensus'를 통해 이루어진 것으 로 알려져 있다. 이 말을 처음 쓴 윌리엄슨John Williamson에 따르면 합의의 내용은 "긴축재정, 사회 인프라에 대한 공공지출 삭감, 외환시장 개방, 시장 자율금리, 변동환율제, 무역자유화, 외국인 직접투자 자유화, 탈규제, 국가 기간산업의 민영화, 재산권 보호" 등 열 가지다.[48] 보다시피 모두 자본의

48_ '워싱턴 콘센서스'는 윌리엄슨이 국제통화기금, 세계은행, 미국재무부 등 워싱턴에 근 거지를 둔 기관들이 1980년대에 경제 및 금융 위기를 겪고 있던 라틴아메리카 나라의 회복에 필요하다고 제시한 정책 조언 가운데 발견되는 공통점을 요약하기 위해 사용 한 개념이다. 윌리엄슨 자신은 이런 정책 노선에 반대했다고 하지만("Washington Consensus," 위키피디아. 2013년 3월 11일 검색), '워싱턴 콘센서스'는 통상 시장 기반의 경제정책 지향을 가리키는 의미로 쓰이고 있다.

축적 조건을 개선하려는 목적을 갖고 있다는 점에서 이들 내용은 신자유주의와 다르지 않다. 워싱턴 콘센서스는 1980년대부터 라틴아메리카 나라들에 적용되기 시작했고,[49] 동구권이 붕괴된 1990년대부터는 구 사회주의 나라들로 확산되었다.

신자유주의는 '워싱턴 콘센서스'로 불리기 전에 이미 세계화하고 있었다고 봐야 한다. 미국과 영국에서 신자유주의가 국가정책으로 채택되기 전에 이미 칠레의 군부정권이 신자유주의를 도입했다는 것은 언급한 바다. 1978년에 덩샤오핑이 중국경제의 자유화를 시도한 것도 신자유주의 노선의 채택으로 볼 수 있다. 사회주의 국가를 표방하고 있는 중국이 신자유주의를 채택한다는 것은 납득하기 어려운 일일 수 있으나, 덩샤오핑이 추진한 '개혁개방'에 신자유주의적 요소가 가미되어 있었다는 점은 부인하기 어렵다. 하비가 지적하듯이 1978년 이후 중국이 추진한 경제개혁의 결과는 "권위주의적 중앙통제와 맞물린 신자유주의적 요소를 갈수록 많이 포함하는 특수한 종류 시장경제의 구축"이었던 것이다(Harvey, 2005: 120). 권위주의와 신자유주의의 결합이 이상한 일이 전혀 아니라는 것은 칠레에서도 신자유주의를 도입한 것이 군부였다는 사실이 말해준다.

6. 한국의 신자유주의화

권위주의 정권 하에서 신자유주의가 처음 도입된 것은 한국도 마찬가지다. 한국에서 신자유주의는 1979년 4월 경제부총리 신현확이 발표한 '경제

49_ 1994년 멕시코 남부 치아파스 지역에서 전개된 자파티스타 운동 등 라틴아메리카에서 1990년대 이후 강력한 민중운동이 재개된 데에는 '워싱턴 콘센서스'에 따른 신자유주의화에 대한 저항이 광범위하게 형성되었음을 보여준다. 자파티스타들은 당시 새롭게 등장한 자본의 흐름을 '제4차 세계대전'으로 규정하고, 싸움을 전개하기 시작했다. 남미 지역에는 이런 대중적 저항 운동이 1990년대 내내 벌어졌고, 2000년대에 들어와서는 곳곳에 좌파성향의 정권이 수립되는 '핑크혁명'이 일어나게 된다(Velez, 2007).

안정화종합시책'이라는 이름으로 처음 그 모습을 드러냈다. 시책에는 "금융 자율화, 통화량 감소, 가격통제 해제, 중화학공업 투자 중지, 수출금융 축소, 수입 자유화" 등의 내용이 담겨 있었다. 집권 이후 자신이 줄기차게 추진해오던 발전주의 경제정책과는 근본적으로 다른 방향을 담은 이 시책에 대한 보고를 받고 박정희는 당시 달가워하지 않았다고 하지만, 같은 해 10월 그가 살해당한 뒤 신자유주의에 대한 반대 목소리는 국내 지배 세력 가운데서는 많이 잦아들게 된다(지주형, 2011: 114). 한국의 신자유주의는 또 다른 쿠데타를 통해 들어선 전두환 정권에서 '시책'의 주요 내용을 설계한 김재익이 경제정책을 관장하게 되면서 더욱 확고하게 추진되기 시작했다. 당시 전두환 정권에서 추진한 경제정책은 "정부 부채 삭감, 긴축 통화정책, 임금인상 제한, 무역계정 자유화, 외국인 투자 통제 완화, 주요 상업은행 민영화, 중화학 공업에 대한 보조 단계적 해소" 등으로, '워싱턴 콘센서스'와 대동소이한 내용이었다(Lee, 2005: 9).

전두환 정권 아래서는 경제정책만이 신자유주의화의 길을 걸었던 것은 아니다. 전 정권은 한국사회를 신자유주의 지배 하에 두기 위해 상당히 체계적인 접근을 취했다고 볼 수 있다. 1980년대 초에 전면적인 '문화 자유화' 정책을 펼친 것이 단적인 예다. 이로 인해 박정희 정권 하에 '장발 단속', '퇴폐 가요 퇴출', '대마초 연예인 적발' 등으로 통제와 감시의 대상으로 취급되던 문화는 시장에서 거래되는 상품으로 그 기능을 바꾸게 된다. 전두환 정권은 일제강점기 이후 중등학생들에게 강제해온 짧은 두발과 교복 착용에 대한 자율화 조치를 단행했고, 해방 직후 미군정이 시작하여 실시되어 오던 야간통행금지를 해제했다. 학생들의 의생활과 일반인의 야간 생활을 구속해 오던 강제 규율을 완화한 이런 조치에 대해 당시 사람들은 광주항쟁을 무참히 진압한 '살인정권'의 이미지 쇄신 공작으로 규정하기도 했지만, 한국인의 일상을 신자유주의적 축적구조에 적합하게 만들기 위한 노력의 일환으로 그런 조치를 취했다고 파악할 필요도 있다. 전두환 정권은 개인행동의 자유를 약속하는 정책과 함께 '스크린', '스포츠', '섹스'를 대상으로 하는 '3 S 정책'을 펼쳤다. 이 정책의 목적은 기본적으로 사람들의 감각과 신체활동, 욕망을 중심으로 구성되는 일상문화를 시장 영역으로 끌어들이려는 데 있었고, 학생들을 대상으로 한 자율화 조치와 일반인을 대상으로 한 통행금지 해제는 '3-S 정책'으로 새롭게 형성되는 시장에 참여할 '소비자'를 형성하려는 취지에서 취해진 조치였던 것으로 해석된다(강내희, 2008a).

신자유주의 경제정책의 기본 설계자인 김재익이 1983년 미얀마의 아웅산 사건으로 목숨을 잃은 뒤, 한국의 신자유주의 개혁은 동력을 잃고 후퇴하게 되었다는 지적이 있다. 사실 그가 건재하고 있을 때도 신자유주의에 반대한 세력이 없었던 것은 아니다. 1960년대 이후 한국이 줄곧 발전주의 정책을 펼쳐 경제성장을 이뤄왔음을 감안하면, 그런 노선을 폐기하고 경제정책을 새로운 방향으로 전환하려는 기도에 대해 아무런 반발이 없었다면, 오히려 그것이 더 이상했을 것이다. 전두환 정권 하에서 신자유주의의 핵심인 금융 자율화 정책을 추진한 경제 관료들은 그래서 정부 내 다른 입장을 지닌 관료들로부터 '미국의 앞잡이'라는 비판을 받았고(지주형, 2011: 118), 그동안 관치금융에 길들여져 온 재계로부터도 큰 지지를 받지 못했다고 한다. 금융 자율화에 대한 당시 재계의 입장은 "은행 민영화와 경영 자율성" 등 자신들에게 유리한 부분은 찬성했으나, "금리 자율화나 자본시장 개방" 등 불리한 부분에 대해서는 반대하는 것이었다(박지훈, 2007: 50-54; 지주형: 119). 이런 상황에서 김재익이 사망하자 한국의 신자유주의는 더 큰 어려움을 맞게 되어, "개혁의 가장 핵심인 금융자유화가 좌초되고" 만다(지주형: 119). 따라서 1980년대 초반 한국에서 신자유주의 축적 전략은 강력하게 시작되긴 했으나, 안착했다고 하기는 어렵다. 1986년 국제그룹이 해체된 사건이 단적인 증거다. 정권의 자의적 판단에 의해 재벌그룹이 해체되었다는 것은 시장을 국가로부터 자율화하려던 신자유주의 개혁이 아직 본격적인 단계에 들어가지는 못했음을 보여준다.

전두환 정권 말기에 이르러 추진력을 많이 잃기는 했지만, 그렇다고 신자유주의가 포기된 것은 아니다. 1980년대 후반을 거치면서 신자유주의는 차츰 지배적인 축적 전략의 위상을 갖기 시작한다. 여기에는 몇 가지 요인들이 작용했다고 판단된다. 무엇보다 80년대를 거치면서 한국의 축적구조가 크게 변했다는 점이 중요하다. 박정희 정권 말기까지 작동하던 개발국가의 발전주의 전략이 전두환 정권 하에서 상당히 후퇴함으로써, 과거 국가가 전략적 산업 발전을 주도하며 장기계획을 세우던 관행에 제동이 걸리고, "3저 호황에 따른 막대한 자금 확보, 재벌의 제2 금융권 진출 허용, 1980년대 후반의 주식시장 활성화" 등으로 생긴 "재벌의 자금 조달 구조" 변화로 인한 "재벌의 국가에 대한 의존" 축소가 이루어졌다(지주형: 127). 이는 자본이 국가의 통제로부터 벗어나기 시작했다는 말이다.50

한국에서 신자유주의 지속과 발전의 또 다른 요인은 새로운 경제 관료집단의 형성과 관련되어 있다. 앞서 군부 출신의 권위주의적 박정희 및 전두환 정권 하에서 신자유주의가 도입된 것이 피노체트 정권 하의 칠레가 동일한 축적 전략을 도입한 것과 유사함을 지적했었다. 신자유주의 도입과 관련해 보면, 칠레와 한국 사이에는 또 다른 유사점이 발견된다. 그것은 한국에서도 칠레의 '시카고 보이'처럼 미국에서 화폐경제학, 통화주의 등을 배워온 신자유주의자들이 엘리트 관료로서 경제정책 수립에 깊이 관여했다는 사실이다. 전두환 정권 초기 경제기획원 차관보였던 강경식, 경제기획원 기획국장 김재익, 경제기획원 장관 보좌역 김기환 등이 그들이다. "1979년 이들은 일을 저지르고" 마는데, 바로 박정희가 싫어한 경제안정화시책을 경제부총리 신현확으로 하여금 발표토록 한 것이었다(113). 지주형에 따르면 "근본주의적이고 이상론적 성향"을 지닌 "김재익과 강경식 같은 이들"이 없었다면, "한국 경제의 신자유주의화는 훨씬 늦게 수동적으로 시작되었을

50_ 신자유주의화가 이루어지려면 "국가의 무조건적 후퇴"가 능사는 아니다. "신자유주의로의 성공적인 전환"은 오히려 국가의 "강력한 개입(각종 규제 완화와 재규제, 국가경쟁력 강화 정책, 노동에 대한 철퇴 등)을 필요로 한다"(지주형: 375). 하비(Harvey, 2005: 69-70), 파인과 홀(Fine and Hall, 2010: 9)도 참조.

가능성이 크다"(119). 지난 30여 년 한국경제의 운영기조가 신자유주의로 일관되었던 것은 경제정책을 주도하는 관료집단이 이처럼 신자유주의자들로 구성되어 있었다는 사실과 무관하지 않다. 1980년대 말 이후 한국은 우루과이라운드, 이 협상 결과로 출범한 세계무역기구(WTO), 미국과의 양자간투자협정(BIT), WTO 양허안, 칠레 미국 등과의 자유무역협정(FTA) 등 시장개방 강화를 내용으로 하는 수많은 국제무역협정 협상에 참여해 왔다. 이 과정에서 가장 큰 영향력을 행사한 것이 신자유주의 경제 관료집단으로, 이들은 자본의 축적 조건 개선을 위한 새로운 시장질서 확립을 위해 국익을 무시하는 행동도 서슴지 않았다. 최근의 위키리크스 폭로에 따르면, 한미 FTA 협정 당시 통상본부장을 맡았던 김현종은 "미국 측에 유익한 것으로 평가되는 사항들을 관철하기 위해" "필사적으로 싸웠다"는 보고서를 주한 미국대사가 국무장관에게 보낼 정도였다(미디어오늘, 2011.9.8). 엘리트 경제관료의 자의적 행위는 IMF 구제금융을 얻기 위한 2차 협상과정에서 당시 김기환 경제협력특별대사가 자신이 독자 구상한 'IMF 플러스' 안을 미 재무부에 제시한 뒤, "다른 공약을 들고 민주적으로 선출된 [김대중] 대통령에게 사실상 개인의 독단에 따라 이루어진 협상 결과를 받아"들이도록 한 데서도 잘 나타난다(지주형, 2011: 204). 신자유주의 경제관료들은 1997년의 외환위기를 개발 국가 잔재를 완전히 해소하고, 자신들이 원하는 방향으로 한국경제를 전환시키는 데 활용했다. 당시 IMF 프로그램에 "기업과 노동부분의 개혁" 내용이 포함된 것은 "한국 측이 먼저 제안"하여 이루어진 일이었다고 한다(Mathews, 1998: 752-53).

한국에서 신자유주의 노선을 강화시킨 요인에는 1980년대에 진행된 민주화 투쟁의 '결과적 효과'도 포함된다고 할 수 있다. 민주화 투쟁을 비하하려고 이런 말을 하는 것은 당연히 아니다. 80년대 민주화 운동에는 사회주의 혁명을 꿈꾸는 세력도 포함되어 있었고, 사회주의를 명시적으로 표방하지 않은 세력도 사회 불평등을 야기하게 될 신자유주의에 기본적으로 반대했다고 봐야 한다. 80년대의 사회운동이 신자유주의 반대운동의 형태를 명시적으로 띠었던 것은 아니다. 반대세력이 정부정책을 신자유주의적인 것으로 규정하고 비판하기 시작한 것은 90년대 초였고, 관변에서 정부정책의 신자유주의적 성격을 인정한 것은 90년대 말의 일이다.51 이런 점에서 80년대 한국의 경제정책이 신자유주의 노선이었다고 말하는 것은 '아방 라 레트르avant la lettre 신자유주의'를 언급하는 셈이 된다. 하지만 명확하게 인식하지 못했다고는 해도, 당시 전개된 민주화 투쟁이 부분적으로는 신자유주의에 대한 반대 성격을 띠었다는 것을 부정하긴 어렵다. 미국의 광주항쟁 개입 혐의로 치솟은 반미감정과 반미운동도 일부분은 신자유주의에 대한 대응이었다. 그 단적인 예를 1983년 레이건 미국대통령이 내한했을 때, 한국의 운동세력이 그의 방한을 반대하는 투쟁을 대대적으로 벌인 데서 찾을 수 있다. 부산 미문화원 방화사건(1982년) 등으로 반미감정이 고조된 시점에 방한한 레이건은 "관세 인하, 수입규제 철폐, 서비스산업의 자유화, 외국인 재산권 보호" 등 한국의 신자유주의화를 강제하는 요구사항을 제출했다(지주형: 122). 레이건의 이런 요구는 이후 사회운동 의제에 미국 자본의 국내 침투에 대한 반대운동을 추가시키는 결과를 가져온 것으로 보인다. 1984년 11월 대학생들이 "미국자본 물러나라" 하며 주한 미 상공회의소 사무실을 점거하고, 1985년 4월 농민들이 "소값 피해 보상하라"는 구호를 외치며 미 대사관 진입을 시도한 것이 그 예다(오마이뉴스, 2002.12.16). 그러나 당시 신자유주의 반대는 개별 사안들을 놓고 일어났고, 그런 사안들에 대해 정확한 정치경제학적 성격 규정이 이루어지지 않은 만큼이나, 신자유주의에 대한 비판적 의식은 모호했던 편이다. 5공화국 시기 전개된 민주화 운동도 서로 다른 정치적 이데올로기적 지향을 지닌 세

51_ 국내에서 '신자유주의'는 1994년 학술단체협의회 학술토론회에 참석한 진보적 연구자들이 당시 김영삼 정권이 펼친 '신경제정책'의 성격을 규정하며 처음 사용한 것으로 알려져 있다. '신자유주의'가 이처럼 정부의 정책 노선을 비판하는 데 사용된 탓에, 정작 그 추진세력은 한동안 그 표현을 기피한 것으로 보인다. 김대중 정부의 초대 이해찬 교육부장관이 정부 교육정책이 신자유주의적인 것이라고 규정한 것이 신자유주의 세력이 자신을 신자유주의자로 공식 인정한 초기 사례에 속할 것이다.

력들의 참여로 전개되고 있어서, 신자유주의 반대가 두드러진 경향이었다고 말하기는 어렵다.

1980년대 민주화운동에서 헤게모니를 행사했던 것은 김대중과 김영삼 등 야당의 자유주의자들이다. 이들은 1987년 초 호헌반대 시국선언 등으로 촉발된 전두환 정권 반대 투쟁이 6월 항쟁으로 폭발하고, 이에 대한 대응으로 정권이 '6·29 선언'을 통해 '항복'을 연출하자 바로 개헌 협상에 동의함으로써, 그동안 타도 대상으로 삼았던 권위주의 세력과 바로 타협하는 모습을 드러냈다. 민주화 투쟁이 신자유주의가 한국에서 지속되는 데 기여했다는 '강변'이 통할 수 있는 것은 이런 점 때문이다. 87년 개헌으로 구축된 정치체제는 통상 민주화 체제로 불리지만, 여기서 구현된 민주주의는 '협약 민주주의democracy by pact'였을 뿐이고, 실질적 민주주의와는 거리가 먼 것이었다(Shin, 2012: 296-97).[52] 전두환의 권위주의 정권 하에서 공식적 정치 참여가 금지되었던 자유주의자들은 민주화 투쟁을 계속해 권위주의 세력을 타도하는 대신, 87년 체제의 구축을 통해 권위주의 세력과의 경쟁을 통한 공존을 선택했다. 하지만 민주화 투쟁 과정에서 가장 큰 희생을 치른 학생운동권, 재야, 사회주의자들의 요구는 이 과정에서 묵살되고 만다. 이런 점을 고려할 때, 87년 체제의 수립은 단순히 군부 출신이 지배하는 권위주의 정권을 무너뜨리고 민주화 체제가 성립된 것이라기보다는, 한국 자본주의가 좀 더 원활한 신자유주의 운영을 위해 새로운 정치체제를 탄생시킨 일에 가깝다고 할 수 있다. 새로운 체제는 어쨌든 권위주의 정권의 종식을 가져옴으로써 '민주화' 성취의 착시효과를 만들어냈지만, '민주화'를 '자유화'로 대체한 새로운 자유주의 체제에 불과했던 것이다. 당시 형성되고 있던 지구적 신자유주의 축적 전략을 수용하기 시작한 한국 자본주의로서는

52_ 테리 칼Terry L. Karl에 따르면, "협약 민주주의는 정치적, 사회적, 경제적 민주주의로 향한 더 한층의 진전을 차단하는 새로운 현상現狀을 만들어내 정치체에 보수적인 편향을 제도화해 넣을 수 있다. 사실 협약들은 새로운 사회 세력을 해산시키려는 사회경제적, 정치적 계약의 의식적 구축을 보여주는 전형적 예로서, 모든 주체가 미래 창조에 참여해 권력을 행사할 수 있는 정도를 제한할 수 있다"(Karl, 1986: 198).

이런 사회정치 체제로의 전환을 통해, 계속 민중 저항을 야기하며 사회적 비용을 증가시키는 권위주의 체제보다 신자유주의 축적 전략을 더 효율적으로 관리할 수 있는 정치체제를 마련하게 된 셈이라 하겠다.

신자유주의를 한국에서 지속 발전시키는 데 작용한 요인들은 이밖에도 더 있겠지만, 마지막으로 1980년대부터 일어난 문화적 변동을 그런 요인의 하나로 살펴보고자 한다. 위에서 전두환 정권이 추진한 '문화 자유화'에 대해서 잠깐 언급한 바 있다. 그런데 이 자유화가 한국의 신자유주의 발전 및 전개와 관련하여 중요한 것은 그것이 새로운 감정구조 및 습속의 구축과 긴밀한 관련이 있기 때문이다. 당시 전두환 정권에 의해서 펼쳐진 '3-S 정책'은 스크린을 중심으로 하는 시각문화, 스포츠를 중심으로 하는 신체활동, 그리고 섹스를 중심으로 하는 욕망의 작동을 겨냥했던 것으로 보인다. 감정구조와 습속의 재구조화는 구체적으로 1982년부터 컬러텔레비전 방송 시작, 씨름과 야구, 축구 등 주요 스포츠의 전문직업화, 에로물 상영 허용 등으로 나타난다(강내희, 2008a). 문화정책상의 변화로 인해 한국인의 일상은 욕망과 신체활동과 시각적 감각 수준에서 갈수록 상품관계로 빠져들게 되었고, 신자유주의적 축적 전략에 순응하는 주체성을 띠기 시작했다. 한국에서 신자유주의가 도입되어 강화되는 동안 직접 피해를 보는 개인과 집단—예컨대 한-칠레 자유무역협정(FTA) 체결로 칠레산 과일이 수입됨에 따라 바로 피해를 보게 된 농민들—의 저항이 끊이지 않았지만, 의미 있는 대중적 저항이 형성되지 않은 데에는 이처럼 사람들이 알게 모르게 신자유주의적 주체로 전환된 것이 적잖게 작용한 것으로 보인다. 신자유주의적 주체형성과 관련해서는 8장에서 더 자세히 다룰 것이다.

신자유주의를 떠받드는 제도적 장치는 '달러-월스트리트 체제'라는 주장이 있다. 피터 고완Peter Gowan에 따르면, 2차 세계대전 후의 수정자유주의적 축적체제를 떠받치던 '브레턴우즈 체제'가 붕괴함에 따라, 1970년대 이후에는 새로운 지구적 경제질서가 형성되었다. 달러-월스트리트 체제의 가장 큰 특징은 "브레턴우즈 체제의 붕괴로 달러가 금과의 관계를 완전히 청산하고 그 자체로 기축통화가 되었다는 점과 월스트리트를 중심으로 한 민간금융기관이 국가의 규제에서 풀려나 자본 축적의 주도권을 되찾게 되었다는 점"이다(고완, 2001; 지주형, 2011: 74). 과거의 금을 대체하고, 오늘날 기축통화로 작용하는 것이 과연 달러인가 하는 점에 대해서는 4장에서 금융파생상품의 화폐적 성격을 언급할 때 살펴볼 기회가 있을 것이다. 하지만 여기서 일단 '달러-월스트리트 체제' 관점을 수용한다면, 80년대 후반 이후 한국사회는 좀 더 깊숙이 이 체제 속으로 편입되어 들어갔다고 볼 수 있다. 1987년 개헌으로 출범한 '민주화 체제'가 민주주의를 실질적으로 진전시켰다면, 신자유주의는 당연히 폐기되었어야 한다. 신자유주의는 "자본축적의 조건을 재확립하고 경제 엘리트의 권력을 회복시키기 위한 정치적 기획"(Harvey, 2005: 19), 최상 부유층의 "특권 회복을 겨냥한 정치적 쿠데타"가 아닌가(Duménil and Lévy, 2007: 2). 그러나 '87년 민주화 체제'는 한국 자본주의가 신자유주의의 작동을 더욱 원활하게 하고자 도입한 것이지, 진정한 민주주의를 구현하려고 수립한 것은 아니었다.[53] 신자유주의를 처음 도입한 권위주의 세력이 '87년 체제'에 의해 제거되지 않고 정치적 생존을 보장받았다는 사실이 한 증거다. 이런 점들 때문에, 87년 체제 하에서 한국 경제는 달러-월스트리트 체제로 더 깊이 편입되었을 것이다.

달러-월스트리트 체제는 미국을 중심으로 작동하지만, 한국자본주의도 그에 속한다. 앞에서 전두환 정권 하에서 김재익 등이 금융자유화를 도입하려 했을 때, 한국 자본이 '은행 민영화와 경영 자율성'은 찬성한 반면, '금리 자율화나 자본시장 개방'은 반대했다는 사실과 함께, 1986-88년의 "3저 호황에 따른 막대한 자금 확보, 재벌의 금융권 진출 허용, 1980년대 후반의 주식시장 활성화 등으로 재벌의 자금 조달 구조가 변화"함에 따라, 자본의 국가에 대한 의존이 크게 줄어들었다는 점을 지적했었다(지주형: 127). 이는 80년대 중반부터는 한국의 자본 세력도 달러-월스트리트 체제를 자신의

53_ 87년 체제는 이런 점에서 '민주화 체제'보다는 '자유화 체제'로 파악하는 것이 정확한 인식일 것이다.

것으로 받아들일 상황이 만들어지고, 87년 체제가 '민주화' 체제로서보다는 '자유화' 체제로서 작동하기 시작했음을 말해준다. 87년 체제에서 출범한 정권들은 하나 같이 우루과이라운드 참여, 세계무역기구(WTO) 가입, 경제협력개발기구(OECD) 가입, WTO 양허안 제출, 각종 자유무역협정(FTA) 추진 등 자본의 세계화 물결에 동참하며 일관되게 금융자유화를 추진했다. 이는 박정희, 전두환 정권의 후신인 노태우, 이명박, 박근혜 정부든, 아니면 80년대 민주화 투쟁의 결과로 들어선 문민정부, 국민의 정부, 참여정부든 신자유주의를 추진한 것은 마찬가지라는 말이다. 물론 국민의 정부와 참여정부의 경우 '민주정부'로서 인권신장과 함께 복지를 일정하게 증진시킨 측면이 없지는 않다. 그러나 그런 '민주적' 행보는 폴라니가 말한 '사회'를 복원시키기 위함이라기보다는, 신자유주의를 더 강화하는 과정에서 나타나는 폐해 방지가 목적이었다. 신광영에 따르면, 외환위기 이후 김대중 정부에 의한 복지정책의 도입은 "국내의 정치 세력이나 계급에 의해서 이루어졌다기보다는 국제통화기금과 세계은행의 요구에 의해서 이루어졌다"(신광영, 2002: 12; 2013: 52). 1998-99년 미국과의 양자간투자협정(BIT) 협상, 1999년 한-칠레 자유무역협정(FTA) 협상을 추진한 것이 김대중 정권이고, 시민사회와 노동자농민이 반대한 WTO 양허안을 제출하고 한미 자유무역협정(FTA)을 밀어붙인 것이 노무현 정권이다.

1970년대 말부터 도입된 신자유주의가 한국에서 새로운 도약을 하게 된 것은 1997년의 외환위기를 통해서였다. 1997년 이전까지 한국의 신자유주의는 경제정책 차원에서는 김재익, 강경식 등 국내 신자유주의자들의 관리 하에 있었다. 80년대 이후 "국내에서도 자생적인 경제적 자유화와 시장개방 움직임"이 있었다는 것은 예컨대 김영삼 정부의 재무부가 "금융자유화 및 개방계획"을 담은 '블루프린트'를 마련하여 1993년에 발표한 것으로도 확인된다. "이 안에는 미국이 요구한 금리 자유화, 화폐시장의 발전, 외환, 자본거래 자유화, 증권산업 자유화, 은행 감독규제의 명료화" 등에 관한 일정이 명시되어 있었다(지주형: 137-38). 하지만 미국의 달러-월스트리트 체제는 한국에 의한 자율적인 금융자유화 일정이 너무 느리다는 불만을 가졌고,[54] 1997년의 외환위기도 이 체제가 자신의 지도력을 지키고, 미국 금융자본의 이익을 극대화하기 위해 초래한 것이었다.[55] 한국의 외환위기를 해결하고자 들여온 "IMF 자금은 결국 한국 정부와 채무자를 경유해 국제 채권자에게 흘러들어갔"고, "채무 탕감은 논의되지도 않았고 외국 투자자들은 금전적 손실을 보는 대신 원금을 보전했을 뿐만 아니라 연 2퍼센트 이상의 높은 가산금리까지 챙겼다"(지주형: 213). 그러나 한국사회가 위기 극복을 위해 감당해야 했던 것은 한층 더 강도 높은 신자유주의였다. 한국은 이리하여 고강도 구조조정을 당해야 했고, 특히 노동유연화를 통해 비정규직이 급증했으며, 개인들의 부채도 크게 늘어났다. 이 모든 것은 한국에서 신자유주의가 그만큼 강력하게 작동하고 있다는 증거이기도 하다.

7. 위기의 신자유주의

신자유주의는 한동안 세계경제 또는 자본주의적 축적체제를 효과적으로 관리해온 것처럼 보인다. 신자유주의 또는 달러-월스트리트 체제를 바탕으로 지구적 축적구조를 관리해온 미국의 경우, 빌 클린턴 집권 시절인

54_ '선진국 클럽'이라는 OECD에 한국이 가입한 것(1996년)도 미국이 한국 금융시장을 개방시키기 위해 요구한 것이라는 관점이 있다. 1995년 10월 국제통화기금(IMF) 총회에서 루빈 미국 재무장관은 홍재형 한국 부총리에게 OECD에 가입하려면 "채권시장 조기개방 등 자본시장 개방 속도를 가속화할 것"을 요구했다고 한다(지주형: 141; 경향신문, 1995.10.11; 매일경제, 1995.12.2).

55_ 한국을 포함한 1997년 아시아 외환위기는 미국 자본의 이익을 위해 빚어진 것이었다는 주장이 있다(비즈니스위크, 1998.1.23). 당시 위기는 그것을 가장 먼저 맞은 태국에서 끝낼 수 있었는데도, 미국 자본의 요구로 확산되었다는 것이다. 이것은 일본이 아시아통화기금(AMF)을 세워 문제를 해결하려고 했으나, 미 재무부가 그럴 경우 AMF가 "미국의 영향력 아래 있는 IMF로부터 독자적인 행보"를 하게 되면, "아시아 국가들의 시장개방을 강제할 수단이 사라진다는 것"을 우려하여, 한국의 국가부도 위험을 야기한 뒤, IMF로부터 구제금융을 받도록 했다는 해석이다(지주형: 177). 홍석만·송명관(2013)은 이런 일련의 과정을 '부채전쟁'으로 본다.

1990년대에 이르러 '신경제'의 성공 즉 정보통신기술의 급속한 발전과 벤처 자본 투자 효과로 주식시장이 활황과 호경기를 맞기도 했다. 1987년부터 2006년까지 신자유주의 시대 최장기 연방준비제도 의장을 지낸 그린스펀 Alan Greenspan은 위기가 닥칠 때마다 금리를 낮춰 위기를 극복하는 재주를 부려, 마치 자본주의 경제위기를 관리할 수 있는 노하우를 모두 습득한 것처럼 보이기도 했다. 한국에서도 신자유주의가 경제적 상상을 지배하는 동안 외관상 엄청난 경제발전이 이루어졌다. 신자유주의 정책이 막 도입된 1980년 한국의 국내총생산(GDP)은 39.1조원이었으나 2011년에는 1237조원, 즉 31배 이상이 되었다. 1980년대의 서울 등 대도시와 오늘날 이들 도시의 모습은 천양지차다. 지금 한국은 곳곳에 초고층 건물이 솟아 있는 등 '눈부시게' 발전한 모습을 하고 있지 않은가. 물론 신자유주의가 지구적 축적 전략으로서 작동하는 동안, 곳곳에서 끊임없이 경제위기가 일어난 것도 사실이다. 1990년대 후반 동아시아 국가 상당수가 외환위기를 겪었고, 1980년대까지는 잘 나가던 일본은 1990년대부터 지금까지 침체를 면치 못하고 있으며, 세계 전역에 걸쳐 빈부 격차도 심해졌다. 한국은 엄청난 개인 부채 증가와 함께 OECD 국가 중에서 가장 높은 자살률을 갖게 되었다. 하지만 신자유주의가 그 자체로 축적 위기에 대한 대응이었다는 점을 고려하면, 위기관리를 제법 잘 해왔다는 점을 부인하기 어렵다. 자본주의 경제가 붕괴되지 않고 작동할 수 있도록 건사해온 셈인 것이다.

그러나 상황은 갈수록 나빠지는 것으로 보인다. 2000년대 후반 이후 신자유주의는 중대한 위기를 거듭하는 것 같다. 2007년 미국의 부동산 시장에서 비우량주택담보대출 위기 사태가 일어나 그 여파로 이듬해에 리먼브러더스 등 대형 금융회사가 도산하는 금융위기가 발생하더니, 2010년부터는 그리스, 이태리, 스페인 등 유럽 국가들의 부도 위험이 부각되기 시작했다. 한국의 상황도 심각하다. 위기의 조짐은 그동안 '불패신화'를 자랑해오던 부동산 시장이 미국 발 금융위기, 유럽의 국가부도위기의 여파로 맥을 추지 못하는 것으로 나타나고 있다. 최근 주택보유빈곤층이 늘고 있는 것은 금융화를 기본으로 축적을 시도해온 신자유주의적 축적전략이 한계에 부딪쳤음을 보여주는 예가 아닐까 싶다.

역사는 그래서 반복되는 것으로 보인다. 1990년대에 끊임없이 성장하는 새로운 경제형태라며 떠받들던 '신경제'도 이제 와서 보면 19세기 말의 '벨 에포크'와 유사한 현상이었다. 아리기에 따르면, 자본주의적 축적체계의 매 순환기는 크게 실물팽창과 금융적 팽창의 두 국면으로 이루어지고, 두 번째 금융적 팽창 국면에서 엄청난 호경기가 지속되는 벨 에포크 현상이 나타난다. 19세기 말 영국과 프랑스 등에서 나타난 일시적 경기 호전이 그것이다. 정보통신기술을 중심으로 형성된 1990년대 미국의 '신경제'도 그런 경우에 속한다. 벨 에포크 현상 뒤에는 그 전보다 더 큰 위기가 닥치는 것이 통례다. 미국의 '신경제'도 오래 지속되지 않았으며, 2000년대 초 '닷컴 버블'이 꺼진 뒤 비우량주택담보대출 시장 활성화를 통해 버티던 미국 경제는 2000년대 후반에 이르러 대공황 이후 최대의 위기를 맞게 된다. '마에스트로', '경제대통령', '경제의 신' 등으로 불리며, 1987년의 주식시장 폭락, 1998년의 롱텀캐피털매니지먼트 파산 등 위기가 닥칠 때마다 금리 인하를 통해 시장을 구출해내, 자본주의 위기관리 기술을 완벽하게 터득한 것 같았던 전임 연방준비제도 의장 그린스펀도 2008년의 금융위기에 직면해서는 자신의 경제이론에 착오가 있었다며 '고해성사'를 써야만 했다(조선일보, 2008. 10.25).

신자유주의의 위기로 어떤 일이 벌어졌는가? 리먼브러더스 등 금융회사들만 망한 것이 아니다. 2007년 비우량주택담보대출 위기 이후 미국에서는 100만 가구가 살던 집에서 쫓겨나는 신세가 되었다(Harvey, 2012: 54). IMF 보고에 따르면, 2011년 말에 이르러 실질 주택 가격은 아일랜드에서는 최고 수준에서 약 41퍼센트가 하락했고, 아이슬란드에서는 29퍼센트, 스페인과 미국에서는 23퍼센트, 덴마크에서는 21퍼센트가 하락했다(IMF, 2012: 89). 국가부도 위기를 맞은 그리스에서는 2011년 4월 아테네의 의회건물 앞 신태그마 광장에서 약사로 은퇴하여 연금생활을 하고 있는 77세의 노인 디미

트리스 크리스톨라스가 권총으로 공개 자살한 사건이 있었다. 그는 "쓰레 기통을 뒤지기 전에 품위 있게 삶을 끝내려 한다"는 내용의 유서를 남겼다 고 한다(한국일보, 2012.4.6). 한국의 경우 다행히 아직 이 정도의 위기 상황 을 맞은 것은 아니나, 그래도 가계부채가 엄청나게 증가해 있고, OECD 최 고의 자살률을 갖고 있다. 이런 사실들은 70년대 이후 신자유주의라는 '정 치적 쿠데타'가 일어난 뒤 삶의 위기로 내몰렸던 사람들이 더욱 어려운 처 지가 되었음을 말해준다. 삶이 더 한층 어려워진 '99퍼센트'도 그냥 있었던 것이 아니다. 2011년 1월 '아랍의 봄'을 통해 튀니지, 이집트, 리비아 등에서 정권 교체가 일어나더니, 같은 해 4-5월 스페인에서 일어난 '분노하는 사람 들'의 항의가 유럽 전체로 번지고, 9월에 이르러서는 세계자본주의 본산 미국 뉴욕에서 '점령운동'이 일어난 것이다(강내희, 2012d).

그렇다면 신자유주의는 종언을 고했는가? 그렇지는 않다. 물론 신자유주 의는 위기를 맞았고, 이 위기는 진행 중이다. 미국에서 시작된 위기는 유로 존으로 옮겨 가더니, 이제는 신흥시장으로 이동한 것으로 보인다.[56] 그렇다 고 신자유주의의 지배력이 곧 사그라질 것으로 보면 오산일 것이다. 이런 점은 2008년 금융위기를 극복하는 과정에서 미국정부가 위기의 원인을 제 공한 금융세력을 처벌하기보다는 오히려 적극 도운 데서도 확인된다. 블룸 버그뉴스에 따르면, 2008년 11월 시점 미국이 금융위기 해결을 위해 투여했 거나 투여해야 할 공적 자금 규모는 국내총생산(GDP) 절반이 넘는 7조7600 억달러였다(한겨레, 2008.11.25). 금융위기를 극복하려 공적 자금을 투여한 것은 골드만삭스, 모건스탠리, 메릴린치, 리먼브라더스, 베어스턴스 등 투 자은행 책임자들이 잘못해 일으킨 손실을 보충코자 국민의 세금을 갖다 바친 것과 다를 바 없다. 금융회사 가운데 베어스턴스, 리먼브라더스, 메릴

56_ 2013년 7월 리투아니아 중앙은행이 주최한 한 토론회에서 IMF 총재 라가르드는 유로 존의 채무위기와 경기침체는 해소될 것이지만, 대신 브라질, 인도, 남아프리카 등 신 흥시장이 새로운 위기를 일으킬 수 있다고 전망했다. 신흥시장 발 위기가 발생할 수 있다는 것은 신자유주의적 금융 및 경제 위기가 세계 전역에서 계속되고 있다는 말과 같다(파이낸셜뉴스, 2013.7.20).

린치 등은 파산하거나 나른 회사로 합병되었지만, 합병 과정에도 대규모 공적 자금이 들어갔다.

미국정부가 당시 공적 자금을 동원한 것은 신자유주의 이론에 전혀 부합하지 않는 처사다. 미국은 그동안 제3세계 국가들에 대해서는 위기를 일으킨 기업이나 은행이 책임을 져야 한다며 공적 자금을 투여하는 것을 막아왔다. 그때마다 제출된 근거가 국가는 시장에 개입해서는 안 된다는 원칙, 즉 신자유주의 이론이다. 하지만 정작 자국에서 위기가 발생하자, 미국은 정반대의 입장을 취해, 은행과 기업으로 하여금 "10조 달러를 거의 무상으로 가져다" 쓰게 만들었다(홍석만·송명관, 2013: 77). 이론대로라면 시장에서 실패한 자본은 부도 처리되어야 마땅한데, 국가가 이처럼 자본의 구원자로 나서는 이유는 무엇일까? 신자유주의적 국가의 역할은 어떤 경우든 경제 엘리트, 최상 부유층의 사적 자본 이익을 촉진하는 데 있기 때문이다. 하비가 지적하듯이, "신자유주의 국가는 대규모 채무불이행 사태를 용납할 수가 없다"(Harvey, 2005: 73). 그럴 경우 서로 채무 관계에 놓인 사적 자본의 손실이 너무 클 것이기 때문이다. 금융위기가 닥치자, 미국의 부시 정부가 부랴사랴 공적 자본을 투입한 것을 보면, 신자유주의 지배 하에서는 "사적 자본 일반의 이해관계가 금융의 그것으로 환원되지는 않아도 그것과 얼마나 동일시되었는지" 명확하게 드러난다(Fine and Hall, 2010: 9).[57] 신자유주의 시대에는 국가가 소멸한다는 통설이 있다. 과거 국가 소유로 있던 기간산업의 민영화, 중앙은행의 국가로부터의 자율화, 민간 부문에 대한 정부 간섭 축소 등을 두고 하는 말이다. 그러나 미국의 사례가 보여주듯 신자유주의는 위기를 자초한 금융세력에 공적 자금을 퍼붓고, 이에 대한 민중의 항의와 저항은 공권력을 동원해 탄압하기 일쑤다. 신자유주의 하에서 국가

---

[57] 신자유주의는 그래서 때로는 케인스주의적 관행을 따르는 경우도 있다. 랜디 마틴에 따르면, 1980년대에 일어난 "군비 확장은 레이건과 조지 H. W. 부시를 시장이 할 수 없을 때는 국가가 나서서 제품에 대한 수요를 촉진시켜야 한다는 확신을 지닌 케인스주의자들처럼 보이게 한다"(Martin, 2007: 21).

는 자본을 위한 '경찰로 전환되는 것이다(김세균, 2007).

신자유주의 세력의 지배력이 여전하다는 것은 유로존의 최근 국가부채 위기가 관리된 방식에서도 잘 나타난다. 유로존 위기를 관리하고 있는 것은 유럽연합(EU)집행위원회, 유럽중앙은행(ECB), 국제통화기금(IMF)의 '3인방'으로, 이들은 부도 위기를 맞은 국가들에게 구제금융을 제공할 때면 거의 예외 없이 긴축재정, "공적 부문 서비스와 자산의 민영화" 등 신자유주의 정책을 요구하는 것으로 알려져 있다(Zacune, 2013: 8). 이런 사실은 신자유주의가 2000년대 후반 이후 중대한 위기를 맞은 것은 분명하지만, 그것을 자기 방식대로 관리하는 힘을 여전히 발휘하고 있음을 보여준다. 지구상 인구 대부분은 그래서 여전히 신자유주의적 축적구조와 지배 아래 살아가고 있고, 조만간 이 상황이 바뀔 것 같지는 않다. 신자유주의의 위기로 인해 예상되는 사회적 변동과 위기를 극복할 방안을 모색함과 동시에, 신자유주의의 지배 양상, 작동 방식을 계속 정밀하게 파악할 필요가 있는 것은 이런 점 때문이기도 하다.

8. 신자유주의와 문화정치경제

신자유주의의 작동 및 지배 방식을 이해하려면, 신자유주의와 더불어 어떤 문화정치경제가 작동하는지 살펴보는 것이 필수적이다. 오늘날 신자유주의는 지배적 축적구조로서 작동하고 있고, 이 과정에서 금융화를 핵심적 전략으로 가동시키고 있지만, 이런 구도가 형성되기 위해서는 문화와 정치와 경제의 관계가 새롭게 조정될 필요가 있다. 이 절에서는 이런 문제의식에서 신자유주의는 어떤 문화정치경제를 전제하고 작동시키는지, 다시 말해 신자유주의와 문화정치경제는 어떤 관계를 맺고 있는지 간략하게 개괄하고자 한다. 다만 이 절의 논의는 이 책 전체의 관심사인 신자유주의적 금융화와 문화정체경제의 관계를 이해하기 위한 예비적인 논의에 그칠 수밖에 없다. 아래 3장에서 나는 신자유주의적 금융화, 4장과 5장에서는 금융화 과정에서 활용되는 금융파생상품과 기획금융, 그리고 6, 7, 8장에서는 시간과 공간, 주체형성의 금융화 문제를 차례로 살펴보려고 하며, 이들 개별 주제와 문화정치경제의 관계에 대한 논의는 그때 좀 더 구체적으로 진행할 계획이다. 후속되는 논의를 통해 신자유주의 금융화와 문화정치경제의 복잡한 상호관계에 대한 이해가 깊이를 더해갈 것을 기대한다.

문화정치경제를 구성하는 '정치경제', '문화정치', '문화경제'의 개념들을 맥락에 맞게 서로 구별하는 것이 필요하다. 먼저 '정치경제'는 여기서 자본주의적 축적체계의 3대 주체라고 할 수 있는 국가와 자본과 노동 간에 생겨나는 부와 권력의 관계 문제로 설정된다. 자본주의 체계에서 국가는 자본의 원활한 활동을 위해 작용하며, 이 과정에서 인구 다수를 노동하는 신체로 전환시켜 관리하고, 자본은 국가의 지원과 간섭을 받으며 인구 전체에서 차출된 노동인구를 활용하여 생산과정을 작동시키고, 노동은 자본과의 '자유로운' 계약을 통하는 형식을 취하지만 사실상 국가의 통제 아래 노동과정에 투입된다고 할 수 있다. 이 전체 과정을 정치경제 문제로 이해할 수 있는 것은 그 주된 목적이 사회적 부 또는 가치 생산에 있고, 그 작동이 특정한 권력관계를 경유하기 때문이다. 자본주의적 사회구성의 측면에서 볼 때 정치경제의 층위는 위로부터의 지배가 조직된 모습이라고 할 수 있다. 토대에 해당하는 자본주의적 생산을 원활하게 하기 위해 억압적이고 이데올로기적인 국가기구가 개입하는 것이 정치경제적 실천인 것이다. 이때 핵심은 "국가가 동원하는 정치적인 억압 기제에 의해 '자유로운' 인구가 자본주의적 생산방식을 위해 동원되고 규율"된다는 점이다 (Dörre, 2010: 46). 국가는 여기서 자본과 노동의 관계를 조정하면서 인구 전체를 관리하는 사회적 관계와 제도적 장치의 총합, 자본은 생산과 유통 과정을 관장하는 착취와 수탈의 주체, 그리고 노동은 인구 대부분을 구성하면서 가치의 생산자가 된다.[58] 자본주의적 정치경제는 그동안 몇 차례 모습을 바꿔왔으며, 오늘날 그것은 수정자유주의 하에서 국가와 자본과 노동이 맺고 있던 부의 생산과 권력 행사 체제를 대체하여 등장한 신자유주의의 모습을 하고 있다.

다른 한편 '문화정치'는 사회적 실천의 정치적 차원과 문화적 차원이 서로 결합한 형태로서, 한편으로는 문화적 차원에서 이루어지는 정치적 실천, 다른 한편으로는 정치적 관계를 작동시키는 문화적 실천이 서로 결합된 것이다. 다른 말로 하면, 문화정치는 상부구조에 속하는 정치적 차원과 문화적 차원, 즉 억압적 국가기구(RSA)의 통치성과 이데올로기적 국가기구(ISA)의 문화적 성격이 결합된 양상이라고 할 수 있다. 하지만 나는 여기서 문화정치를 논할 때 국가기구들 간의 관계보다는 주로 오늘날 지배적인 의미생산 양식으로서의 문화와 그에 상응하는 정치적 지배효과의 결합관계에 주목할 예정이다. 사회적 실천으로서 문화는 기호, 상징, 이미지, 은유, 담론 등을 통해 의미, 가치, 규범, 습속, 전통 등을 생산하며, 이 과정에서 삶의 방식과 주체성 형태를 규정한다. 이런 과정이 정치적 함의를 갖게 되는 것은 자본주의적 가치 생산으로 축적되는 부의 소유 못지않게 의미나 가치의 생산이나 규범, 습속, 전통의 준수 또는 파괴가 인간적 삶의 향방을 결정하는 데 중요하기 때문이다.[59] 귀족이 지배하는 사회와 부르주아가 지배하는 사회의 모습은 같지 않으며, 삶의 모습을 어떻게 꾸리느냐는 어떤 인구 집단을 지배적 위치에 두느냐의 문제와 무관하지 않다. 문화정치를 통해 문제로 떠오르는 것은 주로 정체성, 재현, 표현, 스타일 등의 문제다.

58_ '노동'은 이때 인간 주체를 대변한다. 자본주의는 인간을 가치 생산을 위해 노동하는 존재로 환원시키므로, 부르주아 정치경제학의 관점에서는 살아있는 구체적 인간들, 가난한 사람들, 프롤레타리아를 자본축적에 보탬을 주는 가치생산자, 즉 노동자로만 보게 되어 있다. 노동에는 그래서 노동자들만이 아니라 여성, 외국인, 동성애자 등 각종 인간 유형이 자본주의적으로 변형된 모습이 담겨 있다고 볼 수 있다. 나아가서 국가, 자본, 노동의 3자 관계는 자본주의 사회에서 인류가 만들어낸 사회적 관계망을 가리키며, 여기에는 자본주의적으로 변형된 자연이 포함되어 있다고 봐야 할 것이다.

59_ "사회적 가치 생산"에서 언급되는 '가치'와 "의미나 가치 생산"에서 언급되는 '가치'는 물론 서로 다르다. 전자의 경우 가치는 사회적 필요노동에 의해 생산되는 경제적 가치를 가리키고, 후자의 경우는 문화적 가치를 가리킨다.

이깃은 권력 배분을 둘러싼 정치적 갈등, 모순이 이들 문제를 통해서도 표출된다는 말이며, 권력은 표현되고 재현됨으로써 행사된다는 말이다. 다시 말해 계급투쟁은 반드시 기호적 과정을 우회하게 된다. 스튜어트 홀Stuart Hall의 말처럼, "문화의 매체, 언어, 텍스트성, 그리고 기호과정에는 문화를 다른 구조들과 직접적이고 즉각적으로 연결시키려는 기도를 언제나 벗어나게 하고 따돌리는 뭔가 탈중심화된 것이 있기 마련"인 것이다(Hall, 1992: 284). 문화적 재현물에 '다른 구조'가 직접 나타날 수 없다는 것은 문화에서는 어떤 치환이나 탈구가 발생한다는 것으로, 계급투쟁은 문화에서 날것 그대로는 나타나지 않는다는 것이다. 따라서 계급투쟁은 대부분 언어, 텍스트, 담론, 기호, 이미지, 상징 등 문화적 매개물을 경유하게 된다. '문화정치'는 이때 지배와 피지배를 둘러싼 사회적 투쟁이 반드시 문화적 차원을 가지며, 기호, 상징, 이미지, 은유, 담론 등을 통해 일어나는 문화적 실천이 삶의 양식, 사회적 정체성의 변화 방향을 놓고 벌어지는 쟁의와 투쟁의 일환이라 할 수 있다.

'문화경제' 개념을 통해서 내가 주목하려는 것은 문화적 실천과 경제적 실천이 서로 융합되는 현상이다(주은우, 2013). 1장에서 언급한 것처럼 '정치경제'가 특히 맑스의 '정치경제학 비판' 기획이 제출된 이래 중요한 비판적 논의 대상이 되었고, '문화정치'의 경우 비판적 문화연구 전통이 태동한 1960년대 이후부터 관심 대상이 되었다면, '문화경제'에 대한 관심이 일어난 것은 비교적 최근의 일이다. 그것은 신자유주의 시대에 들어와서 문화와 경제의 관계가 새롭게 설정된 때문, 즉 심광현이 지적하는 것처럼 자본의 4차 순환이 전개되고 광의의 문화적 실천이 자본에 의해 포섭되었기 때문일 것이다. 근래에 들어와서 문화적 활동은 대거 시장의 소비 상품으로 전환되는 경향이 커졌고, 다른 한편으로는 상품이 예술작품과 같은 심미적 대상을 모방하려는 경향도 커졌다. 수정자유주의 시대까지 문화는 그 자체로 가치 있는 것으로 간주되지 않으면, 상대적으로 '자율적' 영역에 배치되는 경향이 있었다. 당시 문화에 대한 국가 지원이 필수적이라는 통념이 형성되었던 것은 문화는 시장에서 거래되는 교환 대상이 아니라고 여겨졌기 때문이다. 그러나 신자유주의 시대에 들어와서 문화는 더 이상 상품논리로부터 자유롭지 못한 상태가 된다. "예술과 건축은 사업"으로, "음악, 연극, 영화는 오락과/또는 투기 겸 오락"으로 흡수되었고, "역사와 지리, 사실상 모든 '차이'들은 박물관, 식당, 테마공원으로 포장되어 관광의 일부로서만 경제 지도자들에게 중요하게 취급"되는 상황이 된 것이다(Miyoshi, 1998: 259). 물론 문화의 경제화만 일어난 것은 아니다. 문화가 시장 논리에 종속됨과 동시에 경제가 문화적 실천을 자신의 수단으로 가동하는 경향도 늘어났다. 단적인 예가 상품의 부가가치 증진을 위한 심미화다. 상품의 심미화가 오늘날 만연한 경제의 문화화를 보여주는 대표적 경우라면, 한국에서 문화의 경제화를 보여주는 대표적 예는 과거에는 공공기관으로서 국가 지원을 받아 운영되던 문화, 예술 관련 조직들이 '책임경영제도' 도입 등을 통해 자구책을 찾아야 한 데서 찾을 수 있다.[60] 공연장이나 예술단체 등이 문화공연이나 행사 등 자신의 활동을 상품으로 판매한 수입으로 존립하게 된 것은 신자유주의 시대에 들어와서 새로 생긴 현상이다.

그런데 문화정치경제는 '복잡성 체계' 또는 '복잡한 전체'로 구성되어 있기 때문에, 정치경제, 문화정치, 문화경제로 간단하게 분해된다고 보기는 어렵다. 이에 따라서 신자유주의의 문화정치경제에 대한 논의는 신자유주의의 정치경제, 문화정치, 문화경제로 구분해서 전개하되, 이 논의들을 다시 신자유주의의 문화적 정치경제, 경제적 문화정치, 정치적 문화경제에 대한 논의로 복잡화시킬 필요가 있다. 물론 이때 '신자유주의의 문화적 정치경제'는 신자유주의 하에서 작용하는 정치경제의 문화적 의미만이 아니라 문화의 정치경제적 의미를 함께 포괄하는 용어로 이해할 필요가 있으며, 이런 이해는 신자유주의의 '경제적 문화정치', '정치적 문화경제'에 대해서도 마찬가지로 적용된다.

60_ 국립중앙극장의 경우 2000년에 책임운영기관으로, 세종문화회관은 같은 해에 법인으로, 국립중앙과학관은 2005년에 '기업형' 책임운영기관으로 지정되었다.

1) 신자유주의와 문화적 정치경제

신자유주의는 자본주의의 기본적 축적체제 또는 전략인 자유주의가 새로 변신한 모습이다. 앞서 살펴본 대로, 자유주의는 1970년대에 들어와 수정자유주의 노선의 축적 전략을 포기하고, 그 정치경제적 관행을 대거 폐기하게 된다. 단적인 예가 자본과 국가와 노동의 타협을 전제로 하는 '조합주의corporatism'를 해체하고, 노동을 배제한 국가-자본의 협력관계를 형성한 것이다. 조합주의는 전후에 축적 조건이 개선된 가운데 사회주의 세력이 확대되자, 이에 대한 대응으로 수정자유주의가 사회주의와의 타협을 시도한 사회정치적 체제다. 사민주의 전통이 강한 북유럽, 프랑스, 독일은 물론이고 미국이나 영국 등에서도 2차 세계대전 이후 노동조합의 위상 강화 및 복지 증진이 상당한 수준으로 일어난 것은 자본과 국가가 노동에게 일정하게 양보한 결과다. 하지만 타협을 했다고 해서, 자본 세력이 사회주의에 대한 경계를 늦췄다고 볼 수는 없다. 1950년대에 미국무부에 공산주의자가 침투했다며 미국사회를 발칵 뒤집어 놓은 '매카시 선풍'이 불어닥쳤다는 사실은 수정자유주의 하에서도 사상 검열이 얼마나 엄격했는지 잘 보여준다. 같은 시기 한국 등 제3세계에서도 철저한 반공 전선이 펼쳐졌다. 수정자유주의가 자본주의 국가 전반에 일률적으로 적용된 것은 물론 아니다. 선진 자본주의 국가의 수정자유주의는 대체로 자유민주주의를 정치체제로 성립시킨 반면, 제3세계에서는 한국 사례가 보여주듯 발전주의 노선을 취하며 군부독재, 권위주의 체제를 작동시켰다. 이로 인해 한국 같은 곳에서는, 수정자유주의 시대에도 노동은 권리가 크게 제약된 가운데 반공 태도를 강요당하게 된다.

신자유주의 시대에는 그렇다면 어떤 정치경제적 변동이 일어나는가. 일견 신자유주의 시대는 '민주화 시대'로 보이는 측면이 있는 것도 사실이다. 신자유주의가 세계화될 무렵, 대략 1980년대 후반 이후 한국, 타이완, 필리핀, 칠레, 동구 등 과거 권위주의 혹은 사회주의 지배를 받았던 많은 제2세계, 제3세계 나라들이 자유민주주의의 성립 또는 복원을 목격했다. 한국도 마찬가지다. 한국은 신자유주의가 처음 도입된 1980년대 초에는 전두환 정권의 권위주의 체제가 작동하고 있었으나, 1987년 '민주화' 체제를 수립함과 아울러 자유민주주의로의 전환이 이루어졌다. 신자유주의 시대에는 그렇다면 민주주의가 크게 진전된 시대인 것인가? 유감스럽게도 최근 들어와 민주주의가 실질적으로 발전한 것은 결코 아니다. 실질적 민주주의가 진전하려면 하층 민중의 권익 개선과 권리 진작이 필수적이겠으나, 이 장 전반부에서 언급한 것처럼 신자유주의는 경제 엘리트, 상층 부유층의 축적 조건 개선을 위해 각종 사회적 불평등을 강화해 왔기 때문이다.

소수에게는 최대한의 혜택을 갖다 주고, 다수에게는 빈곤과 부채를 안기는 신자유주의적 지배를 위해서는 새로운 정치경제적 질서가 필요할 터, 이 질서는 어떻게 작동하는 것일까? '민주화' 시대 한국을 예로 살펴보면, 이 신자유주의적 질서를 작동시킨 정치적 기제는 근래에 들어와 주된 의사결정 방식으로 작용하고 있는 '협치governance'라고 할 수 있을 것 같다. 협치가 중요한 정치적 수단으로 떠오른 데에는, 1987년 개헌 이후 '참여민주주의' 이론, 시민운동이 활발해진 것이 계기로 작용했을 것이다. 협치를 허용한 명분은 새로이 제도화된 절차적 심의민주주의를 기반으로 삼아 사회적 의제 결정의 민주화를 꾀한다는 것이었다. 하지만 협치는 참여 주체를 사실상 '시민'으로 국한했고, 따라서 여성, (외국인)노동자, 약소자 등 소수자의 권리 진작과는 무관한 것이 되었다고 봐야 한다.61 그뿐만 아니다. 협치는 신자유주의 시대 한국에서 정치와 경제를 연결하는 중요한 정치경제적 기제로 작용하기도 했다. 협치가 주요 의사결정 방식으로 작동하는 동안 특히 강화된 것이 자본 권력이다. 한국에서 자본은 각종 행정협의회에 재벌 대표를 참여시켜 국가 정책에 대한 개입 능력을 전례 없이 확대함으로써, 삼성그룹의 경우 '삼성공화국'이라는 언표가 인구에 회자될

61_ 참여민주주의, 심의민주주의, 협치 등이 서로 동일한 이론, 개념인 것은 아니다. "참여민주주의 이론과 심의민주주의 이론이 시민들의 정치참여에만 집중하였다면, 협치모델은 시민과 정부의 관계를 중시한다"(이현우, 2012: 77).

정도로 그 영향력이 비대해졌다(지주형, 2011: 367-71). 오늘날 한국사회에서 가장 "강력한 여론의 원천이자 구심"은 삼성경제연구소로서, "거의 모든 언론과 정부마저 삼성경제연구소를 그 주장의 근거로 제시하고" 있는 실정이다(홍성태, 2007: 119).

신자유주의 시대 정치경제는 이렇게 보면 자본의 권력 강화를 위해 작동한 셈이다. 신자유주의화 과정에서 자유민주주의를 복원한 나라도 다수 있지만, 그 주된 목적은 사회의 '민주화'보다는 '자유화'에 있었던 것으로 판단된다. 자유민주주의의 구축은 그렇다면 경제적 자유주의를 '사회'로부터 탈착시켜 민주화를 자유화로, 자유화를 시장화로 축소시키는 과정과 다르지 않다. 자유민주주의를 복원한 나라 대부분이 공적 부문 민영화를 추진했다는 사실이 그 증거다. 민영화의 주된 목적은 사적 자본의 이익 극대화였던 것이다. 물론 이런 전환이 저항 없이 이루어진 것은 아니다. 자유화, 시장화는 대대적인 구조조정을 동반하고, 일자리 축소와 불안정을 야기하는 만큼, 노동의 저항을 필연적으로 부른다. 신자유주의화 과정은 그래서 첨예한 계급투쟁을 동반했지만, 알다시피 이 과정에서 승자가 된 것은 이제 '조합주의' 전통을 버린 국가의 도움을 받아 노동에 대해 대대적인 공격을 감행할 수 있었던 자본이다. 저항하는 노동자계급에 대한 공격은 공권력을 앞세운 물리적 형태만 띠었던 것이 아니다. 그것은 '노동의 무책임과 탐욕', '공적 부문의 근본적 비효율성'을 비판하고, 그동안 시장 외부에 있던 복지, 교육, 의료, 기간산업 등의 시장화가 필요함을 강조하는 이데올로기적이고 담론적인 형태를 띠기도 했다.

신자유주의 시대 정치경제가 문화적 측면을 가질 수밖에 없는 것은 이런 이유 때문이기도 하다. 신자유주의적 정치경제는 기존의 수정자유주의 또는 같은 시대의 한국 같은 제3세계에서 작동한 발전주의가 전제한 것과는 구분된 삶의 방식을 요구한다. 그것은 개인들의 이익 추구를 최상으로 간주하는 시장논리를 따르며, 따라서 사회적인 것 대신 개인적이고 사적인 것을 우위에 놓는 경향이 강하다. 영국에 신자유주의를 도입한 대처가 "사회란

것은 없다, 있는 것은 개인 남녀, 그리고 가족만 있을 뿐이다"라고 했던 것
이 대표적인 예다(Thatcher, 1987). 이처럼 개인을 우위에 두는 것은 개인의
권익 보호보다는 사회적 주체들의 상호 분리를 통해 자본의 지배를 더 수월
하게 하기 위함이다. 노동조합의 집합적 역량이 강력한 교섭 능력을 발휘하
던 시기의 노동자 계급은 주택, 교육, 의료 등의 복지 서비스 즉 사회적으로
필요한 사용가치가 시장으로부터 일정하게 분리되어 있었던 덕분에, 그만
큼 자본의 지배로부터 벗어난 삶을 누릴 수 있었다. 공적 부분으로 관리되
는 사회적 영역은 집합적 소유가 가능하며, 이에 따라 대중으로 하여금 집
합적 정체성을 갖도록 하는 경향이 있다. 하지만 복지 영역이 신자유주의
정책 실시로 대거 민영화되고 나면, 집합적 주체성은 해체되거나 약화되고
대중은 파편화된 개인들로 바뀌게 된다. 대중이 더욱 심화된 소비자 정체성
을 드러내는 것은 이제는 복지 서비스도 시장에서 상품으로 구입해야 하기
때문이다. 1970년대 이후 영국에서 노동자들로 하여금 그동안 세 들어 살던
공영주택을 개인 소유로 구매하게 만들고, 미국에서 비슷한 효과를 만들어
낸 '소유권 사회'가 제창된 것이 그런 경우다(3장 7절 참조). 사람들이 주택
소유자가 된다는 것은 부동산 시장의 소비자가 됐다는 말이다. 주택 소유자
가 되면 사람들은 부동산 시장, 나아가 더 넓은 시장의 소비생활에 더욱
깊이 얽매이게 된다. '소유'는 이때 '사적' 소유이기 때문이다. 조합주의를
가동시키던 수정자유주의라고 해서 시장적 기제를 작동시키지 않았던 것
은 아니다. 하지만 그때는 사회적 사용가치 상당 부분을 공적 영역에서 제
공한 만큼, 시장에 대한 통제가 일정하게 이루어졌던 편이라 할 수 있다.
반면에 신자유주의 하에서는 과거 시장으로부터 벗어나 있던 활동들, 단적
으로 문화적 활동까지 상품교환의 대상이 된다.

신자유주의적 정치경제의 지배적 문화는 그래서 시장문화, 상품문화다.
한국에서도 신자유주의화 과정에 고도의 소비문화가 부상했다. 한국은 자
본주의화가 늦게 시작되었고, 반공이데올로기 작동과 함께 노동에 대한 탄
압이 극심했던 탓에, 수정자유주의 시대의 선진자본주의 국가 노동자 대중

이 밀싱한 근내석 십단적 문화를 크게 발달시키지 못했던 편이다. 그 대신 대중이 비교적 풍부하게 활용할 수 있었던 것이 전통사회에서 전래되어와 시장경제 외부에서 작동해온 공동체 문화다. 1980년대 문화운동이 풍물 등 전통문화의 자원을 많이 활용했던 것도 당시 한국사회에 그런 비자본주의적 문화 전통이 아직 풍부했기 때문일 것이다. 그러나 한국문화는 결국 신자유주의적인 정치경제에 걸맞은 형태로 변하게 된다. 자본축적을 위한 새로운 권력관계를 지지하는, 상품문화와 소비문화가 중심이 되는 문화지형이 구축된 것이다. 이것은 이제 신자유주의적인 문화적 정치경제가 조직되었다는 말이기도 하다.

2) 신자유주의와 경제적 문화정치

신자유주의 시대의 문화정치는 기본적으로 신자유주의적 축적체제의 유지 및 재생산 또는 그 변혁에 필요한 삶의 양식 구축과 주체성 형성을 둘러싼 문화적 실천과 정치적 실천의 결합 양상을 띤다고 할 수 있다. 이와 관련해 여기서는 한국에서 나타난 두 상반된 경향을 살펴보고자 한다. 1980년대 중반 이후 활발하게 전개된 문화운동이 보여준 문화정치와 90년대 초부터 새롭게 등장하기 시작한 신자유주의적 성격의 문화정치가 그것이다.

신자유주의가 갓 도입된 시점 한국에서는, 사회운동의 급속한 성장에 발맞춰 문화운동도 활발하게 일어났다. 이 운동은 새로 부상하는 정치경제적 질서에 대한 반대와 저항이면서, 동시에 그 질서와 함께 조성된 문화적 질서 즉 당시 전두환 정권이 구축하기 시작한 새로운 삶의 방식에 대한 저항이었던 것으로 판단된다. 이 흐름을 가장 강력하게 보여준 것이 80년대 사회운동의 주축을 이룬 학생운동에서 중요한 위치를 차지하고 있던 '운동권문화'로서, 당시 대학생들은 풍물놀이, 마당극, 대동제 등을 통해 문화 자유화 정책으로 급속하게 확산되고 있던 문화의 경제화, 상품화 경향에 맞서 대학의 시공간을 '딴 세상'으로 바꾸려고 했다. '세상에 없는 세상을 만들어내고자 했던 이 시도는 현실 속에서 유토피아를 세우려던 노력으로서(허용호, 2009: 138; Kang, 2013), 80년대 중반부터 90년대 초에 이르는 시기에 최고조에 달한다(강내희, 2013a). 문화운동을 중심으로 전개된 문화정치는 당시 '문화 자유화' 정책을 중심으로 한 지배적 문화정치에 맞선 것으로, 한국인 전체는 아니라 하더라도 90년대에 들어와서 '386 세대'로 명명되는 당시 젊은 층, 특히 대학생 인구의 삶의 양식을 대거 '운동권 문화'로 바꿔놓으며 만만찮은 영향력을 행사했다. 그때 대안으로 제시된 공동체 문화는 삶의 방식을 비자본주의적인 것으로 바꿔내고자 했다고 할 수 있다. 풍물, 줄 당기기, 마당극, 대동제 등 당시 널리 행해지던 표현양식은 신자유주의적 축적체제에서 형성되기 시작한 정치경제가 강요하던 것과는 근본적으로 달랐다. 이것은 학생운동권 문화가 자본축적을 중심으로 하는 권력관계의 배치에서 벗어나 새로운 사회적 관계를 만들어내고자 하는 염원, 희구, 꿈을 담고 있었음을 말해준다. 80년대 문화운동은 한마디로 대안적 삶의 형태를 지향했던 것이다.

그러나 대학가를 중심으로 전개되고 있던 반신자유주의 문화정치는 90년대 이후 한국사회가 한층 더 강화된 신자유주의로 이행함에 따라서 급속하게 퇴조하게 된다. 이런 변동을 초래한 요인은 크게 보면 내부적, 외부적 요인 두 가지였던 것 같다. 현실사회주의의 붕괴가 눈앞에서 전개되고, 미국을 중심으로 하는 '신세계질서'가 수립되면서 신자유주의가 본격적으로 세계화된 것이 외부적 요인이었다면, 1985년의 플라자 합의 효과로 한국자본주의가 '3저 호황'을 누리게 되고, 그 결과 강력한 소비자본주의가 형성된 것이 내부적 요인이었을 것이다. 이에 따라 한국의 문화정치 지형에도 큰 변화가 일어났으니, 90년대 초부터는 스타일 혹은 정체성의 정치 현상이 두드러졌다.

90년대 초 이후 한국사회에는 다양한 '족속'들이 등장하기 시작한다. 특정한 사회적, 문화적 성향을 지닌 집단이 이전에 없었던 것은 물론 아니다. 80년대, 더 이전으로 내려가서 70년대에도 '재야'나 '운동권' 같은 특정 집단이 있었다. 그러나 이들과 90년대 초의 '오렌지족' 사이에는 중요한 차이가 있다. 전자가 자체로는 소수이면서도 인구 전체의 과업을 수행한다는 자의식을 지닌 '서사시적 주체'였다면,62 후자는 타자와의 일체성보다는 차이를 강조하며 소수자임을 자처했던 것이다. '민족' 또는 '민중' 다수를 대변하고자 서로 경쟁한 운동권 정파들과 달리, 오렌지족은 '부족' 또는 '동아리'였으며, 이들이 추구한 정치는 '스타일' 또는 '정체성'의 정치였다.

문화정치는 스타일과 정체성의 정치든 문화운동 중심의 대안적 형태든 언어, 텍스트, 이미지, 상징, 기호 등을 중심으로 표현된다. 이처럼 문화정치가 '표현'으로 나타나는 것은 문화가 기본적으로는 '자연적 성장'과 관련되어 있고, 이 성장의 '돌봄' 또는 '육성'을 그 주된 실천으로 삼고 있기 때문이다. 문화적 실천과 표현체계가 긴밀하게 연결되는 것은 자연적 성장이나 그 돌봄이 특정한 방향과 방식을 갖기 마련이고, 이것이 인간적 삶의 가장 중요한 '의미'로서 제시되며, 이 의미는 표현체계를 통해 생산되기 때문이다. 문화정치는 이 과정에서 발생한다. 그것은 다양한 표현 수단을 활용하며 전개되는 문화적 실천이 궁극적으로 만들고자 하는 의미나 나아가려는 방향이 결국 권력투쟁에 의해 결정되기 때문에 일어나는 현상이다. 문화적 실천에서 활용되는 매체의 형태나 성격은 그래서 문화정치의 방향에 따라 달라진다. 대안적 삶을 지향한 80년대 문화운동의 표현 양식은 당대의 지배적 생산과는 일정한 거리를 두고 있었던 편이다. 그 시대적 적실성을 일단 논외로 친다면, 풍물놀이나 줄 당기기, 마당극 등 당시의 문화적 실천은 일상의 모습을 새롭게 하고자 했고, 따라서 새로운 경제 즉 대안적 경제를 전제하고 있었던 것으로 판단된다. 반면에 90년대 초 스타일의 정치는 그 자체 신자유주의적 축적체제를 직접 지지하고 나선 것은 아니라 해도, 대체

62_ 루카치Georg Lukács에 따르면 서사시의 주인공은 민족이나 종족의 운명을 짊어진 영웅이다. "서사시 주인공은 엄밀하게 말해 결코 개인이 아니다. 그 주제를 개인 운명이 아니라 공동체 운명에 두는 것이 서사시의 한 핵심적 특징이라고 전통적으로 간주되고 있다"(Lukács, 1971: 66).

로 소비자본주의적 삶을 전제했다고 할 수 있을 것이다. 이런 점은 '소비귀족' 행세를 한 오렌지족에게만 국한되지 않는다. 스타일의 정치가 모습을 드러내기 시작한 90년대 초는 문화산업이 크게 성장했고 새로운 '문화경제'가 작동하기 시작한 때다. 문화경제 즉 문화 경제화와 경제 문화화의 동시적 진행은 문화정치와 결합되어 나타났다. 그것이 바로 '스타일의 정치'다. 문화경제와 문화정치의 긴밀한 관계를 보여주는 예를 우리는 90년대 중엽 서울의 청소년들 사이에 벌어진 강북 '복고풍'과 강남 '힙합풍'의 대립에서 찾을 수 있다. 이 대립은 강남의 중산층 이상 가정 출신 청소년과 강북의 서민층 자녀 간의 패션 차이를 두고 벌어졌다는 점에서 스타일의 정치에 해당한다(Lee Dong-yeon, 2004: 127). 당시 청소년들이 서로 다른 패션을 통해 정체성 경쟁을 한 것은 나름의 문화정치를 실천한 것으로, 이런 실천은 의류 디자인, 음악 트렌드 등의 상품 소비와도 긴밀하게 연결되어 있다는 점에서, 경제적 의미 또한 크다고 할 수 있다.

문화정치는 저항의 모습일 때에도 스타일, 정체성, 표현의 정치 성격이 강하다. '신사회운동'이 등장한 90년대 초 한국에 문화산업이 본격적으로 성장하기 시작했다는 사실이 이런 점에서 중요해 보인다. 신사회운동에 속한 여성운동, 성소수자운동 등은 기본적으로 정체성 표현을 둘러싼 실천을 중요한 운동 의제로 갖고 있어서, 표현의 정치 성격을 비교적 강하게 띠는 편이다. 물론 이런 정치가 전에도 없었던 것은 아니다. 군부 권위주의 시절인 60년대 말, 70년대 초에 모습을 드러낸 히피 풍조, 장발, 미니스커트 유행도 문화정치에 속했다고 볼 수 있다. 그러나 80년대까지 표현의 정치는 '사상과 표현의 자유'라는 이름 속에 묻혀 있었다고 봐야 할 것이다. 소수가 '장발', '노출' 등의 방식으로 표현의 자유를 구가하려한 것은 사실이나, 아직은 그런 요구가 개인적 수준에 머물거나 통제될 수 있는 수준이어서 표현의 문제가 중대한 사회적 의제로 제시되었다 하기는 어렵다. 당시 집단이 있었다면 시민, 국민, 대중, 또는 소비자라는 불특정 다수의 형태로 존재했을 뿐, 특정한 스타일을 공유하며 자신을 다른 집단과 구분하는 '특정' 집단은 아니었던 것이다. 반면에 90년대 이후에 새로운 정체성을 드러내며 부상한 '오렌지족', '야타족', '힙합족', '복고족' 등은 다른 모습을 드러낸 것으로 보인다. 과거 국민, 대중, 시민, 소비자는 보편적 성격을 지닌 집합적 존재로 작용했고, 그 속의 개인도 전체에 귀속되는 평균적 구성원으로 기능했던 편이다. 반면에 부족은 개별적으로 다른 부족과 구분되는 성격이 강하고, 부족 내부의 개인 또한 'n분의 1'의 위상에 멈추지 않고, 그 개별적 행위나 선택이 부족 전체 성격을 바꾸는 특이성을 갖게 된 것으로 여겨진다. 집단으로서 '부족'의 특징은 보편성을 지향하기보다는 차이를 전제로 하는 배타적 집단이라는 데 있다. 그리고 이들은 소비를 바탕으로 하여 정체성을 드러내는 경향이 크다.

이상 간단하게 소묘한 문화정치적 실천은 어떤 형태의 경제적 실천과 관계를 맺게 된 것일까? 문화정치가 어떻게 진행되느냐에 따라서 경제적 실천의 모습과 방향도 달라졌다고 봐야 할 것 같다. 1980년대에 신자유주의 정책이 도입되고 문화의 자유화가 진행되면서 지배적 문화정치가 자본주의적 삶의 형태를 주조하기 시작했다면, 당시 문화운동을 통해 전개된 문화정치는 이에 맞서 풍물, 춤, 마당극, 대동제 등 전통문화의 요소들을 활용하면서 비자본주의적이고 대안적인 삶의 형태를 만들고자 했다고 할 수 있다. 이처럼 추구하는 삶의 형태가 달랐던 만큼, 두 흐름의 경제적 실천도 서로 상반된 것이었다. 전두환 정권의 문화 자유화 정책이 보여주듯, 신자유주의 세력은 과거 시장 외부에 놓여있던 다양한 문화적 활동을 자본주의적 교환체계 안에 편입시키고자 했다. 두발 및 교복 자유화, 통행금지 해제, '3-S 정책' 등은 신체 감각과 활동, 욕망을 바탕으로 구성되는 일상을 시장의 통제 하에 끌어들임으로써 일상적 활동을 위한 자원들을 시장에서 구입해야 하는 상품으로, 사람들을 대거 소비자로 전환시킨 것이다. 반면에 문화운동 전통은 문화의 상품화에 저항하면서, 비자본주의적인 부 또는 가치생산을 지향했다고 할 수 있다. 문화운동의 일각에서 생활문화운동을 펼치고 협동조합을 결성한 것이 단적인 예다.[63]

그러나 1990년대 이후 문화산업이 크게 성장한 것은 한국에서 전개된 문화정치는 결국 신자유주의적 성격을 강화하게 되었고, 이에 따라 의미와 상징, 스타일, 패션 등의 생산이 자본축적을 목표로, 다시 말해 자본주의적 가치와 부의 생산 중심으로 이루어졌음을 말해준다. 이런 변화를 보여주는 한 좋은 예가 1990년대 초까지도 대학 공간을 '딴 세상'으로 만들곤 했던 대동제의 퇴락이다. 대동제는 학생들이 상업문화에 대한 대안으로 연례적으로 펼친 축제였지만, 90년대 말에 이르게 되면, 독자적인 민족문화, 민중문화를 건설하려던 취지는 사라지고 사실상 상업문화에 투항한 모습을 띠게 된다. 지금 대동제의 이름을 걸고 잔존한 대학축제에서 가장 중요한 행사는 한류스타 걸그룹과 보이밴드가 벌이는 공연이다(Kang, 2013). 이것은 오늘날 문화정치가 신자유주의에 의해 지배되고 있고, 그에 따라 대학생의 '자율적' 문화정치도 문화상품의 소비로 진행된다는 것을 보여준다.

3) 신자유주의와 정치적 문화경제

그렇다면 '문화경제'는 신자유주의 하에서 어떻게 전개되어 왔는가? 신자유주의 시대 문화경제의 특징은 문화의 경제화와 경제의 문화화가 함께 진행되는 새로운 양상에서 찾을 수 있다. 이 흐름은 문화산업이 크게 발달한 데서 확인된다. 문화산업이 발달했다는 것은 문화가 이제 경제적 논리를 반영하며 이윤 창출에 기여하고, 경제는 문화를 활용하여 부가가치를 높이는 방식으로 작동하고 있다는 말이다. 문화의 경제화 현상을 보여주는 문화

63_ '한살림' 협동조합이 결성된 것이 좋은 예다. 한살림은 1986년에 처음 설립되었고, 도농 직거래, 지역 살림 운동 등을 펼쳐왔다. 그러나 협동조합을 중심으로 하는 생활문화운동이 80년대 문화운동을 대표한 것은 아니다. 당시 문화운동에는 혁명적 변혁운동을 지지하며, 대안적 삶의 모색보다는 자본주의적 체제 거부를 더 중시하는 흐름도 있었다. 하지만 비자본주의적 가치 생산을 지향한 점에서는 이 흐름도 예외가 아니다. 문화운동의 두 흐름은 서로 비판적인 입장을 취했지만, 나는 여기서 자본주의적 가치 생산에 대해 두 흐름이 공통적으로 비판적이라는 점이 더 중요하다고 본다. 양자의 협력 필요성에 대해서는 9장의 논의 참조.

산업이 얼마나 크게 발달했는가는 2000년대에 늘어와서 '한류'가 크게 성공한 모습에서 확인된다 할 것이다. 2011년 세계 문화시장의 규모는 1.25조 달러였고, 영화, 텔레비전, 음악, 게임을 포함한 문화콘텐츠산업의 규모는 3420억 달러로 반도체 부문의 2690억, 조선 부문 2330억 달러를 능가했다. 한국의 문화콘텐츠 산업도 기하급수적으로 성장하여 2009년의 시장 가치가 570억 달러에 이른다(Lee, 2011).

한국에서 문화의 경제화가 새로운 조류로 나타난 것은 이미 언급한 것처럼 전두환 정권 시절의 일이다. 전두환 정권 하에서 이루어진 문화 자유화는 그전까지 시장 외부에 있던 문화를 시장 안으로 끌어들인 '시장화' 조치로서, 대중의 삶을 획기적으로 바꾼 중대한 사회정책이었다. 그로 인해 씨름, 야구, 축구 등 과거 아마추어 스포츠로 있던 경기 종목이 시장 논리를 따르는 프로스포츠로 전환하고, 스크린 정책 변화로 박정희 정권 하에서 금지되고 있던 컬러텔레비전 방송 시작과 더불어 국내 제작사의 에로물 제작이 허용되고, 아울러 해방 이후 37년 간 지속된 통행금지가 해제되며 유흥산업의 활성화가 이루어진 것이다. 당시 전 정권의 문화정책을 가리켜 '3-S 정책'이라 할 수 있는 것은 그로써 스포츠, 스크린, 섹스의 관행에서 중대한 변화, 즉 자유화가 이루어졌기 때문이다. 물론 이때 자유화는 시장화요, 경제화다.

당시 청와대 정무비서관 허문도가 주도한 것으로 알려진 '3-S 정책'을 저질스런 작풍을 불러일으킨 하찮은 짓거리로만 치부하면 그 중요성을 외면하는 셈일 것이다.[64] 이 정책의 목적은 '문화의 경제화' 즉 사람들의 감각과 신체활동, 욕망 등으로 구성되는 일상적 삶의 여러 측면을 상품화하는 것이었다. 이런 정책이 1980년대 초부터 강력하게 추진되었다는 것은 한국에서 신자유주의적 금융화가 본격적으로 작동하기 전에, 밥 제숍이 말한

---

[64] 허문도는 광주항쟁 이듬해인 1981년 전국 198개 대학 6천여 명 학생과 일반인 7천여 명을 출연시킨 대규모 축제 '국풍 81'을 개최시킨 당사자다. 주최 측 주장으로 이 행사를 보러온 인원은 1000만 명에 달했다(경향신문, 1981.6.1).

'경제적 상상'이 이미 구축되기 시작했음을 말해준다. '3-S 정책'은 문화의 상업화를 통해 한국인들로 하여금 새로 수립되는 정치경제를 수용하게끔 만들어낸 것이다. 당시 진보진영은 이 흐름에 저항하며 대안문화 건설을 위한 문화운동에 나섰지만, '87년 체제'가 성립된 이후에도 신자유주의가 계속됨으로써 90년대에 이르게 되면 '문화도 경제'라는 관념이 통념으로 굳어진다.

문화경제의 부상은 비단 '문화가 경제'라는 관념만 만들어낸 것이 아니다. 물론 SM엔터테인먼트 같은 문화기획사가 주식시장에 상장되는 등 오늘날 문화산업의 규모가 커지고, 문화의 경제적 가치가 크게 확대된 것은 분명하다. 그러나 문화경제의 형성은 'K-팝' 영향력 증대나 그에 따른 기획사의 주식시장 상장 등으로 국한되지 않는다. 눈을 돌려 더 광범위한 문화 변동을 살펴볼 필요가 있다. 이때 '문화'는 예술이나 문예, 대중예술보다는 레이먼드 윌리엄스Raymond Williams가 말한 '삶의 전체 방식'에 해당한다.65 전두환 정권이 한국을 신자유주의 체제로 전환시키는 과정에서 추진한 '문화 자유화'가 중요하다고 여겨지는 것은 이런 점 때문이다. 당시이 자유화 조치는 무엇보다도 문화를 경제의 문제로 바꿔냈다고 할 수 있다. 성, 시각문화, 몸놀림 등 일상문화의 많은 측면들이 그 과정에서 시장에 편입되고, 그로 인해 과거에는 상품 즉 자본주의적 가치생산의 산물로 간주되지 않던 것들이 대거 시장적 교환에 종속됨으로써, 삶의 모습 전반이 바뀌었기 때문이다.

'문화경제'의 부상은 문화의 경제화와 함께 '경제의 문화화'도 동시에 진행됨을 의미한다. 이 과정을 통해 나타나는 주된 양상이 '경제의 심미화'다. 이 경향은 주로 상품을 심미적 대상, 문화적 실천 대상으로 만드는 것으로 드러난다. 최근 들어와서 상품의 이미지나 디자인을 강조하는 일이 부쩍 심해졌다. 이때 부각되는 것은 상품의 용도, 실용성보다는 그 기호적 측면

65_ 윌리엄스에 따르면 "문화는 평범하다"(Williams, 1989: 4). 문화가 평범하다는 것은 그것이 일상적 삶을 구성한다는 것, 즉 삶의 방식 전반을 규정한다는 것을 의미한다.

즉 의미 또는 상싱성이다. 실용적 측면 대신 상징성을 내거는 상품은 소비자와의 접점 마련에 더 큰 관심을 갖고, 상징적 의미를 강조하기 위해 기호로서 상품이 지닌 '교감적phatic' 기능을 부각시킨다.[66] 오늘날 경제활동이 과거 어느 때보다 디자인과 광고, 이미지와 기호, 욕망이나 생활양식 등에 관심을 집중하고 있는 것도, 상품 생산에서 가치와 의미 측면을 강조함으로써, 그런 교감적 기능을 높이기 위함일 것이다. 이것은 기술발달로 더욱 정교한 상품 생산이 가능해져서 생긴 일이기도 하지만, 동시에 상품의 부가가치를 높이기 위함이기도 하다.

오늘날 이와 같은 '문화경제'가 광범위하게 작동하는 데에는 당연히 정치적 이유가 있다. 권위주의 정권 하에 있던 80년대 초 한국에서는 문화의 자유화가 시작되기는 했지만, 문화와 정치, 경제와 정치의 관계를 지배하는 것은 그래도 정치였다. 그러나 1987년 이후 문화와 정치와 경제의 관계는 새로워지면서, 경제 우위 하에 구축되기 시작한 것으로 보인다. 이런 변화에 대한 사회적 인식이 커졌음을 보여주는 것이 90년대부터 한국을 '삼성공화국'으로 부르는 일이 많아졌다는 사실이다. 과거 공공 부문으로 간주되던 문화 영역에 대한 시장적 기제 도입도 늘어났다. 공공 문화기관이 '책임경영제도'를 도입한 것이 대표적인 예일 것이다. 이런 사실은 문화경제 형성으로 나타난 경제의 문화화와 문화의 경제화는 서로 대등한 두 경향이 아니라, 후자가 주도했음을 말해준다. 경제의 문화화, 상품의 심미화는 경제 또는 상품의 기호적, 상징적 측면을 강조함으로써, 상품과 부 축적 행위를 더 매력적인 것으로 만들기 위한 목적이었던 것이다.

신자유주의 시대에는 문화경제의 새로운 발전으로 정치의 위상이 크게 약화했다고 볼 수 있다. 과거에 비해 정치가 문화와 경제, 특히 후자에 대한 영향력을 크게 상실한 것이다. 하지만 정치의 약화가 정확하게 무엇을 의미하는지 꼼꼼히 새겨보는 것이 중요하다. '정치의 약화'는 이때 정치가 새로

66_ 기호의 교감적 기능은 "기호가 발화자와 수화자 간의 관계를 수립하는 방식"이다 (Thwaites et. al, 2002: 18).

운 역할을 부여받았다는 말로 이해할 필요가 있을 것 같다. 1980년대 중반까지 한국의 문화정치경제는 정치 우위 하에 작동했던 편이다. 문화는 '정치의 시녀'였고, 경제 역시 '관치금융'이라는 말이 말해주듯 정치에 의해 장악되어 있었다. 그러나 1990년대에 들어선 뒤로는 문화와 정치와 경제의 상대적 위상이 바뀌어, 문화정치경제적인 실천에서 가장 큰 힘을 발휘하게 되는 것은 경제 권력이다. 정치는 이제 경제와의 관계에서 이전의 지배력을 잃고, 경제가 정치를 대신하는 경향이 나타나기 시작하며, 정치적 상상도 경제를 중심으로 만들어지기 시작한 것이다. 경제의 작동, 즉 시장의 성장에 기여하지 않는 정치는 정치로서의 가치가 없다는 것이 새로운 정치적 상상이라면, 이런 상상이 작동하게 된 것이야말로 신자유주의적인 문화경제의 정치적 효과가 아닐까 한다. 이제 사회적 실천에서 정치와 문화의 궁극적 의미나 목표를 찾으려면 경제적 실천에서 찾아야 하고, 정치와 문화가 경제를 위해 복무해야 한다는 관점이 지배하게 된 것, 이것이 90년대부터 작동하기 시작한 새로운 문화경제의 작동 효과인 것이다. 하지만 정치가 이처럼 경제를 통해 자신을 실현해야 한다는 것은 결국 자신의 부정—전체적인 부정은 아닐지라도 적어도 몇몇 측면에서는 중대한 부정—이 아닐 수 없다. 이것은 신자유주의 시대에 국가와 자본과 노동의 관계에서 자본이 우위를 점하고, 국가가 노동을 배제하고 자본의 협력자로서만 작동하게 되면서 생긴 결과라 할 수 있다. 노동을 배제한 가운데 전개되는 정치, 자본의 변증법만 작동시키는 정치는 정치가 원래 자신의 몫으로 끌어안아야 할 갈등과 모순, 다시 말해 사회 주체들의 권력관계가 예상할 수 없는 방향으로 전개될 가능성을 허용하지 않는다. 하지만 자본과 노동의 갈등과 모순을 자신의 과제로 끌어안지 않는 정치가 진정한 의미의 정치일 수는 없다. 랑시에르에 따르면 오늘날 "보통 정치라는 이름으로 통하는 것"은 그래서 '치안에 지나지 않는다(Rancière, 2004: xiii). 신자유주의 시대에 새로운 문화경제가 형성되며 정치는 치안에 불과한 모습으로 바뀜으로써, 그 위상이 약화되었다.

9. 결론

이 장에서 우리는 오늘날 축적구조 또는 체제를 지배하고 있는 신자유주의 하에서, 어떤 사회적 변동이 발생했고, 이런 변동을 야기한 것은 신자유주의의 어떤 이론적, 정치적 경향과 결부되어 있으며, 신자유주의는 어떤 경로로 몇몇 나라에서 자본축적 전략으로 수용되었고, 지금 그것은 어떤 상황에 처해 있는지, 그리고 신자유주의 하에서 문화와 정치와 경제는 어떤 방향으로 각자의 모습을 변동시키며 서로 관계를 맺게 되었는지 간략하게 살펴보았다. 이 과정에서 확인한 것은 신자유주의가 지배하는 곳에서는 예외 없이 한편으로는 엄청난 부를 축적하면서도, 다른 한편으로는 가공할 사회적 불평등을 초래했다는 사실이다. 신자유주의가 지배한 지난 40년 정도의 기간에 초고층건물이 즐비한 거대한 도시공간이 형성되면서 화려한 외관은 만들어졌지만, 동시에 오늘날 세계에서는 1퍼센트에게만 특단의 기회와 행운이 주어질 뿐 99퍼센트는 항의 대열에 나설 수밖에 없는 상황이 되었다. 이런 점은 우리로 하여금 신자유주의 축적체제는 어떻게 작용하여 이런 결과를 만들어낸 것일까 하는 질문을 던지고, 신자유주의적 축적구조와 지배 양상, 특히 그 축적 전략이 어떻게 작동하는지 더욱 자세하게 알아보도록 만든다.

신자유주의가 지금 중대한 위기에 처했다는 것은 분명한 사실이지만, 그렇다고 조만간 그 위력이 소멸하지는 않을 것이다. 신자유주의를 넘어선 대안적 삶을 꿈꾸는 사람으로서는 따라서 신자유주의가 어떻게 생명력을 유지하는지 이해하는 것이 중요하다. 이런 점을 알아보기 위해 이 책에서 내가 특별한 관심을 갖고 살펴보려는 것은 신자유주의와 금융화의 관계다. '금융화'는 고도로 발달한 신용체계를 기반으로 하고, 금융파생상품, 증권, 채권, 기획금융, 자산담보부증권(ABS), 주택저당담보부증권(MBS), 자산담보부기업어음(ABCP), 주택저당담보부다계층증권(CMO), 부채담보부증권(CDO), 신용부도스와프(CDS), 뮤추얼 펀드, 리츠, 사모펀드 등 다양한 금융상품을 활용하며 작동하고 있다. 나는 이 금융화가 오늘날 축적의 핵심 전략에 해당하며, 신자유주의는 구조조정, 노동유연화, 탈규제, 개방화/자유화 등 다른 전략을 구사하기도 하지만, 무엇보다도 금융화를 통해 이들 전략을 종합함으로써 자본의 전반적 축적 조건을 관리하고 있는 것으로 이해한다. 다음 3장에서는 이런 관점에서 금융화가 오늘날 축적구조에 어떤 변동을 일으키며 전개되고 있고, 어떤 문화적, 정치적, 경제적 작용을 하는지 살펴보게 될 것이다.

제3 장

금융화

1. 서론

신자유주의는 1970년대 초부터 칠레 같은 독재국가에서의 실험을 거치며 부상하기 시작하여, 1980년대부터는 미국과 영국 등 자본주의 헤게모니 국가와 그에 버금가는 국가들만이 아니라, 중국처럼 기존의 사회주의 노선을 수정하고 새로이 시장경제로 돌입하기 시작한 국가, 그리고 한국처럼 과거 주변부 자본주의에 속하던 국가들이 지배적인 축적 전략으로 채택한, 오늘날 자유주의의 지배적 모습이다. 뒤메닐과 레비, 하비 등이 지적하듯이 이들 나라에서 신자유주의 노선에 바탕을 둔 각종 정책을 시행한 것은 수정자유주의 시기에 일정하게 운동의 제약을 받고 있던 자본이 자신의 권력을 복원하기 위해 적극 나섰다는 신호였다(Duménil and Lévy, 2011: 22; Harvey, 2005: 19). 자본의 '권력 회복 기획'으로서 신자유주의가 취한 조치들은 이미 많이 알려져 있다. 신자유주의는 수많은 국가에서 노동의 권리를 제약하고 노조의 힘을 약화시키는 일련의 조치들(노동유연화, 단체교섭권 및 파업권 제한, 비정규직화, 파견근로법 제정 등), 공유재commons가 포함되어 있는 공공영역의 축소(복지 해체) 및 민영화, 각종 사회조직의 구조조정 등을 추진했고, 자본의 자유로운 이동을 위한 시장개방을 강력하게 추진했으며, 이 과정에서 자본의 이익 추구에 방해가 되는 국민국가의 정책 수립 권한을 크게 축소시켰다. 신자유주의 시대에 '협치'와 같은 의사민주주의가 확대된 것도, 그 자체로 실질적 민주주의를 담보할 수 없는 자유민주주의적 대의제도마저 축소시킴으로써, 신자유주의적 정책 결정을 용이하게 하는 정치적 조건을 마련하기 위함이었을 것이다.

하지만 신자유주의적 지배 기제는 전술적으로 좀 더 명확한 효과를 겨냥한 정치경제적 과정을 통해서 작동한 것으로 인식하는 것이 중요하다. 신자유주의 시대는 통상 자본의 금융화가 크게 진전된 시대로 설명된다. 신자유주의가 수정자유주의를 대체하고 자본주의의 새로운 축적전략으로 채택된 것은 아리기가 말한 세계 자본주의 축적 순환의 네 번째에 해당하는 미국헤게모니 하에서 실물팽창이 끝나고 금융팽창으로 넘어가던 시점이다. 이런 사실은 신자유주의를 이해할 때는, 통상 사용하는 '헤게모니' 개념을 단순히 적용하기 어려움을 말해준다. '헤게모니'는 지배자가 피지배자로부터 자신의 지배에 대한 동의를 얻어내기 위해 일정하게 양보함을 전제하는 전략이지만, 신자유주의 전략으로 자신의 권력을 회복하고자 한 자본은 자신의 양보는 축소하고, 노동자계급으로부터 오히려 더 큰 양보를 탈취해냈기 때문이다. 사실 1970년대 초 자본주의가 신자유주의 노선을 선택한 것은 자발적이었다기보다는, 세계자본주의 특히 2차 세계대전 종전 이후 헤게모니 국가로 부상한 미국자본주의가 위기를 맞음에 따라, 불가피하게 취한 조치라고 할 수 있다. 신자유주의의 부상은 2장에서 살펴본 대로, 당시 진행된 계급투쟁에서 자본이 승리한 결과라는 점에서, 여전히 자본주의적 헤게모니의 지속을 의미하지만, 이 헤게모니는 이미 위기에 처한 헤게모니였던 것이다.[67]

67_ 이 맥락에서 2장에서 언급한 자본과 노동의 계급투쟁, 즉 자본주의와 사회주의의 격렬한 갈등이 1970년대에 일어났다는 점을 상기할 필요가 있겠다. 금융적 축적은 그렇다면 자본이 어쩔 수 없이 채택한 전략, 즉 노동운동의 전개 등으로 인해 자본이 취한

위기에 처한 자본주의적 헤게모니가 상황 돌파를 위해 채택한 것이 신자유주의였다면, 신자유주의가 채택한 가장 확실한 축적 전략은 금융화였던 것으로 판단된다. 신자유주의가 축적을 위해 채택한 전략은 물론 다양하다. 신자유주의적 축적 전략에는 1장에서 언급한 것처럼, 금융화 이외에도 노동유연화, 민영화, 시장화, 개방화/자유화, 세계화, 구조조정, 탈규제, 복지 해체 등이 있다. 그러나 1970년대에 맞은 축적 위기를 극복하고자 자본이 자신의 순환운동을 새롭게 만든 핵심적 방식은 금융화로 보인다. 오늘날 자본의 순환은 M-C-M'와 M-M'의 새로운 조합 형태를 드러내고 있고, 금융화는 M-M'의 새로운 강화를 통해 M-C-M'에도 일정한 영향을 미치며, 자본주의의 위기관리에 기여하고 있다. 노동유연화, 민영화, 시장화 등 여타의 자본주의적 축적 전략들은 이때 자본의 M-M' 운동을 원활하게 하기 위한 역할을 하는 것으로 이해된다. 그렇다면 금융화란 좀 더 구체적으로 어떤 현실 과정을 가리키며, 어떻게 추진되고 작동하는 것인가? 그로 인한 사회적 변동은 무엇인가? 이 장의 목표는 지난 수십 년 간 금융화가 급속도로 진행된 과정을 알아보고, 금융화가 어떤 특징들을 갖고 어떤 방식으로 작동하며, 문화정치경제적 변동과는 어떤 관련을 맺는지 살펴보는 데 있다.

2. 금융화

금융화는 정확하게 어떤 현상 또는 경향을 가리키는가? 논자에 따라서 그것은 "국내 및 국제 경제활동에서 금융적 동기, 금융시장, 금융행위자, 금융기관의 역할 증대"(Epstein, 2005: 3), "금융 및 금융공학의 권력 증가와 체계화"(Blackburn, 2006: 39), "경제적 활동 일반이 이자 낳는 자본의 논리와

도피 전략인 셈이다. 하지만 신자유주의 금융화가 자본의 도피 전략이라 해도, 승리한 것은 자본이라는 사실은 바뀌지 않는다.

요구에 종속되는 것"(Fine, 2010: 99), "이윤이 교역과 상품생산보다는 금융적 경로를 통해 누적되는 축적형태"(Krippner, 2005: 174) 등으로 이해된다. 금융화에 대한 이런 이해를 간단히 단일 테제로 통합하기는 쉽지 않을 듯싶다. 무엇보다 논자들이 금융화를 이해하는 방식이 서로 다르다. 예컨대 엡스타인Gerald A. Epstein과 블랙번Robin Blackburn이 금융화를 금융의 역할 증대, 금융 권력의 강화 등 금융적 활동 증가로 간주한다면, 파인Ben Fine과 크립너Greta Krippner는 그것을 경제활동 또는 이윤 생성 활동 전반에서 금융이 차지하는 비중 증가라는 견지에서 파악하고 있다. 이런 차이는 단순화시켜 말하면, 금융화를 전자의 경우 개별적 경제활동으로서 금융의 중요성 강화로 본다면, 후자는 금융과 다른 경제활동의 관계 변화로 중시하는 데서 나오는 것 같다. 하지만 이들 논자, 그리고 그 밖의 다른 논자들에게는 공통점도 있는데, 그것은 금융화가 오늘날 자본주의의 주요 특징을 이룬다고 보는 점이다.

내가 여기서 금융화를 이해하는 방식은 금융이 자본의 축적 순환운동에서 어떤 변동을 일으키느냐에 주목하는 것이다. 거듭 말하자면, 금융화는 최근의 신자유주의적 축적체제의 핵심 전략이라는 것이 이 책의 기본 입장이다. 금융자본을 형성하는 이자 낳는 자본은 자본주의 역사를 통해 존재해왔고, 따라서 신자유주의 시대 이전인 수정자유주의 시대에도 나름의 운동과 역할을 진행하고 수행해왔다. 하지만 나중에 좀 더 살펴보겠지만, 수정자유주의 하에서 M-M' 운동은 상당히 엄격하게 규제되면서 M-C-M' 운동 주도 하에 있었다면, 신자유주의 시대에 들어와 M-M' 운동은 훨씬 더 자유로워졌고, M-C-M' 운동을 오히려 지배하는 위상을 갖게 되었다고 할 수 있다. 이런 점에서 나는 금융화를 "경제적 활동 일반이 이자 낳는 자본의 논리와 요구에 종속"(Fine: 99)되는 현상으로 보기까지는 않더라도, M-M' 운동의 강화로 인해 M-C-M' 운동이 전례 없는 변동을 겪음으로써, 자본주의적 축적의 순환운동에 일정한 변동이 생긴 것으로 이해하고 싶다. 다시 말해 오늘날 축적은 여전히 생산 부문의 이윤에 기반을 두고 있지만, 이자 수익이 축적에서 차지하는 비중이 과거에 비해 획기적으로 커짐으로써, 이자 낳는 자본의 유통이 생산 부문에 미치는 영향도 매우 커졌다는 것이다.

이것은 신자유주의 시대에 들어와서 축적의 방식에 중대한 변화가 생겨났고, 노동유연화, 민영화, 시장화, 구조조정, 자유화/개방화, 세계화, 탈규제, 복지 해체 등 지난 40년 가까이 가동된 여타의 신자유주의적 축적 전략들이 금융화에 의해 통합되고 있다는 말이기도 하다. 노동유연화, 민영화, 시장화, 구조조정, 복지 해체, 탈규제 등은 생산 부문에서 노동에 대한 자본의 장악과 통제를 강화하는 조치에 해당한다. 신자유주의 시대에 이런 상황이 벌어지는 이유는 1970년대 이후 이윤율 하락의 위기를 맞은 자본이 경쟁력 강화를 위해 노동을 압박하고 있는 데서 찾아야 할 것이다. 그런데 자본의 노동에 대한 이런 공격은 크게 보면, 금융화로 인해 강화된 측면이 크다. 질라드 아이작스Gilad Isaacs에 따르면, 스탠더드앤드푸어스(S&P) 500 지수에 포함된 373개 회사의 1990-94년간 주식환매가 종합 순수익 23퍼센트에 해당하는 259억 달러에서 1995-99년간에는 종합 순수익 44퍼센트인 1063억 달러로 증가했고, 2008년 1월에 이르러서는 S&P 지수 전체 500개 회사가 순수익의 94퍼센트나 되는 5490억 달러를 주식환매에 썼다(Isaacs, 2011: 20). 주요 기업체가 순수익을 주식환매를 위해 집중 사용한 것은 자산 규모 확대를 통해 기업의 가치를 높이고, 이를 통해 주식가치와 주주가치를 높이기 위함이다. 기업들이 이처럼 기업 가치의 자산화에 몰두하는 것은 금융화의 결과이지만, 이 과정에서 각 기업이 경쟁력 강화를 위해 노동에 대한 대대적 공격을 함께 감행한다는 사실도 중요하다. 금융자산의 규모 확대를 위한 각 기업의 노력은 주주자본주의를 강화시키고, 단기실적주의를 야기하며, 이를 위해 각종 구조조정과 노동유연화, 복지 해체 등의 사태를 야기하는 것이다. 이런 사실은 신자유주의 시대에 전개된 각종 축적 전략 뒤에는 금융화가 도사리고 있다는 점을 말해주고 있다.

금융화는 그렇다면 구체적으로 어떻게 확인되는가? 먼저 미국의 경우를 살펴보자.68 그레타 크립너Greta Krippner는 고용 상황을 중심으로 한 활동 측면과 이윤 창출을 중심으로 한 축적 측면으로 미국경제를 살펴봄으로써, 금융화를 경험적 사실로 입증하고 있다. 먼저 고용 또는 활동을 중심으로 보면, 미국경제는 2차 세계대전 직후 제조업 부문이 차지하는 비율이 35퍼센트를 상회하고, 금융·보험·부동산 부문이 15퍼센트 정도, 그리고 서비스 부문이 5퍼센트 정도였으나, 1970년대 이후 금융·보험·부동산 부문은 큰 변동이 없는 상태에서, 제조 부문은 급속도로 감소해 2000년에 약 15퍼센트로 줄어들고, 서비스 부문은 급속도로 증가해 2000년대에 이르러 1950년대 초의 제조 부문 수준인 35퍼센트를 상회하는 것으로 나타난다. 다른 한편 GDP에 대한 산업 분야별 지분을 살펴볼 경우 제조 부문은 1950년대 초 32퍼센트 수준에서 2001년에는 16퍼센트 수준으로 지분이 줄어들고, 서비스 부문은 10퍼센트 수준에서 24퍼센트로, 금융·보험·부동산 부문은 12퍼센트에서 25퍼센트로 늘어나고 있으며, 특히 기업 이윤을 산업별로 살펴볼 경우, 제조업은 1950년에 거의 50퍼센트에 이르던 것이 2001년에는 10퍼센트로 축소하고, 서비스의 경우 2-3퍼센트 수준에서 큰 변동이 없는 반면, 금융·보험·부동산 부문은 1950년도에 약 10퍼센트 수준이던 것이 2001년에는 45퍼센트 수준으로 크게 증가한 모습을 보이고 있다(Krippner, 2005: 178-81). 이것은 특히 기업 부문에서 금융·보험·부동산 부문이 제조업과 정반대되는 모습으로 성장했음을, 미국경제가 말 그대로 금융화를 겪었음을 보여주는 지표라 하겠다.

금융화는 미국에서만 일어난 일만도 아니다. 아싸Jacob Assa에 따르면, 1970년 현재 부가가치의 20퍼센트 이상이 금융 부문에서 나오는 나라는 OECD 회원국 가운데 프랑스(20.6퍼센트)와 멕시코(23.2퍼센트)밖에 없었으

68_ 여기서 주로 미국의 각종 지표를 자료로 참조하는 이유에 대해 잠깐 해명할 필요가 있을 것 같다. 이 책에서 한국의 지표 이외에 미국 지표를 주로 언급하는 것은 그런 지표를 알게 해주는 자료를 가장 손쉽게 구할 수 있기 때문이기도 하지만, 뒤메닐과 레비가 인정하고 있듯이, "미국은 그러나 그냥 아무 나라가 아니"라는 이유도 크다" (Duménil and Lévy, 2007: 1).

나, 2008년에는 34개 회원국 가운데 28개국이 20퍼센트가 넘는 금융 지분을 갖고 15개국은 그 지분이 25퍼센트가 넘었다. 이 목록의 최상위를 차지하는 나라는 (규모가 작고 과거부터 금융에 치중해온 룩셈부르크를 제외하면) 이스라엘, 프랑스, 미국, 영국, 오스트레일리아, 뉴질랜드 등으로 이들 나라는 금융 부문에서 발생하는 부가가치가 30퍼센트를 넘어섰고, 한국을 포함한 11개 국가는 2008년에 이르러 금융 부문 지분이 과거에 비해 두 배 이상 늘어난 것으로 나타났다(Assa, 2012: 36). 금융화의 심화는 전체 고용에서 금융 부문이 차지하는 비중 증가를 통해서도 확인된다. 1970-94년 사이에 노동력의 10퍼센트 이상이 금융 부문에 속한 나라는 한 곳도 없었고, 5퍼센트 이상 되는 나라는 아이슬란드(1991년 9.6퍼센트), 뉴질랜드(1986년 8.6퍼센트), 벨기에(1988년 7.9퍼센트), 독일(1991년 7.5퍼센트), 오스트레일리아(1970년 7.1퍼센트) 등 5개국뿐이었다. 그러나 2008년에 이르게 되면, 금융 부문 취업률이 10퍼센트를 넘는 OECD 회원국이 23개국으로 늘어난다. 이들 가운데 금융 부문 취업 15퍼센트가 넘는 나라는 스위스, 미국, 이스라엘, 스웨덴, 네덜란드, 오스트레일리아, 캐나다 등 7개국이었고, 금융화의 심화가 크게 진행된 나라는 핀란드, 폴란드, 일본, 이태리, 스페인, 룩셈부르크, 한국 등으로 핀란드와 폴란드의 증가율은 4배, 일본은 5배, 이태리는 6배, 스페인과 룩셈부르크, 한국은 9배였다(Assa: 36).

아싸의 연구에서도 언급되듯이, 최근에 들어와 금융화를 겪은 것은 한국도 예외가 아니다. 지주형은 "금융 자율화, 규제 완화, 건전성 규제 제도화 등"을 추진한 것을 한국이 "신자유주의적 금융화가 전개될 수 있는 제도적 기반"을 닦은 것으로, 이후 정부가 2011년까지 IMF 위기로 부실화된 금융권에 168.6조원의 공적 자금을 투입해 은행으로 하여금 기업구조조정을 주도하게 한 것을 "신자유주의적 금융화의 물질적·논리적 토대"를 닦은 것으로 보고 있다(지주형, 2011: 316-18). 금융화가 이루어진 결과, "한국 경제의 전체 영업 이익에서 금융회사가 차지하는 몫"은 "위기 이전의 15퍼센트 이하에서 위기 이후 연평균 30퍼센트의 수준까지" 올라갔다(지주형: 351). 이런 사실은 한국이 자본시장 등 금융체계를 발전시키며 최근 금융에 의한 축적 경향을 강화해 왔음을 말해준다. 1997년 외환위기 이후 한국은 은행 중심에서 자본시장 중심의 금융구조로 전환함으로써, 금융적 수익원리가 지배하는 축적구조를 구축했다는 지적도 그래서 나오고 있다(조복현, 2009).[69] 물론 금융화는 제국주의 심장부에서 진행되는 일일 뿐, 한국 같은 주변부에 서는 일어나지 않는다는 반론도 없지 않다. "비금융법인의 영업이익으로부터 이자, 배당, 임대료 등의 형태로 금융 부문으로의 유출액의 비율"이 획기적으로 증가하지 않았다는 점(정성진, 2004: 99), "가계 자산의 금융화가 쉽게 이루어지고 있지 못함", "개인 부문 금융자산에서 주식이 차지하는 비중"의 감소 등을 들어 한국자본주의가 '금융 주도 축적체제'를 성립시켰다는 주장을 비판하는 것이 그런 경우다(102). 하지만 오늘날 자본주의적 축적이 과거에 비해 금융화에 훨씬 더 큰 비중을 두고 있다는 사실, 한국의 경우는 이런 경향이 1990년대 말 이후 크게 강화되었으며, 이로 인해 최근 들어와서 사회적 실천 전반에 걸쳐 중대한 변화가 일어났다는 것을 부인하기는 어려워 보인다. 금융화는 문화정치경제적 현실인 것이다.

3. 신자유주의와 금융화

이제 자본의 금융화가 신자유주의 시대와 일치한다는 사실에 대해 생각해볼 필요가 있을 것 같다. 금융화는 왜 신자유주의 시대에 들어와서 진행되는 것일까? 2차 대전 후의 수정자유주의 축적체제 하에서는 금융활동이 크게 제한되어 있었다. 그것은 당시 인류사회에 큰 재앙을 가져온 전전의 대공황을 일으킨 주된 원인이 "규제받지 않는 금융의 방종" 때문이었다는

69_ 한국은 김대중 정부 이후 신자유주의적 금융화를 추진했지만 증권화의 진전이 지지부진했으며, 이로 인해 다른 나라에 비해 최근의 글로벌 금융위기로부터 타격을 오히려 덜 받았다고 보는 견해도 있다(전창환, 2011).

인식이 강력했기 때문이다(Kotz, 2008: 5). 전후 자본주의 체계는 그래서 새로운 금융질서를 구축했고, 여기서 금융은 국가에 의한 공적 규제 하에 놓여 있었다. 아이작스에 의하면, 당시 "금융 권력에 대한 억제"는 "노동 권력의 상승과 그들의 구매력 증가, 새로운 사회질서 관리 과정에서 중요한 동반자로서의 노조 수용, 복지국가 구축, 군산복합체 부상을 포함한 교육 및 과학연구에 대한 국가 개입, 그리고 몇몇 나라에서의 생산체계 일부에 대한 국가의 직접 관여" 등의 형태로 이루어졌다(Isaacs, 2011: 11). 1970년대 이후 신자유주의가 새로운 축적체제로 등장한 것은 그러나 금융 권력에 대한 이런 억제가 더 이상 지속될 수 없는 상황이 형성되었음을 말해준다. 축적 조건의 악화로 1940년대 중반에서 1960년대 말까지 지속되던 '자본주의 황금시대'가 종식된 것이다.

스위지Paul Sweezy 등에 따르면 이때 도래한 경기침체가 금융화를 촉진시켰고, 금융화가 신자유주의를 야기했다. 신자유주의와 금융화의 관계를 이렇게 보는 것은 금융화에 대한 '경기침체테제'로서(Magdoff and Sweezy, 1983), 1970년대 이후에 나타난 "금융의 폭발적 증가"는 여기서 "기반 경제 침체에 대한 대응"으로 설명된다. "독점자본주의의 침체 경향으로부터 유래하는 금융화가 신자유주의로 이어졌다"는 주장이다(Kotz: 6-7). 경기침체테제에서 신자유주의는 금융화를 추동하는 "독점-금융 자본주의의 이데올로기적 대응물"로 간주된다(Foster, 2007: 9; Kotz: 7에서 재인용). 포스터John Bellamy Foster에 따르면, 1960년대의 '황금시대'를 만들어낸 것은 "상대적으로 높은 비주거 부문의 민간 순고정투자(와 정부의 군사 부문 지출)"였으나, 1970년대 초부터는 일부 짧은 예외 기간을 제외하면, 미국 경제는 "잉여를 찾아다니는 투자를 모두 흡수할 수가 없었다"(Foster, 2008, 9). 미국, 나아가 세계의 자본이 금융화 길을 걸은 것은 바로 이런 이유 때문이라는 것이다. 반면에 코츠는 1970년대 말에 이르러 "규제가 해롭고 자유시장이 언제나 최선이라는 새로운 신념을 포함한 신자유주의적 관념들이 지배적이 된 이후에야, 금융 부문이 미 의회에 의해 탈규제되었다"며, 신자유주의를 금융화의 원인으로 보고 있다. "신자유주의적 구조조정이 금융화를 위한 무대를 설치"
했다는 것이다(Kotz: 9).

신자유주의와 금융화의 관계를 이해하는 방식은 이처럼 서로 다를 수
있다. 한쪽에서는 그것을 자본주의적 축적 조건 변화를 중심으로 이해하려
고 하고, 다른 쪽에서는 이데올로기 지형 변화와 관련해 보려고 한다. 1장에
서 참고한 제숍의 논법을 빌리자면, 스위지 등과 코츠 사이의 차이는 전자
가 기호 외적 과정을 강조하는 반면, 후자는 기호적 과정을 강조하는 데
있다. 어느 쪽 입장을 따라야 하는가? 어느 한쪽 입장을 지지하고 다른 한쪽
을 배척하는 것은 바람직해 보이지 않는다. 그보다는 두 입장을 결합해서
"신자유주의 시대는 통상 자본의 금융화가 이루어진 시대인 것으로 이해된
다"고 보는 정도가 신자유주의와 금융화의 관계를 이해하는 무난한 인식이
아닐까 싶다.

코츠는 미국에서 1980년에 '예금취급금융기관 탈규제 및 금융통제법'이
통과되고, 1982년에 예금금융기관법Garn-St. Germain Act이 제정됨으로써 이
자율이 서서히 규제에서 벗어나고 금융 부문을 분할해오던 통제가 풀린
것이 금융화가 촉발된 계기라고 본다(Kotz: 9, 22). 하지만 금융화의 진행
여부를 꼭 법제 성립에 근거해서 판단해야 하는지는 의문이다. 브레턴우
즈 협정이 와해된 1971년 이전, 즉 60년대 말에 이미 금융의 세계화가 진행
되기 시작했다는 주장도 있다. 당시 미국 기업들이 금융거래 규제체계의
빈틈을 찾아 유로시장에서 거래를 하기 시작했고, 이것이 브레턴우즈 협
정을 와해하게끔 작용했다는 것이다. 또 다음 4장에서 살펴보겠지만, 1970
년대 초 금융파생상품이라는 전적으로 새로운 자본주의적 상품이 탄생한
것도 금융화 시작의 중요한 지표라 할 수 있다. 금융파생상품의 출현은
금융화를 가능케 하는 중요한 물적 기반이 확보되었음을 가리킨다. 이미
살펴본 것처럼, 1970년대 초는 신자유주의가 도입된 시점이기도 하다. 칠
레에서는 1973년 피노체트가 쿠데타로 아옌데의 사회주의 정권을 무너뜨
리고 세계 최초로 신자유주의 정책을 국가적 기획으로서 펼치기 시작했

디.[70] 이런 짐은 1970년대 초에 신자유주의화와 금융화가 동시에 진행되었음을 말해준다.[71]

'신자유주의'와 '금융화'는 각각이든 양자의 관계 차원이든 기호적 또는 담론적 과정과 기호 외적 또는 비담론적 과정을 모두 갖고 있는 것으로 이해해야 할 듯싶다. 신자유주의가 축적체제라면 이론적 논쟁, 정책 제안, 제도적 실천 등이 복잡한 관계를 맺고 있는 하나의 전체, 구성체로서 형성될 수밖에 없다. 코츠가 말하는 "규제가 해롭고 자유시장이 언제나 최선이라는 새로운 신념"은 담론적 실천을 통해 형성되겠으나, 신자유주의는 각종 사법적, 행정적 제도의 작동 또한 전제한다고 봐야 할 것이다. 금융화의 경우 신자유주의에 비하면 기호 외적인 제도적 측면이 더 강한 것 같지만, 그것 역시 밀턴 프리드먼Milton Friedman의 통화주의 이론과 같은 담론적 실천에 일정하게 의존한다는 점에서, 기호 외적 측면과 기호적 측면을 동시에 갖고 있음이 분명하다. 이런 점은 신자유주의나 금융화의 관계에서도 마찬가지가 아닐까 싶다. 즉 신자유주의와 금융화는 각각이 담론적 실천과 비담론적 실천을 포괄하기도 하지만, 양자의 관계에 이르게 되면 담론적이고 기호적인 과정과 비담론적이고 기호 외적인 과정이 더욱 더 복잡하게 서로 작용하는 관계망을 형성하게 된다는 것이다. 신자유주의와 금융화가 1970년대 초에 거의 동시에 등장했다는 것은 이 복잡한 관계망이 적어도

70_ 하비에 따르면, 칠레에서의 신자유주의 정책 실시는 미국이 국내에 신자유주의 정책을 도입하기 전에 시행한 실험이었다. 그는 1970년대 중반에 재정위기를 맞는 뉴욕 시정부가 시공무원 노조를 무력화하며 "민주적이기보다는 기업가적, 심지어는 경영자적 단위"로 행동하기 시작한 것을 미국이 '양호한 기업 환경'을 지원하는 신자유주의적 지형을 국내에 도입하기 위한 실험을 진행한 것으로 본다. "뉴욕의 재정위기 관리는 신자유주의적 관행의 길을 열었다"는 것이다(Harvey, 2005: 45-48).

71_ 1970년대 초에 금융화가 진행된 또 다른 사례는 2007년 발생한 비우량주택담보대출 위기를 야기한 책임이 있다는 지탄을 받은 미국의 정부지원기업 지니매Ginnie Mae와 프레디맥Freddie Mack이 금융화 현상을 추동하는 원동력의 하나라 할 수 있는 증권화 사업을 1970년부터 시작했다는 데서 확인할 수 있다(Financial Crisis Inquiry Commission, 2011: 39). 증권화는 금융화의 한 특징인 유동화를 가능하게 하는 핵심 메커니즘이다. 증권화에 대해서는 다음 4장 참조.

부분적으로나마 그때부터 작동하기 시작했다는 말일 것이다.

크럽너는 미국에서 이윤 획득이 금융 부문에 의존하는 경향이 두드러지게 나타나기 시작한 것이 1970년대부터라고 말하고 있다. 2장에서 살펴본 대로, 이때 신자유주의가 본격적으로 도입되었다. 4장에서 보게 되겠지만, 1970년대 초는 금융화의 핵심 수단이요 기제인 금융파생상품이 처음 모습을 드러낸 시점이기도 하다. 금융화와 신자유주의가 이처럼 같은 시점에 나타났다는 것은 양자의 관계가 긴밀한 것임을 시사한다. 신자유주의화를 기본적으로 '금융 헤게모니' 현상으로 간주하는 관점이 나오는 것도 이런 이유 때문일 것이다(Duménil and Lévy, 2007: 2). 지주형이 지적하고 있듯이, "신자유주의적 축적의 핵심에는 금융화가 있"고, 이 금융화는 "증권화나 자산유동화"로 이루어진다고 볼 수 있다(지주형, 2011: 89). 브라이언과 래퍼티에 따르면 이 과정에서 핵심적으로 작용하는 것이 금융파생상품이다. 4장에서 살펴보겠지만, 자본은 상이한 여러 형태를 띠고 있지만, 이들 자본은 금융파생상품을 통해 서로 통약될 수 있다. 이 통약은 "금융시장에서 거래되는 자산의 가격"을 측정하게 하는 것으로, "자산의 현재 시장가치를 화폐로 계산하고 평가하는 과정, 즉 자본화capitalization"에 해당하는 과정이다(지주형: 92).

4. 케인스주의의 퇴조와 통화주의의 부상

2장에서 살펴본 것처럼, 신자유주의의 부상은 수정자유주의의 퇴조와 쌍을 이룬다. 수정자유주의는 자유주의적 경제가 사회 속에 뿌리박도록 한다는 점에서 '착근자유주의'다. 이 자유주의는 미국에서 1945년 이후 지배적 축적체제의 모습을 갖춘 포드주의가 잘 보여주고 있듯이, 노동과 자본, 국가가 타협을 이루는 '조합주의'를 전제한다. 하비의 설명에 따르면, 자본은 더 많은 임금 지불 등 노동에 대해 일정하게 양보하고, 노동은 공산주의 반대를 통해 자본에 협조하고, 국가는 대규모 사업을 통해 자본의 축적 조건을 개선하는 방식의 협조체제가 포드주의라 할 수 있다. 다시 말해 포드주의는 "자본주의 발전과정의 '주요 당사자들' 사이에서 벌어진 일련의 타협과 재배치"인 것이다(하비, 1994: 177). 19세기 말 고전적 자유주의의 모습과는 크게 다른 이런 축적체제가 20세기 중엽부터 가동되기 시작한 것은, 한편으로는 자본주의가 최선의 축적 조건을 갖춘 황금시대를 구가하기도 했지만, 다른 한편으로는 당시 소련과 중국 등 사회주의 국가들의 위협 때문에 노동에 대해 일정한 양보를 할 수밖에 없었기 때문이기도 하다. 수정자유주의 시대의 국가가 대체로 복지국가로 기능했던 것도 그런 점을 말해준다.

아울러 수정자유주의가 펼치고 있던 경제정책은 '케인스주의' 노선이었다는 점을 확인할 필요가 있다. 케인스주의와 신자유주의의 중요한 차이점 하나는 금융에 대한 태도에서 드러난다. 케인스는 금융의 전횡이 실물경제에 미칠 악영향을 막아야만 국민경제를 제대로 발전시킬 수 있다고 본 대표적인 경제이론가다. 그가 금융자본에 대해 경계의 태도를 취했던 것은 자유방임주의가 과도한 자본 운동을 허용함으로써 대공황 같은 문제를 야기했다고 보고, 자본 흐름을 통제하는 것이 경제에 매우 중요하다고 여겼기 때문이다(Keynes, 1943: 185; Bryan and Rafferty, 2006: 112). 국가가 자본 흐름을 통제하며 국민경제의 관리와 통제를 맡는 체제가 통상 케인스주의 복지국가로 불린다는 사실은 금융자본에 대한 케인스의 이런 입장이 전후 선진자본주의 경제체제에 널리 도입되었다는 말일 것이다.72 케인스는 화폐와 관련해서 국가 중심적 생각을 갖고 있었다. "케인스적인 의미의 화폐는 그것이 국민국가로부터 나온다는 (단순한) 이유 때문만이 아니라, 그것이 국가-형성 경제계획을 위해 국가적으로 유통되는 화폐라는 이유 때문에 국가적

72_ 브라이언과 래퍼티가 지적하듯이 2차대전 후 미국 등지의 국가정책은 "케인스의 지침과는 느슨하게만 연결되어 있었을 뿐이다"(Bryan and Rafferty: 124). 하지만 '케인스주의 복지국가'가 완전히 부정확한 표현은 아닐 것이다.

의미를 띤다"(Bryan and Rafferty: 144). 이런 국민국가 중심의 경제 이해는 케인스로 하여금 '경제국제주의'에 대해 의혹의 눈길을 보내게 만들었다. 그는 "경제적 국제주의는 교역재화만이 아니라 자본 및 대부 가능 자금의 자유로운 운동을 허용함으로써" 국민경제를 망칠 수 있다고 경고하고(Keynes, 1973: 349; Bryan and Rafferty: 144에서 재인용), "내수경제의 전체 관리는 세계 다른 곳에서 통용되는 것과 무관하게 적합한 이자율을 가질 수 있는 자유에 달려있다"고 했다(Keynes, 1980: 149; Bryan and Rafferty: 145에서 재인용). 이것은 "국가 중심의 경제 번영에 핵심으로 작용하는 것은 국가로 하여금 국제통화안정의 필요보다는 국가투자의 필요에 부응하는 국내 이자율을 정할 수 있도록 하는 국가화폐공급에 대한 통제"라고 보는 견해다(Bryan and Rafferty: 145).

그러나 화폐와 금융에 대한 통제가 필요하다고 본 케인스주의 관점은 수정자유주의가 위력을 발휘하던 시기에는 강력하게 작동했으나, 1970년대 이후부터는 도전을 받게 된다. 이때부터 신자유주의 시대가 열려 금융화가 진행된 것이다. 물론 신자유주의적 금융화가 처음부터 본격적으로 작동한 것은 아니다. 1970년대는 내내 자본주의가 위기에 빠져 있었고, 사회주의 혁명이 곧 폭발할 것 같은 분위기였다. 하지만 1970년대 말 중국, 영국, 미국 등 주요 국가들에서 신자유주의로의 대전환이 일어나면서 케인스주의는 철퇴를 맞는다. 이런 변화를 잘 보여주는 것이 레이건 정권에 의한 국제통화기금, 세계은행의 신자유주의화다. 레이건은 집권 초기 "IMF에 대한 지지를 철회할 것을 심각하게 고려"했던 모양이다. 하지만 그는 전략을 바꿔 "IMF로부터 모든 케인스주의 영향력을 '숙청'했고," 세계은행 역시 이런 식의 신자유주의화 과정을 거치도록 하여, IMF와 세계은행은 이후에 "자유시장 근본주의와 신자유주의 교조의 전파와 강화를 위한 센터"로 기능하게 된다(Harvey, 2005: 29).[73]

73_ 클라크Simon Clarke에 따르면 IMF는 이미 1960년대부터 통화주의자들에 의해 장악되어 있었다(Clarke, 1988: 323).

미국이나 영국을 위시하여 자본주의 국가들에서 케인스주의에 반대하여 등장한 것이 '통화주의'다. 통화주의는 하이에크와 함께 '신자유주의 사도'로 통하던 밀턴 프리드먼이 강력하게 제창한 입장이다.

통화주의란 무엇이었는가? 프리드먼은 그것을 '인플레이션은 어디에나 있고 언제나 통화 현상이다'라는 명제로 정의한 바 있다. 이는 화폐와 가격은 서로 묶여 있다는 의미였다. 그러나 그 이상으로, 프리드먼은 화폐가 정책 변수—중앙은행이 마음대로 만들고 없앨 수 있는 수량—라고 믿었다. 너무 많이 만들면 인플레이션이 생기고, 너무 적게 만들면 경제가 무너질 것이라는 거다. 이로부터 올바른 화폐량이 올바른 결과 즉 프리드먼이 자연실업률이라고 부르게 된 안정적 가격이 생긴다는 결론이 도출되었다(Galbraith, 2008: 2).

이것은 통화주의가 실업 문제를 인플레이션 문제보다 부차적인 것으로 간주하고, 인플레이션을 일으키는 통화량을 적절하게 조정하면, 실업 문제는 해결된다고 봤다는 말과 같다.

브라이언과 래퍼티에 따르면, 프리드먼의 이론은 '합리적 투기론'으로, 신자유주의 시대 경제학에서 헤게모니를 잡은 신고전주의경제학에서 널리 통용되던 '시장균형' 개념과 통하는 입장이다. 프리드먼의 통화주의는 케인스주의와는 달리, "국가의 통화 공급 변화가 실질적 축적을 다루지 않는다, 그것은 가격 차원에 영향을 미칠 뿐"(Bryan and Rafferty: 124)이라는 입장이다. 케인스의 경우 화폐와 그 조달 기제인 금융에 민감한 반응을 보였던 것은 통화가 증가하면, 실물경제 또한 바로 영향을 받는다고 봤기 때문이다. 하지만 프리드먼의 통화주의에서는 "환율을 포함한 자산 가격이 생산의 실제 조건에 대한 직접적 반영"을 나타내어, 화폐상품의 추가 즉 통화 증가는 불필요한 것으로 간주된다. "화폐는 가격 불안정의 근원이라는 생각이 불식되는 것이다." 통화에 대한 이런 해석은 국가에 의한 시장 개입을 불필요하게 만들었다. 여기서 작용하는 것이 '합리적 투기' 가설이다. 프리드먼은 "국가의 간섭에서 자유로운 시장은 '근본적 가치'를 반영하는 안정된 균형 상태로 체계적으로 나아'간다며, 이렇게 가격의 균형을 만들어내는 것이 합리적 차액거래자의 행위로서 투기가 지닌 긍정적 역할이라고 봤다(Bryan and Rafferty: 125).

통화주의의 시작을 카터 정부 말인 1979년 미국에서 새로 연방준비제도(FRB) 의장이 된 볼커가 도입한 이자율 자율화에서 찾는 논자가 많지만, 시몬 클라크에 따르면, 통화주의로의 전환에 대한 압박이 가시화된 것은 영국에서 마가렛 대처가 보수당 당권을 잡은 1975년 이후부터다. 하이에크와 프리드먼의 추종자였던 대처가 통화주의를 강력하게 주장함에 따라, 당시 경제위기에 봉착한 집권 노동당도 통화주의 정책을 일부 수용할 수밖에 없었다는 것이다. 노동당 정권은 1975-76 경제위기 국면을 거치며 윌슨 Harold Wilson 대신 캘러헌James Callaghan이 수상 직을 맡으면서, 자본가의 반대를 외면할 수 없다는 '정치적 현실주의'를 근거로, "이윤율과 국내외 자본의 신뢰를 회복하기 위해" 통화수축 정책을 펼치기 시작한다(Clarke, 1988: 5, 323, 316). 노동당 정부가 이때 정책 전환의 구실로 내세운 논거는 "과도한 임금 인상의 대가는 실업의 증가"라고 본 19세기 고전경제학자들의 관점과 다를 바 없는 것이었다(Clarke: 316).

클라크에 따르면, 1970년대를 거치며 통화주의가 케인스주의에 승리를 거둔 것은 학술토론장보다는 이데올로기적 투쟁이 살벌하게 벌어진 정치 영역에서 이루어진 일이다. 마거릿 대처 지도 하의 보수당은 이미 1975년부터 통화주의를 당의 입장으로 채택했으나, 1979년 선거에서 통화주의에 대해서는 거의 언급하지 않은 채, 노동당 정부의 실정을 "케인스주의와 노동조합주의의 실패" 사례로 부각시킴으로써 승리를 거둔다. 보수당은 "금융 긴축정책, 공공 부문 지출 삭감을 통한 세금 삭감, 공공 부문에 대한 엄격한 지출 제한" 등을 대안적 정책으로 내놓았으며, 무엇보다도 "공영주택의 최저 가격 판매" 약속을 통해 유권자의 표심을 거머쥐었다. 보수당에게 승리를 안긴 것은 "신빙성을 상실한 케인스주의적 규제의 제도적 장벽들"을 없애겠다고 한 약속이었던 것이다(Clarke: 330).

프리드먼의 통화주의는 그러나 국가정책으로 채택된 지 얼마 되지 않아, 제대로 작동되지 않음이 판명된다. 1979년에 FRB가 단기 통화목표관리 정책을 펼친 결과는 "재앙의 연속"이었다. "20퍼센트의 금리, 60퍼센트의 달러가 절상, 11퍼센트의 실업률, 경기후퇴…중서부의 탈공업화, 그리고 궁극적으로 제3세계 부채 위기"가 이어진 것이다. 제임스 갤브레이스James Galbraith는 "1982년 8월 멕시코의 국가부도와 의회의 저항에 직면하여…FRB는 통화관리목표를 포기했고 다시는 그 정책을 채택하지 않았"으며, 1980년대 중반에 이르러서는 프리드먼 식의 엄격한 통화주의는 학술적 생명력도 잃게 되었다고 지적한다(Galbraith, 2008: 5).

하지만 그렇다고 통화주의의 기본 노선이 사라진 것은 아니다. 프리드먼의 "지나치게 단순한 통화주의"는 실패했지만, 케인스주의의 권위가 회복될 수 있는 상황도 아니었기 때문이다. 이 과정에서 대안으로 떠오른 것이 네오오스트리아 학파의 공급자 중심 이론이다. 이 이론이 다수 국가의 경제정책을 좌우하는 거시경제 원리로 수용되기 시작한 것은 프리드먼의 이론처럼 시장 중심적이면서도 좀 더 정교한 측면을 지닌 것으로 간주된 덕분이라는 설명이 가능하다. 프리드먼의 통화주의를 "인플레이션은 단순히 수요를 부풀려 전반적인 인플레이션으로 이끄는 통화 공급의 과도한 확대 문제"라고만 여긴다면, 네오오스트리아 학파의 경우는 통화의 과잉 문제를 바라보는 시각이 "좀 더 복잡"하다. 후자에게 "인플레이션은 통화 공급 확대로부터만 오지 않고, 화폐공급에 대한 정부 통제에 기인되는 시장 교란과 그에 따른 비효율적 자원 배분으로부터, 그리고 더 일반적으로는 시장의 작동에 대한 각종 장애로부터 오는 것"이었다(Clarke: 324). 갤브레이스는 통화주의가 실패한 뒤에 채택된 정책들은 통화주의에 비하면 모호했지만 모두 "비슷한 정책 메시지를 갖고" 있었다고 지적한다. "FRB는 인플레이션 통제를 그 활동의 핵심에 두어야 한다, FRB는 실업은 무시해야 한다"는 주장이 좋은 예다(Galbraith: 5).

이렇게 보면, 프리드먼 식의 엄격한 형태는 아니라고 하더라도, 느슨하지만 일관된 통화주의가 지난 수십 년에 걸쳐서 FRB의 기본 정책노선으로 채택되었음을 알 수 있다. '그린스펀 풋Greenspan put'이라는 말이 나온 것이 단적인 증거다. 1987년 주식시장이 붕괴했을 당시, FRB 의장 그린스펀은 금리를 낮추는 방식으로 시장의 활성화를 도모했다. '그린스펀 풋'에서 '풋'은 '풋 옵션'에서 유래한 말이다. 풋 옵션 구매자는 상대방에게 특정 자산을 특정 가격으로 팔 수 있는 권리를 갖는다. 만약 거래 대상이 된 자산의 가격이 정해놓은 가격보다 하락할 경우 이 권리를 행사하게 되면 더 큰 손실을 막을 수 있는 장치가 풋 옵션인 것이다. 그린스펀은 FRB 의장 재임시절 금융위기가 발생해 주식시장이 20퍼센트 이상 떨어지면, 금리를 낮춰 시장에 통화 유동성을 제공함으로써, 금융시장에서 사람들의 위험 감수를 촉진시켜 더 이상의 시장 악화를 막는 정책을 수시로 펼쳤다.[74] 이런 통화정책은 그러나 금융계의 '도덕적 해이'를 야기했고, 특히 2008년 금융위기의 중요한 원인으로 작용했다는 지적을 받게 된다. "장기 포스트 9/11 국면의 '저'금리는 과도한 위험감수, 투기, 그리고 부채 및 차입 증대를 촉진하여 금융체계를 지속 불가능한 금융으로" 이끌었다는 것이다(Russo and Zanini, 2011: 4).

5. 금융화와 세계화

통화주의가 케인스주의에 대해 승리를 거두고 지배적인 거시경제 이론의 지위를 차지한 이후, 프리드먼 식의 엄격한 통화주의는 아니라 하더라도 그와 유사한 정책들이 통화정책으로 자리를 잡으면서 금융화는 꾸준히 진행되었다. 이것은 흔히 말하는 세계화와 더불어 일어난 현상이기도 하다. 세계화는 기본적으로 자본의 세계화를 의미한다. 톰린슨John Tomlinson이

74_ 이상은 위키피디아의 "Greenspan put" 내용을 요약한 것이다(2014년 7월 16일 최종 접속).

지적하듯이, 세계화는 '복잡한 연결성' 현상이다. "현대 사회생활을 특징지으며 급속도로 발전하고 갈수록 밀도가 높아지는 상호연결들, 상호의존들의 망"이 형성되는 것이 세계화라는 것이다(Tomlinson, 1999: 2). 그런데 세계화를 통해 구체적으로 연결되는 것은 지역들과 인간들이지만, 이들의 연결을 가능하게 하는 것은 자본임을 인식하는 것이 중요하다. 오늘날 이 자본의 연결을 가장 강력하게 추동하는 것이 금융화다. 세계화가 필요했던 것은 자본, 특히 금융자본의 자유로운 이동을 보장하기 위함이었던 셈이다. 세계화 과정에서 각종 규제 완화가 일어난 것은 그 이동을 막는 각종 장벽을 제거해야 했기 때문이다. 신자유주의 정책이 진행되는 동안 한국에서도 각종 탈규제가 일어났다. 자본의 한국시장 진출입을 막는 장애를 없애려는 의도가 작용하여 나타난 결과다. 이 흐름은 1997년 외환위기 이후 더욱 가속되었다. 이런 점에서 신자유주의 금융화와 세계화는 상호 전제하고 강화하는 관계로 보인다.

세계화가 오늘날만의 특유한 현상은 아니라는 지적도 있다. 와이스Linda Weiss에 따르면, 국제적 개방 수준을 놓고 비교해 보면, 1차 세계대전 직전인 1913년 이전과 1990년대 사이에 큰 차이가 없다. 무역이 산업국들의 GDP에서 차지하는 비중은 1973년보다 1913년이 더 높고, 1991년 OECD 국가들의 GDP상 교역 비중도 17.9퍼센트로서 1913년의 16퍼센트에 비해 그리 높은 편이 아니라는 것이다(Weiss, 1997: 5). '세계화'를 허구로 보는 이런 입장은 기본적으로 국민국가 영향력 소멸 가설에 대한 반박에 해당한다. 허스트P. Hirst와 톰슨G. Thompson도 같은 맥락에서 "기업들은 아직 국민국가에 속해 있고, 국민국가가 축적의 핵심 규제 담당"으로 남아 있으며, 따라서 지금 나타난 것은 '국제화'이지 '세계화'는 아니라는 입장을 내놓았다. 하지만 브라이언과 래퍼티는 이런 입장에서는 "금융이 별로 주목받지 못한다"며, 와이스 등이 "인용하고 문제 삼는 자료는 거의 전적으로 교역과 직접투자에만 관련되어 있다"고 지적한다(Bryan and Rafferty, 2006: 27). 다른 한편 19세기 말에도 세계화는 이미 금융과 연동하여 진행되었다는 주장이 있다. 옵스트펠드Maurice Obstfeld와 테일러Alan Taylor에 따르면, 당시 세계화는 증기선 운항에 따른 대양횡단 시간 단축, 주요 경제의 금본위제 채택, 전신통신에 의한 국제 채권시장 연결 등으로 이루어졌다(Obstfeld and Taylor, 2001; 2004). 더 나아가 금융의 세계화가 19세기 말 훨씬 이전에 이루어졌다는 주장까지 나온다. 19세기 말의 금융세계화가 새로운 발전이 아니라 "19세기 초에 일어난 유럽과 미국 자본시장 통합의 확대"라는 견해가 그것이다(Sylla, Wilson, and Wright, 2002: 5). 1970년대 이후 진행된 금융화와 세계화는 이렇게 보면, 역사상 처음 나타난 현상은 아닌 셈이다. 아리기의 '장기 20세기'론에 따르면, 금융적 팽창은 축적 순환의 두 번째 국면으로서 정기적으로 나타나는 현상이다. 자본주의 역사상 세 번째 축적 순환을 이끈 영국 헤게모니 하에서도 19세기 말에 금융적 팽창이 이루어졌다. 힐퍼딩Rudolf Hilferding은 20세기 초에 이 국면을 설명하기 위해 '금융자본주의' 개념을 도입한 바 있다(Hilferding, 1981).

하지만 20세기 초의 금융자본주의와 오늘날의 금융화를 동일한 축적전략으로 보는 것은 곤란하다. 금융자본주의에서도 금융자본이 크게 성장했지만, 당시 금융자본의 주된 역할은 산업자본을 장악하여 후자를 더욱 발전시킨 데 있었다고 봐야 한다. 금융자본주의는 은행자본 우위 하의 은행자본과 산업자본의 합병, 즉 실물경제와 금융자본의 긴밀한 협조관계를 추구했던 것으로 판단된다. 반면에 현 국면의 금융화는 실물경제와 분리되는 경향이 높다. 코츠에 따르면, 1980년대 이후 "금융 부문은 비금융 부문에 대한 대출형 융자로부터 차츰 더 시장중심적이고 더 투기적인 활동으로 옮겨갔다. 금융 부문은 J. P. 모건 시대에 그랬던 것처럼, 비금융 부문에 대해 지배력을 갖게 된 것이 아니라, 그것과 독립되었다"(Kotz, 2008: 16).

이 관점을 따를 경우, 현단계 세계화를 과거의 것과 구분시키는 것은 '금융화'인 셈이다. 이 가설에서 금융화는 힐퍼딩이 말한 금융자본과 구분된다. 금융자본은 실물경제와의 연관 속에 작동하지만, 금융화는 그렇지 않다는 것이다. 이런 관점을 취하면 세계화는 '좋은' 세계화와 '나쁜' 세계화로 나눌 수 있다. 브레세르-페레이라Luiz Carlos Bresser-Pereira의 말을 들어보자. "운송 및 통신 시간과 비용 감소가 국제 교역과 국제 생산을 지원한다는 점에서, 무역 세계화는 자본주의의 필수적 발전인 반면, 금융 세계화와 금융화는 자연스럽지도 필수적이지도 않았다. 그것들은 본질적으로 자본주의 발전의 두 가지 도착 현상이었다"(Bresser-Pereira, 2010: 19). 이런 생각에는 실물경제와 금융은 별개로 놀며, 금융이 지나치게 비대해지면 실물경제에 하등 도움이 될 것이 없다는 판단이 게재해 있다. 여기서 자본주의 위기는 "(1) 금융시장의 고의적 탈규제와 (2) 금융혁신 및 증권업무 treasury banking practices 규제 회피의 결과"로 간주된다(Bresser-Pereira: 18). 이런 생각은 금융이 실물경제 발전을 위해 작동하면 좋은 것이고, 실물경제와 분리되어 발전하면 나쁜 것이라는 케인스주의 관점과 크게 다르지 않다.

그러나 이런 관점은 "'금융'과 '실물경제' 간, 금융의 '비생산적' 사용과 '생산적' 사용 간의 이분법"에 얽매여 금융의 실질적 작용을 외면하는 문제점을 지닌다는 지적도 없지 않다(Bryan and Rafferty, 2006: 29). 금융을 투기로만 보고, 허용하더라도 최소한만 해야 하는 필요악에 불과하다고 보는 입장에서는, 신자유주의의 잘못이 규제해야 할 것을 규제하지 않고 오히려 탈규제를 더욱 확대한 데 있는 것으로 간주되기 쉽다. 최근의 세계적 금융 위기도 이런 관점에 따라 금융의 탈규제가 초래한 필연적 결과로 해석되는 경우가 적지 않은 편이다. 이런 입장은 기본적으로 '독립적 금융' 가설을 지지하는 것으로서, 최근의 금융위기가 빚어진 것은 신자유주의 시대에 들어와서 금융이 생산으로부터 독립되어 멋대로 작동한 결과인 것으로 설명하는 경향이 있다. 금융은 통제를 통해 생산에 복무할 수 있게 해야 한다는 금융 규제론을 깔고 있다는 점에서, 이것은 기본적으로 케인스주의에 해당한다고 봐야 하겠으나, 맑스주의자들의 논의에서도 종종 확인되는 입장이다. 예컨대 피터 고완의 경우, "소위 '세계 자본시장'에서 움직이는 대부분은 새로운 생산의 자금줄이라기보다는 생산 체계에 대한 부담으로 간주되어야 한다"는 주장을 피력한 바 있다(Gowan, 1998: 8; Öztürk, 2011: 2에서 재인용). 금융이 생산과 따로 놀고, 그 규모가 커져 생산 체계에 부담을 준다면, 그것은 당연히 규제되어야만 한다는 것이다. 하지만 금융과 생산의 관계를 이렇게 양분해 이해하는 것이 과연 적합한 일인지는 논란거리라 하겠다.

금융 또는 유통과 비-금융 또는 생산의 분리 경향이 과도하게 확산됨으로써 최근의 세계경제 위기가 발생했다고 보는 것은 기본적으로 케인스주의 이론인 것이지, 맑스주의적인 관점은 아니다. 맑스주의를 따를 경우, 금융이 생산으로부터 완전히 분리될 수 있다는 '독립적 금융' 가설은 성립하지 않는다. 맑스주의는 이자 낳는 자본 즉 금융자본의 활동을 부정하는 것은 아니나, 그 작동을 언제나 생산과의 연관 속에서 파악하고자 하기 때문이다. 이런 관점에 따르면, 유통 부문인 금융과 생산 부문인 비-금융은 반드시 연결되어 있는 것으로 이해된다. 여기서 한 가지 의문이 떠오르게 된다. '금융화'는 그렇다면 허구라는 말인가? 맑스주의자들 가운데는 금융화를 허구로 간주하는 논자도 없지 않겠지만, 여기서 내가 지지하는 견해는 금융과 생산은 언제나 연결되어 있지만 최근 그 연결 양상이 바뀌었다는 것이다. 금융화는 이때 '생산에서 유통으로의 이동'으로 이해된다. 라파비차스에 따르면, 금융화는 "축적의 제도적 법적 맥락과 함께 생산력과 생산관계에서 일어나는 변화로부터 야기되는 생산과 유통 간의 균형에 변동이 생기는 것"이다(Lapavitsas, 2009b: 13). 하지만 여기서 말하는, 생산과 유통 간의 균형이 후자 쪽으로 기우는 경향을 양자의 분리로 혼동하지 않는 것이 중요하다. 케인스주의, 포스트케인스주의에서처럼 생산 활동 중심의 실물경제에 대해 무관심한 투기자본의 창궐 현상으로만 이해되면, 금융화는 자본주의 축적구조 변화와는 무관한 것으로 이해될 것이다. 그러나 오늘날 금융화는 자본주의 축적구조가 변해서 일어난 일이다. 알다시피 1970년대 이후 생산 부문 이윤율은 계속 하락했고, 이 과정에서 금융은 그 영향력을 크게 확장했다. 자본주의적 축적의 관점에서 볼 때, 이런 변화는 금융이 이제 자본가 계급 전체에게 새로운 수익 원천을 만들어냈기 때문인 것으로 이해된다. "이윤 창출의 이 새로운 방안들이 금융화의 필수적 특징이고, 생산성 성장의 부진이라는 맥락에서 특히 중요하다"(Lapavitsas: 12). 70년대부터 축적 위기에 직면한 자본주의는 따라서 금융에서 탈출구를 찾은 셈이고, 비금융 부문도 이에 따라 대거 금융 활동을 통해 이윤율을 높이게 되었다.[75] 라파비차스에 따르면, 미국과 여타 국가 기업들이 '규제적 차익거래regulatory arbitrage'를 통해 당시 존재하던 가격 및 수량에 대한 통제를 받지 않는 유로 시장에서 대출 가능 자금을 거래하는 일은 이미 1960년대, 70년대부터 잦아졌다(Lapavitsas: 15-16).[76]

이런 현상은 그렇다면 세계화와 무슨 관계가 있는 것인가? 세계화는 금융화로 인해 강화된 것으로 보인다. 세계화 시대에 국민국가의 금융통제가 힘들어지는 것은 "금융이란 국가들과는 제한된 관련을 맺고"(Bryan and Rafferty, 2006: 23) 있기 때문이다. 이런 식으로 보는 것은 금융을 국민국가의 소관으로 치부하고, 세계적 수준의 금융거래는 "교역과 장기 투자를 용이하게" 하기 위해 요구된다고 보는 전통적 관점과는 다르다(Bryan and Rafferty: 27). 최근 금융위기가 발생하자 전통적 관점이 부상한 것은 사실이다. "인위적인 금융적 부, 즉 실질적 부 또는 재화와 서비스 생산과 분리된 금융적 부에 기반을 둔 왜곡된 금융적 방식"이 위기를 초래했다는 주장이 한 예다(Bresser-Pereira, 2010: 3). 하지만 금융을 교역과 생산을 위한 도구라고만 볼 수는 없다. 라파비차스의 말대로, 금융화는 생산성 성장의 부진을 돌파하기 위해 자본—투기 자본만이 아니라—이 선택한 활로에 해당한다. 라파비차스에 따르면 1960년대의 규제적 차익거래가 1970년대, 80년대에 일어난 금융의 급속한 탈규제를 발전시킨 바탕이었다(Lapavitsas, 2009b: 16). 금융화

75_ 비금융 부문의 금융활동이 최근 들어와서 활발하게 진행되었다는 것은 전통적인 굴뚝 산업도 이제는 금융활동을 통해 이윤을 챙기는 경향이 늘어난 데서 확인된다. 본장 10절 1항의 내용 참고.

76_ '규제적 차익거래'는 기업이 자신에게 불리한 규제를 피하면서 규제체제의 빈틈을 활용하여 이익을 얻는 관행을 말한다.

는 이리하여 세계화의 토양이 된 셈이라고 할 수 있다. 세계화가 이루어지려면 그동안 각종 규제를 통해 국내시장을 보호해오던 정책이 후퇴하고, 자본의 지구적 운동을 원활하게 하기 위한 탈규제 또는 재-규제가 필수적인데, 이런 흐름을 금융화가 추동한 것이다. 4장에서 다루게 될 금융파생상품의 역할이 이 맥락에서 특히 중요하다. 파생상품은 브라이언과 래퍼티에 따르면 일종의 '전환 보험conversion insurance'에 해당한다. 파생상품은 "실질적인 세계 화폐 체계의 전제조건으로서, 국민국가 영토와 규제를 벗어나도록 고안된 화폐형태다"(Bryan and Rafferty, 2006: 141). 그런데 파생상품은 단순히 국가 영토와 규제를 벗어나기 위해 만들어진 것이 아님을 기억하는 것이 중요하다. 이 상품은 오늘날 어마어마한 규모로 거래되고 있는바, 그 거래 규모가 커진 것은 오늘날 자본축적에서 그것이 중요한 역할을 갖게 되었기 때문이다. 이렇게 보면, 금융파생상품이라는 새로운 화폐형태를 등장시키는 금융화가 세계화를 추동하는 핵심 기제임을 알 수 있다.

6. 신용확대와 부채경제

금융화와 더불어 일어난 것이 '신용확대' 현상이다. 존 벨라미 포스터는 2000년대에 들어와서 연방기금 금리가 크게 낮아짐에 따라, 전에 없던 비우량주택담보대출 시장이 형성된 것을 그 단적인 예로 든다. 1997-2000년 사이 지속되던 '닷컴 거품'이 꺼진 뒤, 각종 차용자들이 사용할 수 있는 신용을 대폭 확대한 결정적인 계기는 2001년 1월부터 연속 12회에 걸쳐서 "핵심 연방기금 금리를 2003년 6월까지 6퍼센트에서 2차 세계대전 후의 낮은 수준인 1퍼센트로 삭감"한 데서 찾아야 한다는 것이다(Foster, 2008: 4). 2005년 전후에 미국에서 비우량주택담보대출 시장이 급속도로 확대된 것은 이 과정에서 금융권이 금융서비스를 확대해, 저소득층을 대출 대상으로 포함시킴으로써 생긴 일이다. 이 결과 "주택저당증권에 포함되어 발행된 비우량담보대출의 금액이 2000년 560억 달러에서 2005년 5080억 달러로 최고조로 치솟았다." 한 분석에 따르면, 2007년의 비우량담보대출 시장 붕괴도 "다른 대부분의 투기 거품들처럼 다섯 단계를 거쳤다. 새로운 상품이 신용확대의 도움을 받아 투기 증가로 이어지고, 종국에는 투자자들이 빠져나가기 시작하자, 금융경색이 일어나서 공황매도로 이어진" 것이다(Matterhorn Capital Management, 2007).

비우량주택담보대출 시장이 형성되고, 금융서비스의 '혜택'을 거의 받지 못하던 저소득층—주로 히스패닉, 흑인, 여성—이 금융 대출을 받게 된 것을 일각에서는 '금융의 민주화'로 부른다. 미국 예일대학 경제학 교수로서 2013년 노벨경제학상을 공동 수상한 쉴러Robert Shiller는 "금융을 민주화하고 월스트리트 의뢰인들이 누리는 이점들을 월마트 손님들에게 전달해야 한다"고 말한 바 있다(Shiller, 2003: 1). 금융을 민주화하자는 것은 금융활동에 더 많은 사람들이 참여하게 하자는 것으로, 이를 위해 금융 문해력을 증진시키는 캠페인이 이루어지기도 했다. 그 한 예가 '금융 문맹'에 빠져들지 않도록 "어린이에게 돈에 대해 가르치는 교육 제품을 만들어" 파는 '현금대학'이라는 이름의 사설기관이 설립된 경우다(Martin, 2002: 25). 사설기관만 있었던 것이 아니다. FRB 의장 앨런 그린스펀은 "소비자 신용에 대한 개선된 접근…은 중요한 편익이 있다"며, 신용확장의 필요성과 함께 금융교육이 필요함을 강조하고 나섰고, OECD까지 국제적인 금융교육기획을 편성하고 금융 문해력 증진 운동에 나섰다(Erturk et al., 2006: 8). 하지만 '금융 민주화'가 대부분 사람들에게 가져다준 것은 매력적인 약속과는 달리 "경사스런 결과"는 아니었다(Erturk et. al.: 21). 그 과정을 통해 노동자들의 소득이 대거 금융체계로 흡수되었지만, 그 결과 그들이 겪게 된 것은 라파비차스의 지적에 따르면, '금융적 수탈'이었던 것이다(Lapavitsas, 2009a). 앞에서도 수차례 언급한 바지만, 비우량주택담보대출 위기가 불거진 뒤 미국에서는 "약 200만 또는 어쩌면 300만 명"이 주택을 압류당해 무주택자로 전락했다고 한다(Harvey, 2012: 24). 그러나 수차례 거품 붕괴를 일으키며 공황매도

사태를 야기했지만, 신자유주의적 금융화가 쉬 사라질 것 같지는 않다. 금융화는 경기침체가 진행되는 동안 계속될 수밖에 없는데, 경기침체는 1970년대 이후 지금까지 지속되어 왔고, 앞으로도 상당한 기간 그럴 전망이다.

금융화가 지속되는 것은 자본으로 하여금 새로운 형태로 축적을 할 수 있게 해주기 때문이라 할 수 있다. 그런 주된 방안 가운데 하나가 '신용확대'다. 신용확대는 과거 금융서비스를 받지 못하던 저소득층에게도 주택이라는 중요한 자산을 구입할 수 있는 기회를 제공했고, 이를 통해 자본주의는 특히 2000년대에 들어와서 거대한 '자산효과'를 만들어냈다. 이 효과는 실제 생산성과 이윤과는 유리된 채 만들어진다는 점에서, 실물경제로부터 생겨난 것은 아니다. 질라드 아이작스에 따르면, 오늘날 자본축적 방식에서는 "수익성에 대한 추구, 따라서 투자가 생산영역에서 유통영역으로 이동"하는 경향이 있다. 금융화 시대에 자산효과가 만들어지는 것은 그렇다면 "생산과잉, 국제경쟁 증가, 비금융 기업 부문 세계경제 특히 제조업에서의 이윤율 하락, 그리고 수익성 있는 잉여자본 투자 경로에 대한 필요성" 증가 등으로 나타나는 현상이다. 자산효과는 "정부의 각종 규제 정책이 표면상 기업투자를 자극하고 고의로 장부상 자산—처음에는 주식가격, 그리고 다음에는 주택가치—의 인플레이션을 부추기고자 신용에 대한 접근성을 촉진"하는 과정에서 생긴 것이다. 장부상 자산이 부풀려지며 만들어진 '자산효과'가 수행한 주요 기능은 "투자와 소비를 통한 유효수요의 유지"였다(Isaacs, 2011: 16-17).

이 결과 나타난 현상 하나가 가계부채의 엄청난 증가다. 포스터John Bellamy Foster와 맥도프Fred Magdoff에 따르면 미국의 전체 부채는 1970년 1.5조 달러에서 2007년에 47.7조 달러로 증가했다. 이것은 GDP의 그것을 훨씬 능가하는 증가폭이다. 미국의 GDP는 1970년에 1조 달러였고, 2007년에는 13.8조 달러였다. 이런 사실은 GDP 대비 부채의 규모가 1970년에는 150퍼센트 수준이었으나, 2007년에는 345.7퍼센트로 늘어났음을 보여준다(Foster and Magdoff, 2009: 121; Isaacs: 22에서 재인용). 2000년대에 미국에서

대규모 비우량주택담보대출 시장이 형성된 것은 이처럼 부채가 크게 증가한 것과 무관하지 않을 것이다.[77]

한국도 사정이 다르지 않다. 한국에서도 1997년 외환위기를 겪고, 더욱 급속한 금융화를 추진하게 되면서, 부채가 급속도로 늘어났다. 외환위기 직전인 1997년 초 전국의 가계부채는 182조원 수준이었다. 하지만 이후 정권들에서 이 규모는 기하급수적으로 늘어나서 2002년 말 430조원, 2007년 말 639조원, 2012년 2분기 현재 922조원이다.[78] 마지막 수치인 922조원은 한국은행 발표에 따른 것인데, 비영리 민간단체도 포함시켜 개인 부문의 금융부채를 살피는 국제기준에 따를 경우 가계부채는 1103조원으로 GDP 1237조원의 90퍼센트에 가깝다. 세계경제포럼에 따르면, "가계의 과다부채를 판정하는 임계치"는 GDP 대비 85퍼센트다. 이는 "가계부채가 GDP대비 85퍼센트가 넘어가면 통제가 어려워지고 금융위기 가능성이 커진다"는 말이다(제윤경, 2012). 한국은행의 한 연구에 따르면, 한국의 가계부채 증가 양상은 다른 OECD 국가와 비교할 경우 "GDP 대비 가계부채 비율이 1990년 대와 2000년대에 걸쳐 각각 8퍼센트 포인트 및 32퍼센트 포인트 증가하여 증가 속도 면에서는 다른 주요국들과 비슷한 것으로 나타"났고, "규모면에서 2011년 현재 우리나라의 가계부채 비율은 89퍼센트로 OECD 18개국의 중간값(2010년)인 94퍼센트보다 약간 낮은 수준"이다. 하지만 "가계부채 비율이 80퍼센트를 넘어선 미국, 영국, 노르웨이, 스웨덴의 경우 최근 들어 가계부채 비율이 정체 내지 감소 추세에 있으나 우리나라는 상승세가 지속되고 있다"(김현정 외, 2013: 7).

사실 가계부채만 문제가 되는 것이 아니다. 2011년 국정감사 기간 한나라당의 이한구 의원은 재정부 국감에서 2011년 6월 말 현재 공공, 가계, 기업

77_ 라파비차스에 따르면, 이것은 과거 자신의 주요 고객이던 기업이 최근 자체적으로 금융화를 꾀하자 은행이 기업 대신 개인을 이윤 창출 대상 및 기회로 삼은 결과다. "2000년대에 은행 자산이 엄청나게 확대한 것은 투자 목적의 기업 대출과는 아무런 관계가 없었고, 개인들과 다른 은행들에 대한 대출 때문이었다"(Lapavitsas, 2011: 620).

78_ 여기서 언급한 통계 수치는 필자가 인터넷 자료로 확인하여 종합한 것이다.

부문 등 한국의 경제 3주체가 떠안고 있는 금융부채는 총 3283조원으로 '사상 최대'라고 지적한 바 있다. 부채증가는 이명박 정권 출범 이후 특히 극심하여 무려 881조6000억원(36.7퍼센트)이 늘어났다. 이 증가 현상을 부문 별로 보면 일반정부 52.1퍼센트, 공기업 85.7퍼센트, 민간기업 28.1퍼센트, 개인 32.0퍼센트의 수준으로 공공 부문이 증가 추세를 주도하는 것으로 나타난다(경제투데이, 2011.9.21). 3282조원이라면, 2011년 GDP 1237조원의 265퍼센트가 넘어, GDP의 345.7퍼센트에 이른 2007년 미국의 전체 부채와 비견할 만한 수준인 셈이다. 여기서 확인 가능한 것은 개인 차원이나 국가 차원 부채의 심각성은 한국도 외국 여러 나라와 크게 다르지 않다는 사실이다.

IMF에 따르면, 가계부채가 급속도로 증가한 것은 최근의 경제위기에 이르기 전 몇 년 간의 일이다. "2007년 이전 5년 동안 선진경제에서 소득 대비 가계부채 비율은 평균 38퍼센트가 증가하여 138퍼센트까지 상승했다. 덴마크, 아이슬란드, 아일랜드, 네덜란드, 노르웨이의 부채는 최고 가계소득의 200퍼센트 이상"에 달했고, 이런 추세는 에스토니아, 헝가리, 라트비아, 리투아니아 등 개발도상국에서도 마찬가지로 나타났다(IMF, 2012: 89). 부채 문제가 심각해진 것은 불경기, 금융위기, 집값 하락 등이 겹쳐졌기 때문이다. 2011년 말에 이르러 실질 주택 가격은 아일랜드에서는 최고 수준에서 약 41퍼센트가 하락했고, 아이슬란드에서는 29퍼센트, 스페인과 미국에서는 23퍼센트, 덴마크에서는 21퍼센트가 하락했다(IMF: 89). 이로 인해 수많은 가구가 주택담보대출금을 갚을 수 없는 처지에 빠졌으니, 미국의 비우량 주택담보대출 위기는 그런 상황이 금융위기를 촉발함을 보여준다. 한국에서도 2008년 세계경제 위기가 발생한 뒤, 주택가격이 크게 하락했으나, 지금도 주택가격이 너무 높게 형성되어 있어서 계속 하락할 것이라는 전망이 나오고 있다. 2013년 1월 선대인경제연구소가 1986년 이후 물가 추세와 최근 주택가격 하락 속도를 가정해서 주택가격 하락 추정치를 내놓은 데 따르면, "서울의 아파트 가격은 2016년 2월께 소비자물가 추세선에 수렴하는데 이 시점 아파트 가격은 2011년 2월 고점 대비 34.5퍼센트, 2012년 9월 기준

26.4퍼센트"가 하락할 것으로 예측된다. 이런 가격은 "2003년 상반기부터 2005년 초 수준"으로서, "전국 단위로 볼 때, 2008년 6월까지 하락해 고점 대비 21.9퍼센트, 2012년 9월 기준 대비 20.3퍼센트 하락해야 거품이 해소된 다"는 것이다(미디어오늘, 2013.1.28).

가계부채의 비율이 증가했다는 것은 사람들의 돈에 대한 생각, 돈 쓰는 방식이 바뀌었다는 말이기도 하다. 과거 사람들은 임금과 다른 소득, 자산 을 되도록 안전하게 지키고자 했고, 따라서 저축을 최대한 많이 하려고 노력했던 편이다. 저축 집념이 강하기는 한국인도 마찬가지여서 1990년대까지 한국은 OECD 국가군에서 중저소득, 고저축 국가에 해당했다. 하지만 근래에 들어와 이와는 크게 다른 추세가 나타난 것으로 보인다. 한국의 저축률은 1998년 21.6퍼센트에서 2002년에 0.4퍼센트로 4년 동안 무려 21.2퍼센트가 급락했고, 2004년과 2008년 사이에도 8.4퍼센트에서 2.6퍼센트로 5.8퍼센트가 하락했다. 이런 저저축 추세는 이후로도 지속되어 2010년 한국의 저축률은 OECD 국가들 가운데 최하위에 속한다. 2010 OECD 국가의 평균저축률은 7.1퍼센트였으나, 한국은 2.8퍼센트밖에 되지 않았으며 한국보다 저축률이 더 낮은 나라는 일본, 호주, 체코, 덴마크 등 몇 나라밖에 없었다(이은미 외, 2011: 1).[79] 저축률이 낮아진 데에는 비정규직 증가로 인한 '근로소득 증가세 둔화', 연금 등 '사회부담금 확대', 주택담보대출 등을 통한 '가계부채 증가', '고령화 진전 등 인구구조 변화' 등 크게 4대 원인이 작용했다고 한다(이은미 외: 5-9). 여기서 눈여겨볼 점은 저축률이 급락한 것은 가계부채가 급증한 시기와 일치하며, 이때는 은행 금리가 대폭 낮아진 시기라는 점이다. 한국의 금리는 김대중 정부가 2001년에 네 차례에 걸쳐 금리를 4퍼센트대로 낮춘 뒤 이후 계속 낮아져서, 2014년 중반 현재는 2.50 퍼센트 수준이다. 이 금리는 0퍼센트에 가까운 일본, 미국보다는 높은 편이

79_ 2010년 현재 OECD 국가들의 평균 저축률은 7.1퍼센트이며, 미국과 영국이 5퍼센트에서 4퍼센트대로 평균보다 낮고, 북유럽의 사민주의 국가들도 노르웨이 6퍼센트, 핀란드 3퍼센트, 덴마크가 -1퍼센트대로 낮은 편이다(이은미 외: 1).

지만 과거 저축률이 높았을 때와 비교하면 크게 낮은 편이다.

　가계부채가 크게 늘고, 저축률이 떨어진 시기에 '부채경제'가 형성된 것으로 보인다. '부채경제'란 "대출을 통해 수입보다 많은 지출을 가능케 하는" 경제(홍석만 · 송명관, 2013: 34), 다시 말해 교육, 주택, 여타 필수품 소비등 사회적 필요의 충족을 위해 사람들로 하여금 부채에 의존토록 하여 그 덫에 빠지게 하는 경제다. 왜 이런 현상이 일어나는 것일까? 영국의 예산책임청 예측에 따르면 영국의 가계부채는 2010년 1조5천억 파운드였으나, 2015년에 이르면 평균 가계소득의 173퍼센트에 해당하는 2조1천억 파운드로 늘어날 전망이라고 한다. 하지만 영국정부는 이 문제를 해결하려는 노력을 별로 기울이지 않고 있는데, 그것은 "우리가 나가서 더 많이 쓰도록" 하기 위함이다(Andreou, 2013). 한국에서 부채경제 현상은 이미 2000년대 초에 나타나기 시작했다. 단적인 예가 노무현 정권이 출범한 직후인 2003년 봄에 빚어진 '신용카드대란'이다. 당시 한국 인구의 10퍼센트에 가까운 400만 명이 신용불량자가 된 이 대란은 사람들이 부채에 의존하여 살다가 일어난 사건이지만, 그 원인이 꼭 개인들에게만 있다고 할 수는 없을 것이다. 수많은 사람들이 신용불량자가 된 것은 그 위험을 모르고 부채에 의존하여 삶을 산 점 때문이기도 하겠지만('차입의존형' 인간의 출현에 대해서는 이 책의 8장에서 '주체형성' 문제와 함께 다루게 될 것이다), 동시에 최근에 더욱 강화된 금융화 현상에 의해 부추겨졌다고 봐야 한다. 금융화가 신용확대를 통해 '자산효과'를 주조해냄으로써, 사람들로 하여금 부채를 자산으로 간주하도록 만든 것이다.

7. 부채의 자산화와 그 효과

　신자유주의 금융화 시대의 특징 하나는 갈수록 많은 개인들이 대규모 부채를 짊어지게 되었다는 것이다. 부채의 증가는 부채와 관련한 경제적 상상의 변화와 맞물려 있다. 탤런트 김정은이 "부자 되세요! BC로 사세요!" 하고 빛내 사는 게 멋진 일인 양 꼬드긴 광고가 처음 방영된 것이 2001년 12월이고, '카드대란'이 일어난 것은 2003년이다. 카드대란은 광고의 권유대로 신용카드로 살아가면, 사람들이 어떤 일을 당하게 되는지 잘 보여주는 사례라 할 수 있다. 한국에서 신용카드가 일반인에게 보급되기 시작한 것은 1970년대 말부터지만 대중적으로 사용되기 시작한 것은 금융자유화가 급물살을 탄 1990년대 중반 이후다. 신용카드는 1995년 말에 전체 경제활동인구 수를 넘는 2784만장이 보급되고, 2000년에는 전체 인구규모와 근접하는 4500만장으로 늘어났다가, 2002년 말에 이르러서는 1억장을 돌파하게 된다.[80] 신용카드 사용이 확대된 것은 개인 차원에서도 돈 흐름이 자동화되기 시작했다는 말이다. 현금으로 결제하던 시기의 거래는 주로 전통시장에서 '흥정'을 통해, 다시 말해 판매자와 구매자 간의 인간적 교류 형태를 띠며 이루어졌다. 최근에 이런 풍경이 거의 사라진 것은 정가제도가 상품 거래의 규약으로 자리 잡은 탓도 있지만, 광범위하게 사용되는 신용카드가 '전도매체'로 작용하여 인간적 교류를 대체하게 되고,[81] 거래의 자동화가 크게 진행

80_ 한국에서 신용카드는 1969년 신세계백화점이 최초로 도입했으나, 일반인들이 사용하기 시작한 것은 70년대 말 이후 시중은행이 신용카드를 도입한 이후부터로, 1983년 말 가입자 수는 약 83만명이었다(동아일보, 1984.3.8). 이후 신용카드는 1989년 7월 500만장, 1990년 10월 1000만장(매일경제, 1990.10.24), 1995년 12월 2784만장(연합뉴스, 1996.3.4), 2000년 8월 4500만장으로 급속도로 늘어났다. 2000년대에 들어와서 발급매수는 더욱 빨리 늘어나서 2002년 12월에는 1억480만장(머니투데이, 2003.2.24)으로 1억장을 초과한다. 이후 2003년의 '카드대란'의 여파로 2005년 12월에는 발급매수가 8200만장(머니투데이, 2006.2.15)으로 줄어들기도 했지만, 다시 늘어나서 2009년 6월에는 다시 1억장을 돌파하여 1억27만장(한국금융신문, 2009.9.23)이 되었고, 2011년 12월에는 1억2213만장 수준으로까지 확대되었다가, 최근 몇 년 사이 약간 감소하는 추세를 보여 2012년 12월에는 1억1637만장(뉴시스, 2013.5.7), 2013년 1.4분기에는 1억1500만장(뉴스토마토, 2013.7.19) 수준이다. 그러나 2013년 1.4분기 현재 카드발급매수만 놓고 보더라도 전체 인구 5000만명 1인당 2장이 넘고, 전체경제활동인구를 2500만명으로 잡으면 1인당 4.6장에 달한다.

81_ '전도conduction'는 기계와 기계끼리 접속하고 소통하는 방식에 해당한다. 최근에 들어와서 신용카드, 교통카드 등을 하나의 카드로 통합하여 사용하도록 해주는 스마트카드의 등장은 더욱 분명하게 사람들을 기계로 만드는 효과가 있다고 할 수 있다.

되었기 때문이다. 물론 이런 변화를 가능하게 한 것은 기술 혁신과 함께 이루어진 신용체계의 전산화와 혁신이다. 하비가 지적하듯이 "은행전산화와 신용카드는 화폐의 역진적 유통속도를 개선시킨 혁신들"(하비, 1994: 347)로 작용해 돈을 더욱 빨리 돌게 만드는 기술적 효과를 발휘한다. 이런 점들을 종합하면 금융화가 진행되는 동안에 한편으로 전산화와 같은 기술적 혁신, 다른 한편으로 신용카드 대량 발급과 같은 사회정책상의 변화, 또 다른 한편으로 신용확대를 바탕으로 한 대중의 투자자화 경향 등이 서로 상승작용을 일으켰고, 이 결과 사람들이 돈쓰는 기계가 되는 변동이 생긴 셈이다.

신용카드에 의존하여 돈쓰는 기계로 산다는 것은 부채로 살아간다는 말이기도 하다. 갈수록 많은 사람들이 마이너스 통장을 개설하고 있는 상황에서는 특히 그렇다. 금융감독원 보고에 따르면 2006년 6월 한국 시중은행의 마이너스통장 계좌 수는 457만5천169개였다(연합뉴스, 2006.11.1). 이것은 신용카드 사용자 수가 급증한 시기에 부채로 사는 사람이 많아졌다는 한 지표일 텐데, 사람들이 이처럼 부채로 살아가게 되었는데도 광고에서 신용카드로 부자 되라고 권할 수 있는 근거는 그렇다면 무엇일까? 부채는 이제 더 이상 부채이기만 한 것이 아니라 자산으로 간주되기 때문일 것이다. 부채가 자산으로 취급되었다는 것은 빚도 재산이라는 말과 같다. 한국인의 가계부채가 15년 사이에 182조원에서 1103조원으로 크게 증가했다는 것은 부채의 자산화 경향이 크게 확산되었다는 것을 보여준다.

부채에 기초한 것일지라도 자산이 늘어나면, 사람들은 돈을 더 많이 쓰게 마련이다. 최근에 투자 행위가 급속도로 늘어난 것도 부채의 자산화와 무관하지 않을 것이다. 금융 관련 통계를 더 살펴보면, 요즘 사람들이 얼마나 열심히 돈을 빌려 투자하고 있는지 알 수 있다. 2000년대에 들어와서 한국인들이 투자를 많이 하는 곳은 주로 부동산, 주식, 펀드 분야다. 이 가운데 펀드만 놓고 보면, 2012년 9월 한국의 펀드 전체 순자산은 304조3000억원, 자산운용사 AUM(운용자산) 평가액은 607조600억원이었다. 이 가운데 파생상품 펀드의 경우 설정액이 30조7000억원, 순자산은 30조5000억원이고, 부동산펀드는 설정액이 19조1000억원, 순자산이 19조3000억원, 특별자산펀드는 설정액이 22조2000억원, 순자산이 20조8000억원이다(프라임경제, 2012.10.9). 펀드에 투자하는 사람들이 모두 자기 자본을 활용하지는 않는다.[82] 2012년 9월 한국은행 통계로 922조원에 이르는 가계부채 금액도 상당 부분이 펀드에, 주식에, 파생상품에, 부동산에 투자되었을 것이다. 이런 점을 놓고 보면, 오늘날 부채를 자산으로 간주하는 한국인이 얼마나 많은지 짐작할 수 있다.

그렇다면 '부채의 자산화'를 통해 사람들은 얼마나 덕을 본 것일까? 최근에 '주택보유빈곤층' 수가 늘어나고 있다는 보도가 계속 나오고 있다. 이들 다수는 주택을 담보하고 돈을 빌려 투자한 사람들이다. 주택담보대출금은 2000년대에 들어와서 크게 늘어났는데, 2012년 12월 현재 466조5000억원에 이른다(파이낸셜뉴스, 2013.1.11). 주택담보대출은 많은 부분이 주택 구입을 위한 자산으로 활용되었겠지만, 2012년 말 주택에 투자한 사람들 가운데 19만명이 깡통주택 보유자로 전락한 형편이다(한겨레, 2012.12.3). '깡통주택'은 경매에 넘겨도 대출원금을 회수할 수 없는 주택을 가리킨다. KB금융경영연구소에 따르면, 2012년 10월 현재 전국 아파트 가격 총액은 1700여조원, 주택담보대출 총액은 360여조원, 가계대출 총액 1000여조원, 전세금 총액 300여조원으로 나타났다. 이 수치를 보면, 아파트를 모두 팔아야 대출금과 전세금을 간신히 갚을 수 있는 상황이다. 동 연구소는 주택담보대출과 전세금 비율이 집값의 70퍼센트가 넘는 아파트가 전국에 34여만 가구로 추산되며, 최근처럼 극심한 경기 침체기에는 아파트 값이 3분의 1토막 나는 곳이 속출하여 70퍼센트 이상이면 아파트를 팔아

82_ "부동산펀드와 리츠와 같은 국내 부동산 간접투자 시장은 여전히 기관투자자 중심으로 운영되고 있다. 21조원을 넘어선 부동산펀드의 설정액 중 기관 등 소수의 투자자로부터 돈을 모아 비공개로 운용하는 사모펀드가 차지하는 비중이 94.8%(20조4,000억원)에 달한다. 사모 비중이 높다보니 개인투자자의 수탁고가 부동산펀드 총 자산에서 차지하는 비중은 3.9%에 그치고 있다"(서울경제, 2013.7.14).

도 실제로 남는 게 없기 때문에, 34여만 가구가 사실상 깡통 아파트인 것으로 분석했다(매일경제, 2012.10.22).

빚을 자산으로 삼아 과감하게 투자에 나선 사람들 다수가 다다르는 곳은 죽음의 골짜기다. 보건복지부가 2012년 9월에 발간한 'OECD 헬스데이터 2012'에 따르면 한국의 "자살률은 2010년 기준으로 인구 10만명 당 33.5명으로 2009년 28.4명보다 5.1명 늘었"는데, 이는 OECD 34개 회원국 가운데 가장 높은 수치로서 "회원국 평균치인 12.8명보다 2.6배"나 높은 편이다. "한국에 이어 헝가리(23.3명), 일본(21.2명), 슬로베니아(18.6명) 등의 순으로 자살률이 높았으나", 보다시피 한국은 2, 3위의 나라들과도 큰 격차를 보이고 있다. "OECD 회원국의 평균 자살률은 5년 전에 비해 남녀 모두 감소했으나 유독" 한국만 증가세를 보이고 있다는 점도 심각한 일이라 하겠다(연합뉴스, 2012.9.9).

한국인 자살률의 심각한 내면은 2013년 한국보건사회연구원의 한 보고서('OECD 국가와 비교한 한국의 인구집단별 자살률 동향과 정책 제언')가 잘 보여주는 바다. 이 보고서에 따르면, 2000-2010년 사이에 "OECD 국가들은 자살률이 감소한 데 반해" 한국만 증가해왔고, "전 연령대에 걸쳐 자살률 증가 속도가 가팔라 한국의 자살자가 급증세인 것으로 분석됐다." "OECD 31개국의 아동·청소년(10~24세) 인구 10만명 당 자살률은 2000년 7.7명에서 2010년 6.5명으로 16% 감소했지만, 한국은 6.4명에서 9.4명으로 47% 급증했다. OECD에서 2000년 18위였던 한국의 순위는 2010년 5위로 상승했고, 칠레에 이어 두 번째로 높은 증가율을 보였다." "노인들의 자살문제는 더 심각하다. OECD 25개국의 노인(65세 이상) 인구 10만명 당 자살률은 2000년 22.5명에서 2010년 20.9명으로 줄어들었다. 반면 한국은 34.2명(5위)에서 80.3명(1위)으로 늘었다. 증가율이 2.3배에 달한다. 남성은 2000년 52.2명에서 2010년 125.0명으로 2.4배 늘었고, 여성은 23.1명에서 49.4명으로 2.1배 증가했다." 나아가서 "경제활동가능인구(15~64세)의 10만명 당 자살률도 OECD 31개국은 2000년 17.2명에서 2010년 15.3명으로 감소했지만, 한국은

15.6명(17위)에서 30.9명(1위)으로 급증했다. 성별로는 남성이 22.1명에서 40.9명으로 1.9배, 여성이 8.9명에서 20.5명으로 10년 사이 2.3배 증가했다"(경향신문, 2013.1.29).

1987년 한국의 자살률은 19.67명이었고, "1997년까지 자살률은 미세한 차이는 있지만 일정한 수준을 유지해 왔다. 하지만 1997년 19.69명이던 자살률은 1998년 돌연 26.69명까지 치솟았다"(노명우, 2011). 2000년에는 13.6명으로 줄어들어 다행인 듯했으나, 유감스럽게도 그것은 대세가 아니었다. 자살률은 "지난 10년간 18.1명이 증가"하여 "2011년 31.7명으로" 된 것이다(연합뉴스, 2013.6.30).[83] 이런 증감 추이를 보면, 자살률은 외환위기를 맞고 급증했다가 위기 극복과 함께 잠깐 줄어들었으나 2000년 초중반부터 꾸준히 계속 증가했음을 알 수 있다. 바로 이 시기는 가계부채가 급증한 시기로서, 부채가 자살을 부추긴 중요한 한 원인임을 짐작하게 한다.[84]

8. 금융화와 소유적 개인주의

거대한 부담을 짊어지면서까지 부채를 자산으로 만들어 활용한다는 것은 오늘날 소유 방식에 중대한 변화가 생겼다는 것임이 분명하다. 이런 변

83_ 본문을 완성한 뒤 새로 접한 통계에 따르면, OECD가 집계한 2012년 한국의 자살률은 29.1명으로 다행히 좀 줄어들었다. 하지만 이 수치 역시 OECD 평균 12.5명의 두 배를 훌쩍 뛰어넘는 수준이다. 한국에서는 연령이 높을수록 자살률이 높아 "2012년 20대 자살률은 19.5명이었으나 30대 27.3명, 40대 30.9명, 40대 35.3명으로 늘었고 60대는 42.4명으로 20대보다 두 배 이상 많았다. 또 70대는 73.1명, 80대 이상은 104.5명에 달했다"(내일신문, 2014.4.23).

84_ 부채와 자살의 인과관계를 정확하게 밝히는 자료를 구할 수는 없었지만, 영국의 한 부채 관련 지원 단체는 부채와 자살의 관계를 다음과 같이 설명한다. "영국에서 부채로 고생하는 사람들 가운데 거의 50퍼센트가 자살을 고려한다. 부채가 가져오는 부담은 너무 과도하여 유일한 길이 자살이라는 생각을 자주 하는 것이다"(Debt Support Trust, 연도미상).

화를 초래한 데에는 신자유주의 금융화를 통해 생겨난 신용확대가 중요한 작용을 한 것으로 보인다. 경기침체가 지속되면서 잉여자본이 수익성 있는 투자처를 찾지 못하자, '금융의 민주화'를 통해 그동안 금융 서비스 외곽 지대에 있던 사람들까지 투자자로 전환시키는 일종의 사회적 기획이 진행된 것이다. 그 단적인 예가 미국에서 부시 정부가 '소유권 사회' 수립을 위한 정책을 추진한 일이다(Erturk et al., 2006: 7). 부시는 집권 초부터 "미국인은 자기 주택을 소유할 때 최선을 다한다"며, "특히 소외 계층을 대상으로 주택 소유 확산을 밀어붙였다"(Becker, Stolberg, and Labaton, 2008).[85] 부시의 정책을 이론적으로 보좌한 보수진영 두뇌집단 카토연구소에 따르면, "개인들은 정부 지원금 의존에서 벗어나 소유자가 될" 때, "환자는 자기 건강관리, 부모는 자녀 교육, 노동자는 자기 퇴직연금을 통제할 수 있을 때 자유로워진다"(Erturk et al.: 7). '소유권 사회'라는 표현은 부시가 대통령 시절 처음 썼을는지 몰라도, 그가 처음 제창한 개념은 아니다. 그의 전임자인 민주당 출신 빌 클린턴도 소유권을 강조한 것은 마찬가지다. 1995년 클린턴은 2000년까지 미국 가정의 주택보유 비율을 65.1퍼센트에서 67.5퍼센트로 올리겠다는 계획을 발표한 바 있는데, 사실 주택보유 촉진을 위한 이런 노력은 이미 그 전에 시작된 터였다. 1993-95년 사이에 그 전 2년의 두 배에 가까운 280만 가구를 새로 주택소유자 대열에 포함시켜 놓았던 것이다. 하지만 클린턴은 다시 더 많은 노력이 필요함을 강조하고 나섰다.

우리는 훨씬 더 잘 해야 합니다. 이것은 미국 중산층을 위한 새로운 귀로입니다. 우리는 이 나라 소득을 올려야 합니다. 우리는 올바른 일을 하는 사람들의 미래를 보장해야 합니다. 우리는 사람들이 세계경제에서 일어나는 변화들에 맞서서

85_ '소유권 사회'는 주택, 교육, 건강, 연금 등에 대한 경제적 자유와 개인의 책임을 강조하는 사회다. 노동자들이 건강에 대한 통제를 갖는다는 것은 사적인 보험을 통해서이며, 연금에 대한 통제를 갖는다는 것은 그것의 투자 방식을 결정하는 권리를 갖는다는 뜻에서, 소유권 사회는 민영화와 사유화를 강조하는 신자유주의 이데올로기에 바로 부합한다고 하겠다.

인생의 일정한 영속성과 안정을 누릴 수 있다고 믿도록 해야 합니다(Clinton, 1995; Financial Crisis Investigation Commission, 2011: 41에서 재인용).

소유권 사회는 기본적으로 '소유적 개인주의possessive individualism'와 맥을 함께 한다. 이 개인주의는 개인들이 자신들의 소유물로써 서로 구분될 수 있다는 관점이다. 이에 따르면, "인간의 본질은 타자의 의지에 의존하는 것으로부터의 자유이고, 자유는 소유의 기능이다. 사회는 그들 자신의 역능, 그리고 그들의 활동에 의해 획득한 것의 소유자로서 서로 관계를 맺고 있는 자유롭고 동등한 많은 개인들이 된다"(Macpherson, 1962: 3; Sugishima, 2001에서 재인용). 소유적 개인주의에서 '나'는 내가 가진 것에 의해 규정되고, 나 자신의 자아는 타자와 완전히 다른 나만이 소유할 수 있다. '나'는 '자기-소유의 존재'인 것이다. "자기-소유는 여기서 자아가 그 신체와 역능들을 포함한 자아를 소유물로서 지배한다는 의미"다(Sugishima, 2001). 이리하여 "소유한다, 고로 존재한다"는 원리가 작용하게 되면, 감각은 모두 소유의 그것으로 환원되고 말 것이다. 자본의 지배 하에서는 이것이 다른 어떤 감각보다 우월하게 작용한다는 점에 대해서는 맑스도 청년시절 작성한 『1844년 경제학 철학 수고』(1844)에서 언급한 바 있다. 맑스는 사적 소유의 확립으로 "**모든** 물리적 정신적 감각들 대신 이 **모든** 감각의 철저한 멀리함 즉 **가짐**의 감각이 들어왔다"고 말한다(Marx, 1975: 300. 원문 강조).

　신자유주의 시대에 들어와서 이 소유적 개인주의가 더욱 새로워지고 강화되었음이 분명하다. 자본주의 하에서는 소유가 인간이 자연, 세계, 사물 등과 맺는 다른 어떤 관계보다 우선시되는 경향이 있지만, 그렇다고 자본주의가 언제나 모든 것을 사적 소유 대상으로 만드는 것은 아니다. 예컨대 주택의 경우 사적 소유가 되는 경향이 높지만, 자본주의의 작동 방식에 따라 '개인적' 소유로 사용될 때도 있다. 사민주의 전통이 강한 국가의 노동자나 저소득층은 주택을 개인적 소유로 활용하고 사적으로는 소유하지 않는 것이 보통이다. 하지만 근래에 들어서 주택을 개인적 소유로 사용할 수 있게 하는 관행은 세계적으로 갈수록 드물다. 2000년대 후반 이후 진행 중인 금융 및 경제 위기가 대부분 나라에서 부동산 시장 추락으로 시작된 것은 주택이 이제는 투자 대상, 자본으로서의 성격을 더 많이 갖게 되어, 자본주의 가치법칙에 깊숙이 편입되었다는 증거다.

주택은 '사용가치'를 지닌 상품으로서, '생산수단'보다는 대체로 '소비수단'으로 사용된다. 소비수단에 속하는 것들로는 "식탁 및 부엌용품들, 냉장고, 텔레비전, 세탁기, 주택, 그리고 공원과 보도" 등이 있다(하비, 1995: 310). 주택이 '대체로' 소비수단으로 이용된다고 하는 것은 생산수단으로 작용할 때도 있기 때문이다. 주택은 때로는 가내수공업 공장으로 사용되기도 하고, 최근에는 '재택근무' 관행이 도입되어 일부가 회사 사무실로 쓰이는 경우도 있다. 이것은 주택이 물리적인 측면에서 '고정자본'과 유사한 점이 있어서 가능한 일이다. 고정자본은 기계나 공장, 도로, 항만처럼 어느 한 장소에 고정되어 있는 자본을 가리키며,[86] 바로 소비되기 때문에 반복적으로 충전되어야 하는 유동자본과 구분된다. "생산과정에 들어가는 유동자본은 그것의 가치 전부를 생산물에 이전하며, 따라서 생산과정을 중단 없이 진행시키기 위해서는 유동자본은 생산물의 판매에 의하여 끊임없이 현물로 보전되지 않으면 안 된다. 생산과정에 들어가는 고정자본은 가치의 일부(마멸분)만을 생산물에 이전하며, 이 마멸에도 불구하고 생산과정에서 계속 기능한다"(맑스, 2004a: 214). 주택이 고정자본과 유사한 것은 그 물리적 성질 때문이다. 그것은 세월이 지나면서 일부가 마멸되지만, 오랜 기간 원래의 물리적 상태를 유지할 수 있어서, 생산수단으로서의 고정자본으로 작용하는 것이 가능하다. 고정자본의 특징은 "기계가 마모되는 정도에 따라… 생산과정 내에서 완전히 소비되며, 유통영역에 결코 되돌아가지 않는다"(하비, 1995: 282)는 데 있다. 하지만 그렇더라도 주택이 고정자본으로서 생

86_ 고정자본 가운데는 선박이나 비행기처럼 이동성을 갖는 경우도 있다. 하지만 이들 '움직이는 고정자본'도 생산수단으로서 계속 사용된다는 점에서 마모되어 충전되어야 하는 유동자본과 구분될 수 있다.

산수단이 되는 경우는 드물다. 주택이 유통과정으로부터 빠져나오는 것은 생산수단보다는 소비수단 또는 소비기금이 되기 위함이다.[87]

그런데 "고정자본과 소비기금 간의 구분은 상품들의 사용에 근거를 두고 있으며, 그들의 물질적 존재양식에 근거를 두고 있는 것은 아니다. 물품들은 사용상의 변화를 통해 한 범주에서 다른 범주로 전환될 수 있다. 창고나 공장에 체화된 고정자본은 예를 들어 아파트나 화랑과 같은 소비기금의 물품들로 전화될 수 있으며, 그 역도 성립한다"(하비, 1995: 310-11). 최근 주택이 부쩍 투자 대상으로 떠오른 것은 그렇다면 '그 역'이 탁월하게 성립하는 경우인가? 한편으로는 그런 것 같다. 주택은 소비기금보다는 고정자본으로 기능할 때 자본으로서의 성격이 더 클 테니까 말이다. 하지만 최근에 주택이 투자 대상이 되었다는 것은 그 이상의 의미를 갖는 것으로 보인다. 주택은 이제 소비기금은 말할 것도 없고, 고정자본의 역할도 벗어나서 대거 유통과정 즉 자본의 순환체계로 불려 나와 현금처럼 작용하고 있다. 오늘날 주택은 '재산'이라기보다는 '자산'이 되었다. 이것은 '주택 소유' 개념이 근본적으로 바뀌었다는 말이기도 하다. 주택은 소비를 위해 소유된다기보다는 투자를 위해 소유되고, 더 나아가서 교환되기 위해서 그것도 더 자주 교환되기 위해서 소유된다. 최근 금융위기 대부분이 주택시장 붕괴를 동반하게 된 것은 이런 변화와 무관하지 않다. '소유권 사회'에서 말하는 소유도 새로운 맥락에서 이해될 필요가 있다. 소유는 이제 주택 등을 그 사용가치 소비를 위한 소유보다는 투자용 자산의 소유라는 의미가 되었다. 세계 곳곳에서 주택시장이 붕괴한 것은 이런 의미의 소유를 조장하는 소유권 사회가 만들어져, 사람들이 대거 주택에 투자하게 되어 생긴 일이다.

물론 이것은 금융화로 인해 재산이 자산으로 바뀜에 따라서 일어난 일인 것이지, 사람들 특히 가난한 사람들이 스스로 투자자가 되어서 일어난 일이

87_ '소비기금'은 생산과정에서 고정자본이 수행하는 것과 비슷한 역할을 소비영역에서 수행하는 다양한 물품들로서 소비수단과 같지만, 하비는 '편의상 맑스의 또 다른 용어인 '소비기금'이라는 표현을 쓰자고 제안하고 있다(하비, 1995: 310).

라 할 수는 없다. 사람들은 대부분 노동을 해서 살아가고, 노동자들은 기본적으로 생존자이지, 투자자가 아니다. 신자유주의의 핵심적 축적 전략으로 금융화가 채택된 것은 노동자들의 "생존 재화와 서비스를 유동 자산으로 전환시키려는" 자본의 의도가 작용한 결과다(Bryan and Rafferty, 2009: 12). 언뜻 들으면 노동자들이 '소유자'가 된다는 것은 자본가로의 신분상승을 이룬 것처럼 들리기도 한다. 그러나 노동자의 '화폐자본가화'는 자기 배반을 동반할 위험이 더 크다. 하비가 지적한 것처럼, 자신의 "저축들이 자본으로 동원될 경우, 노동자들은 또한 이자를 받"지만, 이 결과 "노동자들은 그들을 착취하는 바로 그 체제의 유지와 강한 이해관계를 가지"게 되기 때문이다(하비, 1995: 352). 자신과 가족의 재생산을 위한 거주, 교육, 건강관리 등 사용가치 소비를 위해 필요한 주택, 재화, 서비스를 유동 자산으로 바꾼 노동자가 빈번하게 맞닥뜨리는 것은 생존 위험이다. 우리는 앞에서 미국에서 비우량주택담보대출 시장 붕괴로 수많은 사람들의 주택이 압류되었음을 확인한 바 있다(Harvey, 2012: 24). 그것은 자신의 소득, 자산으로는 주택을 구입할 처지가 아닌 사람들로 하여금 주택을 구입하도록 강요해서 일어난 일이다.

저소득층이 주택 구입을 강요당했다고 말할 수 있는 것은 금융당국이 신용확대를 위해 금리를 크게 낮추고 금융기관들은 월 불입액을 차입자가 선택하는 변동금리주택담보대출adjustable rate mortgages(ARM) 등을 제공하며, 사람들이 주택 구매를 하지 않으면, 큰 손해 볼 것처럼 굴었기 때문이다(Matterhorn Capital Management, 2009).[88] 저소득층에 대한 대출은 전문적이고 체계적인 방식으로 이루어졌다. 대출 유도용으로 초기 금리를 낮춰주는 '티저금리', '트랑쉐 기법'—담보대출 위험 분산을 위한 채권의 위험도별 분할 발행—등 대출 여력이 없는 사람들의 대출을 유도하는 각종 금융기법이

88_ 5단계로 진행되는 시장 붕괴 과정에서 2단계에 이르면 온갖 금융상품이 제공되고, 이어서 3단계에서는 일종의 열광 상태가 만들어져서 막차를 타더라도 투자 열풍을 타려고 앞 다투는 사태가 벌어진다(Matterhorn Capital Management, 2009).

개발되었다. 이런 수법으로 등장한 것이 주택저당담보부다계층채권(CMO)과 부채담보부증권(CDO)이다(Langley, 2008). 라파비차스는 주택을 압류당한 사람들은 주로 히스패닉, 흑인, 여성들로서 이들은 소득 수준이 낮아 과거에는 담보대출을 받을 수 없었으나, 2000년대 들어와서 금융시장이 비우량주택담보대출 수법을 개발하여 이들이 대출을 받을 수 있도록 해 금융적으로 수탈했다고 지적한다(Lapavitsas, 2009a).

저소득층의 주택 구입을 정책적으로 유도한 것은 영국에서는 앞서 본 것처럼, 1980년대의 일이다. 노동자들에게 세 들어 사는 공영주택을 헐값에 살 수 있도록 해주겠다는 공약을 내걸고 1979년 선거에서 승리한 영국 보수당은 집권 후 자신의 공약을 충실히 이행한 것으로 보인다. 공공주택 거주 3년 이상의 세입자들에게는 시장가격의 30퍼센트, 20년 거주자에게는 50퍼센트의 할인혜택을 주는 식으로 저소득층의 주택 구입을 독려해, 1995년까지 150만 채 즉 전체 주택 3분의 1을 차지하던 공공주택의 20퍼센트를 판매한 것이다(Feigenbaum, Henig and Hamnet, 1994). 그러나 자가 보유의 꿈을 달성한 영국의 저소득층은 바로 어려움에 직면하게 된다. 1989년의 주택가격 폭락, 1992년 9월의 '검은 수요일' 주식 폭락 및 그와 연동된 주택시장 동요로 '역자산 사태, 즉 대출금보다 주택가격이 낮아지는 상황을 맞은 것이다. 최근 한국에서도 같은 현상이 나타나기 시작했다. 깡통아파트, 깡통전세, 깡통주택 문제가 그것이다. 모두 무리하게 주택을 구입해 생긴 일이다.

최근의 역자산 현상을 빗내서 주택을 구입해 생긴 일로만 치부할 수는 없다. 이전에도 주택을 구입할 때는 대출에 의존하는 경우가 많았지만, 지금은 주택 구입의 목적이 주거보다는 투자인 경우가 많고, 동원되는 자금 성격도 많이 달라졌다. 대출금이 주택 구입에 투입된다는 사실은 같지만, 대출금의 부채 성격에서 중요한 변화가 생긴 것이다. 이미 말한 것처럼 부채는 이제 그냥 부채가 아니라, 자산으로 바뀌고, 나아가서 유동성까지 갖게 되었다. 이 과정에서 주택의 자산화가 이루어진다. 주택이 자산이 된다는 것은 금융체계의 일부가 된다는 것, 유동화의 대상이 된다는 것, 즉 현금처럼 작동한다는 것이다. 고덤Kevin Fox Gotham에 따르면 그래서 "부동산 부문은 생산 시장에 의해 규정되는 부문이라기보다는, 금융시장과 금융상품들로 이루어진 경제 부문을 닮게 되었다"(Gotham, 2009: 357). 소비자 부채, 주택개량비용, 자산가격 등 주택과 관련한 개념들도 의미 변화를 겪었다(Best and Paterson, 2010: 1). 주택이 거주 공간만은 아니라는 것은 사람들이 갈수록 자주 이사를 하고 있는 것으로도 알 수 있다. 결혼 후 집 장만까지 평균 5회 정도의 이사를 다녀야 한다는 점으로 미루어 볼 때(통계청, 2008: 170), 한국인은 상당히 자주 이사를 할 것으로 판단된다.[89] 월세와 전세를 전전하는 처지도 많겠지만, 투자 목적으로 이사를 다니는 경우도 적지 않을 것이다. 이사를 자주 하는 집단에는 고소득층도 포함되어 있는데, 이는 그들이 직장 사정 등의 이유 외에도 재테크에 열중하기 때문인 것으로 풀이된다. 17대 대통령 이명박은 1969년부터 2007년 사이에 주소지를 25회, 그의 처 김윤옥은 15회 바꾼 바 있다(중앙일보, 2007.6.13).

한국의 대도시가 '마을'을 갖지 못한 것도 이런 사실과 무관하지 않을 것이다. 이명박 부부의 사례는 극단적인 경우겠지만, 그래도 '마을 부재'는 사람들이 이사를 자주 다니고, 보유 주택에서 거주하지 않은 경우가 많아서 생긴 현상이다.[90] 곧 떠날 동네에서는 이웃과의 교류가 소원해질 수밖에

89_ 미국의 경우 선진자본주의 국가들 가운데서는 '주택소유'율이 매우 높고 평균 이사 횟수도 아주 높다. 2011년 인구통계국 조사결과에 따르면, 미국인은 평생 11.7회 이사를 다니는 것으로 나타났다. 한국인 평생 이사 횟수에 대해서는 신문보도 등을 통해 5-6회 정도라는 언급만 있을 뿐 신뢰할 수 있는 자료를 찾지는 못했다. 그러나 2008년 통계청에서 만든 한 보고서에 따르면 한국인이 최초로 내 집을 마련하는 데 소요되는 기간은 1987년에는 평균적으로 8.4년, 1997년에는 10.9년, 그리고 2004년에는 그보다 다소 줄어들기는 했어도 10년이 넘었고, 내 집을 마련할 때까지는 임차주택에 거주하면서 평균적으로 5회 정도 이사를 해야 하는 것으로 나타났다.

90_ 현재 유럽에는 스페인 3.4백만, 프랑스 2.4백만, 이태리 2-2.7백만, 독일 1.8백만, 포르투갈 73.5만, 영국 70만, 아일랜드 40만, 그리스 30만 등 1100만 채의 빈집이 있다. 부자들이 투자용으로 구입해 버려둔 것이 중요한 이유다. 유럽의 무주택자 수는 4.1백만으로 추산된다(Neate, 2014.2.23).

없다. 시민운동가 출신 박원순 현 서울 시상이 '마을 만들기'를 자신의 주력 사업의 하나로 설정한 것도 그런 점을 문제로 느낀 때문일 것이다. 마을 만들기 사업은 같은 지역 거주자들 간에 '이웃관계'를 구축하려는 시도요, 주거 중심의 공동체 문화를 복원시키려는 노력에 해당한다.91 그러나 많은 사람들이 주택을 투자 대상으로 삼고 있는 상황에서는 같은 동네에 살아도, 사람들의 관계가 이웃으로 발전하기는 쉽지 않다. 오늘날 한국의 대도시에서 마을을 만들자는 것은 신자유주의적 금융화 흐름이 계속되는 한, 무망한 일일 것이다.92

주택 소유자들이 주택을 자산으로 삼고 투자자가 된 것은 그들이 금융활동에 직접 참여하게 되었다는 것, 신용체계의 일원이 되었다는 것을 의미한다. 주택담보대출, 가계대출 총액이 거대해지고, 마이너스 통장 계좌 수가 늘어나고, 펀드계좌가 급증하고, 주식 투자자가 늘어난 시기, 그리고 이전과는 다르게 금리가 크게 인하되고 저축률이 OECD 최하 수준으로 떨어진 시기, 부동산 시장의 활황 아니 거품이 조성된 시기가 모두 일치하게 된 것이 어찌 우연이겠는가. 2000년대 들어와서 이런 변화가 생겨났다는 것은 이 시기에 한국사회가 새로운 거대한 변화를 겪었다는 말이다. 이 변화의 핵심에는 신자유주의적 금융화 경향이 도사리고 있다. 오늘날 수많은 사람들이 부동산 투자에 목매달고 있는 것은 금융화가 일상적 삶 깊숙이 침투했다는 증거다.

91_ "박원순 서울시장 취임 후 지난 [2012년] 3월 마을공동체 만들기 지원조례를 공포하고, 마을공동체 지원 사업에 725억 원의 예산을 배정하였으며, 7월에는 '서울시 마을공동체 종합지원센터' 수탁기관 선정을 발표하기도 하였다. 지금은 '부모커뮤니티 공동교육', '마을예술창작소', 청소년을 위한 '마을 북카페' 설립을 지원하기 위한 2차 사업 공모(1차 공모는 7월에 실시)가 진행 중에 있다"(문보경, 2012).

92_ 오늘날 '공동체'는 도시의 물리적 '마을'보다는 오히려 비전통적인 공간, 예컨대 페이스북이나 트위터 같은 SNS, 블로그나 카페 등 온라인 공간이나 동호회나 사회단체와 같은 비혈연적 결사체 등을 통해서 더 잘 구현되고 있다고 봐야 할 것이다. 이런 비전통적 공간들이 활발한 활동의 공간이 된 것은 물리적 마을보다 더 나은 공동체 형태를 제공하기 때문만은 아닐 것이다. 그보다는 오히려 마을과 같은 전통적인 공간이 더 이상 과거의 공동체적 역할을 하지 못하고 있기 때문인지 모른다.

9. 금융화와 '위험'

새로운 형태의 소유적 개인주의가 만연하고, 사람들이 부채를 자산으로 삼아 '부채경제'를 영위하게 되어 '금융의 민주화'가 진전된 결과, 다시 말해 오늘날 일상생활이 금융화됨에 따라서 두드러지게 나타난 현상 하나가 다양한 형태의 위험risk 증가다. 한국에서는 2000년대에 들어와서 부채가 급증하며 삶의 위험을 겪는 개인과 가정이 급증했다. '카드대란' 같은 대규모 신용불량 사태가 발생하고 깡통아파트의 증가로 파산하는 사람도 크게 늘어났다. 이런 일은 주택, 주식, 펀드, 파생상품에 투자하는 사람들의 수가 크게 늘어난 결과이기도 하다. 금융활동을 하는 빈도가 높아짐에 따라, 사람들의 위험 노출도 빈번해졌고, 아울러 위험에 대한 감수성도 더욱 예민해졌다. 최근에 치유담론이 성행하고, 미래 삶에 대한 개인들의 불안을 겨냥한 '위험상품'이 널리 판매되고 있는 것도 이와 무관하지 않을 것이다.

자본의 금융화 현상은 고유한 형태의 위험을 야기한다. 금융파생상품 등 금융공학이 다루는 위험은 천재지변 등이나 사고, 시장의 사정 변화 등 계획되거나 예기치 않은 상태에서 벌어지는 불확실성과는 성격이 다르다. 리푸마Edward LiPuma와 리Benjamin Lee에 따르면, "파생상품이 보여주는 위험과 그 사회-구조적 기능은 역사적으로 신흥 금융유통 문화에 특유하다" (LiPuma and Lee, 2004: 55). 이 위험은 예측되거나 기획될 수 있다는 점에서 인위적이다. 위험은 그리하여 확률의 문제가 되고 관리될 수 있는 것으로 간주된다. 위험을 관리하는 방식은 위험을 다변화하여 분산시키는 것이다. 이런 식의 위험 관리를 위한 방법의 하나가 마르코위츠Harry Markowitz가 제출한 '포트폴리오 이론'이다. 이 이론을 개발한 공헌으로 1990년에 노벨 경제학상을 공동 수상한 마르코위츠는 자신의 수상 연설에서, 포트폴리오 이론은 기본적으로 확률이론에 근거함을 밝힌 바 있다. 그에 따르면, "불확실성 하에 움직이는 합리적 행위자는 객관적인 확률이 알려지지 않은 데서는 '확률 믿음'에 따라 움직"이고, "이 확률 믿음 또는 '주관적 확률'은 객관적 확률과 마찬가지로 정확하게 결합"하게 된다(Markowitz, 1990, 280). 그런데 우리가 따로 새겨봐야 할 것은 여기서 마르코위츠가 염두에 두고 있는 '합리적 행위자'는 투자 전문가라는 사실이다. 마르코위츠도 자신의 제안을 직접 실행할 수 있는 것은 "충분한 컴퓨터 및 데이터베이스 자료를 갖춘 대형(통상 기관) 투자자"라며, 자신의 이론은 "소비자보다는 투자자" 중심임을 밝히고 있다(Markowitz: 279).

그러나 오늘날 일상의 금융화 현상이 생겨났다는 것은 포트폴리오 이론이 더 이상 전문가 수중에서만 활용되는 것이 아님을 말해준다. 지금은 포트폴리오 이론이 제출된 1950년대와는 비교할 수 없을 정도로 컴퓨터 성능이 개선되고, 보유 가구가 늘어났기 때문만은 아니다. 일상의 금융화는 한국 같은 곳에서도 인구의 상당 부분이 '투자자' 주체형태로 전환되어 생긴 일일 것이다. 주택, 주식, 펀드, 파생상품 등에 투자하는 사람들의 수가 크게 늘어나면서, 오늘날 사회에서는 '측정문화'가 널리 확산되어 있다. 1990년대 이후 미국에서 나타난 일상생활의 금융화 현상을 집중 분석한 바 있는 랜디 마틴에 따르면, 측정문화는 금융화가 "삶의 모든 영역에 회계 및 위험 관리에의 지향을 주입"하여 생겨났다(Martin, 2002: 43). 측정문화가 형성되었다는 것은 위험이 일상화됨에 따라, 그것을 관리하는 일이 상시적으로 중대한 과제가 되었다는 말인 것이다.

회계학적 태도 또는 규범이 그리하여 오늘날 사회의 지배적 경향이 되었다.[93] 회계행위는 개인들의 선택으로만 증가하지 않는다. 그런 태도가 만연하는 것은 기업 등의 조직에서 회계학이 관리 기능을 수행하면서 '통치기술'로 작용하기 때문이기도 하다. 각종 조직에서 이런 식으로 동원되는 회계학 즉 관리회계는 계산과 책임을 연동시켜, 조직 관리 효과를 만들어낸다. 관리회계를 제도화한 조직은 조직 구성원을 '책임지는 계산적 개인'이라는 특정한 주체형태로 훈육해내는 경향이 있기 때문이다. 이것은 푸코적

93_ 이 문단의 내용은 강내희(2011a)에서 가져온 것이다.

인 의미의 권력 효과에 속한다. 푸코에 따르면 근대적 권력은 생명을 빼앗는 것이 아니라, 생명을 관리함으로써 그것이 특정한 역할을 하도록 하는 경향이 있다(Foucault, 1980). 피터 밀러가 지적하듯이, "관리회계는 개인들이 자유롭게 그러나 명시된 경제적 기준에 따라 움직이게끔 그들의 행동에 영향을 미친다." "매니저들에게 어떤 투자를 선택하라고 하는 대신", "투자를 통해 벌어들일 일정한 회수율을 말해주고 선택은 매니저들이 결정하도록" 하는 것이다(Miller, 2004: 180). 이때 매니저들에게 부과되는 권력은 단순한 강제와는 다르다. 그들은 이제 특정한 투자 선택을 강요받지 않고, 일정한 이윤은 만들어내되 그런 목적 달성 방법을 각자가 결정하는 자율성을 갖는다. 이런 권력은 그 통치를 받는 개인들, 매니저들로 하여금 일정한 성과들을 만들어내게 한다는 의미에서 '생산적'이다. 관리회계, 나아가서 회계학 담론이 조직 내적 통치 효과를 갖는 것은 이처럼 개인들로 하여금 조직 안에서 행동하는 방식을 일정하게 규율하고 훈육하기 때문이다(강내희, 2011a).

회계학적 측정이 갖는 것은 훈육효과만이 아니다. 훈육효과는 푸코가 말하는 '훈육사회'에서 만들어지며, 그 특징은 주체를 가두어둔다는 것이다. 들뢰즈에 따르면, 훈육사회는 "주요 감금 장소들을 조직함으로써 작동하며," 거기서 개인들은 가정, 학교, 병영, 공장, 병원, 감옥 등 각자 고유한 규율을 지닌 이들 장소를 오가며 살게 된다(Deleuze, 1995: 177). 하지만 오늘날 사회는 '통제사회'이기도 하다. 이 사회는 "사람들을 더 이상 감금하지 않고, 계속적인 통제와 즉각적 소통을 통해 작동한다"(Deleuze: 174). 통제사회에 대한 들뢰즈의 이미지는 "고속도로의 그것이다. 고속도로는 사람을 감금하지 않고 움직임, 활용 가능한 옵션들을 통제한다"(Wise, 2002: 31). 들뢰즈가 말하는 통제사회의 작동 방식은 금융화로 인해 크게 증가한 위험을 관리하는 것과 별로 다르지 않다.

다른 한편 금융화는 삶을 '사업'처럼 여기도록 만든다. 제품, 서비스를 생산하는 공장이나 회사의 일에 해당하는 사업은 이윤 창출을 위한 투자 위험을 동반하는 것으로 이해되어, 과거에는 일상적 삶과는 분리된 것으로 간주되었다. 일상적인 삶은 반면에, 기본적으로 안전과 안식, 재생산을 제공하는 곳, 특히 가정에서 이루어지는 것으로 이해되었던 편이다. 하지만 금융화를 통해 주택이 더욱 더 자산으로 간주되고, 개인의 일상적 삶이 투자를 위한 설계에 바쳐지게 되면, 과거의 안전 보루들은 새로운 사업장으로 바뀌게 된다. 사업 또는 자본주의적 물신관계가 부과하는 위험으로부터의 안전거리가 이처럼 소멸함으로써 생기는 일이 위험에 의한 안전의 대체다. 이런 흐름을 가장 잘 보여주는 것이 '증권화securitization'다. 증권화란 새로 등장한 금융화의 한 흐름으로서, 이전에는 유통되지 않았던 "부채자산을 거래 가능한 증권으로 변경시켜 자본시장에 판매하는 것"(김명록, 2008: 24)으로서, 유동화이기도 하다. 증권화가 집중 추진됨으로써 일어난 것이 미국의 2007년 비우량주택담보대출 위기다. 이 사태는 금융기관들, 특히 패니메이Fannie Mae와 프레디맥Freddie Mac 같은 정부출연 주택담보 대출 전문 금융기관들이 이전까지는 담보대출을 받을 수 없었던 가난한 여성, 라티노, 흑인 등을 자본시장으로 끌어들여 벌어진 일이다. 이들 기관은 '변동금리주택담보대출'(ARM) 기법으로 빈민들이 한동안 이자를 내지 않아도 되거나 아주 낮게 내도록 해주고, 증권화를 통해 보유 채권을 유동화했다. 눈여겨볼 점은 이제 빈민들까지 이런 식으로 '자산 소유자가 되고 그들의 부채가 금융시장의 변동성에 내맡겨지면, 사람들의 일상은 어떻게 변하겠는가 하는 것이다. 금리 변동과 부동산 시장 부침에 일희일비하고, 매일 지면과 화면을 통해 금융 흐름을 확인하고 있는 사람들이 늘어난 것은 갈수록 많은 사람들이 투자자로 전환된 결과일 것이다. 회사원은 물론이고 가정주부, 심지어 초등학생들까지도 주식시장의 변동에 관심을 갖게 됨으로써, 우리의 일상은 금융화에 의해 지배되고, 위험 관리가 삶의 핵심 과제로 떠올랐다.

　금융화가 진행되기 시작한 1990년대 초 한국에서, 기업이나 유사 조직들에 대해 경영합리화와 함께 조직 관련 정보의 투명성 강화를 요구하는 흐름이 나왔다는 사실이 이 맥락에서 새롭게 환기된다. 당시는 WTO, OECD 가입을 바로 앞두고 있어서, 기업 경영과 정보를 글로벌스탠더드에 맞게 수행하고 관리하라는 요구가 강화되던 때였다. 이 시기 경영학, 회계학 등이 학문 헤게모니를 장악하기 시작한 것이 우연이었을까? 회계학은 '관리회계'와 '재무회계'를 통해 한편으로는 조직 내부 구성원의 실적을 가늠하고, 다른 한편으로는 외부에서 조직 내부를 들여다볼 수 있는 투명성을 만들어낸다. 금융화 시대에 필요한 '훈육'과 '통제'의 기능을 수행하는 주요 사회공학으로 작용할 수 있는 것이 회계학 같은 학문인 것이다. 자본주의의 핵심 조직인 기업이 새로운 경영논리로 작동하기 시작하고 나아가서 병원, 대학, 정부기관 등이 기업처럼 운영되기 시작하면, 사람들이 어떻게 바뀌게 될지는 명백하다. 이제 사람들은 끊임없이 자신의 업적을 관리하며 자신의 생산성과 경쟁력을 향상시켜 자신의 자산 흐름을 제어하는 과제를 부여받게 된다. 8장에서 살펴보겠지만, 1990년대 이후 한국인들이 대거 '자기 계발하는 주체'로 전환된 것은 그 결과다(서동진, 2009).

이런 변화는 금융화로 인해 위험 관리의 필요성이 증가한 것과 무관하지 않다. 위험은 이제 회피하기만 할 것이 아니라, 활용해야 할 자원이기도 하다. 자기계발에 나서는 사람이 대거 '투자자 주체'로 전환되는 것은 그 때문이다. 투자자가 하는 일은 위험 관리를 위해 끊임없이 '숙제'를 하는 것이다. 이때 가장 많이 동원되는 기계가 컴퓨터이고, 가장 많이 사용되는 접속수단은 인터넷이며, 가장 많이 접속되는 곳은 재테크 관련 사이트다. 투자자는 오늘날 많은 사람들이 찬양하는 '대중적 지식인'의 원형이다. 이들의 지식은 공유되고 확산된다는 특징을 갖고 있다. 이 확산은 오늘날 사회적 네트워크체계(SNS)가 사람들 사이에 유포되는 것과 유사하다. 여기서 지식은 어디에 고정된다기보다는 계속 흐르고 있는 것처럼 보인다. 이 과정에서 탄생하는 것이 '대중적 지식인'이다. 대중적 지식인은 '빚진 존재'다. 그의 지식은 전문적인 모습을 띠는 경우라도 대부분 타자로부터 차입해와야 하기 때문이다. 이 차입의 근본 원인은 금융화에 있다. "금융은 주권의 문제가 아니라 상호 빚짐의 문제이고, 부채는 언제나 타자에 대한 의무를 전면화한다"(Martin, 2007: 25). 금융에서 내가 가진 것은 남한테서 빌려온 것이기 때문에, 언젠가 아니 갈수록 빨리 갚아야 하는 의무다.

10. 금융화와 문화정치경제

신자유주의적 금융화가 진전되면, 문화정치경제는 어떤 변동을 겪게 되는 것일까? 최근에 들어와서 '문화적 정치경제', '정치적 문화경제', '경제적 문화정치'는 금융화로 인해 어떤 모습을 하고 있는가? 먼저 오늘날 정치경제의 모습을 살펴보자. 금융화가 크게 진전되었다는 것은 자본축적에서 신용체계의 역할이 더 커졌다는 것을 의미한다. 정치와 경제와 문화의 관계에서 경제, 특히 화폐의 흐름이 압도적으로 중요한 위상을 차지하게 된 것이다. 샤비로Steven Shaviro에 따르면, 이런 경향은 신자유주의적 논리가 "정치경제를 더 포괄적인 사회적 지형의 한 측면인 것으로 보는 대신, 모든 사회적 현상을 개인 행위자들의 경제적 계산 및 투자 결정에서 비롯되는 것으로 간주"해서 생기는 일이다(Shaviro, 2010: 4). 샤비로가 이런 말을 하는 논거는 푸코와 들뢰즈로부터 나온다.

들뢰즈는 20세기 말에 이르러 사회구성이 중대한 변화를 겪고 있다고 말한 바 있다. 푸코가 '훈육사회'라고 부른 사회구성에서 자신이 '통제사회'라고 부르는 것으로의 전환이 일어났다는 것이다. 그가 볼 때, 두 사회의 차이를 가장 잘 보여주는 것이 화폐의 역할 증가다. 그에 따르면, "훈육은 언제나 수치 기준으로 사용되는 금을 함유한 주조 통화와 관련되었다면, 통제는 다양한 통화에 대한 표본 비율을 정하는 코드에 입각해 조절되는 유동 환율에 기반을 두고 있다"(Deleuze, 1995: 180). 직접 언급되고 있지는 않지만, 들뢰즈가 말하는 '유동 환율'을 표시해주는 화폐는 다음 4장에서 살펴볼 금융파생상품일 가능성이 매우 높다. 서로 다른 통화들을 일정한 표본 비율에 따라 유통시키는 것은 무엇보다도 금융파생상품이기 때문이다. 통제사회가 이런 화폐 거래를 중심으로 작동한다는 것은 그것을 움직이는 근본적 힘이 경제적인 성격을 띤다는 말과 같다. 물론 들뢰즈가 20세기 말에 일어나는 사회구성의 변화를 경제적 관점만 갖고 설명하는 것은 아니다. 그는 훈육사회를 작동시키는 기계가 중공업 공장과 같은 '열역학 기계'라면, 통제사회를 움직이는 것은 '정보 기계'라고 하면서, 훈육사회에서 통제사회로의 전환을 사회를 작동시키는 기본 지식 및 기술의 '에너지학energetics'에서 '정보학informatics'으로의 이행으로 규정하기도 하는 것이다. 하지만 들뢰즈는 최근의 사회구성 이행을 과학기술 용어로 설명하는 와중에도, "이런 기술의 발전은 자본주의의 변화에 더 깊숙이 뿌리박고"(Deleuze: 180) 있음을 환기시키는 것도 잊지 않는다.

샤비로에 따르면 최근 사회의 특징을 경제의 지배에서 찾는 것은 푸코도 마찬가지다. 그런데 그가 제시하는 푸코는 그동안 알려져 있는 것과는 달리, '경제주의자'로서의 푸코다. 이 푸코에 따르면, 고전적 자유주의에서 신자유주의로 넘어온 뒤로, '경제적 인간'은 "욕구의 문제설정을 바탕으로 하는 유용성 이론"과 연결된 '교환 논리'를 추구하던 데서 "시장원리에 기반을 둔 경쟁"을 추구하는 모습으로 바뀐다. 이렇게 보면 신자유주의자가 경제적 인간의 새로운 이미지인 셈이다. 경제적 인간은 이제 "교환의 파트너가 아니라", "기업가, 자신의 기업가"로서 "자신을 위한 자신의 자본, 자신을 위한 자기 자신의 생산자, 자신을 위한 소득의 원천"이다(Foucault, 2008: 226; Shaviro: 4에서 재인용). 왜 이런 생각이 경제주의적인가? 그것은 푸코가 신자유주의를 통해 "사회적인 것과 경제적인 것의 관계"가 전도된다고 보기 때문이다. 푸코에 따르면, 신자유주의는 "시장이 지닌 경제적 형식의 일반화를 수반한다. 신자유주의는 사회적 신체 전반에 걸쳐, 그 형식을 일반화하고 통상 화폐적 교환을 통해 수행되지 않거나, 그런 교환의 승인을 받지 않던 사회체계 전체를 포괄하는 일을 수반한다." 이는 사회적 현상들, 관계들이 이제 "투자, 자본비용, 그리고 투자된 자본에 대한 이윤의 견지에서 분석된다"(Foucault, 2008: 243, 244; Shaviro: 4에서 재인용)는 말이다.

오늘날 문화정치경제는 기본적으로 정치경제가, 그것도 경제의 일방적 우위가 관철되는 속에 작동하는 정치경제가 지배한다고 보는 들뢰즈와 푸코의 이런 관점은 사회란 토대와 상부구조로 구성되어 있고, 양자의 관계를 결정하는 것은 토대 즉 경제적 실천이라고 보는 정통 맑스주의의 관점과 놀랄 정도로 닮았다고 할 수 있다. 1장에서 언급한 대로 나 자신 기본적으로 이런 관점을 지니고 있기 때문에, 여기서 두 이론가의 정치경제론이 기본적으로 틀렸다고 말하고 싶지는 않다. 하지만 그렇다곤 해도 그들이 과거 맑스주의를 비판하며 훈육사회론, 리좀학rhizomatics을 거론할 때와는 다르게 의외로 지나치게 경제주의자의 모습을 하고 있어서 둘의 관점이 경제결정론으로 후퇴하지 않았나 하는 의구심이 드는 것도 사실이다. 신자유주의적 금융화 시대에 각종 경제주의가 횡행하는 것은 사실이지만, 내가 보기에는 그런 경제주의는 신자유주의 시대 지배적 상상인 것으로 이해하는 것이 더 적합해 보인다. 다시 말해 경제주의 자체가 담론적 효과를 지니는 것으로 보자는 것이다. 이것은 우리가 오늘날 문화정치경제를 분석할 때에도, 그 복잡한 전체를 어느 한 측면으로 환원해서 이해하기보다는, 가능한 한 개별 요인들 간의 관계를 살펴보려는 노력을 지속하자는 말이기도 하다.

이런 관점에서 보면, 데이비드 하비가 수정자유주의 시대의 지배적 생산양식인 포드주의를 '총체적 생활방식'으로 간주한 것이 오늘날 문화정치경제를 이해하는 더 나은 접근법을 제공하는 것 같다.[94] 하비에 따르면, 포드

94_ 이런 관점은 하비가 말하는 '구조화된 응집성' 개념과 관련이 있다. "그 응집성은 생활 수준, 삶의 질과 스타일, 노동의 만족도(또는 그 결여), 사회적 위계(노동현장의 권위구조, 소비의 위상체계), 그리고 사는 일, 즐기는 일, 환대하는 일 등에 대한 사회학적 심리학적 태도 전체를 포함한다"(Harvey, 1985: 140). "생산과 소비, (상품 및 노동력의) 공급과 수요, 생산과 이윤실현, 계급투쟁과 축적, 문화와 라이프스타일이 생산력과 생산관계의 총체성 속에서 일종의 구조화된 응집성으로 엮이는 지역적 공간들을 규정하는…과정들이 작용한다"(Harvey: 146).

주의는 자본주의 축적 체계에 참여하는 3대 주체인 국가와 자본과 노동의 상호 복잡한 관계가 빚어낸 하나의 총체성에 해당한다. 여기서 "국가는 새로운 (케인스주의적) 역할"을 맡아 "새로운 제도적 권력들"을 세웠고, "기업자본은 안정된 수익성의 길 위에서 보다 안정된 활동을 보장받기 위해 임기응변의 조치들"을 취했고, "조직화된 노동은 노동시장에서의 배역(配役)이나 생산과정 수행과 관련하여 새로운 역할과 기능을 맡아야 했다." 하비에 따르면 이런 "조직화된 노동과 대규모 기업자본, 그리고 국민국가 사이의 팽팽한(그럼에도 불구하고 튼튼한) 세력 균형"이 "전후 활황의 원동력"을 이루었다(하비, 1994: 177). 여기서 중요한 사실은 적어도 이런 말을 할 때, 하비는 자본주의 3대 주체의 세력 균형 체제 즉 포드주의에서는 경제와 정치와 문화가 서로 맞물려서 작동한다는 점을 계속 환기하고 있다는 것이다. 그에게 포드주의는 "전반적 사회 조절장치"인 것이지, 어느 한 사회 차원의 일방적 지배 양상은 아니다(하비: 181). 나는 여기서 푸코와 들뢰즈가 환기하는 '경제주의' 부상을 부정하지 않으면서도, 이 경제주의를 경제환원론적으로 이해하기보다는 정치와 경제와 문화의 상호관계 측면에서 이해하고자 한다.

1) 금융화와 문화적 정치경제

오늘날의 정치경제를 지배하고 있는 금융화 경향은 이미 살펴본 대로, 사회 여러 차원에서 확인이 가능하다. 금융화의 정치경제는 기본적으로 자본의 축적을 신용체계가 이끌어가는 특징을 갖는다. 금융화는 이자 낳는 자본의 활동 및 지배력이 자본의 축적 운동에서 강화되는 현상이고, 이런 추세가 강력해지는 것은 신용체계가 정교하고 왕성하게 작동해서 나타나는 결과이기 때문이다. 근래에 들어와 비금융 부문 기업들이 획득 이윤을 재투자를 위해 사용하기보다는, 배당금 지불, 주식환매,[95] 합병, 인수 등의

95_ "'주식환매'란 자사가 발행한 주식을 해당기업이 스스로 되사들이는 것을 말하는 용어이다. 회사의 미래 경영전망과 관련해 신뢰도를 제고하거나, 유동성을 풍부하게 보유

용도로 사용하는 경우가 많아졌다(Milberg, 2008: 435-39). 그 주된 목적은 기업의 자산 가치를 올리자는 것으로, 기업의 금융적 투자자인 주주에게 돌아가는 이익을 높이자는 것, 다시 말해 '주주가치'를 높이자는 것이다. 라조닉William Lazonick에 따르면, 1997-2009년 사이 S&P 500 지수 기업 가운데 438개 회사가 회사당 평균 64억 달러에 해당하는 2조8천억 달러를 자사주 재매입에 사용했고, 회사당 평균 46억 달러에 해당하는 총 2조 달러를 현금 배당에 배분했다(Lazonick, 2010: 695; Öztürk, 2011: 5에서 재인용). 기업들이 주주가치를 높이기 위해 이윤 창출보다는 자산 증대에 힘쓰게 되면서 일어난 또 다른 변화는 전통적인 굴뚝 산업까지 이익 구조를 금융활동 중심으로 만든 것이다. 제너럴일렉트릭(GE)의 경우 2003년 전체 그룹 이익의 42퍼센트를 GE 캐피탈이 발생시켰고, 제너럴모터스(GM)와 포드의 같은 해 이윤도 대부분이 소비자 대여 사업에서 나왔으며, 2004년 제너럴모터스의 자동차할부금융 자회사인 GMAC가 벌어들인 액수가 GM 전체 수익 80퍼센트에 육박하는 29억 달러였다(Blackburn, 2006: 44). 이처럼 비금융 기업까지 이자 낳는 화폐를 중심으로 하는 영업활동을 하게 되면, 정치경제적으로는 어떤 일이 일어나는가?

2장에서 '정치경제'를 국가와 자본과 노동 간의 권력관계 문제로 볼 것을 제안했었다. 지금 맥락에서 정치경제를 권력의 문제로 본다는 것은 금융자산 가치와 주주가치를 높이고자 S&P 500 지수 기업들이 자사주 매입과 현금 배당에 거대 자금을 투여하는 행위가 오직 시장 논리, 경제적 이성에 근거해서 이루어지는 것만은 아님을 강조하기 위함이다. 미국의 비우량주택담보대출 위기, 유럽 각국의 주택 가격 폭락, 한국의 깡통아파트 현상 출현 등 최근 세계에 나타난 위기 현상을 단순히 경제 현상으로만 파악한다면, 그것은 복잡한 사회적 현상을 경제환원론으로 이해할 수 있다고 보는 착각이다. 많은 나라에서 부동산시장이 붕괴한 것은 금융화의 결과이며,

---

하고 있을 때 자산을 풀어 저평가되어 있는 주가를 부양하기 위한 포석으로 이루어지는 경우가 많은 것으로 알려져 있다"(약업신문, 2012.10.3).

금융화는 경제적 현상임이 분명하다. 그러나 고덤이 예리하게 지적하고 있 듯이, "금융체계와 금융화 과정은, 주택시장에 영향을 주면서 주거, 상업, 산업 부동산 부문의 유동성을 촉진시키고자 하는 재정 및 규제 정책을 매개 로 하여 국가와 연결되어 있다. 국가는 담보대출의 호환성을 높이고, 금융 및 부동산 부문의 위기 경향에 기여하거나 그것을 악화시킬 수 있는 다양한 정책들, 법적–규제 조치들, 그리고 하부구조 투자를 통해 공간의 고정성과 유동성의 변증법에 핵심적 역할을 한다"(Gotham, 2009: 360). 그 구체적 운용 을 위해 이처럼 '재정 및 규제 정책', '법적–규제 조치들'을 통한 국가 개입이 필요하다는 것은 금융화가 시장적 기제를 통해서만 진행되지는 않음을 보 여준다. 금융화 과정에 국가의 개입, 역할이 필수적이라는 것은 금융화란 정치적 과정이기도 함을 말해주는 것이다. 국가the state는 이때 다양한 사회 적 세력이 권력투쟁을 통해 도달한 하나의 질서, 즉 사회적 현재 상태state 인 것으로 드러난다.

각종 금융화 정책이 수립되려면, 그에 대한 국가의 개입이 필수적이나, 이 과정은 사회적 세력들 간의 갈등과 투쟁을 동반하기 마련이다. 이렇게 보면 최근에 비금융 기업이 직접 자본시장에 나가 자본을 동원하고 금융활 동을 벌이고, 은행이 또 다른 수익 구조를 찾아 개인들에 대한 대출에 주력 하게 된 것도 정치적 환경의 변화로 가능해진 일임을 알 수 있다. 다스 Satyajit Das에 따르면 최근 금융파생상품이 금융위기를 초래한 주요인으로 지목되어 미국에서 그에 대한 규제가 필요하다는 강한 여론이 형성된 적이 있지만, 그래도 파생상품 거래가 지속된 것은 FRB 의장 그린스펀과 다른 미국 정치인들이 규제를 반대했기 때문이다(다스, 2011: 19-22). 미국의 비 우량주택담보대출 위기, 한국의 가계부채 급증 등도 은행으로 하여금 개인 들을 대상으로 한 대출 행위를 할 수 있도록 한 정책적 결정을 기반으로 하여 일어난 일이다.

이런 정치적 과정과 함께 문화적 환경 조성도 금융화에 핵심적이다. 금 융화의 정치경제가 작동하려면, 그런 정치경제가 사회적으로 수용될 수 있는 문화적 조건이 마련될 필요가 있다. 앞에서 확인한 것처럼, 금융화가 일어나면 갈수록 많은 사람들이 투자자로 바뀌게 된다. 부동산, 주식, 펀드에 대한 노동자들의 투자는 그런데 노동자들의 "저축들이 자본으로 동원된" 경우로서, "노동자를 화폐자본가로 만든" 꼴이다. 이 결과 자본에 대한 노동자계급의 태도는 어떻게 바뀌는 것일까? "노동자들은 그들을 착취하는 바로 그 체제의 유지와 강한 이해관계를 가진다. 왜냐하면 그 체제의 파괴는 그들의 저축의 파괴를 의미하기 때문이다"(하비, 1995: 352). 오늘날 노동자 다수가 금융화 정책을 지지하게 된 것은 그들의 경제적 이해관계가 이처럼 변했음을 보여준다고 하겠다. 그러나 노동자들의 태도변화가 경제적 계산만으로 이루어졌다고 볼 수는 없다. 라파비차스에 따르면, "금융자산과 부채의 축적이 일에 대한 태도와 고용주 압박에 맞서려는 태도에 영향을 미쳤을" 수 있다(Lapavitsas, 2011: 621). 이 말은 언뜻 경제적 계산이 노동자들의 태도를 변화시켰다는 말로 들리기도 하지만, 다른 한편 경제 중심적 삶의 태도, 경제가 모든 것을 결정한다는 새로운 상상의 구축이 노동 및 자본가에 대한 노동자의 태도에 영향을 줬다는 의미로도 이해된다. 노동자 삶의 금융화 과정에는 신자유주의적인 경제적 상상 구축이라고 하는 문화적 과정이 개입된다는 말이다.

'주주가치 수사학'의 부상도 금융화 과정에서 나타난 문화적 개입의 한 예일 것이다. "주주가치 수사학은 기업경영진으로 하여금 가변적이고 불확실한 함의를 지닌, 성장과 자본의 고수익을 좇는 유토피아적 추구의 길로 접어들게 한다"(Erturk et al., 2006: 4). 프라우드 등이 FTSE 100, S&P 500 기업집단의 장기 영업 실적을 조사한 결과에 따르면, 거대 기업 경영진이 행한 약속(수사, 서사)과 결과(실적, 숫자) 사이에는 큰 괴리가 있었다(Froud, Johal, Leaver, and Williams, 2006). "약속과 결과 간의 이런 차이"는 금융화 과정에서 결국 "말과 행동의 연계"가 잘 이루어지지 않는다는 것으로(Erturk et al.: 4), 금융화 경향 즉 자산 중심의 기업 경영과 비금융 기업에서의 핵심 이윤 창출의 금융 영업 의존 강화 등이 수사학에 의해서 이루어졌다는 것을 보여준다. 금융화의 정치경제는 이런 점에서 언제나 문화적 측면을 지닌 채 작동한다고 할 수 있다.

2) 금융화와 경제적 문화정치

'문화정치'는 문화의 정치화와 정치의 문화화가 결합되는 복합적인 사회적 실천이다. 2장 8절에서 우리는 '문화정치'를 사회적 실천의 정치적 차원과 문화적 차원이 서로 결합한 형태로서, 한편으로는 문화적 차원에서 이루어지는 정치적 실천, 다른 한편으로는 정치적 관계를 작동시키는 문화적 실천이 서로 결합된 것으로 규정한 바 있다. 이것은 문화정치가 복잡한 과정이라는 말일 터, 여기에다 '문화정치경제'의 문제설정을 다시 적용할 경우 상황은 더욱 복잡해질 것이다. 경제와의 관계 속에서 문화정치를 다시이해할 필요가 그래서 생긴다 하겠는데, 이때 요청되는 것이 문화의 정치화와 정치의 문화화가 서로 결합해서 형성되는 문화정치는 경제적 실천과도반드시 연결된다고 보는 '경제적 문화정치'의 문제의식이다.

문화의 정치화가 정치경제의 문제와 연결되는 방식을 생각해 보자. 문화의 정치화는 일단 의미, 가치, 규범, 정체성 등의 문화적 문제가 정치적인권력관계 문제로 전환되는 과정이다. 이런 과정이 문화적 표현만의 문제, 즉 어떤 의미나 가치 형식이 어떤 방식으로 표현되느냐의 문제로만 끝나는 법은 드물다. 예컨대 차도르나 히잡, 터번, 수염 등을 착용하고 기르는일은 일차적으로는 특정 종교나 민족, 성별 등을 말해주는 정체성과 전통의 문제라 하겠지만, '서구적 근대문명'의 잣대로 이슬람 문화에 깊이 침투된 이런 표현 전통을 비판하거나 (프랑스 등지에서처럼) 중단시키게 되면, 당장 큰 저항운동이 벌어지는 데서 알 수 있듯이, 문화적 표현은 늘 정치적문제와 깊숙이 결부되기 마련이다. 그뿐 아니다. 차도르와 히잡 착용이 정치적 문제로 비화하는 데에는, 그런 문화를 재생산할 수 있도록 하는 정치경제 구조에 대한 태도와도 긴밀하게 연결되어 있다. 인도 독립운동 과정에서 간디가 전통 복식에 필요한 천을 만들기 위해 직접 물레를 돌렸던 것은 전통문화를 지키려는 의도 이외에도 그렇게 하는 것이 인도 경제에 기여할 것으로 믿었기 때문일 것이다. 차도르나 히잡, 상체 노출 같은 전통 복식의 착용이 사회적 소요를 불러일으키며 정치경제 전반에 파장을 야기하곤 하는 것은 문화적 표현이 다른 차원의 사회적 실천과 그만큼 긴밀하게 연결되어 있음을 보여준다.

다른 한편, 정치의 문화화는 정치경제적 문제, 다시 말해서 국가와 자본과 노동의 갈등 및 모순 문제, 여타 다양한 사회적 권력관계 문제를 표현의 문제로 전환시키는 과정이기도 하다. 신자유주의가 본격적으로 작동되기 시작한 1980년대, 1990년대 미국에서 '문화전쟁'이 빈번하게 일어나곤 했던 것을 이 맥락에서 상기해봄 직하다. 문화전쟁은 당시 미국의 신보수 세력이 여성주의자, 동성애자, 흑인 등 소수자들을 대상으로 이들의 삶의 방식에 대한 도덕적 공격을 가하면서 벌어진 사태였다. 이것은 "공적 제도 및 민주적 공공생활 공간에 대한 공격"이었다. 여기서 주목할 점은 이 공격이 "종교적 도덕주의자들, 인종적 민족주의자들과의 동맹" 형태를 취했다는 것이다 (Duggan, 2003: xii). 당시 보수 세력이 문제 삼았던 것은 국민 세금으로 운영되는 예술기금 등에서 자신들 잣대로는 비도덕적이고 반미국적인 가치를 표현하는 여성주의자, 동성애자 등에 의한 예술적 활동에 대한 공공 지원이 이루어지고, 학교교육에서 여성주의 이론, 동성애 권리 개념, 여타 '수상한' 진보적 입장이 학생들에게 주입되고 있다는 것이었다. 이런 공격을 문화전쟁이라고 규정할 수 있는 것은 그것을 통해 사회적 권력 문제가 문화 문제로 치환되었기 때문이다. 문화전쟁은 수정자유주의 시대에 보편적인 시민적 권리 보장의 일환으로 구축된 사회제도들을 해체하기 위해, 보수 세력이 정치경제의 문제를 문화의 문제로 만들어 공격한 경우다.

문화의 정치화를 진보적 기획으로, 정치의 문화화를 보수적 기획으로 보는 인식은 이런 점 때문에 생기지 않았을까 싶다. 비슷한 인식을 우리는 발터 베냐민에게서 찾아볼 수 있다. 베냐민은 「기계복제시대의 예술작품」 (1936)에서 정치의 문화화를 '정치의 심미화'로 개념화하고, 이를 파시즘이

"대중이 제거하고자 하는 소유구조에는 영향을 주지 않고 새로 형성된 프롤레타리아 대중을 조직하려는 시도"의 일환으로 "대중에게 권리를 부여하는 대신 자신들을 표현할 기회"만 주는 처사로 간주한다. 사회적 갈등을 심미적 표현을 통해 해결하려 한 것이 파시즘의 중요한 전략이라는 것이다. 이런 접근에 대한 진보적 대안으로 베냐민이 제안하는 것은 '미학의 정치화'다(Benjamin, 2007: 241-42).[96]

금융화가 진행되고 있는 오늘날의 문화정치는 그렇다면 어떤 모습을 하고 있는 것일까? 이 질문은 금융화와 함께 문화는 어떻게 정치의 문제로, 정치는 또 어떻게 문화의 문제로 전환되는가, 다시 말해 표현과 의미의 문제가 어떻게 권력관계의 문제로 떠오르고, 권력관계의 문제가 어떻게 표현과 의미의 문제로 떠오르는지, 그리고 일견 상반된 이런 경향이 어떻게 서로 결합하게 되는지 묻는 것과 같다. 금융화가 진행되면서 눈여겨볼 변화의 하나는 한편으로 정치적 행위가 이미지나 스타일 등 상징적 장치 가동의 형태로 이뤄지고, 다른 한편으로 패션과 디자인 또는 브랜드가 정치적 효과를 만들어내는 경향이 높아지면서 문화정치가 '자산화' 논리의 지배를 받게 되었다는 점이다. 이런 것을 단적으로 보여주는 예가 정치인의 이미지가 브랜드로 작용하여 펀드 조성이 이루어지거나 특정 정치인을 두고 테마주가 형성되는 것이다. 이런 과정이 정치의 문화화에 해당한다면, 다른 한편 TV 출연 등으로 이미지가 널리 알려지고 지명도가 높아진 인물들이 정치인으로 성장하는 경우가 많은 것은 문화의 정치화에 해당한다고 하겠는데,

---

96_ 베냐민이 미학의 정치화는 꼭 진보적이고, 정치의 심미화는 꼭 진보적이라고 이해했는지는 논쟁거리다. 베냐민이 파시즘 하에서 진행된 정치의 심미화를 보수적 기획으로 파악한 점은 부인할 수 없지만, 맑스주의자로서 베냐민이 지지한 코뮌주의 하에서 진행될 정치의 심미화까지 보수적이라고 볼 것 같지는 않기 때문이다. 시몬스Jonathan Simons에 따르면 베냐민은 정치의 심미화를 일방적으로 거부한 것이 아니라 정치의 파시즘적 심미화는 거부하고, 코뮌주의적 심미화는 옹호했다(Simons, 2009: 34). 여기서 내가 정치의 심미화=보수적 기획의 등식을 수용하는 것은 이런 점을 감안하더라도 신자유주의적 금융화 과정에서 일어나는 '정치의 문화화'는 파시즘 하의 '정치의 심미화'와 같은 논리로 작동한다고 봐야 할 것이기 때문이다.

최근 이런 일이 빈번해진 것은 다양한 형태로 나타나고 있는 자산화 현상과 무관하지 않다. 자산화는 기업 가치나 부채, 부동산 등을 대상으로 일어나는 거의 보편적인 현상으로서, 이것은 각종 자본이 더욱 손쉽게 교환될 수 있는 형태로 전환되는 일 즉 자본의 유동화에 해당하며 따라서 M-M′ 운동의 활성화 즉 금융화를 반영한다고 할 수 있다. 정치의 이미지화와 브랜드화, 그리고 이미지와 브랜드의 정치화 과정도 이런 금융화의 일환이라고 볼 수 있는 것은 여기서 정치적 가치와 문화적 가치를 서로 교환시키는 원리가 양자의 '자산화'이기 때문이다. 정치인의 브랜드화와 이미지화, 그리고 이미지와 브랜드 가치를 높인 인물의 정치적 성공 사례가 최근 빈번해진 것은 정치적 영역과 문화적 영역에서 공히 새로운 자산 측정이 일어난 결과라 할 수 있다.

금융화의 문화정치가 지배하는 현상은 오늘날 '상품미학'의 만연을 통해서도 확인이 가능하다. 상품미학은 '사용가치에 대한 약속'의 형태로 상품의 판매를 촉진시키는 자본주의적 미학이다(하우크, 1994). 소비자본주의가 작동하면 언제 어디서나 상품미학이 작동하기 마련이라는 점에서, 금융화 시대에 들어와서 비로소 상품미학이 등장했다고 할 수는 없다. 하지만 금융화 시대에는 과거에는 유동화되지 않던 자본도 유동 자산의 성격을 갖게 되고, 8장에서 더 자세하게 살펴보겠지만 인간의 역능, 취향, 정체성 등도 '매력적인 자산'으로 전환됨에 따라, 상품미학의 영향력은 어느 때보다 강화된 것으로 보인다. 상품미학의 확장은 베냐민이 말한 '정치의 심미화'가 파시즘 치하에서보다 더욱 심화되었다는 말과 다르지 않다. 물론 파시즘하의 심미화가 '예술을 위한 예술'을 추구하며 급기야 '전쟁의 미'를 찬미하는 데까지 이르렀다면, 금융화 시대에는 그런 극단적 사례는 없다고 할 수도 있다.[97] 하지만 베냐민이 파시즘의 기본 지배 전략으로 본 '소유구조 변

97_ 파시즘을 지지했던 표현주의자 마리네티는 기관총 사격, 폭탄 투하의 아름다움을 예찬했다. 신자유주의 금융화 시대에도 '아름다운' 전쟁이 끊이지 않는다고 볼 수 있다. 이 전쟁을 주도하는 것은 물론 신자유주의 헤게모니 국가 미국이다.

화 없는 표현 기회의 확대' 경향, 다시 말해 정치의 문화화는 오늘날 더욱 확산된 상품미학을 통해 계속되고 있을 뿐 아니라 더 강화되었다고 봐야 할 것이다. 상품미학은 M-M' 운동의 영향으로 M-C-M' 순환 영역에서도 더욱 강화된 형태로 전개되고 있다. M-M' 운동의 강화는 회전기간을 더욱 단축시키려는 자본의 노력에 속하며, 이 노력이 최근 M-C-M' 운동 영역에서도 강화되었다는 것은 이미지, 의미 등 상품의 상징성이 강조됨으로써 행사 등 일회용 상품이 대거 만들어지고 있는 경향 등을 통해 확인된다. 상품미학에 대한 강조는 금융화의 전개로 자본의 회전기간 단축이 상품의 생산과 소비에서 더 한층 강력하게 추진됨에 따라 더욱 강화되고 있다고 봐야 할 것이다.

금융화 시대에는 소유관계가 변화한다는 환상이 만들어지기도 한다. 이는 금융화 과정에서 일어나는 정치의 문화화가 기본적으로 부채의 자산화를 사회적 권리 확대인 양 만들어 생기는 일이다. 앞서 살펴본 대로 금융화 시대에는 신용확대 조치로 부채의 자산화가 대대적으로 추진되고, 그 결과 커다란 '자산효과'가 만들어졌다. 1990년대 이후 한국에서 고도의 소비자본주의가 발달한 데에는 이런 변화도 중요한 작용을 했을 것이다. 자산효과가 형성되자 사람들은 생산관계 개선을 위한 정치적 투쟁 대신 사실상 부채인 자산의 활용과 그에 따른 생활수준 유지를 위한 활동에 더 큰 관심을 갖게 되었다. 아이작스가 지적하듯이 자산효과는 사람들로 하여금 더 많은 투자와 소비를 하도록 만들어 '유효수요의 유지'를 가능하게 한다(Isaacs, 2011: 16-17). 금융화가 진행된 시기에 포스트모더니즘 문화가 발달하고, 분배의 정치보다는 정체성의 정치가 더욱 부상하게 된 것도 이런 변화와 무관하지 않을 것이다. 이제 대중은 상품을 소비하는 이유와 목적을 상품의 사용가치보다는 의미나 상징성에서 찾는 경향이 높아졌다. 소비는 갈수록 많은 사람들에게 자신의 정체성을 표현하고 권리를 행하는, 심미적이고 문화적인 행위이자 정치적인 실천인 것으로 간주되는 것이다.

금융화와 함께 형성된 문화정치는 당연히 나름의 경제적 효과를 갖는다.

경제적 실천은 기본적으로 부와 가치의 생산 및 축적과 관계가 있다. 오늘날 사람들이 부를 생산하는 방식, 다시 말해 돈을 버는 방식은 금융화의 문화정치로 인해 어떤 변동을 겪게 된 것일까? 금융위기와 경제위기 속에서 수많은 사람들이 커다란 경제적 손실—'금융적 수탈'이라고도 불리는—을 입었다는 사실을 통해 이 질문에 대한 답변의 실마리를 찾을 수 있을 것 같다. 사람들이 경제적 손실을 입게 된 가장 큰 원인은 부채의 자산화로 생겨난 자산효과 즉, 자신의 투자능력에 대한 과신 또는 환상이라고 하는 문화적 효과의 일환으로 펀드나 부동산, 주식, 파생상품, 기획금융 등에 과도한 투자를 한 데서 찾아야 하지 않을까 한다.[98] 이것은 오늘날 사람들로 하여금 '의미 소비'를 일상적 삶의 양식으로 영위할 수 있게 만든 경제적 기반인 자산효과 형성 기제로서의 금융화, 즉 각종 금융적 활동의 강화 현상을 당연하게 여기는 경제적 상상이 여전히 강력하게 작동하고, 사람들이 대거 새로운 경제적 인간으로 바뀐 때문일 것이다. 새로운 경제적 인간은 이때 '자산의 축적'을 위해 기꺼이 큰 부채를 짊어지고, 부채를 자산으로 삼아 투자에 몰두한다는 특징을 갖는다. 금융화에 부응하는 문화정치가 형성되면 금융적 논리에 따른 부 생산 활동이 강화되는 것이다. 여기서 잠깐 수정자유주의 시대 경제적 문화정치는 이와는 양상이 달랐다는 점을 상기할 필요가 있겠다. 당시 펀드나 주식, 부동산 투자 행위가 중심이 되는 경제적 실천에 몰두한 노동자들은 거의 없었다. 노동자들은 자신들이 확보한 부가 있으면 투자보다는 저축으로 관리했고, 연금과 같은 사회적 보장을 통해 생활을 하려했던 것이다. 그리고 이런 보장과 권리를 쟁취하기 위해 그들이 주로 한 것은 파업 등 자본과의 투쟁이었다. 오늘날 사람들이 새로운 행동을 취하며 금융논리에 따라 부를 만들려고 하는 것은 세상이 크게 바뀌었다는 말이다. 그들의 경제적 실천은 이제 대거 자신들이 책임져야

98_ 물론 구조조정을 당해 일자리를 잃은 경우도 경제적 손실을 입은 중요한 경우에 해당하지만, 오늘날 기업의 구조조정은 금융화의 한 효과라는 측면에서 이해될 필요도 있다.

할 투자 행위로 바뀌었다. 하지만 다시 생각하면, 사람들의 경제적 실천이 이처럼 바뀌었다는 것은 신자유주의적 금융화가 촉진하는 것과는 다른 경제적 실천도 가능하다는 것을, 사람들이 부와 가치를 생산하는 방식도 바뀔 수 있다는 것을 말해준다고 할 수 있다.

3) 금융화와 정치적 문화경제

금융화가 심화되는 과정에서 문화와 경제는 어떤 식으로 융합하여 문화경제를 형성하고, 문화경제는 또 어떤 식으로 정치와 관계를 맺게 되는가? 문화와 경제의 융합은 한편으로는 문화의 경제화로, 다른 한편으로는 경제의 문화화로 이루어지고, 나아가서 이 두 경향이 또 서로 결합하는 과정이다. 하지만 문화정치경제의 문제설정을 채택할 경우, 이렇게 하여 새로운 문화경제가 형성된다는 결론을 내리는 것만으로 논의가 끝나지는 않는다. 왜냐하면 새롭게 형성된 문화경제도 그 나름의 정치적 차원을 가질 것이기 때문이다. 이제 이런 점을 전제한 채, 금융화 과정과 맞물려 문화경제가 어떻게 형성되는지 살펴보자.

신자유주의 시대에 진행되는 금융화는 과잉축적으로 빚어진 자본주의 위기에 대한 자본의 대응전략, 기본적으로 착취를 통해 잉여가치를 생산하는 실물경제 부문의 축적 위기에 대한 전략이라는 점에서, 자본을 '이자 낳는 자본'으로 전환시키는 경향이 있고, 이에 따라서 자본의 운동이 M-M' 순환을 강화하도록 한다. 브레턴우즈 협정이 붕괴된 1970년대 초 이후 통화시장의 변동성이 커지고, 화폐가 '가치 저장소'로서의 안정성을 잃게 된 가운데, 화폐가 다른 화폐를 찾아다니는 노력이 강화되는 것이 금융화인 것이다. 이런 상황에서 나타난 주요 현상 하나가 '문화생산물의 엄청난 상업화' 즉 문화의 경제화 현상이다. 하비에 따르면, "1973년에 드가Degas나 반 고흐Van Gogh의 작품을 사두면 자본이득의 측면에서 그 어느 투자유형보다도 더 많은 수익을 올렸을 것이다." 1970년대부터 수집품, 예술품, 골동품, 주택 등이 투자 대상으로 떠올랐는데, 이는 화폐가치의 변동성이 급격하게 증가하면서, "일상직인 화폐형태가 제 역할을 하지 못하는 상황에서 가치를 저장하기 위한 대안적 수단을 찾는 탐색"이 광범위하게 진행된 결과였다(하비, 1994: 362). 문화생산물의 상업화 또는 문화의 경제화가 진전된 것은 한국에서도 마찬가지다. 신자유주의가 도입되기 시작한 1980년대 초부터, 군부권위주의 정권에 의한 '문화 자유화' 정책이 펼쳐졌고, 이후 문화는 꾸준히 그 경제적 가치를 강조하는 방향으로 발전해왔다고 할 수 있다. 이런 경향은 특히 최근에 와서 심화되어, 예컨대 SM엔터테인먼트, JYP엔터테인먼트, YG엔터테인먼트 등 '아이돌스타'들을 키워낸 대중음악기획사들이 코스피에 상장할 정도로 성장하여, 문화자본을 형성한 단계로까지 나아갔다(이동연, 2010: 243-50). 1987년 '민주화 체제'의 수립으로 자유주의 헤게모니가 작동하기 시작하면서 더욱 발전한 이런 문화산업은 1980년대 말에 신문을 중심으로 한 전통적 매체시장의 자유화에 이어, 케이블텔레비전 방송 시작, 1990년대 중반부터 급속도로 확산된 인터넷서비스 등 신매체 산업과 연계되면서 영향력을 넓혀갔고, 1990년대 말부터는 '한류'의 형태로 동아시아, 북남아메리카, 중동, 중앙아시아 등지로까지 확산되었다.

물론 문화산업은 다른 산업에 비해 규모가 결코 크다고 할 수는 없다.[99] 예컨대 현재 코스피에 상장한 문화산업 기업 가운데 규모가 가장 큰 SM엔터테인먼트도 주식 시장총액이 2014년 4월 현재 1조원 수준에 머물러(이데일리, 2014.4.1), 100대 기업 축에도 끼지 못한다. 그러나 다른 산업들과의 규모 비교를 통해서만 문화산업의 중요성을 판단할 일은 아니다. 문화산업의 성장은 문화의 경제화 측면에서만 볼 것이 아니라 경제의 문화화 측면에서 살펴봐야 하기 때문이다. 경제의 문화화는 문화적 코드를 통해 상품의 소비를 진작시키는 노력이 커지는 방식으로도 이루어진다. 단적인 예가 디자인 개선, 광고 전략 등을 통해서 상품의 이미지 만들기에 큰 힘을 쏟는

99_ '문화산업' 개념을 처음 소개한 호르크하이머Max Horkheimer와 아도르노Theodor Adorno도 철강, 석유, 전기, 화학 등의 산업에 비하면 문화산업은 "취약하고 종속적"임을 지적한 바 있다(Horkheimer and Adorno, 1982: 122).

경우다. 오늘날 이미지 만들기에 진력하는 광고는 마케팅 체계에서 핵심 위치를 차지하며, 그것 없이 상품의 소비는 상상하기 힘들 정도가 되었다. 이런 현상이 만연하는 것은 앞서 언급한 상품미학의 역할이 강화되고 있다는 말과 다르지 않다. 상품미학의 만연은 '정치의 심미화' 경향을 보여주는 전형적인 현상으로서 오늘날 문화정치의 중요한 메커니즘을 차지하고 있지만, 경제의 문화화로서의 상품의 심미화를 추동한다는 점에서 문화경제의 기제이기도 하다. 연예산업이나 문화산업이 문화경제에서 중요한 것은 그들 산업이 기본적으로 이와 같은 상품미학의 원천으로 작용하며, 광범위한 영역에서 '모방효과'를 만들어내기 때문이다. 연예산업, 문화산업은 흔히 방송, 영화 등을 중심으로 하는 미디어산업과 연계되고, 오늘날 대중매체를 통해서 삶의 방식을 반영하는 다양한 이미지, 기호, 상징, 은유, 담론 등을 대중들에게 전파하면서, 대중의 기호와 취미에 큰 영향을 미친다.100 오늘날 상품미학과 이미지 만들기의 중요성은 아무리 강조해도 지나치지 않을 것이다. 상품미학, 이미지 만들기가 중요해진 것은 상품의 심미적 차원 또는 이미지가 자본이 원하는 소비 형태를 만들어내 축적에 유리하게 작용하기 때문이다. 내구재의 경우 한 번 판매되고 나면 수년에서 수십 년까지 수명이 지속된다는 점에서 자본의 회전속도로 보면 효율적이지 못한 측면이 크지만,101 이미지의 소비는 즉각적으로 이루어진다는 점에서 자본의 입장에서는 이상적인 회전시간을 갖고 있다고 할 수 있다. 오늘날 이미지 만들기를 중심으로 구성되는 연예산업, 문화산업이 갈수록 중요해지는 것은, 한편으로는 이런 산업이 소비자본주의를 진작시키기도 하지만, 다른 한편으로는 그 자체가 이미지 산업의 성격을 띠기 때문이기도 할 것이다.

100_ 워드Alan Warde는 다음과 같이 말한다. "문화를 경제에 도입할 때 중요한 것은 최종 소비를 위해 공급되는 문화산업 산물들만이 아니라 광고, 판촉, 포장에 미치는 그것들의 역할이다"(Warde, 2002: 188).

101_ 개인적인 경험을 말하자면, 1967년에 얻은 일제 파나소닉 선풍기는 날개 모서리가 깨져 균형을 약간 잃기는 했지만 지금도 잘 돌아가고 있다. 그러나 선풍기 회사가 이런 제품만 만들어 팔면 큰 이윤을 내기는 어려울 것이다.

경제의 문화화와 문화의 경제화는 상호 전제된 과정으로서, 오늘날 두 경향을 통합하는 원리는 금융화에 의해 제공된다고 할 수 있다. 경제의 문화화 즉 상품이 심미화를 추구하는 것이 자본이 자신의 회전기간을 단축하기 위해 M-M' 운동을 강화하는 금융화 흐름을 따르는 경향이라면, 예술 작품이나 활동 등 문화적인 것이 화폐처럼 유동자산으로 작용하는 것은 문화의 경제화 현상으로서 금융논리가 문화를 지배하게 되었음을 보여주기 때문이다. 경제의 문화화와 문화의 경제화를 오늘날 서로 융합시키는 과정은 위에서 살펴본 금융화의 문화정치에서처럼 '자산화'인 것으로 보인다. 상품의 심미화가 자본의 회전기간 단축 전략, 특히 M-M' 운동 강화와 연결되는 것은 그것이 상품의 이미지, 의미, 상징성 생산을 통해 실현된다는 것과 관련되어 있다. M-C-M' 운동과는 달리 M-M' 운동은 이자 낳는 자본의 운동으로서 화폐에 의한 화폐의 생산이며, 자본의 순환이 생산의 매개를 거치지 않는다는 점에서 자본의 즉각적 축적에 가깝다고 할 수 있고, 오늘날 이런 운동은 각종 자본의 자산화로 나타난다. 심미화를 통해 상품의 이미지, 상징성 등이 주된 판매대상이 되는 것은 상품의 즉각적 소비를 촉진하려는 것임과 동시에 그런 것들이 용도나 기능을 주로 강조하던 과거와는 달리 상품의 핵심적 요소, 즉 주된 자산으로 간주되는 셈이라 할 수 있다. 그리고 오늘날 화폐처럼 유동자산으로 거래되고 있는 예술 작품의 사례가 보여주듯이 문화의 경제화에 이르게 되면, 자산화가 이 경향의 핵심 동력이라는 것은 다시 강조할 필요가 없을 것이다.

신용체계, 다시 말해 각종 자산의 교환을 관리하는 기제가 금융화 시대에 핵심적인 권력기관이 된 것은 이런 맥락에서 이해해야 할 일로 보인다. 2011년에 점령운동이 세계적으로 전개되었을 때 은행가들이 가장 큰 공격 대상으로 떠오른 것도 신용체계가 오늘날 축적체제에서 중심적 역할을 한다는 것을 사람들이 인지한 결과일 것이다. 하지만 이런 인지와 신용체계의 작용에 대한 정확한 이해 사이에는 큰 간극이 놓여 있는 것도 사실이다. 파니치Leo Panitch에 따르면, "신용체계는 엄청나게 복잡하며, 거기서 거래하는 사람들은 우리 대부분이 이해하지 못하는 고도로 복잡한 대수학, 그들 가운데서도 완전히 이해하는 사람이 드문 대수학을 기반으로 하여 움직인 다. 그 체계에 속한 누구도 특정 시점에 특정 증서를 누가 보유하고 있는지 분명히 알지 못한다"(Panitch, 2009). 이런 판단을 수용할 경우 오늘날 신용체 계는 아주 이상한 방식으로 작동하는 셈이 아닐 수 없다. 신용체계는 대부 분 사람들을 문외한으로 만들며 전문가만 알 수 있는 사안으로 간주되지만, 그 실상에 대한 정확한 지식을 갖고 있지 못하기는 전문가도 마찬가지라는 것이 파니치의 지적이다. 하지만 앞서 살펴본 대로 대규모 대출을 유도하며 유효수요를 창출하는 '신용확대'가 오늘날 거대한 규모로 일어나고 있다는 것은 그럼에도 불구하고 신용체계가 광범위하게 작동한다는 말일 것이다. 최근 미국에서 비우량주택담보대출 위기로 인해 금융위기가 촉발된 것 또 한 신용체계의 작용이 얼마나 중대한지 보여주는 예라고 할 수 있다. 그러 나 신용체계가 이상하다는 것은 전문가들조차 실상 파악을 하지 못하는 것을 '금융 문해력' 증진 캠페인 등을 통해 마치 일반 대중도 알아야 하는 것처럼 만들고 있고, 금리 인하, 티저금리 등으로 수많은 사람들이 활용하 도록 만들고 있기 때문이다.

이런 신용체계의 지배로 인한 정치적 효과 또한 크다. 지금 사람들은 얼마나 광범위하게 회계학적 관행의 지배를 받고 있는지 모른다. 이 관행의 특징은 무엇이든 계량화한다는 데 있다. 오늘날 사람들이 회계학적 관행의 지배를 받게 된 것은 그들의 역능, 기호, 습속 등이 무엇보다도 계산되어야 할 가치로서 간주되기 때문이다. 최근 들어와서 개인들의 행위가 그 질적 수준의 탁월성 또는 수월성의 측면에서 측정되고 있는 것도 그런 경우로서, 이때 수월성은 책무성accountability으로 전환되어 숫자로 표현된다(8장 6절 참조). 신자유주의 금융화 시대에 경쟁이 심화되는 것은 갈수록 많은 조직 들에서 이 책무성을 표현하는 숫자가 구성원 각자의 능력과 경쟁력을 보여 주는 값으로 쓰이고 있기 때문이다. 사람들의 질적 차이를 양적 차이로 전 환시키는 이런 관행이 확산되면, 경쟁 관계에 들어갈 필요가 없는 사람들도 서로 자신들의 상이한 자질들이 양적으로 비교됨으로써, 경쟁으로 내몰리게 된다. 이것은 신용체계가 정교하면서도 거대해진 가운데 금융화의 문화경제가 형성됨으로써, 사람들이 국가나 자본을 겨냥한 정치적 실천보다는 자신들 내부의 경쟁에 매몰되어 생긴 결과다. 이런 변화의 정치적 효과는 실로 크다고 할 수 있을 것이다. 이제 정치는 자본의 변증법에 포획된 상태가 된 것으로 보인다. 최근에 들어와서 한국사회에서 자본의 권력이 강화된 것은 한국사회가 '삼성공화국'으로 회자되고 있는 데서 단적으로 입증된다고 할 수 있다. 국가가 주도하여 경제개발을 이끌었던 박정희 시대는 말할 것도 없고, 신자유주의 정책을 대폭 수용하기 시작한 전두환 시대에도 '관치금융'이 예사였다. 그러나 1987년 개헌을 통해 '민주화체제'가 형성되며 경제와 정치의 관계를 규정하던 흐름은 기본적으로 바뀌기 시작했다. 협약민주주의의 성립을 통해 민주화는 시장화로 나아가게 되었고, 문화도 '정치의 시녀'에서 이제는 '경제적 도구'로 역할이 바뀌게 된 것이다.

11. 결론

금융화는 이자 낳는 자본의 운동인 M-M' 순환이 최근 새롭게 강화된 현상이지만, M-C-M' 운동에까지 영향을 미침으로써 자본주의적 순환체계를 새롭게 작동시킨, 신자유주의적 축적체제의 핵심적 축적 전략이다. 금융화로 인해 발생한 사회적 변동은 신용확대, 부채의 자산화와 그로 인한 부채경제의 형성, 소유적 개인주의의 확대, 위험의 일상화 등 실로 다양하다. 이와 더불어 문화정치경제의 다양한 새로운 변동도 수반되었다. 자산 중심의 기업 운영으로 '주주가치'가 강조되고, 이를 지원하는 새로운 경제적 상상이 위력을 떨치게 되었으며, 사람들이 자산효과 형성에 의한 유효수요 형성의 주체로 전환함에 따라, 자아실현을 소비를 통해 성취하려는 경향이 늘어났고, 또 금융의 민주화와 함께 금융화된 일상을 살아가는 일도 많아졌다.

금융화의 파장은 물론 여기서 다룬 사회적 변동에만 한정되지 않는다. 이 장에서는 금융화 일반의 문제를 중심으로 논의를 전개했지만, 금융화의 구체적 양상을 이해하기 위해서는 금융파생상품이나 기획금융과 같은 개별적 금융상품의 작동방식을 더 자세하게 알아보는 것이 필요하다. 다음 4장과 5장에서는 이런 취지에서 금융파생상품과 기획금융을 주제로 하여 금융화가 구체적으로 어떻게 전개되고 있고, 그와 더불어 문화정치경제가 어떤 변동을 겪고 있는지 살펴보고자 한다.

제4장

금융파생상품[*]

1. 서론

2장과 3장에서 우리는 1970년대 이후 새로운 축적구조 및 전략으로 등장한 신자유주의와 금융화에 대해서 간략하게 살펴보았다. 신자유주의를 기본적으로 자본주의가 최근에 채택한 새로운 사회적 축적체제라고 한다면, 금융화는 이 체제가 가동하는 핵심적인 자본축적 전략에 해당한다. 금융화는 1960년대 말, 1970년대 초부터 징후를 드러낸 축적 위기 극복을 위해 자본이 실물경제 중심에서 금융 중심으로, 즉 생산 부문보다는 유통 부문에서 더 많은 축적 기회를 찾으려는 경향을 가리킨다. 자본이 근래에 들어와서 금융활동을 통해 이윤을 생성하는 경향이 강화되었다는 것은 제너럴모터스, 제너럴일렉트릭 같은 제조 기업들까지 수익원을 유통 분야에 집중시키고 있는 데서 확인되고 있다. 그런데 금융화가 어떤 작용을 하기에 이런 일이 일어나는 것일까? 무엇이 금융 부문에서 거대한 이익을 발생시키는 거래를 가능하게 하는 것일까? 이런 질문은 금융화의 '수단' 또는 '기술'에

---

* 이 장의 내용은 강내희(2012a)를 저본으로 삼아 대폭 수정하고 보강한 것이다.

대한 질문이기도 하다.

자본주의를 비판하며 자본축적의 경향과 방식, 심지어 축적의 사실 자체를 문제 삼는 일은 많아도, 축적의 수단, 도구, 기술을 중심으로 논의를 전개하는 경우는 많지 않은 것 같다. 수단이나 기술은 언뜻 보면 가치중립적으로 보인다. 금융화 관련 수단들에 대해서도 이런 인식이 지배적이다. 이때 금융화는 그저 활용하기만 하면 되는 것이거나, 아니면 정반대로 온갖 문제를 일으키는 원흉으로만 취급된다. 하지만 금융화가 어떻게 진행되는지 정확하게 이해하려면 금융화의 수단과 기술이 작동하는 원리와 방식을 살펴보는 것이 중요하며, 이때 핵심적으로 떠오르는 것이 파생상품 특히 금융파생상품이다. 이 상품은 오늘날 금융화가 작동할 수 있도록 해주는 핵심 도구이자 기술에 해당한다는 점에서 금융화 현상을 이해하려면 결코 피해갈 수 없는 논의 대상인데도, 아직 그 비밀이 제대로 풀리지 않았고, 심지어 내부를 들여다본 적도 없는 '블랙박스'와도 같은 상태다(Maurer, 2002: 19). 파생상품의 기능과 의의를 이해하려면 그 '기술적 측면들'을 살펴보는 것이 필요하다. 브라이언Dick Bryan과 래퍼티Michael Rafferty가 지적하듯이, "우리가 금융과 금융적 변화의 더 광범위한 사회적 쟁점들을 다루려면, 파생상품의 기술적 측면이 핵심적"이기 때문이다(Bryan and Rafferty, 2006: 21).

이 장에서는 이런 문제의식에서 출발하여 1970년대 초에 출현한 새로운 금융상품이요 화폐형태인 금융파생상품과 그 작동방식을 주된 논의 대상으로 삼는다. 금융파생상품을 중시하는 것은 신자유주의적 축적구조 또는 전략의 핵심을 이루는 것이 금융화 과정이고, 여기서 핵심적인 역할을 하는 것이 파생상품이라고 판단하기 때문이다. 파생상품은 오늘날 자본주의가 축적을 위해 활용하는 가장 강력한 무기와도 같다. 세계적 투자자 워렌 버핏Warren Buffet도 파생상품을 가리켜 경제체제의 '시한폭탄', '금융계의 대량살상무기'라고 부른 적이 있다(Buffet, 2002). 그런데 이 무기는 어떤 맥락에서 출현했고, 구체적으로 어떻게 작동하는 것일까? 새로운 파생상품 출현으로 오늘날의 문화정치경제는 어떤 변동을 겪고 있는가? 파생상품과 관련하여 이런 질문을 던질 수 있다면, 그것은 파생상품의 작동원리를 이해하려는 노력이 오늘날 자본주의의 작동방식을 이해하기 위한 노력의 일환이 될 수 있다는 의미일 것이다.

2. 금융파생상품의 역사

파생상품은 생각보다 무척 오래된 역사를 가지고 있다. 본격적으로 거래되기 시작한 것은 신자유주의가 지배하기 시작한 최근의 일이지만, 중국에서 이미 기원전 2000년경부터 활용되었다는 기록이 있다. 당시 쌀이 파생상품의 한 종류인 선도 형태로 거래되었던 것이다(Bryan and Rafferty, 2006: 90). 기원전 1750년경 메소포타미아에서도 파생상품이 거래되었다는 기록이 남아 있다. 함무라비 법전에 포함된 282개 조항 가운데 자연재해로 수확이 적을 경우 경작을 한 농부가 지대를 내지 않아도 된다는 내용을 담은 제48 조항이 그것이다. 이런 식의 계약은 매도옵션put option에 해당한다. "만약 수확이 충분하여 농부가 융자금 이자를 지불할 만큼의 곡식을 얻게 되면 매도옵션은 그냥 만료될 것"이고, 반면에 "수확이 모자라면 농부는 이자를 지불하지 않을 권리를 행사할 것"이기 때문이다(Kummer and Pauletto, 2012: 2). 기독교의 구약성서에서도 파생상품 거래 사례가 언급되고 있다. 기원 전 1700년 정도로 추정되는 시기에 야곱이 외삼촌 라반의 두 딸 레아와 라헬과 각기 결혼하는 조건으로 7년간씩 연달아 노동을 제공했다는 이야기가 그것이다. 당시 야곱이 했다는 계약은 옵션 또는 선도 계약으로 간주된다(Chance, 2008). 아리스토텔레스의 『정치학』에도 파생상품에 대한 언급이 있다. 올리브 풍년을 예측해 현금을 예치하고 올리브기름 짜는 기계 주인들과 가을철에 기계를 모두 임대하기로 해, 올리브 풍년이 들자 상당한 프리미엄을 받고 기계들을 대여해줌으로써 큰돈을 번 철학자이자 수학자 탈레스의 이야기가 그것이다. 탈레스가 거래한 파생상품은 오늘날의 매입옵션call option에 해당한다(Sahoo, 2011; Kummer and Pauletto: 3). 파생상품 거래는 중세 유럽에서도 이루어졌다. 농촌 장터에서 선물거래가 광범위하게 행해진 것이다(Bryan and Rafferty, 2006: 90).

최초의 파생상품 거래소는 16세기 유럽에서 세워졌다. 1531년에 처음 들어선 앤트워프 거래소에서 파생상품 거래가 활발하게 이루어졌고 (Poitras, 2000; 2009), 영국에서도 1571년 엘리자베스 여왕의 칙령에 따라 선도거래를 할 수 있는 왕립증권거래소가 들어선 것이다(Chance, 2008). 1637년 2월 네덜란드에서 발생하여 큰 파장을 일으킨 튤립가격 폭락도 파생상품 거래와 관련이 있었다고 전해진다. 이 무렵 일본에서도 파생상품 거래가 이루어졌다는 기록이 있다. 17세기에 이르러 오사카 지역에서, 그리고 18세기에 이르러서는 도지마 지역에서 쌀을 놓고 선물거래가 행해지기 시작한 것이다.[102] 미국에서 파생상품 거래는 1848년에 시카고거래소(CBOT)가 설립되면서 처음 제도화되었는데, 여기서 주로 거래된 것은 선물이었다.

그러나 이 장에서 주목할 것은 무엇보다도 금융파생상품이다. 지금까지 소략하게 살펴본 파생상품의 역사는 상품파생상품의 역사로서 이는 금융파생상품과의 그것과는 구분된다. 나중에 살펴보겠지만 금융파생상품은 현재 거래되고 있는 파생상품 가운데 거래 규모도 가장 크고, 기존의 파생상품과는 질적으로 다르며, 그보다 훨씬 더 중요한 역할과 기능을 수행하고 있다. 오늘날의 문화정치경제를 이해하려면 이 새로운 파생상품이 등장한 맥락과 그 작동원리를 이해하는 것이 중요한바, 이에 따라 여기서는 금융파

102_ 오사카 지역의 선물거래는 찬스(Chance, 2008)의 같은 글에서, 도지마 지역의 같은 거래는 위키피디아의 'derivatives' 항목에서 언급되고 있다. 위키피디아의 같은 항목에서는 1710년 도지마 지역에서 선물의 일종인 '노베마이'(延べ米)가 거래되었다는 언급도 나온다.

생상품에 초점을 맞추이 논의를 진행하고자 한다.

금융파생상품 제도가 가장 먼저 수립된 나라는 미국이다. 제2차 세계대전 종전 이후 국제 금융질서를 받쳐오던 브레턴우즈 협정이 무너진 이듬해인 1972년 5월 미국에서는 시카고상품거래소(CME)가 국제통화시장(IMM)을 열어 통화선물을 상품으로 도입하고, 1973년 4월 시카고거래소(CBOT)가 시카고옵션거래소(CBOE)를 개설하여 옵션거래를 시작했다(MacKenzie and Millo, 2003: 108-09; Mackenzie, 2007: 358-59; Poitras, 2009: 37-40). 금융파생상품은 1980년대에 들어와서 세계적으로 거래가 확산되었다. 1982년 영국에서 런던국제금융선물거래소(LIFFE)가 설립된 데 이어서(Mackenzie: 359),[103] 싱가포르, 홍콩, 일본, 캐나다, 오스트레일리아 등에서도 비슷한 기관들이 도입된 것이다(Kevin, 2010: 90). 한국에서 금융파생상품 거래가 시작된 것은 부산에 거래소가 설립된 1995년부터다. 이후 한국의 금융파생상품 거래는 급속도로 확대되어 2009-11년에 이르러서는 거래량이 세계 최대 규모로 성장하게 된다(이투데이, 2011.5.2; 시사뉴스라인, 2012.2.13).[104]

금융파생상품이 미국에서 가장 먼저 등장한 것은 미국의 금융시장이 이 상품 출현을 위한 최적의 조건을 갖추고 있었기 때문이다. 금융파생상품 시장이 처음 형성된 시카고는 오래 전부터 대규모 곡물거래가 이루어지고 있었고, 곡물의 현물거래와 함께 곡물을 대상으로 하는 파생상품 거래도 왕성하게 이루어지고 있던 곳이다. 이런 데서 새로운 파생상품을 도입하여 거래될 수 있도록 한 것은 세계헤게모니 국가인 미국의 금융시장이 변동성

103_ 런던국제금융선물거래소는 1993년에 런던옵션거래소(LTOM)와 합병하여, 런던국제금융선물옵션거래소가 되었고, 1996년에는 런던상품거래소와 합병했다가, 2002년에는 뉴욕증권거래소 유로넥스트에 의해 인수되었다(Mackenzie, 2007: 359).

104_ 한국의 파생상품 거래량이 많은 것에 대해 다음과 같은 설명이 제시되고 있다. "우리나라 파생상품 시장의 거래량이 이렇게 많은 이유는 주가지수 옵션시장 규모 때문이다. 세계 전체 상품 거래량의 63.7%에 해당하는 36억 7200만 계약이 우리나라에 발생했다"(한국뉴스투데이, 2012.2.13). 그러나 2012년에 코스피200 주가지수옵션의 최소 거래 단위를 10만원에서 50만원으로 올린 이후 거래량이 줄어들어 2012년에는 세계 5위, 2013년 상반기에는 11위로 떨어졌다(아시아경제, 2013.3.21; 뉴스1코리아, 2013.7.4).

증가라는 새로운 시장 조건에 적극 대응했음을 보여준다.

금융파생상품이 도입된 과정이 꼭 순탄했던 것만은 아니었던 것 같다. 1960년대까지 미국에서는 금융파생상품에 대한 사회적 인식이 썩 좋지 않았던 것으로 알려져 있다. 1920년대의 옵션거래가 기업에 미친 악영향으로 인해, 파생상품 거래는 투기와 도박으로 치부되었던 것이다.[105] 이런 인식이 파생상품의 거래를 혐오시한 여론상의 도덕적 걸림돌이었다면, 다른 한편에는 법적 걸림돌도 있었다. 가장 큰 장애물은 선물거래의 결제는 반드시 상품의 물리적 전달로써 이루어지도록 하고, 현금 결제를 도박으로 여겨 금지시켜 놓은 1905년 대법원 판결이었다. 현금 결제를 할 수 없으면 금융파생상품 거래는 불가능하다. 거래를 하려면 금리나 환율 등의 지수를 활용해야 하는데, 이런 지수를 대상으로 결제할 수 있는 수단은 현금뿐이기 때문이다. 매킨지Donald MacKenzie와 밀로Yuval Millo에 따르면 금융파생상품 거래에 필수적인 현금 결제를 둘러싼 이런 도덕적, 법적 난관을 푸는 데 구원투수로 등장한 것이 경제학(과 그 학문적 권위)이었다.[106] 버튼 맬키엘Burton Malkiel과 리처드 콴트Richard Quandt 등 프린스턴 대학 경제학자들이 옵션 사용을 "전적으로 합리적"인 경제학적 행위임을 주장하고 나선 것이다(MacKenzie and Millo: 114). 이 두 사람과 동료 윌리엄 보몰William J. Baumol은 옵션 상품이 "상이한 청산 방식을 가능하게 해줌으로써 옵션이 없을 경우보다 투자자가 사용할 수 있는 전략 수단을 넓혀준다"는 논리를 펼친 '공공이익에 미치는 옵션거래의 영향'에 관한 보고서를 쓰기도 했다. 매킨지와 밀로는 시카고거래소에서 옵션거래장을 개설할 수 있었던 것은 당시

105_ "1920년대 미국의 금융 부문은 대체로 규제가 되지 않았고, 20년대 후반부에는 금융 사기 및 투기과잉이 광범위하게 일어났다"(Kotz, 2008: 5).
106_ 이것을 '경제학의 수행성'으로 파악하기도 한다. 매킨지와 밀로에 따르면 블랙-숄즈 모형이 옵션가격 예측 능력을 갖게 된 것은 그 정확성 때문보다는 시장 조건이 바뀌었기 때문이다. 시장 조건이 바뀜으로써 원래 비현실적인 그 모형의 전제들이 맞아떨어지기 시작했다는 것인데, 이것은 블랙-숄즈 모형을 가동하는 수리경제학이 현실을 반영했다기보다는 현실이 수리경제학적 전제들을 반영했다는 말과 같다(MacKenzie and Millo: 122 이하).

선물거래를 감독하던 미국증권거래위원회에 영향력을 행사하던 밀턴 코헨 Milton Cohen이 경제학의 권위에 설득되었기 때문이라고 본다(MacKenzie and Millo: 114-15)[107]

금융파생상품의 거래 규모는 1970년경에는 수백만 달러에 불과하여 미미한 수준이었다. 정식 거래종목으로서 제도적 기반을 갖추게 되긴 했지만, 금융파생상품은 등장 초기에는 기존의 파생상품에 비해 거래가 자주 이루어지지 않았던 것이다.[108] 하지만 이 파생상품의 거래 규모는 1980년대 이후 급속도로 확대되기 시작하여, 1990년에는 1000억 달러, 2000년에는 100조 달러로 불어난다(LiPuma and Lee, 2004: 47). 다스Satyajit Das에 따르면 파생상품 시장 규모를 키우는 데에는 1970년대 후반에 스와프상품의 도입으로 장외시장(OTC)이 형성된 것이 결정적인 역할을 했다(다스, 2011: 31). 파생상품은 오늘날 거래소보다 장외시장에서 훨씬 더 큰 규모로 거래된다. 1980년대를 지나오며 금융파생상품과 기존 파생상품의 시장 규모도 급속도로 역전되었다. 선물시장의 경우 식품, 곡물, 지방종자 등을 취급하던 기존의 상품파생상품 비중이 1977년까지는 63퍼센트로 여전히 높았으나, 1983년에 이르러서는 전체 거래의 3분의 1에도 미치지 못하게 되는 것이 한 증거다(Bryan and Rafferty, 2006: 95). 리푸마와 리에 따르면 금이나 곡물 등 일부 대종상품을 기초자산으로 하여 과거 선물시장의 중심을 이루던 상품파생상품은 1999년에 이르러 전체 거래액의 0.6퍼센트로 줄어들었다(LiPuma and Lee: 47). 1980년대 이후 금융파생상품 시장이 급속하게 확대된 것은 이때부터 파생상품이 "자본소유의 일반화된 형태"로 부상하고, "기업금융에 핵심적"이 되었기 때문이다(Bryan and Rafferty: 90, 95).

107_ 영국의 경우 금융파생상품 거래와 관련하여 도박 혐의 문제가 최종적으로 해소된 것은 1986년 금융서비스법Financial Services Act 63항에 도박이라는 이유로 투자업무에 해당하는 거래를 무효화할 수 없다는 내용이 포함되었기 때문이다(Mackenzie, 2007: 367).

108_ 시카고옵션거래소(CBOE)가 처음 개장했을 때는 매장 거래자가 두 명밖에 없었고, 국제통화시장(IMM)도 처음에는 사정이 마찬가지여서 거래자들이 "그냥 앉아서 체스와 주사위놀이를 하고" 소일했다고 한다(MacKenzie and Millo: 118).

3. 파생상품의 종류와 시장 현황

파생상품은 통상 어떤 것으로부터 파생된 상품을 가리킨다. 여기서 '어떤 것'은 기초자산으로서, 파생상품은 일단 이 자산을 전제로 하여 거래되는 상품으로 이해된다. 리푸마와 리에 따르면 파생상품은 첫째 청산하기 전에는 자본 이동이 없고, 둘째 기초자산의 가격 변동이 거래의 가치를 결정하며, 셋째 거래가 미래에 특정된 소멸 시점을 가지고 있는 거래 가능한 계약의 일종이다(LiPuma and Lee: 33-34). 보다시피 여기서 파생상품은 기초자산과의 관계를 통해 이해되고 있다. 이런 식의 이해가 널리 통용되고 있기는 하지만, 금융파생상품이 등장한 이후에도 파생상품을 기초자산과의 관계를 중심으로 이해하는 것이 온당한가 하고 의문을 표하는 경우도 없지 않다. 기초자산과의 관계에만 초점을 맞추게 되면, 오늘날 "최대 유형의 금융거래"를 형성하고 있는 금융파생상품까지도 곡물이나 금, 구리, 고무 등 물리적으로 저장 가능한 상품 시장을 전제하며 거래되던 전통적 파생상품의 일종으로 간주해야 하는 문제가 생긴다. 하지만 나중에 더 살펴보겠지만 금융파생상품은 기초자산과의 물리적 관계를 중심으로 해서는 이해될 수 없는 특징을 가지고 있다. 브라이언과 래퍼티는 그래서 "파생상품이 이제 세계금융의 중심에 놓이게 됨으로써, 이전의 정의는 제한적일 뿐만 아니라 지나치게 단순하고 오해의 소지가 있다"고 본다(Bryan and Rafferty: 40). 그렇기는 해도 금융파생상품을 포함한 파생상품이 기초자산 개념을 완전히 청산할 수 있는 것은 아닌 듯싶다. 파생상품은 통상 '명목가치'로 호가된다. 예를 들어 2000년 들어 거래된 파생상품 규모가 100조 달러라는 말은 기초자산의 명목가치가 그만큼 된다는 것이지 실제로 거래된 금액이 그렇다는 말은 아니다. 파생상품 거래액이 이처럼 명목가치로 말해지고 있다는 것은 그런데 달리 보면, 기초자산의 가격이 파생상품의 가치를 결정한다는 관념이 그만큼 강력하다는 말이기도 하다. 나는 파생상품과 기초자산의 관계가 금융파생상품의 출현을 통해 근본적으로 바뀌게 된다는 점을 인정하지만, 여기시는 일단 이런 통념을 수용하여 파생상품의 종류를 살펴보고자 한다.

기초자산을 중심으로 그 종류를 분류하면, 파생상품은 금리, 통화, 주식, 실물상품의 종류에 따라 나뉘며, 이 가운데 금리, 통화, 주식을 대상으로 하는 파생상품은 금융파생상품에, 실물상품을 대상으로 하는 것은 비금융파생상품 또는 상품파생상품에 속한다고 할 수 있다. 상품파생상품은 금융파생상품이 새로운 파생상품으로 도입되기 전에 유통되던 파생상품으로서, 곡물, 광물 등의 현물을 기초상품으로 하는 상품이다. 반면에 금융파생상품은 금리나 주가지수 등 현물과는 다른 추상적인 대상을 기초자산으로 삼는다는 점이 다르다. 금리나 주가지수 등은 수학적인 지표일 뿐, 현금이나 주식 등과 같은 현물 형태의 금융상품과도 구분될 필요가 있다. 이런 추상적인 수학적 지표를 기초자산으로 삼는다는 것이 어떤 의미가 있는지에 대해서는 아래에서 살펴보게 될 것이다.

파생상품은 거래형태에 따라서 구분되기도 한다. 파생상품의 종류로는 선도, 선물, 옵션, 스와프 등이 있다. 이 가운데 '선도'는 약정가격을 정해서 미래의 특정한 날짜에 대상상품을 인수하거나 인도하는 거래로서 금융과 비금융 두 형태로 이루어지고, 금융일 경우에는 거래소가 아닌 장외에서 주로 거래된다. 선도계약의 일종인 선물환은 미래의 어떤 시점이나 기간에 특정한 통화를 정해진 환율로 사거나 팔 것을 약정해놓은 거래다. 반면에 선물은 거래소에서 거래되는 장내 상품이며, 선도와 마찬가지로 금융, 비금융 형태를 띤다. 금융파생상품인 경우는 "통화, 금리, 주가지수 등을 대상으로 표준화된 계약조건으로 매매계약 체결 후, 일정기간이 경과한 뒤에 미리 결정된 가격에 의하여 그 상품의 인도와 결제가 이루어지는 거래를 말한다." "장래 특정일 또는 일정기간 내에 미리 정해진 가격으로 상품이나 유가증권 등의 특정자산을 사거나 팔 수 있는" '옵션'의 경우도 금융, 비금융의 형태를 띨 수 있다. "옵션은 리스크를 매입자에서 매도자에게 전가하며, 옵션매도자는 리스크 부담을 대가로 매입자로부터 옵션가격(프리미엄)을 받는다. 옵션의 기본 유형에는 매도옵션과 매입옵션이 있다." 끝으로 '스와프'는 거래당사자가 통화나 금리 등의 거래조건을 서로 맞바꾸는 것을 말한다. "외화차입비용 절감을 위해 통화를 서로 교환하는 통화스왑, 변동금리부와 고정금리부 이자지급조건을 일정기간 동안 서로 바꾸어 부담하는 이자율 스왑 등이 있다."[109]

금융파생상품은 1차 파생상품과 2차 파생상품으로 구분되기도 한다. 1차 파생상품을 구성하는 것은 선도, 선물, 옵션, 스와프 등이고, 2차 파생상품은 이것들을 기초로 하여 다시 생성된 종류로서 장외옵션, 선물옵션, 스와프옵션, 스왑션 등이 있다. 하지만 이것들 외에도 어떤 조건으로 거래를 하느냐는 거래당사자의 협상에 의해 결정되기 때문에 파생상품의 거래형태는 수도 없이 많다고 봐야 한다.

끝으로 파생상품은 거래장소에 따라서 장내거래와 장외거래로 나뉜다. 장내는 지정된 거래소에서 거래되는 것이며, 장외는 거래소 외부에서 이루어지는 거래다. 금융파생상품 거래소는 앞에서 언급한 대로 1970년대 초에 미국이 처음 설립한 뒤, 1980년대 이후에는 영국, 프랑스, 싱가포르, 홍콩, 일본, 독일 등에서 개설되었고, 한국의 경우는 1995년 부산에 개설되었다. 장내거래와 장외거래의 차이는 거래 과정에 거래소의 공식적 관리와 감독의 개입 여부에 달려 있다. 거래소 내부에서 이루어지는 장내거래는 일정한 규제를 받지만, 장외거래는 규제를 받지 않는 사각지대에서 이루어지는 경우가 많다. 한국의 경우 장내거래 규모가 장외거래보다 훨씬 더 크지만,[110] 세계적으로는 장외거래 규모가 훨씬 더 크다. 장외거래 파생상품은 1998년

109_ 이 문단의 내용은 시사상식사전의 '파생금융상품의 종류' 항목을 참고하여 구성한 것이다. http://terms.naver.com/entry.nhn?cid=515&docId=73384&mobile&categoryId=1167(2013년 7월 6일 검색.)

110_ 정영식 삼성경제연구소 연구원에 따르면, "코스피200선물이나 옵션 등 장내 상품은 레버리지(지렛대)를 선호하는 개인이 몰리면서 급성장한 반면, 주로 법인이 많이 활용하는 장외 상품은 정부가 강하게 규제하면서 상대적으로 성장이 둔화됐다"(조선일보, 2011.11.16).

6월에 72조 달러였던 것이 10년 뒤인 2008년 6월에는 684조 달러로 늘어났고, 이 가운데 금리계약 파생상품 비중이 가장 높아서 458조 달러에 달했으며, 금융위기를 야기한 핵심 종목으로 꼽히는 신용부도스와프(CDS) 경우는 58조 달러였다(Duménil and Lévy, 2011: 107).

CDS가 2008년 위기를 야기한 주요 요인으로 작용했던 것은 파생상품 설계가 최근에 들어와서 극도로 복잡해지고, 금융당국의 통제가 이루어지지 않는 장외거래가 거래소 거래보다 훨씬 더 많아졌기 때문이다. 발단은 '비우량주택담보대출' 시장 즉 이전 같았으면 담보대출을 받지 못했을 사람들을 골라 주택 구입을 독려하며 대출해주는 금융시장이 형성되어, 여기서 기대되는 원금 상환이나 이자 발생을 겨냥하여 추가적인 금융시장이 만들어지면서 위기의 파급 효과가 증폭되었기 때문이다.[111] 자산담보부기업어음(ABCP), 부채담보부증권(CDO) 등이 주택 구매자들이 발행한 채권을 유동화한 증권과 파생상품이 결합된 금융상품들이 이 과정에서 작용했고, 나아가서 이들 상품의 위험성을 놓고 CDS가 대량 매매된 것이 중요한 이유였다. ABCP는 2000년 이후, 특히 미국 주택시장이 거품 상태이던 2005년 이후 급속도로 증가했는데, 뒤메닐과 레비에 따르면 "2004년 말 미불 ABCP는 6890억 달러에 달했"고, "2007년 8월 두 번째 주에 이 수치는 1조 2260억 달러가 되었다가, 2008년 말에 이르러 7340억 달러로, 그리고 2009년 8월에는 4160억 달러로 떨어졌다"(Duménil and Lévy: 107). ABCP, CDO 등은 주택시장 거품 상황에서 규모가 커진 종목으로서, 전자는 유동화를 위해 설립된 특수목적회사(SPC)가 매출채권, 부동산 등의 자산을 담보로 발행하는 기업어음이고, 후자는 주택담보대출을 통해 은행 등 금융기관이 갖게 된 주택저당증권을 기초로 하여 형성된다. 기업, 은행 등의 부도 확률과 같은 신용

111_ 전체 금융시장의 규모와 비교해서 보면 비우량주택담보시장은 규모가 매우 작기 때문에, 이 시장의 위기로 이후에 대규모 금융위기가 발생했다고 보기는 어렵다는 지적도 없지 않다. 하지만 채권과 증권, 파생상품의 긴밀한 연계성 때문에, 규모가 작은 어느 한 부분의 위기도 관리를 제대로 하지 못할 경우 거대한 파급효과를 일으킬 수 있다는 주장도 가능하다.

상태를 놓고 내기를 거는 CDS가 2000년대 중반 이후 ABCP, CDO 등을 대상으로 급속도로 성장한 것은 당시 거품을 주도한 비우량주택담보 시장의 상태가 불안정했기 때문이다. 라파비차스Costas Lapavitsas가 국제결제은행(BIS) 자료 등으로 정리한 바에 따르면 CDS는 2005년 6월에 10조 1100억, 2005년 12월 13조 9080억, 2006년 6월 20조 3520억, 2006년 12월 28조 6500억, 2007년 6월 42조 8500억 달러로 규모가 급증했다(Lapivitsas, 2009: 136).

미국의 주택시장 거품이 붕괴하고 비우량주택담보대출 시장의 위기가 발생함에 따라서, 뒤메닐과 레비가 지적한 대로 ABCP 등의 발행 규모가 줄어든 것은 사실이지만, 그렇다고 금융파생상품의 규모가 축소된 것은 아니다. 이 상품의 전문가로 알려진 폴 윌모트Paul Wilmott에 따르면 2010 현재 세계 파생상품 시장은 1200조 달러 규모다(Cohen, 2010). 한국에서도 시장 규모가 급속도로 커져, 금융감독원에 따르면 2010년 파생상품 명목거래액이 장내거래 5경 2672조, 장외거래 1경 4059조원으로 모두 6경 6,731조원이나 된다(머니투데이, 2011.4.14). 이후에도 이런 추세는 이어져 2011년 1분기 "금융사의 파생상품 거래규모가 1경 8872조원을 기록"함으로써 전년 동기보다 26.3퍼센트 증가했고, "파생상품 거래규모는 이 기간 유가증권시장(417조원)과 코스닥시장(129조원) 합계 거래규모(546조원)의 35배 수준"으로서, "장내파생상품 중 주가지수옵션은 계약 수 기준으로 세계 1위"였다(머니투데이, 2011.7.11).

파생상품은 시장 현황 파악이 어려운 탓인지 관련 통계가 들쭉날쭉 하는 경우가 많다. 세계 시장 규모가 1200조 달러라는 주장이 있는가 하면(Cohen, 2010), 1400조 달러라는 주장도 있고(Snyder, 2012), 2010년에는 규모가 줄어들어 1000조가 조금 넘는다고 추산하는 이도 있다(Matai, 2010).[112] 한국에서도 파생상품 규모에 대한 추정은 곧잘 헷갈린다. 한때 2010년의 국내 파생상품 시장 규모를 6경 6731조원이라고 발표한 금융감독원이 새롭게

112_ 최근 이코노미스트지에 따르면, 2011년 6월 현재 세계 장외파생상품의 명목상 규모는 대략 700조 달러, 장내는 83조 달러다(*The Economist*, April 7, 2012).

같은 해 장내·외 파생상품 거래대금을 2경 8537조원(장내 각 1경 4538조원, 장외 1경 3999조원)으로 집계하고, 2011년 거래대금은 3경350조원으로 늘어날 것이라고 발표한 것이 단적인 예다(연합뉴스, 2011.11.15). 그러나 이런 혼동 속에서도 파생상품 시장은 계속 번창하고 있음이 분명하다. 물론 파생상품은 명목가치로 계산되기 때문에 실질 거래액은 거기에 한참 미치지 못하는 것이 사실이다. 그러나 뒤메닐과 레비에 따르면, 세계 파생상품의 실질 계약 규모도 2008년 6월에 20조 달러, 2008년 12월에 32조 달러나 될 만큼 그 규모가 엄청나다. 2008년 6월의 20조 달러는 명목 거래액의 35분의 1수준이지만 그것만으로도 세계최대 경제인 미국의 GDP를 훨씬 능가한다(Duménil and Lévy, 2011: 111-12). 참고로 2008년 미국의 GDP는 약 14조 달러였다.

금융파생상품의 이런 어마어마한 거래규모가 말해주는 것은 무엇일까? 파생상품이 단순히 투기적 상품으로 그치지 않고, 오늘날의 자본주의적 축적에 어떤 필수적 기능을 맡고 있음을 말해주는 것이 아닐까. 이런 점에서 파생상품이 축적에서 갖는 역할을 알아볼 필요가 있겠는데, 그 전에 1970년대에 금융파생상품이 새로운 파생상품 형태로 등장한 역사적 맥락을 살펴볼 필요가 있다.

4. 금융파생상품과 신자유주의 세계화

앞에서 금융파생상품이 등장하게 된 데에는 사회적 인식 변화가 작용했으며, 이 과정에서 맬키엘, 콘트, 보몰 등 일부 경제학자의 역할이 컸다는 점을 언급했었다. 그러나 자본주의 사회에서 경제학의 역할이 크다고는 해도 금융파생상품의 출현이 그런 식으로 이루어졌다고 해버리면, 오늘날 자본주의 작동에 핵심적인 상품형태의 역사적 출현이 몇몇 개인들의 노력으로 이루어진 것으로 치부하는 것이나 진배없다. 1970년대 초에 금융파생상품이 도입된 데에는 개인 차원을 넘어서는 역사적 요인이 작용했다고 봐야한다.

먼저 당시 세계자본주의가 극도의 축적위기에 빠져 있었다는 사실을 떠올릴 필요가 있겠다. 2장에서도 언급했거니와, 1960년대 말부터 자본의 축적 조건은 악화일로를 걷고 있었고, 1973년에 이르러서는 본격적인 공황이 발생할 정도였다.[113] 1971년 닉슨 미국대통령이 금태환제도 종결을 선언함으로써 브레턴우즈 체제를 붕괴시킨 것은 이전의 방식으로는 세계자본주의를 더 이상 유지시킬 수 없다고 봤기 때문이다. 브레턴우즈 체제의 붕괴는 고정환율제 대신 변동환율제를 국제 교역의 기본 틀로 만들었고, 이에 따라 파생상품의 사용을 증가시키는 조건을 형성했다. 파생상품은 기본적으로 '위험관리' 상품에 해당한다. '위험'risk은 이때 금리인하나 시장가격 변동 등 상품 및 자산의 보유나 거래와 관련하여 생길 수 있는 다양한 형태의 경제적 가치 손실과 그로 인한 부담책임의 증가와 관련되어 있다. 1970년대 초에 접어들어 전적으로 새로운 형태의 파생상품이 등장한 것은 당시 시장, 특히 국제 금융 및 교역 시장에서 이런 위험이 증가한 것과 무관하지 않다. 금본위제 중심으로 운영되던 고정환율제가 붕괴하고 대신 변동환율제가 채택되면서 무엇보다도 시장의 변동성을 고려해야 하는 상황이 된 것이다.

1970년대는 시장금리와 인플레이션 급증으로 고수익 유동화 투자 상품을 찾는 고객이 많아진 시기이기도 하다. 물론 금리 및 인플레이션 증가를 투자기회로 삼던 상황은 폴 볼커가 미국 연방준비제도(FRB) 의장으로 취임하여 인플레이션 억제에 성공한 뒤 저금리 정책으로 전환하면서 종료되지만, 1970년대 초에 나타나기 시작한 시장 변동성과 그와 연동된 불확실성, 격동 등은 일종의 상수가 되어 지금까지 지속되고 있다. 이런 금융의 불안

113_ '세계체계론' 관점에서 보면, 1970년을 전후한 세계경제의 위기는 미국헤게모니가 위기에 처하기 시작한 시점, 실물팽창에서 금융팽창으로 전환되는 시점에 일어난 위기로 이해된다(강내희, 2011c).

정성은 투기 경향을 강화하는데, 아키유즈Y. Akyüz에 따르면 여기에는 크게 세 가지 요인이 작용한다. 첫째 '금융 국제화 증가에 따른 국경 간 또는 국경 내부에서 한 시장에서 다른 시장으로의 불안 전파 여지 확대'로 '불안정하고 불균형한 자산 평가를 통한 단기 투기 기회'의 증가, 둘째 국내 통화정책이 '금융자산 가격 및 이자율 관리보다는 통화량을 대상으로 삼은 결과 생겨난 이자율 탈규제 효과로 인한 화폐 가격 및 자산 가치의 급격한 변화, 셋째 '다자간 협상보다는 개별 정책 변화에 따른 세계의 불확실성 양 증가를 통한 금융 투기의 가능성 제고' 등이 그것이다(Y. Akyüz, 1995; Pryke and Allen, 2002: 267에서 재인용). 이런 조건의 형성에 가장 큰 역할을 한 것은 무엇보다도 브레턴우즈 체제의 붕괴였다. 다시 말해 2차 세계대전의 종전과 함께 구축된 국제무역질서와 금융환경이 무너지고 1970년대부터 새로운 질서가 들어서게 됨으로써, 금융 투기 또는 위험 회피에 유용한 금융파생상품이 등장한 것이다.

그러나 금융파생상품이 새로운 금융상품으로 등장한 것과 그것이 오늘날처럼 어마어마한 규모로 금융시장을 지배하는 금융상품이 된 것은 서로 다른 이야기다. 브레턴우즈 체제의 붕괴와 그에 따른 시장 변동성 증가로 금융파생상품의 출현이 이루어질 수 있었다고는 해도, 이 상품이 오늘날 최대시장을 이룰 정도로까지 성장한 이유는 또 무엇일까? 2장과 3장에서 우리는 금융파생상품이 등장한 1970년대는 '자본의 권력 회복 기획'으로서의 신자유주의가 부상한 시기였고, 이후 지금까지 이 축적체제가 지속하여 강화되었으며, 특히 금융화를 핵심 전략으로 채택해 왔음을 확인한 바 있다. 파생상품이 오늘날 최대시장을 형성하고 있는 근본 이유는 그렇다면 신자유주의 축적체제에서 금융화가 핵심적인 역할을 하게 된 데서 찾아야 할 것으로 보인다.

파생상품의 혁신과 사용 확대가 이루어진 데에는 다른 요인도 있었다. 헌트Philip J. Hunt와 케네디Joanne E. Kennedy는 금융파생상품의 등장 요인으로 크게 두 가지를 꼽는데, 하나는 방금 언급한 금융화, 다른 하나는 확률이론 같은 수리공학의 발전이다. 여기서 '금융화'는 브레턴우즈 체제 와해 이후 시장 변동성이 커짐에 따라 은행들이 고객에게 판매하는 금융상품의 위험을 줄여줄 금융상품을 원하게 된 것을, 수리공학 발전은 블랙-숄즈 Black-Sholes 모형 개발 등 확률이론의 발전으로 '정확한 가격 결정'이 가능한 파생상품 형태의 출현을 가리킨다(Hunt and Kennedy, 2001: 1; Arnoldi, 2004: 29-30에서 재인용). 아놀디Jakob Arnoldi는 또 다른 요인을 추가하는데, 그에 따르면 "파생상품의 거래, 그리고 특히 파생상품 가격 계산은 새로운 정보 기술에 크게 의존하고 있다"(Arnoldi: 30).

하지만 오스트레일리아의 정치경제학자들인 브라이언과 래퍼티가 금융 파생상품 거래 확산에 작용했다고 보는 것은 이와는 다른 요인들이다. 이들 은 파생상품 거래 확산 요인을 '근인'과 '근본원인'으로 구분하고, 파생상품 의 성장 근인들도 헌트, 케네디, 아놀디가 거론하는 것들과는 다르게 파악 한다. 두 사람이 파생상품 성장의 근인으로 삼는 것은 첫째 2차 세계대전 이후 자본흐름과 환율을 규제해오던 브레턴우즈체제 붕괴와 1970년대 초 의 오일쇼크, 국내 및 국제 상품 가격 안정화 장치 붕괴 등으로 인해 생겨난 가격 변동성 증가, 둘째 투자 및 기업인수에서 금융의 중요성 증가, 셋째 개별 기업을 국제 금융 및 변동성에 노출시킨 무역 및 투자의 국제화다 (Bryan and Rafferty, 2006: 50-51), 브라이언과 래퍼티가 이들 요인에 주목하 는 것은 파생상품이 오늘날 자본주의 시장 논리에 필수적인 기제임을 강조 하기 위함인 것으로 보인다. 아놀디 등이 말하는 세 요인(시장의 변동성, 확률이론의 발전, 기술 발전)과 비교하면 두 사람이 거론하는 요인(가격 변 동성, 금융의 중요성 증가, 무역 및 투자의 국제화)은 오늘날 자본주의 시장 기제의 작동원리와 더 밀접하게 관련되어 있다. 브라이언과 래퍼티는 더 나아가서 오늘날 파생상품이 확산된 데에는 더 중요한 근본적 원인이 있다 고 본다. 파생상품이 오늘날 자본주의 작동에 핵심적인 기제가 되었다는 사실이 그것이다. 다음 5절에서는 파생상품이 어떤 원리 하에 작동하고 있 는지 살펴보고자 한다.

그 전에 확인하고 넘어갈 점은 금융파생상품의 등장과 신자유주의적 축적 전략이 무슨 관계를 맺고 있느냐는 것이다. 금융파생상품의 출현이 신자유주의 시대를 열었다고 할 수 있는가? 다시 말해 양자 사이에 원인과 결과의 관계가 존재하는가? 이 질문의 답을 얻으려면 양자의 관계를 인과론적으로 규명해야 하겠지만, 그렇게 쉽게 이루어질 일 같지는 않다. 하지만 금융파생상품의 등장과 신자유주의의 부상이 시기적으로 거의 일치한다는 것은 당장 확인할 수 있는 사실이다. 이런 일치는 파생상품의 경우 오늘날 축적의 핵심 전략으로 작용하는 금융화 과정에서 활용되는 핵심적 공학이고, 신자유주의는 축적체제로서 금융화를 중심적 축적 전략으로 작동시키기 때문에 생기는 현상일 것이다.

'신자유주의'는 1970년대 초 이후 발생한 세계역사적 변동 속에서 부상하기 시작하여 밥 제숍이 말한 '선택', '유지', '강화'의 공진화 과정을 거쳐 온 현단계 자본주의의 축적체제를 가리키는 것으로 이해될 수 있다.114 '신자유주의'에는 기호적 과정 또는 차원과 기호외적 과정 또는 차원이 동시에 포함되어 있다고 봐야 할 것 같다. 신자유주의가 수정자유주의를 대체하여 자본주의의 지배적 축적 전략 또는 체제로 등장할 수 있기 위해서는 한편으로는 새로운 '경제적 상상'이 구축될 필요가 있었고, 다른 한편으로는 신자유주의적 정책을 수행할 수 있는 제도들이 마련될 필요가 있었다. '경제적 상상'이 구축되는 곳은 담론 장이며, 기호적 과정이 여기서 중요한 역할을 하게 된다. 신자유주의가 이때 경제에 대한 의식과 무의식, 그리고 상상을 지배하는 방식은 각종 이론과 학설, 개념, 통념, 상식, 억측, 주장, 광고, 과장, 비난, 유머, 이미지, 상징, 은유, 환유 등을 동원하는 것이다. 그리하여

114_ 제숍은 기호적 과정과 기호외적 차원의 공진화 과정을 변화variation, 선택selection, 유지retention의 과정으로 설명하면서 가끔 강화consolidation 과정을 추가하기도 하는데, 이때 변화가 다른 과정과 개념적으로 다를 수 있다는 점에 대해서는 언급하지 않는다(Jessop and Oosterlynck, 2008). 변화는 특정한 경제적 상상에 속하는 과정이라기보다는 특정한 상상이 다른 상상과 더불어 속해 있는 더 큰 맥락에서 일어나는 과정인 것으로 이해해야 할 것 같다.

결국 '좋은 사람', '훌륭한 사람'되라는 말보다는 '부자'되라는 말이 더 자연스러워지는 것이 경제적 상상이 지배하는 사회적 상황이 된다.[115]

그러나 신자유주의는 기호적 과정만으로 작동하는 것이 아니라, "효율적인 계산, 관리, 통합, 또는 지도"(Jessop and Oosterlynck, 2008: 1157)가 반드시 필요하다. 자본축적의 전략이자 체제로서 신자유주의를 가동시키는 좀 더 고정적인 비담론적 기제는 이런 활동을 가능케 하는 각종 행정기구, 다양한 국내 은행들, IMF나 세계은행 같은 국제 금융기관, NAFTA나 WTO, FTA 같은 각종 초국적 제도들, 나아가서 이런 다양한 기구와 제도를 공식화하는 법률 체계와 그것을 강제하는 사법기구다. 물론 여기서도 제도적 실천에서 파생되는 관행과 해석, 입장 차이가 존재하며, 이를 조절하는 기호화 과정, 담론과정이 개입되기 마련이다. 예컨대 한국에서 1980년대 후반에서 90년대 초반에 이르는 기간에 우루과이라운드 협상 과정에서 민중진영이 전개한 투쟁, 2003년 WTO 양허안 제출 과정에서 불거진 또 다른 투쟁은 신자유주의적 국제기구들의 역할과 작용에 대한 입장의 차이가 결코 작지 않음을 보여줬다. 그러나 이들 제도가 담론과정과 구분되는 점은 일단 안착되면 그 작동이 제도적으로 보장되고, 그 효과가 거의 기계적인 강제성을 띤다는 점일 것이다. FTA와 같은 국제협약은 당사자들에게 협약 내용을 준수하게 하며, 일방이 어길 경우 다른 일방에게 국제기구 제소를 통해 피해 보상을 받아낼 권리를 인정한다.

내가 볼 때 브라이언과 래퍼티의 파생상품 이론을 수용할 경우, 오늘날 신자유주의 시대에 왜 금융화가 자본주의적 축적 핵심 전략이 되었고, 세계화 경향이 강화되었는지 더 잘 이해할 수 있을 것 같다. '신자유주의 세계화'라는 표현이 널리 유포되고 있듯이, 신자유주의 시대에는 세계화 경향이 크게 강화된 편이다. 신자유주의적 세계화를 특징짓는 요인은 무엇일까?

115_ 2001년 말 비씨카드사가 한국에서 배우 김정은을 등장시켜서 '부자 되세요'라는 광고 문안을 내놓을 수 있었던 것도 '부자 되는 일이 예컨대 '훌륭한 사람 되는 것만큼 괜찮은 일이라는 경제적 상상이 만연해 있었기 때문일 것이다.

3장 4절에서 세계화가 꼭 신자유주의 시대에 비로소 등장한 현상인 것은 아니라고 보는 논자들이 있음을 확인한 바 있다. 이미 19세기 초에 금융의 세계화가 일어나기 시작했다고 주장한 실라Richard Sylla, 윌슨Jack W. Wilson, 라이트Robert E. Wright도 그런 경우다(Sylla, Wilson, and Wright, 2002: 5). 린다 와이스도 오늘날 세계화가 과연 실제로 전개되고 있는지 의문을 제기하며 세계화 테제를 비판하면서도 국제적 개방 정도만 놓고 보면 1990년대와 1차 세계대전 이전 사이에 큰 차이가 없다고 함으로써, 오늘날의 세계화와 유사한 현상 즉 교역의 '국제화'가 이미 19세기 말, 20세기 초에 전개된 적이 있다고 말하고 있다(Weiss, 1997). 사실 넓은 의미의 세계화는 인류가 지상에 출현한 이후부터, 늦어도 1492년 콜럼버스의 '신대륙 발견' 이후부터 계속 되어온 현상이라 해도 무방하다. 하지만 오늘날의 세계화가 신자유주의적 세계화의 성격을 갖는다면, 이 세계화의 특성은 무엇인지 물어볼 필요가 있다. 브라이언과 래퍼티는 현단계 세계화의 성격을 파악하기 위해서는 금 융파생상품의 역할에 주목해야 한다고 말한다.

19세기 말의 세계화와 오늘날의 세계화를 구분시키는 것은 금융파생상 품인 듯싶다. 금융의 작동방식 차이가 여기서 본질적이다. 금융이 세계화를 추동한 것은 19세기 말이나 지금이나 크게 다를 바 없다. 하지만 같은 금융 작용이라고 하더라도 과거에는 '금융자본'에 의해 추동되었다면 오늘날은 '금융화'가 주도한다고 봐야 하며, 이 후자의 과정을 이끄는 핵심 동력이 금융파생상품이다. 브라이언과 래퍼티는 이런 이유로 금융화에서 파생상 품이 수행하는 '변별적 역할'을 강조한다. "세계적 통화체계의 요건들, 또는 세계적으로 통합된 기업들을 위한 금융의 역할"과 관련하여 금융파생상품 을 이해해야 한다는 것이다(Bryan and Rafferty, 2006: 28). 그들에 따르면 금융 파생상품은 오늘날 세계금융체계를 정박시켜주는 기능을 한다는 점에서 1차 세계대전 이전의 금과 같은 역할을 한다. 금태환제도가 무너진 브레턴 우즈 체제 이후 세계금융체계의 핵심으로 떠오른 것은 '통약' 문제였다. "금 과 같은 세계적 가치 단위가 없고, 상대적 가격의 안정이 없는데, 어떻게 한 형태의 자본이 다른 자본과 예상 가능하고 지속 가능한 비율로 교환될 수 있는가?" 브라이언과 래퍼티는 문제가 되는 교환을 가능케 해주는 것은 이제 금융파생상품이라고 본다. 파생상품은 자본의 가치 측정에서 공간적 시간적 연속성을 만들어내는 통약 과정으로 작용할 수 있고, 이 통약 과정이 "현대 금융파생상품의 존재이유"라는 것이다(Bryan and Rafferty: 131). 그렇다면 이 통약은 어떻게 이루어지는가?

5. 금융파생상품의 작동원리—추상화와 통약, 그리고 연결성

오늘날 파생상품 시장은 규모만 커지는 것이 아니라, 갈수록 더 빈번하게 자본주의 위기의 원인으로 작용하고 있다. 이런 양상이 뚜렷해진 것은 1990년대 중반 이후 파생상품 거래가 금융파생상품 중심으로 이동하면서 그 규모가 거대해진 뒤다. 미국 최고 부유 자치체라던 로스앤젤레스 오렌지 카운티의 부도 사태(1994년), 233년 역사를 자랑하던 영국 베어링스 은행의 파산(1995), 한국 등을 구제금융의 위기로 몰아간 동아시아 금융위기(1997), 노벨경제학상 수상자들이 운영하던 롱텀캐피털매니지먼트의 파산(1998), 미국 최대 에너지회사 엔론사의 파산(2001), 미국 주택시장을 나락으로 빠뜨린 비우량주택담보대출 위기(2007), 세계굴지의 투자은행 리먼브라더스의 파산과 AIG, 베어스턴스 등 금융기관들의 합병인수 사태를 불러온 미국의 금융위기(2008) 등 1990년대 중반 이후 지금까지 자본주의 체제를 휘청거리게 만든 중대한 금융사건 뒤에는 꼭 파생상품 문제가 도사리고 있었다.[116] 자칫 자본주의를 위기로 몰고 갈지도 모르는 주범으로 지목을 받게

116_ 오렌지카운티 부도에 대해서는 프라이크와 알렌(Pryke and Allen, 2002), LTCM 사태에 대해서는 모러(Maurer, 2002)와 매킨지(MacKenzie, 2003), 동아시아 금융위기에 대해서는 도드(Dodd, 2001), 비우량주택담보대출 위기와 뒤이은 금융위기에 대해서는 라파비차스(Lapavitsas, 2009a)와 랭리(Langley, 2008)를 참조할 것.

되자, 세계적 투자자 워렌 버핏은 파생상품을 가리켜 경제체제의 '시한폭탄', '금융계의 대량살상무기'라는 비난을 퍼붓기도 했다(Buffet, 2002). 하지만 수 조 달러의 공적 자산을 투여하여 가까스로 넘긴 2008년 금융위기 이후에도 파생상품의 거래가 사라지거나 줄어든 것은 아니다.[117] 당시 위기의 주범으로 꼽힌 신용부도스와프(CDS)도 계속 거래가 이루어져 2010년 이후 계속 진행 중인 '유로존 위기', 그리고 59억 달러 손실을 입은 최근 J. P. 모건 금융사건(2012) 등의 주범으로 꼽힌다. 파생상품이 개입된 금융 관련 추문과 위기가 빈발하는 데에도 "파생상품 사용 제한이 중대한 토론 문제로 제기되고 있다는 기색이 없다"는 것은 무엇을 말해주는 것일까? 브라이언과 래퍼티의 지적대로, "파생상품은 이제 축적 과정에 필요불가결한 것으로 받아들여지고 있다"고 봐야 할 것 같다(Bryan and Rafferty, 2006: 97).

위에서 파생상품의 새로운 형태가 처음 등장한 것은 1970년대이지만, 그 규모가 급속도로 커지기 시작한 것은 1980년대 이후임을 확인했었다. 파생상품이 1980년대에 급성장한 데에는 브라이언과 래퍼티가 파생상품 성장의 한 근인으로 주목한 금융의 중요성 증대 현상이 작용한다. 마거릿 대처와 로널드 레이건의 집권으로 영국과 미국에서 신자유주의적 정치질서가 형성되자, 경제 관련 규제 개혁이 이루어지고 컴퓨터 및 위성 기술이 발전하면서 "금융은 새로운 유동성을 얻게 되었다"(Bryan and Rafferty, 2007: 134). 이 과정은 금융의 역할 변화와 관련되어 있었다. '금융'을 가리키는 영어 'finance'에는 '끝'의 의미를 지닌 어근 'fin-'이 들어있다. 이것은 송사나 부채 문제를 돈을 주고받는 것으로, 예컨대 벌금(fine)을 내는 것으로 종결시켰던 관행에서 금융 활동이 생겨났음을 가리킨다. 하지만 이제 금융의 "끝은 너무 가까이 있어서 국제적이면서도 친밀한 짜임새를 지닌 삶의 수단, 기계가 되었다"(Martin, Rafferty and Bryan, 2008: 122). 그만큼 사회적 활동 구석구석에 침투해 들어가 있는 것이다. '일상의 금융화'가 바로 그런 현상 및 경향이

117_ 블룸버그뉴스에 따르면 2008년 11월 말 시점 미국이 금융위기 해결을 위해 이미 투여했거나 투여해야 할 공적 자금의 규모는 7조7600억 달러였다(한겨레, 2008.11.25).

다. 제럴드 엡스타인의 정의를 다시 인용해 보면 금융화란 "국내 및 국제 경제활동에서 금융적 동기, 금융시장, 금융행위자, 금융기관의 역할 증대" 현상을 가리킨다(Epstein, 2005: 3). 금융화가 오늘날 자본주의의 뚜렷한 현실임을 입증하는 자료는 얼마든지 찾을 수 있다. 3장에서 살펴본 대로, 그레타 크립너의 경우는 경험적 분석을 통해 1980년대와 90년대의 포트폴리오 수익률이 1950년대와 60년대의 3배, 5배가 된다는 점을 밝혀내고(Krippner, 2005: 199), "교역과 상품 생산보다는 주로 금융 수단을 통해 이윤이 발생하는 축적"(174) 형태로서의 금융화가 1970년대 이후 지속적으로 이루어졌다는 결론을 도출해낸다.

그런데 여기서 파생상품에 주목하고자 하는 것은 이 상품이 금융화를 작동시키는 기본 수단인 것으로 보이기 때문이다. 잠깐 파생상품과 증권의 관계를 생각해보자. 이 둘은 오늘날 금융시장의 대종을 이루는 상품들이다. 한국의 '자본시장과 금융투자업에 관한 법률'은 "금융 투자 상품을 증권과 파생상품으로 구분하고 있다. 증권과 파생상품 모두 원본 손실 가능성, 즉 투자 위험이 존재한다는 측면에서는 동일하지만, 원본을 초과하는 추가적인 손실이 발생할 수 있는 경우 파생상품으로, 투자자가 원본 이외에 어떠한 명목으로든지 추가로 지급 의무를 부담하지 않는 경우를 증권으로 구분하였다"(기획재정부, 2010). 증권은 앞서 본 것처럼 주택담보대출을 통해서 은행이 갖게 된 채권을 유동화하는 수단으로서 개인들의 부채를 채권으로 만들고 이를 금융상품으로 전환시킨 경우다. 1970년대에 새로운 '금융혁신'의 일환으로 등장한 증권화 흐름은 이전에는 유통되지 않았던 "부채자산을 거래 가능한 증권으로 변경시켜 자본시장에 판매하는 것을 의미한다"(김명록, 2008: 24).[118] 증권화의 작동원리는 채권 등 부채 자산을 금융시장에서

118_ 이런 증권화securitization는 '변동금리주택담보대출'(ARM)을 수단으로 하여 흑인, 라티노 여성 등 빈민들을 대상으로 이루어진 비우량주택담보대출 시장에 집중되었다. 라파비차스에 의하면 비우량주택담보대출 시장은 미국의 금융시장을 위협할 만큼 크진 않았으나 당시 이것이 투자은행업무, 특히 주택담보 증권화와 결부되어 있었기 때문에 파장이 컸다. 2004-06년 기간에 비우량주택담보대출 가운데 79.3퍼센트에 달

판매 가능한 상품으로 묶어낸다는 것이다. 대표적인 증권 형태인 자산담보부증권(ABS), 주택저당담보부증권(MBS)은 관련 채권을 묶어서 유동화한 경우다. 주택저당담보부증권은 개인들이 주택담보대출을 받고 발행한 채권들을 일정한 규모로 끌어 모은 것이라는 점에서 '슈퍼채권'에 해당한다. 이런 증권이 만드는 방식은 개별 채권들을 한데 꾸려서 공동 기금으로 만드는 것이다. 증권의 기본기능은 따라서 상이한 것들, 즉 크기나 위험 정도가 다른 주택담보대출 채권들을 일정하게 분류하여 '조합'하는 데 있다(Durbin, 2011: 202).

반면에 파생상품의 작동방식은 '조합'보다는 '분해'가 중심이다. "파생상품의 가장 중요한, 보편적 특성은 어떤 자산이든 구성 속성으로 '해체' 또는 '분산해 자산 자체는 거래하지 않으면서 그 속성들을 거래하는 능력이다"(Martin, Rafferty and Bryan, 2008: 126). 다른 말로 하면, 곡물이나 석유, 주식, 채권 등을 기초자산으로 삼되, 특정한 속성들을 가려내어 거래 대상으로 삼는 것이 파생상품인 것이다. "파생상품에서는 어떤 상품, 자산, 또는 증권의 일부 특질이 분리되고 가격이 매겨져서 그 자체로 거래될 수 있다"(Bryan and Rafferty, 2006: 10). 랜디 마틴에 따르면 이런 분해의 원칙을 지닌 파생상품과 조합의 원칙을 지닌 증권화는 함께 작용하여 "금융의 내적 사회적 삶의 동학을 만들어낸다"(Martin, 2007: 11). 여기서 주목할 점 하나가 있다. 증권과 파생상품의 관계를 결정하는 것은 후자라는 사실이 그것이다. 증권을 파생상품으로 전환시키는 것은 가능하지만 그 역방향으로의 움직임은 쉽지 않다. 이런 점을 보여주는 것이 채권담보부증권collateralized bond obligation (CBO), 주택저당담보부다계층증권collateralized mortgage obligation (CMO), 부채

하는 1조4천억 달러가 증권화되었는데, 이것이 문제가 된 것은 주택담보대출액을 작은 액수로 쪼갠 뒤 쪼개진 증권들을 큰 혼합증권으로 조합하고, 이것들을 다시 새로운 증권으로 판매하는 일이 벌어졌기 때문이다. "비우량담보대출 부채의 조각들은 따라서 전 세계 금융기관이 소유한 증권들에 포함되었다"(Lapavitsas, 2009: 117). 이들 증권이 폭발력을 가졌던 것은 파생상품, 특히 CDS와 연동되었기 때문이기도 하다.

담보부증권collateralized debt obligation(CDO) 같은 상품이다.119 이들 상품은

119_ '채권담보부증권collateralized Bond Obligation(CBO)'은 "투기등급의 고수입-고위험 채권을 담보로 발행하는 증권"이다. "자산담보부채권(ABS)의 일종"으로 "회사채담보부증권"이라고도 한다. 종류는 크게 우선적으로 담보권을 행사할 수 있는 '선순위채권'과 그렇지 않은 '후순위채권'으로 분류된다. 예를 들어 은행-투신-증권사 등이 소유한 100억원 규모의 BB등급 채권을 모아서, 자산유동화 회사나 신탁기관에 맡기고 이를 담보로 50억원 규모의 '선순위 채권(우선 상환 받을 권리가 있는 채권)'을 발행하는 것이다. 이렇게 되면 각 저당증권의 2배에 해당하는 담보가 잡혀있기 때문에 투자자가 안심하고 채권을 구입할 수 있다. 또 필요한 경우 저당증권에 대해 발행한 은행 등이 보증을 하거나 제3자 보증을 통해 안전도를 더욱 높이고 신용 평가기관의 신용평가도 받도록 했다. 안전도가 높은 만큼 수익률은 떨어진다'(시사상식사전, 2013).
'주택저당담보부다계층증권collateralized mortgage obligation(CMO)'은 '다계층증권', '다계층채권' 등으로도 불리고 있고, 부동산용어사전에 따르면, "자동이체증권의 중도상환 때문에 발생하는 현금흐름의 불확실성을 감소시키기 위하여 서로 다른 만기의 채권을 구성하여 저당채권의 현금흐름을 변환시킨 다단계 증권을 말한다. MBS 파생상품으로 MPTB와 발행기초가 같으나 만기형태가 다양하며 그 형태별로 수익률이 다르고 전체 조기상환 위험은 MPTS와 같으나 계층선택에 딸 조기상환위험이 달라진다. 1983년 미국 연방주택대출저당공사(FHLMC)와 First Boston Corporation이 저당대출채권의 집합이나 자동이체증권을 담보로 발행한 다단계 증권이다. 주요 발행기관은 연방기구, 투자은행, 저당대출은행, 주택금융기관, 주택건축업자, 보험회사, 상업은행 등이 있다. 다계층채권의 장점은 미리 결정된 상환계획표에 따라 원금상환액과 중도상환액을 다른 채권 계층으로 재배치하여 저당채권의 현금흐름을 변환시킨 것이다. 단점으로는 다계층채권 계층이 상대적으로 소액이고, 발행기관들 사이에 표준화가 안 되어 비유동적 증권이고, 정부가 지급보증도 하지 않아 자동이체증권만큼 활성화되지 못했다는 점이다. 1983년 처음 발행된 이래 실적이 계속 증가하였으며, 1986년의 세제개혁법에 따라 발행기관이 CMO 발행시 회계처리상 부채나 자산의 매각 중 선택이 가능하게 되어 발행이 급증하고 있다'(방경식, 2011).
'부채담보부증권collateralized debt obligation(CDO)'은 "회사채나 대출채권 등 기업의 채무를 기초자산으로 하여 유동화증권을 발행하는 금융기법의 한 종류이다. 수익을 목적으로 발행하는 것(Arbitrage CDO)과 신용위험을 투자자에게 전가하기 위하여 발행하는 것(Balance Sheet CDO)으로 구분된다. 회사채를 기초자산으로 하는 경우에는 회사채담보부증권(CBO; collateralized Bond Obligation), 대출채권인 경우에는 대출채권담보부증권(CLO; collateralized Loan Obligation)이라고 한다. 신용등급을 높이기 위하여 채권보증업체(모노라인)들이 보증을 서기도 하며, 신용등급이 상대적으로 낮은 채권들을 섞어 새로운 신용등급의 CDO를 만들기도 한다. 신용등급에 따라 다시 최우량 CDO·우량CDO·비우량CDO·에쿼티(Eqiuty)로 구분된다. 그러나 어떤 채권이 담보로 편입되어 있는지 정확히 알 수 없는데다가 담보로 사용된 회사채나 대출채권이 제때 상환되지 않을 경우에 최우량CDO라 하더라도 투자자들이 큰 손해를 볼 수 있다. 1990년대 중반에 처음 등장한 뒤 미국과 유럽 등지에서 발행 규모가 증가하였으며, 2006년 미국 등지에서 1조 달러 규모의 CDO가 발행될 정도로 성행하였다.

증권이라는 명칭을 갖고 있지만 금융파생상품이기도 하다. 주택 구입 시 발생하는 담보대출로 만든 채권들을 일정한 방식으로 조합한 상품인 것이다. 그런데 CDO 등이 바로 CDS의 투자 대상이 되는 데서 볼 수 있듯이, 파생상품은 이렇게 묶어 만든 증권들을 다시 분해하고 구별하는 방식으로 특정 금융상품의 가격을 산정하는 과정에서 발견되는 잠재적 변수를 분리해내어 별도의 환어음으로 판매할 수 있게 해준다(Durbin, 2011: 206-08).

파생상품이 증권을 분해할 수 있는 것은 그 추상화 능력 때문이다. "파생상품의 가장 중요한, 보편적 특성은 어떤 자산이든 구성 속성들로 '해체' 또는 '분산'해 자산 자체는 거래하지 않으면서 그 속성들을 거래하는 능력이다"(Martin, Rafferty and Bryan, 2008: 126). 추상화는 이때 각기 다른 특질들을 지닌 상이한 자산, 통화, 채권 등에 공통적으로 깃들어있는 속성들의 추출로 나타난다. 이들 속성은 구체적일 수가 없다. 금융파생상품이 기초자산으로 삼는 주식지수나 금리지수 등은 어떤 단일 실체, 즉 구체적 자산의 가격이 아니라 수학적 추상물이다(MacKenzie, 2007: 366). 예를 들어 "미국 달러화와 남아프리카 란드화 간의 변동성 높은 관계를 놓고 투기하는 파생상품은 그들 통화의 추상적 관계를 자신의 기초로 삼는다"(LiPuma and Lee, 2004: 118). 파생상품이 추상화 능력을 갖추게 된 것은 금융파생상품의 등장으로 인해 가능해진 일이다. 금융파생상품의 특징 하나는 기초자산 자체의 소유와는 분리되어 거래된다는 데 있다. 금융파생상품이 등장한 뒤, "파생상품은 파생상품과 관계된 자산의 소유를 변화시키지 않고 가격이 결정되어 사고판다. 이것은 파생상품은 자산이 아니라 자산의 속성들만 가격을

미국의 모기지 전문 대출기관들은 부동산 활황을 틈타 대출자금을 조달하기 위하여 모기지 채권이나 모기지담보부증권(MBS)를 대량으로 발행하였고, 투자은행들이 이를 사들여 합성한 뒤 발행한 채권이 바로 CDO였다. 2007년 주택담보대출 연체율이 높아지면서 이른바 서브프라임 모기지론 사태가 벌어져 채권 가격이 폭락함으로써 주요 금융회사 등 투자자들이 큰 손실을 입고 미국의 금융위기로 이어졌다"(두산백과). http://terms.naver.com/entry.nhn?docId=1286330&cid=40942&categoryId=31830(2014년 3월 13일 검색.)

매겨서 거래하기 때문이다"(Bryan and Rafferty, 2006: 52). 파생상품의 핵심 작업은 따라서 이들 속성을 추려내서 가격을 매기는 일인데,120 속성들은 서로 비교 가능하기 때문에 쉽게 양적 측정의 대상이 된다. 파생상품의 추상화 작용은 상이한 자산들이 공통으로 지닌 속성들을 추출해내고 그것들의 크기를 측정하는 과정인 셈이다.

자산들이 지닌 구체적인 물질적 특징과는 무관하게 자산들의 속성들을 추출하여 그것들을 양적 크기로 표시할 수 있게 한다는 것, 바로 이런 점 때문에 파생상품은 시공간의 차이, 상품들과 자산들, 자본들의 차이, 시장들의 차이를 가로지르는 '통약' 능력을 갖게 된다. '통약'은 오늘날 "세계 금융체계의 핵심 문제"가 되어 있다. 왜냐하면 "금과 같은 세계적 가치 단위, 그리고 상대 가격상의 안정성이 없는 상태"에 놓여 있는 오늘날 금융체계에서는, "자본의 한 형태가 어떻게 예측가능하고 지속가능한 비율로 [모든] 다른 것과 교환될 수 있느냐'가 해결해야 할 중대한 문제로 부상해 있기 때문이다. "금과 같은 단일한 가격 결정 기반 또는 브레턴우즈 체제와 같은 국제적 고정 환율체계가 없는 상태에서 시장이 어떻게 전반적으로 체계적으로 일관된 상대 가격을 만들어 낼 수 있는가"(Bryan and Rafferty, 2006: 131)? 파생상품의 통약 기능이 중요한 것은 여기서 문제가 되고 있는 '체계적으로 일관된 상대 가격'을 결정하는 문제를 해결해주기 때문이다. "가격은 금융파생상품 망을 통해 기초가 마련된다. 그리고 이리하여 금융파생상품은 자본가치 한 '토막'(이것이 화폐건 상품이건, 그리고 그 통화표시와 시간 요건이 무엇이건)과 다른 '토막'의 전환 비율을 특정하거나 한정하도록 설계된 폭넓은 계약들을 거래함으로써 자본의 가치에 연속성을 제공한다"(Bryan and Rafferty, 2006: 131; 2007: 141). 브라이언과

120_ 리푸마와 리에 따르면 이들 속성은 그 역사-문화적 성격이 무시된 채 추출되어 가격이 매겨지는 경우가 대부분이다. 그들이 보기에 이것은 기본적으로 파생상품의 서구-메트로폴리스 중심적 성격 때문에 생겨나는 현상으로서, 이로 인해 노동운동지도자 다 실바의 대통령 당선 직후 브라질의 레알화가 30퍼센트나 급락했다(LiPuma and Lee, 2004: 58-59).

래퍼티는 파생상품의 이런 작용이 최근의 자본축적에 핵심 역할을 한다고 본다. 두 사람이 볼 때 자본 가치 측정에 필요한 공간적이고 시간적인 연속성을 구축하는 통약 작용이야말로 "금융파생상품의 존재이유"다(Bryan and Rafferty, 2006: 131).

이와 같은 통약 작용이 일어날 수 있는 것은 파생상품이 '묶기binding'와 '섞기blending' 기능을 갖고 있기 때문이다. 먼저 "파생상품은 옵션과 선물을 통해 미래와 현재를 '묶는' 가격 관계를 수립한다." 선물 거래의 경우 어떤 상품의 현재가격과 미래가격을 연결하여 상호 결정하도록 만드는 기능이 있다. 이런 점에서 파생상품은 시간 개념과 밀접한 관련을 맺는 셈이다. 반면에 '섞기' 기능은 스와프 거래가 잘 보여주는 바로서, 이를 통해 "자산의 상이한 형태들을 쉽게 서로 전환시키는('통약하는') 가격관계가 수립된다. 파생상품은 자본의 상이한 형태들을 단일한 측정 단위로 섞는 것이다"(Bryan and Rafferty, 2006: 12). 나아가서 이런 기능들은 파생상품에 추상화와 통약 능력 이외의 능력을 제공한다. 파생상품으로 하여금 서로 분리되어 있던 기존의 자본들, 또는 상이한 성격을 지닌 시장들을 연결할 수 있도록 하는 것이다.

앞에서 금융파생상품이 등장하게 된 근인들로서 '금리 등 시장 변동성'을 꼽는 경우를 살펴본 바 있다. 1970년대 초 국제유가 상승, 인플레이션 증가 등 시장 변동성 현상 증가를 파생상품 시장의 형성과 확대 요인으로 본 것이 그것이다. 프라이크Micahel Pryke와 알렌John Allen은 이런 설명을 소개하면서 국제금융의 심화가 "기존에 서로 분리되어 구별되던 금융 흐름들의 교차 현상을 불러일으킨" 것이 핵심적 변화에 속한다고 지적하고 있다(Pryke and Allen, 2000: 267). 그런데 지금까지 살펴본 바에 따르면, 이런 '교차 현상'이 가능해진 것은 금융파생상품이 어떤 상품, 자산이든 그 속성들을 가려내고(추상화), 이것들을 서로 비교 가능한 것으로 만들어(통약), 묶기와 섞기 기능을 통해 연결시켜 내기 때문이다. 파생상품의 이런 능력은 기본적으로 자산들과 상품들, 자본들을 분해할 수 있기 때문에 나온다.

파생상품이 자본을 '토막들'로 쪼개고 이것들의 가치를 서로 평가하게 해주는 일은 서로 다른 공간과 서로 다른 시간을 가로지르는 일이기도 하다. '묶기' 기능을 통해서는 상이한 시간대들을 연결하고, '섞기' 기능을 통해서는 서로 다른 공간들을 연결하는 것이다. "하나의 지역을 다른 지역으로, 한 시간을 다른 시간으로 또는 자본의 한 형태를 다른 형태로 바꾸는 것은 불가능하다. 그러나 이들의 가치는 매일 매개될 수 있고, 매개된다"(Bryan and Rafferty, 2006: 131). 파생상품은 이런 가치의 매개를 통해 그동안 '분리되어 구별되던' 시장들, 서로 다른 특징을 지닌 시장들을 연결한다. 서로 다른 시간들과 공간들을 자본 또는 화폐로 표상할 수 있다면, "금융파생상품 시장의 대상은 화폐 형태들의 상호연결성"이 되는 셈이다(Grossberg, 2010: 118).[121]

상이한 자본과 시장을 연결하는 파생상품의 능력은 그 '승수효과multiplier effect'에 의해 증폭된다. 파생상품 투자자는 밀 1톤을 살 수 있는 자금으로 밀 100톤에 대한 선물계약을 살 수 있기 때문에, 밀 100톤의 가격 운동이라고 하는, 원래 자신이 지녔던 자금 규모가 허용하는 것 이상의 위험에 노출될 수 있다. 승수효과가 어떤 한 요인의 변화로 다른 요인들에게까지 영향을 미쳐서 전체 결과를 크게 변화시키는 것이라면, 파생상품 거래는 그 자체로 승수효과가 있는 셈이다. 그뿐만 아니다. 이 승수효과는 파생상품의 거래가 차입 행위leveraging에 크게 의존해 생겨나는 것이기도 하다. 국제통화기금(IMF)에 따르면 '차입'은 "현금 시장에서 자기자본의 직접 투자로 얻는 비율 이상으로 자금포지션이나 투자에 대한 수익률(양이든 음이든)을 확대하는 일"이다(Bryan and Rafferty, 2006: 43에서 재인용). 파생상품 거래에서 차입 행위가 수시로 일어나는 것은 금융시장에서 '차익거래' 기회가 급증한 데서 비롯된 결과다. 차익거래는 동일한 상품이나 자산이 상이한 시장

121_ 이런 점은 그동안 신자유주의 세계화의 특징으로 간주되곤 했던 국제적 금융거래의 증폭 현상들이 금융파생상품이라는 새로운 금융상품이 출현한 결과임을 짐작하게 해준다.

들에서 다른 가격으로 거래되고 있을 때, 그 가격 차이를 겨냥하여 거래를 하는 행위다. 차익거래 기회는 "위험 없는 즉각적 이윤 실현"을 갖다 준다는 점에서 '투기꾼의 꿈'으로 통하기도 하지만, 많은 파생상품 투자자들에게 "차익거래를 할 수 있게 하는 가격 차이는 소규모이고 변동이 심하기 때문에, 그런 차이 활용은 차입 행위와 속도를 요한다"(LiPuma and Lee, 2004: 37).[122] 서로 다른 시장에서 순간순간 바뀌는 동일 상품 또는 자산의 가격 차이를 포착하여 가격이 낮은 쪽에 투자하고 높은 쪽에 팔아서 남게 될 이윤 규모를 확대하려면 대규모 자본 동원이 필요하다. 오늘날 파생상품 시장이 확대되는 것은 갈수록 많은 사람들이 자기자본 이상의 자금을 동원하기 위해 더 많은 차입금을 끌어들이게 만드는 이런 차익거래 환경이 조성되어 확산된 결과이기도 하다.

6. 금융파생상품과 포스트모더니즘

금융파생상품은 상품파생상품과 달리 기초자산과의 관계가 매우 희박하거나 아예 무관하다고 할 수 있다. 브라이언과 래퍼티는 그 근거로서 금융파생상품에서는 자본과 소유의 관계가 분리된다는 점을 제시한다. 역사적으로 보면 자본과 소유의 관계는 3단계를 거치며 분리되어 왔다. 자본과 소유의 1차 분리는 노동자가 자신의 재산과 생산수단의 소유로부터 분리됨으로써 소유자가 생산을 통제하고 자본은 상사firm가 되어 경쟁하는 단계에서, 2차 분리는 회사 소유가 생산으로부터 분리되고 자본은 회사company로서 경쟁하는 단계에서, 그리고 3차 분리는 자본 소유가 회사 소유로부터

122_ 옵션가격결정이론으로 노벨 경제학상을 수상하여 투자의 '천재들'로 알려진 블랙과 숄즈가 세운 롱텀캐피털매니지먼트가 파산하게 된 것은 차익거래에 과도하게 투자했기 때문이다. 이 회사는 차익거래를 통해 큰 이윤을 챙겼으나, 러시아의 국채를 대거 매입했다가 러시아가 부도사태를 맞게 됨으로써 하룻밤 사이에 망하고 말았다.

분리되어 자본이 그 자체로서 경쟁하는 단계에서 일어난다(Bryan and Rafferty, 2006: 71-77). 이들 단계는 역사적으로 다른 시점에 나타나지만, 이후 단계가 나타난다고 해서 이전 단계가 사라지는 것이 아니다. 하지만 서로 다른 단계가 함께 공존하더라도 새로운 단계가 나타난 뒤에는 자본과 소유 분리 관계의 지배적 형태는 달라진다고 할 수 있다. 오늘날의 금융파생상품이 구현하고 있는 자본과 소유의 관계는 2차 단계에 속하는 주식회사(joint stock company)와도 다르다. "주식회사가 기업을 '개인'으로 구성하여 자본과 '실제' 개인들을 분리했다면," "파생상품은 법적 실체로서의 기업으로 하여금 그 구성 자본 '조각들'의 시장가치를 계속 확인하도록 하기 때문에, 자본의 논리를 최종결산(연간 이윤율) 너머로 즉 생산과 유통의 각 국면 세부로 이동시켰다"(Bryan and Rafferty: 96). 주식회사를 통해서는 경영 전문지식을 보유한 사람들이 중심이 되는 '테크노구조'가 등장했다면, 이제 등장하는 것은 기업자산 포트폴리오를 면밀히 살펴보는 금융전문가와 증권의 가격을 산정하고 또 산정하는 파생상품 중개인으로 구성된 '금융구조'다(96-97).[123] 이 말은 "파생상품은 회사 자본을, 가격을 매길 수 있고 거래할 수 있으며 '재포장'할 수 있는 금융자산으로 분할한다"는 것인데, 중요한 것은 이때 이들 자산을 물리적으로 이동시키거나 심지어 그 소유권을 바꿀 필요도 없다는 것이다(97). 금융파생상품은 이처럼 소유권과 분리되어 거래될 수 있다는 것을 중요한 특징으로 갖는다.

소유권과 분리된다는 것은 금융파생상품이 추상적 성격을 지닌 상품이라는 말이다. 곡물 선물과 같은 기존 상품파생상품은 최종 결제가 밀이나 옥수수 등 기초자산의 물리적 전달을 통해서 이루어진다. 매매하는 물건을 직접 보며 거래하는 경매장에서와는 달리, 파생상품 거래소에서 거래자들의 경우 그런 구체적 상품을 곁에 두거나 보고 거래를 하는 것은 아니다. 그러나 자신이 거래한 상품에 대해 까마득히 잊고 있던 선물거래자의 집으

123_ '테크노구조technosctucture'는 갤브레이스John Kenneth Galbraith가 『신산업국가』(*The New Industrial State*, 1967)에서 도입한 개념이다.

로 어느 날 수백 마리 소떼나 대량의 밀이 배달될 수도 있다는 것은 상품파생상품의 경우 나름대로 어떤 '구체성'을 전제하고 있음을 말해준다. 반면에 금융파생상품은 물리적으로는 존재할 수 없는 대상을 기초자산으로 삼는다는 점에서, 상품파생상품과도 전적으로 다른 기반 위에 서있는 셈이다. '금융'파생상품은 곡물이나 금과 같은 현물이 아니라 주가, 환율, 이자율 등 물리적 소유가 불가능한 수치를 대상으로 하여 거래된다.

이런 점 때문에 금융파생상품을 중심으로 하는 파생상품의 거래에서는 상품의 가격 변동성으로 인해 발생하는 위험 측정이 중요해질 수밖에 없다. 리푸마와 리에 따르면 파생상품 중심의 금융적 유통이 이루어지면 사회적 관계가 새롭게 바뀌게 된다.[124] 그것은 그 관계가 위험의 계량화와 가격 책정에 의해서 규정되기 때문이다. 두 사람은 이 계량화 및 가격 책정을 용이하게 해준 마르코위츠의 '포트폴리오 이론'이 지닌 특징 분석을 통해, 파생상품은 위험을 추상화하는 경향이 있음을 지적한다. '포트폴리오 이론'은 '분산투자'를 권유하는데, 이는 다양한 주식에 투자하면 주식 전체의 변동성을 반영하게 된다는 점에 착안해 위험을 분산시킴으로써 어느 한 주식에만 투자해 그 가격 등락에 따른 집중적 손해를 입을 위험을 피하기 위함이다. 여기서 '변동성'이란 특정 자산이 지닐 수 있는 구체적 위험과 분리된 추상적 개념임을 눈여겨볼 필요가 있다(LiPuma and Lee, 2004: 142). 리푸마와 리는 포트폴리오 관리는 투자의 위험도를 사회적으로 탈착시켜서 집계할 수 있다고 본다는 데, 즉 위험을 추상화시키고 체계화시키려는 데 그 주안점이 있다고 본다.[125] "유통체계 안에서" 이런 추상적, 체계적 위험 개

124_ 브라이언과 래퍼티는 금융파생상품이 새로운 사회적 관계를 표상하는 것은 "경쟁적 계산의 구현"이기 때문이라고 설명하고 있다. "파생상품은 별개의 모든 자산과 부채가 지닌 가치의 지구적 계산에 대한 기업의 능력을 반영하는 화폐다"(Bryan and Rafferty, 2006: 143).

125_ 이 '체계화'는 위험의 시간적 차원을 '공간화'하는 과정인 것으로 이해할 수 있다. 이때 작용하는 것이 시장의 균형 개념인데, 신고전파 경제학은 이런 관점에서 확률론을 수용하여 파생상품의 위험을 이해한다. 이에 관해서는 모러(Maurer, 2002) 참조.

넘은 "맥락적으로 특수한 상이한 파생상품 도구들 간의 '금융적 번역' 수단 및 기제로 작용하게" 되는데, 중요한 것은 "추상적 위험은 구체적 위험과는 대조적으로 총체화를 달성하고자 하여 지향성을 지닌 어떤 역학을 만들어 내며, 이 역학에서는 파생상품 매매의 사회구조적 효과가 유통을 생산으로 부터 분리시키고, 파생상품 매매에 자본주의 이전 단계에서는 알려지지 않았던 자율성을 부여하게 된다"는 것이다(LiPuma and Lee: 144-45).

여기서 따져볼 점이 있다. 리푸마와 리처럼 파생상품의 거래가 유통과 생산을 분리시키는 것으로 보면, 파생상품은 투기적 자본으로만 간주되고, 그에 따라서 "생산체계에 아무런 기반을 두고 있지 않은" 자본으로 이해될 여지가 높아진다(88). 두 사람은 특히 '구조화채권' 형태의 파생상품에 주목하는데,[126] 이런 금융수단이 "기초자산과 완전히 분리되고, 기초자산이 더 이상 (곡물이나 가축 같은) 전통적 자산이 아니라 화폐화된 자본 관계가 되어 그 수단이 신용화폐로 기능하게 되면," "자본을 창조하고, 유통시키고 가격화하는 새로운 구조가 탄생하게 된다"는 것이 그들의 생각이다(89). "기초자산은 이제 더 이상 생산과 연결되지 않고 유통의 매개이자 수단, 즉 화폐와 연결된다. 생산 영역에서 화폐는 상품들의 깊은 통약가능성을 표현하고 그 표면적 교환을 촉진한다. 유통 영역에서 화폐는 그저 자신을 표현하고 촉진할 뿐이다"(118). 하지만 리푸마와 리가 생각하듯이 금융파생상품의 등장을 통해 과연 유통과 생산이 이처럼 철저하게 분리된다고 볼 수 있는지는 문제로 보인다. 이 문제를 생각해보기 위해, 나는 이제 우회로를 택하고자 한다. 이 경로를 통해 우리는 파생상품과 포스트모더니즘의 관계, 즉 지난 40여 년 인류사회에 중대한 영향을 미쳐온 '경제적 우세종'과 '문화적 우세종'의 관계를 살펴보는 기회를 갖게 될 것이다.

기초자산과 파생상품의 관계를 생각하는 방식은 포스트모더니즘 전통에서 원본과 재현의 관계를 생각하는 것과 깊은 연관성을 갖고 있는 것으로

126_ 구조화채권은 앞에서 말한 CBO, CDO 등이다.

보인다. 정치경제학의 영역과 문화적 영역 사이에 상당한 상동성이 있음을 인정할 수 있다면, 우리는 금융파생상품의 작동방식을 포스트모더니즘의 논리를 구현하는 중요한 사례로, 또는 그 반대로 포스트모더니즘 논리를 금융파생상품 작동방식을 설명하는 하나의 접근법으로 검토할 수 있을 것 같다. 포스트모더니즘 논리에 따르면 재현의 개념, 즉 복제물이 원본을 충실하게 반영한다는 관념은 문제가 많다. '재현'은 원본의 개념, 즉 원본의 선차성을 인정하는 개념이다. 서양 전통에서 이런 재현 개념을 처음 제공한 것은 이데아의 실재성을 주장한 플라톤Plato이다. 『공화국』 제10권에서 플라톤은 소크라테스의 입을 빌려 예술적 모방의 가치를 논하는 자리에서, 예술적 모방이 이성적 사유보다 못한 것은 모방의 모방이기 때문이라는 논거를 제출한다. 의자를 그린 그림은 목수가 이상적으로 생각한 침대(이데아)를 모방하여 만든 실제 침대(이데아의 모방)를 모방한 것(그림)으로서 그것의 원본(침대)과 이 원본의 원본(침대의 이상적 형태)에 비하여 가치가 떨어질 수밖에 없다(Plato, 1971: 33-35). 포스트모더니즘은 자신이 비판 대상으로 삼는 모더니즘 전통이 플라톤의 이런 관점을 수용하고 있는 것으로 파악한다. 예컨대 모더니즘은 '대문자로 쓰는' 역사, 구조, 민족, 계급 등을 기원, 실재, 주체, 동일성 원리 등으로 받아들임으로써 플라톤의 이데아와 같은 원본 개념을 인정하고 있다는 것이다. 포스트모더니즘이 원본 대신 제출하는 것은 '흔적'이나 '시뮬라크르' 같은 것이고, '재현' 대신 제출하는 것은 '유희'다.

오늘날 전개되고 있는 금융화 과정에서 이와 같은 현상을 확인할 수 있다. 테일러Mark Taylor의 지적대로, 1980년대 초부터 주택담보대출이 주택저당담보부다계층증권(CMO)으로 증권화될 경우 이들 증권은 2차, 3차 시장에서 매매가 가능해진다.

금융시장의 변동성 증가와 더불어 투자자들은 포트폴리오 이론의 상이한 변수를 사용하여 파생상품을 거래함으로써 자신들의 투자 위험에 대비하고자 한다.

담보대출들이 묶여 트랑쉐로 분류되고 나면, 위험 산정은 특정 자산의 가치와 무관하게 되고 기초 담보대출의 통계상 부도 확률을 결정하는 수학공식을 사용해 이루어진다. 이런 관행과 함께 파생상품은 가상과 실제가 완전히 분리된 것으로 보일 때까지, 그 기초자산으로부터 더욱 더 멀어진다(Taylor, 2011: 12).

파생상품은 이 경우 재현의 논리보다는 유희의 그것에 의해서 가치가 정해진다고 할 수 있다. 다시 말해 '흔적'처럼 굴게 되는 것이다. 여기서 말하는 '흔적'은 자크 데리다Jacques Derrida가 제출한 개념과 흡사하다.[127] 데리다는 『그라마톨로지』에서 흔적을 '그것 없이는 원본을 생각할 수 없는 것'으로, 따라서 원본의 원본으로 작용하는 것으로 보고 있다. 그에 따르면 "흔적은 기원의 사라짐만이 아니다…그것은 기원이 사라지지도 않았다는 것, 기원은 어떤 비기원에, 즉 그래서 기원의 기원이 되는 흔적에 의하지 않고서는 결코 구성되지 않는다는 것을 의미한다"(Derrida, 1976: 61). 이것은 원본을 생각하려면 흔적이 먼저 있어야 한다는 생각, 원본의 개념 자체가 흔적을 전제해야만 성립할 수 있다는 생각이다. 데리다는 "흔적은 현존이 아니라 자신을 탈구시키고 치환하며 자신 너머를 가리키는 어떤 현존의 시뮬라크르"라고 규정하기도 했다(Derrida, 1982: 24).

시뮬라크르는 오래 전 플라톤이 사용한 개념이다. 플라톤에게 그것은 원본 없는 재현을 의미하며, 재현 중에서도 가장 타락하고 위험한 형태다. 그러나 동일한 사태를 다른 방식으로 해석할 수도 있다. 어떤 원형도 근거도 갖지 않는다는 점에서 시뮬라크르를 위험한 거짓 참칭자로 인정한다고 하더라도 이 참칭을 긍정적으로 보는 방식이 그런 경우다. 들뢰즈Gilles Deleuze에게서 그런 해석이 발견된다. 들뢰즈에 따르면, 시뮬라크르의 참칭 기능은 그것의 허위적 성격을 보여준다기보다는 재현 자체를 가능하게 하는 어떤 능력의 지표다. "시뮬라크르는 타락한 복제가 아니다. 그것은 **원본과**

127_ 이 아래 세 문단은 강내희(2000: 32-35)에서 가져와서 재구성한 것이다.

복제, 모델과 재생[의 구분]을 부정하는 어떤 긍정적 힘을 지닌다"(Deleuze, 1990: 262. 원문 강조). "시뮬라크르는 같은 것과 비슷한 것을, 모델과 복제를 거짓(환영)의 힘 안에 들어오게 한다. …그것은 새로운 근거가 되기는커녕 모든 근거들을 삼켜버린다. 그것은 즐겁고 긍정적인 하나의 사건, 하나의 탈-정초effondement로서의 어떤 보편적 와해를 보장한다"(Deleuze: 263). 이제 같은 것, 비슷한 것, 즉 복사나 재현은 모의(模擬)가 된다. 모의가 만들어지는 것은 시뮬라크르의 작용 결과다. 모의로서의 재현은 이제 더 이상 원본이나 모델과의 관계에 얽매여 타락이나 배반의 죄의식에 시달릴 필요가 없다. 통상 원본이라고 부르는 것과 그것을 현재화하는 재현 사이에 발생하게 되는 불일치는 너무나 당연하기 때문이다. 이 불일치, 혹은 이제는 불일치라고 부를 필요도 없는 이 효과는 시뮬라크르로서의 재현의 그것이다. 재현의 의미는 이로써 차이, 거리, 자유 등이 되며, 재현은 이제 어떤 원본의 복제로서의 동일자 계열에 속하기보다는 차이의 계열에, 그리고 차이를 만들어내는 사건의 계열에 속하게 된다. 시뮬라크르는 이렇게 볼 때 이미지, 기호가 사건의 현장임을 말해주는 개념이다. 재현도 이제 없어져야 할 것, 또는 전적으로 사라져야 할 타락이 아니라, 새로운 차이를 만들어낼 수 있는 가능성의 장이 된다. 이렇게 본 재현, 즉 정확히 말하여 시뮬라크르는 '사건으로서의 재현'이다.

데리다의 흔적 개념, 특히 들뢰즈의 시뮬라크르 개념을 장황하게 언급한 것은 이들 개념의 작용이 금융파생상품의 등장으로 파생상품이 수행하는 기능과 상통하는 것으로 보이기 때문이다. 브라이언과 래퍼티에 따르면 금융파생상품은 그 나름의 '노동'을 수행한다는 점에서, 독특한 의미의 상품이다. 금융파생상품이 수행하는 노동은 오늘날 강화된 자본들 간의 경쟁을 측정하는 것으로 이루어진다. 변동성이 강화된 시장에서 자본들은 끊임없는 가치 조정을 거쳐야 하는데, 이런 역할을 해주는 것이 금융파생상품이라는 것이다. 여기에는 화폐에서 상품으로 상품에서 다시 화폐로 전환되는 자본의 운동에 대한 역동적 해석이 작용한다. 특정한 통화(M)가 시간이 지나면, 그리고 외환거래소나 이자율선물시장에서 다른 통화로 전환되는 식으로 공간을 가로지를 경우, 재평가되는 것이 필요하다. 상품(C)의 경우도 선물시장이 가격을 수정하면 그 가치 계산이 다시 이루어져야 한다(Bryan and Rafferty, 2006: 170-71). 이런 점은 M-C-M'에서 M과 C만 놓고 보더라도, 가치는 고정되어 있는 것이 아니라 계속 변동한다는 것을 보여주는바, 이렇게 변동하는 가치를 계산해내는 일이 파생상품의 '노동'이라는 것이 브라이언과 래퍼티의 생각이다.128 화폐형태로 존재하든 재화형태로 존재하든 파생상품의 설계를 오늘날 다양한 상품들의 가치를 결정하는 노동으로 간주한다는 점에서, 이런 입장은 리푸마와 리의 그것과는 구분된다고 하겠다. 브라이언과 래퍼티는 파생상품의 노동을 '통약'이라고 부르는데, 우리는 이것을 포스트모더니즘 논리와 좀 더 직접 대면시킬 필요가 있다.

금융파생상품의 시뮬라크르 기능 즉 통약은 계속 변동을 겪고 있는 자본들의 가치를 감정하고 평가하는 작용으로서, 끝나지 않는 해석 작업에 속한다. '포스트모더니즘 시대'를 지배하는 것이 바로 이런 해석의 필요성이다. 제임슨Fredric Jameson에 따르면 포스트모더니즘 단계에서는 오랫동안 근대의 형상으로 간주되어 오던 '상징'의 논리가 위기에 처하고, '우화allegory'의 귀환 또는 부활이 이루어진다. "우화적인 것은 최소한도로 보자면 그 사유 대상 내부에 통약 불가능한 거리들이 있다는 의식에 의해 사유에 제기되는 질문이라고, 그리고 우리가 최소한 어떤 단일 사유나 이론도 포괄해낼 수 없다고 동의할 수 있는 현상들을 포괄하기 위해 고안된 다양한 새로운 해석적 답변들이라고 말할 수 있다"(Jameson, 1991: 168). '포스트모더니즘 시대'에 통약 불가능한 거리들이 넘쳐난다고 해서 해석 노력이 사라지는 것은

128_ 상품과 화폐의 변동하는 가치를 계산하는 방식은 게임이론이 주류경제학에 도입됨으로써 일반화되었다고 볼 수 있다. 브라이언과 래퍼티에 따르면 게임이론은 1950년대에 경제학 분야의 주변부로 도입되었으나 1990년대에 이르러서는 중심부에 자리를 잡았다(Bryan and Rafferty, 2006: 163). 경제학에서 게임이론의 위상 제고는 파생상품이 1990년대에 이르러 이미 거대한 시장으로 자리잡게 된 사정과 무관하지 않을 것이다.

아니다. 그러나 이 해석은 확신에 찼던 이전의 해석과는 다르다. '우화적 해석'은 그래서 "무엇보다도 옛날 의미의 해석은 불가능함을 인정하고, 또 이 불가능성을 그 자신의 잠정적이고 심지어 우발적이기도 한 움직임들 속에 포함시킴으로써 시작되는 해석 작업"이 된다(168). 제임슨이 말하는 이 우화적 해석 작업을 브라이언과 래퍼티가 말하는 통약으로 재해석하면 무리일까? 통약은 자본의 가치 변동이 지속되는 한, 끝없이 이어지는 작업이 될 수밖에 없다. 거의 무한대로 늘어나고 있는 파생상품 거래규모는 이 통약이 더욱 더 큰 규모로 이루어진다는 말과 같다. 다시 말해 자본의 가치와 가격을 평가하고 재평가하는 계속되는 수정 과정 자체가 통약인 것이다. 이것을 시각적으로 잘 보여주는 것이 있다. 금융회사 직원들의 책상 위에 쌓여 있는 컴퓨터 화면을 통해 세계 각국의 다양한 금융시장 지표들이 그래프로 명멸하는 모습이 그것이다. 제임슨도 우화적 해석을 비슷하게 형상화하고 있다. "우리는 우화적 해석과정을 본문을 가로질러 앞뒤로 움직이며 일부 중세 또는 성서적 독해에 대한 우리의 고정관념과는 아주 다른 유형의 끊임없는 수정을 통해 그 용어들을 다시 조정하는 일종의 주사scanning로 보기 시작한다"(168).

7. 금융파생상품과 의제자본

하나의 쟁점이 있다. 파생상품이 유통영역에만 속한다는 것을 인정하는 점에서 브라이언과 래퍼티도 리푸마와 리와 다르지 않다. 그들은 파생상품이 '명백하게 자본주의적 상품들'이라고 하면서 "유통 영역 내부에서만 생겨나서 거기서 종결된다"(Bryan and Rafferty, 2006: 155)고 말한다. 하지만 이런 생각과 리푸마와 리의 그것 사이에는 근본적인 차이가 있다. 리푸마와 리가 파생상품을 '시뮬라크르'로 보면서 그 재현 능력의 부재를 이유로 그것이 투기자본일 뿐인 것으로 이해한다면, 브라이언과 래퍼티는 "파생상품의 상품가치는 그것이 무엇을 재현하느냐가 아니라, 무엇을 행하느냐에 의해서 규정되어야 한다'(154)는 입장이다. 이런 해석은 파생상품이 유통영역을 결코 떠나는 법이 없다고 해도, 자본주의적 가치 생산에서 필수불가결한 역할을 하는 것으로 이해할 수 있게 만든다. 파생상품은 언제나 '자본'으로 남는다. 왜냐하면 소비되기 위해서 자본의 순환회로를 벗어나지 않기 때문이다. 브라이언과 래퍼티가 파생상품을 "단순 상품보다 더 철저하게 자본주의적 상품"으로 보는 이유가 여기에 있다(154). 계속 자본으로 남음으로써, 다시 말해 다른 자본처럼 자본으로 투여되기 이전의 화폐로 바뀌지도 않고, 그렇다고 판매되지 못해서 아직 자본으로 전환되지 못한 상품 상태로 변형되지도 않는 자본상품의 모습을 지속함으로써, 파생상품은 다른 자본들, 상품들, 화폐들을 대상으로 통약 작업을 수행한다. 바로 이런 점 때문에 파생상품은 오늘날 새로운 경쟁의 촉진제 역할을 하게 되는 것이다.[129]

파생상품은 맑스가 '의제자본'이라고 부른 것에 해당한다. 의제자본에 대한 맑스(주의)의 평가에 대해서는 상충되는 해석들이 나오고 있다. 맑스는 의제자본을 '필요악'으로 규정했다고 보는 견해가 있는가 하면, "의제자본이 바로 자본 그 자체의 개념 속에 함의되어 있"는 것으로 봤다는 견해가 있는 것이다(하비, 1995: 360). 자본주의적 가치는 사회적 필요노동의 생산을 통해서 생산된다고 봤다는 점에서, 일견 맑스는 생산에 투입되지 않는 의제자본에 대해 부정적 입장을 취한 것으로 보인다. 의제자본은 보기에 따라서는 생산에 투여되는 실질자본의 '종이복사물'에 불과하다. 예컨대 주식과 같은 의제자본은 "주식보유자들에 의해 선대된 자본의 양을 나타내"지만, 그 소유권은 생산에 투입된 자본을 인출할 권리를 갖지 못한다. 하지만 실질자본은 유통될 수 없는 반면, 주식을 나타내는 종이복사물은 유통될

129_ 여기서 브라이언과 래퍼티의 다음 발언을 청취할 필요가 있다. "파생상품은 규모가 크기 때문에 중요한 것이 아니다. 파생상품은 중요하기 때문에 규모가 크다. 파생상품을 자본의 관점에서 다루는 것은 우리로 하여금 '금융'과 '실물경제' 간, 그리고 금융의 '비생산적' 사용과 '생산적' 사용 간의 이분법을 초월하도록 만든다"(29).

수 있기 때문에, 의제자본은 계속 확대될 수가 있다. 그러나 그에 대한 "소유권은 순전히 '환상적이고 의제적인 자본형태'"일 뿐이고, "이러한 소유권의 가격은 '실질자본의 가치운동과는 거의 무관하게' 그 자신의 법칙에 따라 변동할 것이다"(하비, 1995: 358에서 재인용). 맑스는『자본』3권에서 "만약 실질적 축적, 즉 생산의 확대와 생산수단의 증가가 발생하지 않는다면, … 생산에 대한 채권자들의 화폐적 권리는 무슨 소용이 있겠는가?" 하고 물었다(하비: 360에서 재인용). 이런 발언을 보면, 그는 의제자본의 투기적 성격만 강조하고, 그것이 자본주의적 가치생산에서 수행하는 역할에 대해서는 부정적인 입장을 취한 것 같기도 하다. 신자유주의적 금융화를 비판하고, 금융화 과정을 통해 실물경제와 무관한 투기자본이 성장하여 결국은 2000년대 후반의 경제위기를 초래했다고 보는 논자들은 맑스의 이런 입장을 수용한 경우라 하겠다.

여기서 눈여겨볼 것이 19세기 말, 20세기 초에 나타난 금융자본 부상 현상과 1970년대 이후 금융화 경향의 차이점이다. 일부 논자들에 따르면, 그 차이는 전자의 경우 당시 성장한 금융 부문이 비금융 부문에 지배력을 발휘하면서 긴밀한 관계를 맺고 그 발전을 도모했다면, 후자는 비금융 부문으로부터 분리되어 그와 무관하게 부를 축적한다는 데 있다. 1880년대 뉴욕 은행가들은 J. P. 모건 앤 컴퍼니 주도 하에 미국 산업에 대한 통제권을 갖기 시작하여, 20세기 초에 이르게 되면 대규모 비금융 기업의 지분 대부분을 통제하게 된다. 당시 은행이 대규모 기업 이사회에 대표를 파견하고 그 CEO까지 임명하곤 했던 것은 '과도한 경쟁'의 제거와 '질서' 확립을 위함이었다. 이 과정에서 은행들은 두 종류의 자본가들—한편으로 파괴적인 가격 인하로 경쟁을 일삼는 카네기Andrew Carnegie 같은 기업가와 다른 한편으로 기업 지배권을 구입하고 자산을 약탈한 뒤 그 폐해가 공개되기 전에 팔아치우는 굴드Jay Gould 같은 금융 투기꾼—을 기업으로부터 축출했다(Kotz, 2008: 14). 19세기 말, 20세기 초의 금융자본은 비금융 부문에 대한 지배력을 갖되 비금융 부문을 육성시킴으로써, 자신의 이득을 취하는 방식을 택했던 것이다.[130] 20세기 초 이후 미국 기업들은 그리하여 소유와 경영을 분리시켰고, 그 결과 전문 경영인을 출현시켜 새로운 기업문화를 형성하기 시작했다. 오늘날의 금융화가 작동하는 방식은 이와는 다르다. "금융 부문은 J. P. 모건 시대와 달리 비금융 부문에 대해 지배적이지 않고 그로부터 독립되었다. 기업 이윤의 더 많은 몫이 금융 기업으로 옮겨졌고, 헤지펀드와 같은 투기적 금융제도를 통해 커다란 부가 새로 만들어졌다. 엔론 및 여타 기업의 스캔들은 제이 굴드의 정신이 새로운 형태로 재등장했음을 보여준다"(Kotz: 16).

질라드 아이작스Gilad Isaacs 또한 1세기 전 "산업자본과 금융자본은 상대방의 이윤율에 이해관계를 갖고" 있었고, "금융의 성장이 자본주의 발전 과정에 내생적"이었다며(Isaacs, 2011: 10), 오늘날의 금융화는 금융자본과 다르다고 말하고 있다. "금융화 과정은 맑스, 힐퍼딩 및 다른 논자들이 제시한 초기 도식에서는 예상되지 않았(고 그 바깥에 있)던 새로운 방식으로 작용하는 신용 및 금융 체계"를 수반한다는 것이다(Isaacs: 3). 아이작스에 따르면 금융화는 "근본적으로 자본 투자 및 이윤 수취 영역으로서의 생산과 유통 분야 간의 균형이 후자 쪽으로 기우는" 현상이다(1). 그는 금융화 시대에 들어와서는 비금융 부문도 생산에만 주력하지 않고, 오히려 금융 활동에 매진하여 '이윤'을 낳는 경향이 있음을 지적한다. '주주가치'가 기업이 추구해야 할 최고 가치로 치부되고, '주식환매'를 통해 주식가격을 높이는 수법으로 기업의 가치를 높이는 방식이 채택되어,[131] 전통적 중공업 기업도 주된 영업활동을 금융 부문에서 벌이는 일이 많아졌다는 것이다. 이 결과 이제는 산업 부문도 "대출자이자 채권자가 되어 자본시장에 깊이 연

130_ 힐퍼딩은 이런 점 때문에 금융자본이 비금융 산업들을 직접 지배하게 된다고 예측했지만, 그의 예측은 20세기 초반에는 실현되지 않았다.

131_ S&P 500 지수에 포함된 373개 회사의 1990-94년 간 주식환매가 종합 순수익 23퍼센트에 해당하는 259억 달러에서 1995-99년 간에는 종합 순수익 44퍼센트인 1063억 달러로 증가했고, 2008년 1월에 이르러서는 S&P 지수 전체 500개 회사가 순수익의 94퍼센트나 되는 5490억 달러를 주식환매에 썼다(Isaacs, 2011: 20).

루되어" 있디(32).

하지만 금융화를 바라보는 아이작스와 코츠의 관점에는 중요한 차이점이 있다. 코츠가 금융화를 금융이 비금융 부문으로부터 철저히 분리되어 독자적으로 작동하는 현상인 것으로 이해하는 데 반하여, 아이작스는 금융화는 금융의 새로운 모습임을 인정하면서도, 금융체계가 실물경제와 분리되어 작동한다기보다는 경제 전반과 관계를 맺고 있고, 따라서 금융화 시대의 금융체계도 새로운 방식으로 자본주의에 대해 내생적이라고 파악하는 것이다. 이것은 3장에서 살펴본 라파비차스의 견해와 비슷한 것으로, 금융에 대한 맑스주의적 이해에 해당한다. 아이작스가 주목하는 것은 비금융기업이 최근에는 은행에 덜 의존하면서도 "차입, 금융시장에서의 자본 대출과 거래, 소비자에 대한 대출, 그리고 주식가격 고가 유지 방침" 등을 통해 금융활동에 더 깊이 참여한다는 점이다. 이런 활동이 '금융화'에 해당하는 것은 그렇게 만들어진 이윤과 화폐가 생산에 재투자되지 않고 계속 금융활동으로 이어진다는 점 때문이다. "1984-2009년 사이 미국 비금융 기업의 순 고정투자는 그 전 25년간(1969-84)의 23.7퍼센트에서 17.7퍼센트로 떨어졌다." 이는 곧 "금융 거래가 기업 활동과 이윤 창출의 상당 부분을 차지"했다는 말로서, "생산영역과 유통영역의 가치 실현에 이들 회사가 부여하는 상대적 우선순위에서 변화가 있었음"을 의미한다(21). 하지만 이런 변화가 있었다고 해서 "금융 영역이 생산과 떨어져서 놀며 근원적인 축적 과정과 분리"되는 것은 아니라고 본다는 점에서, 아이작스의 입장은 맑스주의적이라 할 수 있다(2).

금융화를 보는 상반된 관점을 여기서 소개하는 것은 파생상품을 의제자본으로 인식할 때, 그 기능을 어떻게 이해하느냐가 중요하다고 생각되기 때문이다. 파생상품은 오늘날 신자유주의적 축적구조를 형성하는 핵심 전략이라 할 금융화의 기본 수단 또는 기술로 작용한다. 그런데 이 수단이 의제자본이라는 점 때문에 파생상품, 금융화 현상의 '물질적' 성격에 대한 판단이 엇갈리는 것 같다. 결국 문제는 의제자본을 어떻게 이해해야 하느냐는 것인데, 여기서 나는 『자본론』 2권과 3권, 『정치경제학 요강』 등에서 맑스가 펼친 견해를 하비가 나름대로 해석한 내용을 수용하고자 한다. 하비의 결론은 "의제자본이 바로 자본 그 자체의 개념 속에 함의되어 있"다는 것이다(하비, 1995: 360). 이 결론은 맑스가 자본주의적 생산을 위해 필수적으로 요청된다고 본 고정자본의 형성과 축적에는 의제자본이 필수적이라는 판단에 근거한다.

> 고정자본이 미래축적에 대해 형성하는 장애…는 일반적으로 신용체계에 의해, 특히 의제적 자본형태들의 창조에 의해서만 극복될 수 있다. 의제자본이 번창하도록 허용함으로써, 신용체계는 유동자본의 고정자본으로의 전환을 지원할 수 있으며, 사회에서 사회적 총자본의 점점 더 많은 부분이 고정자본의 형태로 순환하게 됨에 따라 발생하는 압력의 증대에 대응할 수 있다. 의제자본은 고정자본만큼이나 축적에 필수적이다(하비: 360).[132]

이처럼 의제자본을 실물경제와의 관계에서 생산적인 역할을 하는 자본으로 이해할 경우, 문제가 되는 것은 의제자본이 축적체제에 미치는 악영향이나 부작용이 아니라, 축적체제로서 자본주의 전체가 겪고 있는 변동이 될 것이다. 라파비차스에게서도 이런 관점을 볼 수 있다. 그에 따르면 금융화 현상은 '생산에서 유통으로의 이동'을 말해주지만 이 변화가 두 부문의 분리를 의미하는 것은 아니다. 3장에서 살펴본 것처럼 그는 금융화 과정을 자본주의 축적구조의 변화 현상으로, 다시 말해 "생산과 유통 간의 균형에

132_ 하비는 다음과 같이 말하기도 한다. "이자 낳는 자본의 순환은 어떤 결정적 역할을 하며, 따라서 자본축적은 화폐자본가들이 실제적 생산과정 외부에 존재하면서 이와 독립적인 힘으로서 그들 자신을 달성하고 적극적으로 그들 자신을 주장할 것을 **필요로 한다**"(1995: 349. 강조는 원문). "상품의 무수한 이동들과 분업의 진전, 그리고 매우 이질적인 생산기간 및 유통기간에 직면하여, 화폐흐름의 연속성을 유지하고 회전기간을 단축시킬 필요는 신용체계의 창출에 대한 강력한 자극이다. 신용체계가 없다면, 전체 축적과정은 정체되고 파멸될 것이다"(353).

변동이 생기는 것"(Lapavitsas, 2009b: 13)으로 이해한다. 이 변동을 투기자본의 난무, 의제자본의 비생산적 활동 범람으로 보게 되면, 해결책은 그런 무절제한 자본 활동에 대한 규제가 될 공산이 크다. 최근 일어난 경제위기에 대한 케인스주의자들의 대안이 바로 그런 것이다. 금융화 현상이 파생상품이 중심이 되는 의제자본의 급성장과 무관한 것은 물론 아니다. "근년에 금융거래의 용량이 산업과 교역의 필요를 크게 초과"했고, "세계 금융시장의 전체 규모가 세계 전체 GDP보다 반박의 여지없이 훨씬 더 크고, 그 큰 부분이 투기활동에서 온" 것 또한 사실이다(Öztürk, 2011: 3). 금융위기가 발생하기 직전인 2000년대 중반 세계금융시장 가치 총액은 세계 전체 GDP의 3배에 달하는 118조 달러였고(Thoma, 2006), 2010년대에 들어와서 파생상품의 금융거래는 명목가치상으로 1000조 달러를 상회한다. 그러나 앞에서 아이작스와 라파비차스의 견해를 빌어 지적한 것처럼, 축적의 중심이 생산에서 유통으로 이전했다고 해서 생산과 유통이 분리되어 따로 놀지는 않는다. 우리가 기억할 것은 자본은 '모순적 통일성'을 지닌다는 점이다. 외즈튀르크Özgür Öztürk는 교환과정에서는 개념적으로 상반된 계기들이 서로 무관한 듯 움직이지만, "상대방에 대한 외면적 무관심을 강제로 종결시키는 위기 속에서는 그것들의 내적 필연성이 명백해진다"는 맑스의 말을 인용하며(Marx, 1973: 443-44), "금융과 생산의 분리는 소위 '실물 부문'이 '금융위기'에 뒤이어 거의 즉각적으로 불황을 맞게 된 위기와 더불어 종결되었다"고 말하고 있다(Öztürk: 3).

여기서 닐스 보어Niels Bohr의 '상보성 이론'을 떠올릴 수 있겠다. 보어에 따르면, 고전물리학과 양자역학은 서로 다른 이론체계를 갖고 있지만, 어느 한 체계만 가지고선 예컨대 빛과 같은 현상을 제대로 설명할 수 없기 때문에, 두 이론체계를 동시에 가동시키는 것이 필요하다. 이것은 빛이 파장이면서 입자라고 하는 상반된 성질을 동시에 갖고 있기 때문이다. 파장으로서의 빛과 입자로서의 빛은 서로 성질이 다르지만, 동일한 하나의 실체에 속한다는 점에서, 빛의 입자 성질과 파장 성질은 서로 상보적인 관계에 놓여 있다. "마찬가지로, 우리는 전자에 대해 파장이라 생각할 수 있거나 아니면 입자로 생각할 수 있지만, 그것을 동시에 양자兩者로 생각할 수는 없다. 하지만 어떤 의미에서 전자는 동시에 양자다"(Harrison, 2000, 34). 이런 상보성 원리를 수용할 경우, 파생상품은 의제자본으로서 독자적인 작용을 하면서, 동시에 실물경제에서 영향을 미치는 것으로 이해될 수 있지 않을까 싶다. 브라이언과 래퍼티가 지적하듯이, 파생상품은 유통체계를 결코 벗어나지 않지만, 동시에 실물경제에 영향을 미치기 때문이다.

8. 금융파생상품과 문화정치경제

지금까지 우리는 금융파생상품 등장의 역사적 맥락, 그 거래 규모 및 시장 현황, 파생상품과 신자유주의, 금융화 및 세계화의 관계, 금융파생상품의 작동원리, 의제자본으로서의 성격과 기능 등을 살펴봤다. 이제 이상 진행한 논의에 기초하여 파생상품의 등장과 작동이 오늘날의 지배적 문화정치경제와 어떤 관련을 맺고 있는지 살펴보자.

먼저 '파생상품의 정치경제'는 여기서 파생상품의 거래 및 작용과 맞물려 발생하는 사회적 가치 생산, 즉 오늘날 부의 창조 과정에서 전개되는 권력관계의 문제로 이해된다. 부의 창조는 다양한 사회적 역능과 실천의 배치를 통해서 이루어지며, 이 과정은 사회적 주체들 간의 복잡한 권력관계 양상을 빚어내기 마련이다. 파생상품의 정치경제를 파생상품을 둘러싸고 국가와 자본과 노동 사이에 벌어지는 관계 형성의 문제로 파악할 필요가 여기서 나온다. 국가와 자본과 노동은 사회를 구성하는 핵심 주체이고, 앞서 살펴본 것처럼 세계적 규모의 가치 통약 원리로 작용한다면 파생상품은 이들이 새로운 관계를 맺도록 하는 중요한 조건으로 작용할 것이기 때문이다.

금융파생상품의 등장과 함께 또 살펴봐야 할 것은 문화정치, 문화경제는 어떻게 변하게 될 것이냐는 점이다. 통상 정치경제 문제를 다루는 정치경제학은 랜디 마틴의 말대로 "사회적인 것을 사유하는 일반적 틀"로 간주되며, 여기서 정치경제는 "가치가 어떻게 합리화되는가, 사회적 역능이 부의 창조를 어떻게 떠맡는가의 문제"가 된다(Martin, 2007: 14). 가치를 합리화하고, 사회적 역능을 동원하여 사회적 부를 창조하게 하는 기획은 사회 일반의 문제임이 분명하다. 그런 기획을 위해서는 각종 사회적 역능의 생산과 재생산, 인구의 배치와 관리, 생산과정의 합리화나 노동 통제 및 노동 규율 등 실로 다양한 문제를 다룰 수 있는 복잡하면서도 일관된 어떤 기술체계, 사회적인 것 전반을 사유하고 관리할 수 있는 '일반적 틀'이 필요할 것이기 때문이다. 이 틀을 가리켜 마틴은 '정치경제학'으로 부르고 있지만, 그것은 정치경제만이 아니라 문화정치와 문화경제의 문제도 함께 포괄하는 틀일 수밖에 없다. 왜냐하면 각종 사회적 역능의 형성은 노동의 능력과 태도 등을 제고하고 유지하는 과제가 되고, 인구의 배치와 관리는 국가를 중심으로 하는 각종 사회적 조직과 제도라는 문제를 전제하고, 생산은 자본의 동원과 활용 및 이 과정에 따르는 기술력 문제와 관련된다는 점에서, 사회적인 것 전체가 이 과정에 개입될 것이기 때문이다. 이처럼 국가의 인구 관리, 자본의 생산 통제, 노동의 역능과 태도 문제를 다뤄야 한다면, 정치경제학은 언제나 이미 문화정치경제의 문제설정을 작동시키고 있는 셈이라고 봐야 한다.

하지만 정치경제학이 문화정치경제의 문제설정을 전제한다는 것과 이 문제설정을 실제로 반영한다는 것은 다른 이야기다. 1장에서 언급한 것처럼 정치경제학은 역사적으로 경제결정론적인 편향을 드러냈으며, 이로 인해 경제 이외의 다른 사회적 실천을 부차적인 것으로 취급하는 경향을 적잖이 노출해 왔다. 물론 경제적 부의 창조를 둘러싼 권력 문제 또는 정치적 투쟁 문제에 천착하며 이런 편향을 극복하려는 모습이 없었던 것은 아니나, 그런 경우에도 정치경제학은 문화를 논외로 취급하는 경향이 높았던 편이다. 이념적으로 문화정치경제 전체를 문제시하는 것과는 별도로, 정치경제의 문제설정은 실질적으로는 정치와 경제의 관계만을 중심으로 사회적 실천을 사고하는 경향에서 크게 벗어나지 못한 것이다. 1960년대에 문화정치가 간과할 수 없는 사회적 의제임을 주장하며 문화연구가 새로운 지적 기획으로 등장한 것은, 정치경제학적 문제설정이 문화 문제를 대체로 외면하거나 간과하는 경향이 있다고 보고, 이를 문제 삼고 나선 중대한 지적 도전 사례에 속한다. 하지만 우리는 정치경제학적 편향에 대한 비판으로 등장한 이 문화연구에 대해서도 비판이 없지 않았다는 것을 알고 있다. 문화연구의 문화주의적 경향에 대한 문제제기와 함께, 문화와 경제의 관계를 중시하는 문화경제학이 1990년대 이후 비판적 지식생산의 한 전통으로 수립된 것이다.

여기서 '문화정치경제'의 문제설정을 채택하는 것은 따라서 정치경제만이 아니라 문화정치, 문화경제도 나름의 중대한 사회적 실천으로 작용함을 인정하고, 나아가서 이들 상이한 실천이 서로 맺고 있는 관계까지 살펴보기 위함이다. 문화와 정치와 경제는 한편으로는 각기 상대적 자율성을 지닌 채 작동하면서, 다른 한편으로는 문화는 정치와 경제와, 정치는 문화와 경제와, 경제는 문화와 정치와 관계를 맺는 과정에서 문화정치, 문화경제, 정치경제라는 문제영역이 만들어질 수 있는바, 여기서 주된 탐구 대상으로 삼는 것은 일단 이 세 영역이다. 하지만 '문화정치경제'의 문제설정은 이들 세 영역도 서로 분리되지 않은 채 관계를 맺으며 작동함을 전제하고, 문화정치의 문제도 여기서 생략된 것처럼 보이는 경제와, 그리고 문화경제는 비슷한 방식으로 정치와, 정치경제는 문화와 관계를 맺고 있다는 점을 인정하며, 이에 따라서 문화적 정치경제, 경제적 문화정치, 정치적 문화경제의 문제를 새롭게 사고하고자 한다.

오늘날 새롭게 등장한 파생상품, 즉 금융파생상품은 이런 식으로 이해한 문화정치경제와 어떤 관계를 맺고 있는 것일까? 이 질문은 금융파생상품과 함께 어떤 문화적 정치경제, 경제적 문화정치, 정치적 문화경제가 작동하도록 하는지 알아보게끔 만든다.

1) 금융파생상품과 문화적 정치경제

파생상품은 현대 경제학의 주류를 형성하고 있는 신고전경제학파가 선호하는 수리경제학의 꽃과도 같다. 주류경제학은 '블랙-숄즈 모형'을 옵션 가격결정이론으로 채택하는 등 수리금융학 도입을 통한 '과학화'를 꾀함으로써 파생상품 논의를 주도해 왔다. '무작위과정을 다루는 편미분방정식'(Maurer, 2002: 21)을 활용하는 블랙-숄즈 모형은 '효율적 시장' 가설에 따라 옵션상품의 수익유형을 '무작위행보'로 파악했는데, 이것은 옵션의 가격변동을 입자물리학이 다루는 브라운운동과 유사하게 파악하는 셈이다(Mackenzie, 2004a: 104-05). 파생상품 논의가 흔히 기술경제학으로 간주되는 것은 이처럼 고도의 수리공학을 활용하기 때문일 것이다.

그러나 인구, 생산, 노동과의 관계 속에서 이루어지는 부 또는 가치의 창조라는 측면에서 자본의 작동을 파악하는 정치경제학의 관점을 취할 경우, 파생상품이 우리의 관심을 끄는 주된 이유 하나는 특히 금융파생상품의 등장으로 인해 소유권 개념이 바뀌고, 이와 더불어 자본과 노동의 관계, 나아가서 국가의 역할에서 중대한 변화가 초래된다는 데 있다. 파생상품은 새로운 경쟁 논리를 만들어냄으로써 오늘날 지구상에서 일어나는 부의 창조와 이를 둘러싼 각종 사회적 과정에 새로운 조건을 부과한다. 이런 일이 생기는 것은 무엇보다도 금융파생상품이 자본의 한 '토막'이 다른 '토막'에 대해 측정될 수 있도록 하는 '복잡한 전환 망'을 형성하기 때문이다(Bryan and Rafferty: 131). 파생상품은 상품과 자산 등 모든 자본 형태를 그 속성들로 분해하여 그것들의 통약 가능성을 찾고, 이를 통해 시장들을 연결한다. 파생상품이 이런 역할을 하는 것은 "어떤 기업, 어떤 시간, 어떤 공간에서든 자산 가치의 실시간 척도를 제공"하기 때문이다(Martin, Rafferty and Bryan, 2008: 126-27).[133] 자산의 속성 하나하나가 지닌 가치가 지구적 공간을 가로

133_ 이것은 파생상품이 화폐 기능을 한다는 말이다. 실제로 브라이언과 래퍼티는 파생상품을 오늘날 자본주의가 필요로 하는 화폐형태라고 주장하고 있다. 파생상품은 "지불단위 및 가치축장 화폐적 기능을 수행한다"는 것이다(Bryan and Rafferty, 2007: 142).

지르며 실시간으로 측정될 수 있다면, 상이한 자산들은 이제 그 가치가 즉각 서로 비교될 수 있다는 점에서 무한한 경쟁에 빠져들 수밖에 없다. 파생상품이 상품이든 자산이든 자본의 모든 형태를 그 구성 속성으로 분해하는 것은 "속성 각각의 가치를 통약하고 그것들이 최상 실적에서 이탈하는 것을 규율하기 위함"인 것이다(Martin, Rafferty and Bryan: 126).

오늘날 사회에서 전반적으로 구조조정이 일어나고, 비정규직을 포함한 프레카리아트 인구가 증대하고, 노동 강도가 강화되는 것은 이런 점에서 결코 우연이랄 수 없다. 앞서 언급한 대로 오늘날 파생상품의 명목거래액은 세계 GDP의 백여 배에 달할 정도로 크고, 실질거래액도 어마어마하다. 더 중요한 것은 파생상품이 자본의 인수분해를 통해 각종 자산 가격을 비교하여 거래가 일어나게 한다는 점이다. 이렇게 되면 모든 자본은 파생상품의 작동기제에 의해 지배된다. 어떤 자본이든 파생상품의 통약 작용에 따른 가격 산정 또는 가치 추적에 노출됨으로써 그 회수율을 특정한 시점 파생상품 거래로 제시되는 수준으로 끌어올려야 하기 때문이다. 신자유주의 금융화가 진행된 수십 년에 걸쳐 '노동유연화'나 구조조정 등의 이름으로 노동에 대한 공격이 대대적으로 일어난 것도 이처럼 파생상품이 상이한 개별 자본들의 경쟁력 비교에 활용되어온 것과 무관하지 않다.

> 우리의 분석에서 요지는 경쟁의 핵심이 기업들 또는 법적으로 규정된 다른 단위들이 아니라 투자들 또는 축적 단위들, 또는 우리가 말한 개별 자본들이라는 것이다. 이런 틀이 우리 분석에 중요한데, 왜냐하면 파생상품은 어떤 현장, 어떤 부문, 어떤 시점에서건 자산 가치의 추적을 용이하게 하는 역할을 하기 때문이다. 따라서 파생상품은 개별 자본들 간 경쟁의 실행에 결정적이다(Bryan and Rafferty: 168).

파생상품의 정치경제라는 관점에서 볼 때 중요한 것은 개별 자본 간의 경쟁이 자본 간의 경쟁으로만 남지는 않는다는 점이다. "자본이 이런 회수율을 달성하지 못하는 데서는 더 높은 생산성에 의해서건, 더 긴 노동일 또는 더 낮은 임금에 의해서건, 더 높은 수익성을 올리라는 압박이 생산 영역, 특히 노동으로 전가된다"(162). 파생상품이 자본을 경쟁관계로 몰아넣고, 이 결과 경쟁력을 높이려는 개별 자본이 서로 '계급투쟁'에 돌입하게 되면 노동 또한 경쟁의 압박에서 자유로울 수 없다. 파생상품의 금융적 운동과 노동 간에 불가분의 인과관계가 형성되는 것이다(162).

그러나 파생상품은 이처럼 개별 자본들 간의 경쟁을 유발하고 노동생산성 강화를 압박하는 주된 요인으로 작용함에도 불구하고, 그 작동 원리와 그것이 야기하는 현장 경쟁 사이에는 커다란 탈구현상이 존재한다는 점에 유의할 필요가 있다. 노동 강도가 강화되고 임금이 깎이고 대대적인 구조조정을 당하는 구체적인 현장, 다시 말해 생활기금을 임금으로 벌어야 하는 노동력이 배치되어 있는 현장에서는, 파생상품의 작용을 확인하기가 거의 불가능하다. '현장'에서 주목을 끄는 것은 흔히 투쟁하는 노동의 모습이다. 노동운동가 김진숙 지도위원이 300일이 넘는 크레인점거 고공투쟁을 벌이는 동안, 전국에서 '희망버스'가 수백 대씩 모여들고 수천수만의 시위 군중이 경찰과 치열하게 대치한 2011년 한진중공업의 부산공장 현장이 그런 모습을 극적으로 보여준 바 있다. 이때 현장은 언뜻 보면 아직 이윤을 내고 있는데도 부산공장을 폐쇄하고 생산시설을 필리핀으로 옮길 방침을 정한 '악덕기업가 조남호 회장(자본), 그에 맞서 영웅적 투쟁을 전개하는 김진숙 지도위원(노동), 그녀를 지원하러 온 '희망지킴이들'의 시위를 막고 선 경찰(국가) 간의 투쟁이 '직접' 가시화되는 공간이다. 이때 파생상품은 이 공간 어디에 그 모습을 드러내는 것일까? 사실 그것은 어디서도 보이지 않는 것 같다. 하지만 한진중공업의 공장 폐쇄와 노동자 감축은 결코 금융파생상품의 작동과 무관할 수가 없다. 오늘날 그런 결정을 일으키는 가장 중요한 요인은 자본간 경쟁이고, 이 경쟁을 작동시키는 것은 파생상품과 그 통약작용이기 때문이다. 이 작용으로부터 자유로운 어떤 자본과 노동도 없다고 한다면, 조남호 회장이 의식하든 못하든, 노동자들이 인정하든 않든 한진중공업으로서는 부산공장 폐쇄가 불가피했을 가능성이 높다. 조회장을 '악덕 기업가'로 규탄하고 그의 조치에 저항한 것이 잘못되었다는 말은 물론 아니다. 하지만 악덕 여부를 떠나 어떤 자본가도 파생상품 논리가 강제하는 경쟁 압박에서 자유로울 수 없다는 사실을 인식하는 것은 오늘날 자본주의의 작동 방식을 이해함에 있어서 필수적이다. 신자유주의 시대에 들어와 세계 곳곳에서 구조조정이 확산되고, 수시로 공장 폐쇄와 이전 조치가 발생하고, 노동자에 대한 규율 강화가 일어나는 것은 금융화를 통해 금융파생상품이 핵심적인 축적 기제로 채택된 것과 무관하지 않다. 금융파생상품과 그 통약 작용은 물론 비가시적 체계로 작동하며, 노동과 자본의 계급투쟁 현장에서는 모습을 거의 드러내지 않지만, 오늘날 그것이 현실에 침투하는 거대한 실재임을 부인할 수는 없는 것이다.[134]

파생상품의 정치경제는 그렇다면 자본축적의 새로운 논리로서, 파생상품이 통약 작용을 계속하도록 만들어내는 국가와 자본과 노동의 권력 관계와 관련되어 있다고 해야 할 것 같다. 롱텀캐피털매니지먼트 파산, 엔론사 사태 등 파생상품으로 인한 경제위기가 빈번해지자, 미국에서 그것에 대한 규제가 필요하다는 여론이 형성된 적이 있지만, 파생상품 규제안은 연방준비제도 의장 그린스펀 등을 포함한 유력한 인사들의 반대로 무산되었다(다스, 2011: 19-22). 이것은 당시 미국의 정치세력이 파생상품 거래를 지속하는 쪽으로, 파생상품을 중심 기제로 삼는 금융화 과정을 계속 추진하기로 동의하고 결정했다는 말과 다르지 않다. 오늘날 세계 주요 국가들에서 금융시장이 활성화되고 있고, 이 과정에서 파생상품 거래가 계속 유지되며 최대의 금융상품시장을 형성하고 있는 것도 같은 맥락의 일이라 할 수 있다. 한국의 경우도 파생상품 거래가 제도화된 것은 WTO, OECD 가입 등을 통해 신자유주의적 세계화 흐름에 동참하고자 금융자유화 강화에 동의한 정치경제적 질서가 형성되었기 때문에 생긴 결과다.

134_ 정신분석학에서 실재the Real는 그 자체로서는 등장하지 않고, 징후를 통해서 그 존재를 알려줄 뿐이다.

이때 사회적 실천의 문화적 차원은 어떤 모습을 띠는 것일까? 파생상품의 정치경제가 사회적 부의 창조와 관리가 파생상품의 출현을 통해 특정한 권력관계를 형성하는 방식과 관련되어 있다면, 문화는 이 맥락에서 어떤 모습과 역할을 갖게 되는가? 문화는 이때 탈주, 탈맥락화의 형태를 띠는 것으로 보인다. 마틴이 지적하듯이 금융화 시대에 이루어지는 각종 사회적 결정은 '무관심', '주의 결손' 형태와 태도를 띠는 경우가 허다하다(Martin, 2007: 14, 16). 오늘날 금융자본은 지구적 수준에서의 원활한 흐름에 목매단 탓으로, 특정 현장에 대한 전념, 헌신보다는 그로부터의 탈주, 탈현지화를 지향하는 경향이 매우 높다. 개별 자본 가치에 관심을 갖는 것은 파생상품도 마찬가지다. 하지만 이때 관심은 개별 자본의 고유한 사용가치—예컨대 부산 해운대 해수욕장의 자연 조건—보다는 주로 한 자본이 다른 자본에 대해 갖는 가치 차이로 향해 있다. 파생상품 거래로 강화되는 세계화 과정에서 나타나는 경향도 비슷하다. 2000년대에 들어와서 한국 정부는 각종 자유무역협정을 추진하면서 '글로벌 스탠더드'가 이제 한국사회가 추구할 가치임을 지치지 않고 강조했는데, 이 가치를 위해 큰 희생을 치른 것이 '현지산물'이다.[135] 무역협정 등에서 행해지는 결정은 예컨대 칠레 포도가 수입될 경우 한국 포도농가가 어떤 고초를 겪을지 고려해서 이루어지진 않는다. 칠레산 포도와 한국산 포도의 비교경쟁에서 어느 쪽이 더 유리한지 가늠하는 것이 중요할 뿐이다. 이런 경향은 오늘날 파생상품 거래 확대의 주요 기제인 '증권화'에서도 확인된다. 증권화는 수백수천의 개별 부채를 한 덩어리로 묶어내 서로 다른 특수성—가구 각각의 고유한 사정—을 지닌 복수의

135_ 한-미 자유무역협정을 체결하면서 노무현 정부가 한국영화를 보호해온 스크린쿼터 제도를 포기한 것이 글로벌스탠더드 추구의 대가로 '현지산물'이 희생된 대표적인 경우에 속한다. 글로벌스탠더드를 대표하는 미국은 각종 무역협정 협상 과정에서 '현지화비율' 규정을 철폐하거나 그 비율을 턱없이 낮출 것을 요구해왔다. 호주와의 FTA 협상 과정에서도 미국은 "유료 텔레비전 서비스, 인터넷, 그리고 여타 뉴미디어에 영향을 미치지 않도록 현지화비율 규정을 철폐할 것"을 요구했다(Hassan, 2005). 현지화비율 규정은 현지산물 우대 조치로서 국제 교역 협상에서 한 국가가 자국의 현지 산업과 문화를 보호하기 위해 활용해온 중요한 장치다.

부채를 하나의 신용 범주—AAA에서 BBB 등급으로까지 분류되는—에 포함시키는 과정으로서, 개별 채권에 등급 일반의 성격을 부여한다. 다시 말해 각 채권이 지닌 개별적 위험이 확률의 분포로 새로 정위되는 것이다. 파생상품은 이처럼 확률적으로 분산된 위험을 '포트폴리오 이론'을 통해 관리하게 된다. 이런 증권화(또는 유동화) 과정에서도 개인이나 개별 가구의 사정이 고려되는 경우는 드물다. 파생상품으로 가능해진 각 자본 간 가격 차이 산정이 지구적 규모로 일어나면 '부수적 피해'가 따르기 마련인 것은 2000년대 후반 미국, 스페인, 아일랜드 등 많은 나라에서 일어난 부동산 가격 폭락이 보여준 바지만, 이때 개별 피해자의 딱한 사정에 대한 배려는 무인항공기 드론에 의한 폭격으로 희생당하는 중동 지역 주민에 대한 그것처럼 거의 전무하다고 봐야 한다.136 파생상품과 연동된 기획금융이 부동산 개발에 사용될 때에도 그로 인한 개인적 비극과 희생이 필연적이나, 관련 정책 결정은 통상 그런 점을 무시하고 이루어진다는 것을 지금 당장은 취소된 서울의 용산국제업무지구 개발 과정에서 세입자 5명이 불에 타죽는 사건이 잘 보여준 바 있다. 자연, 역사, 전통도 그에 대한 가격 산정 여하에 따라서 자본화되거나 폐기 처분되기 일쑤다. 서울의 종로 일대 개발을 위해 600년 전통의 피맛골이 사라진 것이 역사 폐기의 사례라면, 부산의 해운대 해수욕장 부근이 새로운 부동산 투기의 장소가 된 것은 천혜의 자연환경이 자본화된 사례다. 이때 현장, 맥락, 역사의 구체성은 파생상품 논리에 따른 가격 산정에 의해 그 가치가 결정될 뿐, 그 자체로 인정받지 못한다.137

파생상품의 정치경제가 지닌 문화적 차원은 이렇게 보면, 파생상품의 거래로써만이 아니라 그 논리의 적용으로 인해 발생하는 삶의 양식, 특히

136_ 파키스탄 당국에 따르면 2006-09년 사이의 3년 동안 드론 공격으로 죽은 알카에다 조직원은 겨우 14명이었는 데 반해, 파키스탄 주민 사망자 수는 687명에 이르렀다 (Voluntaryist, 2013).

137_ 파생상품 거래 중심으로 추동되는 금융화 과정에서 발생하는 이런 탈현지화, 탈맥락화 현상의 함의가 꼭 부정적인 것만은 아니다. 탈맥락화는 노동자계급에게 '탈주'의 가능성과 새로운 연대 등 새로운 정치의 가능성을 열어줄 수도 있다.

정치경제적 추상성이 삶의 구체성과 만나게 되는 부분, 다시 말해서 확률적 계산에 의한 결정이 지닌 압도적 위력이 구체적 삶과 연관되는 차원인 것으로 이해된다. 오늘날 계산적 태도가 만연하는 것은 이런 연관이 곳곳에서 이루어져서 생겨나는 현상일 것이다. 이런 점은 문화적 차원에서도 이런 경향에 대한 개입이 가능하다는 것을 의미한다. 역사, 자연, 전통의 구체성이 파생상품의 추상성과 접속할 때 투쟁이 일어날 수 있는 것이다. 사실 세입자 5명이 불 타 죽은 2009년의 '용산 참사'는 파생상품과 기획금융의 '부수적 피해' 사례이기도 하지만, 이후 1년 동안 이명박 정권에 대한 강력한 저항운동을 불러일으킨 계기가 되기도 했다. 물론 이런 투쟁이 부수적 피해가 발생한 '현장'에서만 이루어질 경우, 파생상품의 작동에 대한 개입, 금융화 과정에 대한 개입을 기획하긴 어렵다는 점은 문제로 남는다.

2) 금융파생상품과 경제적 문화정치

정치경제가 사회적 가치 생산 즉 부 창조와 관련한 권력관계의 문제라면, 문화정치는 의미나 가치, 규범, 정체성의 생산과 실천을 둘러싼 갈등 및 투쟁의 문제다. 정체성, 규범, 가치, 의미는 기호적 과정을 거쳐서 생산되고 표현되므로, 문화정치는 상징과 표현, 재현의 장에서 벌어지는 지배와 복종의 문제로 나타난다. "서로 다른 집단, 개인들이 특정한 이해관계를 증진시키고자 권력을 획득하거나 권력의 사회적 편성을 바꾸기 위해, 문화적 의미와 재현을 구성하고 변경하고 배치하며 그런 의미와 재현을 놓고 다투는 방식"이 문화정치인 것이다(Hyrapiet and Greiner, 2012). 문화정치는 그래서 무엇보다도 '문화'—혹은 윌리엄스의 정의를 여기서 환기한다면 '자연적 성장과 그 '육성'—의 의미와 방향을 둘러싸고 형성되는 지배와 복종, 연대 등 각종 권력 관계가 주조되는 사회적 실천 차원이 된다. 문화정치를 이렇게 이해할 경우, 파생상품의 문화정치는 파생상품의 출현 및 그 거래 확산과 함께, 그리고 무엇보다도 파생상품의 작동원리—위험을 측정하여 투자대상으로 삼는—가 오늘날 삶의 양식에 파고듦으로써 가치 있고 의미 있는 삶에 대한 인식이 어떻게 바뀌고, 이것이 상징과 표현, 재현의 장에서 어떤 갈등과 경쟁, 투쟁을 유발하는가의 문제와 결부되어 있다고 하겠다.

파생상품의 문화정치를 논할 때 특히 주목해야 할 것이 위험의 인식, 관리, 대처를 위한 의미와 가치, 정체성 생산이나 형성 과정에서 일어나는 변화다. 파생상품은 기본적으로 신자유주의 시대에 전개되는 금융화 과정에서 발생하는 자본축적과 관련한 위험을 매개하고 거래하는 상품이다. "(채권을 포함한) 금융파생상품은 자본의 위험 관리에 필수적이다." 이 상품의 거래를 두고 기호적 실천이 요구되는 것은 이때 매개되는 "위험은 통계상의 계산인 것만이 아니라", "사회관계이기도 하다"는 점 때문이다. 브라이언과 래퍼티가 지적하듯이, "자본에게는 위험이 쟁점임이 분명하다"(Bryan and Rafferty, 2009: 6). 3장에서 살펴본 것처럼 위험은 이때 방지하거나 회피할 대상이 아니라, 오히려 활용하고 관리할 대상으로 간주되고, 위험을 축적 기회로 삼는 자본으로는 그것을 매력적인 것으로 또는 감수할 만 것으로 보이게 할 필요가 있다. 본 책의 8장에서 더 자세하게 살펴보겠지만, 금융화 시대에는 이 결과 위험이 중요한 주체형성 기제로 작동하게 된다. "위험은 또한 어떤 도덕적 기능을 수행한다. 위험을 선뜻 수용하는 사람들과 불량 위험을 지닌 사람들을 구분해냄으로써 말이다. 위험 감수자risk taker는 역사의 지당한 주인공이고, 위험에 처한 사람은 쓰레기통에 버려진다"(Martin, 2007: 21).

오늘날 글로벌스탠더드가 강조되고 있는 것도 이런 점과 무관하지 않을 것 같다. 그 작동원리가 위험 관리에 있고, 사람들로 하여금 위험에 처하기보다는 위험을 감수하는 능동적 존재, 즉 '역사의 주인공'이 될 것을 요구한다면, 파생상품이 선호하는 문화정치는 특정한 영역이나 고장 또는 단일한 생산현장에 붙박인 삶만 지향하기보다는, 현지산물 시장의 개방이나 소속 조직의 재구조화도 새로운 역능이나 자산 형성의 기회라고 받아들이는 태도를 지지하는 것일 수밖에 없다. 글로벌스탠더드를 지향하는 것이 파생상품의 문화정치에 부합한다고 볼 수 있는 것은 이런 이유 때문이다. 파생상품 시장이 최대시장으로 성장한 최근에 들어와 각종 사회적 결정이 무관심, 주의 결손의 형태와 태도 속에 이루어지는 것도 탈현지화, 탈맥락화가 파생상품의 기본적 거래방식인 것과 무관하지 않을 것이다. 2장에서 한국의 신자유주의적 경제관료들이 '국익'을 배반하는 행위도 서슴지 않고 자행했다는 점을 언급한 바 있다. 그들이 그렇게 한 것은 금융화가 추진되고, 파생상품의 논리가 자본의 경쟁력을 측정하는 지배적 방식이 될 때는 글로벌스탠더드가 더 중요하게 간주되기 때문일 것이다. 글로벌스탠더드는 이때 주민, 민족, 국민의 '한계'를 뛰어넘은 더 고차원의 가치로 작용하는 셈이다.

랜디 마틴에 따르면, "파생상품은 회사들 간에 발행되는 약속어음이다. 파생상품은 산업기업으로 하여금 은행 기능을 떠맡게 하여 금융서비스에 종사하게 해주는 주요 수단을 대변한다. 파생상품은 발전의 수혜자들이 주민들 또는 국민들에서 다른 경제 행위자들로 이전된다는 표시다"(Martin, 2007: 31). 이 말은 파생상품이 오늘날처럼 지배적 거래 상품이 되면 주민들, 국민들의 수준을 넘어서는 교환의 행위가 만연하고, 이로 인해 사회적 주체가 경제적 주체로 바뀐다는 말이다. 신자유주의 금융화 시대에 요청되는 지배적 주체형태가 주로 '투자자' 주체인 것은 이런 이유 때문이라 할 수 있을 것 같다. 금융화 이전의 수정자유주의 시대 지배적 주체형태인 '시민'이 공적인 개인으로 취급되었다면, '투자자'는 사적인 개인에 해당한다. 시민은 불특정 다수의 일원으로서 공공정책의 대상이고, 공적 서비스의 수혜자이자, 공적인 의사결정 과정에 참여할 수 있는 법적 권리의 소유자라 할 수 있다. 반면에 투자자는 자신의 사적 소유에 대한 처분권을 갖지만, 그의 결정과 행동은 모두 사사로운 것으로 간주된다. 투자자가 새로운 지배적 주체형태로 등장하면서 만들어진 지배적인 문화적 효과는 그래서 사적인 성취, 성공에 대한 사회적 강조가 만연한다는 것이다. 투자자는 위험을 모험으로 간주하고, 실패도 기꺼이 감수하지만, 투자자로서 남아있는 한 위험을 기회로 삼는 자, 다시 말해서 성공을 통해서 생존하는 자다.

이런 경향을 통해 확인할 수 있는 또 다른 사실은 파생상품의 문화정치는 대부분 경제 또는 경제적 활동과 긴밀하게 연계되어 작동한다는 것이다. 파생상품 논리를 체화한 사람들은 위험관리자로서의 투자자가 되고, 끊임없이 투기적 행위에 몰두하게 된다. 오늘날 많은 사람들이 자기-계발적인 주체가 되고 있는 것이 좋은 사례다. 자기계발을 위해 사람들이 유난히 추구하는 것 가운데 하나가 되도록 많은 자격증 또는 깜냥specs 쌓는 일로서, 이것은 포트폴리오 이론을 실생활에 적용해 경제 중심적 삶을 사는 것과 같다. 기관 투자자가 포트폴리오 이론에 의거하여 다양한 유형의 위험들을 분산시킴으로써 위험 확률을 통제 가능한 수준으로 관리하는 것처럼, 개인들은 이제 깜냥을 쌓음으로써 자신의 경력을 관리한다. 이런 관행에 빠질 경우, 특정한 주체형태가 실천하게 되는 지배적 문화정치는 오직 성공을 목표로 이루어진다고 할 수 있으니, 파생상품의 문화정치가 지닌 일부 경제적 의미도 여기에 있다. 문화정치는 이때 그 자체로는 특정한 의미와 가치의 구현, 예컨대 자기계발이라는 형태를 띠지만, 이런 행위는 경제적 논리에 이미 포획되어 있다고 봐야 한다.

인구 가운데 투자자 주체 인간형이 지배적인 위상을 갖게 될 때, 만연하는 현상 하나가 실적평가의 제도화일 것이다. 각종 사회 조직에서 실적평가의 중요성이 강조되기 시작한 것은 우연치 않게 금융파생상품이 자본축적과 불가분한 관계를 맺게 된 이후다. 실적평가는 당연히 경제적 평가에 해당한다. 그것은 주로 각종 자산 가치를 두고 행해지고, 자산의 통약 가능한 속성들 각각의 경쟁력을 측정함으로써 이루어지는 것이다. 근래에 들어와서 기업에서 '주주가치'가 강조되고, 최고경영자를 위시한 상층 임원 권력이 강화된 것도 실적을 중시한 결과라 할 수 있다. 오늘날의 경영자는 주식회사가 지배적 기업 형태로 등장한 19세기 이후 출현한 경영자와는 다르다. 금융파생상품 시장이 급성장한 20세기 말 이후의 경영자는 새로운 사업 영역을 개척하기 위해 위험을 무릅쓰는 영웅적인 모습의 '기업가entrepreneur'보다는, 남몰래 기회를 낚아채는 '차익거래자'나 헤지펀드 매니저에 더 가깝다(Martin, 2007: 22; 2009: 109).[138] 둘의 차이는 전자가 회사의 장기발전을 도모하려 한다면, 후자는 단기성과에 집착한다는 점이다. 오늘날 기업 고위직은 성과급으로 받은 자신의 주식 옵션 가격을 높이기 위해 당장의 회사 자산 가치를 높이는 데 열중한다. 실적 위주의 평가제도가 도입되고 경영자 권력이 강화된 것은 1990년대 이후의 금융자유화로 선물거래 같은 파생상품 시장이 개설된 한국도 이제는 예외가 아니다. 알다시피 이런 흐름은 비-기업 사회조직들에까지 확산되었는데, 과거 기업과는 크게 다른 운영 원리가 적용되던 대학 같은 곳에서도 수장이 되려면 학문적 권위 이전에 경영자로서의 능력을 갖추어야만 하고, 교수의 자질 평가도 논문생산 등의 실적 중심으로 이루어지게 된 '대학의 기업화' 현상이 좋은 예다.

기업과 비-기업 조직의 운영방식에 파생상품 논리가 도입되고 있다는 점은 각종 조직 구성원에 대한 회계학적 평가방식이 널리 적용되고 있다는 사실로써도 확인된다. 파생상품이 거래 대상으로 추출해내는 자산이나 상품 등 자본의 속성은 개별적으로 관리할 대상, 즉 개별 과업이 될 수밖에 없다. 이들 과업은 개별적으로 분해되어 서로 비교되기 때문에, 그 경쟁력에 대한 측정이 언제든지 가능하다. 이때 각 자산의 가치를 측정하는 수단이 '관리회계'다. 관리회계는 기업 등의 조직에서 상이한 부서와 개인의 실적을 평가하는 방식으로 작동하기 때문에 조직 경영에 필요한 정보를 만들어내고 "계산과 책임을 연동시켜서 조직 관리 효과를 만들어내는 특징을 갖는다"(강내희, 2011a: 56). 다시 말해 개별 자산 가치의 평가를 그 자산을 관리하는 개인의 수행성 평가로 만들 수 있는 것이다.

이때 '실적'으로 간주되는 것은 당연히 경제적인 의미를 지니게 된다. 실적은 오로지 자산 가치의 증감에만 의거해서 측정되고 있는 것이다. 투자나 관리 등을 책임지는 조직의 특정 부서나 개인이 보여주는 각종 수행 행위

138_ '기업가는 여기서 신자유주의 금융화 시대에 강조되고 있는 '기업가정신'에서 언급되는 '기업가'와는 구분된다고 봐야 할 것이다. 마틴이 말하는 기업가는 새로운 사업 영역을 개척하기 위해 모험을 감행하는 인간 유형으로서, 남북 경제협력을 촉진하기 위해 소 1001마리를 몰고 방북한 고 정주영 현대그룹 회장을 연상시킨다. 반면에 차익거래자나 펀드매니저는 단기 이익에 급급한 외환딜러에 가깝다.

결과로서의 실적은 가격으로 환산된 효율성에 의해 결정된다. 각각의 작업, 관리, 투자 행위가 모두 자산가치로 환원되어 이 가치에 어떤 증감 효과를 가져왔느냐에 따라 실적이 평가되는 것이다. 파생상품의 경제적 문화정치는 이렇게 보면 기본적으로 오늘날 사회적 삶을 경제적 행위, 경제적 의미와 가치 중심으로 조직하는 데 기여하는 것으로 볼 수 있다. 파생상품의 논리가 지배하게 되면, 사람들은 '위험'을 일용할 양식으로 받아들이게 되고, 위험 관리를 위해 일상을 바침으로써 금융적 삶을 살게 된다. 이 삶은 기본적으로 경제적이다.

3) 금융파생상품과 정치적 문화경제

자본주의 비판 전통에서 보면 '문화정치'의 문제설정도 '정치경제'에 대한 비판에서 출발했지만, 문화경제의 주된 비판 대상도 정치경제라고 할 수 있다. 물론 문화경제론적 접근은 그보다 먼저 등장하여 이제는 나름대로 '합법적인' 지식생산 방식의 위상을 갖춘 문화연구에 대해서도 문화정치 문제에 지나치게 집착했다고 보고 비판적 태도를 취했던 것이 사실이다. 문화경제론을 펼치는 논자 상당수가 문화연구의 문제설정을 완전히 거부하지는 않지만 그래도 문화를 '경제'와의 관계에서 살펴보려는 경향이 크다는 것은 문화연구의 문화정치론으로의 경도에 대한 그들의 비판적 또는 반성적 태도를 보여준다. 그러나 이때에도 광의의 비판이론 전통에서 지배적인 접근법이 정치경제학적이라는 점이 작용하는 듯, 문화경제의 문제설정에서도 주된 비판 대상은 정치경제학적 접근이라고 할 수 있다. 문화경제의 문제설정은 그렇다면 파생상품과 관련하여 문화정치, 정치경제의 그것과는 어떻게 다르게 접근하는가?

비판적 정치경제학이 경쟁 대상으로 삼는 주류 경제학에는 기술경제학적 경향이 크다는 것은 앞에서 이미 언급한 바다. 그러나 문화경제 비판의 관점에서 보면, 같은 문제점을 드러내는 것은 정치경제학도 다르지 않다. 정치경제학자는 대체로 "기술경제학과 경쟁하며 그와 겹치는" 작업을 하는 경향이 있기 때문이다(Froud et al., 2006: 71). 정치경제학은 기술경제학적 경향을 드러내며 정치경제의 문제를 주로 경제의 기술적 측면에서 파악하면서 주류 경제학을 닮아간다고 보는 문화경제학이 대신에 관심을 갖는 것은 경제의 문화적 측면이다. 문화경제학자들은 기술경제학의 '수학적 형식주의'도 문화적 차원에 속한다는 점을 강조한다. 이때 수학적 형식주의를 이해하는 방식은 오스틴J. L. Austin이 제출한 '언행이론speech act theory'의 그것이다. 언행이론에 의거할 경우 수학적 엄밀함의 강조—즉 기술경제학뿐만 아니라 이 주류 경제학에 종속된 정치경제학도 드러내고 있는 계산 중시 경향—는 이제 담론과 수사의 차원에서 해석될 수 있다. 3장 9절에서 살펴본 프라우드 등(2006)의 연구에 따르면 주주자본주의의 수사와 행위 간에는 큰 괴리가 있다. FTSE 100, S&P 500 기업 집단 경영진은 자신들이 대단한 실적을 올릴 것이라며 수사적 약속을 남발해 왔으나, 실제 수치상의 성과는 그런 약속에 훨씬 미치지 못했다는 것이다. 이것은 고액 연봉을 받는 기업 고위직이 배타적으로 지녔다고 하는 기술적 전문성이 사실상 수사 또는 허구적 서사라는 말과 다르지 않다. 문화경제학 또는 문화경제의 문제 설정이 지닌 특장은 이처럼 기술적이고 전문적인 경제적 문제를 문화적 관점에서 바라보도록 해주는 데 있다.

문화경제학적 관점은 파생상품의 작동 효과에 대해서도 같은 방식의 이해를 제공한다. 매킨지Donald MacKenzie에 따르면, 담론적 효과 또는 수행성을 만들어내는 것은 수학을 사용하는 금융이론도 마찬가지다. 고도의 수리공학을 동원하여 옵션 가격을 산정하는 블랙-숄즈 방정식 역시 문화적 실천으로부터 자유롭지 않다. 이 방정식에 나오는 "경계조건과 그에 따른 해답은 옵션의 본질에 의해 주어"지며, 그 결과 이 방정식은 "물리학처럼 '보인다'"(MacKenzie, 2004a: 112). 그러나 블랙-숄즈 방정식은 자산가격 운동에 대해 브라운운동 개념을 적용하면서 물리학적 가정만 하는 것이 아니라, 파생상품 거래가 위험 없는 이자율로 대규모 자원을 동원할 수 있다는 사회학적 가정이기도 하다는 것이 매킨지의 지적이다(MacKenzie:

113). 이것은 이런 방정식 모형을 활용하여 거래되는 파생상품 시장은 사실상 학술적 가정과 같은 문화적 실천을 기반으로 하고 있음을 보여준다. 유사한 또 다른 예가 "주요 거래소 거래 파생상품 계약의 기초"로 작용하는 '리보' 즉 런던 은행 간 금리(LIBOR)다. 리보는 기초 자산 시장의 현황을 적절하게 반영하는 것으로 간주되어 "주요 은행들이 다른 은행으로부터 자금을 빌릴 때 사용하는 이자율"로 작용한다(MacKenzie, 2007: 369). 이처럼 중요한 금융 기준으로 기능하고 있으나, 리보는 2012년 7월 초에 영국의 바클레이스, 스위스의 UBS, 스코틀랜드의 RBS 등 주요 은행에 의해 조작되어 왔다는 사실이 드러나 커다란 충격을 준 일이 있다(프레시안, 2012.7.10). 조작된 금리가 파생상품 거래의 기준으로 사용되었다는 것은 고등수학을 활용하여 산정하는 파생상품의 가치가 실제로는 허구에 기초하고 있었다는 것과 다를 바 없다. 리보의 "가격조건 결정은 정말 압도적으로 이자율에 대한 '정확한' 가격인 것으로 받아들여"져 왔으나(MacKenzie: 370), 이때 금융 가격의 '정확함' 혹은 금융이론이 가정하는 '사실'은 금융 현실을 반영하기만 한 것은 아니었던 셈이다. 파생상품의 정확한 가격이라는 금융이론의 전제 또한 마찬가지로서, 여기서 파생상품의 사실 또는 현실 측면은 파생상품을 설명하는 금융이론의 근거가 되는 것이 아니라, 그 전제와 작동의 산물, 효과로 나타난다. 이것은 현실을 구성하는 것은 이론이라는 것, 즉 이론이 하나의 '수행성 기제'로서 작동하여 현실을 만들어낸다는 것과 같다.[139]

파생상품의 문화경제는 이렇게 보면 한편으로는 전문적이고 기술적인 경제 과정에 문화적 실천이 깊숙이 개입하며 나름의 효과를 만들어내는

---

[139]_ 이것은 대중매체에 의한 현실효과 생산이라는 스튜어트 홀이 지적한 현상과 흡사하다. 홀에 따르면, 대중매체는 "부분적이고 특정한 세계 설명에 대해 보편적 타당성과 정당성을 획득하고, 이들 특정 구성물을 '현실적인 것the real'의 당연함으로 정초"하는 경향이 크다. 그는 매체의 이런 작용을 "사실상 '이데올로기적인 것'의 특징이자 결정적 기제"로 간주한다(Hall, 1982: 65). 대중매체의 핵심 작용은 이렇게 보면 현실효과 즉 현실을 만들어내는 효과를 생산하는 데 있다.

사회적 현상이라고 할 수 있다. 쯔라우드나 매켄지 등 문화경제학적 접근을 시도한 연구자들이 보여준 바로는, 파생상품의 사실성은 허구와 수사, 담론의 결과물이기도 하다. 이때 문화경제는 경제가 문화로서 작동하는 사례로서, '경제의 문화화'에 해당한다.

그렇다면 다른 한편으로 파생상품의 문화경제에서 '문화의 경제화'는 어떤 모습을 띠고 나타나는 것일까? 문화의 경제화는 여기서 각종 삶의 양식이 파생상품의 출현 또는 거래 확산으로 경제적 의미를 더욱 강하게 띠는 경향을 가리킨다. 삶의 다양한 요소, 측면이 관리해야 할 위험으로 간주되어 투자 대상으로 전환되는 것은 오늘날 비일비재한 일이다. 한국에도 자본시장법이 마련되어 "우리가 생각할 수 있는 모든 대상을 근거로 상품 개발이 가능해지는" 시대가 열렸다. "예를 들어 최근 이슈가 되고 있는 탄소배출권을 바탕으로 상품을 만들 수도 있고, 날씨 파생 상품도 판매가 가능하다" (미래에셋투자교육연구소, 2009). 파생상품 거래를 통해 나타나는 문화의 경제화 경향은 그 출현 양상이 경제의 문화화와는 크게 다르다. 블랙-숄즈 방정식을 활용한 파생상품 가격 산정에서 '문화'의 모습을 찾기란 쉽지 않다. 경제의 문화화는 그만큼 전문적이고 기술적인 방식으로 이루어지고 있는 것이다. 반면에 날씨까지 파생상품 거래의 수단으로 삼는 일은 믿기지 않으면서도 이제는 당연한 일로 여겨진다. 이는 신자유주의 금융화 시대에 들어와서 만들어진 경제적 상상이 그만큼 지배적이 되었고, 그에 따라 삶의 방식 모든 측면이 상품화될 수 있다는 상식이 만들어진 결과다.

파생상품이 위험관리 상품으로 거대한 규모로 거래되고, 이를 통해 금융화가 더욱 진척되면서 나타나는 신용확대 현상은 특히 '자산효과' 현상이다. 이 효과가 만들어지면 소비가 진작되고, 유효수요가 만들어지게 된다. 이 과정에서 나타나는 현상의 하나가 차입 행위leverage의 증가와 부채경제의 형성이다. 차입은 앞에서 살펴본 것처럼, 차익거래 과정에서 승수효과를 만들어내기 위하여 외부 자본을 끌어들일 필요 때문에 일어나는 것이지만, 그 결과 각종 금융 주체들은 거대한 부채를 안게 되었다. 파생상품의 문화경제는 이에 따라서 부채를 바탕으로 하여 운영되는 경제라고 할 수 있으며, 이로 인해서 우리는 지금 대규모로 미래를 할인하며 살아가고 있다고 할 수 있다. 부채는 기본적으로 '미래의 노동'에 대한 권리가 현재 시점으로 앞당겨져 거래되고 있기 때문에 나타나는 현상이기 때문이다.

미래를 앞당겨 와서 현재에 소비하는 일이 빈번해지고 만연한다는 것은 어떤 정치적 의미가 있는 것일까? 신용확대 과정에서 자산효과 경험을 하게 되는 인구는 자본가계급에게만 국한되지 않는다. 노동자 상당수도 자신들의 저축, 자산의 일부를 펀드, 주식, 부동산, 파생상품 등에 투자하고 있기 때문이다. 이처럼 투자자로 전환된 노동자는 하비의 지적처럼 '자본가'로 둔갑한 것이나 다를 바 없다. 신자유주의 시대에 사회적 불평등이 심화되고 있는데도 노동자계급의 정치가 보수화된 것이 이런 점과 무관하지 않을 것으로 분석된다. '화폐자본가'로 바뀐 노동자들은 "그들을 착취하는 바로 그 체제의 유지와 강한 이해관계를 가진다. 왜냐하면 그 체제의 파괴는 그들의 저축의 파괴를 의미하기 때문이다"(하비, 1995: 352). 금융파생상품의 문화경제가 지닌 정치적 의미와 효과는 분명하다. 투자자로 전환된 노동자계급은 보수화되고, 노동과 자본의 투쟁을 둘러싼 정치는 실종되고 마는 것이다.

9. 결론

이 장에서 우리는 금융파생상품이 어떤 역사적 맥락에서 등장했으며, 그것의 기본적 작동원리는 어떠한지, 그리고 의제자본으로서 어떤 성격과 기능을 보여주고 있는지 간략하게 살펴본 뒤, 파생상품이 신자유주의 금융화 시대의 지배적 문화정치경제와 어떤 관계양상을 드러내는지 추적해 봤다. 금융파생상품은 오늘날 신자유주의 축적체제의 주요 전략으로 작동하는 금융화의 기본 기제로 동원되는 금융공학 가운데서도 가장 핵심적인 수단에 해당한다고 할 수 있다. 그것은 1970년대 초에 새로운 파생상품 형태로 등장하여 신자유주의 시대 자본 유통의 원리 및 수단으로 작용해 왔으며, 자본 간의 경쟁을 새롭게 유발하고 나아가서 노동 강도를 강화시키는 핵심 요인이 되었다. 금융파생상품이 이런 작용을 하게 된 것은 각종 자산의 속성들을 추출하여 그것들의 양적 크기를 서로 비교할 수 있게 해주는 능력, 다시 말해 시공간의 차이, 상품들, 자산들, 자본들의 차이, 시장들의 차이를 가로지르는 '통약' 능력을 갖고 있기 때문이다. 각종 상품, 자산, 자본, 노동력의 가치를 서로 비교할 수 있게 해주는 이런 능력으로 인해, 금융파생상품은 오늘날 가장 자본주의적인 것, 즉 '명백하게 자본주의적인 상품과 화폐'로서 금융화를 추동하는 핵심적 금융공학 기제요 수단으로 기능한다고 할 수 있다.

금융파생상품이 모든 자본 형태를 통약할 수 있는 기능을 지닌 것은 무엇보다도 그것이 지닌 추상성 때문이다. 그것은 기존의 상품파생상품과 달리 기초자산과의 관계가 매우 희박하거나 아예 무관하다고 할 수 있다. 금융파생상품을 생산과 분리되어 작동하는 의제자본으로 보는 견해가 자주 나오곤 하는 것도 이런 점과 무관하지 않다. 하지만 여기서 내가 취한 입장은 금융파생상품이 지닌 추상성이 오히려 그것에 어떤 생산성을 부여하는 힘으로 작용한다는 것, 이 독특한 상품은 들뢰즈, 데리다 등이 말하는 '시뮬라크르'나 '흔적'처럼 어떤 시원적originary이고 생산적인 능력이 있다고 보는 것이다. 이런 논리를 수용할 경우, 금융파생상품은 의제자본의 위상을 가지면서도 자본주의적 축적에 생산인인 역할을 하는 자본으로, 다시 말해 '통약의 노동'을 통해 자본주의적 생산을 지속시키는 데 중대한 기여를 하는 것으로 이해될 수 있다.

금융파생상품은 오늘날 금융화를 작동시키는 금융공학적 기제로서 핵심적인 수단에 해당하지만, 유일한 금융공학인 것은 아니다. 이미 언급했다시피, 신자유주의 금융화 시대에는 금융파생상품 이외에도 다른 수많은 종류의 펀드와 증권이 개발되어 금융적 거래와 투자에 널리 활용되고 있다.

다음 5장에서는 이 가운데 최근 들어와서 시공간의 새로운 직조, 새로운 주체형성에 중요한 역할을 하는 것으로 보이는 기획금융을 금융공학의 또 다른 사례로 삼아, 그것이 어떻게 금융화의 기제로 작용하며, 현단계 문화정치경제와는 어떤 관련을 맺는지 살펴보고자 한다.

제5장

기획금융

1. 서론

기획금융project finance은 금융파생상품과 마찬가지로 신자유주의 금융화 시대에 새로운 모습으로 등장한 금융공학의 중요한 한 형태다. 물론 그 중요성을 놓고 보면 기획금융을 금융파생상품과 견줄 수는 없을 것이다. 앞 장에서 살펴본 것처럼, 금융파생상품은 상이한 자본들 간의 가치 평가 즉 통약 기능을 수행함으로써, 개별 자본들 간의 경쟁을 촉진시키는 핵심적 역할을 맡고 있다. 파생상품의 거래 규모가 거대해진 것도 그것이 그만큼 오늘날 자본축적에 핵심적인 역할을 수행하기 때문이다. 반면에 기획금융 시장규모는 파생상품의 그것과 비교하면 '왜소하다.' OECD 보고에 따르면, 2012년 세계 기획금융 시장규모는 4065억 달러를 기록한 2011년보다 6퍼센트가 하락한 3823억 달러 수준이었고(OECD, 2013: 27), 한국 시장의 경우는 공공기관 추진 공모형 기획금융 규모로 2010년 120조원, 2011년 100조원 정도다(파이낸셜뉴스, 2011.11.20). 물론 이것도 대단한 규모이긴 하지만, 명목가치가 세계적으로 1000조 달러가 넘는다고 하고, 실질 거래액만도 2008년에 이미 미국의 연간 GDP 규모(약 14조 달러)를 훨씬 상회하는 32조 달러에 이르며(Duménil and Lévy, 2011: 111-12),[140] 한국에서도 2010년에 명목거래액이 물경 7경원 규모에 육박하는 파생상품과 비교할 수준은 아니다.

그런데도 여기서 기획금융을 파생상품과 더불어 신자유주의적 금융화를 추동하는 주요 금융공학 사례로서 이 책의 주요 논의 대상으로 다루려는 것은 그것이 오늘날 신자유주의적인 삶의 방식 혹은 문화정치경제 구축에 나름대로 중대한 역할을 하고 있다는 판단에 근거한다. 파생상품과 함께 기획금융이 새로운 모습으로 등장한 것은 금융화가 오늘날 우리의 삶을 지배하는 시공간 및 주체형성의 조건을 규정하는 핵심적 요인이 되었기 때문이다(Martin, 2002). 아래에서 보겠지만, 기획금융은 금융파생상품과도 긴밀한 관계를 맺고 있고, 기획금융 자체도 만만치 않은 규모로 이루어지고 있으니, 우리는 이것을 오늘날 금융화가 크게 진전되었음을 말해주는 징후로 읽어야 할 것 같다. 한국의 경우 기획금융 활성화는 부동산 시장이 크게 성장한 것과 긴밀하게 관련되어 있다. 3장에서 살펴본 것처럼 부동산 시장은 세계적으로나 국내적으로 특히 2000년대에 들어와서 '금융 민주화' 등이 진전되면서, 즉 신자유주의적 금융화가 심화되는 가운데 그 규모가 급속도로 커졌으며, 기획금융의 관행이 확산된 것도 이 시장의 급성장과 궤를 함께 한다. 나아가서 6, 7, 8장에서 보게 되겠듯이 기획금융은 갈수록 강화되는 삶의 속도 증가, 대규모 건조환경의 등장, 이와 맞물려 나타나는 '역사 소멸' 현상, 새로운 주체형태의 등장 등과도 맞물려 있다.

이 장에서는 기획금융이 이처럼 오늘날 중대한 역할을 하고 있다고 보고, 기획금융이 신자유주의 시대에 새로운 형태로 도입된 경위, 한국 기획금융의 특징과 기획금융으로 인한 건조환경의 변화, 기획금융과 금융파생상품의 관계, 고정자본과 소비기금 조성에서 기획금융의 역할 또는 시공간 조정 방안으로서의 기획금융의 역할, 그리고 기획금융과 맞물려 발생하는 문화정치경제의 변동 등에 대해 살펴보고자 한다. 기획금융에 관한 이 장의

140_ 참고로 2008년의 세계 전체 GDP는 60.6조 달러였다(Leon, 2011: 29).

논의는 금융파생상품을 다룬 앞 장의 논의와 함께, 신자유주의 금융화 시대의 새로운 시간 및 공간 조직과 주체형성의 문제를 주제로 아래 6, 7, 8장에서 전개할 논의의 기초를 이루게 될 것이다.

2. 기획금융이란?

문자 그대로 이해하면 '기획금융'은 어떤 개발 사업(기획)에 재원을 대기 위해 자본을 동원하는 일을 의미한다. '기획금융'이 이런 의미를 가질 수 있는 것은 '기획'은 사람들이 꾀하는 일 어떤 것이든, 그리고 '금융'은 금전을 융통하는 행위 어떤 것이든 가리킬 수 있기 때문이다. 하지만 그 쓰임새를 놓고 봤을 때, '기획금융'은 특별한 금융적 관행을 지칭하기 위한 전문용어에 해당한다. 기획금융은 이때 "광범위한 산업 분야에 걸쳐 자본 및 위험 집약적인 기획들의 재원을 조달하는 제한되어 있지만, 갈수록 널리 사용되는 방법"이다(Slivker, 2011). 큰돈이 필요하지만 위험도가 높은 거대 사업의 재원을 조달하기 위해 사용되는 전문적 금융기법 또는 금융공학의 한 형태가 기획금융인 것이다.

기획금융은 어떤 방식으로 재원을 조달하는가? 한 부동산용어사전에서 기획금융을 정의하고 있는 내용을 보면, 그 방식을 알 수 있을 것 같다. 기획금융은 이 사전에서 "대출금융기관이 대출받는 기업 그룹 전체의 자산이나 신용이 아닌 당해 사업의 수익성과 사업에서 유입될 현금을 담보로 필요한 자금을 대출해 주고 사업진행 중에 유입되는 현금으로 원리금을 상환 받는 금융기법"으로 정의되고 있다(방경식, 2011). 여기 언급된 내용 가운데 두 가지 점에 주목할 필요가 있을 것 같다. 기획금융은 "당해 사업의 수익성과 사업에서 유입될 현금을 담보"로 한다는 점이 그 하나고, 다른 하나는 기획금융이 '금융기법'이라는 점이다. 첫 번째 사실은 기획금융이 '비소구nonrecourse' 금융임을 말해주고, 두 번째 사실은 그것이 따라서 특정한 기술을 동원해 재원을 조달한다는 점을 말해준다.

기획금융이 비소구 금융이라는 사실은 기획금융의 특징을 논하는 사람이면 빼놓지 않고 강조하는 바다.[141] 통상 은행이나 다른 금융기관 또는 타인으로부터 대출을 받으려면 물적 담보, 인적 보증이 필요하다. 예를 들어서 어떤 건설사가 주택단지를 조성하고자 은행에서 대출을 받으려면, 단지 조성에 필요한 대지는 물론이고 건설사의 보유자산, 나아가 다른 건설사나 은행의 보증까지 동원해야 하는 것이 예사다. 반면에 기획금융에서는 대출받는 사업 추진 주체의 자산이나 신용보다는 기획된 사업의 전망, 수익성, 사업에서 유입될 현금 흐름 등이 기존의 담보나 보증을 대신하게 된다. 기획금융이 '비소구' 금융으로 규정되는 것은 이처럼 담보를 잡히지 않고, 진행되는 사업 자체에서 예상되는 수익을 근거로 하여 대출을 받는 방식이기 때문이다.

여기서 기획금융은 금융'기법'임이 분명해진다. '기획금융'에서 중요한 것은 당연히 '기획'이다. 이때 '기획'은 한편으로는 항만, 도로, 광산, 에너지, 부동산 등의 고정자본 조성을 위해 필요한 재원을 확보하고, 이를 위해 준비해야 하는 계획을 가리킨다. 예스콤비E. R. Yescombe가 제시하고 있는 정의에서 이런 점을 확인할 수 있다. 예스콤비는 기획금융을 "기획 자체만으로 생성되는 현금 흐름을 바탕으로 이루어지는 대출에 근거해 '금융공학'을 통해 주요 기획의 장기 부채를 조달하는 방법"(Yescombe, 2002: 1)으로 정의

141_ 피너티J. D. Finnerty에 따르면, 기획금융은 "경제적으로 독립된 자본투자 기획을 조달하기 위한 자금 조성"으로서, "자금 제공자는 일차적으로 기획으로부터 나오는 현금 흐름을 자신의 융자금을 상환하고, 기획에 투자된 지분 회수 및 그로부터의 수익을 제공하는 자금원으로 간주한다"(Finnerty, 1996: 2). 네비트P. K. Nevitt와 파보치F. J. Fabozzi에게 기획금융은 "특정한 경제 단위의 자금 조달 행위로서, 여기서 대여자는 그 경제 단위의 현금 흐름과 수익을 그로부터 대출금이 상환되는 자금원으로 간주하고 그 단위가 지닌 자산을 대출금에 대한 담보로 본다"(Nevitt and Fabozzi, 2000: 1). 에스티Benjamin C. Esty는 다음과 같이 말한다. "기획금융은 단일 목적의 산업 자산 자금조달을 목적으로 상환청구불가 부채(및 하나 또는 그 이상의 보증인으로부터의 지분)로 자금을 조달받는 법적으로 독립적인 기획 회사의 설립을 수반한다"(Esty, 2004: 25).

한다. 여기서 '현금 흐름'은 사업이 끝났을 때 예상되는 현금 흐름만이 아니라, 사업 진행 중에 동원되는 현금 흐름도 포괄하는데, 사업의 초기, 중간, 종결 시점까지 이어지는 전 과정을 관리하는 계획이 중요한 것도 그 때문이다. 기획금융의 '기획 자체'에는 따라서, 사업을 통해 마련될 건조 자산과 이 자산 구축을 위해 진행될 제반 계획이 모두 포함되어 있다고 할 수 있다. 그런데 이때 형성되는 '자산'은 계획에 의해 상정되는 것이라는 점에서, 자산과 계획 가운데 후자가 더 중요하다고 봐야 한다. 특정한 기획금융이 성립하려면 튼실함, 치밀함, 투자 매력 등을 지닌 사업 계획임을 투자자가 믿도록 하는 신뢰 확보가 그래서 핵심이다. 기획금융이 '기획'금융인 이유는 이렇게 담보나 보증보다는 그 자체가 일으킬 '미래의 현금 흐름'이 지닌 매력 덕분에 사업이 추진된다는 데서 나온다. 기획금융의 자산은 이 현금 흐름이며, 투자자들은 이 흐름 전망을 믿고 투자하는 것이다. 기획금융이 비소구 금융인 것도 이런 점과 무관하지 않다. 보증이나 담보 없이 재원 제공 및 조달이 이루어지는 것은 바로 기획의 신뢰성 즉 사업 계획의 전망에 근거하기 때문이다.

3. 기획금융의 역사

기획금융도 파생상품과 마찬가지로 역사가 무척 오래된 금융기술이다. 고대 그리스나 로마 시절에도 원거리 항해에 나서던 선단 구성을 위한 재원을 마련코자 할 때, 기획금융 수법을 활용하곤 했던 것으로 알려져 있다. 기획금융을 응용한 사업 가운데 기록에 남은 가장 오래된 것은 1299년 영국 왕실이 데번의 은광을 개발하며 피렌체의 한 상업은행 자금을 쓴 일이다. 당시 "그 은행은 추출 은광석의 가치나 양이 예상보다 적을 경우 왕실에 대해서는 청구권을 행사하지 않는 대신, 운영경비를 모두 충당할 수 있게 1년간의 광산 전체 산출량 사용권을 얻었다"고 한다(Esty and Christov, 2002:

4). 전쟁이 발발할 경우에도 기획금융이 동원되곤 했다. 1588년 영국 해군이 스페인의 무적함대와 해전을 치를 때, 당시 사령관이던 '해적왕' 드레이크 Francis Drake의 함대에 속한 197척의 배 가운데 82퍼센트에 해당하는 163척이 개인 소유였다(Wettenhall, 2003: 92). 이것은 당시 전쟁이 오늘날 기획금융에서 널리 사용되는 '공공-민간협력' 형태로 치러졌음을 말해준다 하겠다. 서구의 해양 진출이 이루어지고 자본주의가 발전하기 시작하면서, 기획금융은 더욱 활발하게 이루어진 것으로 보인다. "17, 18세기의 초기 무역 원정도 기획에 기반을 두고 재정을 충당하기도 했다. 투자자들은 아시아 항해에 나서는 네덜란드 동인도회사, 영국 동인도회사에 투자해 나중에 처분되는 화물 지분에 따라 돈을 돌려받았다"(Esty and Christov: 4).

하지만 20세기에 들어와서 기획금융 기법은 대체로 항만이나 도로, 철도, 전력 등 대규모 기반시설을 건설하는 데 이용된다. 기획금융을 활용해 이루어진 최초의 대규모 기반시설 조성 기획은 1904년에 시작되어 1914년까지 이어진 파나마운하 건설공사로 알려져 있다. 20세기 초반 미국에서는 석유가스 산업에 이 금융공학이 사용되기도 했다. 하지만 고위험을 수반한 기반시설 건설에 기획금융이 활용되기 시작한 것은 1970년대에 북해유전을 개발하면서부터다. 그리고 이때부터 기획금융 조달 시 특수목적회사를 설립해 운영하는 방식이 채택되기 시작했다.

위키피디아의 '기획금융' 항목을 보면, 개발도상국가에서 기획금융이 절정을 이룬 것은 1990년대 말 아시아금융위기 시기였다는 지적이 나온다. 1997년 외환위기 이후 한국의 부동산 시장이 불황에 빠진 데서 알 수 있듯이, 금융위기 이후 개발도상국가의 기획금융은 커다란 타격을 입었을 것이다. 그러나 당시 개발도상국에서 기획금융이 받은 타격은 OECD 국가들에서 성장한 기획금융으로 상쇄되었고, 기획금융은 2000년을 전후로 최고조에 달했다. 최근에 들어와서 기획금융이 광범위하게 활용되고 있는 곳은 중동 지역이다.142

에스티Benjamin Esty에 따르면 1997년부터 2001년까지 기획금융이 주로 일어난 부문은 빈도수로 살펴보면 전력(34%), 레저 및 재산(13%), 텔레콤(13%), 교통(12%), 산업(7%), 석유 및 가스(7%), 광업(5%), 석유화학(4%), 수도 및 하수(3%), 기타(1%) 등이고, 경제적 가치로 살펴보면 전력(34%), 텔레콤(19%), 교통(14%), 석유 및 가스 (12%), 석유화학(7%), 레저 및 재산(6%), 산업(5%), 광업(3%), 수도 및 하수(1%), 기타(0%) 등의 순으로 나타난다(Esty, 2004: 38-39). 기획금융이 부문별로 활용되는 양상은 물론 시간에 따라서 차이를 보이는데, 톰슨 로이터스사의 2010년도 보고서에 따르면 전력(35%), 교통(25%), 석유 및 가스(13%), 레저 및 재산(7%), 텔레콤(6%), 석유화학(5%), 광업(4%), 산업(3%), 수도 및 하수, 폐기물 및 재활용, 농업 및 임업 등으로 나타나고 있다(Slivker, 2011).

한국에서 기획금융이 처음 도입된 것은 1990년대 중반이다. 당시 새로 국제공항이 생긴 인천의 영종도와 서울을 잇는 인천국제공항고속도로를 건설하는 과정에서, 국내에서는 최초로 기획금융을 통해 재원을 조달한 것이다. 이 고속도로는 1996년 12월에 착공해 2000년 11월에 완공했는데, 총 공사비 1조 3천억이 들어갔으며, 산업은행(주간사), 국민연금, 농협, 신한은행, 우리은행 등이 참여했다. 한국에서 기획금융이 도입된 것은 "사회간접자본의 건설·운영에 민간의 창의와 효율을 활용하기 위해 1994년 8월 '민자유치촉진법'을 제정"한 것이 계기가 되었다(김용창, 2005: 247). 외국에서는 이미 1980년대부터 기획금융이 활발하게 이루어졌음을 생각하면, 한국에 이 관행이 도입된 것은 보다시피 상당히 늦은 편이라 할 수 있는데, 이는 국내 자본의 성장 속도나 자본축적에 대한 국가 통제 등과 관련이 있었을 것으로 판단된다. 한국에서 대규모 자본이 축적되기 시작한 것은 1980년대, 특히 1986-88년의 호경기를 거친 뒤다. 이런 점을 고려하면, 1980년대까지 대규모 건설이 주로 외자 유치로 이루어졌던 것은 자본축적 규모가 아직 크지 않았기 때문이었던 것으로 보인다. 그리고 1990년대 초반까지는 노태우

142_ 이상은 위키피디아의 'project finance' 항목 참고 (2013년 1월 15일 검색).

정권이 1989년에 도입한 '토지공개념 3법'이 작동하는 등 부동산시장이 억제되고 있었던 것도 일정한 영향력을 행사했을 것이다.

한국에 기획금융이 크게 번창하기 시작한 것은 2000년대에 들어온 뒤부터다. 변화의 계기는 1997년 외환위기와 함께 한국경제가 IMF 관리 하에 들어가고, 이때 들어선 김대중 정부가 부동산정책을 바꾼 데서 왔다. 나중에 더 살펴보겠지만, 이 과정에서 한국에서는 기획금융이 부동산 시장에 도입되어, '부동산 기획금융'이라고 하는 새로운 금융기법이 번성하게 된다. 이때 결정적으로 작용한 것이 2001년부터 시작된 저금리 정책이다. 3장에서 살펴본 것처럼 저금리는 사람들로 하여금 저축보다는 대출을 선호하게 만들었고, 부동산을 중심으로 하는 투자에 몰두하게 만들었다. 기획금융의 관행도 이 흐름의 영향을 받은 것으로 보인다. 기획금융의 "부동산개발 부문은 2002년 이후 저금리 추세 및 부동산경기 호조를 배경으로 활성화되"고 "확대되는 추세"를 드러낸 것이다(김용창: 248).[143] 특기할 점은 한국에서 기획금융은 이후에 도로, 항만 등 사회간접자본 개발이라는 공적 부문 활동보다는 사적인 목적에 주로 활용된다는 사실이다. 기획금융은 영화산업 부문에서도 활용되어, <공동경비구역 JSA>, <단적비연수>, <용가리> 등의 영화가 이 금융기법을 통해 제작비 일부를 조달했다.

4. 기획금융과 신자유주의 금융화

기획금융도 파생상품과 마찬가지로 1970년대부터 활용되기 시작한 금

143_ 당시 부동산개발 부문에 투자된 기획금융의 규모는 그다지 크지 않았다. 은행권에서 기획금융을 취급한 실적은 "2002년 중에는 2.8조원(전체 프로젝트 파이낸싱의 47.0%), 2003년 상반기 중에는 1.8조원(전체 PF의 53.1%)" 정도였던 것이다(김용창, 2005: 248). 하지만 이때부터 기획금융이 부동산개발 부문에 집중되기 시작한 것이 중요하다. 2000년도 중반에 이르게 되면 부동산 개발에 투여되는 기획금융은 규모가 급격하게 늘어나며, 2010년에 이르면 100조원으로까지 증가한다.

용 기법 또는 상품이다.[144] 이때 기획금융이 대거 활용되기 시작한 이유는 무엇일까? 파나마운하와 같은 거대 기반시설 건설이나 미국의 유전 개발 같은 에너지 사업 분야에 기획금융이 동원되었다는 것은 이미 언급한 바다. 하지만 기획금융이 그렇게 활용된 것은 20세기 초의 일이다. 20세기 중반에 이르게 되면 축적 전략이 수정자유주의로 바뀌면서 큰 자본이 소요되는 대규모 사업은 국가가 주도하게 된다. "2차 세계대전 이후 대규모 기반사업 은 주로 세수, 차입, 또는 '약간의' 인플레이션을 견뎌내고 화폐를 더 찍어내 는 방식으로 국가에 의해 재원이 조달되었다. 이런 부양책은 경기하강기에 총수요 증대와 완전고용 달성을 위해 국가계획과 케인스주의적 적자재정 을 활용하는 국가 주도 발전이라는 발상과 맥을 함께 했다"(Tan, 2007: 4). 슬리브커Anastasia Slivker에 따르면, "기반시설 개발을 위해 공공 부문에 의 존하는 것"이 20세기의 특징이었다. "역사적으로 정부들이 시민들과 기업 들이 다양한 활용을 하고 경제적 성장을 할 수 있도록 주요 시설들을 개발 하거나 건설하기 위해 기반시설 계획에 착수"했던 것이다(Slivker, 2011). 1970년대 이후 기획금융이 대거 사용되기 시작한 것은 따라서 대규모 (기 반) 시설 조성에 소요되는 재원 조달 방식에서 새로운 접근법이 동원되었음 을 의미한다. 슬리브커의 말을 좀 더 들어보자. "지난 20년 동안 공공 부문 개발 모형에서 사적 영역의 더 많은 참여로의 전환이 일어났다. 이 잡종성 공공-민간협력public-private partnership(PPP) 사업이 세계 각지의 다양한 산업 분야에서 기존시설 개선과 새로운 기반시설 조성에 중요한 역할을 했다" (Slivker, 2011).

　오늘날 국제적으로 기획금융을 통한 재원 조달에서 중요한 역할을 하는 금융기관들로는 국제부흥개발은행(IBRD), 국제개발협회(IDA), 국제금융공 사(IFC), 국제투자보증기구(MIGA) 등의 세계은행 기구, 아시아개발은행, 아

144_ 기획금융은 기본적으로 금융기법으로 활용되고 있지만, 국내에 '기획금융(PF) 펀드' 가 조성되어 사람들이 투자를 하고 있는 데서 볼 수 있듯이 이 기법은 상품으로 사용 되고 있기도 하다.

프리카개발은행, 이슬람개발은행, 유럽부흥개발은행과 같은 지역개발은행, 그리고 상업은행 등이 있다. 이들 가운데 상업은행을 빼고 나면, 세계은행 기구들은 1940년대에 만들어지고 지역개발은행들 가운데 아시아개발은행 과 아프리카개발은행은 1960년대에 만들어진 것으로 원래 수정자유주의 원칙에 따라 운영되던 기구들이었다. 하지만 이들 기구는 1980년대 초를 분수령으로 해, 신자유주의적 성격을 강하게 띠기 시작한다. 이들 기구 가 운데 가장 영향력이 큰 세계은행(WB)도 마찬가지다. 국제통화기금(IMF)과 함께 브레턴우즈 협정을 통해 설립되어 오랫동안 케인스주의의 영향권 하 에 있던 세계은행이 신자유주의로 방향을 선회하게 된 것은 1980년대 초 미국 레이건 행정부의 주도로 이루어진 일이다. 레이건 정권은 이때 일부 제3세계 국가들이 외채위기를 맞게 되자 과거와는 다른 방식으로 문제를 해결하고자 했다. 당시 관건은 1982-84년 사이에 발생한 멕시코의 국가부 도 위기를 어떻게 해결하느냐는 것이었다. "멕시코 건이 보여준 것은 자유 주의와 신자유주의 관행의 핵심적 차이였다. 전자의 경우에는 대출자가 잘 못된 투자 결정에서 발생하는 손실을 떠맡는 데 반해, 후자의 경우에는 차 용자가 지역인구의 생계나 복지에 미치는 효과와 상관없이 부채상환 비용 을 떠맡도록 국가 및 국제 관계기관에 의해 강요당한다"(Harvey, 2005: 29). 신자유주의가 새로운 부채상환 문제 처리의 원칙으로 채택되기 위해서는 IMF와 세계은행이 과거 준수하던 케인스주의 원칙들은 폐기처분되어야 했 다. 이들 기구에는 케인스주의자들이 적잖이 있었으나 멕시코 부채 문제를 해결하는 과정에서 제거되고 만다. 오늘날 세계은행 산하의 IBRD, IDA, IFC, MIGA 등이 기획금융 재원을 충당하는 주요 기구라는 것은 그래서 기획금 융이 신자유주의적 원칙을 준수하며 관리된다는 말이다.

다른 한편 1970년대 이후, 특히 지난 20년에 걸쳐 드러난 국가의 공적 역할 변화도 주목을 요한다. 이와 관련해 '공모형 기획금융 사업'이 진행되 는 방식을 살펴볼 필요가 있다. '공모형 기획금융'은 "공공 부문이 특정 용 지를 대상으로 개발사업을 수행할 민간사업자를 공모·선정하고, 공공·민간이 공동으로 출자사업을 시행하는 민관합동방식 개발사업"이다(매일경제, 2010.2.17). 이 사업은 주로 신도시 중심지역이나 대도시 주요 지역에 위치한 대규모 상업지역을 대상으로 이루어지고 다양한 용도를 충족시킬 필요로 인해 대규모 '복합개발' 성격을 띠는 경향이 있고, 공공 부문이 발주하고 사적 자본의 참여를 허용하기 때문에, '공공–민간 합동형 프로젝트파이낸싱 사업', '복합단지개발', '입체복합(도시)개발', 또는 '민관협력사업' 등 다양하게 불린다. 공모형 기획금융 사업이 확대된 것은 택지개발촉진법시행령이 개정된 2001년 7월부터다. 이 법 개정으로 "공공택지개발 사업자가 민간기업의 우수한 아이디어를 공모해 공공–민간 합동으로 부동산을 개발할 수 있는 근거"가 마련되고, 2005년 8월에는 도시개발법 시행령에 복합개발시행자 규정이 신설됨으로써 공모형 기획금융 사업의 법적 근거도 마련되었다(백인길·손진수, 2008: 35).

오늘날 기획금융의 광범위한 확대는 이처럼 '공공–민간협력' 형태의 대형 사업이 늘어난 사실과 무관하지 않다. 세계적으로 보면 PPP 사업의 증가는 자본주의 축적전략이 수정자유주의에서 신자유주의로 전환했음을 보여주는 한 징표다. 과거 미국에서 지방정부들이 도로나 수도 등의 기반시설 사업 재원을 조달한 방식은 주로 '일반보증채권general obligation bond'을 발행하는 것이었다.[145] 그러나 신자유주의 시대에 들어오면 지방정부들은 이윤상의 현금 흐름에 의해 담보되는 특정재원채권, 즉 특정 사업 자금 조달을 위한 채권 발행으로 재원 조달 방식을 바꾸고, 1990년대 초에는 기획금융과 사적 부문 참여가 결합되기 시작한다. 이것이 PPP 사업이 등장하게 되는 경위다. PPP 사업 모형은 대규모 기반시설 조성의 재원 조달을 위해 미국만 채택하는 방식은 아니다. 영국은 1992년에 기반시설 사업의 재원 조달과 관리에 사적 부문이 참여하도록 하기 위해 '민간금융활용계획private

---

145_ '일반보증채권'은 미국의 지방정부나 공공기관이 발행하는 지방채를 가리키는 말로, 특정 사업으로부터의 수익을 담보로 발행되는 것이 아니라, 채권발행자의 전반적 신의와 신용을 근거로 발행되는 채권이다(증권용어사전 참고).

finance initiative(PFI)'을 도입했고, 1999년까지는 총 가치 160억 파운드가 넘는 250개 이상의 PFI 사업 계약을 체결했다. 이런 성공을 바탕으로 영국정부는 병원, 학교, 감옥 건설을 포함한 1000개가 넘는 사업을 PFI 계획에 포함시키게 된다(Esty and Christov, 2002: 5).

슬리브커에 따르면, "PPP 사업 재원을 조달하는 가장 흔한 방법이 '기획금융'이다"(Slivker, 2011). 이것은 오늘날 공공사업에는 사적 자본의 참여가 거의 필수적이 되었다는 말이기도 하다. 세계은행, 지역개발은행 관련 금융기구가 PPP 사업에 많이 참여한다고 이런 사실이 바뀌지는 않는다. 세계은행 자체도 처음부터 사적 자본의 참여를 통해 그 자본금을 형성했으며, 신자유주의 세력에 의해 장악된 뒤로는 세계은행에 대한 사적 자본의 영향력은 더욱 커졌다. PPP 사업 증가는 그래서 자본의 영향력 강화와 시기적으로 일치하기 마련으로, 이것은 한국도 마찬가지다. 한국에서 PPP 사업이 늘어난 것은 지방자치제도가 부활하여 지자체들이 경쟁적으로 지역 개발에 뛰어들기 시작한 1990년대 중반 이후다. 지방자치제도의 복원은 민주주의 발전을 위해 필요했다 할지라도, 문제는 이 과정에서 지자체의 공공적 성격에 커다란 변화가 생겨났다는 것이다. 최근에 들어와서 지자체들이 경쟁적으로 PPP 사업을 벌이고 있는 것은 지자체들 간의 개발 경쟁 과정에 서로 더 많은 민간자본을 끌어들이느라 혈안이 되면서, 공공 부문이 자본의 논리에 더욱 종속되었음을 보여준다. 이 점에 대해서는 아래에서 좀 더 살펴볼 기회가 있을 것이다.

5. 한국 기획금융의 두 가지 특징

고속도로, 철도, 항만 등의 기반시설, 그리고 <공동경비구역 JSA> 같은 영화 재원 마련을 위해 활용되는 등 기획금융이 다양한 분야에 걸쳐 이루어지고 있는 듯 보이지만, 한국에서 활용되는 기획금융은 에스티나 로이터스

사가 보여주고 있는 국제적 관행과도 크게 다른 점이 있다. 무엇보다 특기할 점이 국제적 관행에서는 기획금융 지표를 작성할 때 부동산 부문은 포함시키지 않는 데 반해서, 한국에서는 2000년대에 들어와서 '기획금융'이라 하면 으레 '부동산 기획금융'을 가리킬 만큼 부동산 부문의 비중이 높다는 사실이다. 에스티 등이 언급하는 '레저 및 재산' 부문이 부동산 부문과 중복되지 않느냐고 할 수도 있지만 설령 중복된다고 하더라도 에스티의 통계에서는 13퍼센트로 전체에서 차지하는 비중이 얼마 되지 않으며, 로이터스 사가 조사한 2010년도 통계에서는 동 부문의 비중은 7퍼센트로 더욱 낮아졌다. 이런 점은 국제적으로는 부동산 개발 재원의 조달이 기획금융에 의해 이루어지는 경우가 드물다는 것을 보여주는바, 그래서 부동산 개발 재원의 조달을 기획금융 범주에 포함시키지 않는 경우도 있다. "부동산 개발은 기획금융의 정의에 부합하지만 산업자산을 포함하지 않기 때문에 역사적으로 기획금융으로 간주되지 않았다. 부동산과 기획금융은 제도적으로 대부분의 법률사무소, 대부분의 상업 및 투자 은행들에서 서로 다른 집단들에 의해 취급된다"(Esty, Harris, and Krueger, 1999: 3). 이런 점으로 미루어 볼 때 오늘날 한국에서 활용되는 기획금융은 매우 특이한 경향을 드러내는 것으로 보인다. 한국의 기획금융은 거의 전적으로 부동산 개발에 집중되었기 때문이다.[146]

최근에 들어와 한국 금융권이 기획금융에 대규모 투자를 하게 된 것은 부동산시장의 거대화와 맞물려 일어난 일이다. 2012년 1월의 한 경제지 기사에 따르면, "현재 주택, 상가 등 국내 부동산 시장규모는 최소 7000조원 이상으로 추정된다"(헤럴드경제, 2012.1.18). 이 수치는 2011년 GDP 1237조원의 5.7배로서, 2007년 비우량주택담보대출 위기가 일어났을 때 미국의

146_ 역사적으로 부동산 개발이 기획금융으로 간주되지 않았다면, 3절에서 인용한 에스티와 로이터사의 기획금융 관련 통계에는 부동산 부문이 빠졌을 가능성도 없지 않다. 이것은 부동산 개발을 위한 기획금융 동원이 한국 특유의 일만은 아닐 것임을 시사해준다 하겠는데, 그럼에도 불구하고 한국에서 기획금융이 부동산 부문에 몰려 있다는 사실은 변하지 않는다.

GDP 대비 부동산 가격(1.23배), 1990년대 초 부동산 버블이 한창이던 무렵 일본의 GDP 대비 부동산 가격(4배)과 비교해서 매우 높은 편이다.[147] 한국 경제에서 부동산시장 비중이 그만큼 큰 것이다. 부동산시장의 규모가 이처럼 커진 것은 최근에 들어와서 부동산 부문에 대한 투자가 확대된 결과이기도 한데, 이 과정에서 기획금융도 비대해진 것으로 보인다. 앞서 살펴본 대로, 기획금융 가운데 부동산 개발 부문은 2002년 이후 "저금리 추세 및 부동산경기 호조를 배경으로 활성화되"었고, "확대되는 추세"를 보였다(김용창, 2005: 248). 당시 이런 변화가 생겨난 것은 3장에서 살펴본 것처럼, 김대중 정권에 의해서 기준금리가 네 차례 하락한 뒤로 지속적으로 저금리 추세가 유지되고, 이에 따라서 저축보다는 대출이 개인들에게는 금융 활용의 더 좋은 수단으로 전환되었기 때문이다.

2000년대 말, 2010년대 초에 접어들어 기획금융 시장은 사정이 크게 악화된 것으로 보인다. 2008년의 미국 발 금융위기, 이어서 2010년부터 유럽의 국가부도위기가 발생하면서 세계경제가 20세기 초 대공황 이래 최대의 위기에 처하게 되자, 그동안 '불패신화'를 이어오던 한국의 부동산시장도 결국에는 불황을 맞았다. 이 결과 현재 수많은 사람들이 어려운 상황에 처하게 되었다. 담보대출을 받아 주택을 구입하고, 그 가운데 일부는 주택을 전세 놓고 전세금마저 유휴자금으로 활용해 오다가, 부동산시장이 추락함에 따라 집을 경매에 내놓아도 대출금을 갚지 못하거나, 전세금을 되돌려줄 수 없을 만큼 가치가 하락한 '깡통주택'만 끌어안게 된 가구가 크게 늘어난 것이다.[148] 찬바람을 맞은 것은 그동안 부동산 개발에 열중하던 기획금융 시장도 마찬가지다.

147_ 여기서 언급한 미국과 일본의 통계는 필자가 인터넷 자료 검색을 통해 추정한 것이다.

148_ 다음은 금융감독원 발표에 근거한 한 신문 보도다. "집을 경매로 내놓아도 주택담보대출 원리금을 갚기 어려운 '깡통주택' 보유자가 19만명으로 조사됐다. 또 신용등급 7등급 이하로 3개 금융기관 이상에서 주택담보대출을 받은 저신용·다중채무자가 23만명에 이르는 것으로 나타났다. 이들은 집값이 추가 하락할 경우 채무상환이 어려운 사실상 '하우스푸어'다"(파이낸셜뉴스, 2012.12.2).

2011-12년 사이에 한국에서는 저축은행 고위직 인사들이 잇달아 자살하는 괴이한 일이 벌어졌다.[149] 2011년 9월 제일2상호저축은행장이, 11월에는 토마토2저축은행 상무가, 그리고 2012년 1월에는 에이스저축은행 회장이 자살한 것이다(프레시안, 2012.1.12). 저축은행 고위직 간부가 자살을 하게 된 데에는 은행운영의 부실 문제가 자리 잡고 있었던 것으로 보인다. 2011년 초 몇몇 저축은행이 문제가 있다는 사실이 드러나 8곳이 영업정지 처분을 받았는데 자살한 인사들의 소속 저축은행들은 이들 8개 은행에 속해 있었고, 그들 모두 대출비리와 관련해 검찰 조사를 받던 중이었다. 문제가 있는 저축은행이 영업 정지된 8곳에만 국한되었던 것도 아니다. 2011년 10월 4일 금융감독원이 발표한 회계감사 결과에 따르면 100곳 남짓한 저축은행 가운데 29곳이 심각한 자본잠식에 빠진 상태였다.[150] 김광수경제연구소가 발표한 한 보고서는 사정이 더 심각한 것으로 지적한다. 105곳 저축은행 가운데 파산이 우려되는 '위험' 대상이 44곳, 부실 우려가 있는 '요주의' 대상이 15곳, 경영 개선이 필요한 '주의' 대상이 27곳으로, 어떤 형태로든 문제가 있는 것으로 드러난 데가 무려 86곳이라는 것이다.[151]

저축은행이 이처럼 부실해진 것은 2000년대에 들어와서 부동산 기획금융에 대출을 너무 많이 해준 데 그 원인이 있다. 2008년의 미국 발 세계 금융위기로 인해 한국도 타격을 받고, 특히 부동산시장이 크게 침체됨으

149_ 이하 이 절의 내용은 강내희(2012c)에서 가져와서 수정한 것이다.

150_ http://blog.naver.com/econoworld?Redirect=Log&dogNo=80142105043 (2012년 1월 14일 검색.)

151_ http://mlbpark.donga.com/bbs/view.php?bbs=mpark_bbs_bullpen09&idx=1120179(2012년 1월 14일 검색). 저축은행은 이전에는 신용금고로 불리며 골목장사 하던 사람들이 푼돈모아 저축하곤 하던 곳이다. 2011년 초 몇몇 저축은행이 문제가 있다는 사실이 드러나 8곳의 영업이 정지되는 사태가 벌어졌다. 배영식 의원이 예금보험공사로부터 제출받은 자료를 분석해 2011년 4월 17일 발표한 바에 따르면, 이 조치로 인해 부실 해당 저축은행에서 5000만원 이상 예치한 투자자 3만7495명이 평균 676만원 꼴로 돈을 떼이게 되었다. 영업정지일 전일 기준 예금액 2조1286억원 가운데 1인당 5000만원 한도초과로 투자자들이 회수하지 못하는 금액이 11.9%인 2537억원에 이른 것이다(서울경제, 2011.4.17). 영업이 정지되면 한도를 초과한 금액에 대해서는 법규에 따라 저축한 돈을 돌려받지 못한다.

로써 그동안 건설사에 빌려준 돈을 제대로 돌려받지 못하는 사태를 맞은 것이다. 2010년 저축은행의 기획금융 대출 연체율은 24.3%에 달했다. 2011년 5월『한겨레 21』이 분석한 금융감독원 자료에 따르면, 연말까지 만기가 돌아오는 기획금융 대출은 모두 25조원인데, 저축은행들의 부동산 기획금융 대출 잔액은 저축은행 전체 대출 잔액의 18.9%인 12조2천억원에 이르렀다(김기태, 2011). 이런 점은 한국의 저축은행들이 부동산 기획금융 대출에 목을 매고 있다가 부동산 경기의 후퇴와 함께 큰 손실을 입고 부실 상태에 빠지게 되었음을 보여준다. 물론 저축은행만 부동산 기획금융에 젖줄을 대고 있었던 것은 아니다.『한겨레 21』에 따르면 일반은행도 기획금융 관련 대출액이 38조7천억원으로 규모가 상당하다. 이 금액은 이들 은행 전체 대출액의 3.2%로 저축은행 그것의 18.9%보다는 많이 낮다. 그러나 이는 일반은행의 규모가 크고 기획금융 이외의 영업 분야도 많이 확보하고 있다는 말일 뿐, 한국 금융권이 전반적으로 기획금융 사업에 대규모 투자를 하고 있다는 사실을 완전히 부정하진 않는다. 2011년 4월 18일 금융감독원 보고에 따르면 2010년 6월 말 기준으로 금융권에서 실시한 부동산 기획금융 대출 규모는 74조2000억원으로 2009년 말에 비해 8조2000억원 감소했으나 연체율은 6.37%에서 7.31%로 0.94%포인트 상승했다(박병일, 2011).

한국의 기획금융이 국제관행과 크게 다른 점 하나가 더 있다. 앞에서 살펴본 대로 '비소구 금융'으로 운영되는 것이 기획금융의 국제적 관행이다. 그러나 저축은행의 고위직 인사들이 자살행렬을 벌인 것은 한국에서 기획금융을 일으키는 방식이 국제적인 관행과 크게 달라서 생긴 일로 보인다. 몇몇 부실 저축은행의 영업정지와 관련 고위직 간부의 자살에 이어 또 다른 큰 사건이 터졌으니, 바로 현직 대통령의 형으로 6선 의원 관록을 지닌 이상득이 저축은행의 정치자금을 받은 혐의로 2012년 7월 구속되어 2013년 1월에 유죄판결을 받은 것이다(연합뉴스, 2013.1.24). 저축은행 고위직의 자살행렬과 한때 한국 제도정치의 '상왕'으로 군림하던 인사의 정치적 추락 간이 인과관계를 연결하는 고리 하나가 기획금융 관행이다. 비소구 금융 성격이 약한 한국의 기획금융 대출에서는 담보와 연줄 의존 관행이 사라지지 않았다. 저축은행이 부실해진 것은 부동산 기획금융에 과도한 규모로 대출을 해줬으나, 2008년 세계경제위기 발발 이후 국내 부동산 경기가 급락함에 따라 대출금 상환 여건이 어려워진 것이 주요 원인이다. 저축은행들과 정치인의 유착관계, 부패행위는 부실로 인한 퇴출 압박을 면하기 위해, 저축은행들이 이상득 같은 유력 정치인의 비호를 받고자 해서 생긴 결과일 것이다.

2000년대에 들어와서 기획금융이 급속도로 규모를 키운 것도 문제라 할 수 있다. 기획금융 부상은 자본의 '금융화'가 촉진된 결과일 뿐만 아니라, 국가의 공적 기능이 크게 약화된 결과이기도하다. 한국의 경우만 놓고 보면, 앞서 살펴본 것처럼 기획금융은 주로 민관협력 사업의 형태로 진행되는 바, 이는 지방자치체 등 공적 영역이 일으키는 사업에 사적 자본이 참여하는 형태다.152 하지만 한국의 기획금융은 비소구 금융의 원래 취지에 맞게 사업의 적실성을 따지기보다는 사업 추진의 가능성만 갖고 대출을 일으켜 온 더 큰 문제를 안고 있다. 한국에서는 시공사가 보증만 서면 부동산 기획금융 대출이 가능하다. 시공사로서는 자신이 참여하는 건설사업에 대출이 이루어지면 참여해 이윤을 낼 기회를 잡기 때문에 보증을 서지 않을 이유가 없다. 물론 부동산 경기가 호황을 유지해야 한다는 조건이 충족되어야 하지만, 한국의 부동산 시장은 계속 성장을 해왔고, 더구나 기획금융이 확산된 2000년대에 들어서면서 전례 없는 활황세를 보이고 있었다. 따라서 이상득

152_ 국가의 공적 기능 약화가 무조건 나쁜 것은 아니다. 공적 기능 강화는 국가가 지배 장치로서 자신의 권력을 강화하는 현상일 수도 있다. 신자유주의 세력이 헤게모니 전략을 구사하며 국가를 공격 대상으로 삼았던 것은 수정자유주의 시대 국가가 발휘한 '공적 기능'에 대한 대중적 불신이 있었기 때문이다. 그러나 동시에 국가의 공적 기능에는 공유재(commons)를 보존하고 강화하는 '사회적 기능'이 포함될 수 있다. 여기서 문제로 지적하려는 것은 바로 이런 기능의 약화가 기획금융 활용의 확산과 궤를 함께 한다는 것이다.

등의 부패행위는 예외적 현상이라기보다는 구조적 문제, 한국 부동산 시장의 객관적 조건에 바탕을 둔 사건인 셈이다. 유력한 정치인이 저축은행으로부터 정치자금을 받은 혐의로 유죄판결을 받는 대형 정치사건이 터진 것은 '불패신화'를 자랑해오던 부동산시장에서 그동안 '묻지마 투자'가 일어나던 중, 이 시장이 심각한 위기에 빠지며 생긴 일이라 하겠다.

6. 기획금융과 금융파생상품

기획금융 활용이 대대적으로 이루어지기 시작한 것과 금융파생상품이 도입되어 그 거래가 크게 확산된 시기는 대체로 일치한다. 기획금융이 새로운 금융기법으로 세계적으로 퍼진 것은 북해유전이 개발되기 시작한 1970년대 초부터다. 금융파생상품도 1970년대 초에 새로운 파생상품으로 도입되어 1980년대에 들어서면서 급속도로 시장규모가 커졌다는 점은 앞 장에서 살펴본 바다. 양자는 한국에서도 거의 같은 시기에 등장해 그 사용과 거래가 확산되었다. 한국에서 기획금융을 통해 대규모 기반시설의 재원이 처음 조달된 것은 1995년 12월 착공해 2000년 10월에 완공된 인천국제공항 고속도로 건설사업이고, 금융파생상품이 처음 도입된 것은 1995년 제정된 선물거래법을 기반으로 하여 코스피200 주가지수 선물이 증권거래소에 상장된 1996년 5월이다. 1990년대 중반에 이런 변화가 있었던 것은 2장에서 살펴본 대로, 당시 한국이 OECD 가입 등을 위해 나름대로 금융자유화 조치를 취하고 있었음을 보여준다고 하겠다.

앞서 언급한 대로 금융파생상품과 기획금융은 그 투자 규모나 자본주의 시장에서의 중요성에서 차이가 난다. 금융파생상품 시장은 한국만 놓고 보더라도 그 규모가 6경이나 되는 어마어마한 규모인 반면, 기획금융에 동원되는 자본의 규모는 거기에는 크게 미치지 못하는 편이다. 한국에서 기획금융이 가장 활발하게 이루어졌던 시기는 국내 부동산시장이 거품 증세를 보이고 있던 2000년대 초중반이다. 하지만 미국에서 2007년 비우량주택담보대출 시장이 위기를 맞고 다음 해에 금융위기가 발생하자, 한국의 부동산 시장과 금융시장도 타격을 입었으며, 이로 인해 기획금융 시장도 축소된 것으로 보인다. 서울 상암동 디지털미디어센터에 3조7천억원을 들여 133층 표지건물을 짓겠다는 사업계획은 2012년 6월에 최종적으로 무산되었고,[153] 용산역세권의 국제업무지구 개발사업 역시 예정대로 진행할 수 없게 되었다. 파생상품 시장의 경우는 사정이 다르다. 파생상품 시장도 신용부도스와프(CDS)가 2008년 금융위기의 주범으로 지목되면서 잠깐 위축되는 모습을 보였으나 곧 바로 거래가 회복되었고, 지금은 그 규모를 키우고 있는 중이다. 이런 점은 파생상품과 기획금융이 서로 다른 역할이나 기능을 가지고 있을 것임을 짐작케 해준다.

파생상품의 문화정치경제 관련 제반 문제들을 다룬 앞 장에서 살펴본 것처럼 파생상품, 특히 금융파생상품은 '명백하게 자본주의적 화폐 또는 상품'이다. 브라이언과 래퍼티가 파생상품을 이렇게 정의하는 것은 오늘날 상이한 자본들 간의 가치 비교를 위해서는 파생상품의 통약 기능이 반드시 활용되어야 한다는 것, 모든 자본의 축적 과정에 파생상품의 논리가 작용한다는 것을 강조하기 위함이다. 파생상품은 개별 자본의 경쟁력을 측정하는 주된 매개물이라고 할 수 있다. 통화나 주식 같은 화폐든, 곡물 같은 실물상품이든, 모든 자본은 그 형태를 불문하고 시간적으로 공간적으로 이동함에 따라 가치가 재평가되어야 하는데, 그렇게 하려면 이들 자본을 통약해주는 기제가 필요할 것이다. 금융파생상품이 '명백하게 자본주의적인 화폐 및 상품'이 된 것은 바로 이런 역할을 하기 때문이라 하겠다. 오늘날의 자본 축적 과정, 그리고 상품, 자산, 화폐 등 모든 형태의 자본 거래에서 이처럼

153_ 이 건물은 2015년까지 640m 높이에 연면적 72만 4675㎡, 대지면적 3만7280㎡ 규모로 들어설 예정이었으나 서울시가 2012년 6월 1일 시행사인 (주)서울라이트타워와 체결한 용지매매 계약에 대해 "토지 대금 미납과 착공 지연 등의 이유로 해제하고 용지 활용 방안을 원점에서 검토한다"고 밝힘으로써 백지화되었다(한국일보, 2012.6.1).

핵심적인 역할을 하는 만큼, 파생상품은 자본주의 경제가 작동하는 한, 그 중요성이 줄어들지 않을 것으로 보인다. 파생상품의 가공할 거래 규모는 파생상품이 자본들 간의 거래 전반을 매개하고 있다는 그것의 이런 역할에 대한 징표일 것이다. 반면에 기획금융은 특정 분야에서 운용되는 금융자본과 관련되어 있고, 따라서 그 의미도 제한적이라 할 수 있다. 파생상품은 명목가치로 따진 것이기는 해도 세계시장 규모가 100조 달러가 넘는다는 주장이 나오는 데 반해, 기획금융의 시장규모는 2012년의 경우 "유럽재정 위기와 글로벌 경치 침체 등으로" "전년보다 6퍼센트가 줄어든 3823억 달러에 그쳤다"(박종진, 2013). 인프라스트럭쳐 저널*Infrastructure Journal* 조사에 따르면, 같은 해 세계 기획금융 대출금 규모도 2011년의 1590억 달러에서 37.7퍼센트나 줄어서 990억 달러로 떨어졌다(Plimmer and Watkins, 2013). 기획금융 시장의 이런 위축은 최근에 금융위기가 연이어 발생하면서 세계경제가 대공황으로 나아갈 위험성이 높아지자, 은행 대출에 관한 규제를 다루는 바젤은행감독위원회가 은행자본 건전화방안으로 '바젤 III 협약'을 내놓으면서, 그동안 은행들이 부외자산으로 취급해오던 기획금융 명목의 장기 대출을 자산포트폴리오에 포함시키도록 하는 등 은행 규제를 강화함에 따른 결과로 분석된다.[154]

하지만 기획금융 시장이 앞으로 계속 위축될 것인지는 예단하기 어려운 문제다. 세계 기획금융 시장은 기본적으로 전력 등의 에너지, 학교나 병원 등 경제적 사회적 기반시설 개발의 필요성과 자본동원 여건에 의해 영향을 받을 수밖에 없는데, 최근에는 브릭스 국가들, 특히 인도가 활발하게 투자하고 있는 것으로 드러나고 있다.[155] 제3차 바젤협약 도입으로 인해

154_ '3차 바젤협정' 또는 바젤 III은 국제결제은행(BIS) 회원국들이 가장 최근에 합의한 은행 운영에 관한 국제 지침을 가리킨다. 제2차 바젤협정에 바탕을 둔 은행 운영으로 2000년대 말에 대규모 금융위기가 발생하자, 바젤은행감독위원회에서 금융위기 재발을 막기 위해 내놓은 개혁안이다. 회원국 금융기관이 2013년부터 2019년까지 단계적으로 충족해야 할 자기자본비율 기준에 관한 내용을 담고 있다.

155_ 2010년 인도의 기획금융 시장 규모는 131개 대출에 520억 달러였다(Slivker, 2011).

향후 기반시설 기획금융 시장이 어떻게 변해갈 것인지 예측한 한 국내 보고서는 "은행들의 금융제공행태가 변화해 갈 것"이라며 다음과 같이 전망한다. "이는 정부·은행·투자기관·발주자 등이 인프라 PF시장에 더욱 창의적인 방식으로 접근을 할 것이며, 결국 PPP시장의 활성화 등 더욱 다양화되고 복합적인 방식으로 금융시장이 변화할 것을 의미하는 것이다"(은승진, 2012).

파생상품과 기획금융의 긴밀한 관계는 두 금융상품의 등장 시기가 일치하는 것만으로 끝나지 않는다. 기획금융을 일으키려면 파생상품 활용이 필수적이다. 파생상품과 기획금융은 둘 다 위험관리 상품이다. 앞에서 살펴본 것처럼, 기획금융이 전통적인 금융과 다른 것은 "부채 상환이 시행사의 대차대조표에 나타난 자산이 아니라 기획사업이 완성되고 나면 나오게 될 수익에 기반을 둔다"는 점에 있다(Slivker, 2011). 기획금융은 이처럼 '비소구' 성격을 갖고 있으면서 동시에 한 사업이 수조, 수십조원이 소요될 만큼 규모가 큰 데다가 장기대출을 전제로 하기 때문에, 사업 성공을 위해서는 예상되는 위험에 대한 전문적 관리가 필요하다. 기획금융 사업을 추진할 때에는 특수목적기구special purpose vehicle(SPV)를 만들고, 여기에 시행사 이외에도 (부동산 개발의 경우) 다른 개발회사, 공공영역(지방자치체, 정부기관), 복수의 금융기관(세계은행이나 아시아개발은행 또는 상업은행 등), 시공사, 장비대여업자, 도급업자, 운영자(완성된 시설의), 최종상품 구입자(지방정부 등) 등을 참여시키는 것이 상례다. 이처럼 다양한 주체를 동원하는 목적은 기획금융이 대개 대규모 장기 투자를 전제하는 만큼, 도중에 예상되는 다양한 위험을 되도록 골고루 분산시키기 위함이다.

이 과정에서 중요한 역할을 맡는 것이 파생상품이다. 대규모 자본이 장기간에 걸쳐 동원될 때에는, 이자율과 환율 변동이 중대한 위험 요인이 될 수 있다. 통상 대출자는 장기대출에 대해 변동 이자율을 요구하기 마련인데, 일정한 시간이 지나서 이자율이 급등하는 일이 생기게 되면, 돈을 빌리는 측으로서는 커다란 손해와 함께 사업 추진의 어려움을 겪게 된다. 이런 위험을 줄이고자 활용하는 것이 '이자율스와프'라는 파생상품이다. "SPV는 사립은행 같은 다른 당사자와 자신이 빌린 원금 금액을 놓고 변동 이자율을 고정 이자율로 바꿀 수 있다"(Slivker, 2011). 환율스와프도 비슷한 역할을 한다. 일례로 한국에서 추진한 대규모 기반시설 건설에 해외 자본을 달러화로 동원했는데, 1997년의 외환시장 붕괴에서 나타난 것처럼 원화는 급락하고 달러화가 급등하게 되면, 특수목적기구 또는 기획회사는 중대한 위기를 맞게 될 것이다. 이런 위험에 대비코자 사용하는 파생상품이 통화스와프다. 통화스와프는 거래 당사자가 계약을 통해 약정한 환율에 따라 해당통화를 일정시점에서 서로 교환하는 외환거래로서, 부채 규모가 크면 클수록 환율 변동에 따른 위험 부담률이 높아지기 때문에, 대규모 자본을 각종 통화 형태의 부채로 동원해야 하는 기획금융에 필수적인 상품으로 간주된다.

기획금융이 위험 회피를 위해 활용하는 파생상품 종류로는 옵션도 있다. "매입옵션과 매도옵션도 유용한 대비책이다. 매도옵션은 기획회사에 미래의 어떤 시점에 고정된 가격으로 그 생산물을 판매할 수 있는 옵션을 제공한다. 이 조치는 매도로 보장되는 기간에 기획사업의 현금흐름을 보호해주고 있다. 비슷하게 매입옵션은 기획회사로 하여금 미래의 한 고정 시점에 투입 받을 자원을 살 수 있게 해준다"(Ahmed and Fang, 1999: 47). 그런데 옵션의 경우 만기가 짧기 때문에, 장기계획이 필요한 기획금융의 위험관리에는 부족한 점이 있을 수 있다. 이런 점을 일부 보완해주는 파생상품이 선도거래다. 선도거래는 거래소에서 이루어지는 선물거래와는 달리 주로 장외에서 이루어지며, 따라서 거래 당사자들 간 합의에 따라 계약 내용을 결정할 수 있다. 예컨대 제철공장을 건설하려는 기획회사의 경우, 주 원료인 철광석을 안정적으로 공급받을 수 있기 위해서는, 미래 일정 기간 동안 일정한 가격으로 철광석을 구매하는 선도계약을 맺으면 편리할 것이다. 물론 원료의 가격변동을 잘못 예측할 경우도 있으니, 그럴 때 선도구매 계약은 큰 손실을 초래하기도 한다. 아메드Priscilla A. Ahmed와 팡Xinghai Fang은 국제금융공사(IFC)가 지원한 한 섬유 기획사업이 1993년에 목화 선도구매

계약을 맺었다가 국제 목화 가격이 폭등한 바람에, 3년 만에 대출금 상환 불능 상태에 빠진 사례를 언급하고 있다(Ahmed and Fang: 47). 이런 사실은 위험을 관리하기 위해 맺는 선도계약이 오히려 더 큰 위험을 초래할 수도 있음을 보여주며, 이는 기획금융이 활용하는 다른 파생상품들(스와프와 옵션)에도 해당되는 일이다. 이자율이나 환율 변동에 대비하는 스와프는 그 변동 추이를 잘못 예측하게 되면 손실을 초래하게 되고, 생산물이나 원료를 미래 일정한 시점에 미리 정한 가격으로 팔고 사게 해주는 옵션거래에도 예측 잘못으로 인한 손실 위험은 사라지지 않는다.

그러나 그렇다고 기획금융에 금융파생상품의 활용이 사라지거나 줄어드는 것은 아니다. 이는 파생상품은 위험을 없애기 위한 상품이라기보다는 위험을 관리하기 위한 상품이고, 위험이 존재하는 한 필요한 상품이기 때문이다. 그리고 기획금융에 동원되는 자본의 이자지불과 원금 상환에 영향을 미치는 이자율과 환율변동에 대비해 스와프거래가 이루어지고, 생산물과 원료를 사전 계약에 따라서 팔고 살 수 있게 해주는 옵션거래와 선도거래가 이루어진다는 것은 기획금융이 금융파생상품과 어떤 관계를 맺고 있는지 짐작할 수 있게 해준다. 기획금융은 장기간에 걸쳐 대규모 자본의 동원이 이루어지는 것이기 때문에 다양한 위험을 안고 있고, 이 위험의 관리를 위해 다양한 형태의 파생상품을 다양한 방식으로 활용할 수밖에 없다. 이런 사실은 거꾸로 금융파생상품이 금융시장에 도입되지 않았다면, 기획금융도 제대로 발전하기 어려웠을 것임을 짐작케 한다. 금융파생상품과 기획금융이 1970년대에 함께 새로운 금융적 수단으로 떠오른 것은 기획금융이 이처럼 파생상품을 활용하면서 더욱 활발하게 이루어지기 때문이라고도 할 수 있다.

한국의 경우 기획금융은 자본을 직접 조달하는 방편으로 유동화증권을 사용하기도 한다. 2008년 미국 금융위기의 타격을 받아 국내 부동산 시장이 위축되면서 부동산 기획금융 대출 부문에서 문제가 생겨나자, 저축은행 등 금융기관이 대출금 회수를 독려하고 신규 대출은 억제하게 되면서, 건설사들은 2009년 하반기부터 '자산담보부채권'(ABS)과 '자산담보부기업어음'(ABCP)

형태로 부동산 유동화증권을 발행해 자금을 직접 조달하는 자구책을 쓰기 시작했다.[156] ABS와 ABCP를 합친 금융권 유동화증권의 발행규모는 2006년 14.2조, 2007년 11.0조, 2008년 8.9조, 2009년 12.9조, 2010년 17.9조원으로 미국발 금융위기 이후 줄어드는 추세를 보이다가 다시 증가하는 모습을 보이고 있다(김완중 외, 2012: 3). 자산담보부채권은 "금융기관·기업 등이 보유하고 있는 자산을 담보로 발행해 제3자에게 매각하는 증권" 또는 "금융기관이나 기업이 보유하고 있는 대출 관련 자산을 특수목적 회사에 넣고 그 자산을 바탕으로 발행하는 증권을 말한다."[157] 자산담보부채권은 이제는 '자산유동화증권'으로 통하고 있는데, 이것은 이 금융상품이 각종 채권 및 자산을 유동화하기 때문이다. 다른 한편 '자산담보부기업어음'은 "자산을 담보로 해 만기가 짧은 기업어음의 형태로 발행하는 자산유동화증권의 일종이다"(방경식, 2011). 이것은 자산유동화증권의 구조와 기업어음의 구조를 결합시킨 유동화 방식으로, 특수 목적을 위해 한시적으로 설립되는 유동화전문회사가 매출채권, 리스채권, 회사채 등 대상자산의 현금흐름을 기초로 발행한다는 점에서 기존의 자산유동화증권과 동일하지만, 이미 발행한 자산유동화증권을 상환하는 조건으로 일정한 기간마다 단기 기업어음을 계속 차환 발행한다는 점이 다르다.

7. 최근 한국의 건조환경과 기획금융

국제적 관행에서처럼 경제적 사회적 기반시설을 조성하는 것이든, 아니면 한국에서처럼 주로 부동산 개발을 위해 동원되든, 기획금융이 최종적으

156_ ABCP 등은 파생상품은 아니다. 미국에서는 CMO, CDO 등을 증권화하여 파생상품 시장에서 거래하도록 했지만, 한국에서는 ABCP를 기초로 하는 증권화 파생상품이 도입되지는 않았다.

157_ http://terms.naver.com/entry.nhn?cid=515&docId=8724&mobile&categoryId=1169(2013년 1월 15일 검색.)

로 만들어내는 것은 대규모 '건조환경'이다. 산업화된 국가 어디서나 볼 수 있는 온갖 종류의 기계와 공장, 끝없이 펼쳐지며 늘어나고 있는 도로, 항만, 발전소 등은 모두 건조환경을 구축한다. 이들 건조환경은 자연환경의 풍광을 바꾸며 새로운 인조 경관을 조성하고 있다.

한국의 경우 기획금융은 부동산 개발에 집중됨으로써 역시 새로운 거대한 건조환경을 조성해, 완전히 새로운 경관을 만들어냈다. 과거 한국은 '삼천리금수강산'으로 불릴 만큼 자연 풍경이 수려했지만, 오늘날은 눈길이 닿는 곳이면 어디서나 인조 환경이 눈에 띌 정도로 큰 변화가 일어난 것이다. 국토해양부에 따르면 2013년 3월 현재 한국에서 추진되고 있는 공모형 기획금융 개발사업은 모두 28곳으로, 사업비 규모는 2013년 정부 예산 342조원의 22.5%에 달하는 77조2400억원이나 된다(머니위크, 2013.3.26). 물론 이들 사업은 미국발 세계 금융위기가 시작된 2008년 이후 큰 어려움을 겪어왔다. 서울의 '용산역세권개발'(총사업비 31조원), '상암DMC랜드마크타워'(3조6783억), 인천의 '송도랜드마크시티'(17조), '청라국제업무단지'(6조2000억), 파주의 '운정복합단지', 천안의 '국제비지니스파크'(6조6000억), 평택의 '브레인시티'(2조4000억) 등이 취소되었거나 표류되고 있는 실정이다. 하지만 사업이 완료된 곳도 있고, 사업이 완료되지 않아도 계획 단계에 이미 지표상의 큰 변화를 유발한 곳도 있다. 서울 용산 일대에 진행될 예정이던 '용산역세권개발' 사업이 좋은 예다. 이 사업은 이명박 정부의 역점 사업으로 환경파괴 논란 등 엄청난 사회적 파장을 일으키며 추진된 '4대강 사업'의 총사업비 24조원보다 훨씬 더 많은 31조원이 소요될 예정이었으나, 2013년 3월 2천억원 규모의 ABCP 59억원을 갚지 못해 디폴트 즉 채무불이행 상태에 빠져 결국 좌초되었다(경향신문, 2013.3.13). 하지만 그 파장은 이미 일어난 것만으로도 만만치 않다. 퇴거명령에 불복하며 농성을 벌이던 세입자 5명이 2009년 경찰진압 과정에서 불에 타죽는 '용산 참사'가 빚어졌고, 사업 예정 부지로 지정된 일대는 기존 시설물이 완전히 철거된 상태다. 서울의 금싸라기 땅이 지금 용도를 상실한 채 비어있는 셈이라 언제라도 유사한

사업이 재개될 개연성이 높다 하겠다.158

PPP 사업의 또 다른 좌초 사례인 인천의 '에잇시티' 기획에 이르게 되면, 기획금융 사업 규모는 상상을 초월한다. 이것은 인천의 용유도와 무의도에 문화·관광·레저 복합도시를 건설하려던 개발사업 계획으로서, 책정된 예산 규모가 물경 317조원이었다(이데일리, 2013.8.5). 317조원이라면 '단군 이래' 최대 공사가 될 것이라던 '용산역세권개발' 사업의 10배가 넘고, 2013년 정부예산 342조에 거의 육박하며, 1.12조 달러로 추산되는 2012년 GDP의 4분의 1 수준이다. 한 지방정부가 수립한 개발사업이 이처럼 어마어마한 규모라는 것이 놀랍지 않은가. '다행히' 이 사업은 무산되었지만, 지금도 기회만 닿으면 비슷한 계획이 추진될 공산은 얼마든지 있다. 에잇시티와 같은 PPP 사업이 추진될 예정이었다는 것은 그동안 한국에서 기획금융을 활용한 부동산 개발이 얼마나 대대적으로 벌어졌는지 짐작하게 한다. 이런 금융적 메커니즘이 최근 전국 각지 지표상에 '삼천리금수강산' 대신 새로운 도시경관이 들어서게 만든 원동력이었을 것이다.

기획금융이 동원되는 대형 개발사업이 일어날 경우 지표상에 구체적으로 어떤 변화가 생기는가? 공모형 기획금융으로 추진되는 대형 개발 사업은 기본적으로 부동산 개발이다. 국민권익위원회가 2009년에 만든 「공공-민간 합동형 PF사업 개선방안」이라는 제목의 '제도개선 권고문'에서 분석 대상으로 다뤄지고 있는 20개 사업 내용을 통해서도 이런 점이 확인된다. 권고문에서 조사된 20개 사업을 벌이는 공공기관은 토지공사, 주택공사, SH공사, 부산도시공사, 인천도시개발공사, 경기도시공사, 황해경제자유구역청 등 7개 기관이다. 이 가운데 토지공사는 '용인죽전특별계획구역역세권', '용인동백 테마형쇼핑몰', '화성동탄복합단지', '대전엑스포컨벤션복합센터', '인천청라지구외국인프로젝트', '남양주별내복합단지', '성남판교복합 단지', '영등포

158_ 2014년 상반기 현재 박원순 서울시장은 용산역세권 사업은 물 건너 간 것으로 보고 있으나, 2014년 지방선거에 출마한 정몽준 의원은 개발을 시도하겠다는 의사를 내비친 바 있다.

교정시설신축 · 이전' 등 8개 사업, 인천도시공사는 '운북복합레저단지', '도화구역도시개발', '숭의운동장복합단지', '송도 유-시티U-City 조성사업' 등 4개 사업, 주택공사는 '아산배방PF사업', '광명역세권PF사업', '파주운정PF사업' 등 3개 사업, SH공사는 '은평뉴타운중심상업지구', '플로팅아일랜드조성' 등 2개 사업, 그리고 경기도시공사는 '에콘힐파워센터' 1개 사업, 부산도시공사는 '해운대관광리조트' 1개 사업, 황해경제자유구역청은 '송악지구개발' 1개 사업을 맡고 있다. 제시된 사업 명칭들에서 이미 드러나고 있지만 이들 사업은 대개 대규모 복합단지로 개발되며, 이들 단지에 들어서는 시설은 백화점, 할인점, 주차건물, 오피스텔, 호텔, 영화관, 문화센터, 다기능문화시설, 교육시설, 주상복합, 단독주택, 콘도, 워터파크 등 주로 편의시설 및 상업시설이다(국민권익위원회, 2009). 대부분 시설이 부동산인 것이다.

8. 기획금융과 공간적 조정

여기서 질문 하나가 제기된다. 최근에 왜 이처럼 거대한 규모로 부동산 개발이 이루어지는 것일까? 금융화로 인해 한국에서도 하비가 말한 '공간적 조정'이 새롭게 진행되고 있기 때문이라고 하겠다. 공간적 조정은 자본이 과잉축적 문제를 해결하는 주된 방법이다. 신자유주의 금융화 시대에 자본이 맞고 있는 위기는 높은 이윤율을 획득할 수 있는 고수익 투자처를 찾기 어렵다는 사실과 관련되어 있다. 우리 눈앞에 벌어지고 있는 경악스런 개발 광경은 오늘날 자본주의가 겪고 있는 위기 징후에 속한다. 여기서 작용하는 것이 "자본주의의 지리적 역학과 그와 연관된 위기경향"이다. 하비는 '공간적 조정' 개념을 다음과 같이 설명하고 있다.

나는 특히 그 용어를 '고정성'(장소를 통해 확보되는 영어 'fixity'의 첫 번째 의미) 대 자본의 운동과 이동성이라는 특정한 문제에 초점을 맞추기 위해 사용한다.

예컨대 나는 자본주의는 공간을 극복하기(저렴한 운송비용 및 통신비용을 통한 운동의 자유를 얻기) 위해 공간(공장, 도로, 주택, 상수도 및 다른 물리적 하부구조 건조환경은 물론이고 운송 및 통신 망 같은 부동 구조들을 통해)을 고정해야 한다는 점에 주목한다. 이런 사실은 자본의 핵심 모순 하나를 야기한다. 자본은 자신의 역사에서 더 나중에 일어날 새로운 '공간적 조정'(새 공간 및 영토에서 새로운 축적을 위한 기회)을 위해 자리를 내주기 위해 나중에 파괴해야(하고 거기 투자된 자본 대부분을 감가시켜야) 하는데도 자신의 역사 어떤 시점에서 자신의 작용에 필요한 고정된 공간(또는 '경관')을 만들어내야 하는 것이다(Harvey, 2001: 25).

축적을 계속하려면, 자본은 공간적 조정을 반복할 필요가 있다. 다시 말해 끊임없는 개발이 이어져야만 하며, 심지어는 공간의 창조적 파괴 즉 공간 파괴를 이윤 창조의 자원으로 삼는 과정도 반복해야만 하는 것이다. 그리고 오늘날 기획금융이 창궐하며 거대한 건조환경을 만들어내는 것은 최근에 들어와서 신용체계를 크게 발전시키는 금융화 과정으로 인해, 맑스가 말한 '고정자본'과 '의제자본'의 관계가 새롭게 가동되기 때문이라 하겠다.

자본주의는 가치생산 기제를 작동시켜 재생산되는 사회체계다. 자본의 운동은 기본적으로 화폐-상품-화폐'(M-C-M')의 순환과정을 거치며, 가치는 이 과정을 통해서 생산되고 교환되고 소비된다. 그런데 '가치'를 생산할 수 있는 유일한 원천은 노동력이며, 노동력이 가치를 생산하기 위해서는 착취과정이기도 한 생산과정을 거쳐야만 한다. 노동력은 그런데 반드시 각종 생산수단이 있는 장소에 배치되어야 하니, 이때 필요한 것이 고정자본이다. 고정자본에는 기계, 공장건물, 창고, 발전소, 댐, 교량, 도로, 철도, 각종 차량, 선박, 항공기, 상하수도시설, 항만, 부두, 레저시설, 공원, 병원, 문화시설 등 가치를 생산하는 노동력을 배치할 수 있는 다양한 형태가 있다. 고정자본의 특징은 한 번 투자되면 거의 동일한 형태로 내구성을 띠고 존재한다는 것이다. 고정자본은 유동자본과 대비된다.[159] 유동자본은 즉각 소비되기 때문에 반복적으로 보충되어야 하지만, 고정자본은 그렇지 않다. 생산물로 이전되는 대체로 무시해도 좋을 만큼의 소량을 제외하면, 고정자본은 계속 생산과정에 남아서 생산과정에 기여할 수 있기 때문이다.

하지만 이런 점 때문에 고정자본은 자본에게 큰 부담이 되기도 한다. 기계, 공장, 도로, 항만, 발전소 등의 고정자본은 상품 생산에 반드시 필요하지만, 대부분 대규모 투자를 필요로 하고 자본을 장기간 유통 회로에서 벗어나게 하여 그 회수를 어렵게 만들기 때문이다. 그러나 고정자본이 사용가치로서 작용하는 한, 고정자본에 대한 투자는 필수적인 일이다.

> 사용가치로서 기계는 생산과정을 결코 떠날 수 없다. 기계는 여러 생산기간들 동안 생산적으로 소비되는 사용가치로서 그 몸체의 소재적 형태를 유지한다. 그렇지만 기계의 가치는 그 가치가 실현되기 위해서는 어떻게 해서라도 순환을 지속해야 한다. 이러한 순환형태의 특이성은 고정자본이 사용가치로서 생산과정의 범위 내에 소재적으로 폐쇄되어 있어야 하는 반면, 가치로서 순환을 지속해야 한다는 점이다[Gru, p. 681; Cap, vol. 2, pp. 157-58] (하비, 1995: 285).

고정자본이 이런 식으로 겪게 되는 '순환 장애'를 해결하기 위해 요청되는 것이 신용체계다. 사용가치로서는 계속 자신의 소재적 형태를 유지하며 폐쇄된 상태에 있어야 하지만, 가치로서는 계속 순환되는 것이 필요한 고정자본에 대해 투자가 이루어질 수 있는 방안으로 신용체계가 구축되는 것이다. 하비는 신용체계의 필요성이 고정자본의 필요성과 연관되어 있다는 점을 맑스가 『그룬트리세』에서 언급한 말을 정리해 다음과 같이 설명한다.160

159_ 또 다른 대비는 '불변자본'과 '가변자본' 간에 있다. 가변자본에는 노동력이 포함되고, 불변자본에는 고정자본에 해당하는 공장의 설비, 생산의 물적 하부시설과 함께 유동자본에 포함되는 원료, 보조재료, 수중의 재료 등이 포함된다. 고정자본은 부동자본과도 구분된다. 부동不動자본은 말 그대로 움직이지 않는 자본으로 공장건물 같은 것을 가리키는 반면, 고정자본은 이런 것 이외에도 차량, 선박, 항공기 등 움직이는 자산까지 포함한다(하비, 1995: 283, 315).

고정자본의 순환은 자본에 엄청난 짐을 부가한다. 충분한 화폐가 처음 구입가격을 충당하고 또한 생산을 통한 가치의 회수 때까지 시간을 메우기 위해 축적되어야 한다. 신용체계는 고정자본의 순환을 촉진함에 있어 필요불가결하게 된다. 사회의 다른 계급들의 입장에서 개인적 저축이 가정되지 않는다 할지라도, 현재 투자하는 자본가들은 미래의 확장과 대체를 위해 저축한 자본가들로부터 이자를 주고 빌릴 수 있다. 고정자본의 순환이 독립적 순환형태로 '굳어짐'에 따라, 그리고 그 규모, 양, 내구성이 축적과 더불어 증대함에 따라, 자본주의는 고정자본의 순환이 제기하는 문제들을 처리하기 위해 점점 더 보다 정교한 신용체계를 발달시켜야만 한다(하비: 354).

이렇게 보면, 오늘날 기획금융의 규모가 커졌다는 것은 '정교한 신용체계'가 발달했다는 것이고, 신용체계를 통해 유통되는 의제자본의 규모가 커졌다는 것이다. 아울러 기획금융의 활발한 활동은 오늘날 거대한 고정자본 구축 과정이 일어나고 있다는 것이고, 이는 하비가 말한 공간적 조정이 대대적으로 진행되고 있다는 말이기도 하다.

여기서 대규모 고정자본의 구축을 가능케 하는 신용체계를 가동시키는 것이 의제자본이라는 점을 다시 강조할 필요가 있을 것 같다. 의제자본은 화폐자본으로서 상품거래를 통해 만들어지는 것이 아니라, 유통체계를 벗어나지 않는 자본이다. 4장에서 우리는 금융파생상품이 이런 형태의 자본화폐임을 확인한 바 있다. 이런 사실은 유동성이 가장 큰 자본 형태가 오늘날 우리 눈앞에서 대규모로 나타나고 있는 건조환경의 건설을 추동하는 힘임을 말해준다. 의제자본을 활용하는 신용체계에 의해서 고정자본이 형성되고, 이 고정자본이 건조환경으로서 그 최종 소재적 형태를 드러내기

160_ 여기서 맑스의 발언은 다음과 같다. "고정자본은…연이은 수년간 생산에 종사하며… [그리고]…미래의 노동을 대가(counter-value)로서 기대한다. 미래의 노동성과에 대한 기대는…신용체계의 발명이 아니다. 이는 **고정자본의 특정한 실현양식, 회전양식, 재생산양식에 그 근원을** 두고 있다(Gru, pp. 731-32)"(하비, 1995: 354에서 재인용. 강조는 원문).

때문이다. 이런 점은 고정자본, 건조환경, 의제자본 간에는 필연적이면서도 복잡한 관계가 있음을 말해주고 있다. 우선 의제자본도 고정자본만큼이나 자본의 축적에 필수적임을 인정하는 것이 필요하다. 상품의 생산을 위해서는 고정자본이 불가결하지만, 이 자본은 자본 순환체계에서 장시간 벗어나 있어야 하기 때문에 자본 순환에 장애를 야기하게 되어 있다. 이 문제를 해결해주는 것이 신용체계요, 의제자본이다.

고정자본이 미래축적에 대해 형성하는 장애는 일반적으로 신용체계에 의해, 특히 의제적 자본형태들의 창조에 의해서만 극복될 수 있다. 의제자본이 번창하도록 함으로써, 신용체계는 유동자본의 고정자본으로의 전환을 지원할 수 있으며, 사회에서 사회적 총자본의 점점 더 많은 부분이 고정자본의 형태로 순환하게 됨에 따라 발생하는 압력의 증대에 대응할 수 있다. 의제자본은 고정자본 자체만큼이나 축적에 필수적이다.

다시 말해 의제자본은 "바로 자본 그 자체의 개념 속에 함의되어" 있는 것이다(하비: 360).

그런데 한국의 기획금융이 부동산 기획금융으로 집중되고 있다는 사실로 미루어볼 때, 기획금융이 고정자본 형성을 위해서만 활용되는 것은 아니라는 점도 분명하다. 부동산 기획금융은 넓은 의미의 소비기금 조성에도 동원된다.[161] 소비기금은 개인적 소비기금과 사회적 소비기금으로 분류될

161_ 의제자본의 활동은 자본의 순환장애를 극복하는 데 일정한 도움을 주기도 하지만, 동시에 새로운 문제를 야기하는 원인이 되기도 한다. 소비기금은 꼭 상품으로서만 생산될 필요가 없다. "노동자들은 그들 자신의 자유시간에 그들 자신의 노력에 의해 그들 자신의 주택을 생산할 수 있으며, 그들 자신의 노동의 산물들을 서로 물물교환할 수 있다"(하비: 311). 하지만 오늘날 노동자들은 이런 활동을 할 만큼 충분한 자유시간이 있는 것이 아니고, 자신들이 사용하는 거의 모든 소비재를 상품으로서 소비해야만 하는 처지가 되어 있다. 소비기금을 노동자들이 스스로 마련할 수 있다면, 자본주의는 상당 부분 타격을 받게 될 것이다. 그런데 소비기금을 노동자들이 마련할 수 있으려면 충분한 자유시간을 확보해야 하고, 따라서 노동시간을 단축하는 것이 필요하다. 노동시간의 단축과 함께 자유시간의 자율적 사용은 노동자들의 문화가

수 있고, 전자로는 임금소득에 의해 개인들이 확보한 주택이나 자동차, 컴퓨터, 텔레비전, 부엌용품 등이, 후자로는 인구 전체에게 필요한 공원, 보도, 공공 수영장, 박물관, 미술관, 도서관, 문화센터 등이 있다. 이렇게 볼 때 최근에 들어와서 한국에 부동산 기획금융이 활발하게 일어났다는 것은 수정자유주의 또는 발전주의 국면에서 자본주의가 '많든 적든' 공적 재정으로 마련해오던 사회적 소비기금 창출 과정에 자본의 참여를 허용해, 소비기금 생산 시장을 형성하기 시작했음을 말해준다고 하겠다.[162] 한국에서도 의제자본과 금융체계가 크게 발전함으로써 기획금융 기술을 활용한 소비기금 생산 시장이 만들어졌다. 하지만 이 시장은 기본적으로 부동산 시장이며, "고정자본이 미래축적에 대해 형성하는 장애"를 극복하는 데 활용되는 것과 동일한 의제자본이 참여하는 시장이다(하비: 360).[163]

근본적으로 바뀌어야 함을, 그리고 노동자들이 변혁적 삶을 살아야 함을 의미한다. 이런 점들에 대한 논의는 9장에서 하게 될 것이다.

162_ '많든 적든'에 따옴표를 붙여 주의를 끈 것은 공공 부문에 대한 투자가 과거 미국 등의 수정자유주의와 한국 등의 발전주의 간에 큰 차이가 있었음을 환기시키기 위함이다. 수정자유주의 시절 미국 등에서는 복지정책으로 인해 사회적 소비기금에 대한 투자가 비교적 많이 이루어졌지만, 발전주의 하의 한국에서는 그렇지 않았다.

163_ 자본의 축적은 노동력의 투여를 통한 상품의 생산 및 판매의 전 과정을 통해 잉여가치를 생산함으로써 이루어지며, 이런 생산을 위해서는 기계류나 공장, 도로, 항만, 선박 등의 고정자본에도 계속 투자해야만 한다. 하지만 자본은 끊임없이 축적을 해야 하기 때문에 공간적 조정을 계속 반복하지 않을 수가 없다. 이 말은 기획금융 기법을 동원해 거대한 규모로 건설된 오늘의 도시경관 가운데 상당 부분이 다시 파괴되거나 폐기처분되어야 함을 의미한다. 그러나 문제는 규모가 거대한 건조환경에 투여된 자본은 빠른 시일 안에 회수되기 어렵다는 것이며, 따라서 새로운 공간적 조정을 시도해야 하는 시점과 기존의 조정에 투여된 자본의 회수 시간이 맞아떨어지지 않게 되면, 자본은 자신의 축적 조건을 개선하기 위해 오히려 공황과 같은 위기를 초래하게 된다는 것이다. 이런 분석이 전혀 근거가 없지 않다는 것은 공황이 오기 전 대규모 건설 또는 부동산 시장 호황이 일어난 적이 많다는 사실이 보여준다. 1929년의 대공황이 오기 전 1919~25년 사이에는 미국 플로리다 주에서 발급한 건축 허가의 명목가치가 8000퍼센트나 증가했었다(Harvey, 2012: 32). 1920년대 미국은 통상 소비자본주의가 급성장한 시대로 알려져 있는데, 공황이 오기 전 '벨 에포크'가 펼쳐져 당시 사람들의 구매력이 높아졌다는 말인 셈이다. 가까운 일본에도 비슷한 예가 있다. 1980년대 일본인들은 엄청난 호황을 누리면서 국내는 물론이고 미국에까지 진출해 부동산 투자에 몰두하는 모습을 보였다. 그러나 1990년대 초부터 부동산 거품이 꺼지면서, 일본은 20년 넘게 심각한 경제위기를 겪는 중이다. 이러한 사실은 2000년

고정자본과 소비기금을 조성하는 기획금융이 결국 만들어내는 것은 '건조환경'이다. 오늘날 기획금융으로 형성되는 건조환경은 7장에서 더 살펴보겠지만, 도시경관을 구성하는 핵심적 요소다. "건조환경은 매우 다양한 요소들, 공장, 댐, 사무실, 상점, 창고, 도로, 철도, 항만, 발전소, 상수도 및 하수처리시설, 학교, 병원, 공원, 영화관, 음식점 등—그 품목은 무한하다—을 포함한다"(315). 건조환경에는 성곽이나 사찰, 저수지 등 자본주의 이전에 형성된 생산관계를 통해 수행된 활동들에서 물려받은 것도 있다. 그런데 한국에서 기획금융으로 주로 조성되는 건조환경을 보면 한국에서 최초로 기획금융으로 조성했다고 하는 인천국제공항고속도로와 같은 고정자본도 있지만, 상당 부분이 소비기금에 속함을 알 수 있다. 물론 문제는 오늘날은 이 소비기금이 시장에 의해서만 주로 제공된다는 점일 것이다.

여기서 잠깐 기획금융의 역할이 주로 고정자본과 소비기금 조성에 있다고 해서 반드시 공간적 의미만 갖지는 않는다는 점을 확인할 필요가 있을 것 같다. 기획금융은 공간적 조정에 활용된다는 점에서 공간적 효과를 생산하는 것이 분명하다. 그러나 '공간적 조정'은 그 시도 목적이 "새 공간 및 영토에서 새로운 축적을 위한 기회"(Harvey, 2001: 25)를 추구하기 위함임을 생각하면, 미래에 가치를 생산하게 될 노동에 대한 기대를 전제한다고 할 수 있다. 이런 점에서 기획금융은 오늘날 일어나는 공간적 조정에만 참여하는 것이 아니라 시간적 조정에도 참여한다고 하겠는데, 이것은 그것이 6장에서 좀 더 자세하게 다루게 될 미래할인이라는 시간적 실천과도 관련되어 있음을 시사한다. 그뿐만 아니라, 기획금융은 파생상품과 펀드 등의 상품으로 변신하여 투자를 유치함으로써, 오늘날 사람들이 '투자자 주체'로 살아가도록 하는 데 일정하게 역할을 한다는 점에서, 주체형성 효과도 갖는다고

대 중반에 최고조에 달했던 한국의 부동산 시장 활황은 하비가 말하는 '공간적 조정'의 한국 최신판으로서 곧 다가올, 아니 이미 다가온 경제위기가 매우 심각한 것일 수 있음을 짐작케 한다.

할 수 있다. 이런 사실은 이 장에서 진행한 기획금융에 대한 논의가 앞 장에서 진행한 금융파생상품과 관련한 논의와 함께, 앞으로 전개할 시간의 금융화, 공간의 금융화, 그리고 주체형성의 금융화에 대한 논의의 기초를 이루고 있음을 보여준다.

9. 기획금융과 문화정치경제

지금까지 기획금융의 역사와 현황, 한국 기획금융의 관행과 특징, 기획금융과 파생상품의 관계, 기획금융과 건조환경의 관계 등을 살펴봤다. 기획금융은 파생상품과 함께 신자유주의적 금융화 과정을 촉진시키는 중요한 금융 기법 또는 공학에 속한다. 규모나 역할 면에서 파생상품에는 미치지 못하지만, 기획금융도 금융화의 중요한 사례로서 주목할 만한 측면이 없지 않다. 기획금융은 오늘날 자본축적을 위해 요구되는 다양한 형태의 고정자본 형성, 그로 인해 새로운 모습을 띠고 나타나는 건조환경의 구축, 그리고 이런 공간 변동과 맞물려 일어나는 새로운 시간 조직 등에서 중요한 기능을 하고 있는 것이다. 이런 점은 최근 15년 가까운 사이에 급속도로 확산된 새로운 도시경관 구축을 기획금융이 주도하고 있다는 사실을 통해서도 확인된다. 도시경관은 이때 무엇보다도 공간적 환경을 구성하는 요인이지만, 공간은 시간과 더불어 우리의 지각방식을 규정한다는 점에서, 새로운 시간 경험을 조직하는 요인이기도 하다. 기획금융이 이런 조건으로 작동하는 것은 오늘날 문화정치경제를 크게 규정하는 자본축적 전략인 금융화의 일환이기 때문이다. 한국의 경우 기획금융은 주로 PPP 형태의 공모형 기획금융의 모습을 띠고 나타나며, 앞서 살펴본 대로 부동산 개발에 집중되어 있다. 이런 점은 오늘날 한국 문화정치경제의 모습과 어떤 관련을 맺고 있고, 거기에 어떤 작용을 하는 것일까? 이런 질문을 통해 이제 기획금융과 문화정치경제의 관계에 대해 살펴보고자 한다.

1) 기획금융과 문화적 정치경제

앞 6절에서 기획금융 추진 과정에는 특수목적기구(SPV)의 주요 업무를 맡는 시행사와 (부동산 개발의 경우) 다른 개발회사, 중앙 및 지방정부나 정부산하기관, 세계은행이나 아시아개발은행 같은 복수의 금융기관, 시공사, 장비대여업자, 도급업자, 완성된 시설의 운영자, 최종상품 구입자 등 다양한 주체의 참여가 필요함을 확인한 바 있다. 기획금융 추진에 이처럼 많은 사업 주체가 필요한 이유로는 통상 경제적 관점의 설명이 제시되곤 한다. 기획금융은 대개 장기간에 진행되는 대규모 재정사업인지라 위험 요인이 많고 위험을 다양한 형태로 분산시킬 필요가 그만큼 크다는 것이다. 하지만 여기서 우리가 정치경제의 문제설정을 채택할 경우, 위험 분담의 필요성이나 이 분담에 참여하는 주체들의 조직 문제는 새롭게 이해될 여지가 생기게 된다. 기획금융의 위험 관리 필요성에 대한 강조는 이때 기획금융 추진 과정에서 발생하는 각종 의사결정권의 전문가 집단으로의 이양과 이에 따른 후자의 권력 강화, 그리고 이 모든 과정에 대한 민주적 통제의 약화를 의미하게 될 것이다.

한국에서 기획금융 관행이 확산된 데에는 앞서 언급한 대로, 2001년 택지개발촉진법시행령이 개정되어, 공공택지개발 사업자가 민간기업과 함께 공공-민간협력(PPP)의 형태로 부동산 개발을 할 수 있게 된 점이 작용했다. 정치경제를 국가와 자본과 노동의 관계를 규정하는 사회적 실천 층위로 이해한다면, 최근에 급성장한 공모형 부동산 기획금융 산업은 이 실천의 새로운 형태를 제시하는 것으로 보인다. PPP 유형의 부동산개발을 가능케 한 택지개발촉진법시행령은 그 취지를 "공공택지개발 사업자가 민간기업의 우수한 아이디어를 공모해 공공-민간 합동으로 부동산을 개발할 수 있는 근거"를 마련하는 데 두고 있다(백인길·손진수, 2008: 35). 여기서 주목할 부분은 공공 부문과 민간 부문의 역할 분담과 구분이 시행령 개정의 취지로 제시되고 있다는 점, 그리고 이 구분은 두 부문의 능력 차이에 대한 전제를 깔고 있다는 점이다. 시행령에서 공공 부문은 택지를 제공하기만

하는 수동적인 모습이고, 반면에 민간기업은 그 택지를 개발할 '우수한 아이디어'를 지닌 유능한 주체인 것으로 간주된다. 이것은 '비효율적인' 공공부문을 창의적인 시장 영역으로 전환시킴으로써, 자본이 공적 부문에서 활동할 수 있도록 하기 위해 신자유주의 세력이 자주 활용해온 인식이요 논리다. PPP 사업을 끌어들이는 기획금융은 이렇게 볼 때, 기본적으로 공공영역의 새로운 관리 형태, 즉 '협치'가 '통치'를 대체한 것이라고 할 수 있다. 물론 '협치'가 더 나은 공공영역 관리 방식으로 제시될 수 있는 근거가 아예 없지는 않다. 역사적으로 과거 권위주의 또는 관료제 하에서 공공 부문이 많은 문제점을 지녔다는 것을 누가 부인하겠는가. 하지만 그 대안으로 협치 방식을 도입하는 것은 이해관계 갈등과 충돌 등 공공 부문 운영 과정에서 등장하는 문제나 과제를 심의나 투쟁이라고 하는 정치적 과정으로 해결하는 것이 아니라, 효율성의 관점에서 전문가 체계에 의존해 기술적으로 해결하기 위함이기도 하다.[164] 이런 방식을 채택할 때 통상 제시되는 것이 '경제적 사회적 발전'이라는 명분이다. 지역경제를 활성화하고, 낙후된 주민 편의시설을 개선하자는 것이 공공택지 개발에 사적 자본을 끌어들이며 내거는 구실인 것이다. 하지만 이것은 공적 부문과 사적 부문 간에 금융적 계약관계를 형성시킴으로써, 국가와 자본의 역할을 분리시켜 오던 전통적 관행 대신 두 부문 간에 금융조달의 계약관계를 형성시키는 일이기도 하다. 그래서 공공-민간 협력은 사실상 '언어놀이'라는 지적이 나온다. "PPP의 언어는 다른 전략들과 목적들을 '제대로 보지 못하게' 하기 위한 게임이다. 그런 목적의 하나는 민영화이고, 사적 제공자들로 하여금 공적 조직에 손해를 입히며 공적 서비스를 공급하도록 장려하는 것이다"(Khanom, 2009: 7).

164_ 최병두에 따르면, 도시정책에서 신자유주의적인 협치는 지방정부의 단독 운영에서 나아가 민간기업과 시민단체 그리고 도시 주민 일반의 참여를 전제로 구성되고 운영되는 것처럼 보이지만, 사회구성원들의 의사소통과 합의에 근거를 둔 사회적 합리성보다는 전문성과 효율성을 강조하는 시장 합리성에 의존한다. 신자유주의는 도시의 경제적·사회적 프로젝트를 추진하기 위한 협치 체제에서 대중의 참여를 가능한 한 억제함으로써 그 효과를 달성하는 것이다(최병두, 2012: 174).

기획금융의 확산, 그리고 그와 함께 PPP 사업이 빈번하게 추진된다는 것은 따라서 공적 영역의 성격이 변했음을 보여준다. 공적 영역은 기본적으로 공론장으로서 정치적 공간의 성격을 갖는다.[165] 공론장에서는 계급, 성, 종족, 지역, 세대 등을 중심으로 서로 다른 사회적 세력들, 주체들이 상이한 사회적 이해관계를 갖고 조우하며 서로 다른 입장들로 경쟁하게 된다. 공적 영역이 공론장이라는 것은 거기서는 각종 사회적 집단이 서로 다른 이해관계와 주체성을 드러내며 권력투쟁을 벌일 수 있어야 하겠기 때문이다. 하지만 오늘날 공적 영역의 개발 과정에서 'PPP 언어'가 지배한다는 것은 공적 영역의 이런 성격이 크게 약화되었다는 말이다. PPP가 추진되면 공적 부문은 대규모 민영화를 겪게 되고, 이로 인해 사적 자본의 이익이 추구되는 공간으로 성격이 바뀐다. PPP 사업 관련 결정은 공적 영역의 사안이므로 철저한 민주적 심의를 거쳐야 할 필요가 있다. 그러나 오늘날 그런 결정은 주로 전문가 집단에 의해 이루어지며 수조, 수십조, 아니 수백조 원이 소요되는 사업도 공중의 심의 없이 일어나는 일이 비일비재하다.[166] 이런 사실은 신자유주의 시대에 들어와서 공공 부문의 역할이 근본적으로 변했음을 보여준다.

공모형 기획금융을 결정하는 정치적 과정은 따라서 의사擬似 민주주의

165_ '공론장이 과연 이상적인 심의 공간인지는 의문이 있을 수 있다. 공론장은 담론적 활동의 장이라는 점에서 자기 재현의 능력을 갖춘 시민적 주체의 참여만 허용하고, 사회의 '타자들', '하위주체들'을 배제하는 경향을 갖는다. 공론장 개념이 시민사회론에 불과하다는 비판이 나오는 것은 이 때문이다. 공론장에 참여하지 못하는 '하위주체'가 스스로 정치의 장을 만들어가는 과정에 대해서는 차테르지(Chatterjee, 2001) 참조

166_ 단적인 예가 지금은 '다행히' 무산된 '에잇시티' 사업이다. 이 사업은 317조원이라는 상상을 초월하는 규모로 진행될 예정이었으면서도, 민주적 토론 과정을 전혀 거치지 않고 추진되었던 것으로 보인다. 317조원의 예산은 현재 한국의 연간 정부 예산에 맞먹는 것으로 그런 규모로 추진되는 사업이라면 한국인 전체에게 영향을 미칠 수밖에 없다. 그러나 이 사업은 국민 다수가 그에 대해 전혀 알지 못한 상태에서 해당 지방자치체인 인천직할시와 이 자치체가 참여시킨 '당사자들에 의해 배타적으로 추진되었다. 이명박 정부에 의해 추진되었고 24조원이 소요된 4대강 사업이 국민적 저항을 불러일으킨 사실을 상기하면, 에잇시티 사업에 대한 공론이 형성되었을 경우, 어떤 반응을 불러일으켰을지 짐작할 수 있다.

인 경우가 허다하다. 공공-민간 협력과 이 과정에서 요청되는 협치는 1987년 이후 한국에서 수립된 신자유주의 헤게모니 하의 자유민주주의에 부합하는 의사결정 형태다. 국가를 중심으로 폐쇄적, 배타적, 권위주의적으로 이루어지던 이전의 사회적 의사결정 과정과 비교할 때, 새 체제가 더 많은 개방성을 갖고 있음을 부인하긴 어렵다. 하지만 그로 인해 의사결정 과정에 접근할 수 있는 것은 대체로 정치인, 관료, 기업가, 교수, 변호사, 언론인, 시민운동 상층활동가 등 여론을 주도할 수 있는 사회 엘리트층이다. 노동자를 포함한 사회적 약소자는 여기에 당연히 포함되지 않는다. 80년대 이전 권위주의 시대에는 정권의 핵심집단과 그 의지를 받드는 관료층, 정치인들에게만 관련 정보가 제공되고 의사결정권이 주어졌다면, 이제는 참여범위가 넓어져 행정의 투명성이 제고되었다고 할 수도 있겠지만, 이 '개선'은 금융화 과정에서 필요해진 '재무회계 공개'와 다를 바가 없다는 점도 기억해야 한다. 재무회계를 통해 (기업)조직 내부의 재무상태와 경영실적 정보 등을 공개하는 것은 "주주, 채권자, 정부 등과 같은 기업의 외부 이해관계자들에게 재무정보를 제공"(위키백과)하기 위함이다. 우리는 1990년대 초반부터 한국사회가 경영의 합리화와 투명성을 강조한 것이 세계무역기구(WTO)와 경제협력개발기구(OECD)에 가입하는 조건으로 외국 자본의 국내 금융시장 참여를 허용하는 금융자유화를 진척시키기 위함이었음을 확인한 바 있다(2장 6절, 3장 8절). 금융자유화를 위한 재무회계가 자본의 원활한 이동을 촉진하기 위한 조치였다면, 기획금융의 적용 과정에서 형성되는 의사결정의 개방성과 투명성도 그와 다르지 않다. 기획금융이 참여하는 공공택지개발은 금융자유화를 전제로 하여 이루어지고 있기 때문에, 국내 자본만 참여하는 것이 아니다. 공공택지를 개발하고, 공공 부문이 발주를 하기 때문에 내국인만 참여한다고 생각하면 오산이다. 예를 들어 인천 송도의 유-시티 개발에서는 게일 인터내셔널이라는 외국 기업이 주 사업자로 참여한다.

기획금융의 정치경제는 이렇게 보면, 국가와 자본과 노동의 3자 관계가 자본 중심으로 새롭게 새편되는 양상을 보여주는 셈이다. 기획금융이 생산하는 것은 기본적으로 대규모 고정자본이다. 고정자본의 형성은 자본축적에 반드시 필요하다는 점에서, 오늘날 자본이 기획금융을 활용하는 것은 이상한 일이라 할 수 없다. 그러나 기획금융이 주로 PPP 방식으로 이루어지고 있다는 것은 기획금융의 동원이 자본의 독자적 활동에 의해서만 이루어지지 않음을 보여준다. 지방정부나 중앙정부 등 국가 부문이 자본의 축적활동에 직접 기여하고 있는 것이다. 이로써 확인할 수 있는 것이 지배적 정치경제는 이제 문화와 새로운 관계를 맺고 작동한다는 사실이다. 기획금융의 정치경제는 공적 부문과 사적 부문의 관계에 대한 새로운 통념 형성을 전제한다. 과거 수정자유주의 또는 발전주의 시대에 대규모 고정자본의 형성이 주로 공적 부문의 책임 하에 이루어졌던 것은 공적 영역의 관리나 개발이 나름대로 사적 영역의 그것과는 구분되어 있었기 때문이다. 그러나 오늘날 기획금융이 PPP 형태를 띠고 진행된다는 것은 공과 사의 구분이 크게 약화되었다는 징표다.

한국에서 이런 조짐은 이미 1980년대 말부터 나타나기 시작했다. 민간자본을 유치해 일제강점기에 건설된 구 서울역사를 대신할 새 역사를 완공한 것이 1988년이고, 같은 방식으로 대규모 고속철도역을 짓기 시작한 것이 1990년대 중반 이후다. 서울역에 이어서 용산역, 영등포역도 같은 방식으로 민자를 유치해 기존에 있던 역사를 개축하거나 증축했는데, 이때 생겨난 중요한 변화는 공공건물인 역사에 사적 자본 공간인 백화점, 쇼핑몰 등을 배치한 것이다. 이런 점을 보면, 기존 시장영역만이 아니라 출퇴근, 귀가, 지인 방문, 여행 등 통상 자본의 직접 통제에서 벗어난 것으로 여기는 시공간에서도 자본이 원하는 삶의 방식을 대중이 영위하게끔 만드는 작업이 오래 전부터 진행돼 왔음을 알 수 있다. 1990년대까지 민자유치 사업은 기획금융으로 인식되지는 않았지만 '공공-민간협력' 사업이라는 점에서 그것과 큰 차이가 있는 것은 아니다. 이런 사업이 이미 오래전부터 광범위하게 추진되어 공공성과 사적 이익의 구분이 소멸되는 공공공간이 늘어나게 된 것은 그러나, 대중으로 하여금 오늘날 기획금융의 정치경제를 당연하게 여기게 하는 중요한 문화적 기반이 더 많이 확보되었다는 말이 된다.

기획금융의 정치경제는 그렇다면 특정한 문화를 전제하는 셈이다. 이 문화의 특징은 자본의 축적이 사회적 활동의 지배적 목표로 설정된다는 데 있다. PPP 사업의 만연은 공적 영역의 개발이나 관리가 사적 역능에 의해 이루어진다는 것으로, 이는 공적 영역에서도 국가보다 자본이 더 효율적으로 작동할 수 있다는 관념이 지배해 생긴 결과다. 앞서 말한 대로 공적 영역은 공론장이라는 점에서 기본적으로 정치적 공간에 속한다. 하지만 오늘날 지배적인 PPP 관행은 사회적 갈등과 모순을 쟁론하는 공론장을 경제적 발전을 중심으로 하는 계산 대상으로 만들어내고 있다. 1장에서 언급한 제솝의 표현을 빌리자면, 신자유주의적인 경제적 상상이 공적인 영역에까지 침투함으로써 생겨난 일이다. 과거 수정자유주의 시기 같았으면, 사적 영역과 엄격하게 분리되어 국가 관리 하의 사회적 공간으로 여겨졌을 영역이 이제는 사적 이익을 추구해도 무방한 곳으로 바뀐 것이다. 이것은 신자유주의적인 경제적 상상이 이전에는 용납되지 않았을 관행을 당연한 것으로 만들어낸 결과라 하겠다.

이때 작용하는 것이 문화가 빚어내는 '자연화' 효과다. 문화의 자연화는 문화의 무의식화라 할 수 있다. 문화는 자연의 일부인 인간이 자연을 소재로 자신의 고유한 영역을 생산하는 과정이지만, 이 과정은 역사나 전통에 의해서 제도화되거나 습속으로 굳어지기도 한다. 원래 자연과는 이질적이던 '문화적인 것'이 오히려 더욱 자연스럽게 느껴지기도 하는 것은 문화가 지닌 이런 자연화의 효과다.[167] 신자유주의 경제적 상상이 사회적 습속의 일부가 됨으로써 공적 영역과 사적 영역 구분이 약화되고, 자본에 의한 공적 영역 개발과 관리도 무방하고 당연하게 여겨지는 것이 그런 사례일 것이

167_ 문화과정은 그래서 문화의 자연화를 극복하려는 노력의 과정이라고 할 수 있다. 문화는 끊임없이 '문화화'로 전화되는 것이다. 이것은 문화가 자신을 이색진 것으로 유표화하는 노력이기도 하다. 문화의 문화화 개념에 대해서는 로트만(2008) 참조.

다. 이것은 국기와 자본과 노농의 관계를 새롭게 정립해, 자본 중심으로 편성하는 기획금융의 정치경제의 작동에 필요한 문화적 조건 구축이기도 하다. 신자유주의화, 금융화, 파생상품 논리의 만연, 기획금융 적용에 의한 새로운 고정자본 형성, 그에 따른 새로운 건조환경의 확산 현상 등을 대중이 당연하게 여기는 문화 지형의 형성 등이 이루어진 것이다.

2) 기획금융과 경제적 문화정치

'기획금융의 문화정치'는 여기서 기획금융이라는 금융공학이 널리 적용되고 유포됨으로써 자연적 성장과 그 육성으로서의 문화의 성격, 의미, 방향을 둘러싸고 전개되는 권력관계의 문제로 간주된다. 이것은 권력을 중심으로 하는 사회적 관계가 문화적 과정을 거칠 때 어떤 일이 일어나는가를 살피는 문제이기도 하다. '문화정치'는 정통 맑스주의의 정치경제 중심주의를 극복한다며 문화연구 전통이 새로 제기한 문제다. 문화연구는 '계급투쟁'이 '정치경제'의 장에서만 일어나는 것이 아니라, '언어적 전회'를 거쳐야, 다시 말해 담론, 상징, 재현, 은유, 의미, 가치, 규범 등 넓은 의미의 표현과정을 거쳐야 한다고 본다. 이렇게 볼 때 '기획금융의 문화정치'는 기획금융의 등장으로 생겨나는 의미, 가치, 규범 등을 둘러싸고 전개되는 권력관계의 형성 문제라 하겠다.

기획금융 도입과 같은 금융화가 진행되면 재현과 의미, 상징, 은유 등 표현의 장도 새롭게 구성될 수밖에 없다. 예컨대 서울의 용산역세권 사업으로 들어설 예정이던 국제업무지구 같은 공간은 거기서 근무하거나 거주하게 될 개인들은 물론이고 그곳을 방문하게 될 많은 사람들에게도 특정한 삶의 방식을 요구할 개연성이 높다. 이들 공간을 지배하는 예컨대 시각적 환경은 기본적으로 특정한 주체형태를 전제하는 경관이다. 경관은 풍경과 다른 경험을 제공한다. "풍경이란 두말할 나위 없이 땅에 두 발을 딛고 선 인간의 시점에서 바라본 땅의 모습이다"(나카무라, 2004: 44). 고산준령이나 심산유곡, 파도치는 해변, 또는 고즈넉한 시골 마을이 제공하는 풍경은 직접 신체를 움직여 접근했을 때 비로소 시각적 대상이 된다. 반면에 경관은 인공적으로 우리의 지근거리로 다가온 시각적 경험이며, 심지어는 우리를 그 시야에 이미 포함시켜 놓은 듯싶기도 하다. 여기서 주체와 객체의 위상은 전도된다. 경관이 우리의 대상이라기보다는 우리가 경관의 대상이 된 것 같으니 말이다.

오늘날 경관에서 이런 느낌을 갖게 되는 것은 그것이 강화된 안면성 faciality을 가지고 나타나기 때문일 것이다. 안면성은 이때 경관이 '풍경화風景化'보다는 '경관화景觀化' 경향과 논리의 지배를 받기 때문에 생기는 특성인 것으로 보인다.168 경관도 풍경이 되지 말라는 법은 없다. 오래된 집, 시간의 켜가 깊이 쌓인 건물은 자연으로 복귀한 모습을 드러낼 때가 많다. 그러나 오늘날 기획금융 등에 의해 조성되는 경관은 풍경화를 거부하며 끝까지 경관으로 남아있고자 하는 경향을 지닌 것으로 보인다. 그 단적인 예가 끝없는 재개발과 공간고급화gentrification의 진행, 그리고 이를 통한 도시경관의 조성이다. 오늘날 도시경관을 지배하는 것은 초고층 건물군이며, 이들 건물의 시각적 특징 하나는 '반사효과'를 지닌다는 데 있다. 그것은 오늘날 대부분의 건물이 유리벽면으로 지어져 생기는 효과다. 유리벽면 건물은 안면성을 강조하면서, 한편으로는 그 현란함을 효과로 삼아 수많은 사람의 시선을 끌고, 다른 한편으로는 스스로 거대한 거울이 되어 자신을 바라보는 사람들의 모습을 되비친다. 도시경관의 안면성 작동과 반사효과로 만들어지는 중요한 효과 하나가 대상과 주체 간의 상호 전제다. 경관으로서의 건물을 바라보는 사람들은 그 안에 자신들의 모습이 박혀 있는 것을 보게 된다. 경관은 이때 그것을 자신의 것으로 여기는 주체를 이미 자신

168_ '풍경화'는 시각적 환경이 풍경으로 전환되는 경향을, '경관화'는 경관으로 전환되는 경향을 가리킨다고 할 수 있다. '문화의 경관', '자연의 풍경'이라는 말이 있다. 이것은 경관을 조성하는 것이 문화적 과정이라면 풍경을 빚어내는 것은 자연이라는 말이다. '풍경화' 경향과 논리는 이렇게 보면, 인공으로 조성된 경관이라 하더라도 자연적 변화에 노출되어 그 영향을 받게 되면 자연의 일부로 전환되는 것과 관련되어 있다고 할 수 있겠다. 풍경과 경관의 구분에 대한 더 구체적인 논의는 다음 7장 6절 참조

속에 품고 있는 셈이 된다.

16세기 서구에서 경관이 사회적 현상으로 처음 등장했을 때도 비슷한 일이 있었다. 당시 새로 등장한 '풍경화風景畵' 전통은 4세기 동아시아에서 산수화山水畵 전통이 출현한 이래 세계에서 두 번째로 자연경치를 예술적 표현의 대상으로 삼은 사례에 해당하는데,[169] 눈여겨볼 점은 이 회화 전통에 등장하는 자연경관은 그 소유주인 근대적 부르주아 주체를 상정한다는 사실이다. 근대 초기 서구의 유화 전통에서 '보는 것'은 '소유하는 것'과 같았다. 존 버거John Berger에 따르면, 이것은 소유 문제와는 전적으로 무관해 보이는 '풍경화'에서도 마찬가지다. 언뜻 생각하면 "자연은 자본주의 활동 대상으로 간주되지 않"을 것 같지만(Berger, 1972: 105), 풍경화에 묘사되어 있는 경치나 토지는 전형적으로 그림 소유자의 소유물로 등장한다는 것이다. 버거는 게인즈버러Thomas Gainsborough의 '풍경화' <앤드류스 부부>가 그 소유자 "앤드류스 부부에게 주는 즐거움 가운데는 자신들이 지주로 묘사되어 있는 것을 보는 즐거움이 들어있었다"고 지적한다(Berger: 108). 그림 속 경관은 그렇다면 토지와 그 부대 경치가 그림 소유자이자 지주인 부르주아 주체에 의해 그림이 감상되는 저택 안으로 소환된 꼴인 셈이다.

오늘날 거대한 도시경관을 형성하고 있는 고층건물의 유리벽면도 이런 풍경화와 유사한 기능을 수행하고 있지 않을까. 이들 건물의 안면성 강화 또는 경관화景觀化가 전제하고 있는 것도 경관을 자신의 것으로 간주하는 주체다. 오늘날 출현한 도시경관은 기획금융 같은 금융공학을 통해 대규모 재원이 동원되어야 한다는 점에서, 소수의 부르주아만이 소유할 수 있었던 근대 초기의 풍경화와는 달리 그 조성 과정에 많은 사람들의 투자 참여를 필요로 할 것이다. 하지만 자신들이 직간접적으로 투자해 만든 도시경관을

169_ '풍경화'는 '경관화景觀畵'로 부르는 것이 더 정확해 보인다. '풍경화'는 'landscape painting'의 번역어인데, 이 회화 전통이 16세기 서양에서 생긴 것은 자본주의화 과정, 특히 부르주아의 소유권 개념이 형성되기 시작한 것과 밀접한 관련이 있었다는 점에서, 거기서 묘사된 자연은 풍경보다는 경관에 해당하기 때문이다. 다음 7장의 관련 부분도 참고할 것.

보는 사람도 그 경관을 자신의 것으로 볼 개연성이 크다. 대형건물 유리벽면 앞에서 그 안에 반영된 자기의 모습을 보는 사람과 앤드류스 부부 간에는 적잖은 유사성이 있는 셈이다.

오늘날 세계 대도시에 거대한 도시경관이 형성된 것은 그런 경관을 자신의 것으로 여기고 싶은 사람들이 대거 존재함을, 경관에 대한 수요가 그만큼 크다는 것을 말해준다. 한국에서 이런 경향은 '부동산 문화'의 만연으로 나타나고 있다. '부동산 문화'는 부동산의 매매, 소유, 교환이 중심이 되는 삶의 방식, 즉 부동산에 목매단 사람들이 주도하는 문화다. 이런 문화가 지배적 위상을 누리고 있다는 것은 한국이 오래전부터 '아파트공화국'이 되었다는 사실이 증명해준다(줄레조, 2007). 이런 상황은 필시 사회주의 전통의 취약함에서 비롯되었을 것이다. 복지국가를 제대로 구축하지 못한 사회에서 개인들이 기댈 곳은 저축이나 부동산 같은 사적 자산뿐이다. 세계적 차원에서 수정자유주의가 헤게모니를 장악하고 있는 동안 한국에서는 사회복지를 외면한 발전주의 국가에 의한 개발 독재로 부동산 개발이 대대적으로 이루어졌고, 이 과정에서 사람들은 부동산 자산을 가장 안전한 미래 보장 수단으로 치부하게 되었다. '아파트공화국'의 탄생은 이로 인해 '부동산 신화'가 형성된 결과이고, 최근 도입된 기획금융이 세계적 추세와는 다르게 대거 부동산 개발에 동원된 것도 같은 맥락의 현상일 것이다. 이런 흐름을 더욱 강화한 것이 그동안 진행된 금융화 정책이었다는 것은 이미 언급한 바다. 1997년 외환위기 이후 부동산 시장 활성화를 목표로 저금리 정책이 펼쳐지면서, 한국사회는 본격적 '소유권 사회'로 전환되었으며, 개인들은 부동산 투자에 더욱 목매달게 되었다.

기획금융의 문화정치는 이런 점에서 자산을 중심으로 하는 삶, 부동산 문화를 '상식' 또는 '공통의식'으로 만들려는 경향과 거기에 대항하는 경향이 만나서 투쟁하는 전선에서 이루어진다고 할 수 있다. 이때 쟁점은 기획금융의 확산으로 구축되는 삶의 형태와 그 변동 방향을 둘러싸고 형성되기 마련으로, 이것이 문화정치인 것은 이때 제시되는 투쟁의 형태가 다양한 방식의 인식, 재현, 표상의 모습을 띠기도 하기 때문이다. 한국에서 기획금융을 통해 구축되는 고정자본이나 소비기금은 새로운 경관을 만들어내고, 이 경관의 모습은 기존의 그것과는 판이하게 달라진다. 새로운 경관이 들어선다는 것은 삶의 형태가 새롭게 주조된다는 말이다. 오늘날 들어서고 있는 한국의 건조환경은 대부분 유쾌함, 부산함, 화려함 등을 주조로 하고 있으며, 서로 돋보이는 스타일과 디자인을 뽐내려 든다. 이런 점은 기획금융 대부분이 부동산 개발, 특히 그 자체 상품으로 작동하는 소비기금의 모습을 띤다는 사실과 무관하지 않다. 하비에 따르면, 소비기금 영역의 "경쟁은 변화하는 기분, 유행, 그리고 지위의 상징을 과시하기 위한 욕망과 결부"된다 (하비, 1995: 313). 오늘날 PPP를 통해 조성되어 새로운 도시경관을 만들어내고 있는 대규모 복합단지들은 대부분이 이런 소비기금 공간이다.

부동산 기획금융으로 형성되는 소비공간에서 사람들은 임금소득에 의존하는 계층과 자산소득을 활용하는 계층으로 분리됨으로써 상이한 정체성을 드러낼 가능성이 크다. 임금소득에 의존하는 사람들은 노동이 중심이 되는 생활을 하게 될 것이므로 원래의 계급의식을 계속 유지하겠지만, 임금보다는 자산소득에 더 의존할 경우는 노동자도 투자자로 행세하며 자신을 부르주아로 간주하게 된다. 그러나 노동자 대중이 이렇게 내부에서 분리되면, 기획금융을 동원하는 금융화 과정에서 벌어지는 계급투쟁에서는 자본이 유리한 고지를 차지할 공산이 크다. 대규모 PPP 사업이 추진되면서 삶의 터전에서 쫓겨나게 된 사람들이 생존투쟁을 벌이다 일어난 것이 2009년의 '용산 참사'였다. 이 사건에 대한 항의와 그에 따른 투쟁이 없었던 것은 아니나, 세입자 투쟁에 대한 지지, 그들과의 연대가 당시 제한된 형태로 진행되었던 것은 이제는 노동자도 상당수 투자자, 자산가로 행세하게 되어 비슷한 처지의 세입자를 쫓아내는 새로운 건조환경 건설을 오히려 환영해야 하는 처지가 되었기 때문일 것이다. 착취당하는 노동자의 이런 변신은 지금 계급투쟁에서 승리한 자가 누구인지 분명히 말해준다.

물론 저항이 없었던 것은 아니다. 그 저항은 자본 간의 통약이 각종 개발,

착취, 수탈을 야기하는 어디서나 일어났으며, 오체투지, 단식, 소신燒身, 고공투쟁 등 온갖 처절한 형태로 진행되기도 했다. 그러나 오늘날 삶의 모습을 놓고 벌어지는 문화정치의 지배적 모습은 사실 부산함과 유쾌함, 화려함인 때가 많다. 이것은 새로운 시공간 논리가 문화정치의 결을 지배하여 일어나는 일이다. 기획금융으로 형성되는 시공간도 마찬가지다. 기획금융은 한편으로는 새로운 경관을 조성하는 공간적 기획의 수단이지만, 동시에 미래를 할인하는 기법이기도 하다. 미래할인 관행에 대해서는 6장에서 더 자세하게 다룰 예정이지만, 기획금융의 문화정치와 관련하여 여기서 강조하고 싶은 것은 미래할인은 개발행위를 끝없이 야기한다는 것이다. 지방자치 제도의 부활과 함께 기획금융 기법이 도입된 뒤로, 특히 2000년대 들어와서 기획금융이 부동산 개발에 치중되면서, 한국의 전 국토에는 상전벽해라 할 만큼 대규모의 건조환경이 들어섰다. 건조환경은 대부분 고정자본 또는 소비기금이고, 근래에 들어와 이에 대한 투자가 대규모로 이루어지는 것은 거기서 일어날 미래노동에 대한 기대, 이 노동이 생산할 가치에 대한 기대가 그만큼 컸기 때문이다. 오늘날 도시경관이 화려함과 부산함, 유쾌함을 주조로 하는 모습을 띠는 것은 최근의 공간 생산이 대대적인 미래할인을 통해 이루어졌기 때문일 것이다. 공간 생산에서 기획금융 같은 금융공학이 동원되면 수십 년 미래의 시간과 활력이 현재로 소환되어 경관 분위기가 그에 맞게 조성된다고 할 수 있다.[170]

이런 기획금융의 문화정치가 경제와 맺고 있는 관계는 아주 명확해 보인다. 기획금융의 확산에 의해 강화되거나 그런 경향을 강화하는 정치경제는 기본적으로 자본의 축적 조건 개선을 위한 국가의 역할 변화를 유도하고, 이 과정에서 노동의 개입을 제한하는 방식으로 작용한다. 이와 같은 정치경

170_ 도시경관의 시공간은 부산함 정도는 허용하지만 소란스러움, 왁자지껄함, 시끄러움 같은 껄끄러운 요소는 제거하려 든다는 것을 기억할 필요가 있다. 기획금융은 미래노동에 대한 기대를 기반으로 경관을 조성하는 만큼, 이 기대를 저버리는 것은 위험 요소로 간주하고 '위생 처리'하는 것이다.

제와 더불어 등장하는 문화정치는 기획금융의 만연과 함께 지배적으로 형성되는 삶의 형태를 어떤 식으로 전환하느냐와 관련한 권력관계 문제다. 새로운 도시경관을 만들어내는 기획금융이 미래노동에 대한 기대에 기초하고 있다면, 도시경관의 화려함, 부산함 등은 노동이 자본축적의 장애로 바뀌지 않도록 하는 자본과 상품에 의해 노동이 평정된 모습이다. 경관 속에서 노동자 대중이 부르주아로 행세하는 것은 그들의 정치가 유행의 모방과 욕망의 추구로 바뀌었다는 것 즉 정치의 심미화가 심화되었음을 보여준다. 하지만 이 모든 것이 동시에 경제적 효과를 갖는다는 것을 누가 부인할 수 있을까. 기획금융으로 새로운 경관이 대거 조성되고, 사람들이 투기적 주체로 전환되었다는 것은 오늘날 문화정치를 신자유주의적인 경제적 논리가 지배하고 있다는 것과 크게 다르지 않다. 경관의 대거 출현은 시각적 환경에서 표면이 특히 강조되고, 그와 함께 내부를 보여주는 투명성의 논리가 강화됨을, 미래할인 관행의 확산은 이자나 이윤 획득을 전제로 하는 거래행위가 만연함을, 그리고 투기적 주체가 대거 나타난다는 것은 사람들이 돈벌이에 매몰되어 있음을 의미한다. 신자유주의 하에서 지배적 상상력이 경제적 상상이라는 것은 여기서도 확인이 가능하다.

3) 기획금융과 정치적 문화경제

기획금융을 통해 거대한 규모의 고정자본과 소비기금이 형성되는 상황에서 문화경제는 어떻게 구성되고 작동하는 것일까? 기획금융에 동원되는 자본은 기본적으로 의제자본이며, 따라서 이자 낳는 자본이다. 기획금융이 확산되었다는 것은 그래서 이 자본의 활동이 활발해졌다는 것, 특히 건조환경 구축과 경관 조성을 통해 그렇게 되었다는 것이다. 문화경제의 관점에서, 즉 경제의 문화화와 문화의 경제화가 결합된 사회적 실천의 관점에서 볼 때, 이것은 자본의 축적 활동과 문화적 환경 조성이 서로 긴밀하게 연결되어 있음을 보여준다. 기획금융은 미래노동에 대한 기대로 인해 현재 시점에 특정한 이윤창출 사업을 추진한다는 점에서 경제적 사안에 속하지만,

새로운 건조환경을 구축하고 도시경관을 바꿔내면 새로운 시공간 구성과
함께 그 속에서 인간 주체와 공간 환경의 특정한 관계를 형성시킨다는 점에
서 만만찮은 문화적 효과를 생산하는 것이다. 그뿐만 아니다. 기획금융이
성사되려면, 이 경제적 활동은 그 자체 문화적 실천인 것으로 나타날 필요
가 있다. 기획금융으로 개발되는 도시경관, 예컨대 오늘날 한국 도처에서
추진되는 초고층 건물, 복합단지 등이 독특한 형상성을 지향하며 자신의
정체성을 각인시키려는 노력을 하는 것은 기획금융이 경제로서 작용하려
면 이미 문화로서도 작용해야 하기 때문이다. 다른 한편 기획금융은 최근에
들어와서 문화의 특정한 경향이 형성된 탓에, 문화가 다른 무엇보다도 경제
문제인 것처럼 만든 상황 즉 신자유주의적 경제적 상상이 지배하는 사회적
국면이 펼쳐짐으로써 더욱 활발하게 추진되었다고 할 수 있다. 이는 곧 기
획금융이 추진되기 위해서는 경제의 문화화와 함께 문화의 경제화도 이루
어져야 한다는 말이다.

　기획금융이 진행되는 과정에서 '경제의 문화화'는 어떻게 일어나는지 좀
더 생각해보자. 경제의 문화화는 경제가 문화로서 작동하는 현상이다. 물론
통념에 따르면 기획금융 자체는 무엇보다도 경제에 속하는 활동으로 간주
된다. 경제가 이때 고도의 전문적 식견을 요구하는 영역으로 제시되곤 한다
는 것은 기획금융 관련 전문 서적들을 살펴보면 확인이 바로 가능하다. 피
너티(Finnerty, 1996), 네비트와 파보치(Nevitt and Fabozzi, 2000), 예스콤비
(Yescombe, 2002), 에스티(Esty, 2004), 파이트(Fight, 2005) 등이 쓴 기획금융
전문 서적들을 살펴보면 파생상품 관련 서적과 마찬가지로 색인과는 별도
로 용어사전을 부록으로 포함시킨 경우가 많다. 금융상품을 내용으로 한
서적에 그런 사전을 두는 것은 그런 상품의 이해와 취급에는 전문가의 참여
가 필수적임을 강조하는 일로 보인다. 따로 사전이 필요할 정도로 많은 전
문 용어와 개념이 동원된다는 것은 금융상품의 이해와 취급은 고도의 전문
성이 필요하다는 것의 다른 말이다. 파생상품, 기획금융을 다루는 전문서적
들에는 또한 편미분방정식 같은 고등수학 등식이 빈번하게 등장한다는 점

까지 생각하면, 누구도 이들 금융상품과 금융공학이 고도의 전문적이고 기술적인 영역, 즉 기술경제학 분야에 속한다는 것을 부인하기 어려울 것이다. 그러나 오늘날 주로 PPP 형태로 추진된다는 것은 기획금융에는 뭔가 다른 점이 있음을 말해주는 것 같기도 하다. 우리는 앞에서 오늘날 PPP가 자주 추진되는 것은 '협치'가 새로운 정치적 의사결정 방식으로 부상한 것과 연관되어 있음을 살펴본 바 있다. 여기서 다시 강조할 점은 기획금융을 추진하는 경제적 활동은 다른 한편 그것을 위한 담론지형 형성, 문화적 기제의 작동도 필요로 한다는 사실이다. '화성동탄복합단지', '송도 유-시티', '은평뉴타운중심상업지구', '플로팅아일랜드' 등 특정 지방자치체가 추진하는 PPP 사업은 경제적 계산에 따른 대차대조표에 의해서만 진행되는 것도, 지방자치제 복원과 함께 새로 부상한 협치 과정에 의해서만 진행되는 것도 아니다. 이들 단지에는 백화점, 할인점, 주차빌딩, 오피스텔, 호텔, 영화관, 문화센터, 다기능문화시설, 교육시설, 주상복합, 단독주택, 콘도, 워터파크 등 다양한 편의시설 및 상업시설이 들어서게 되어있다. 이런 시설을 갖춘 대규모 부동산을 개발하려면 홍보와 마케팅 등을 포함한 일련의 담론 과정을 거치는 것이 필수적이다. PPP를 통한 부동산 개발은 경제적 계산, 일부 유력인사의 담합만으로 이루어지지 않고, 주민의 편의 개선, 삶의 질 향상 약속 등 대중 설득작업도 수반되어야만 하는 것이다. 이런 점은 경제적 활동이 반드시 문화적으로 뒷받침되어야 함을, 경제적 실천도 그래서 부분적으로는 문화의 형태를 띠어야 함을 보여준다.

기획금융에서 '문화의 경제화'는 그렇다면 어떤 식으로 나타나고 있는가. 앞서 상당수 노동자가 오늘날은 '화폐자본가화' 과정을 거치고 있다는 점을 언급했거니와(하비, 1995: 352), 이런 사실은 랜디 마틴이 말하는 '일상생활의 금융화' 즉 갈수록 많은 사람들이 투자자로 전환되는 현상이 생겼다는 것이다(Martin, 2002). 부동산 기획금융이 확산된 2000년대에 들어와서 펀드 투자 인구가 크게 늘어났다는 사실은 한국에서도 이런 경향이 현실이 되었음을 말해준다. 3장 6절에서 살펴본 것처럼, 지난 15년가량 한국에서는 펀드 투자에 참여하는 사람들의 수가 급증했다. 펀드열풍이 몰아치던 2008년 9월 말에는 계좌수가 2444만 개나 되어 당시 인구 4926만명의 거의 절반에 이를 정도였다(장영희, 2008.11.24). 이런 사실은 기획금융의 문화경제, 특히 문화의 경제화 경향과 관련해 무엇을 말해주는 것일까? 부동산펀드나 자산펀드는 기획금융에 투자될 여지가 큰 금융자산이다. 오늘날 펀드에, 나아가서 주식과 부동산에 투자하는 사람이 많다는 것은 따라서 기획금융에 대한 관심도 그만큼 높을 것임을 암시하는 대목이다. 이와 관련하여 여기서 특히 주목할 점은 금융자산에 대한 투자 증가가 어떤 문화적 변동을 반영하느냐는 것이다. 사람들이 투자자가 된다는 것은 노동과 임금, 저축에서 나오는 소득을 중심으로 하는 삶에서 벗어난다는 것, 이제는 노동이나 저축보다는 투자로 획득한 소득으로 살아가려는 경향이 커졌다는 말이다. 이 결과는 일상생활이 대거 금융화 논리에 빠진다는 것이다. 금융화에서 핵심은 위험을 관리하는 것으로, 이 위험은 시간과 장소를 가리지 않고 출현하는 것이기 때문에 일상생활의 금융화는 말 그대로 투자자의 모든 시간, 모든 공간이 자산 관리의 시간과 공간으로 바뀜을 의미한다 할 수 있다. 삶 전체가 경제적 상상의 포획 아래 들어가는 것이다. '문화의 경제화'는 이처럼 삶의 의미, 가치, 방향이 기본적으로 경제적 고려를 통해 결정되는 경향을 가리킨다.

자본주의 사회에서 경제는 기본적으로 부르주아 정치경제이고, 문화는 이 정치경제의 원활한 작동을 위해서 작용하기 마련이다. 맑스에 따르면, 정치경제학은 가난한 사람 가운데 노동하는 사람만 인간으로 취급해 주고, 나머지는 범법자나 거지 등 특별히 관리해야 할 대상으로 본다(맑스, 1991: 228). 이는 정치경제학이 자본의 축적에 도움을 주는 존재, 다시 말해서 노동과정에 투입되어 잉여가치를 생산해낼 수 있는 사람들만 정상적 인간으로 인정했다는 말이다. 기획금융의 문화경제와 관련하여 이것은 어떤 의미가 있는 것일까? 기획금융 또는 파생상품의 작동방식은 오늘날 자본주의 정치경제학이 인정하는 '인간'은 이제 새로운 모습을 해야 함을 말해주는 것 같다. 기획금융이 요구하는 인간형은 단순히 노동만 하는 것이 아니라 노동과정에서 착취당하고 난 뒤에도 자신의 임금을 저축해 일정한 자산을 형성했을 경우에는 선뜻 투자에 나서는 사람이다. 기획금융의 문화경제에서 정상적인 인간은 펀드, 주식, 부동산에 적극 투자하는 주체형태인 것이다. 노동자는 이제 '의제자본가'로 동원된다.[171]

오늘날 기획금융의 문화경제가 전제하고 작동시키는 정치학을 이해하려면 바로 이런 사실에 주목해야 하지 않을까 한다 신자유주의 금융화가 진행된 오늘날 통상 정치로 불리는 것은 랑시에르가 지적하듯이 '치안'으로 전락하고 말았다(Rancière, 2004: xiii). 치안으로 전락한 정치는 관리, 경영과 다를 바 없게 되고, 진정한 의미의 정치인 것은 아니다. "정치를 권력의 행사, 권력 쟁취를 위한 투쟁과 동일시하는 것은 정치를 끝장내는 것"이기 때문이다(Rancière, 2001). 오늘날 정치의 이런 실종은 그렇다면 어디서 유래한 것인가. 나는 그 가장 큰 이유를 계급투쟁이 진행되는 방식, 특히 노동이 사회적 권력관계 구성 주체로서 수행하는 역할에서 발생한 변화에서 찾아야 한다고 본다. 노동자 상당수는 이제 의제자본가가 됨으로써, 자본의 변증법에 더욱 포획된 모습이다. 노동자가 의제자본가가 되는 길은 두 가지다. 하나는 자신의 노동 대가로 받은 임금 중 일부를 저축해 만들어낸 자산을 활용하는 것이고, 다른 하나는 돈을 빌리는 것이다. 저축이든 부채든 자기 수중의 자본으로 투자를 하기 시작하면, 노동자는 자본가처럼 굴게 되고, 자신의 계급이익에 반하는 권력 구도의 지지자로 쉽게 바뀌게 된다. 오늘날은 노동자들이 노후생활을 위해 부어넣은 연금도 유동자산이 되어 다양한 펀드로 지구적 투자처를 찾아다니는 중이다. 부동산 기획금융에 동원되는 자금 가운데는 그런 펀드자금이 포함될 개연성이 작지 않다.

171_ 노동자들이 모두 '의제자본가'가 되는 것은 당연히 아니다. 안정적인 일자리가 급격히 줄어든 신자유주의 축적체제에서 노동을 해야만 소득을 벌 수 있는 사람들 가운데 임금을 저축하고, 그것으로 자산을 형성할 수 있는 사람들은 갈수록 줄어든다고 봐야 한다. 그러나 부채경제의 구축으로 저소득층까지도 자산 투자자로 전환시키려드는 것이 신자유주의 금융화 시대의 현실인 것도 사실이다.

기획금융의 문화경제가 지닌 정치적 효과가 여기서 확인된다고 하겠다. 공적 영역에서 사적 자본의 축적 행위를 허용하는 과정에서 노동자를 포함한 다양한 개인들이 투자 기회를 얻게 될 경우, 그들은 오늘날의 자본주의적 축적을 작동시키는 신자유주의적 지배에 대해 어떤 태도를 취하게 될 것인가? 기획금융을 포함한 금융상품과 금융공학이 확산된다는 것은 갈수록 많은 개인들이 의제자본가로 전환됨으로써, 자본의 변증법에 깊숙이 포획된다는 의미이기도 하다. 자본의 변증법에 포획된 개인들로부터 신자유주의적 권력 구도를 변혁시키고자 하는 정치적 태도를 기대하기는 어려울 것이다. 이런 점은 기획금융을 동원시키는 금융화가 경제적 기획인 것만이 아니라 정치적 기획이기도 함을 말해준다.

10. 결론

기획금융 시장은 신자유주의 시대에 들어와 대규모 고정자본과 소비기금 형성에 필요한 자본 동원을 촉진함으로써, 건조환경을 크게 바꾸는 데 핵심적인 역할을 해왔다고 볼 수 있다. 최근 들어와 한국의 도시경관이 크게 바뀐 것은 1990년대 말 이후 기획금융이 제도적으로 도입되고, 국제적 관행과는 달리 비소구 금융 성격이 크게 축소된 가운데 주로 부동산 개발에 활용된 것과도 무관하지 않다. 기획금융에 동원되는 자본은 기본적으로 의제자본 즉 이자 낳는 자본이며, 따라서 정교한 신용체계를 기반으로 작동한다. 기획금융은 대규모 재원을 장기적으로 동원하는 만큼 위험 관리를 위해 금융파생상품을 활용하기 마련이다. 최근에 기획금융이 활발하게 이루어졌다는 것은 이런 점에서 한국사회도 금융화가 크게 진전되었다는 징후에 해당한다.

2000년 중반부터 시작된 세계경제 위기로 인해 기획금융은 큰 타격을 받은 것으로 보이지만, 위기 속에서도 현단계 금융화의 핵심 기제인 금융파생상품이 건재하고, 다른 의제자본의 활동도 왕성한 점을 놓고 미루어볼 때 신자유주의적 자본주의가 작동하는 한, 기획금융 관행이 사라질 것 같지는 않다. 이 장에서 살펴본 대로 기획금융은 '시공간 조정'의 수단으로 활용되는 측면이 크며, 시공간 조정에 대한 요구는 자본주의가 주기적으로 과잉축적, 공황위기를 맞는 한 반복될 것이기 때문이다. 기획금융의 작동 방식에 대한 이해는 따라서 오늘날 자본의 운동을 이해하는 데 중요한 단서를 제공하며, 이제부터 살펴보겠지만 시공간 조정과 이와 맞물린 주체형성의 문제를 좀 더 정교하게 살펴보는 데에도 도움을 준다.

제6장

시간의 금융화

1. 서론

근래에 들어와서 우리가 경험하고 있는 시간은 그 결이나 종류, 방식에 있어서 과거의 그것과는 크게 다른 면모를 드러내고 있는 것으로 보인다. 사람들은 지금 무엇이든 빨리, 빨리 진행하려는 것 같다. 이것은 필시 자본의 금융화로 인해 시간의 조직과 경영 방식이 크게 바뀌고, 신자유주의적 금융화로 인해 시간의 가속화가 이루어진 결과일 것이다. 나는 여기서 이런 변화를 시간의 금융화와 관련된 것으로 보고, 그것이 신자유주의적 금융화와 어떤 관련을 맺고 있는지 살펴보고자 한다.

금융화와 연관된 사회 변화 가운데 시간 현상만 따로 떼어내 독립적으로 살피는 것은 물론 문제가 없지 않다. 인지과학의 발견에 따르면, "시간에 대한 우리의 이해 중 순수하게 시간적인 것은 거의 없다." 우리가 시간을 개념화하는 것은 신체화된 마음의 작용 결과로서, 특히 은유를 중심으로 한 인지적 기제에 의거한다. 그리고 "시간에 대한 우리 대부분의 이해는 공간 속에서 운동에 대한 우리의 이해를 은유적으로 나타낸 것이다"(레이코프·존슨, 2002: 210). 시간은 일상생활에서도 주로 공간, 운동, 또는 사건의 견지에서 이해되지만, 과학적 은유에서도 공간과 긴밀하게 결합되어 사유된다. 예컨대 아인슈타인의 일반상대성 이론에서 시간은 공간과 결합된 4차원 시공간의 일부 즉 하나의 차원으로 이해되며, 공간적 차원으로 은유적으로 개념화된다(레이코프 · 존슨: 238). 이렇게 보면 이 장에서 시간의 금융화만 다루는 것은 금융화 과정에는 공간적 요인도 작용하기 마련임을 외면하는 것이고, 우리가 실제로 시간을 경험하는 방식 즉 시간은 언제나 반드시 공간과 함께 경험된다는 사실도 무시하는 셈이 된다. 이 장에서 시간의 금융화 문제에 주로 집중하는 것은 이런 점을 부정해서라기보다는 논의의 편의상 신자유주의 금융화의 시간적 측면에 초점을 맞추기 위함이다.

신자유주의 금융화가 시간경험의 변화에 중대한 역할을 하게 되는 것은 그로 인해 신용체계가 정교하게 형성되고, 아울러 자본의 회전 속도에 어떤 질적 변화가 일어나기 때문이다. 금융화를 추동하는 자본은 기본적으로 '이자 낳는 자본'이며, 그 가운데서도 '의제자본'이 차지하는 비중이 높다. 의제자본의 운동방식은 잉여가치를 탄생시킬 상품 생산과는 무관하게 이루어진다는 점에서, 실질자본의 그것과 다르다. 상품 생산을 통한 자본의 증식운동은 M–C–M' 순환과정을 거치는 반면, 이자 낳는 자본은 M–M'의 순환형태를 취한다. 여기에는 화폐의 상품으로의 전환(M–C), 상품의 화폐로의 전환(C–M') 과정이 빠져있다. 의제자본 운동에서는 노동과정을 통한 상품 생산과 판매 과정이 개입되지 않는 것이다. 상품 생산을 통한 증식에서 자본은 노동력을 구입하여 생산과정에 투여해야 하고, 생산된 상품을 시장에 유통시켜 판매까지 끝내야만 순환과정을 마치게 된다. 이 과정은 당연히 저절로 일어나는 것이 아니다. 원료 공급의 지연, 노동자 파업의 발생이나 생산 현장의 다른 사태로 인해 자본 증식 순환에 차질이 생길 수 있고, 생산된 상품도 시장 도달 과정에서 자연재해나 운송 관련 사고를 당할 수 있으며, 시장에 출품된다 해도 소비자가 꼭 바로 구매하리라는 보장이 없다. 내구재의 경우는 다시 판매하려면 몇 십 년이 소요되기도 한다.

상품생산을 통해 증식운동을 거치는 실질자본이 겪는 이런 어려움에 비하면, 의제자본의 운동은 퍽이나 간단한 듯하다. 이때 자본 증식은 이자 수취의 형식을 취한다. 돈 낳는 돈의 형태를 취하는 '의제자본'의 존재를 발견한 맑스는 이 자본이 사회적 필요노동으로서의 가치 생산과는 무관함을 강조하고, 의제자본 등 이자 낳는 자본만 있을 경우,172 다시 말해 자본이 가치 생산에 투입되는 대신 전유에만 투입될 경우, 자본주의는 더 이상 작동하지 못할 것이라고 지적했지만, 의제자본도 자본축적에 필수적임을 인정했다. 하비에 따르면, "의제자본시장은 자본주의의 존립을 위해 매우 중요하다. 왜냐하면 이 시장을 통해서만 이자 낳는 자본의 흐름의 지속이 보장되기 때문이다. …의제자본시장은 자본주의사회에서 조정력을 조정하는 방법들을 제공한다"(하비, 1995: 371). 이런 점 때문에 자본주의사회는 의제자본의 안정적 증식을 위해 필요한 사회적 장치를 마련해놓고 있다. 오늘날 이 자본은 원활한 운동을 위해 채권(국채, 지방채, 특수채, 금융채, 회사채 등), 파생상품, 기획금융, 펀드(뮤추얼펀드, 사모펀드), 리츠, 주식, ABS, MBS, CDO, MBO, CDS 등 각종 금융상품들과 그 유통을 규정하고 관리하는 '신용체계'를 안전장치로 만들어냈다. 이 체계의 성립과 작동이 국가 수준에서는 상이한 사회세력들의 역관계, 초국적 수준에서는 국가들 간의 역관계를 반영하는 매우 복잡한 과정—예컨대 WTO 결성이나 FTA 체결 과정에서 나타난 저항과 통제의 양상들을 생각해보라—을 거쳐야 함을 고려하면, 의제자본의 축적이 손쉽게만 이루어지는 것은 아니다. 그러나 신용체계는 일단 제도화되고 나면 금융거래가 자동화된다는 점에서, 의제자본의 증식운동은 실질자본의 그것보다 용이한 편에 속한다. 이자 회수는 잉여가치 생산을 통한 이윤 획득보다 훨씬 더 빠르고 안정적이다.

172_ '이자 낳는 자본'은 의제자본 이외에도 산업자본가가 기계설비나 상품의 원료 또는 노동력 구입을 위해 필요한 자본, 즉 생산에 투여될 자본으로 대부되는 자본도 포함한다.

1억원을 생산과정에 투자하는 자본가는 원료 공급 조건, 노동자 파업, 자연재해, 사고, 라이프스타일 등 자본의 순환에 영향을 미칠 수 있는 각종 요인에 대비해야 하지만, 같은 금액을 대출해주는 은행은 대출 이자를 미리 받아낼 수도 있다.[173]

의제자본은 무엇보다도 자본의 회수 문제, 특히 자본 회전의 원활성과 관련되어 있으며, 따라서 자본주의에서 형성되는 각종 사회적 속도와 긴밀한 관계를 갖는다. 자본은 자기증식을 위해 회전기간을 최대한 단축하려고 몸부림치기 마련이다. "자본의 입장에서 회전기간은 손실기간"에 해당한다. 회전기간 도중의 자본은 아직 증식을 성취하지 못한, 즉 축적의 잠재적 상태에 놓인 셈이다. 자본이 신용체계를 구축한 것은 이런 상태의 지속 기간을 최대한 단축시키기 위함이다. "신용체계는 생산 및 유통의 각 영역에서 자본의 자유로운 흐름에 대한 모든 종류의 장애들을 제거하는 데 기여할 수 있다"(하비: 353). 오늘날 이 신용체계가 고도로 발달했다는 것을 누가 부정하겠는가. 파생상품 등의 등장과 확산, 그리고 이를 통해 강화된 금융화 경향은 모두 신용체계의 발달로 생겨난 일이다. 이 장에서 나는 신용체계가 발달함으로써 시간의 금융화 현상이 만연한 현상을 '미래할인' 관행의 확산을 통해 살펴보고, 이로써 우리의 시간경험이 어떻게 바뀌게 되는지, 그리고 시간의 금융화 현상은 문화정치경제의 변동과 어떤 관련이 있는지 살펴보고자 한다.

173_ 예컨대 한국에서는 중소기업이 운전·시설자금 조달을 위해 금융기관을 찾을 때면 지금도 금융상품 구입 같은 '꺾기' 관행을 강요당하는 것으로 확인되고 있다. "중소기업 사장 A씨는 최근 시설확충을 위해 돈을 빌리러 은행에 갔다가 '꺾기' 영업을 당했다. 5억원을 대출하겠다고 하자 곧바로 500만원짜리 방카슈랑스 상품에 가입시킨 것. 요즘은 금융당국의 단속에 꺾기가 사라졌다고 생각했지만, 법인이 아닌 대표자나 배우자, 자녀 명의로 가입시키는 방법으로 교묘하게 단속망을 피한 것이다. A씨는 원금을 보전하려면 적어도 5년간 유지해야 한다는 말을 듣고 부담감이 더욱 커졌다. 현재 3개 은행에 방카슈랑스를 통해 들어가는 돈만 월 2000만원에 달한다"(아시아경제, 2013.6.1).

2. 미래할인 관행─양의 시간 선호와 이자율 적용[174]

근래에 들어와서 사람들이 새로운 시간 경험을 하고 있음을 단적으로 보여주는 것이 오늘날 삶의 방식을 크게 지배하고 있는 '미래할인' 관행이다. 미래할인은 미래를 미리 앞당겨서 사용하는 일로서 다양한 형태를 띠고 있지만, 우리 주변에서 가장 흔하게 볼 수 있는 예는 돈을 빌릴 때 이자율을 적용하는 경우일 것이다. 이자율 적용의 핵심은 미래가치를 할인한다는 데 있다. 이자율 계상의 근거는 거래가 일어나는 현재 시점에서 일정한 금액 예컨대 100원의 가치가 같은 금액 100원이 1년 후에 지닐 가치보다 높다고 보는 데서 나온다. 이자율 10퍼센트를 적용한다면, 현재 시점의 100원과 1년 후의 110원은 같은 가치를 지니는 셈이 되며, 1년 후의 110원과 현재의 100원 사이에 등가 관계가 이루어진다. 이 과정에서 '미래할인'이 발생하는 것은 동일한 금액 100원의 미래가치를 현재 시점에서 산정할 때 이자율에 해당하는 만큼의 가치를 감하기 때문이다. 지금의 100원이 1년 후의 110원과 동일하다고 보는 것은 그 100원의 가치가 1년 후가 되면 떨어진다고 보고, 떨어진 만큼 가치를 할인하는 것과 다르지 않다.

이자율을 적용하여 미래를 할인하는 관행은 새로운 현상은 아니지만, 지금처럼 당연시된 것은 최근 일이다. 근대에 들어와 자본주의가 발달한 유럽에서도 중세까지는 이자를 받고 돈을 빌려주는 행위를 죄악시했다. 당시 기독교 전통에서 그런 행위를 죄악으로 간주했다는 점은 토마스 아퀴나스Thomas Aquinas가 대표적으로 보여준 바 있다. 그는 "빌려준 돈에 이자 받는 일은 존재하지 않는 것을 파는 것이기 때문에 그 자체로 정의롭지 못하고, 분명 정의와 상반되는 불평등을 초래한다"는 이유로 돈놀이를 '불의한 죄악'으로 규정했다(Aquinas, 2008). 돈을 빌려주고 이자를 받는 행위가 당시 실제로 없었던 것은 아니다. 중세 유럽에서 유대인 혐오증이 널리

174_ 이 절의 내용은 강내희(2011a)에서 가져와 고치고 보강한 것이다.

퍼졌던 것은 유대인이 주로 참여한 돈놀이가 확산되어 있었기에 만들어진 현상일 것이다. 하지만 이자 받는 행위는 계속 논란거리로 남았으며, 르네상스 시대에 들어와서도 신학적 논쟁을 야기한 중대한 주제였다. 이런 사실은 돈놀이가 한편으로는 현실적으로 사라지지 않았다는 것, 다른 한편으로는 기독교 교리의 관점에서 도덕적 쟁점을 야기했다는 것을 말해준다. 돈놀이에 대한 사회적 통제가 기독교 사회에 국한되었던 일도 아니다. 이슬람권의 샤리아금융 전통에서는 아직도 이자를 받는 행위가 금지되어 있다. 이런 점에 비추어 볼 때, 이자율 적용, 즉 미래할인의 관행이 오늘날 널리 확산되어 있다는 것은 그동안 어떤 중대한 역사적 변화가 생겨났음을 말해준다.

경제학 이론에 근거하여 이자율 적용의 정당성을 처음 체계적으로 주장하고 나선 것은 신고전학파다. 이들에 따르면 이자율을 적용하는 것은 사람들이 동일한 재화라고 하더라도 미래보다 현재에 더 큰 가치가 있다고 여겨서 생긴 일이다. 이런 입장을 피력한 대표적인 인물이 오스트리아학파의 일원인 뵘-바베르크Eugen von Böhm-Bawerk였다. 뵘-바베르크는 맑스의 노동가치설을 반박하고자 이자율 적용의 정당성을 주장했던 경제학자다. 맑스에 따르면 '이자'는 화폐의 이윤 생산 기능에서 나오며 이윤의 일부에 해당한다. 만약 누가 화폐소유자로부터 100원을 빌려 20원의 이윤을 만들어내고 "연말에 100원의 소유자에게 예컨대 5원(즉 생산된 이윤의 일부)을 지불한다면, 그는 이것에 의해 100원의 사용가치—그것의 자본기능(capital function), 20원의 이윤을 생산한다는 기능—에 대한 대가를 지불하는 셈이다. 이윤 중 이렇게 지불되는 부분을 이자(利子: interest)라고 부른다"(맑스, 2004b: 412). 반면에 뵘-바베르크는 이자가 발생하는 것은 시간의 흐름과 관련되어 있는 것으로 설명하고 있다. 이자는 어떤 가치를 당장 쓰지 않고 나중에 쓴 것에 대한 보상인 것이지 누구를 착취하는 일과는 무관하다는 것이다. 뵘-바베르크에 따르면, "우리는 기쁨과 슬픔에 대한 미래의 느낌에 대해서는 그 느낌이 미래에 속한다는 이유로 관심을 덜 갖게 되며, 우리의 관심이 적어지는 것은 미래가 먼 정도에 비례한다"(Böhm-Bawerk, 1959: 268; Van Liedekerke, 2004: 73에서 재인용). 동일한 재화에 대해서도 사람들은 가치 평가의 시간적 편차를 드러내며, 그 재화의 미래가치보다 현재가치를 더 크게 느끼는 경향이 있다는 말이다. 이런 경향을 가리키는 개념이 '양의 시간 선호'다. 뵘-바베르크와 마찬가지로 이자율 적용의 정당성을 주장한 어빙 피셔Irving Fisher는 이 태도를 결정하는 요인으로 여섯 가지를 든다. '선견지명', '자기-통제', '습관', '예상수명', '타자에 대한 배려', '유행'이 그것이다(Van Liedekerke: 74). 새뮤얼슨Paul A. Samuelson에 따르면, 뵘-바베르크와 피셔가 이런 지적을 한 것은 타인에게 빌려줄 수 있는 돈을 있게 만든 "과거의 저축은 기다림과 자제의 희생을 필요로 했다는 것을 강조함으로써, 이자 수령자가 누구를 착취한다는 생각이 틀렸음"을 밝히기 위함이었다(Samuelson, 1994: 209).

뵘-바베르크와 피셔는 둘 다 신고전학파 경제학자로서, 오늘날 금융화의 정당성을 주장하면서 이자율 적용을 당연시하는 신자유주의 경제학의 선구자에 속한다. 전자는 신자유주의 노선의 개척자라 할 하이에크를 배출한 오스트리아 학파 소속이고, 후자는 시카고대학에서 하이에크와 함께 재직한 밀턴 프리드먼이 "미국이 배출한 가장 뛰어난 경제학자"(Friedman, 1994: 37)로 칭송한 계량경제학 창시자다. 두 사람이 '양의 시간 선호'에 대해 언급한 것은 이자율 성립의 근거를 찾기 위함이었다. 하지만 우리가 여기서 눈여겨볼 점은 이자율 적용의 정당성을 말하는 데, 도덕적 근거가 동원되고 있다는 사실이다. 두 사람 모두 양의 시간 선호에는 "일정한 비합리성, 통제 결여, 심지어 좋지 못한 도덕 기준이 작용하는 것으로 간주한다(Van Liedekerke: 74). 이자는 그렇다면 사람들이 당장의 욕망을 근시안적으로 충족시키지 않고 참을성을 보여준 것에 대한, 부정적인 양의 시간 선호 성향을 극복한 것에 대한 도덕적 보상인 셈이다.

이자율 적용은 그러나 '주의론volitionism'에 근거한 것이라는 비판을 면치 못한다. 할인행위는 미래는 현재보다 가치가 덜한가라는 중요한 도덕적 질문을 제기한다고 할 수 있다. 할인을 당연시 여기는 사람은 이런 질문을 던지는 대신, 문제를 현재가치와 미래가치의 차이 산정이라고 하는 수학적인 것으로 치환한다. 하지만 이 경우에도 "모든 거래에서의 가치는 미래에 받게 될 어떤 것에 대한 현재의 추정을 나타낸다"는 사실이 변하는 것은 아니다(Shively, 2002: 9). 가령 100원에 대해 연 이자율 5퍼센트를 적용하는 것은 1년 후 같은 100원의 가치가 줄어들 것으로 예측하는 행위다. 문제는 이런 예측은 객관적으로 증명된다기보다는, 예단을 통해서 '주의적으로' 결정된다는 것이다. 쉬블리Gerald Shively에 따르면, 이것은 미래할인 또는 이자율 적용 관행이 르네상스 시대 해외교역 부문에서 생겼다는 사실과 무관하지 않다. "할인율은 조급한 상인, 느긋한 브로커, 그리고 한정된(상당히 짧은) 시간지평 안에 일정한 물품이 전달될 것이라는 예측 등에 의해 결정된 합의 가격이었다. 현재 시점에 이루어지지만, 그 거래는 두 당사자에 의해서 일종의 합의된 미래에 대한 전망을 필요로 했다"(Shively: 8). 이것은 할인율 적용이 이루어지는 미래할인 행위인 개인들 간의 합의, 즉 개인들의 주관적 조건 하에서 이루어진 거래였고, 할인은 실증경제학보다는 규범경제학의 문제였다는 말이다. 하지만 미래할인으로서의 이자율 적용은 오늘날 철저하게 실증경제학 문제로 바뀐 상태다.

규범경제학에서 실증경제학으로의 전환은 오랜 시간이 걸려서 이루어졌다. 앞서 본대로 서양의 기독교전통에서 이자를 받는 행위를 죄악시한 것은 돈놀이를 규범적으로 금지시킨 것에 해당한다. 그러나 르네상스에 이르러 돈놀이가 중대한 도덕적 쟁점으로 떠오른 것은 이자를 바탕으로 한 금전 거래가 현실적으로 확산되면서 생긴 일이다. 산업시대 이전 유럽에서 이자 받는 미래할인 행위는 해양활동과 긴밀하게 관련되어 있었던 것으로 보인다. 15세기 후반에 해외교역이 일어나면서 새로운 금전거래가 필요해졌고, 이 수요를 충족시키기 위해 어음할인점이 생겨난 것이다(8). 16세기 말 셰익스피어가 『베니스의 상인』에서 돈놀이꾼 샤일록을 유태인으로 묘사한 것도 이런 점에서 보면 당대 현실의 반영이었던 것 같다. 아리기

Giovanni Arrighi가 추적한 제1차 자본주의 축적순환, 즉 15세기에서 16세기에 걸쳐서 제노바-스페인 동맹의 헤게모니 하에서 이루어진 축적순환에서 중요한 역할을 한 금융가 상당수는 유태인 자본가였다.[175] 그러나 자본주의의 도입으로, 즉 '자본과 노동력의 역사적 조우'가 일어나면서, 돈놀이에 대해 유태인이나 할 일로 비방하며 가하던 종교적 제한은 사실상 무력화된다.[176] 5장에서 살펴본 것처럼, 고정자본 등에 대한 투자를 위해 자본주의는 정교한 신용체계를 구축해야 하며, 이 과정에서 '이자 낳는 자본'을 형성한다. 우리는 고정자본이 자본주의 축적에 필수적인 만큼 의제자본도

175_ 베르너 좀바르트Werner Sombart는 유태인들의 대이동이 근대 자본주의 형성의 주요 원인임을 주장한 바 있다. 콜럼버스가 '신대륙'을 발견한 1492년 이후 스페인에서 종교재판이 강화되면서 축출된 유태인 수는 30만명에 달했다. 좀바르트는 이들 스페인계 유태인들의 이동이 이후 유럽 도시흥망사에 중요한 작용을 했다고 본다. "근대 경제적 삶의 성장에서 가장 중요한 사실 하나는 경제활동 중심이 남유럽 민족들— 이태리인들, 스페인인들, 포르투갈인들, 그리고 이들과 함께 간주되어야 하는 일부 남독일 지역들—로부터 북서유럽 민족들—네덜란드인들, 프랑스인들, 영국인들, 그리고 북독일인들—로의 이동이다. 이 과정에서 획기적인 사건은 네덜란드의 갑작스런 부흥이었고, 이것이 프랑스, 영국의 경제적 가능성 발전의 추동력이었다"(Sombart, 2001: 12). 좀바르트에 따르면 네덜란드의 급부상은 유태인 자본가가 암스테르담 등으로 대거 유입된 결과다.

176_ 맑스가 지적하듯이 "화폐가 자본으로 전환되기 위해서는 화폐소유자는 상품시장에서 자유로운 노동자를 발견하지 않으면 안 된다." 화폐소유자와 자유로운 노동자의 만남 즉 자본과 노동력의 조우는 "자연사적 관계도 아니며 또한 역사상의 모든 시대에 공통된 사회적 관계도 아니다. 그것은 분명히 과거의 역사적 발전의 결과"다(맑스, 2001a: 221). 이 발전을 야기한 것이 16세기 이후 진행된 원시적 축적이다. "임금노동자와 함께 자본가를 탄생시킨 발전의 출발점은 노동자의 예속상태였다. …시초축적의 역사에서는, 자본가계급의 형성에 지렛대로 역할한 모든 변혁들은 획기적인 것들이었지만, 무엇보다도 획기적인 것은, 많은 인간이 갑자기 그리고 폭력적으로 그들의 생존수단으로부터 분리되어 무일푼의 자유롭게 의지할 곳 없는 프롤레타리아로 노동시장에 투입되는 순간이었다"(맑스, 2001b: 982-83). 블라우트J. M. Blaut는 유럽에서의 자본 형성에 대해 맑스와는 다른 설명을 제공한다. "16세기의 식민지 사업은 다양한 방식으로 자본을 만들어냈다. 하나는 금과 은 채굴이었다. 둘째는 주로 브라질에서의 플랜테이션 농업이었다. 셋째는 아시아와의 향신료, 직물 등 교역이었다. 넷째이자 절대 사소하다 할 수 없는 것이…아메리카에서의 다양한 생산 및 상업 활동으로부터 유럽 투자자들에게 돌아온 이윤이었다. 다섯 번째는 노예매매였다. 여섯째는 해적질이었다. 이 모든 것이 정상적 자본축적이란 점에 주목하라. 그 어떤 것도 '원시적 축적'으로 불리는 신비로운 사안은 아니다"(Blaut, 1993: 188).

필수적이라는 점을 맑스와 하비의 설명을 빌어 확인한 바 있다. 이자를 기대하지 않고 일어나는 의제자본 유통은 상상할 수 없기 때문에, 이자율 적용은 자본주의가 새로운 생산양식으로 부상한 이후에는 역사적 현실이 되었다. 그러나 19세기 말, 20세기 초에 이르러서도 이자율 적용의 정당성을 경제이론으로 논증해야 할 필요가 있었다는 것은 미래할인이 오늘날처럼 당연한 관행으로 통한 것은 아니었음을 말해준다. 뵘-바베르크, 피셔 등이 이자율 적용의 정당성을 주장한 방식도 규범경제학적 접근이었지, 실증경제학적인 것은 아니었다. 두 사람은 미래할인과 이자율 적용을 지지했지만, 왜 그것이 정당한 것인지 따로 도덕적 근거를 제시할 필요를 느꼈던 것이다. 그러나 오늘날 경제학자들 가운데 '양의 시간 선호'와 이자율 적용을 정당화하기 위해 굳이 논변을 펼칠 필요를 느낄 사람이 있을 것 같지는 않다.

반 리데케르케Luc Van Liedekerke에 따르면 이 변화는 "1930년대에 경제학에서 일어난 공리적 혁명"의 결과다(Van Liedekerke, 2004: 74). 이로 인해 경제학에서는 중대한 변화가 일어나게 된다. 과거에는 뵘-바베르크나 피셔처럼 신고전학파까지도 경제적 결정의 도덕적 기반을 따지는 것이 정상이었으나, 2차 세계대전 이후부터 그런 학문 풍토가 사라지게 된 것이다(75). 이 결과 오늘날 이자율 적용 행위는 굳이 정당화해야 할 필요가 없을 만큼 일반화되었다고 할 수 있다. 이것은 규범경제학 또는 도덕경제학이 주류경제학에서 더 이상 큰 영향력을 행사하지 못하게 되었다는 말이기도 하다.[177] 그러나 지금처럼 신자유주의적 금융화가 크게 진행된 시대의 미래할

177_ '규범경제학', '도덕경제학'을 두둔하자는 것이 이 글의 취지는 아니다. 신고전주의, 신자유주의 경제학이 양의 시간 선호를 바탕으로 미래를 희생시키는 경향이 있다면, 도덕경제학은 현재를 희생시키는 경향을 드러낸다고 할 수 있다. 이 글은 신자유주의 지배 국면에서 확산되어온 미래할인 관행을 비판적으로 검토하는 것이 주된 목적이지만, 그렇다고 도덕경제학을 지지하지는 않는다. 양의 시간 선호가 문제라고 해서 현재의 욕망을 억압하고 욕망의 충족을 미래로 연기(또는 차연差延)할 경우 자본 축적 전략의 한 형태인 청교도적 요구에 굴복하는 셈이 될 것이다.

인 관행은 이자율 적용의 정당성 논의가 사라지기 시작한 2차 세계대전 직후와도 크게 다른 것으로 보인다. 1940년대 중반 이후 세계의 경제 질서는 '미국적 자유주의' 지배 하에 들어갔고, 이에 따라 시장과 자본의 자유가 보장됨으로써 이자율 적용은 당연시되었다. 다만 2장에서 살펴본 대로 1970년대 이전까지는 미국에서까지 자유주의가 사회주의와 부분적으로 타협할 수밖에 없었던 것도 사실이다. 이 결과 당시 미래할인 관행은 상당 부분 수정자유주의 경제이론인 케인스주의의 통제를 받았으며, 이런 점에서 오늘날과는 상당히 다른 모습을 띠었다고 할 수 있겠다.

현재 미래할인 관행이 가장 큰 규모로 이루어지고 있는 곳은 파생상품 시장이다. '명백하게 자본주의적인 상품과 화폐'인 파생상품이 거래되는 시장이 세계 최대 규모를 이루고 있고(4장 참조), 파생상품의 특징이 미래할인을 전제로 거래되는 상품이라는 사실은 미래할인 관행이야말로 오늘날 자본주의의 핵심 특징이라는 말과 다르지 않다. 미래할인이 얼마나 자본주의적 삶을 지배하고 있는가는 기획금융이 광범위하게 일어나고 있다는 사실도 보여주는 바다. 기획금융은 미래에 생겨날 '현금 흐름'을 예상하여 이루어진다는 점에서, 미래를 앞당기는 행위의 또 다른 예다.

3. '순현재가치'

파생상품과 기획금융 등은 오늘날 신용체계가 원용하고 있는 최적 금융 상품으로서, 미래노동에 대한 기대를 기반으로 하여 설계되고 거래된다.[178] 이들 상품은 그래서 '위험상품'이며, 기본적으로 미래할인 상품의 성격을 띤다. 위험risk은 미래에 속하는 사안이다. 파생상품이나 기획금융에 투자

178_ 파생상품의 경우 미래노동에 대한 기대에 대한 투자로만 볼 것은 아닌지도 모른다. 브라이언과 래퍼티에 따르면 파생상품은 '노동'을 통해 설계되고 생산되는 상품이기도 하다(Bryan and Rafferty, 2006: 153).

하는 것은 이 미래를 불확실이 아닌, 확률 영역으로 치환함으로써 이루어진다(Martin, 2002: 104-05). 이것은 이자율을 적용하는 것과 같다. 경제학자들이 이자율을 적용시킬 때 하는 일은 이자율 계산으로서, 이때 계산 가능성은 미래의 위험이 확률로 간주됨으로써 생겨난다. 하지만 쉬블리가 지적하듯이, "위험의 확률적 수준을 결정하는 것은 얼마쯤은 과학적 문제이지만, 미래 위험의 정해진 수준을 수용하는 것은 윤리적 문제인 것이지 경제적 문제가 아니다"(Shively, 2002: 14). 프랭크 나이트Frank Knight가 지적한 바 있듯이, 위험과 불확실성은 개념이 서로 다르다. 전자는 측정이 가능하나, 후자는 불가능한 것이다(Knight, 1921; Langlois and Cosgel, 1993: 457에서 재인용).[179] 미래의 위험을 확률 문제로 치환함으로써 이루어지는 일이 거래인바, 중요한 것은 거래란 언제나 현재 시점에 이루어진다는 사실이다. 랜디 마틴이 말하고 있듯이 "'위험'은 실제로는 현재를 목적으로 하는 미래의 수사학이다. 그것은 어떤 미래가 획득 가능하다는 약속에 대한 가격 설정 수단이다"(Martin, 2002: 105).[180] 이때 가격을 설정해주는 행위는 바로 할인이다.

179_ 이슬람 전통에서 이자 받는 행위를 금하는 것도 이 때문이다. 코란에서는 이자 또는 화폐의 시간-가치인 '리바riba'를 금하고 있다. 리바를 금하는 것은 돈을 빌려주는 사람과 빌리는 사람 간의 불평등을 줄이기 위함이다. "리바는 대부자로 하여금 사업 시도에 결부된 위험으로부터 자신을 보호하도록 해주면서, 대출자는 사업실패와 체납 위험에 노출시킨다. 리바를 없애는 것은 대부자가 위험을 면제받는 축적을 하지 못하도록 하고, 그를 다른 모든 사람과 함께 하느님이 인간으로 하여금 살게 만든 불확실성 세계로 던져 넣는다"(Maurer, 2005).

180_ "경제학자들은 위험을 측정 가능한 발생 확률로 정의하지만 불확실성은 측정이 불가능하다. 이 구분은 개념적으로는 유지하기 어려울지 모르지만, 측정 행위, 그리고 측정 결과를 가격의 기초로 삼는 데서 나오는 효과는 그와 같은 개념적 세부 차이를 고려할 가치가 없도록 만든다. 예측과 예견은 맞지 않을 수도 있지만, 정량화할 수 있어야 하는 것이다"(Martin, 2002, 104-05). 확률은 공간적 개념, 불확실성은 시간적 개념임을 기억할 필요가 있다. 케인스John Maynard Keynes와 로빈슨Joan Robinson이 확률을 통계 문제로 간주한 신고전주의 경제학을 비판한 것은 확률과 불확실성, 공간과 시간을 근본적으로 구분해야 한다고 믿은 때문이다. 로빈슨은 확률에 입각한 파생상품 거래를 계산 문제로만 간주하는 유효시장이론은 경제학의 평행이론에 해당한다고 보고, 이 이론은 "시간에서 일어나는 과정을 설명하는 데 공간에 기초한 은유를 사용"한다고 비판했다(Robinson 1953: 255; Maurer, 2002: 27에서 재인용).

"할인은 미래에 일어날 금융 흐름의 현재가치를 계산하게 해주는 절차다"(Philibert, 2006: 138).

'금융 흐름의 현재가치를 계산해주는 절차'로서 미래할인의 광범위한 확산에 기여한 중요한 경제학적 개념 하나가 있다.[181] '순현재가치net present value'가 그것이다. 순현재가치는 주로 회계학에서 활용되는 개념으로서, 피터 밀러Peter Miller에 따르면 전간기인 1920년대와 1930년대, 그리고 2차 세계대전 이후에 투자 결정 과정에 적용하기 위해 도입된 것이다(Miller, 2004: 182). '순현재가치'는 미래 특정 시점의 현금을 이자율로 할인하여 나타낸 현재 시점의 금액으로서 투자로부터 얻어지는 현금 유입의 현재가치에서 현금 유출의 현재가치를 차감한 금액에 해당한다.[182] 이런 이해에 따르면 순현재가치는 "투자사업의 최초 단계부터 사업의 최종 연도까지 얻게 되는 순편익(편익에서 비용을 차감한 금액)의 흐름을 현재가치로 계산해 이를 합계한 것"이다(매일경제 경제용어사전). 이 개념이 경제 활동에 중요한 것은 자본의 수익률과 비용을 계산하는 데, 편리하게 쓰일 수 있기 때문이다. 순현재가치는 "투자로 인한 기업가치의 순증가분"으로 간주되어, "어떤 자산의 순현재가치가 '0'보다 크면 투자 시 기업가치의 순증이 발생하므로 투자가치가 있는 것으로," 반대로 "작으면 투자 시 기업가치의 순감소가 발생하므로 투자가치가 없는 것으로" 간주된다(같은 사전). 이와 같은 순현재가치 계산은 기본적으로 미래할인을 전제한다고 볼 수 있다. 여기서 순현재가치는 이자율을 고려한 미래의 할인된 순 현금 흐름의 현재가치다.

순현재가치 계산 관행이 기업 등 조직 운영, 그리고 사람들의 행동에 중대한 영향을 미칠 수 있는 것은 투자 기회가 발생할 경우 이들 기회에 "특정한 가시성과 계산가능성을 제공하여 이들 기회를 비교 가능하게 만

181_ 이 절의 아래 부분은 강내희(2011a)에서 가져와 고친 것이다.
182_ 다른 말로 순현재가치는 "미래에 받게 될 현금의 현재가치로서 할인율이라고 하는 현금의 비용을 계상한 것"이다(Yescombe, 2002: 267).

들"기 때문이다(Miller, 2004: 185). "순현재가치의 도입과 함께 다양한 결정과 계획에 이전에는 없던 가시성, 계산가능성, 그리고 비교가능성이 부과됨"으로써 "각 조직의 관리 또는 경영 책임자들의 활동이 이제부터 다른 활동의 계산과 연계될 수 있게" 된다는 점도 중요하다(Miller: 186). 이 결과 순현재가치를 계산하는 관행은 이들 책임자의 주요 행위를 결정하거나 평가하는 핵심 요인으로 떠오르게 된다.

> 순현재가치 방법은 하나의 간단한 법칙에 근거해 있다. 양의 순현재가치를 지닌 사업만 수용된다는 것이다. 이것은 어떤 사업이건 그에 대한 수익이 자본의 비용 또는 이 자본을 다른 데 투자하여 얻는 수익을 초과해야만 바람직하다는 논리에 기초해 있다. '자본의 생산성'이 결정적 시험대, 개별 투자 제안의 경제적 가치에 대한 객관적 척도가 되는 것이다(185).

이처럼 순현재가치를 지닌 사업만 수용된다면 기업의 의사결정, 활동은 모두 더 큰 수익을 내는 방향으로만 이루어져야 한다.

순현재가치의 계산은 서로 다른 투자 기회를 비교 가능하게 함으로써, 직접 이윤을 추구하는 기업 조직은 물론이고, 학교나 병원, 교회, 복지기관, 주민 센터, 정부 기관 등 이윤 추구를 주된 목적으로 갖고 있지 않은 조직들을 관리하고 경영하는 데서도, 큰 변화를 초래하는 요인으로 작용했다. 한국에서 이런 흐름이 두드러지게 나타난 것은 '경영합리화'라는 이름으로 각종 조직의 운영현황을 계량화하는 경향이 늘어나고, 책임경영제 등의 이름으로 공공기관의 민영화가 시작되었을 때다. 2장과 3장에서 살펴본 것처럼, 이런 경향은 팀제 등이 도입된 1990년대 초반부터 나타났으나, 외환위기를 계기로 금융자유화가 거의 완벽하게 이루어지는 1990년대 말부터 본격화된다. 이 시점에 이르러 지방자치체나 공기업의 경영평가제도, 책임경영제도, 공기업 민영화 등의 추세가 가팔라졌다.

여기서 관심을 기울여야 할 것은 순현재가치, 그리고 위에서 언급한 양의 시간 선호 등의 개념이 오늘날 시간경험과 어떤 관계를 맺느냐는 점이다. 순현재가치, 양의 시간 선호는 기본적으로 이자율 적용 문화에서 통용되는 개념이라고 할 수 있다. 양자가 널리 적용되기 시작하는 것은 따라서 미래할인 관행의 확산을 의미하는 셈이 된다. 그런데 이자율과 미래할인이라는 시간 조정 관행은 어떤 관계가 있는 것일까?

4. 이자율과 이윤율

이자율 적용 이유를 뵘-바베르크, 피셔가 제시한 것과는 구분되는 역사유물론적 관점에서 찾아낼 필요가 있다. '양의 시간 선호'가 도덕적이고 심리적인 관점에서 이자율을 설명하고 있다면, '순현재가치'는 이자율이 이미 적용된 다음에 제기되는 개념, 즉 미래 특정 시점의 현금을 이자율로 할인하여 나타낸 현재 시점의 금액으로서 투자로부터 얻어지는 현금 유입의 현재가치에서 현금 유출의 현재가치를 차감한 금액을 가리키기 위해서 사용되는 개념이다. '순현재가치'는 회계학적 '양의 시간 선호' 이론으로, 이자부과의 정당성이 일단 인정되고 그 적용이 관행으로 굳어진 뒤에 등장하는 개념인 것이다. 그러나 '양의 시간 선호'에 근거하여 이자율 적용, 순현재가치 계산 등의 미래할인 관행을 설명하는 것은 역사적 변화를 도덕적인 시각에서 이해하려는 것과 다를 바 없어서, 충분한 설명이 되지 못한다. '미래할인' 개념을 과학적으로 이해하려면, 신용체계의 작동 방식을 이해하는 것이 중요하다. 여기서 나는 하비가 『자본의 한계』에서 제시하고 있는 맑스 해석을 수용하고자 한다. 하비는 맑스의 정치경제학 비판을 공간의 정치경제학 비판으로 발전시키는 과정에서, 신용체계의 작동 방식을 분석함으로써, 여기서 살피고자 하는 '시간의 경제' 문제에 관해 중요한 시사점을 제공해주고 있다. 하비에 따르면, 맑스는 "이자율은 가치법칙에 의해서 직접적으로 규제되지 않는다"고 믿었다(하비, 1995: 347). '가치법칙'은 상품가치가 사회적 필요노동에 의해서 결정된다는 개념이다. 이자율이 이런 법칙에 의해서 직접 결정되지 않는다는 것은 그것이 노동력에 의한 상품 생산 과정과는 직접 관련이 없다는 말이다. 그렇다면 이자율은 어떤 요인에 의해 결정되는 것인가? 하비는 맑스가 "다른 형태의 자본과는 구분되는 화폐자본의 공급과 수요에 의해 결정된다"고 본 것으로 이해한다(하비: 348). 이 해석이 정확하다면, 이자율이 결정되는 것은 화폐자본의 공급과 수요가 이루어지는 화폐 유통의 영역 즉 신용체계에서의 복잡한 조건에 의해서다.

이에 따라서 다음 질문이 제기된다. "그렇다면 화폐자본의 수요와 공급은 어떻게 결정되는가?"(Marx, 1967, Vol. 3: 419; 하비: 348에서 재인용). 하비는 맑스에게서 이와 같은 질문이 제기될 수 있다고 보고, 다음과 같이 말한다.

이제 우리가 설정해야 할 것은 자본으로서 화폐의 공급과 수요가 자본주의적 생산양식 하에서 어떻게 결정되는가 하는 점이다. 불행하게도 맑스는 이 과정에 대해 어떠한 일관된 분석도 우리들에게 제공하지 않는다. 우리는 어떤 간극들을 메워야 한다. 그러나 분명 우리는 화폐자본이 사용되는 다양한 방법들과 이것이 자본주의 하에서 수행하도록 요청되는 기능들에 관한 우선적 이해 없이는 자본으로서 화폐의 수요를 이해할 수 없다. 마찬가지로 우리는 대부 가능한 자본으로서 화폐를 집중·집적시키는 제도적 틀과 금융 중개업에 관한 일반적 이해 없이는 자본으로서 화폐의 공급을 이해할 수 없다. 요컨대 우리는 자본주의적 생산양식의 특유한 산물로서의 신용체계, 즉 자본으로 하여금 고리대를 길들이고 이를 그 자신에 고유한 모순적 목적들에 적합하도록 이자 낳는 자본의 형태로 전환시킬 수 있도록 하는 신용체계의 기능과 수단을 해부해보아야 한다(하비: 348).

하비가 '신용체계의 기능과 수단'의 해부를 통해 보여주는 것은 신용체계는 주로 의제자본을 통해 작동하면서, 자본의 '공간적 조정'을 위해 '고정자본의 순환과 소비기금의 형성'을 요청한다는 것, 그리고 고정자본과 소비기금으로 이루어지는 건조환경을 조성하려면 반대로 의제자본과 신용체계가 필요하다는, 기본적으로 공간의 정치경제학적 문제의식이다(앞의 5장 8절 참조). 하비는 이 과정에서 발생하는 이윤율 균등화 경향을 반영하는 것이 이자율이라는 주목할 만한 해석을 제시한다. 그에 따르면, "신용체계는 개별 자본가들의 다양한 활동들을 조정하기 위한 일종의 중앙신경체계"다.

> 이자율은 이윤율과는 달리 자본주의의 '기압계이며 온도계'로서 기능할 수 있다. 이는 이자율이 화폐자본에 대한 공급과 수요의 '동시적 대량작용'에 의해 성립되며, 그 결과는 공표되고(이는 시장에서 매일 상장된다), 일률적으로 변동하기(비록 맑스는 상이한 시장들과 상이한 국가들 간 이자율의 차이를 인정하지만) 때문이다. 따라서 장기이자율이 주어진 생산업종에서 얻게 되는 기업의 이윤보다 상당히 높다면, 산업자본가들은 그들이 가지는 잉여가 어떠한 것이든 간에 이를 재투자하기보다는 화폐시장에 투입하고자 하는 유인을 받게 된다. 따라서 이자율이 제공하는 정보와 이자 낳는 자본이 수행하는 기능은 자본흐름에 있어 보다 신속한 조정을 가능하게 하고, 이에 의해 이들은 이윤율을 균등화시키는 메커니즘을 완성하게 된다(하비: 361-62).

이자율이 이윤율에 대해 영향력을 미칠 수 있다는 것은 매우 중요한 사실이다. 하비는 맑스를 참조하여 이자율이 이윤율에 영향을 미칠 수 있는 것을 전자가 생산 외부에 있기 때문인 것으로 설명한다. '이자 낳는 자본'은 생산 외부에 있는 '소유로서[의] 자본'으로 작용하며, 따라서 생산 내부에서 작용하는 '기능으로서[의] 자본'과는 구분되는 자본이기 때문에, 그런 영향력을 가진다는 것이다(Marx, 1967, Vol. 3: 379; 하비: 362). 하비의 이런 관점은 3장에서 살펴본 브라이언과 래퍼티의 그것과도 상통한다. 이들에 따르면 금융파생상품이 모든 자본의 가치 산정을 끊임없이 수행할 수 있는 것은 "유통 영역 내부에서만 생겨나서 거기서 종결"되기 때문이다(Bryan and

Rafferty, 2006: 155). 하비는 브라이언과 래퍼티가 파생상품을 모든 자본의 척도로 보는 것처럼, 이자율을 "자본주의의 '기압계이자 온도계'"인 것으로 본다.

5. 최근의 이자율 하락과 신용체계의 확산

미래할인과 같은 자본주의적 시간 조정 기제의 작용과 관련하여, 이자율에 관심을 기울일 필요가 있는 것은 이자율이 신용체계 고유의 작용에 의해서 산출되고, 정보 제공 등의 기능을 통해 이윤율에 영향을 미치면서, "자본 흐름에 있어 보다 신속한 조정을 가능하게" 하는 역할을 하기 때문이다. 그리고 이자 낳는 자본의 흐름을 신용체계가 관장하고, 신용체계의 작용을 통해 자본의 흐름을 신속하게 하는 효과가 만들어진다는 것은 이자 낳는 자본 흐름을 결정하는 이자율이 다른 자본 흐름에 중요한 역할을 한다는 말이기도 하다. 다시 말해 이자율은 자본주의 사회에서 자본의 흐름과 그에 따른 삶의 흐름을 결정하는 중대한 요인으로 작용하는 것이다. 하비가 해석하는 맑스의 견해대로, 이자율이 화폐자본의 수요와 공급에 의해서 결정된다면, 미래할인 관행의 확산이라는 자본주의적 시간 생산 방식은 신용체계 발전과 밀접하게 관련된다는 결론이 가능하다.

최근의 미래할인 관행과 관련하여 큰 관심을 갖고 살펴봐야 할 것은 이자율 변동과 그와 맞물린 시간 조직 변동이다. 1990년대까지 한국의 이자율은—플라자 합의로 이미 1980년대 말부터 이자율이 급속도로 떨어지기 시작한 일본과는 달리—상대적으로 높았던 편이며,[183] 특히 1997년 말 외환위

---

[183]_ "1980년대 말 일본의 이자율은 급속히 하락했고 토지 및 다른 부동산 가격은 급격히 증가했다. 이때 (은행 및 비은행 대출 및 신용기관들을 포함한) 일본의 금융기관들은…상대적으로 자유로운 통화정책 아래 움직이며, 이윤율을 높이려는 욕망에 부추겨져 부동산 붐 확장에 기름을 붓는 식으로, 상업 및 소매 고객들에게 광범위하게 대출 행위를 했다"(SB Treasury Company L.L.C, 1998: I-49). 일본에서 부동산 시장이

기 직후에는 이자율이 30퍼센트에 육박할 정도였다. 앞서 언급된 대로 이자율이 자본주의의 '기압계' 또는 '온도계'로서 개별 자본가들의 활동을 조절하는 '중앙신경체계' 역할을 한다면, 이자율 변동은 자본가들의 축적 전략에 바로 영향을 미치게 될 것이다. 하비에 따르면, "장기이자율이 주어진 생산업종에서 얻게 되는 기업의 이윤보다 상당히 높다면, 산업자본가들은 그들이 가지는 잉여가 어떤 것이든지 간에 이를 재투자하기보다는 화폐시장에 투입하고자 하는 유인을 받게 된다"(하비, 1995: 362). 한국에서는 1980년대 초반까지는 개발 국가로서의 통제가 작동하고 있었기 때문에, 이자율이 높다고 해도 산업자본가들이 바로 화폐시장으로 들어가는 것이 금지되어 있었다. 1980년대 후반 한국 기업들이 대거 부동산에 투자하는 모습을 보인 것은 이런 조건이 아직 완전히 바뀌지 않은 가운데, 부동산 가격 상승을 통해 높은 이자율을 받는 것과 같은 효과를 노리려던 시도였을 것이다. 아울러 1986-88년의 경제호황과 함께 주식시장이 활성화되고, 재벌의 '제2금융권 진출'이 허용됨으로써, 국내 자본은 화폐시장에의 참여를 실질적으로 달성하게 된다(지주형, 2011: 127). 그리고 1990년대 초부터 금융자유화가 진행됨으로써, 한국에서 자본은 국내, 해외 자본 가릴 것 없이 금융시장에서 더욱 활발한 활동을 벌일 수 있게 되었다. 물론 2000년대에 들어와서 이자율이 크게 떨어진 것은 1990년대와는 전적으로 다른 상황이라 하겠지만, 그때는 금융자유화가 이미 높은 수준에 도달했다는 점이 중요하다. 이제는 소득을 가진 대중으로 하여금 금융시장에 참여하게 할 필요가 생겼던 것이다. 한국의 금리는 김대중 정부 때부터 떨어지기 시작했는데, 2000년에는 5퍼센트대로, 2001년에는 한 해 4차례의 인하로 4.25퍼센트로까지 떨어지게 되며, 이후 노무현, 이명박, 박근혜 정권에서도 계속 저금리 기조가 유지되어 2퍼센트 수준에 머물고 있다.

붕괴된 것은 이자율이 급속하게 오른 1990년대 말 이후다. "1990년대 말 은행의 부동산 부문 대출에 대한 규제 도입, 더 엄격한 통화정책, 이자율 증가, 주식시장 하락, 엔 환율 상승이 결합하여 부동산 시장을 붕괴시켰다"(같은 글).

이자율이 이처럼 떨어지게 되면서 나타난 주목할 경향이 가계대출의 급격한 증가다. 김영삼 정권 하인 1996년 한국의 GDP는 460조원이었고, 1997년 2월 현재 전국 가계부채는 182조원 수준이었는데, 김대중 정권 말기인 2002년 말에는 GDP 720조, 가계부채 420조, 노무현 정권 말기인 2007년 말에는 GDP 975조, 가계부채 639조, 이명박 정권 말기인 2012년에 이르러서는 GDP 약 1300조 원에 가계부채는 1103조에 달했다. 이 추이는 15년 사이에 GDP는 3배로 커진 데 비해, 가계부채는 6배로 훨씬 더 급속하게 증가했음을 보여준다. 주목할 점은 1990년대 중반까지는 비교적 완만한 증가세를 보이던 부채가 금융화가 강화된 시기에 그 규모를 급격하게 키우기 시작했다는 사실이다.[184] 이런 변화를 일으킨 가장 큰 요인은 1997년의 외환위기로서, 이로 인해 한국은 세계 신자유주의 체제가 운영하는 IMF의 '지도'와 '감시' 아래 이미 WTO와 OECD 가입을 위해 김영삼 정부가 대폭적으로 취한 것보다 더 강력한 금융자유화를 단행하게 되었고, 이와 함께 새로운 신용체계를 만들어냈다. 외환위기 이후에 가계대출이 급속도로 늘어난 것은 이자율이 전반적으로 낮아지고, 기획금융, 펀드, 파생상품 등의 거래 활성화와 함께 부동산 투기가 크게 일어났기 때문이다. 한국인의 신용거래가 최근 계속 얼마나 크게 계속 증가하고 있는지는 가계 및 비영리단체의 모든 부채를 포함하는 한국은행의 자금순환표상 가계부채가 2013년 3월 말 현재 1157.1조원에 이르렀다는 사실로써도 알 수 있다(KB금융지주경영연구소, 2013).

이자율 저하와 신용체계의 확산에는 밀접한 관련이 있는 것으로 보인다. 한국에 파생상품과 기획금융이 등장한 지 얼마 되지 않은 시점에 이자율이

184_ 1990년대 초부터 중반까지 한국사회는 '짧은 포드주의'가 지배하고 있었다고 볼 수 있다. 이 시기에 불평등을 나타내는 지니계수가 "1989년 0.304에서 1990년에 0.295로 낮아진 뒤 1998년 0.316으로 다시 치솟기 전까지 계속 0.29나 0.28대에 머물렀던 것"은 이때 "노동운동의 상승으로 노동에 대한 자본의 양보가 강제"되었기 때문이다. 바로 이 시기 소비자본주의가 급속하게 성장한 것은 "하향 이동한 부를 다시 회수하려는 자본의 새로운 전략이 가동됐음을 보여준다"(강내희, 2007a: 290).

크게 낮아진 것이 우연일까. 미국의 경우에도 파생상품 거래가 크게 확산되기 시작한 1980년대 이후 이자율이 대폭 낮아졌고, 이것은 일본에서도 마찬가지다. 미국에서 파생상품이 도입된 1970년대 초는 인플레이션, 스태크플레이션이 문제로 떠올랐던 시점이다. 금융파생상품의 경우 1970년대 초에 등장했지만 초기에는 거래 규모가 수백만 달러에 불과했으나 1980년대 이후 급속도로 커졌음을 기억한다면(4장 2절), 파생상품의 거래 규모 증가는 당시 다른 경제지표 변동과 연관되어 있었음이 분명하다. 1978년 연방준비제도(FRB) 의장 볼커가 통화주의 정책을 실시한 뒤, 인플레이션은 통제되었고, 이자율도 하향 안정세로 돌았다. 일본에서 금융파생상품 거래가 시작된 것은 1980년대 중반부터다.[185] 바로 이 시점에 '플라자 합의'가 이뤄졌고, 이자율이 급격이 떨어지고, 주식 및 부동산 가격이 급격하게 상승하기 시작했다. 주식과 부동산 시장 활황, 이자율 하락을 유도하는 정책은 모두 금융체계의 확대를 겨냥하는 것이며, 실물 가치 생산보다는 자산 확대를 통해 부의 효과를 만들어내려는 접근법이다. 이 과정에서 채권과 파생상품이 도입된다. 자산시장인 부동산시장의 활성화는 대중으로 하여금 주택 구입을 위해 부채를 늘리게 만드는 조치로서 이자율 저하를 동반하기 마련, 일본과 미국, 그리고 한국에서 부동산 시장이 활황을 이룬 때도 이자율이 크게 낮아진 시점이었다. 주택시장의 활황에는 주택을 담보하여 대출된 금액을 채권으로 전환하여 이를 유동화하는 증권시장이 작용하며, 여기에는 ABS, MBS, CMO, CDO 등 증권과 파생상품이 결합된 구조화채권이 작용하게 된다. 다시 말해 이자율 저하, 부동산 경기 활성화에는 파생상품이 중요한 매개로 작용하는 것이다. 4장에서 본 것처럼 금융파생상품은 1980년대부터 거래 규모가 커지기 시작해 1990년에 이르면 상품파생상품보다 거래 규모가 더 커지고, 지금은 파생상품 시장을 완전히 장악하면서 채권과 더불어 세계 최대시장으로 성장했다. 기획금융 관행도 이 시기에 확산되었다. 기획

185_ 일본 주식거래소에서 정부채권 선물거래가 도입된 것은 1985년이고, 도쿄와 오사카의 주식거래소가 주가지표선물 상품을 도입한 것은 1988년이다(Miyazaki, 2003: 257).

금융과 파생상품, 채권 거래의 확산이 최근에 일어났다는 사실은 그동안 세계경제가 보여준 변동 및 발전이 이 변화와 긴밀하게 연동되어 있었다는 말일 것이다.

이자율 인하와 파생상품 거래 증가로 사람들이 대거 대출을 일으키게 됨으로써 일어난 것이 주택, 주식, 펀드, 파생상품 등에 대한 투자 행위의 증가다. 이런 현상은 최근에 회전기간 단축을 위해 자본이 실물경제로 재투자되기보다는, 유통영역을 벗어나려 하지 않아서 생긴 결과다.[186] 파생상품 거래, 기획금융의 확대도 이런 경향과 밀접하게 관련되어 있다. 그런데 이것은 신용체계가 확대되어 일어난 일이지만, 우리의 삶 조건을 변화시키는 주요 요인으로 작용하면서 시공간의 직조 변화까지 야기했다고 봐야 한다. 이 변화는 세계적으로는 금융화가 진행되기 시작한 1970년대부터 나타나기 시작했지만, 특히 이자율 인하와 함께 인구 다수가 금융화 물결을 타게 되는 시점부터 강화되었다. 이자율 저하와 함께 미래할인 관행이 더욱 확산된 것이다. 기획금융이 만연하고, 채권시장이 커지고, 파생상품의 거래가 확대된다는 것은 단순히 이자율 적용이 이루어진다는 것만이 아니라, 이자율 적용의 범위가 놀랄 정도로 확대된다는 말이다. 이것은 폴라니Karl Polanyi가 말한 '경제의 사회로부터의 탈착', 다시 말해 경제에 대한 사회의 통제 약화로 빚어진 결과다.

이자율 적용, 미래할인 관행 확산은 과거에는 죄악시 되었거나 아니면 일정하게 통제가 되어오던 관행, 그 실행을 위해 규범경제학적 변명이 필요했던 관행이 이제는 삶의 영역 전반에 적용되고 있다는 말이다. 미래할인 관행의 확산은 그렇다면 어떻게 우리의 시간경험에 영향을 미치고 있는 것인가. 아래에서 나는 미래할인의 관행이 어떻게 '속도 증가 기제'의 형성과 연결되었고, 이것이 오늘날 문화정치경제를 어떻게 규정하고 있는지 살펴볼 계획이다. 그러나 그 전에 자본의 증식운동이 역사적으로 변화한 과정

186_ 자본이 생산에서 유통으로 이전하고 있다고는 해도, 생산과 유통의 관계가 끊어지는 것은 아니라는 점을 잊지 않는 것이 중요하다.

에서 시간경험의 사회적 생산이 어떻게 이루어졌는지 먼저 살펴볼 필요가 있다.

6. 속도 증가 기제로서 자본의 증식 운동

속도 증가의 기제 형성이 축적 전략과 맞닿아 있다는 점을 상기하면서, 속도 증가를 자본증식 운동의 관점에서 다시 생각해볼 필요가 있다. 이것은 미래할인을 도덕경제 등의 관점에서보다는 역사유물론적으로 이해하기 위함이다. 축적 전략은 자본을 최대한 빨리 증식시키고자 하는 목적으로 작동하기 때문에, 기본적으로 자본의 회전기간을 최대한 단축하려는 경향이 있다. 이 경향은 축적 조건을 개선시키는 노력과 결부되어 나타나며, 따라서 자본의 운동 형태 변화로 귀결되고, 이 변화와 연동되는 시간 및 공간의 새로운 조직으로 나타나게 된다. 자본 운동은 크게 두 계기로 구성되는바, 화폐가 상품으로 전환되는 계기(M-C), 상품이 화폐로 전환되는 계기(C-M')가 그것이다. 회전시간 가속화를 위해 자본은 이 두 계기 모두에서 속도를 내는 것이 필요하다. 신자유주의 시대에 들어와서 생산 부문과 소비 부문은 물론이고, 이들 부문을 잇는 유통과 관리 등 축적운동의 모든 계기에 걸쳐 다양한 종류의 혁신이 일어나고 있는 것은 이런 점과 무관하지 않다.

자본의 운동은 크게 두 가지 순환 형식을 통해서 진행된다. 하나는 M-C-M' 순환이요, 다른 하나는 M-M' 순환이다. 두 순환의 차이는 보다시피 전자에는 생산과정이 포함되어 있고, 후자에는 그것이 생략되어 있다는 것이다. M-M' 순환은 이자 낳는 자본이 운동하는 방식을 보여주는 형태로서, 금융화가 크게 발달한 신자유주의 시대 자본축적의 전형적 모습이다. 이자 낳는 자본의 운동에서 생산과정 'C가 생략되어 있는 것은 이때 자본은 생산보다는 전유에 투입되기 때문이다. 전유는 가치 생산보다는 이미 만들어진 가치 또는 기대되는 가치 획득 행위를 가리킨다. 주식시장, 채권시장, 금리시장,

파생상품시장, 펀드시장, 그리고 부동산시장 등을 포괄하는 거대한 금융체계가 현재 형성되어 있다는 것은 이 전유가 거대한 규모로 이루어지고 있다는 말이다.

물론 금융화 경향이 강화된다고 해서 M-C-M' 순환이 사라지지는 않는다. 제너럴일렉트릭(GE)이나 제너럴모터스(GM) 같은 전통적 굴뚝산업이 금융 분야에서 더 큰 이윤을 내고 있는 미국 등 일부 국가에서 금융화가 대대적으로 이루어진 것은 사실이다. 그러나 주요 자본주의 국가에서 이런 변화가 일어난 것은 자본의 세계화가 이루진 시기로서, 이때 산업적 생산 기지가 과거에는 자본주의적 생산망 외부에 있던 국가들로 대거 이동했다는 점도 기억할 필요가 있다. 오늘날 착취당하는 세계 인구가 과거 어느 때보다 늘어난 것은 중국, 인도, 브라질, 남아메리카 등 거대인구 보유국들이 자본주의 시장으로 편입된 결과다. "미국의 중서부 같은 곳들이 탈산업화되었다면, 이것은 임금이 훨씬 낮은 중국, 멕시코, 인도네시아 같은 '개발도상국들'로 공장과 노동착취가 이전되었기 때문일 뿐이다"(Shaviro, 2010: 3). 따라서 여기서 M-M' 순환의 중요성이 커졌음을 강조한다고 하더라도, 그것이 M-C-M' 순환을 대체하는 것은 아님을 기억하는 것이 중요하다.[187]

문제는 그렇다면 M-C-M' 순환과 M-M' 순환이 서로 어떻게 연관되어 있는지 살피는 것이다. M-M' 순환을 규정하는 것은 금융체계로서, 이것은 이자 낳는 자본 흐름 전반을 규정한다. 고정자본의 순환에서 발생하는 장애를 해결하는 것이 금융체계라는 하비의 설명을 수용할 경우, 금융화가 축적을 주도하는 오늘날 M-M' 순환과 M-C-M' 순환의 관계는 전자의 우위 하에서 양자가 결합되어 있는 것으로 보인다. 4장에서 우리는 지금은 산업자본의 공간적 조정, 이에 따른 노동에 대한 압박, 나아가서 노동의 대응 등도 파생상품이라는 오늘날 가장 중요한 의제자본의 작동에 의해 규정되고 있

187_ M-M' 순환과 M-C-M' 순환의 규모 차이, 상호 관련성에 대한 연구는 따로 진행해야 할 매우 중요한 일로 보인다. 이것은 결국 금융자본과 산업자본의 관계를 연구하는 일이 될 것이다.

음을 브라이언과 래퍼티의 입장을 통해 확인한 바 있다. 중국이나 인도, 브라질 등 제3세계에서 신자유주의 시대에 진행된 개발과 발전도 이런 맥락에서 보면, 세계 금융체계 작동과 긴밀하게 연결되어 있는 것으로 봐야 할 것 같다. 파생상품 거래 규모의 천문학적 증가라는 지표는 이렇게 볼 때, 한편으로는 J. P. 모건, 뱅크오브어메리카, 시티그룹, 모건스탠리, 골드만삭스 등 금융회사로의 자본 집중이 높은 수준으로 일어나고 있음을 보여주면서, 다른 한편으로는 파생상품이 '모든 자본에 대한 끊임없는 재평가'를 통해 산업자본의 가치도 측정할 수 있게 해주지만, 또 다른 한편으로는 예컨대 중국 농민공이 당하는 착취 강도를 생각할 수 있게 해준다고 할 수 있다. 오늘날 착취와 수탈 구도에서 나타나는 성별, 민족, 인종 같은 복잡한 사회적 분할요인의 모습도 의제자본과 생산과정의 이런 연관관계와 무관하지 않을 것이다.

맑스가 말했다시피 "모든 경제는 시간의 경제 문제로 환원된다"(Marx, 1986: 109). '시간의 경제' 개념은 시간의 사용과 절약 문제와 연결되어 있다. 미래할인 행위가 강화된다는 것은 무엇을 말해주는가? 그것은 시간의 경제가 새롭게 편성되고 있다는 것, 최근에 들어와 M-M' 순환이 더욱 중요해졌다는 것이다. 이제 생산은 신용체계의 작동 기제, 그것이 작동시키는 미래할인 기제의 영향을 더욱 크게 받게 되었다. 뉴욕의 월가에서 근무하는 지주은행의 직원만이 아니라 중국 농민공의 시간과 일상, 그리고 한국 대학생의 시간 소비 방식도 금융화 과정과 연동되어 있다고 봐야 할 것이다. 물론 '어떻게?'라는 문제가 남는다. 이와 관련하여 오늘날 '금융화'는 20세기 초 힐퍼딩이 언급한 '금융자본'과는 다른 방식으로 작동한다는 점을 다시 기억할 필요가 있다.

힐퍼딩이 관찰한 '금융자본'은 산업자본을 직접 감독하고 관리했다는 점에서 당시의 노동과 생산 과정에 깊숙이 개입했으며, 따라서 생산 중심의 활동과 문화를 진작시킨 측면이 크다. 20세기 초 미국에서 등장해 형성되기 시작한 포드주의가 '생산주의적'인 성격을 띤 것은 당시 미국의 금융자본이 만들어낸 '법인자본주의'가 생산의 효율화를 통해 축적 조건을 개선하고자 했음을 보여주는 좋은 예다. 이때 대중의 삶과 그 방식 또는 질이 노동의 기회를 얻느냐 여부에 따라 결정된다는 것은 해고당한 찰리가 룸펜프롤레타리아로 전락하는 모습을 그린 채플린의 영화 <모던타임스>가 잘 보여준 바 있다. 반면에 오늘날 금융화가 작동하는 지점은 생산보다는 유통이며, 이에 따라 개인들은 노동에 의거한 삶을 꾸리기가 갈수록 어려워졌고, 임금소득 이외의 소득, 특히 자산소득을 창출할 수 있느냐 여부로 삶의 조건이 크게 달라지는 상황에 처했다. 이것은 "자본의 작동이 갈수록 고용 관행과 분리되어" 생긴 변화이기도 하다. '주주가치'의 강조, 주식환매의 성행이 보여주듯 오늘날 기업은 대체로 자산 가치를 높이는 데 혈안이 되어 있으며, 이에 따라서 "기업 효율성에 대한 인식"이 "회사 관행이 노동자들에게 미치는 영향"과 분리되는 경향이 생겨났다(Lapavitsas, 2011: 617). 이것은 M-M' 순환이 M-C-M' 순환과 완전히 분리되었다는 것은 아니라 하더라도 그 영향력이 커지고, 이에 따라서 두 순환의 관계가 새롭게 형성되었다는 말과 같다. 이제 이런 점을 염두에 두고 오늘날 시간의 작동 방식을 살펴볼 때가 되었다. 하지만 그 전에 M-C-M' 순환이 자본 증식운동과 사회적 신진대사를 지배하던 때, 그리고 그보다 더 이전에 C-M-C 순환이 사회적 신진대사를 지배하던 때 시간경험이 어떠했는지 먼저 살펴볼 필요가 있다.

7. 사회적 신진대사와 시간경험—자연적 시간과 기계적 시간[188]

C-M-C 순환이 사회적 신진대사를 지배하는 시기의 시간은 지배적으로 자연적인 성격을 띠었다. C-M-C 순환의 출발점과 종착점을 이루는 것은 보는 대로 상품(C)이다. 맑스에 따르면, 이 순환운동에서는 "가치가 처음에

188_ 7절과 8절의 내용은 강내희(2011b)에서 가져와서 고치고 보강한 것이다.

는 상품의 가격으로, 그 다음 실현된 가격으로서 화폐 속에, 그리고 마지막으로 다시 상품의 가격 안(또는 일반적으로 그 사용가치 속)에 존재한다." 중요한 점은 여기서 가치는 "잠정적 형태를 띨 뿐"이고 "화폐에 의해 교환된 상품은 사용가치가 된다"는 것, 그리고 "교환가치는 상품과는 무관한 형태로서 사라지고, 순환으로부터 완전히 떨어져나간다"는 것이다(Marx, 1988: 15). 이것은 C-M-C 운동에서 주체로 떠오르는 것은 (교환)가치보다는 사용가치라는 말과 같다. 이 운동의 목적은 자본으로 전환시킬 수 있는 화폐의 획득 즉 가치 생성이 아니라, 사용가치 생성에 있다. C-M-C에서는 그래서 상품이 출발점과 종착점을 이루며, 이 상품은 사용가치로서 화폐를 매개로 하여 움직이는데, 이때 화폐는 목적이 아니라 도구로서 등장한다. "순환 C-M-C는 어떤 한 상품의 극에서 출발하여 다른 한 상품의 극에서 끝나는데, 이 상품은 유통에서 빠져나와 소비되어 버린다. 그러므로 소비 [욕망의 충족], 한마디로 말해 사용가치가 이 순환의 최종 목적이다"(맑스, 2001a: 193).[189] 하지만 자본의 순환공식인 M-C-M 운동에서는 반대의 일이 벌어진다. "순환 M-C-M은 화폐의 극에서 출발하여 최후에는 동일한 화폐의 극으로 돌아간다. 따라서 이 순환을 야기시키는 동기 및 그것을 규정하는 목적은 교환가치(交換價値) 그 자체이다"(맑스: 193).

여기서 주목할 점은 사용가치가 지배하는 순환과 교환가치가 지배하는 순환의 차이는 서로 다른 시간 차이이기도 하다는 사실이다. 이 차이는 사회적 신진대사가 욕구와 욕망 어느 쪽 충족을 위해 작동하느냐에 달린 것이기도 하다. C-M-C가 지배하는 사회에서 생산의 주된 목적은 고대 노예경제나 중세 농노제에서처럼 "피지배 계급의 생존 관련 욕구와 그들의 주인의 확장된 욕구 충족"에 있다. "그와 같은 경제는 사용가치 경제이며 그것이 생산하고자 하는 것은 자체의 재생산을 위한 물질적 조건을 초과한 더 많은 잉여가치, 이윤 등이 아니라 예컨대 주인이 공적인 삶, 또는 맑스가 중세

189_ 여기서 '욕망'은 '욕구'로 보는 것이 맞을 것이다. 라캉Jacques Lacan에 따르면 욕구는 충족될 수 있으나 욕망은 충족되지 않는다. 충족되는 것은 욕구다.

영주에 대해 쓰고 있듯이, '특정 **신분** 또는 **지위**에 걸맞은 삶에 참여할 수 있는 여가다'(Booth, 1991: 10. 원문 강조). 욕구 충족을 목적으로 하는 생산에서 시간은 크게 보면, 억압적인 노동시간과 노동에서 벗어난 자유시간으로 구분된다. 노예와 농노의 경우 강제노동에 처하게 됨으로써, 자기 시간을 주인이나 영주에게 대부분 빼앗기는 반면, 후자는 노동에서 면제되어 시간을 자유롭게 처분할 여유를 갖게 되는 것이다. 그뿐만 아니다. C-M-C 순환에서 생산은 전반적 수준에서 욕구 충족을 위해 작동할 뿐, 잉여 노동시간을 극대화하려는 경향을 드러내지 않는다. "욕구는 충족되고 나면 더 이상의 노동시간 추출에 관심이 없다"(Booth: 11). 노예제나 농노제에서는 피지배 계급도 잉여 노동시간 극대화의 압박을 크게 받지 않은 이유가 여기 있을 것이다.[190] 욕구는 기본적으로 사용가치를 그 대상으로 삼고, 사용가치의 생산과 소비는 자연적 시간 한계 속에서 이루어진다. 과거의 곡식 재배나 직물 생산 등은 기본적으로 계절 순환과 낮과 밤 길이의 영향을 받았다. 이렇게 하여 생산된 물품의 소비 또한 예외적인 과시적 소비 경우를 제외하면, 대부분 욕구 충족의 형태로 이루어져 자연적 한계를 안고 있었다고 할 수 있다. 욕구 특히 식욕, 수면욕 등 생리적 욕구는 충족되고 나면, 일정 시간 동안은 다시 일어나지 않는다. 욕구 충족 생산은 그래서 과잉 생산을 위한 잉여 노동시간 추출에 대해서는 상대적으로 무관심하며 자연 시간의 한계를 넘는 경우가 드물다.

M-C-M 순환 즉 자본의 운동이 사회적 신진대사를 지배하는 시기에 우위를 점하는 시간 형태는 기계적 시간이다. M-C-M 순환이 지배하게 되면 화폐의 자본으로의 전환을 위해 (교환)가치 생산이 사회적 활동의 중심이 되고, 무엇보다 잉여가치 생산을 위한 노동이 인간 활동을 지배하게 된다.

190_ 조선조 부유한 양반집 하인의 수가 터무니없이 많았고 이들의 역할이 마당쇠, 고지기, 청지기, 유모, 찬모, 침모 등으로 세분되어 있었다는 것은 당시의 사회적 신진대사가 사용가치를 중심으로 작동하고 있었고, 이에 따라서 오늘날처럼 일괄적 노동시간에 종속되지는 않았음을 말해준다.

M-C-M이 지배하게 되어도 C-M-C가 완전히 사라지는 것은 물론 아니다. 하지만 이제 그것은 M-C-M 순환의 하위에 놓이게 되며, 이에 따라 자연시간은 노동시간 지배를 받게 된다. 자본주의 생산양식이 도입된 뒤로 실제로 이런 변화가 대규모로 일어났다. 그것은 시계를 주요 시간 측정 수단으로 활용하는 일이 확산되면서 생긴 변화이기도 하다. C-M-C 체제에서 시간은 '장소'와의 연계를 통해 측정되었다면, 시간은 이제 '공간'의 상관 항이 된다. '해질녘', '해 뜰 무렵', '중천' 등은 구체적인 장소에 근거하여 어림되는 시간인 반면, '오전 9시'나 '오후 5시' 등의 표현은 기계적 계산에 의해 확정된 시간으로 추상성을 띠고 있다(Tomlinson, 1999: 49). 기계적 시간의 지배를 받게 되면서 사람들은 새로운 삶을 살게 되었다. 예컨대 손목시계가 알려주는 시간에 따라 일상생활을 영위하게 되는 시점, 다시 말해 기계적 시간이 일상적 삶을 지배하게 되는 국면에 이르게 되면, 할아버지는 더 이상 출근하는 손자를 멈춰 세우고 등을 긁어달라는 부탁을 하기 어렵다. 손자의 일상은 출퇴근 같은 반복적인 기계적 행위를 강요하는 임금노동을 중심으로 조직되었기 때문이다. 이런 상황에서는 조손간의 혈연관계가 더 이상 사회적 생산관계에 선행할 수 없게 된다.

물질의 신진대사와 그에 따른 시간 사용 방식이 M-C-M 중심으로 바뀌게 되면, 삶의 전반적 방식은 근본적 변화를 겪을 수밖에 없다. 이제 생산을 위한 작업은 과거와는 달리 기계적 반복성에 종속된 노동으로 전환된다. 농산물의 성장주기에 따라 조직되는 노동은 고되기는 해도 자연의 순환에 근거하는 만큼 일정한 자율성과 여유를 제공했던 편이다. 그리고 C-M-C에서는 욕구가 충족되면 사용가치를 과잉 생산할 필요성이 크게 줄어들게 되므로,[191] 화폐 축적을 강제하는 사회적 기제가 본격 작동했던 것은 아니다. 하지만 욕구가 욕망으로, 작업이 노동으로 바뀌게 되면서 삶은 새로운

191_ 전근대 사회에서도 왕가, 귀족 등의 낭비를 충족시키기 위해서 욕구 충족 이상으로 요구되는 사용가치 생산이 이루어지지만, 이때 낭비는 과시용인 것이지 자본축적을 위해 작동하지는 않았다.

시간 사용에 바탕을 두고 조직되며 그 모습이 바뀌게 된다. 기계적 시간이 삶을 지배하게 되는 것이다.192

생산의 구조가 C-M-C에서 M-C-M으로 전환되면서 '시간측정'이라는 새로운 관행이 등장했다. 20세기 초 생산성 향상을 위해, 신체 움직임을 분석하여 육체노동의 기계화에 기여한 테일러리즘이 그 대표적 사례다. 테일러리즘은 신체의 움직임을 계산 가능한 것으로 간주하여, 노동에 의한 생산(량)을 계획된 일정에 따라 산정할 수 있는 체계를 만들었다. 여기서 손발의 근육이 보여주는 자연적 신체 움직임은 기계적 시간 흐름에 의해 측정되며, 노동자는 이 흐름에 맞추어 자신의 모든 행동을 조절하도록 강요된다.193 이런 점을 잘 보여주는 것이 나사를 죄던 찰리가 컨베이어벨트의 흐름 즉 기계적 시간 속도를 따르지 못해 기계 속으로 빨려 들어가고 마는

192_ 이런 변화에 대한 대중의 저항이 만만치 않았다는 것은 자본주의화가 본격적으로 진행되기 시작한 19세기에 사회주의 운동이 가장 거세게 진행된 것으로 확인할 수 있다. 일리Geoff Eley에 따르면 19세기 말 "모든 나라에서 초기 노동운동을 만들어낸 것은 공장 직공이 아니라 소규모 작업장에서 일하는 숙련 남성들이었다."(일리, 2008: 141) 이들 숙련 남성 노동자들이 조직한 초창기 노동조합은 대개 "길드가 사라지면서 남겨진 공간을 채운 우애협회와 직인클럽, 교육협회 등"에 기초하여 생겨났는데, "수공업자협회가 노동운동의 핵심을 이루었"던 독일에서도 사정은 마찬가지였다(141). 당시 숙련노동자들이 공장노동자들과 달랐던 점은 집단적으로 조직되어 있었다는 것이다. 노동조합을 결성한 "남성 장인들은 전문적인 생산 지식과 더불어 관습과 견습공 제도를 통해 노동시장을 규제할 수 있는 능력을 갖고 있었다"(142). 하지만 시간의 경제와 관련해서 더 중요한 점은 이들 남성 숙련노동자, 수공업자, 장인들이 노조운동에 앞장 선 이유가 노동조합이 전자본주의 시대 길드처럼 자율적 노동을 할 수 있게 해주리라 기대했기 때문인 것으로 보인다는 것이다. 초기 노동운동이 당시 노동자들 가운데서 가장 자율적인 노동을 해온 전력을 지닌 노동자들로 구성되었다는 사실로부터 우리는 M-C-M 운동에 대한 초기의 저항은 시간 사용과 깊이 관련되어 있었음을 짐작할 수 있다. 숙련노동자, 수공업자, 장인들이 해온 노동의 중요한 특징 하나는 공장노동과는 달리 자율적으로 시간을 조절할 수 있었다는 데 있다. 사회적 신진대사가 C-M-C에서 M-C-M으로 바뀌면서 노동자들의 저항이 거세진 것은 사람들에게 부과되는 시간의 형태가 기계적 시간이 된 결과, 그들의 노동 방식에 이제 강제성이 생겨났다는 사실과 무관하지 않을 것이다.

193_ 이 과정이 꼭 노동자들을 비창조적인 인간으로 만들지는 않음을 기억할 필요가 있다. 그람시에 따르면, 기계적 노동에 일단 숙련되고 나면, 노동자는 자유롭게 상상할 수 있다(Gramsci, 1971: 309).

모습을 보여주고 있는 채플린Charlie Chaplin의 <모던 타임스>다. 기계적 시간의 규율을 따르지 못하면 노동자는 즉각 퇴출되고 마는 것이다. 19세기 후반에서 20세기 중반까지 이르는 시기는 이와 같은 기계적 시간이 지배하는 사회로의 전환이 이루어진 시기였다. <모던 타임스>가 희화화한 테일러주의적 노동 형태는 헨리 포드Henry Ford가 1913년 컨베이어벨트 조립라인을 도입한 이래 체계적으로 확산되다가 20세기 중반에 이르면 포드주의 생산방식이 선진자본주의 국가에 안착되면서 지배적인 것이 되었고, 이 과정에서 인류 사회는 급속도로 기계적 시간의 지배를 받게 된다. 교외의 조성, 전철이나 자동차의 대중화, 출퇴근 현상의 보편화, 여가의 제도화 등은 모두 M–C–M이 물질대사를 지배하기 시작하고, 인간이 영위하는 시간이 상품의 생산과 소비를 중심으로 조직됨으로써 생겨난 현상들이다.

지배적 위치를 갖게 된 이후에도 M–C–M 운동은 계속 자체 발전을 전개해왔다. C–M–C를 대체하면서 지배적 위치를 굳히는 동안 M–C–M 운동이 이룩한 성과는 인류 역사상 처음으로 자본의 자기증식을 사회적 물질대사의 궁극적 목표로 만들었다는 점이다. M–C–M 운동의 특징은 무한하다는 것이다. 여기서 가치는 "유통 중에서 자신을 보존할 뿐만 아니라 자신의 가치량을 증대시키고 잉여가치를 첨가한다. 바꾸어 말하면, 스스로를 가치 증식시킨다"(맑스, 2001a: 195). "단순상품유통 C–M–C에서는 상품의 가치는 기껏해야 그 사용가치와는 무관한 화폐형태를 취할 뿐이지만, M–C–M[자본의 유통]에서는 가치가 스스로 발전하며 스스로 운동하는 하나의 실체로 **갑자기** 나타난다"(맑스: 200. 강조는 필자). '갑자기' 나타난 이 실체는 이제 M–C–M 운동의 능동적 주체가 되며, 이 운동을 끊임없이 추동하는 원리가 된다. 자본주의 체제가 마치 자동기계처럼 작동하기 시작하게 되는 것이다.194 이제부터 M–C–M은 늘 M–C–M'로 작동하게 된다. "M–C–M'는 [유통

194_ M–C–M 운동을 유통 과정으로만 봐서는 안 될 것이다. M–C–M 운동이 자본의 가치증식 운동이기는 하지만 가치증식은 노동과정을 거치지 않으면 일어날 수 없기 때문이다. 맑스가 말한 대로 "자본은 유통에서 발생할 수도 없고 또 유통의 외부에서

분야에서 직접적으로 나타나고 있는 형태의] 자본의 일반 공식이다"(201). 과정 M-C-M에서는 "최초에 유통에 투입한 것보다 더 많은 화폐가 유통으로부터 끌려나와야 한다. …그러므로 이 과정의 완전한 형태는 M-C-M'이다. 여기서 M'=M+ΔM이다. 다시 말해, M'은 최초에 투하한 화폐액에 어떤 증가분(增加分)을 더한 것과 같다. 이 증가분, 즉 최초의 가치를 넘는 초과분을 나는 잉여가치(剩餘價値: surplus-value)라고 부른다"(195).

8. M-M' 순환의 우위와 시간의 금융화

M-C-M' 순환의 특징은 가속화한다는 것이다. 그 까닭은 C-M-C 순환이 작동시키는 물질의 신진대사는 자연적 욕구를 그 한계로 갖고 있었으나, M-C-M' 순환에서는 욕망의 논리와 새로운 시간의 경제가 작동한다는 데 있다. M-C-M'에서 작동되는 시간의 경제는 기본적으로 자본의 증식 운동에 의해 지배되는데, 여기서 결정적인 것은 가치가 "자신의 가치량을 증대시키고 잉여가치를 첨가"하려는 경향이다(195). 그런데 이 경향은 기술적, 문화적, 정치적, 사회적 조건에 의해 결정될 수밖에 없고, 이 조건들이 어떤 형태를 띠고 있느냐가 사회적으로 필요한 시간 속도를 결정함을 인식할 필요가 있다. 동일한 M-C-M' 운동이라도 어떤 축적체제 하에서 일어나느냐에 따라서 그 양상은 다를 수밖에 없다. 최근에 M-C-M' 운동이 새로운 가속도를 내는 것은 이렇게 보면, 사회적 조건이 다시 조성된 결과로서 신자유주의의 지배 효과인 셈이다.

신자유주의 지배 하에서 M-C-M' 순환을 구성하는 두 계기인 M-C와 C-M'은 새로운 양상을 띠고 나타난다. M-C와 C-M'은 각기 화폐와 상품의 관계 맺기로 이루어지는 자본의 순환운동에서 생산과 소비 국면을 나타내

───────────

발생할 수도 없다. 자본은 유통에서 발생해야 하는 동시에 유통의 외부에서 발생해야 한다"(맑스, 2001a: 216).

고 있다. 이 두 국면이 이제 새로운 양상을 띤다는 것은 지난 40년 가까이 생산과 소비 시간의 최대한 단축을 초래하는 각종 수단들이 강구되었다는 말이다. 최근 생산 부문에서 일어난 각종 변화는 자본축적의 관점에서 봤을 때, 포드주의-케인스주의가 지닌 한계들을 극복하려는 과정에서 발생한 것이다. 포드주의적 생산방식은 M-C-M' 중심의 시간의 경제를 공고화하는 데 핵심적인 역할을 했지만, 아날로그적 기술과 육체적 노동 단계에 머물며 기계적 시간의 제약을 받았다. 이것은 당시 M-C-M' 운동이 주로 물리적 성격을 띠고 있었기 때문으로, 이런 사실은 포드주의적 생산물은 대개 내구 재라는 점에 의해 잘 드러난다. 내구재는 물리적 성질에 근거하여 소비되고, 내구재 상품의 생산과 소비를 통해 이루어지는 자본의 회전시간 역시 그런 물리적 한계 속에 갇히기 마련이다. 신자유주의 시대의 생산방식 변화 과정에서 디지털기술 같은 새로운 기술의 활용이 두드러진 것은 자본이 포드주의적 생산의 이런 한계에서 벗어나려고 시도한 것과 무관하지 않다.

하비에 따르면 신자유주의 시대에 생산 부문에서 일어난 변화는 포드주의 체제가 보여준 "수직적 통합 경향과는 반대로 수직적 분리—하청, 외부 조달 등—라는 생산 조직의 변화를 통해 성취"되었고, 여기에 "여타의 조직적 변동들—재고를 줄이는 '적시just in time' 배달체계와 같은—이 새로운 전자제어 기술과 소규모 일괄 생산들과 결합하면서 여러 생산부문들(전자, 기계장비, 자동차, 건설, 의류 등)의 회전시간을 감소시켰다"(하비, 1994: 346-47).[195] 회전시간을 단축시키는 변화들은 모듈러셀의 도입과 같은 생산 라인 상의 노동과정 혁신, 생산의 초국적 네트워크 구축 등 하비가 언급한 것들 이외에도 많이 있다. 아울러 주목할 점은 최근에 일어나고 있는 이런 회전시간 단축 조치들은 기본적으로 로봇공학이나 컴퓨터기술과 같은 고도의 관리기술, 아울러 최근에 도입된 새로운 기업문화 등을 전제한다는

195_ 하비가 포드주의 생산방식을 대체하여 나타난 새로운 생산방식을 '신자유주의적'이 라고 부르는 것은 아니다. 하지만 '신자유주의'라는 용어를 사용하지 않을 뿐, 그가 분석 대상으로 삼은 새로운 생산방식은 신자유주의의 그것임이 분명하다.

것이다.196

소비 부문의 가속화 경향은 더욱 현란하다. 하비는 이 부분의 가속화 경향을 크게 두 가지로 본다. 대중시장에서의 패션의 동원, 그리고 '재화 소비'에서 '서비스 소비'로의 이동이 그것이다. 이 가운데 패션의 동원은 "의류, 장신구, 장식품에서뿐만 아니라, 광범위한 생활방식과 여가활동들 (레저 및 스포츠 양태들, 팝뮤직 스타일, 비디오 게임 및 아동용 게임 등)에서도 소비속도를 가속화시키는 수단으로 쓰였"(하비, 1994: 347)고, 아울러 디자인 및 광고 산업의 중요성을 키우는 요인으로 작용했다. 패션, 디자인, 광고 부문의 확산으로 인해 급속도로 중요해진 것이 이미지 또는 기호체계 다. 패션, 디자인, 광고 등은 기본적으로 이미지와 기호 생산을 전제하는데, 이는 이미지가 소비의 가속화에 크게 이바지하기 때문이다.

생산과 소비 두 측면에서 이러한 회전시간 단축 경향이 급속도로 증가한 것은 신자유주의 시대에 이르러 M-C-M' 순환의 가속화를 결정하는 역사적, 사회적, 문화적 조건이 크게 바뀐 결과다. 20세기의 마지막 4반세기 이후 생산자동화와 이미지를 통한 상품의 즉각적 소비 등을 가능케 한 디지털 기술의 확산, 자본권력의 회복에 따른 노동자계급의 정치적 패배,197 이에 따른 사회복지의 전반적 후퇴, 재현 불가능성을 주장한 포스트모더니즘 논리의 득세, 사회 상층부의 도덕적 해이 만연 등이 신자유주의 시대의 문화적 사회적 경향이라면, 이것들 또한 M-C-M' 순환 가속화의 징표들에 속한다. 최근에 들어와서 사람들이 이전과는 비교할 수 없을 정도로 분주해지고

196_ 이 문화의 효과는 시간의 경제라는 측면에서 양면성을 띤다고 할 수 있다. 한편으로 보면 최근의 변화는 포드주의 체제의 경직된 시간 운영을 유연하게 만들어 재택근무나 자율근무와 같은 좀 더 자유로운 노동시간을 형성한 것으로 보인다. 하지만 다른 한편에서 보면 주로 '살아남은' 소수의 노동자들에게 허용되는 이런 시간 유연성은 컴퓨터 기술 등 고도기술화를 통해 사회적 필요노동 시간이 축소된 결과이기도 하다. 최근 한국의 비정규직의 비율이 세계적으로 가장 높은 수준에 속하게 된 것은 한국에서도 생산 부문에서의 회전시간 가속화가 그만큼 크게 진전되었다는 증거다.

197_ 뒤메닐Gérard Duménil과 레비Dominique Lévy에 따르면, 신자유주의는 처음부터 자본가들이 "계급권력의 회복을 도모한 프로젝트"였다(Harvey, 2005: 16).

바빠진 것도 이런 사정과 무관하지 않을 것이다. 오늘날 대중의 삶과 태도가 즉시성, 휘발성, 일시성, 단명성, 경박함, 부박함, 부산함 등의 경향을 띤다는 지적이 자주 나오고 있다. 이런 변화를 사람들의 일상을 구성하는 각종 실천과 행위가 상품의 생산과 소비에 드는 시간을 최대한 단축하기 위해 재조직된 결과로 보면 잘못일까. 새롭게 개발되는 상품이 디자인에 유난히 신경을 쓰고, 갈수록 수명이 단축되고, 그리하여 '쓰고 버리는 사회'가 등장한 것도 M-C-M' 운동의 가속화와 무관하지 않을 것이다.

하지만 이런 경향을 부추기는 더 결정적인 요인이 있다. 이제 주목해야 할 것은 자본축적 운동을 최대한 가속화하기 위해 M-C-M'의 과정마저도 생략하려는 경향의 우세다. 바로 파생상품, 기획금융, ABS, MBS, CMO, CDO, CDS, 펀드 등 새로운 금융공학을 활용하며 확산된 금융상품들의 만연 즉 금융화 과정이 그것이다. 금융화는 자본주의 경제가 자본축적을 위해 M-C-M' 운동 가운데 C의 계기를 생략하고 M-M' 운동에 더욱 많이 의존함을 의미한다. 시간의 경제와 관련하여 이런 변화를 가장 잘 보여주는 것이 선도, 선물, 옵션, 스와프 등의 1차 파생상품, 그리고 이것들을 기초로 하여 생성된 장외옵션, 선물옵션, 스와프옵션, 스왑션 등의 2차 파생상품의 등장과 이들 상품이 최근에 갖게 된 화폐로서의 지배적 위치다. 이들 파생상품은 "현재 시점에 만들어져 미래에 실행되는 약속"(Marthinsen, 2009: 3)으로서, 미래가치를 앞당겨 계산하여 거래된다는 점에서, 오늘날 성행하는 미래할인 관행의 핵심 사례에 속한다. 이들 상품의 확산으로 만연하는 시간경험이 과거 포드주의 체제 하의 M-C-M' 운동을 구속하던 기계적 시간의 그것과 다른 것은 그 거래가 전자적으로, 디지털적으로 규정된다는 점 때문이기도 하다. 파생상품 거래에 디지털 기술이 필수적인 것은 파생상품의 가치 계산이 워낙 복잡하기 때문이다. 파생상품의 가치는 "불확실한 금융 체계 속에서 발생하는 미래 시공간에 대한 다양한 기대들의 조합"(Pryke and Allen, 2000: 274)으로 이루어기 때문에, "전자결제와 같은 고도기술로써만 포착될 수 있는 유동적"이고 가상적인 위치를 갖는다(강내희, 2011a: 59).

파생상품의 지배로 오늘날 시간경험은 극도로 유동적인 것이 되었다. 이 경험은 파생상품이 가지고 있는 유동적이고 가상적인 가치를 반영하면서 다른 한편 상품의 생산 및 소비 방식에도 영향을 미친다. 우리가 지금 경험하고 있는 시간은 그 결과 과거가 생략되고 미래가 앞당겨진 시간에 가깝다. 이런 점을 단적으로 보여주는 사례가 기획금융으로 이루어지는 대규모 부동산 투기다. 인천의 송도나 부산의 해운대 등지에서 진행되고 있는 기획금융 부동산 사업들은 한편으로 보면 자연경관이나 역사적 기억을 폭력적으로 파괴하면서, 다른 한편으로는 그런 사업의 거래를 성사시키는 조건이 미래의 삶 속에서 예상되는 이윤창출이라는 점에서 미래를 앞당긴다 할 수 있다. 오늘날 서울, 부산, 인천 등 한국의 대도시에 들어선 초고층 건물군의 규모,[198] 지금 유럽에만도 1100만 채의 빈집이 있다는 사실이 이런 미래할인 관행이 얼마나 대규모로 진행되었는지 웅변적으로 보여준다 (Neate, 2014.2.23).

신자유주의 하 물질적 대사운동의 특징을 이루는 현란함―즉시성, 휘발성, 일시성, 단명성, 경박성, 부박함, 부산함 등으로 표현되는―은 신자유주의적 시간의 경제와 긴밀하게 연결되어 있다. 전자본주의 시기의 지배적 시간 형태가 자연적 순환과 궤를 함께 했다면, 자본주의가 고전적 자유주의와 수정자유주의 전략에 의해 가동되던 19세기 후반에서 20세기 중반까지의 지배적 시간 형태는 기계적이어서 일률적이었던 편이다. 그러나 신자유주의적 축적 전략 지배 하에 들어가면서, 자연적 시간, 기계적 시간은 새로운 시간 조직에 종속된 것으로 보인다. 오늘날 우리가 살아가는 시간은 한편으로는 우리 자신 자연의 일부로서 신체를 지닌 채 살아가는 자연적 시간이고, 다른 한편으로는 노동시간을 배분해놓은 자본주의적 사회조직 안의 구성원으로 살아내는 기계적 시간이지만, 또 다른 한편으로는 무엇보다도

198_ 지금은 무산되었지만 서울 용산에서 진행될 예정이었던 용산역세권 사업의 경우는 건설비용이 31조원, 그리고 인천의 용유도에 짓기로 했던 에잇시티 사업은 무려 317조원이 들어갈 예정이었음을 다시 상기하자.

유동적이고 가상적인 성격을 띤 시간이다. 세 가지 시간 유형 가운데 대중의 삶을 가장 크게 규정하고 있는 것은 물론 세 번째다. 이 새로운 시간 형태를 통해 우리는 역사나 전통 기억 등 과거의 시간 흔적들을 상품화하고, 미래의 가치, 전망, 기대 등을 앞당겨 와서 써먹으며, 과거와 미래를 현재화하고, 시간을 압축한다. 이것은 파생상품이 "주류 금융의 중심"을 차지하고(Pryke and Allen, 2000: 272), 대중의 소득 처분이 신용거래에 의해 지배되고, 도시경관이 부동산 기획금융 등의 확산으로 새롭게 조성되는 등, 신자유주의 금융화로 인해 일어나는 각종 거래와 개발 행위가 갈수록 디지털기술을 원용하고 있어서 나오는 결과일 것이다.

　오늘날 지배적인 시간경험은 그래서 가상성이라는 특징을 드러내고 있다. 시간의 가상성은 주식이나 펀드, 파생상품 등의 가치가 컴퓨터 화면에서 명멸하는 방식을 통해서도 나타난다. 주식과 파생상품의 거래를 나타내는 수치나 그래프에서 중요한 것은 그들 상품의 순현재가치일 것이다. 순현재가치란 미래 특정 시점의 현금을 이자율로 할인하여 나타낸 현재 시점의 금액으로서, 투자로부터 얻어지는 현금 유입의 현재가치에서 현금 유출의 현재가치를 차감한 금액이며, 기본적으로 미래의 할인을 전제한다. 순현재가치가 이자율을 고려한 미래의 할인된 순 현금 흐름의 현재가치이기 때문이다. 이 가치는 미래의 가치를 상정하여 계산한 것인 만큼, 실제적이기보다는 가상적인 성격을 갖는다. 알다시피 오늘날 이런 계산 관행은 주식시장, 파생상품시장, 기획금융시장, 신용카드시장 등이 우리의 삶을 옭아 넣고 있는 만큼이나 광범위하고 촘촘하게 퍼져 있다. 우리는 이제 시간을 두세 곱절로 쓰면서 살아간다. 한편으로는 온갖 개발을 통해 생태와 환경을 파괴하면서 과거를 폐절시키다가도, 다른 한편으로는 미래를 할인받아 앞당겨 살아가는 것이다.

　'가상적 시간에서는 시간의 상이한 지점들이 현재로 소환될 수 있다. 미래할인 관행에서 미래시간의 가치는 현재로 소환되어 평가된다. 이런 시간 조직이 가상성을 띠는 것은 미래가 여기서는 실질적 현재로 작용하기 때문이다. 알다시피 금융화의 진전으로 인해 오늘날 이런 일은 일상적으로 일어나고 있다. 금융화는 미래 불확실성을 현재 계산 가능한 확률 문제로 전환시키는 금융적 거래가 사회적으로 만연한 현상으로서, 이 과정에서 시간이 새롭게 조직된다. 미래가 끊임없이 현재화되고, 현재는 필요한 만큼 확장되고 있는 것이다. 이런 일이 가능한 것은 특정한 고도 기술 프로그램 즉 첨단 정보기술(IT)을 동원한 수리공학을 사용하는 실증경제학이 작동되기 때문이며, 이 프로그램에서 미래는 필요에 따라 현재로 소환된다. 이 작업은 시간의 공간화이기도 하다. 옵션가격 결정에 결정적으로 기여한 '블랙-숄즈 모형'에서 특정한 파생상품의 가격을 구할 때, 입자물리학에서 브라운 운동을 계산할 때 사용하는 편미분방정식을 원용하는데, 이것은 시간의 지평에서 발생하는 가격 변동을 입자의 공간적 위치 이동과 동일하게 취급한다는 말과 같다.199 마르코위츠의 포트폴리오 이론 역시 불확실성의 문제를 확률 문제로 만들고 있다는 점에서, 동일한 방식을 따르고 있다고 하겠다.

그렇다면 자연적 시간, 기계적 시간, 가상적 시간의 관계는 어떠할까? 역사적으로 이들 상이한 시간이 등장한 시점은 각기 전자본주의 생산양식, 자본주의적 생산양식, 그리고 자본주의 생산양식의 가장 최근 단계로서 서로 다르다. 그러나 기계적 시간이 등장했다고 자연적 시간이 사라지지 않듯이, 가상적 시간이 등장했다고 기계적 시간이 사라지는 것은 아니다. 기계적 시간은 예컨대 훈육이 요구되는 '감금장치'로서 기능하는 학교, 공장, 군대 등에 대한 사회적 수요가 사라지지 않는 한, 지금도 그 작동을 멈추지 않는다. 자연적 시간 또한 밤과 낮이 교차하고, 해와 달이 뜨고 지며, 계절 순환이 지속되는 한 소멸하지 않을 것이다. 이런 점에서 우리는 가상적 시간이 등장한 지금도 우리의 습속을 지배하던 과거의 자연적 시간, 기계적 시간이 중요한 '시간의 켜'를 이루며 전체 시간경험을 구성한다고 생각할 필요가 있다.

199_ 325쪽의 주 180 참조.

물론 이들 시간이 서로 결합되어 있다고 말하는 것만으로는 부족하다. 금융화가 오늘날 자본축적의 주요 전략으로 작동하고 있다면, 이 경향이 요구하는 시간경험 방식이 세 가지 시간의 상호관련에서 주도적 역할을 할 것이다. 따라서 자연적 시간, 기계적 시간, 가상적 시간이 이제 세 번째 유형의 시간 지배 하에서 어떻게 관계를 맺고 있는지 규명해야 한다. 이 맥락에서 가상적 시간이 최근에 지배적인 시간 양식으로 등장한 것은 사회적 신진대사가 금융화로 인해 근본적인 변동을 겪은 결과임을 인식하는 것이 중요하다. 금융화가 유통과 생산 관계가 전자의 우위 하에서 새롭게 조정되는 경향, M–M′ 순환이 이제는 M–C–M′ 순환까지 지배하게 되는 현상을 가리킨다면, 우리는 이로 인해 일어나는 사회적 신진대사의 변동과 새로운 시간적 양상을 '시간의 금융화'로 개념화할 수 있을 것 같다. 시간의 금융화는 이때 파생상품, 기획금융, ABS, MBS, CMO, CDO, CDS, 리츠, 뮤추얼펀드, 사모펀드 등의 각종 의제자본을 포함한 이자 낳는 자본 일반의 축적 조건 개선, 그리고 이 자본과 산업자본의 관계 조정을 위해 자본주의 체제가 핵심적 기제로 도입한 거대한 신용체계가 작동함으로써 사회적 시간 조직과 경험이 근본적으로 바뀌는 현상을 일컫는다.

'시간의 금융화'를 통해 M–M′ 순환과 M–C–M′ 순환의 관계는 구체적으로 어떻게 변하게 되는가? 현재 M–M′ 순환에서 가장 중요한 역할을 하는 것은 4장에서 살펴본 것처럼, 상이한 자본, 자산, 시장, 노동력을 분해하여 각자의 개별적 가치를 통약하게 해주는 금융파생상품이다. 이 상품은 가치교환 운동을 주도하며—그 결과 최대 규모의 시장을 형성하고—금융화의 핵심 기제로 작동함으로써, M–M′ 순환을 지배함과 동시에 M–C–M′ 순환에도 중대한 영향을 미친다고 볼 수 있다. 금융파생상품의 통약 효력은 이자 낳는 자본의 유통만이 아니라, 사회적 가치 전반의 생산, 유통, 소비 전체 과정에 적용되는 만큼, M–C–M′ 순환운동 또한 그 파장에서 벗어나지 못한다. 이미 몇 번 언급한 것처럼, 오늘날 파생상품 등 금융상품 거래를 위해서는 입자의 브라운운동 파악에 사용되는 편미분방정식 계산이 가능한 첨단

기술이 필요하다. 서로 다른 시상의 환율 차이를 노려 이루어지는 '차익거래'의 경우, 환율 변동이 일어나는 시간차를 최대한 활용하는 싸움이라는 점에서, 고속 계산이 가능한 기술을 동원하는 것은 필수적일 것이다. 속도에 대한 강조는 물론 M-M′ 순환에서만 발생하지 않는다. 자본의 회전시간 가속 압박 효과를 지닌 파생상품의 통약 작용이 오늘날 유통 부문만이 아니라, 생산 영역에서도 나타난다는 것은 지금은 굴뚝 산업도 '순현재가치', 주주가치, 단기실적주의를 강조하고 나선다는 사실이 잘 보여주고 있다. 그러나 오늘날 M-C-M′ 순환에서 새로운 가속도 운동을 일으키는 것은 그 내부 요인보다는 M-M′ 순환으로부터 오는 압박이 더 큰 작용을 함으로써 생기는 일이라고 보는 것이 더 정확할 것이다.

시간의 금융화로 인해 나타난 주요 경향은 말할 것도 없이, 각종 사회적 리듬을 포함한 삶의 속도 증가다. 금융화로 인해 M-M′ 순환운동을 주도하는 거대한 신용체계가 작동함으로써, 미래할인 관행이 사회 전반에 확산된 결과, 분주함, 부산함, 부박함, 즉시성, 단명성 등으로 특징지어지는 오늘날의 자본주의적 삶이 형성된 것이다. 이것은 신용체계의 작동이 미래할인 관행을 확산시켰고, 따라서 사회적 신진대사를 촉진시켜 삶의 속도를 증가시키는 주요 요인으로 작동한다는 말과 같다. 신용체계가 이런 작용을 하는 것은 화폐자본의 움직임을 가속화함으로써, 자본의 운동 전반을 활성화하고 나아가 사회적 신진대사와 삶의 속도를 촉진시키기 때문이다. M-M′ 순환운동을 더욱 원활하게 하는 신용체계의 확대는 자본의 회전시간 단축에 기여하고, 이로 인해 사회적 신진대사, 삶의 속도가 그만큼 빨라지는 것이다.

9. 시간의 금융화와 문화정치경제

금융화가 진행되면서 신자유주의적인 새로운 시간의 경제 즉 가상적 시간의 경제가 작동하고, 이와 더불어 미래할인 관행이 확산되어 사회적 시간

속도가 증가하게 되면, 문화정치경제는 어떤 변동을 겪게 되는가? 지난 40년 가까이 자본축적의 지배적 전략으로 등장한 금융화는 양의 시간 선호의 만연, 순현재가치 계산 관행의 확산, 이자율 적용의 확대, 그리고 이에 따른 대대적인 미래할인 현상을 불러일으켰다. 미래할인이 확산되었다는 것은 자본 회전기간을 단축하는 각종 기술이 널리 확산되었다는 말이기도 하다. 오늘날 사회적 신진대사의 속도가 빨라진 것은 속도증가의 기제, 무엇보다도 정교하고 복잡한 거대한 신용체계가 작동함으로써 생기는 현상이다. 물론 속도증가 기제에는 신용체계 이외에도 다른 요소들이 없지 않다. 상품의 생산과 유통 및 소비 흐름을 가속시키기 위한 각종 수단(적시생산, 수평적 생산, 재택근무, 다품종소량생산, 자동화, 패션, 디자인 등), 사람들의 습속을 자본축적에 유리한 방향으로 만들어내는 일상생활체계,200 개인들의 정신적이고 심리적인 경향 또는 욕망 지향을 재조정하는 개성체계(성공신화 등의 주입으로 성취욕 북돋우기 등), 그들의 지적, 정신적, 심리적 능력과 교육적 수준을 새롭게 조정하는 역능체계(교육제도, 의료 및 보건복지 제도 등), 인적 및 물적 상품의 더 빠른 이동을 위한 교통체계(지하철망, 퀵서비스, 대리운전, 물류체계 등), 이미지와 텍스트 등 상징적 차원의 생산과 유통 소비를 관장하는 매체체계 등이 머리에 떠오른다. 하지만 이런 다양한 속도증가 기제들을 작동시키는 근본 원인이 자본의 회전시간 단축에 있고, 오늘날 이 경향을 가속시키는 핵심적 요인을 금융화에서 찾을 수 있다면, 시간경험을 규정하는 가장 중요한 원인은 새로운 신용체계의 형성과 작동이라고 할 수 있을 것이다. 이제 떠오르는 질문은 신용체계의 확산으로 사회적 삶에 가속도가 붙게 되면, 문화정치경제는 어떤 변화를 겪느냐는 것이다.

200_ 전두환 정권 하에서 예컨대 해방 이후 실시되어오던 통행금지제도를 해제한 것은 사람들로 하여금 하루 24시간 가운데 밤 4시간 동안 시간 사용을 자유롭게 하지 못하게 하던 관행을 없앤 조치로서, 한국인의 일상생활에 중대한 변화를 가져왔다고 할 수 있다.

시간의 금융화로 일어나는 문화정치경제적인 변동 또한 기본적으로 부 생산(경제), 권력 생산(정치), 의미 생산(문화)의 개별적 측면과 이들 측면의 상호관련이라는 관점에서 검토될 필요가 있다. 부의 생산은 단순히 자본의 운동에 의해서만 이루어지는 것이 아니라, 한편으로는 자본, 다른 한편으로는 자본에 의해서 동원되는 노동, 그리고 또 다른 한편으로 자본과 노동의 관계를 조절하는 국가가 서로 매개하며 맺는 관계를 경유하여 이루어질 수밖에 없다는 점에서, 경제적 실천과 정치적 실천의 절합을 전제한다. 동시에 부의 생산은 새로운 삶의 방식과 태도, 특정한 사회적 능력 등을 전제한다는 점에서 문화적 과정을 대동하기 마련이다. 권력 생산도 통상 말하는 '정치의 장'에만 국한되어 일어난다고 봐서는 곤란하다. 왜냐하면 그것은 행정 등의 능력을 가진 부르주아와 부의 생산을 관장하는 자본가 간의 경쟁과 협조,[201] 그리고 이 둘의 권력 행사에 대한 노동자계급의 영향력 여하, 나아가서 부의 생산 조건(생산관계와 생산력) 여하에 의해 그 모습이 결정될 것이기 때문이다. 나아가서 의미 생산과 관련해서도 우리는 의미나 가치의 변화가 재현이나 상징, 담론 등 각종 표현 층위 즉 통상 문화라고 여겨지는 사회적 실천 차원에서만 일어나는 것이 아니라, 사회적 제 세력의 권력 및 부의 생산과도 연결되어 있음을 인식할 필요가 있다. 특정한 가치를 지닌 표현 또는 재현 행위는 계급, 성차, 욕망, 인종, 민족, 세대 등 인구의 사회적 분할선들을 따라 지지나 저항을 받을 수 있으며, 사회적 정체성에 기반을 둔 이런 반응은 이해 배분과도 관련되기 마련이다. 이 책을 통하여 문화정치경제를 분석적 필요에 따라 정치경제, 문화정치, 문화경제로 구분하면서도, 더 나아가 이들 단위를 다시 문화적 정치경제, 경제적 문화정치, 정치적 문화경제로 복잡하게 보려는 이유도 여기에 있다. 이런 문제의식을

201_ 자크 비데(Jacques Bidet)에 따르면, 자본주의 권력 구도는 부 생산과 역능 생산 전문가들의 협조와 갈등으로 이루어져 있다. "현대 사회에 대한 '메타구조적' 접근에 따르면, 지배계급은 두 개의 '계급 요인들'에 상응하는 두 '기둥' 즉 **소유**를 지배하는 **시장**과 **전문지식**을 지배하는 **조직**(생산적, 행정적, 그리고 문화적)을 포함한다"(Bidet, 2013: 3. 원문 강조).

통해 최근 시간의 금융화가 진행되면서 발생하고 있는 문화정치경제의 변동을 살펴보자.

1) 시간의 금융화와 문화적 정치경제

오늘날 시간경험을 규정하는 가장 강력한 요인은 자본주의적 신용체계를 확대강화하고 있는 금융화 경향에서 찾아야 할 것이다. 자본주의는 지난 수십 년에 걸쳐 M-C-M' 순환과 M-M' 순환을 후자 우위 하에서 서로 연계하여 작동시켜 왔고,[202] 이에 따라 거대한 신용체계를 새롭게 구축함으로써 과거와는 전적으로 다른 시간경험 형태를 만들어냈다. 각종 펀드, ABS, MBS, 기획금융, 그리고 이들 상품을 활용하는 금융파생상품을 도입해 미래 할인을 일상적 관행으로 정착시킨 결과, 대중으로 하여금 끝없이 확장되는 현재 속에 살아간다는 관념을 품게 만든 것이다. 가상적 시간이 자연적 시간, 기계적 시간을 지휘하도록 함에 따라서 오늘날의 지배적 시간흐름은 더 이상 순차적이거나 지속적이지 않게 되었다. 시장에 출시되는 시간에 맞춰 적시 생산되어야 하는 것은 이제 공장에서 생산되는 제품만이 아니다. 과거에는 자연 순환에 따라 자라던 바나나, 포도, 백합, 장미 등도 맞춤 맞은 때에 시장에 도착하기 위해, 대양을 건너고 창공을 나는 동안 그 생장이 첨단 기술에 의해 통제된다.

신용체계가 오늘날 시간 조직에서 핵심적인 기능을 하는 것은 사회적 신진대사에 그것이 결정적인 작용을 하기 때문이다. "신용체계의 일차적 기능은 저축자와 궁극적 사용자 사이에 시차를 두고 일어나는 자원 분배를 원활하고 효율적으로 해내는 것이다"(Mahan, 2006: 1). 이때 신용체계는 시간 간 위험 배분 체계로 작용하게 된다. "기금 중개 과정은 가용 자원 활용을 가장 생산적인 방식으로 하도록 한다. 그런 과정은 시차를 둔 토대 위에 재정 위험을 관리함을 의미한다"(Mahan: 1). 금융팽창이라는 말이 적합할

202_ C-M-C 순환의 경우 물론 당연히 사라진 것은 아니나, M-C-M' 순환의 도구로 활용되고 있는 측면이 강하다고 하겠다.

정도로 오늘날 신용체계가 크게 확대된 것은 이렇게 보면 '시간 간 위험 배분' 행위가 그만큼 빈번해졌다는 것, 그리하여 미래를 앞당기는 개발, 거래 투자가 급증했다는 것, 이 결과 사회가 갈수록 분주해지고 부산해졌다는 것이다.

이런 변화는 어떤 정치경제적 변동을 동반하는가? 자본의 회전속도를 가속시키는 신용체계가 가동하는 화폐자본이 자유롭게 유통되는 금융화의 최적 조건을 마련하려면, 국가와 자본과 노동의 관계가 새로 조정될 필요가 있을 것이다. 수정자유주의 시절 또는 발전주의 시절의 개인 소득은 기본적으로 노동을 통한 임금에 기반을 두고 있었고, 복지 또한 노동의 권리에 상응한 것이었다. 그러나 금융화가 진행되면서 소득은 갈수록 긴밀하게 자산 증가, 투자 결과 등과 연동되었고, 복지 또한 상품으로 전환되었다. 우리는 이런 결과를 초래한 금융자유화를 위해 한국 정부가 어떤 시도를 했는지 앞에서 살펴본 바 있다(2장 6절). 금융화는 노동과 자본의 관계를 후자에게 유리한 쪽으로 바꾸는 과정일 뿐만 아니라, 기본적으로 금융자본의 자유를 강화하는 조치다. 산업자본 발전을 위해 금융자본 운동에 제한을 가하던 수정자유주의 하의 금융제도는 이제 새로운 모습을 갖게 되었는데, 이 과정에서 관련 법 제정이나 폐기를 둘러싼 정치적 결정이 이뤄진다는 것이 중요하다. 미국에서 대공황의 원흉으로 지목된 금융자본에 족쇄를 채워놓을 목적으로 상업은행과 투자은행, 상업은행과 채권회사의 겸업을 금지코자 1933년에 도입한 글래스스티걸법Glass Steagall Act을 신자유주의 시대에 들어와 무력화시킨 것이 좋은 예다. 동법의 변질이 시작된 것은 사실 오래 전이다. 통화감독청이 은행도 일부 채권업무를 할 수 있다는 법해석을 제시한 것이 1960년대이고, 은행들이 자의적인 법 조항 해석으로 위법적인 채권업무를 벌여도 법원이 그에 대해 호의적 판결을 하기 시작한 것이 1970년대 말이다. 이 흐름은 "시티그룹이 다른 회사를 소유하기 위해 만들어져 '시티그룹 정당화법'이라고도 불린 금융서비스현대화법"이 통과된 1999년에 절정에 이른다(홍석만·송명관, 2013: 40-41).[203] 글래스스티걸법이 이로써 사문화된 것은 금융자본의 활동 무대를 확장시키기 위해 경제세력(은행, 금융자본)과 정치세력(의회)이 협력하여 법 제도를 바꿔낸 대표적 사례다.

글래스스티걸법은 1929년 대공황의 원인으로 지목된 금융자본 통제를 위해 제정된 조치들의 일환으로, 전후 미국에서 수정자유주의가 작동하는 데 일정한 역할을 했다. 수정자유주의의 경제이론으로 작용한 케인스주의는 사적 금융의 활동을 제한하고, 국가 재정을 통해 경제활동을 진작해야 한다는 입장이다. 1940년대 중반 이후 자본주의가 황금기를 구가하던 때에 작동한 포드주의는 사적 금융 대신 국가 재정이 사회적 부 생산에 핵심적인 역할을 할 경우 어떤 효과가 나는지 잘 보여준다. 당시 노동자계급은 비교적 양호한 노동권을 누렸고 상당한 수준의 복지를 보장받았다.[204] 포드주의가 문제없이 작동한 것은 물론 아니다. 포드주의는 국가독점자본주의를 기반 삼아 작동하며, 자본주의의 위기를 심화시키는 요인이 되기도 한다. 노동-자본-국가의 포드주의적 동맹은 케인스주의에 바탕을 둔 사회세력들 간의 타협으로서 경제성장이 원활하게 이루어지는 동안은 잘 굴러가지만, 적자재정과 인플레이션을 야기하는 등 구조적 위기를 일으키기도 하는 것이다.

하지만 여기서 관심을 기울일 것은 한편으로 금융화를 통제하던 수정자유주의적 포드주의 체제와 다른 한편 고도의 금융화를 전개시킨 신자유주의적 축적체제 사이에 나타나는 시간경험상의 차이 및 그와 관련된 정치경제 문제다. 포드주의 체제에서 시간경험은 일정한 지속성을 띠는 반면, 금

203_ 시티그룹은 이런 법적 지원을 받은 지 10년도 되지 않은 2008년에 금융위기가 발발했을 때, 미국정부로부터 3천억 달러에 해당하는 보증을 받고, 현금 450억 달러를 투입받았다(홍석만·송명관, 2013: 80).

204_ 포드주의 하 노동권의 신장은 자본에 의한 노동의 포섭이 더욱 심화되었다는 말이기도 하다. 홀거 하이데Holger Heide에 따르면, "포드주의적 축적 모델에 이르러서야 비로소 노동의 재생산이 자본 '안에서' 이루어지게 된다. 달리 말하면 자본이 사회 전체를 하나의 거대한 공간으로 만들어 낸다. 사회적 과정 전체가 자본의 생산 과정으로 된다. 공장 안에서 이미 실현된 테일러주의화는 이제 사회 전체로 확장된다"(하이데, 2000: 122).

융화 시대에는 이미 언급한 것처럼 즉시성, 휘발성, 일시성, 단명성, 경박성, 부박함, 부산함의 모습을 드러낸다. 이것은 사람들이 노동보다는 투자 행위에 더 열중해 생긴 경향으로서 신용활동이 크게 증가한 결과이기도 하다. 랭리Paul Langley에 따르면, 1990년대 "미국인의 3분의 2정도는 신용편의를 활용하면서, 대금이월자revolvers 주체위치로 살아간다"(Langley, 2005: 18).[205] 이처럼 많은 인구가 신용편의를 활용하게 된 것은 금융자본이 최근 갈수록 더 큰 자유를 누리며 활동하게 된 것과 무관하지 않다. 금융자본은 상환 능력이 없는 사람들에게 주택 구입 자금을 대출해주는 등 인위적 자산효과를 만들어냄으로써 그들로 하여금 더 많은 경제활동을 하도록 만들었다.[206] 비우량주택담보대출 사태는 이 과정에서 사람들이 투자은행 등 미국 지배블록의 용인 하에,[207] 과도한 신용 즉 부채를 짊어지고 대출금의 원금과 이자를 갚기 위해 신용카드로 돌려막기를 하다가 결국 연체를 하게 되면서 일어난 일이다. 사람들이 돌려막기까지 하며 신용편의를 자주 활용한다는 것은 그만큼 미래할인에 의존하여 사는 정도가 높다는 말이다. 신용편의를 포함한 신용제도의 빈번한 활용과 작동은 더 큰 자산효과를 겨냥한 활동이며, 이로 인해 사람들은 더 많은 소비, 창업 등으로 삶의 가속화를 더욱

205_ '대금이월자는 한 신용카드로 대출받은 돈을 다른 신용카드로 갚으며 대금을 이월하는 사람을 가리킨다. 미국인이 평균적으로 소지한 신용카드 장수는 1989년 7장에서 1999년 11장으로 늘어났다(Clayton, 2000: 90; Langley, 2005: 18에서 재인용). 한국인의 경우 평균 5장 정도의 신용카드를 소지하고 있다.

206_ 골드만삭스, 리먼브라더스 등의 투자은행들은 자신들의 대출위험 부담을 줄이고자 주택저당담보부증권(MBS)을 만들어 판 뒤, 이것을 다시 부채담보부증권(CDO)으로 만들어 팔았을 뿐만 아니라, 더 나아가 이들 상품을 대상으로 신용부도스와프(CDS)까지 개발해 팔아먹었다(홍석만·송명관: 88). 4장 3절에서 언급한 내용을 반복하자면, CDS는 2005년 6월에 10조 1100억, 2005년 12월 13조 9080억, 2006년 6월 20조 3520억, 2006년 12월 28조 6500억, 2007년 6월 42조 8500억 달러로 규모가 급증했고(Lapavitsas, 2009a: 136), 금융위기가 터진 2008년 CDS는 58조 달러 규모였다(Duménil and Lévy, 2011: 107).

207_ 지배블록에는 투자은행 등만 아니라, FRB, 미국정부, 의회, 페니메이, 프레디맥과 같은 준정부기관, 그리고 신자유주의 이론을 전파한 경제학자 등이 포함된다고 봐야 할 것이다.

심화시키는 데 기여하게 된다. 즉시성, 휘발성, 단명성, 경박성, 부박함, 부산함 등이 오늘날 삶의 시간적 징표라면, 그것은 금융화로 촉발되는 경향인 셈이고, 이런 흐름을 강화하는 것은 금융자본의 자유를 더욱 더 많이 확보해주는 정치경제적 체제라 하겠다.

정치경제는 언제나 이미 문화적인 측면을 갖는다. 시간의 금융화를 추진하는 정치경제적 결정도 정치경제적 논리로써만 이루어지는 것은 아니다. 그런 결정은 특정한 문화지형을 전제하기 마련이다. 미국에서 비우량주택담보대출이 1995년부터 시작되어, 2000년대 초에 크게 확대되는 데에도 합리적인 경제적 이성 이외의 작인이 필요했다. 경제의 흐름을 특정한 방향으로 즉 금융화 강화로 움직이게 만든 담론적 실천이 그것이다. 3장 7절에서 본 것처럼 클린턴, 부시 등이 앞장서서 '소유권 사회' 담론을 퍼뜨린 것이 좋은 예다. 이 담론은 새로운 경제적 상상, 즉 신자유주의적 상상에 따라서 개인들은 이제 임금과 혜택보다는 자산을 기반으로 한 복지를 준비해야 한다는, 복지 책임은 기업과 국가가 아니라 개인에게 있다는 자기책임 통념을 만들어냈다. 한국에서도 새로운 상상을 주조하는 일이 벌어졌다. OECD, WTO 가입 조건으로 금융자유화가 급속도로 이루어졌을 때, 한국정부가 금과옥조로 내세우곤 한 명분은 세계화 시대에는 글로벌스탠더드를 따라야 한다는 것이었다. 세계화 및 글로벌스탠더드를 주제로 하는 담론은 기업을 비롯한 각종 사회조직의 경영 투명성을 유난히 강조했는데, 이것은 금융의 자유화를 추진하기 위해 "새로운 담론적 소우주"를 형성하기 위함이었다고 할 수 있다(서동진, 2009: 37).

금융화로 사회적 리듬이 바뀌자, 대중문화에서도 속도감의 변화가 생겨났다. 1980년대 말, 특히 금융자유화가 가동되기 시작한 1990년대 초부터 한국에서 댄스음악이 대중음악의 주요 장르로 등장했고, 같은 시기 '트렌디 드라마가 모습을 드러낸 것이 좋은 예다. 당시 이들 대중문화 장르가 등장한 것은 사람들의 감각이 새로운 사회적 리듬에 맞게 주조되기 시작했음을 보여주는 징표다. 1990년대 말에 형성되어 지금까지 진행되는 한류 열풍도 금융화와 무관한 현상이 아니다. 무산된 에잇시티를 포함하여 최근에 PPP를 통해서 개발되고 있는 많은 부동산 개발사업에는 '한류' 이름을 단 시설물이 포함되어 있는 경우가 많다.[208] 이런 사실은 부동산 개발 기획에 리츠, 뮤추얼펀드, MBS, ABS, CDO 등의 금융상품을 동원하는 데, 한류의 문화적 매력이 상당히 중요한 유인 요인으로 작용했을 것임을 말해준다. 금융상품 거래를 확산시키는 금융화 과정에 제동을 걸 장애를 없애는 것이 노동과 국가와 자본 간의 새로운 역관계 즉 금융화의 정치경제적 조건을 개선하는 일이라면, 대중음악의 속도가 빨라지고 한류가 부동산 개발에 활용되는 것은 그 과정에 문화적 실천이 개입함을 보여주는 사례일 것이다. 시간의 금융화에서 작용하는 문화적 정치경제는 그리하여 자본의 회전기간 단축에 기여하면서 사회적 삶의 속도를 더욱 가속시킨다고 할 수 있다.

2) 시간의 금융화와 경제적 문화정치

신용체계의 확대로 미래할인 관행이 확산됨으로써 가상적 시간 형태가 시간 경험을 지배하게 되면, 삶의 결은 어떻게 바뀌고 거기서 일어나는 갈등과 투쟁은 어떤 모습을 띠게 될 것인가? 금융화는 기본적으로 거대한 신용체계를 만들어내고, 이 과정에서 속도증가 기제를 전면적으로 가동시킴으로써 각종 사회적 리듬과 신진대사를 가속시키는 효과를 발휘한다. 금융화가 확대시키는 것은 금융적 거래로서, 이것 자체는 이자 소득의 획득을 위해 작용할 뿐 이윤율 추구에 기반을 두고 실질적 가치를 생산하는 실물경제와는 무관하다. 하지만 금융활동에 따른 이익, 그리고 사람들이 갈수록 더욱 더 의존하는 부채를 통해 형성되는 자산효과는 유효수요를 키워내며 소비를 진작시키고 삶을 더욱 부산하게 만든다. 여기에 덧붙여 기획금융,

---

208_ 경기도 고양시는 2005년부터 '한류월드'라는 대규모 테마파크를 짓고 있고(중앙일보, 2013.3.12), 이랜드 그룹은 '와팝'이라는 공연을 기획하여 한류랜드를 조성할 계획을 발표했으며(한국경제, 2013.8.27), 무산된 에잇시티에는 150만평의 '한류스타랜드'가 들어설 예정이었다(조선비즈, 2012.10.31). 이밖에 서울 강남구는 2013년 8월 압구정동 일대에 한류스타거리를 조성한다는 계획을 발표한 바 있다(서울경제, 2013.8.28).

리츠, 뮤추얼펀드 등의 거래 확대로 부동산 투기나 개발이 활발해지면, 사회적 신진대사와 리듬은 더욱 빨라질 것이다. 이런 변화가 문화적으로 중요한 것은 그로 인해 삶의 결 자체가 바뀌고 사람들의 인식구조, 상식도 바뀌게 될 것이기 때문이다. 지난 수십 년 특히 2000년대에 들어와서 세계 전역에서 부동산 거품이 발생한 것은 단순히 사람들의 경제적 실천에 변화가 일어났기 때문만이 아니라, 신자유주의적 금융화와 더불어 자산효과 창출에 몰두하는 삶의 방식이 크게 확산된 결과이기도 하다. 2014년 현재 유럽에서만 1100만 채나 되는 빈집이 있다는 사실이 생생한 증거다. 시간의 금융화와 함께 일어난 삶의 방식, 가치 및 태도 변화로 사람들은 이제 주택을 주거용으로 보기보다는 자산 증식 수단으로만 보는 것 같다.[209]

사회적 신진대사가 활발해지고, 삶의 리듬이 빨라지게 되면 '시간기근' 현상이 전반적으로 확산된다. 미래를 할인한다는 것은 미래를 소환함으로써 미래를 제거하는 일이기도 하지만,[210] 현재의 지평에 미래를 가져옴으로써 현재를 소거시키는 측면도 없지 않다. 오늘날처럼 미래학적 전망이 넘치던 때가 있었을까. 미래에 대한 전망을 기반으로 하는 기획, 개발, 투자 행위의 종류나 수가 지금 얼마나 많은가. 시간기근은 현재의 시간이 소거됨으로써 나타나는 현상이다. 그것은 서울, 싱가포르, 런던, 뉴욕 등 서로 다른 시간대를 가로질러 24시간 개장돼 있는 외환시장에 참여하느라 "새벽 2시 잠, 4시반 출근"의 일상을 보내야 하는 전문 투자자들의 삶이 대표적으로 보여주는 모습이기도 하다(머니투데이, 2010.4.23). 앞서 8절에서 금융화로 인해 미래할인이 광범위하게 일어나면서 미래의 현재화가 빈번해지고, 이

209_ 2000년대에 들어와서 부채에 기반을 둔 자산 팽창과 함께 부동산 거품이 일어난 나라는 미국, 아일랜드, 스페인, 한국 등이다. 일본은 1990년대에 같은 경험을 한 뒤 '잃어버린 20년'을 맞게 되었고, 유로존 위기 이후 프랑스와 독일, 영국 등에서 부동산 경기의 이상 활황 현상이 나타나고 있다. 관련 논의는 홍석만·송명관(2013)의 3부 참고.

210_ 미래 제거는 여기서 양의 시간 선호에 따라서 발생하는 미래할인 행위를 통해, 100년 이나 500년 후 세대가 특정한 자연환경, 특정한 도시 구역 등의 모습 등을 결정할 수 있는 기회를 빼앗는 행위를 가리킬 수 있다.

것은 곧 현재의 확장을 의미하기도 함을 지적한 바 있다. 시간기근 현상과 관련하여 생각해보면, 현재의 확장은 사실상 현재 시간의 농밀함이 희박해졌다는 징표다. 어떤 상품이 미래 특정 시점에 갖게 될 가치를 예상하여 현재 시점에서 거래를 성사시키는 일은 불확실성에 대한 예측을 위험의 확률 계산으로 전환시키는 것으로 현재 시간의 확장을 전제하지만, 시간이 경험적으로 농밀하게 느껴지지 않는 것은 확장되는 만큼 '시간의 띠'가 엷어졌기 때문일 것이다.

이 과정에서 등장하는 것이 "취향을 조정할 수 있는 즉시성, 일회성, 일시성의 미학"이다. 마르스든Richard Marsden에 따르면 이 미학은 자본의 회전기간 단축에 필요한 유연적 생산의 조직과 관련되어 있다. "유연성의 극치는 시장의 변화하는 요구에 완벽하게 반응하며 짧은 진열시간을 갖는 가상 조직이다. 그 결과는 산업자본의 이해를 중심으로 한 포드주의-케인스주의 축적체제의 와해와 금융자본의 이해를 중심으로 하는 유연적 축적체제에 의한 그것의 대체였다"(Marsden, 1999: 10).[211] 이렇게 보면, '즉시성의 미학'이 사람들의 취향을 즉각적, 일회적, 단기적 성격을 띠게 만드는 것은 금융화가 진행되는 과정에서 자본축적을 위한 각종 활동과 조직이 갈수록 유연해졌기 때문이다. 즉시성의 미학은 즉각적 만족을 요구하며, 그 만족의 실제 배달을 약속한다. 이런 미학이 경제적 형태를 띨 때 나타나는 것이 단기실적주의다. 단기실적주의는 주주자본주의가 작동하는 방식으로서, 기업 운영을 맡은 사람들로 하여금 주가에 반영될 자산을 단기간에 늘릴 것을 요구한다.

시간기근을 자아내는 속도증가와 미래할인은 문화정치적으로 어떤 의미가 있는가? 베냐민은 1840년 경 파리에서 아케이드에서 거북을 데리고 산책하는 유행이 있었음을 언급한 바 있다. "만보객들은 거북이 자신들의 보행 속도를 정해주기를 좋아했다"(Benjamin, 2006: 84). 만보객flâneur이 당

211_ 마르스든이 언급하는 '가상조직'은 어느 한 지점에 존재하지 않고 인터넷 상으로만 존재하는 조직을 말한다. 가상기업, 가상사무실 등이 있다.

시 최대한 느린 보행을 시도한 것은 산업화로 인해 증가하던 삶의 속도에 대한 항의의 표시였다. 그런 행위는 일종의 연기에 해당한다. 보행 속도를 늦춘 것은 만사가 빨라지는 지배적인 삶의 모습에 대한 정치적 항의를 행위 예술로 표현한 것과 다를 바 없는 것이다. 금융화와 더불어 가상적 시간이 19세기 파리와는 비교할 수 없을 정도로 삶의 속도를 증가시키고 있는 오늘날도, 느림이라는 변별적인 생활 리듬이 정치적 의미를 갖고 등장했다. '느림의 미학, '느림의 경제학' 등이 그것이다.[212] 물론 이런 느림 선호는 금융화 시대의 예외 현상이며, 주로 강조되는 것은 가속의 필요성이다. 속도증가 기제가 곳곳에서 가동되면서 느림은 적체, 지체의 부작용으로만 간주되고, 대신 즉각적 노후화, '쓰고 버리는 사회' 구축, 트렌드 강조 등 대부분 자본 회전시간 단축에 필요한 조치들이 선호되는 것이다. 그러나 삶의 느림에 대한 요구가 등장했다는 것은 문화정치의 주요 전선이 가속과 느림의 방향을 결정하는 지점에서 이루어진다는 말이기도 하다.

상품의 노후화는 사람들의 새로움 추구 욕망을 겨냥한 자본의 축적 전략이다. 베냐민에 따르면, 상품의 새로움은 "상품의 사용가치와 무관한 자질"이며, 이미 19세기에도 "집단적 무의식에 의해 생산된 이미지에 뗼래야 뗄 수 없이 부착된 외관성의 기원"으로 작용하고 있었다(Benjamin: 41). 당시 각종 외관의 새로움을 감별하는 인물 즉 '새로운 것의 판관aribiter novarum rerum'은 전형적으로 '속물'과 '댄디'였다(42). 삶의 느림을 추구한 만보객과는 대비되는 이들이 오늘날 모습을 감추기는커녕 오히려 더 많이 나타났다는 것은 즉각적 노후화, 트렌드 강조 경향이 갈수록 강렬해지는 데서 확인된다. 상품 생산에서 새로움이 강조되는 이유는 단 하나, 축적을 위해 자본의 회전기간을 단축하자는 것이다. 감각 쇄신에 주된 역할을 하는 미학적 쇄신과 실험이 갈수록 상품 생산 논리를 반영하고, 또 그 역 현상이 나오는 것은 그 때문이다. "미학의 꾸준한 상품화와 상품세계 심미화의 이중운동"

212_ 삼성경제연구소는 최근 '속도의 경제'와 '느림의 미학'이 공존하는 현상에 주목하는 보고서를 펴낸 바 있다(삼성경제연구소, 2010.7.7).

으로 본격 예술 분야와 상품 생산 영역의 구분이 갈수록 어려워지고 있는 것이다(Žižek, 2000: 28). 미학적 쇄신은 바로 상품의 쇄신으로, 이 쇄신을 통한 감각의 쇄신은 새로운 상품에 대한 요구로 끊임없이 이어진다. 이 새로움이 도달하는 것은 그런데 즉각적 죽음이다. 새로운 것일수록 더 빨리 다른 새로운 것을 위해 자리를 양보해야 하니까.

시간의 금융화는 이렇게 보면 지배적인 문화정치를 끊임없는 각종 쇄신 추구로 향하게 하는 셈이다. 생태환경의 대규모 파괴를 야기하는 개발, 어떤 전통과 지속이든 기억으로부터 지워버리는 혁신, 나아가 디자인과 패션, 트렌드에 대한 관심이 오늘날 유난히 크고 빈번한 것이 어찌 우연이겠는가. 자본의 회전기간 단축을 위한 각종 신용거래가 만연함으로써 사회적 리듬이 빨라지면, 방금 나온 새 것도 바로 폐품 처리되기 일쑤다. 이런 '노후화 가속'의 사회적 전면화가 지닌 경제적 의미는 분명하다. 신용거래와 부채, 자산 동원의 증가가 대규모로 일어나는 것은 사람들이 시간의 금융화와 함께 형성된 새로운 문화정치에 그만큼 깊숙이 포획되어 있다는 말이다. 이 지배적인 문화정치는 만사를 속도로 재단하기 때문에, 빠른 것만 추구하는 것이 아니라, 느림의 미학까지도 상품으로 활용할 자세가 되어 있다. 그러나 어떤 경우든 시간의 금융화로 발생하는 문화정치는 특히 그것이 금융화 논리에 종속된 경우에는, 자본축적에 봉사하는 경제적 기능으로부터 자유로울 수가 없다.

금융화 시대 시간의 문화정치가 지배적인 금융화 논리에서 벗어나면, 경제적 기능을 탈각하게 되는 것일까? 사실 문화정치가 경제적 성격을 벗어던지는 일은 어떤 경우든 없다고 봐야 한다. 가령 느림의 삶을 선택할 경우 문화정치는 오늘날 지배적인 재현과 표현과는 당연히 다른 형태를 띠게 띨 것이지만, 그때에도 새로운 표현과 스타일의 정치를 포기하지는 않을 것이다. 3장 9절에서 본 것처럼 인도에서 차도르나 히잡, 터번 착용이 특정 종족의 정체성 표현이자 영국의 식민지 지배에 대한 저항임과 동시에, 영국의 인도 경제 지배에 대한 대안의 추구였듯이, 오늘날도 느림의 미학과 그에 따른 새로운 삶의 추구는 새로운 경제의 조직을 의미한다. 이런 점에서 시간의 금융화로 인해 형성된 지배적인 문화정치와는 다른 형태의 사회적 실천을 추구하는 것은 금융화의 경제적 질서와는 다른 경제적 질서를 추구한다는 말이 될 것이다.

3) 시간의 금융화와 정치적 문화경제

시간의 금융화로 속도증가 기제가 광범위하게 확산되는 현상과 연동되어 나타나는 정치적 문화경제는 어떤 모습을 띠게 될 것인가? 신용체계의 작동으로 자본의 회전속도가 빨라지는 상황에서 문화와 경제의 융합 현상은 어떤 식으로 일어나고, 이 과정은 또 오늘날의 정치적 실천과 어떤 식으로 관계를 맺을 것인가? 지금까지 '문화정치경제'를 이해해온 방식에 따라 이 질문을 다시 바꿔보자. 경제의 문화화와 문화의 경제화의 동시 진행은 어떤 사회적 변화를 야기하고, 이 변화는 어떤 정치적 의미를 가지며, 나아가서 문화경제의 정치적 차원은 시간경험의 변화와 어떤 관계를 맺게 되는가?

시간의 금융화로 삶의 속도가 증가하면서 일어나는 문화경제의 변화는, 한편으로 상품의 심미화로 인해 예컨대 "즉시성, 일회성, 일시성의 미학"이 확산되고, 다른 한편으로 그로 인해 상품의 (교환)가치가 상품의 사용가치보다는 그 이미지, 기호, 디자인, 상징성 등에서 만들어지는 경향이 확대되고 있는 데서 확인된다. 경제적 대상으로서의 상품은 이때 문화적 대상인 예술작품을 모방하는 경향을 드러내고, 문화적 대상으로서의 이미지나 기호 등은 심미적 호소 이외에 상품의 부가가치 증가와 같은 경제적 기능 수행을 지향하는 경향이 있다. 이 이중운동이 오늘날 유난히 강화되고 있는 것은 금융화와 함께 자본의 회전기간 단축 운동에 새로운 자극과 충격이 가해지고 있기 때문이다. 위에서 살펴본 대로 오늘날 '즉시성의 미학'이 요청되는 것은 유연적 생산의 필요성 때문이고, 후자의 필요성이 생기는 것은 그것대로 자본의 회전기간을 단축하기 위함이며, 이 마지막 운동을 강화하는 것은 M-M' 순환의 확산과 이에 부응하는 신용체계의 확대다. 즉시성의 미학을 동원한 상품 생산에서 강조되는 이미지, 기호 등의 소비는 사용가치의 소비와 달리 욕구보다는 욕망의 작용에 의존하며,213 이에 따라 상품의 새로움이 바로 그 죽음을 가져오는 요인으로 작용하는, 상품의 수명단축 현상이 일반화된다.

즉시성의 미학이 특히 중요한 작용을 하는 것은 소비분야로서, 이것은 "소비에서의 회전시간을 촉진할 필요"와 긴밀하게 연결되어 있다. 오늘날 상품의 생산이 "(칼과 포크처럼 대부분 상당한 수명을 지닌) 재화의 생산에서 (거의 즉각적인 회전시간을 지닌 스펙터클 같은) 행사의 생산으로 강조가 이동"한 것도 같은 맥락이다(Harvey, 1989: 157). 행사의 특징은 일회로 그 수명이 다한다는 것, 따라서 지속적이지 않다는 데 있다. 행사로서의 상품에 필요한 것은 내구성을 지닌 용도보다는 이미지나 스타일 측면의 매력이다. 오늘날 연예인들이 과거에 비해 훨씬 더 중요한 사회적 지위를 갖게 된 것도 그런 이유 때문인 것으로 보인다.214 행사 전문가이기도 한 연예인들은 오늘날 인간관계에서도 부모나 부부보다 더 큰 말 걸기 효과, 심리적 호소력을 갖는 경우가 많다. 내구성을 지닌 상품보다는 즉각적 소비가 가능한 행사가 상품으로서 더 매력적이듯이, 지속적인 관계를 맺어온 지인보다는 새로운 인기를 얻은 연예인이 더 친근한 듯 보이는 것이다. 그러나 여기서도 새로움이 즉각적 죽음을 맞기는 마찬가지다. 끊임없이 변하는 감각 층위에 대한 영향력이 사라지는 순간 존재가치를 상실하는 이미지와 기호에서 나오는 호소력은 컴퓨터 기억처럼 쉽게 휘발되는 성질이 있다. 오늘날 전에 없이 강력한 영향력을 갖게 된 연예인들은 '15분의 명성'만

213_ 사용가치에 대한 욕구가 충족되면 적어도 한동안 같은 욕구가 생기지 않지만, 욕망은 충족을 모른다는 것이 특징이다.

214_ 연예인의 사회적 지위가 높아졌음을 보여주는 사례는 최근에 연예인 지망생을 뽑는 오디션 절목이 부쩍 늘어난 것에만 국한되지 않는다. 최근 연예인들이 동종 직종 안에서 결혼하고, 특히 연예산업 내에서 직업을 상속하는 사례가 는 것은 연예인의 사회적 지위가 그만큼 상승했다는 말일 것이다.

얻고 수명을 다하는 경우가 허다하다.215 그러나 연예인이든 재화든 상품의 수명이 짧을수록 스펙터클은 더 화려하고, 자본은 더욱 빨리 회전하며, 축적은 더욱 원활하게 이루어진다.

경제적 가치 생산이 이처럼 심미적인 차원에 더욱 의존하고, 상품의 이미지 및 기호로서의 성격이 강화되는 흐름에 짝 맞추듯 나타나는 것이 예술과 문화의 경제화 현상이다. 근대적인 미학 통념은 예술작품을 시장교환에서 벗어난 그 자체의 '자율적' 세계에 속하는 것으로 간주한다. '문화자본'이라고 하는, '경제적 자본'과 구분되는 자본의 개념은 예술과 문화의 이런 자율성 개념에 일정하게 의거한다고 볼 수 있다. 회화작품에 어울리는 장소라 하면 흔히 박물관이나 미술관, 또는 소장가의 저택이 뇌리에 떠오르는 것도 그런 작품이라면 다른 사물들과 분리되어 그것만의 장소에 있어야 한다는 생각과 무관하지 않다. 그러나 오늘날 사람들이 예술작품을 구입하고 소유하려는 목적은 소장하고 감상하기 위함만은 아니다.216 테일러Mark Taylor가 지적하고 있듯이, 미술품은 이제 소장품보다는 자산 범주에 더 가깝다. 과거에도 예술품에 대한 투자는 있었다. 하지만 오늘날 예술에 대한 "투자 게임은 예술이 소비 상품보다는 금융자산으로 간주되며 중대한 변화를 겪는다. 예술시장 투기자들은 최근 미술품 구입 및 판매를 위한 헤지펀드와 사모펀드를 조직했다. 이들 펀드는 금융자본주의의 원리를 예술에까지 확장한다"(Taylor, 2011: 12). 이제 금융자산으로 취급되는 예술작품 시장

215_ '15분의 명성'은 팝 예술가 앤디 워홀Andy Warhol이 '누구라도 15분의 명성은 누린다'고 한 데서 나온 표현이다(Guinn and Perry, 2005: 4).
216_ 2008년 1월 삼성의 비자금 조성 의혹 등을 수사하기 위해 구성된 특별검사팀은 "경기도 용인의 삼성 에버랜드 옆 삼성화재 안내견 학교 근처 창고를 압수수색해, 국내외 미술품이 수천 점 정도가 무더기로 보관된 것을 확인"한 바 있다(한겨레, 2008.1.21). 2013년 7월에는 검찰의 '전두환 전 대통령 미납 추징금 전담 추적팀'이 남은 재산은 '29만원'밖에 없다고 주장해온 전두환의 집안에서 고가의 미술품을 발견해 압수하기도 했다(프레시안, 2013.7.16). 전두환 미술품은 장남 전재국이 소장하고 있던 작품을 포함해 모두 640점으로 몇 차례에 걸쳐 경매에 붙여져, 전두환이 미납한 1672억원 중 72억원이 국고에 환수됐다(연합뉴스, 2014.3.12). 이건희, 전두환 등이 소장한 미술품이 감상용이라고 할 수 있을까?

에서도 즉시성 논리가 강조될 섯임은 두 말할 필요가 없다. 감상보다는 매매 목적으로 소유된다는 것은 작품이 화폐처럼 언제라도 자본의 유통 회로에 투입될 수 있다는 말이다. 이런 작품의 소임은 따라서 최대한 단기간에 이익을 내고 다른 이 수중으로 넘어가는 데 있다.

예술, 나아가서 문화가 자산 또는 다른 금융적 수단으로 전환되는 경향은 미술품의 자산화 현상에만 국한되지 않는다. 문화의 경제화 흐름은 우리의 일상생활이 금융화의 논리에 포획되는 것으로 더욱 확연하게 나타나는 것 같다. 금융화는 우리로 하여금 삶 전반을 금융적 위험 관리에 바치도록 만듦으로써 삶을 경제적 목표와 원리에 종속시킨다. 오늘날 시간경험이 크게 바뀐 것도 이런 변동과 무관하지 않다. 랜디 마틴이 지적하듯이 "금융화는 미래를 현재로 불러오도록 우리의 시간 감각을 재정향한다. …위험 관리는 현재 안에서 미래로 지향함이다"(Martin, 2002: 196). 갈수록 신용편의에 의존하고, 각종 펀드와 주식, 부동산 투자에 몰두하는 사람은 투자 위험 관리로 삶 대부분을 채우겠지만, 그런 삶은 불안할 수밖에 없다. 금융화로 인해 더욱 요청되는 위험 관리는 단기 효과에 집중되어 있기 때문에 장기적 전망을 제공하기 어렵다. 불안과 동요가 사람들의 삶을 지배하는 것이 금융화 시대의 특징인 것은 그 때문이다. "불안은 사람들이 부지런히 일하고, 소비하고, 더 나은 미래를 위해 저축할 것만 요구하던 저 옛날 꿈나라에 속하던 평온함과는 너무나 다르다"(Martin: 196).

시간의 금융화와 함께 등장한 문화경제적 양상은 프레드릭 제임슨이 언급한 "미학적 생산이 상품생산 일반에 통합"되는 현상에서도 나타나고 있다. 상품 생산과 소비에서 즉시성의 미학이 더욱 중요해진 만큼이나, 미학적 쇄신과 실험이 빈번하게 이루어지고 있고, 그에 대한 자본의 지원도 강화된다.

더욱 신기해 보이는 새로운 재화 물결(의류에서 비행기에 이르는)을 더욱 더 큰 회전률로 생산해야 하는 미친 듯싶은 경제적 절박감이 이제는 미학적 쇄신과 실험에 갈수록 중요한 구조적 기능과 위상을 부과한다. 그와 같은 경제적 필요성은 그 다음으로 더 새로운 예술에 대한, 재단 및 기금에서 박물관 및 다른 후원 형태에 이르는 다양한 종류의 기관 지원에서도 확인되고 있다(Jameson, 1991: 4-5).

미학적 쇄신과 실험이 경제적 절박감을 해소하는 해결책으로 요청되면, 새로운 미학 조류에 대한 요구가 갈수록 더 커질 것이고, 이로 인해 경제와 문화의 통합은 더욱 긴밀해질 것이다. 어디 그뿐이겠는가. 시간의 금융화와 함께 형성되는 문화경제의 정치적 성격을 이 맥락에서 확인할 수도 있다. 금융화 시대의 특징 하나는 민영화, 구조조정, 탈규제, 자유화 등 각종 '개혁'에 대한 요구가 과거와는 비교할 수 없을 정도로 거세졌다는 것이다. 사실 이들 요구는 그냥 제출되기만 하는 것이 아니라 끝없이—개혁 피로감이라는 말이 회자될 정도로—반복되고 있다. 이 맥락에서 개혁에 대한 요구는 물론 자본의 축적 조건 개선을 목적으로 하지만, 그런 요구가 사회조직 쇄신과 혁신의 필요성에 근거를 두는 것으로 제시된다는 점이 중요하다. 개혁, 쇄신, 혁신의 의미는 이때 더욱 새로운 상품에 대한 요구, 미학적 쇄신 및 실험에 대한 요구와 조화와 공명을 이루는 성질의 것이다. 새로운 문화경제가 그 나름의 정치적 효과를 만들어내는 셈이라 하겠다.

자본의 회전시간 단축을 위한 상품 쇄신과 이를 위한 미학적 실험에 대한 요구 증가와 궤를 함께 하는 개혁 추진은 그래서 사회통제의 중요한 수단이 된 것으로 보인다. 이때 개혁은 대부분 자본축적 조건의 개선을 위해, 자본주의적 조직 및 구성원의 경쟁력 강화를 위해 추진되기 때문이다. 시간의 금융화와 함께 형성되는 문화경제와 연계되는 정치적 실천이 어떤 형태와 경향을 지닐 것인지 짐작하는 일은 그래서 전혀 어렵지 않다. 시간의 금융화로 미래할인 행위가 확산되는 가운데 즉시성의 미학이 상품 생산과 소비에 침투하고, 예술의 금융화와 자산화를 포함한 문화의 경제화로 문화가 경제의 수단으로 바뀌고 나면 정치는 더욱 심미화된다. 미학적 영역이 자율적인 것으로 간주되던 시기 상품 논리에 대한 미학적 실천의 비판은 그 날이 제법 날카로웠던 편이다.217 그러나 미학적 실천은 이제 그런 성격을 대거 상실했고, 예술의 상품화 아니면 상품의 부가가치 제고를 위한 수단으로 전환되었다. 오늘날 정치가 심미화되었다는 것은 미학적 실천의 이런 측면이 정치에 반영되어 나타나고 있다는 말과 다르지 않다.

정치의 심미화는 권력과 정치의 연예화를 통해 단적으로 나타난다. 정치의 연예화는 연예인이 정치인이 되고 정치인이 연예인이 되는 현상만을 가리키는 것이 아니다. 오늘날 정치는 사회적 갈등과 모순을 금융적 위험과 유사한 것으로 전환시켜 관리하는 새로운 기술로 바뀐 것처럼 보인다. 사회적 갈등과 모순 해결이 적대와 대결, 투쟁의 형태로 이루어지는 경우는 이제 갈수록 드물어지고 있다. 정치적 행위에서 더 요긴하게 활용되는 것은 그 대신 이미지와 여론의 형성이고, 이를 위한 각종 행사를 조직하는 기획과 연출 능력이다. 연예절목에서 다음 절목이 시작되면 바로 전 절목 내용도 잊혀져버리듯이, 정치적 쟁점도 떠오르는 순간 바로 그 심각함을 잃고 만다. 적어도 그 의미와 중요성이 정치적 행사와 일정에 따라 부각되거나 소멸되는 식으로 관리될 수 있는 한은 그렇다. 정치가 연예활동과 마찬가지로 즉시성, 휘발성, 단명성, 경박성, 부박함, 부산함 등을 드러내고 있는 것은 그것 역시 금융화 시대 시간경험 일반의 자장에서 자유롭지 못함을 보여준다. 가속의 논리가 정치의 영역에서도 그대로 작동하고 있는 것이다.

217_ 스스로 자율적 실천임을 주장하는 한, 근대 미학은 자본주의 비판에 속한다고 할 수 있다. 뷔르거Peter Bürger에 따르면, 사회로부터 분리된 독자적인 예술제도는 그 자체로 사회에 대한 비판을 담고 있었다(Bürger, 1986). 물론 이 비판의 실질적인 사회적 역할에 대해서는 비판이 없지는 않다. 볼탄스키Luc Boltanski와 시아펠로Ève Chiapello에 따르면 "1970년대 이후 등장한 새로운 자본주의" 즉 신자유주의적 자본주의가 만들어낸, "행위, 사람, 사물들의 정체성과 그들 간의 관계를 조직하는 새로운 규범과 가치"를 매개한 것은 "바로 1968년의 혁명이었다"(서동진, 2008: 208). 그들은 1968년의 세계 혁명은 처음에는 자본주의에 대한 사회적 비판과 예술적 비판의 결합 형태를 띠었으나, 결국 예술적 비판으로 축소되고 말았고, 이로 인해 신자유주의적 논리를 강화하는 데 기여했다고 본다.

10. 결론

신자유주의 축적구조가 형성됨으로써 금융화가 그 핵심적인 축적 전략으로 채택되면, 시간의 결도 새롭게 조직된다는 것이 이 장에서 우리가 확인한 바다. 이 변화를 추동하는 기본 원리는 M-M' 순환이 새롭게 형성됨으로써 M-C-M' 순환에까지 그 영향을 미치게 되는 데서 찾을 수 있다. 최근 금융화로 인해 세계적인 신용체계가 정교하게 구축된 가운데 작동하는 M-M' 순환은 미래할인 관행을 확산시키고 자본의 회전기간을 단축하며, 그 자체로써도 시간의 가속화 효과를 만들어내지만, M-C-M' 순환에도 작용하여 주주자본주의를 강화함으로써 단기실적주의를 조장하고, 상품의 노후화 등을 통해 생산과 소비의 순환을 더욱 가속화한다. 우리는 금융화를 통해 M-M' 순환이 이제는 M-C-M' 순환까지 지배하게 되는 이런 경향과 맞물려 사회적 신진대사와 시간적 양상이 바뀌는 것을 '시간의 금융화'로 개념화했다. 이것은 각종 금융상품 또는 금융공학이 광범위하게 거래되고 작동될 수 있도록 도입된 신용체계가 작동함으로써, 사회적 시간 조직과 경험이 바뀐 현상을 가리킨다.

시간의 금융화가 진행됨으로써 삶의 속도가 증가하는 것과 함께 작동하는 지배적인 문화정치경제에서 돋보이는 것이 순현재가치 계산을 확대시키려는 정치경제적, 문화정치적, 문화경제적 노력이다. 오늘날 정치경제는 금융 권력의 자유를 최대한 보장하기 위해, 문화정치는 미학적 쇄신 등을 통해 사람들이 가속도 시간의 감각에 되도록 잘 적응하도록, 그리고 문화경제는 상품 소비가 최대한 빨리 이루어지도록 작용한다. '즉시성의 미학, '쓰고 버리는 사회', '개혁 정치'가 등장해 만연하는 것은 그 결과로서, 오늘날 삶의 모습이 전반적으로 휘발성을 띠며 부산한 것은 이런 문화정치경제적 변화를 바탕으로 할 것이다.

시간은 공간과 분리되어 있는 것이 아니라 시공간 형태로 작용한다고 봐야 한다. M-M' 운동이 강화함으로써 시간에서 나타나는 가속 현상은 따라서, 공간에서도 연동되는 변동을 야기하기 마련이다. 5장에서 우리는 기획금융의 도입으로 한국에서 대규모 부동산 개발이 이루어졌다는 것을 확인한 바 있다. 기획금융의 적용은 고정자본으로서의 건조환경을 조성하는 일이라는 점에서 공간과 관련된 문제이지만, 장기에 걸쳐 회수될 대규모 자본을 동원하는 작업이라는 점에서는 대표적인 미래할인 행위 즉 시간의 문제이기도 하다. 시간의 금융화는 이처럼 공간의 금융화와 불가분하게 연동되어 있는 것이다. 다음 7장에서는 최근에 일어난 공간의 금융화 현상을 살펴보고자 한다.

제7장

공간의 금융화

1. 서론

이 장에서 살펴볼 주제는 신자유주의 금융화와 함께 진행된 공간의 변동, 그리고 그와 함께 진행된 문화정치경제의 변동이다. 나는 이 변동을 '공간의 금융화'라는 측면에서 살펴볼 필요가 있다고 본다. '공간의 금융화' 테제는 오늘날 공간의 조직이나 생산, 그 경험 방식을 규정하는 핵심 원리나 조건을 금융화에서 찾을 수 있다는 인식에 기반을 두고 있다. 이런 테제를 설정하는 목적은 오늘날 지배적 공간의 형태와 경험이 M-M' 순환의 확산과 어떻게 연관되어 형성되는지 살펴보기 위함이다.

공간의 금융화는 공간의 '사회적 생산'을 전제한다. 칸트에 따르면 공간은 시간과 함께 '직관의 선험적 형식'이다.[218] 공간과 시간이 선험적이라

218_ 칸트에게서 공간과 시간은 '직관의 형식들'로서 선험적인 성격을 갖는다. 그는 '감각'과 '직관'을 구분하고, 전자는 주관적인 인식, 후자는 객관적 인식에 해당하는 표상인 것으로 간주하고, 나아가서 직관을 경험적인 것과 선험적인 것으로 나누며, 시간과 공간은 선험적 직관의 '형식들'이라고 봤다(Janiak, 2012). 선험적인 직관 형식이라는 점에서 시간과 공간은 우리가 겪는 경험 내용이라기보다는 그 경험을 가능하게 해주는 것, 경험의 조건 또는 방식이라 할 수 있을 것이다. "따라서, 공간의 표상은 외양의

힘은 우리가 그 둘을 경험하는 방식이 미리 규정되어 있다는 말이다. '위아래', '앞뒤', '좌우' 등의 공간적 개념이나 '선후,' '동시' 같은 시간적 개념은 언뜻 보면 객관적 사실로만 여겨져, 우리의 경험이나 사회적 실천과는 무관한 것처럼 보인다. 하지만 앞 장에서 최근에 시간이 새롭게 조직된 것을 확인한 것처럼, 이 장에서 우리는 공간 역시 사회적으로 생산된다는 것을 확인하게 될 것이다. 물론 시간과 공간의 자의적 조직과 생산은 가능하지 않다. 시공간의 모습이 바뀌려면 일개 개인이나 집단의 결정보다는 사회적 관계 전체가 새롭게 형성될 필요가 있다. 하지만 공간과 시간이 사회적으로 구성될 수 있다고 보는 관점은 여전히 중요하다.

공간의 사회적 생산이 사실이라는 것은 우리 눈앞에 펼쳐진 공간 환경, 예컨대 서울 같은 대도시가 이전과는 크게 다른 모습으로 바뀌었다는 점이 단적으로 보여주고 있다. 새로운 도시경관이 형성된 것은 언덕과 산을 무너뜨리고, 시내나 강 흐름을 바꾸거나, 기존 건조물들을 해체하는 등 '창조적 파괴'가 빈번하게 일어난 결과다. 오늘날 공간의 특징을 이해하려면 따라서 무엇이 이런 변화를 야기했는지, 어떤 요인들이 공간을 둘러싼 최근의 사회적 실천을 규정하는지 파악할 필요가 있다. 이때 특히 관심을 가져야 할 것이 신자유주의적 축적구조가 강화하고 있는 금융화의 흐름이다. M-M' 순환의 강화 또는 확산 경향이 오늘날 공간 생산을 주도하는 것으로 보이기 때문이다. 이는 현단계 자본의 축적 방식이 공간 생산을 이끌고 있다는 말이기도 하다.

자본의 축적 문제를 시간 중심으로 살펴볼 것인가, 공간 중심으로 살펴볼 것인가는 중요한 이론적 문제다. 맑스의 경우 축적의 문제를 시간 개념을 중심으로 이해한 것으로 알려져 있다. 알다시피 그는 노동이 사회적 가

관계들로부터의 경험을 통해서 얻어질 수 없다. 이 외부 경험은 그 자체가 그 표상을 통해서만 가능할 뿐이다"(Kant, 1998: A23/B38; Janiak, 2012에서 재인용). 이렇게 보면, 시간과 공간의 경험 조건 및 방식은 역사 초월적인 성격을 띠게 되고, 따라서 어떤 실질적 변형도 허용하지 않게 된다.

치를 생산한다는 노동가치설을 제시했고, 여기서 가치는 노동시간에 의해 측정된다. 맑스주의에서는 그래서 근대 사회의 작동을 노동에 의한 가치 축적과 이때 소요되는 시간 중심으로 이해하는 것이 관례다. 하지만 맑스의 전통을 따르면서도 자본축적을 이해하려면 공간적 과정 또한 반드시 고려할 필요가 있다는 문제의식이 나온 지도 오래되었다. 르페브르Henri Lefebvre의 '공간생산', 하비의 '공간적 조정' 이론이 대표적인 예들이다.219 물론 자본의 축적에는 시간 말고 공간도 작용한다는 지적만으로는 충분한 설명이 되는 것은 아니다. 시간과 공간 가운데 어느 조건이 신자유주의적 축적에 핵심적인지, 양자의 정확한 관계는 무엇인지가 여전히 문제로 남을 것이기 때문이다. 다만 여기서는 이런 문제까지 다루지는 못하고, 공간의 금융화와 시간의 금융화는 서로 맞물려서 작동한다는 가정 하에 논의의 초점을 공간의 금융화 방식과 과정에 맞출 수밖에 없다. 아래에서 나는 금융화 시대 공간적 변동은 어떤 모습을 드러내고, 금융화가 공간의 생산과 어떤 관계를 맺고 있는지, 나아가서 공간의 금융화와 더불어 어떤 문화정치경제적 실천이 이뤄지고 있는지 살펴보고자 한다.

2. 한국 건조환경의 변화

지난 수십 년, 특히 2000년대 이후 미국의 시카고, 중국의 상하이나 충칭, 인도의 뭄바이, 한국의 서울이나 부산 등 세계 대도시는 도시 모습을 크게 바꾼 것으로 보인다. 거대한 공간 개발과 재개발이 빈번하게 이루어짐으로써, 건조환경이 근본적으로 바뀌고 새로운 도시경관이 형성된 것이다. 오늘

219_ 푸코는 다음과 같이 말한다. "현 시대는 아마도 무엇보다 공간의 시대일 것이다. 우리는 동시성의 시대에 산다. 즉 우리는 병렬의 시대, 가까움과 멈, 나란히 있음, 분산되어 있음의 시대에 살고 있는 것이다. 나는 우리가 우리의 세계 경험이 시간을 통해 전개되는 긴 삶의 그것이라기보다는 점들을 연결하며 자신의 실타래와 교차하는 어떤 네트워크의 그것인 순간에 있다고 믿고 있다"(Foucault, 1984).

날 세계의 공간적 특징 하나는 도시경관 조성이라는 측면에서 보면 '선진 국', '신흥공업국', '개발도상국' 사이에 큰 차이가 없다는 점일 것이다. 한국의 서울과 중국의 충칭, 인도의 뭄바이는 1990년대 이전만 하더라도 미국의 뉴욕이나 시카고, 일본의 도쿄 등과 비교할 때 고층건물의 수나 도로 교통 망 상태 등 '공간 발전' 측면에서 크게 '뒤떨어진' 편이었으나, 오늘날도 그렇다고 하기는 어려울 것 같다. 대도시들은 이제 어디에 있더라도 적어도 일부 변화한 지역만 놓고 보면, 지구적으로 거의 비슷한 모습을 갖추고 있는 것이다.

최근의 공간 구성에서 도드라진 한 측면은 건물들이 초고층화, 거대화를 지향한다는 것이며, 한국도 이 점은 예외가 아니다. 국토해양부가 발표한 '2011년 건축물 현황통계'에 따르면, 2011년 말 현재 한국에는 50층 이상 건물이 총 62동이고(문화일보, 2012.2.17), 앞으로도 초고층 건물은 계속 들 어설 예정이다. 100층 이상으로 들어설 건물만 하더라도 2013년 3월 현재 이미 착공한 서울 잠실의 제2롯데월드(123층), 부산 해운대의 해운대리조트 (108층) 외에도 10개나 된다(노컷뉴스, 2013.3.16). 물론 2000년대 말 이후 세계경제가 위기를 맞으며 초고층 건물 건설경기가 타격을 받기는 했지만, 이미 준공된 것만 놓고 보더라도 한국의 산하, 특히 대도시는 상전벽해가 되었다 해도 과언이 아니다. 2005년에 이르러 한국은 40층 이상 건물 보유 수에서 세계 4위가 된 것으로 보고되고 있다(신성우, 2006).

최근의 건물들은 키만 높아진 것이 아니다. 1990년대 후반부터 초고층과 초대형이 결합된 건축물이 갑자기 늘어났다. 서울 반포에 위치한 센트럴시 티의 경우 내부에 백화점, 영화관, 종합터미널, 호텔 등을 두고 있으며 단일 건축물로는 한국에서 건면적이 가장 넓다고 하고, 메리어트 호텔과 오피스 2개동, 신세계백화점, CGV 멀티플렉스, 이마트, 교보문고 등이 입점하고 있는 타임스퀘어는 총면적이 37만㎡로서 국내 최대 복합쇼핑몰이다. 부산 해운대에 들어설 관광리조트는 더 놀랍다. 이 사업은 축구장 9개에 해당하 는 6만5900여㎡의 부지 위에 108층 높이의 랜드마크 건물 1동, 80층 높이의 건물 등 3개 동을 건설할 예정으로 진행 중이다(서울신문, 2011.2.16). 2013년에 무산되기는 했지만, 용산역세권 사업에 이르면 건조물 건설 규모는 상상을 초월한다. 이 사업에는 서울 한강변 최대 표식 건물이 되었을 111층 620미터 높이의 초고층 용산랜드마크타워 트리플원 건설 계획 이외에도, 하모니타워(47층 243m), 블레이드타워(56층 293m), 다이아고널타워(64층 362m) 등의 업무시설과 지상 88층(437m)과 77층(378m) 2개동이 연결된 주거시설 부티크오피스텔 등 무려 23개의 초고층 건물이 건설될 예정이었다(마이데일리. 2012.5.2).

이처럼 초고층화와 거대화를 지향하며 최근 나타난 건축물들은 전통적인 공간 조성 방식과는 근본적인 차이를 드러낸다. 공간의 조직은 통상 자연 조건을 고려하여 이뤄지기 마련이다. 한국의 도시 지형은 베이징이나 상하이, 도쿄, 파리, 런던, 뉴욕 등 외국의 대표적 도시들과는 확연히 다르다. 외국의 대도시는 대개 지표면이 평평하고 구릉이 있더라도 높낮이가 심하지 않고 도시 바깥으로도 비슷한 지형이 이어지는 데 반해, 한국 도시들은 소재지가 바닷가든 내지든 내부 공간은 좀 평평하다 해도 거의 예외 없이 산으로 둘러싸여 있다. 이런 특징은 한국의 지질이 중생대 쥐라기 말기 '후대동기 조산운동'의 영향을 받아 곳곳에 습곡과 단층이 형성됨으로써 생긴 결과다. 한국에는 정말 산이 많다. 도시 중앙에 남산, 북쪽으로 인왕산과 삼각산, 북한산, 도봉산, 그리고 남쪽으로 관악산과 청계산을 가진 수도 서울이 단적인 예다. 과거 조선시대 도성을 구획하던 사대문만 벗어나면 도심에서 얼마 떨어지지 않은 곳에 인왕산, 북악산, 낙산, 안산, 봉제산, 우면산 등 높고 낮은 산들이 곳곳에 솟아오른 곳이 서울이다.

한국의 독특한 전통적 공간 감각은 분명 이런 자연 조건을 배경으로 하여 빚어졌을 것이다. 옛 건축의 배치 방식을 보면 그런 점이 쉽게 확인된다. 동북아 삼국에서도, 한국의 건축물은 유독 높이가 낮다. 궁궐을 봐도 중국이나 일본의 그것에 비해 건물이 퍽이나 낮고, 규모도 작다. 전통 건축의 이런 모습은 고유의 자연 조건을 십분 활용한 결과로 보인다. 한국의 지형은 중국이나 일본에 비해서 훨씬 더 주름지고 프랙탈하며(심광현, 2005: 89), 건조 환경을 구축할 때 차경借景 기술을 활용하기에 적합하다. '차경'은 말 그대로 경치를 빌려온다는 것으로, 이 기술을 적용하게 되면 경북 안동의 병산서원이 단적으로 보여주듯이 주변 풍경을 시야에 가둘 수 있게 된다. 방안에 난 창문을 통해, 또는 대청마루에서 안산案山 경치를 볼 수 있도록 하는 기술인 것이다.[220] 이런 건축기술을 거의 보편적으로 사용할 수 있게 해주는 것이 한국 산하의 모습이다. 어디 살든 문만 열면, 대문만 나서면 앞산 뒷산이 바로 다가와 건물의 일부를 구성해주기 때문에, 한국에서는 인공 건조물 자체를 구태여 크게 할 필요가 줄어든다. 이런 조건에서 주된 건축 문제로 떠오르는 것은 건축물 자체의 크기나 높이보다는 자연환경 속 건축물의 배치, 즉 건축물과 자연환경의 관계 조정이다.

그러나 오늘날 공간의 조직 방식은 근본적으로 바뀌어, 전래의 차경 원칙은 더 이상 중요하게 여겨지지 않는다. 서울 같은 대도시에 초고층 건물군이 대거 들어섰다는 것은 이제는 주변 산들도 공간 구성의 지침으로 작용하던 과거의 위상을 잃었다는 말이다. 그 결과 "과거 서울을 상징하던 북한산"도 "자신을 거의 가려버린 도심 스카이라인의 첨가물 정도로 격하"되고 말았다(주은우, 2004: 20). 계획대로 해발 620미터 높이로 완공되었다면, 북한산(836)이나 도봉산(740) 정도는 아니라 해도, 도심의 남산(262), 인왕산(338)이나 북악산(342)보다는 훨씬 더 높고 청계산(620), 관악산(632)과도 맞먹었을 트리플원 건물 건설 계획은 적어도 당분간은 무산된 상태이지만, 123층에 555미터 높이로 건축 중인 롯데월드타워가 2015년에 완공되면, 그 높이가 서울 도심 내부의 어떤 산보다 높게 된다. 서울의 스카이라인을 결정하는 것은 이제 더 이상 자연 지형만은 아니게 된 것이다.

무엇이 이런 변화를 초래했느냐는 질문이 자연스레 제기된다. 이 질문에

220_ 이런 효과를 만드는 데에는 세 가지 요소가 작용한다. "그 하나는 기둥과 도리가 만들어내는 시각적 틀의 작용이고, 또 하나는 적절한 누마루의 높이로 인한 단축법의 사용이며, 마지막 하나는 바로 스케일의 법칙인 것이다"(정기용, 2008: 89).

대한 답을 찾으려면, 한국사회가 1990년대 말, 특히 1997년의 외환위기를 고비로 IMF 구제금융을 수령하게 되면서 금융자유화를 강화하고, 이 과정에서 부동산 정책이 근본적으로 바뀐 사실을 되새겨볼 필요가 있다.

3. 부동산의 금융화

한국의 전통적 시각 환경이 처음 크게 바뀌기 시작한 것은 1970년대라고 할 수 있다. 서울 강남의 반포나 압구정동 등에 아파트건물이 대거 들어선 것이 그때다. 이 시기 아파트는 주로 중산층 이상의 투자 대상이었다. 당시 고급아파트 보유 가구가 대부분 특권층이었음을 보여준 것이 1978년 관료, 국회의원, 유력 신문사 기자, 교수 등 200명이 넘는 이들이 현대로부터 특혜를 받아 세상을 떠들썩하게 만든 '현대아파트부정분양' 사건이다. 당시 그런 사건이 일어난 것은 부동산이 최고의 투자 대상으로 부상했기 때문이다. 1970년대는 '말죽거리 신화'가 만들어진 시기다. '말죽거리 신화'란 1969년 한남대교가 개통된 뒤, 서울 강남의 말죽거리를 중심으로 부동산이 급속도로 개발되고 땅값이 급등하며 대대적인 부동산 투기가 일어난 현상을 가리킨다.[221] 이런 현상은 이후에도 사라지지 않아, 1980년대 말에는 '3저 호황'이 펼쳐지면서 재벌까지 참여하는 전국적 부동산 투기가 일어나기도 했다. 당시 재벌이 부동산을 투자 대상으로 삼은 것은 1986-88년의 경제호황으로 획득한 이윤을 투자할 곳을 찾지 못하다가,[222] 마침 노태우 정권에 의해

221_ 손정목의 회고에 따르면, "63년의 땅값 수준(지수)을 1백으로 했을 때 70년에는 강남구 학동 2천, 압구정동 2천5백, 신사동 5천이었다. 7년 만에 각각 20배, 25배, 50배 오른 것이다. 같은 기간 중구 신당동과 용산구 후암동은 각각 10배와 7.5배 상승에 그쳤다. 79년 땅값 지수는 학동 13만, 압구정동 8만9천, 신사동 10만이었다. 63-79년 16년간 학동 땅값은 1천3백배, 압구정동은 8백90배, 신사동의 경우 1천배 뛴 것이다. 같은 기간 신당동과 후암동은 각각 25배 상승했다"(손정목, 2004.10.28).

222_ 당시 재벌은 '3저 호황'이 종결되면서 그동안 이윤을 낸 생산 부문 재투자는 효력이 사라졌음을 알고 있었고, 화폐시장 진출도 아직 금지되어 있었던 탓에 금융활동도

주택 200만호 건설 정책이 실시된 덕분에 부동산 시장이 매력적인 투자처로 부상했기 때문일 것이다.[223] 이 결과 한국은 거대한 공간적 변동을 겪게 된다. 국토의 11.8퍼센트인 11760.27평방킬로미터밖에 되지 않는 수도권에 오늘날 인구 절반 정도가 거주하게 만든 계기로 작용한 것이다. 200만호 건설 정책은 '수서비리사건' 등을 불러일으키는 배경이 되기도 했지만,[224] 서울 주변에 일산, 분당, 평촌, 중동, 산본 등의 신도시가 들어서게끔 만들었다.[225] 이로 인해 한국은 '아파트 공화국'으로 불릴 만큼 아파트 중심의 주거 환경을 갖게 되었고(줄레조, 2007), 도시의 유휴공간은 물론이거니와 농촌 논밭에서까지 고층아파트가 '자라나는' 모습이 연출되었다.[226]

그러나 1990년대 초까지 일어난 부동산 시장의 모습과 오늘날의 그것 사이에는 큰 차이가 있다고 봐야 한다. 1990년대 초까지도 한국은 개발 국가 모습을 많이 유지하여 부동산 시장이 엄격하게 통제되었던 편이다. 1988-1992년 사이 노태우 정권이 주택 200만호 건설을 추진하면서 심각한 부동산 투기를 야기한 것은 사실이나, 택지소유 상한, 개발이익 환수, 토지 초과이득 과세 등의 '토지공개념 3법'이 통과됨으로써 부동산 시장 관리는 여전히 상당히 엄격했던 편이었다(장성수, 2005). 당시 대규모 주택단지를

원활하게 할 수 없었다.

223_ "1988년부터 1990년까지 3년 만에 전국의 지가가 2배로 상승하였고 이는 주택가격과 전세가격 등 임대료의 상승으로 이어졌다. 당시 1988년과 1989년 1년 사이에 강남의 아파트 가격은 2배로 상승하였다. 결국 1987년부터 1990년까지 4년간 아파트 가격은 연평균 20% 상승하였고, 토지가격은 공업 용지를 중심으로 연평균 23.7% 상승하는 결과를 가져왔다"(안종범, 2007: 10).

224_ "수서사건은 주택단지로 개발될 수 없었던 수서지구 3만5000여평이 서울시에 의해 건축허가를 받으면서 불거진, 6공 최대의 정경유착 비리사건이다. 한보주택과 연합 주택조합은 서울시에 의해 두 번이나 불가 통보를 받았던 수서지구 택지개발을 허가 받기 위해 청와대, 건설부, 서울시, 여야 정당, 국회 건설위 등 힘을 행사할 수 있는 거의 모든 권력을 대상으로 로비를 펼쳤다"(오마이뉴스, 2003.10.23).

225_ "전국인구대비 수도권인구의 비율은 1960년 20.8%에서 1970년 28.3%로, 1980년에는 35.5%로 지속적인 상승을 보였으며, 1990년에는 그 비율이 42.7%에 달하였다"는데(이 태일, 2001), 이런 추세는 이후에도 계속되어 2010년에는 49.2%에 이르렀다.

226_ 나는 1997년 2월 함께 떠난 '국토기행' 도중 건축가 고 정기용으로부터 "논에 아파트 를 심는다"는 표현을 들은 적이 있다.

개발한 데에는 아직 낮은 주택보급률을 높이려는 취지도 있었다.[227] 그때 산본, 평촌, 분당, 중동, 일산 등 신도시가 개발되어 '교외'가 조성되는 중대한 공간적 변화가 발생한 것도 사실이나, 2000년대에 들어와서 일어난 공간 변동과는 종류가 달랐다.

2000년대 이후 서울, 부산, 인천 등지에 초고층 건물이 들어서게 만든 주된 계기는 1997년의 외환위기와 그에 따른 경제위기를 극복하는 과정에서 주어졌다. 한국 정부는 이때 구제금융을 받는 조건으로 신자유주의적 경제운영을 주된 기조로 삼고 있는 국제통화기금(IMF)의 '개혁' 요구를 대폭 수용하게 된다. 당시 신자유주의적 정부 관료들이 개발 국가의 잔재를 축소하고 자신들이 바라는 방향으로 한국경제를 전환시키고자 IMF의 요구를 대폭 활용했다는 점에 대해서는 이미 언급한 바 있다(2장 6절). 김대중 정권은 IMF의 압박에 100퍼센트 이상 부응하여 대대적인 시장 개방을 실시하고, 그 과정에서 부동산 시장도 큰 폭으로 개방했다. 'IMF 프로그램 하의 자본자유화' 계획에 의거하여 1998년 4월 건물임대업에 대한 외국인투자 전면 개방, 6월 말 국내 부동산 외국인 취득 허용 조치를 취한 것이다(이연호, 2007.2.1). 그뿐만 아니다. 김대중 정권은 그 전까지 유지되어 오던 내국인 대상 부동산 관련 규제를 대거 완화하는 조치도 함께 취했다. 주상복합 건물 규제 완화(1998년 4월), 조합주택에 대한 소형주택 건설의무비율 폐지(4월), 분양권 전매제한 완화 및 폐지(4월), 주택청약 재당첨 제한 폐지(6월), 아파트 분양가 자율화 확대(6월), 1인 1청약통장 도입(2000년 3월) 등이 대표적인 예다. 당시 정권은 미분양 아파트 구입을 유도하고자 주택구입자금에 대한 자금출처조사를 면제하고 구입자금을 지원하기도 했다(오윤섭, 2008.8.28).[228]

227_ 2008년 현재 주택보급률은 100.7%다. 1975년 주택보급률은 74.4%였으나, 1980년 71.2%, 1987년 69.2%로 계속 하락했으며, 특히 서울은 1988년 56%에 불과했다. 박승에 따르면 이것은 군사정권 하에서 산업투자에 주력한 나머지 주택투자에는 소홀했던 결과다(박승, 2009.12.28).

228_ 괄호 속에 표기한 개별 조치들의 시행날짜는 신문기사 등을 참조하여 별도로 확인한 것이다.

2000년대에 들어와서 한국의 부동산 시장이 활황을 보이기 시작한 것은 이와 같은 부동산 정책 변화에 따른 효과였다고 판단된다.

이런 일련의 흐름을 우리는 공간의 금융화, 특히 부동산의 금융화로 파악할 수 있을 것이다. 'IMF 프로그램 하의 자본자유화' 계획에 의거해 외국인의 국내 부동산 취득을 허용하고, 그와 함께 내국인을 상대로 한 부동산 규제까지 크게 완화한 것은 국내외 자본, 특히 금융자본으로 하여금 한국 부동산 시장에 자유롭게 접근할 수 있도록 하기 위함이었다. 이런 점은 당시 경제위기 극복 과정에서 부동산 시장 활성화를 명목으로 각종 금융상품이 개발되어 도입된 것으로도 확인된다. 경제위기 국면에서 김대중 정권은 자산유동화증권(ABS), 주택저당담보부증권(MBS), 자산유동화기업어음(ABCP), 리츠 등 새로운 금융 상품 또는 제도를 도입했고, 이후 노무현 정권은 사모펀드를 도입했다. 부동산 금융화에 필요하다 싶은 금융 도구는 1990년대 말부터 2000년대 초에 이르는 짧은 기간에 거의 모두 도입된 것이다. 부동산이 이들 금융상품을 매개로 거래되기 시작했다는 것은 부동산의 증권화가 이루어지고, 부동산이 화폐 자본과 유사해졌다는 말과 같다. 각종 금융상품이 새로 도입될 무렵 은행금리가 급속도로 낮아지고, 가계부채가 급속도로 늘어난 것이 어찌 우연이겠는가.229 이런 변화는 3장에서 언급한 부동산의 자산화와도 밀접한 관련이 있다. 2000년대에 들어와서 한국에서 초고층 건물을 포함한 대규모 부동산 건설 붐이 조성된 것도 같은 맥락이다. 변화의 변곡점은 부동산 정책의 변화 특히 부동산의 금융화였던 것이다.

229_ 이런 조치는 모두 유동성 강화를 위해 취해진 것으로 보인다. 2013년 말 한국의 가계부채는 1100조가 넘는데, 이 부채의 상당 부분은 유동성 강화에 기여할 것이다. 주식시장 성장도 한국경제의 유동성을 강화시킨 주요 요인이다. 한국 주식시장 시가총액은 2007년 5월에 처음으로 1조달러를 돌파한 뒤(한겨레, 2007.5.31), 7월에는 한화로 1000조원을 돌파했고(한겨레, 2007.7.4), 이후 약간의 등락이 있었으나, 2010년에 다시 1000조원 수준을 회복하며 그 수준을 유지하여, 2013년 3월 기준으로 1조1549억 달러에 이른다(조선비즈, 2013.5.13). 그리고 부동산 시장의 활황도 유동성과 무관하지 않을 것이다.

이 결과 전통적으로 사용가치로 간주되던 주택까지 자본의 순환회로로 거듭 다시 불려나오는 일이 빈번해졌다. 지금 국내총생산(GDP) 대비 한국 부동산 시장의 비중이 유별나게 높은 것도 이런 점과 무관하지 않다. 최근에 들어와서 미국 가계가 보유하고 있는 부동산 자산가치는 약 18조 달러로 GDP 대비 114퍼센트이고, 일본은 약 10조 달러로 GDP 대비 171퍼센트라고 한다. 반면에 한국의 부동산 가치는 약 5조 달러로 GDP(1.13조 달러) 대비 436퍼센트에 이르는 것으로 나타났다(송은경, 2013: 10).[230] 한국인의 가계 자산이 부동산에 집중되기 시작한 것은 1990년대 말 이후부터다. 6장 5절에서 살펴본 것처럼 지난 15년 사이에 한국은 GDP는 3배가 늘어난 반면, 가계 부채가 6배로 늘어났다. 부채 증가는 1990년대 말부터 정부가 부동산 관련 규제완화 정책을 도입하고, 부동산 시장의 인위적 활성화를 도모해 금리를 인하하고, 부채의 자산화를 유도해서 생긴 현상이다.

4. 금융적 매개

2012년 12월 27일 하나대투증권은 17대 대선에서 박근혜 후보가 당선된 뒤 1주일 동안 한국 뮤추얼펀드의 주간 유입 규모가 크게 늘었다는 분석을

230_ 부동산 총액을 알 수 있는 자료는 흔치 않다. 부동산 총액을 언급한 관련기사 두 편에 따르면, 2003년 한국의 부동산 총액은 3000조원으로서 당시 GDP(5000억 달러)의 5배였고(매일신문, 2004.4.25), 2007년 재정경제부가 심상정 의원의 질의에 따라 내놓은 자료에 따르면 3825조원으로 당시 GDP(8880억달러)의 4.5배 수준이었다(한국경제, 2007.10.16). 단 재정경제부 자료는 공시지가에 근거한 것으로 통상 공시지가가 시가의 80퍼센트라는 점을 감안하면 2007년의 부동산 총액은 4500조원일 것이라는 계산이 가능하다. 이렇게 계산하면 2007년 부동산 총액도 2003년과 마찬가지로 GDP의 5배가량이 된다. 또 다른 추정도 있다. "2011년 12월에 나온 대우증권의 리서치 자료에 의하면 주택의 시가총액은 3천500조원 정도로 추정되고 있다. 여기에 과거 공시지가 기준으로 나온 토지 및 상가 시가총액 자료 추정치인 1천700조원을 더하면 우리나라의 부동산 시가총액은 대략 5천200조원이란 계산이 나온다"(하태형, 2012.9.6).

내놓았다. 이 기간 유입 규모는 6억5000만 달러로, 주간 기준으로는 사상 최대였으며, 2012년 주간 평균 유입 규모 1000만 달러와는 비교할 수 없을 정도로 높은 액수였다(이투데이, 2012.12.27). 대선 직후 이처럼 대규모 자본이 유입되었다는 것은 외국 자본이 한국의 새 정권 수립과 그에 따른 시장 조건 변화 전망에 민감하게 반응했다는 말일 것이다. 뮤추얼펀드는 투자자들의 자금을 모아 투자회사를 설립해 주식이나 채권·선물옵션 등에 투자한 후 이익을 나눠주는 투자신탁이다. 2013년 4월 1일 한국정부는 박근혜 대통령의 핵심 공약 실행 조치의 일환으로 부동산대책을 발표한다. "금융건 전성과 직결되는 DTI(Debt To Income, 총부채상환비율), LTV(Loan To Value, 담보대출인정비율) 규제 완화를 제외한 거의 모든 옵션을 쏟아" 붓는 내용이었는데, 특히 주목되는 것이 "리츠 및 펀드 활성화 해 '부동산 증권화'를 통한 기업형 임대사업을 육성하겠다는 계획"이었다(미디어스, 2013.4.2). 리츠(REITs) 즉 '부동산투자신탁'은 토지·건물 등의 부동산, 또는 주택저당증권 등을 투자대상으로 하는 뮤추얼펀드의 일종이다. 리츠에는 주택저당증권(MBS)이 포함되어 있고, 이 유가증권은 뮤추얼펀드의 투자 대상이다. 이런 사실은 2012년 말 당시 국내에 들어온 뮤추얼펀드 자금 가운데 상당 부분이 박근혜 정권이 실시할 부동산 정책 방향을 예상하여 투자되었을 것임을 짐작케 한다. 박 정권이 리츠를 활성화하겠다는 것은 따라서, 부동산 금융화를 촉진하겠다는 말과 같다.

앞서 언급한 대로 한국에서 조성되는 건축물이 초고층화, 거대화 경향을 띠기 시작한 것은 1990년대 말 이후, 즉 국제통화기금(IMF)의 구제금융을 받게 된 것을 계기로 한국경제가 금융화를 급속도로 강화하기 시작한 이후다. 당연한 말이겠으나, 초고층 대형 건축물 건설에는 거대한 규모의 자본이 소요된다. 대형 건설 사업의 예산 규모는 서울의 '상암DMC랜드마크타워'(3조6783억), 용산역세권(31조), 인천의 '청라국제업무단지'(6조2000억), '송도랜드마크시티'(17조), 에잇시티(317조), 파주의 '운정복합단지'(2조6333억), 천안의 '국제비즈니스파크'(6조6000억), 평택의 '브레인시티'(2

조4000억) 등 최근 추진이 무산된 사업들을 놓고 보면, 대부분이 수조원이고 심지어 수십조, 수백조원에 이르기도 한다. 물론 이들 사업은 모두 좌초했지만, 이미 완성되었거나 아직 추진되고 있는 사업 규모도 만만치 않다. 예컨대 부산의 해운대관광리조트 건설에 책정된 예산은 3조4000여억원이다(서울신문, 2011.2.16). 취소된 대형 건설 사업이 재개될 여지도 남아 있다. 최근 국토해양부는 용산역세권 사업처럼 "부동산 경기 침체로 좌초되었거나 표류중인 대규모 공모형 PF 사업"이 재개될 수 있도록, '입지규제최소지구' 선정을 검토하고 있는 것으로 알려졌다(서울경제, 2014.2.25). 이런 제도가 도입되거나 부동산 경기가 다시 살아날 경우, 대규모 건설 사업은 언제든지 진행될 수 있을 것이며, 계속해서 거대 자금이 동원될 것이다.

따라서 질문이 하나 떠오른다. 수천억, 수조, 수십조원의 재원은 도대체 어떻게 동원되는 것일까? 우리는 앞에서 신자유주의 시대의 대규모 건설은 공공 재정으로 이뤄지던 과거 수정자유주의 시대와는 달리, 사적 자본의 참여가 전제된 기획금융에 의존하는 경향이 크고, 장기 투자로 진행되는 기획금융에는 금융파생상품의 참여가 필요함을 확인한 바 있다(5장 6절). 이것은 오늘날 건조환경 구축을 선도하는 부동산시장의 작동을 위해서는 정교하고 광범위한 신용체계가 필요하다는 것을 말해준다. 이와 관련하여 살펴볼 필요가 있는 것이 '금융적 매개financial intermediation'의 새로운 발달 현상이다. 전통적으로 금융적 매개자는 예금을 기금으로 삼아 대출업을 하던 은행에 국한되었으나, 신자유주의 시대에 들어와서는 주요 공공 연기금이나 보험회사, 집합투자기구, 금융자문사 및 대행사 등이 주요 참여자로 부상하는 괄목할 변화가 생겨났다. 새로운 금융적 매개 행위가 성행함으로써 일어난 일의 하나는 부동산시장과 금융시장이 연계된 것이다. 이런 현상이 가장 먼저 나타난 나라는 미국이다. 1968년 패니메이Fannie Mae의 민영화, 1970년 프레디맥Freddie Mac의 설립을 통해 주택담보대출의 증권화가 제도화되는 길이 열림으로써,231 미국에서는 1960년대 말부터 2차 부동산

시장이 형성되었다. 그리고 부동산시장과 금융시장의 이런 결합 경향은 1980년대 초에 부동산의 증권화가 이루어지고, 부동산투자신탁(REITs)이 새로운 유형의 금융제도로 출현하면서 더욱 강화된다(Theurillat, 2011: 3-4). 리츠는 20세기 초반 스위스에서 처음 도입되었으나, 미국에서 도입된 뒤 세계적인 주목을 받아, 1980년대에 유럽 여러 나라와 오스트레일리아, 일본 등으로 확산되었고(Aveline-Dubach, 2008; Theurillat: 4에서 재인용), 한국에는 2001년 7월에 처음 도입되었다.[232]

리츠가 도입된 시점은 이미 한국에서도 부동산시장과 금융시장의 연계가 상당 부분 형성된 때다. 이미 언급한 것처럼 김대중 정권은 IMF의 구제금융을 받고자 출범 벽두인 1998년에 부동산 규제를 대폭 완화했는데, 이 과정에서 ABS, ABCP, MBS, 뮤추얼펀드, 리츠, 부동산펀드, 사모펀드 등 부동산시장에서 유통될 수 있는 금융상품이 대거 도입되었다. 2000년대에 이르게 되면 따라서, 한국에서도 부동산시장이 금융시장과 긴밀하게 연계하여 작동하기 시작했다고 볼 수 있다. 공제선을 포함한 한국의 도시경관이 초고층 거대건물의 지배를 받기 시작한 것도 이런 변화와 무관하지 않을 것이다. 기존의 건물 매매는 물론이고 새로운 건물 개발을 위한 투자자금이 금융시장을 통해 유통됨으로써, 건조환경 조성에 새로운 동력이 생겨난 것

231_ "1968년 이전 패니메이는 대체로 자신이 구입한 담보대출상품을 보유하며 기금의 비용과 담보대출에 대한 이자의 차이—차액—로 수익을 냈다. 1968년, 1970년 입법이 지니, 패니, 프레디에 유동화라는 또 다른 옵션을 제공했다. 지니가 1970년에 첫 번째로 담보대출을 유동화한다. 대부자는 담보대출의 풀을 모아서 담보대출 풀이 보증하는 채권을 발행한다. 이들 채권은 지니가 원금 및 이자의 적시 상환을 보증하는 가운데 투자자에게 판매된다. 1971년에는 프레디가 담보대출을 구입하여 풀로 만들어 담보대출 보증 채권으로 파는 사업에 들어갔다. 1981년 이자율 급등으로 패니의 담보대출 포트폴리오에 대규모 손실이 일어나자 패니가 뒤를 따랐다. 1980년대, 1990년대에 기존 담보대출 시장이 확대되자, 정부지원기관의 중요성이 커졌고, 연방주택국과 재향군인회의 시장 지분은 줄어들었다"(FCIC, 2011: 39).

232_ 당시 한국에서 리츠를 도입한 목적은 "외환위기 이후 촉발된 자산 디플레이션으로 인해 어려움을 겪고 있던 기업의 부동산을 원활하게 현금화하고 지나치게 유동성이 떨어지는 부동산을 소액 단위로 증권화해 유동성을 높여 선진화"시키려는 데 있었다고 한다(정영완·김도현·김성봉, 2008: 162).

이 중요한 작용을 했던 것으로 보인다. 다음에서는 이때 작용하는 금융상품의 종류는 무엇이고, 각 상품의 한국 현황은 어떠한지 간략하게 살펴보고자한다.

ABS가 한국에서 발행되기 시작한 것은 1999년이고,[233] ABCP가 도입된것은 2000년이다.[234] ABS는 1999년 32건 6.8조원, 2000년 154건 49.4조, 2001년 194건 50.9조, 2002년 181건 39.8조, 2003년 191건 39.9조, 2004년 170건27.0조원 발행 현황을 보였고(포항부동산, 2010.10.5), 최근 들어와서는 발행규모가 급증하여 2013년 상반기 말 기준 ABS 발행 잔액은 136.0조원으로추정된다(위키트리, 2013.7.19). 이 가운데 부동산시장과 긴밀한 관련이 있는 부동산 기획금융 ABS 현황을 보면, "2013년 부동산 PF ABS 발행규모는16.1조원(323건)으로 2012년(11조원, 165건)에 비해 크게 증가한 것으로 집계되었다." "대형 건설사의 신용등급 하락 여파로 건설업 전반의 신용위험이 크게 부각되면서 불리한 시장환경이 지속되었음에도 불구하고," 부동산기획금융 ABS의 발행규모가 이처럼 증가한 것은 "미공시 금지 규제의 효과가 반영된 데다 개발사업으로부터의 자금회수 지연으로 리파이낸싱 목적의 유동화 수요가 꾸준한 가운데 건설사의 PF 관련 자금조달 수요가 유동화 시장으로 집중되었기 때문이다"(김경무, 2014: 4). 다른 한편, ABCP는 금융감독원에 의해 "기업자금조달의 원활화를 기하고 채권시장 활성화"를 위한다는 명목으로 도입된 금융상품으로서, 2000년 8월 LG캐피탈이 카드대

233_ "ABS란 기업의 부동산을 비롯한 여러 가지 형태의 자산을 담보로 발행된 채권이다. ABS를 통해 조기에 매출채권이나 대출을 현금으로 회수하는 것이 가능하므로 기업과 은행의 현금흐름이 좋아진다. 특히 여러 채권을 통합하여 각 단위로 나누어 ABS를 발행하여 판매하는 형태를 가지는데, 일반적으로 특별한 목적을 가진 기업인 유동화전문회사가 기업이나 은행으로부터 자산을 사들이고 이를 담보로 ABS를 발행한다"(PMG지식엔진연구소, 2013).

234_ ABCP는 "자산유동화회사(SPC)가 매출채권, 부동산, 회사채 등의 자산을 담보로 발행하는 기업어음이다. 통상 3개월 만기의 단기 유동화증권으로 만기가 긴 일반 대출에 비해 금리가 낮다. …ABCP와 ABS는 모두 자산을 담보로 한 채권이라는 점은 동일하나 ABS의 발행 형태가 채권인 만큼 유동성이 있는 데 비해 ABCP는 지급보증보다 확실한 어음 형태여서 채권 위험이 더 낮다"(시사경제용어사전, 2010.11).

출을 유동화자산으로 하여 총 5027억원 규모로 처음 발행했다(금융감독원, 2000.8.7-12). 한국투자증권에 따르면, 2013년 4월 현재 기획금융 ABCP의 발행 잔액은 26조원에 이른다(한국투자증권, 2013).

부동산시장에서 금융적 매개 작용을 하는 금융상품 가운데 특히 주목할 것이 ABS의 한 종류인 주택저당담보부증권(MBS)이다. MBS가 중요한 것은 소비자로 하여금 주택자금의 20, 30퍼센트밖에 되지 않는 자금으로도 주택을 구입할 수 있게 하여 주택시장을 활성화하기 때문이다.[235] 한국에서 MBS가 최초로 발행된 것은 2000년이며, 첫해 발행규모는 1조3788억원이었다. 발행 초기 MBS에 대한 수요는 그렇게 크지 않았던 모양으로, 발행 다음 해부터 발행 규모가 줄어들어 4년차인 2003년에는 3266억원밖에 발행하지 못했다고 한다. 하지만 그 뒤로 발행 규모가 늘어나기 시작해, 2004년에는 5조466억원이 되었고, 이후에도 2005년 4조6306억원, 2006년 3조7666억원, 2007년 4조4309억원으로 비슷한 수준을 유지하며 8년 동안 총 21조원가량이 발행되었다(박연우 외, 2008: 14). MBS 발행 규모는 최근에 더 큰 증가세를 보여, 2011년에 10조1000억원으로 늘어난 뒤, 2012년에는 전해의 두 배인 20조2813억원에 이르렀으며, 2013년에도 22조7000억원으로 전 해보다 소폭 늘어난 모습을 보였다(노컷뉴스, 2013.2.27; 한국경제. 2014.2.13).

이제 리츠와 부동산펀드의 상황을 살펴보자.[236] 한국의 리츠시장 규모는

235_ "MBS는 금융기관이 주택을 담보로 만기 20년 또는 30년짜리 장기대출을 해준 주택저당채권을 대상자산으로 하여 발행한 증권으로 자산담보부증권(ABS)의 일종이다. … 예를 들어 A은행이 B에게 주택을 담보로 1억원을 대출해주고 B는 10년에 걸쳐 원금과 이자를 갚기로 했을 경우, A은행이 담보로 잡은 주택과 저당채권을 근거로 증권을 발행해 투자자에게 직접 매각하거나 유동화중개회사를 통해 증권을 발행, 투자자에게 매각해 대출자금을 회수한다는 것이다. 이러한 채권 유동화 과정을 통해 금융기관은 대출금을 조기에 회수할 수 있기 때문에 대출이 활성화되고 내 집 마련을 계획하고 있는 소비자 입장에서는 집값의 20-30%만 있으면 주택을 구입할 수 있게 된다"(PMG지식엔진연구소, 2013).

236_ "자본시장과 금융투자업에 관한 법률에 의한 부동산펀드란 펀드재산의 50%를 초과하여 부동산 및 부동산 관련 자산에 투자하는 펀드를 말한다. …부동산투자회사법에

그렇게 큰 편은 아니다. 한국리츠협회에 따르면, 그 규모는 "2004년 1조원을 넘은 뒤 2007년 5조원 시대를 열었다가 금융위기 이후인 2009~2011년 7조~8조원대[에] 머물며 주춤했"으나, 2012년 말 9조5000억원, 2013년 6월 말 10조2000억원으로 커졌다(건설경제신문, 2013.7.4). 이런 규모라면 연간 GDP 1퍼센트에 육박하지만, 그리 크다고 할 수는 없다. 참고로 세계 리츠시장 규모는 1조 달러가 넘는 것으로 알려져 있다(Hewitt EnnisKnupp, 2013: 75). 2012년 현재 한국의 경제규모(약 1.2조 달러)는 2012년 현재 세계경제(약 72조 달러)에서 약 1.7퍼센트의 비중을 차지하지만, 리츠만 놓고 보면 한국의 비중은 훨씬 더 낮다. 그러나 리츠와 긴밀하게 연동되어 있는 부동산펀드의 규모를 고려하면 꼭 그렇다고 하기는 어렵다. 금융투자협회에 따르면, 2013년 6월 말 기준 부동산펀드 순자산은 21조6290억원이다. "부동산펀드 순자산은 지난 2009년 말 11조5590억원으로 10조원을 넘어선 이후 2010년 말 14조1310억원, 2011년 말 16조4290억원, 지난해 말 19조9010억원으로 지속적인 증가 추세를 보이고 있다. 올 들어서도 1월을 제외하고 증가세가 꾸준히 이어지면서 지난 3월 20조3,830억원을 기록한 뒤 지난달 21조원 돌파에 성공했다"(서울경제, 2013.7.13). 이런 사실은 2013년 현재 부동산시장에는 부동산펀드와 리츠를 합한 펀드 형태로 30조원이 넘는 자본이 들어가 있음을 말해준다.

'사모펀드private equity funds'가 국내에 도입된 것은 노무현 정권 시절인 2004년 12월이다. 이때 '간접투자자산운영업법'이 개정되면서 사모투자전문회사라는 이름으로 사모펀드 투자가 허용된 것이다.[237] 국내 사모펀드

<hr />

의한 부동산투자회사는 국토해양부장관의 설립인가를 받아 상법상 주식회사로 설립된 펀드로 통상 REITs(Real Estate Investment Trusts)라 불린다"(금융감독원, 2011.2).

237_ '사모펀드'는 "비공개로 소수 투자자의 자금을 모아 주식이나 채권에 투자하는 펀드로 고수익기업투자펀드라고도 한다. 고수익을 추구하지만 그만큼 위험도 크다. 소수 투자자로부터 단순 투자 목적의 자금을 모아 펀드로 운용하는 주식형 사모펀드(일반 사모펀드)와 특정 기업의 주식을 대량으로 인수해 기업 경영에 참여하는 방식으로 기업의 가치를 높인 후 주식을 되팔아 수익을 남기는 사모투자전문회사로 구분한다. 일반적으로 사모펀드란 사모투자전문회사를 말한다. 우리나라 투자신탁업법에서는

시장은 2007년 한해에만 80조원 이상의 자금이 유입되며 활발한 모습을 띠다가 세계경제위기를 겪으며 위축되었으나, 최근에는 다시 성장하여 2013년 10월 현재 설정액 134조원, 펀드수 7393개의 규모가 되었다(신규섭, 2013.12.27). 이 가운데 부동산에 투자되는 사모펀드의 자본 규모는 정확하게 알 수 없으나, 2012년 5월 현재 6개월 이상 운영되고 있는 국내 부동산 사모펀드 수는 273개로 알려졌다(아시아투데이, 2012.5.17).

지금까지 간략하게 소개한 ABS, ABCP, MBS, 리츠, 부동산펀드, 사모펀드 등은 금융시장에서 서로 연계되어 있고, 부동산시장과도 연계되어 있다. 국내 금융시장에서 이들 금융상품의 거래 규모가 증가했다는 것은 따라서 한국에서도 부동산시장과 금융시장의 연계가 크게 진척되었다는 말이다. 금융상품은 세계화 흐름을 타고 거래된다는 점도 중요하다. 국내에서 투자되는 금융상품이 해외시장으로 진출하기도 하지만, 해외 금융자본이 국내 시장으로 유입되는 일이 비일비재한 것이다. 17대 대선 직후 1주일 동안 6억5000만 달러가 한국 뮤추얼펀드 시장으로 몰려든 것이 단적인 예다. 2012년 말 현재 세계 뮤추얼펀드 시장의 규모는 27조달러이고, 한국 시장의 자산 규모는 아시아에서는 호주, 일본, 중국에 이어 4번째 수준으로 약 2700억 달러에 이른다(김세완, 2013.9.23).

지금까지 살펴본 바에 따르면, 부동산시장과 연동되어 있는 한국 금융시장의 자본 규모는 아무리 줄잡아 말해도 거대하다고 봐야 할 것 같다. 2013년 부동산 기획금융 ABS 발행규모는 16.1조원(김경무, 2014: 4), 2013년 4월 현재 기획금융 ABCP의 발행 잔액 26조원(한국투자증권, 2013), 2013년 MBS 발행액 22조7000억원(노컷뉴스, 2013.2.27), 2013년 3월 부동산펀드 순자산 규모 20조3830억원(서울경제, 2013.7.13), 2013년 6월 말 리츠 규모 10조2000억원(건설경제신문, 2013.7.4) 등을 단순 합산하면 100조원 가까이 된다. 부동산 관련 금융자본은 이것으로만 끝나는 것도 아니다. 뮤추얼펀드와 사모

100인 이하의 투자자, 증권투자회사법에서는 50인 이하의 투자자를 대상으로 모집하는 펀드를 말한다'(기획경제부, 2010).

펀드 가운데 부동산으로 투입되는 자본과 ABS나 ABCP 이외의 방식으로 기획금융 재원으로 유입되는 자본도 포함될 것이기 때문이다. 한국방송의 한 특집 방송 보도에 따르면, 2010년 현재 금융권의 기획금융 대출 잔액은 74조2천억원, 공공기관이나 지자체가 추진하는 공모형 PF의 규모는 120조 원이었다(KBS, 2010).[238] 2011년의 경우 "추진 중인 공모형 PF사업은 서울 용산 국제 업무지구와 경기 성남 판교신도시 중심상업지역 개발(판교알파 돔시티), 인천 청라국제도시 상업지역 개발, 경기 안산 사동 및 고양 한류우 드, 부산 북항 재개발 등 30여 곳에 100조 원이 넘는다"는 보도가 있었다(파 이낸셜뉴스, 2011.11.20). 100조원이라면 2010년의 120조원보다는 20조원이 줄어든 것이지만 그래도 엄청난 규모가 아닐 수 없다.

물론 한국에서 조성된 부동산 관련 금융자본이 국내 부동산 시장에만 투자되는 것은 아니다. 금융자유화로 인해 금융자본의 외국 진출이 빈번하 기 때문이다. 하지만 국내 금융자본의 해외 유출이 수월한 만큼이나, 외국 금융자본의 국내 유입 또한 수월해졌다는 점도 고려해야 한다. 총예산 317 조원이라는 초대형 규모로 추진되다가 무산된 '에잇시티' 같은 사업에는 해외자본 유치 계획이 당연히 포함돼 있었을 것이다. 고덤Kevin Fox Gotham 에 따르면, "새로운 금융 수단의 개발 및 제도화"로 인해, 부동산 재원 조달 은 이전과는 전적으로 다른 방식으로 이루어지고 있다. 부동산 개발을 위한 재원이 "지역의 축적망으로부터 탈착"되어 있고, "지구적 자본시장으로 휩 쓸려" 들어가 있는 것이다(Gotham, 2009: 363). 오늘날 건조환경이 갈수록 초대형으로 조성되는 것도 이런 점과 무관하지 않으리라. 퇴리야Thierry Theurillat가 지적하고 있듯이, 건조환경은 이제 금융적 매개를 통해 개발됨 으로써 그 규모가 거대해지는 변화를 목격하게 되었다. 최근에 들어와서 거대 건축물이 자주 조성되는 것은 "건조환경 시장이 갈수록 지구적 규모 로 조직되고, 그 위에서 기능하기 때문"이다(Theurillat, 2011: 6).

238_ 2010년 10월 26일 방송. http://news.kbs.co.kr/economic/2010/10/26/2183229.html (2011년 7월 5일 검색.)

5. 금융화 시대의 추상공간

이제 관심을 돌려 오늘날 공간 환경이 왜 선진국과 신흥공업국, 개발도상국을 가리지 않고, 대규모 자본을 동원하며 초대형화하고 있는지 생각해보자. 2000년대 이후 중국, 인도, 한국 등 국가의 대도시에서 거대한 건조환경이 조성된 것을 개별 도시나 국가가 추진한 공간 정책들이 우연히 만들어낸 합주 효과로만 여길 수는 없어 보인다. 그보다 그것은 많은 국가와 도시가 어떤 공통된 공간 정책을 진행한 결과일 것이다. 이런 점과 관련해 눈여겨볼 것이 이제 갈수록 많은 도시들이 '기업가형 도시' 또는 '경쟁적 도시'를 지향하고 있다는 사실이다. '경쟁적 도시'는 발전국가들의 국제 조직 경제개발협력기구(OECD)가 권장하고 나선 새로운 도시 유형이기도 하다. OECD에 따르면, 오늘날 경쟁력을 갖춘 도시는 지역발전과 계획에 대한 주도적이고 선취적인 접근법, 시장기제로 공공 목적을 달성하도록 지역 협치에 권능을 부여하는 접근법, 공공-민간 협력 관계에 대한 지지, 전략적 계획에 기반을 둔 접근법 등으로 구성되는 기업가적 도시개발 방식을 성공적으로 채택한 도시다(OECD, 2009; Charnock and Libera-Fumaz, 2011: 3에서 재인용).

경쟁적이고 기업가적인 도시의 출현은 신자유주의 시대에 들어와서 '작은 정부' 정책이 추진되면서 나타난 현상이다. 하비에 따르면 1970년대 초부터 미국에서는 경제위기 속에 연방정부의 재분배 예산을 따내기 어렵게 되고 사회적 소비가 축소되자, 많은 도시에서 '경비절감의 정치경제'가 형성되었다. 1970년대 중반, 뉴욕시가 파산 위기에 빠진 것도 그 결과다. 세계 자본주의 헤게모니 국가의 최대도시를 파산 궁지로 몰아넣은 것은 경비절감 여파로, 실질임금이 저하된 데 대한 시 공무원의 불만 및 저항을 잠재우고 규율하기 위함이었다. 이런 배경을 바탕으로 이 시기에 기업가형 도시에 대한 관심이 커지게 된다. 연방정부의 긴축 정책으로 재정압박에 시달리게 된 주 정부, 지자체 도시들이 구조조정 등과 함께 생존전략을 찾는 과정에서 새로운 도시 모형을 모색하게 된 것이다(Harvey, 1990: 255). 기업가형 도시는 수정자유주의 시대 도시 형태인 '관리형 도시'와는 운영 방식이 다르다. 관리형 도시는 '복지 도시'라고도 하며, 그 주요 기능을 중앙정부로부터 배당받은 예산을 집행하는 데 두고 있었다. 하지만 중앙정부의 교부금이 크게 줄어들자, 도시들은 이관된 예산을 관리하는 것만으로 존립하는 것이 갈수록 어려워졌다. 기업가형 도시가 등장한 것은 도시들이 이리하여 서로 경쟁체제로 내몰려 각자 자구책을 구하게 된 결과다.239

미국에서, 그리고 세계 전역에서 기업가형 도시가 나타난 것은 도시들이 이제 사적 부문과 유사한 행동을 취하기 시작했음을 보여준다. 도시가 관리형에서 기업가형으로 전환하는 과정에서 드러낸 것이 금융화 즉 금융 부문에의 의존 경향이다. 오늘날 공간 생산은 그리하여 "부동산 금융시장의 리듬과 흐름"에 의해 지배되고 있다(Spess, 2011). 신자유주의는 케인스주의적 복지국가의 해체를 겨냥하여 '작은 정부'를 선호했고, 이 과정에서 복지나 사회기반 시설 개발 및 유지 등 과거 중앙정부가 맡아온 재정 책임을 지방정부에 이전시켜, 지방정부로 하여금 사적 금융으로부터 재정 자원을 찾도록 강제했다. 최근 인천직할시를 위시한 한국의 지자체들이 수백 수천억, 심지어는 수십조 원 빚더미에 앉게 된 것도 같은 맥락의 일이다.240 이런 상황은 도시발전을 꾀한다는 명목으로 금융시장에서 거대한 부채를 일으켜 일어난 일로서, 수많은 도시들이 십 수 년에 걸쳐 추진한 금융화의 결과다. 웨버Rachel Weber에 따르면, 도시의 금융화 정도는 "시채市債 증가, 공공자산 민영화 및 증권화, 시 정부 가용 금융서비스 규모 및 범위 증가, 주요

239_ 하비에 따르면 이와 같은 도시간의 경쟁은 (1) 국제적 노동 분할에서 위치 경쟁, (2) 소비 센터로서 위치 경쟁, (3) 통제와 지휘 기능(특히 금융 및 관리 능력)을 놓고 벌이는 경쟁, 그리고 (4) 정부의 재분배를 놓고 벌이는 경쟁으로 분화되어 이루어진다 (Harvey, 1990: 255).

240_ 2012년 말 현재 인천시는 12조9900억, 경기도는 15조8278억, 서울시는 26조5702억 원의 부채를 안고 있다. "387개 지방공기업의 부채는 2012년 말 기준으로 72조여원에 달했다. 각종 민자 사업 추진으로 인해 앞으로 갚아야 할 빚도 27조여원으로 추산됐다. 지자체의 공식 부채에는 포함되지 않은 감춰진 부채가 100조원에 육박하는 것이다"(조선일보, 2013.5.31).

집단적 소비 관련 결정에서의 투자자 지향성" 등으로 나타난다(Weber, 2010: 252). 금융화는 이때 두 가지 과정을 가리키고 있다. 한편으로 "금융행위(투자펀드, 채권)의 증가," 다른 한편으로 "금융 논리 및 기술(부동산채권의 활용, 증권화, 파생상품)의 전체 도시 구조에의 전면 적용"이 그것이다(Enright, 2012: 255).

미국의 경우 이런 경향을 단적으로 보여준 것이 조세담보금융tax increment finance(TIF) 제도의 도입이었다. TIF는 "도시정비구역의 재정비로 발생할 미래의 재산세 수입을 담보로 채권을 발행해 도시정비사업 재원을 충당하는 금융기법이다"(일간건설신문, 2012.8.2). 웨버에 따르면, 이 기법은 "지방 자치체로 하여금 지정된 도시 구역에서 나오는 미래 재산세 수입에 대한 권리를 묶어서 판매할 수 있게" 해준다(Weber: 251). 다시 말해 아직 걷히지 않은 세금을 예상 수입으로 놓고 그에 대한 권리를 사전에 유동화하는 셈이다. 한국에서는 이런 기법이 아직 도입되지 않았지만, 근래에 뉴타운, 재개발 등의 사업이 표류하게 되자 자금을 동원할 수 있는 유력한 수단으로 TIF 도입이 유력하게 검토된 바 있다(일간건설신문, 2012.8.2; 하우징헤럴드, 2012.9.11).

한국에서 이미 널리 사용되고 있는 공공-민간협력사업(PPP) 기법 또한 공간의 금융화 사례에 속한다. 세금에 대한 권리를 유동화하여 자금을 동원하지는 않는다는 면에서는 TIF와 다르지만, 공공영역 개발사업에 금융시장을 중심으로 하는 사적 부문의 참여를 허용한다는 면에서 공간의 금융화를 따르기는 PPP도 마찬가지다. 퇴리야에 의하면 유럽에서 건조환경을 대상으로 하는 금융시장이 형성된 것은 다수 국가가 제도개혁을 실시한 결과로서, 여기에는 "공공재산의 민영화 또는 새로운 형태 공공-민간협력사업의 개발"이 포함되어 있다(Theurillat, 2011: 4).

여기서 르페브르가 제출한 '추상공간' 개념을 검토할 필요가 있을 것 같다. 추상공간은 '절대적 공간', '역사적 공간'에 뒤이어 나타난 공간 형태로, 자본주의적 축적 논리에 따라 형성된 것이다. 르페브르에 따르면 "절대적 공간이 고유한 특질들(동굴, 산 정상, 샘, 강 등) 때문에 선택되었으나 신성화로 인해 자연적 성격과 특별함이 탈각된 지점들에 위치한 자연의 파편들로 이루어졌다"면, 역사적 공간은 이 공간으로부터 나온 "상대화된 공간"으로서(Lefebvre, 1991: 48), 중세 유럽 도시로 대표된다. 이 역사적 공간을 해체하며 등장한 것이 추상공간이다. "자본주의와 신-자본주의는 추상공간을 생산했고, 이 공간은 화폐 권력 및 정치적 국가 권력과 함께 '상품들의 세계', 그 '논리' 그리고 그 세계적 전략들을 포함한다. 이 공간은 은행들, 영업 중심들, 주요 기관들, 그리고 또한 고속도로, 공항, 정보 격자들 위에 정초해 있다. 이 공간에서 도시—한때 축적의 온실, 부의 근원, 역사적 공간의 중심—는 해체되었다"(Lefebvre: 53).

이제 우리가 살펴봐야 할 것은 이 추상공간과 금융화의 관계다. 추상공간은 자본주의적 공간이라는 점에서, 금융화 이전에도 사회적 공간을 지배해 왔다고 봐야 한다. 그렇다면 오늘날 이 공간의 변화된 특징은 무엇인가? 자본주의적 공간으로서 추상공간은 '전략적' 공간임을 확인할 필요가 있다. 19세기 중반 오스망Georges-Eugène Haussmann 남작이 파리를 자본주의적 공간으로 재건했을 때 했던 일은 많은 사람들이 지적하듯, "전략적인, 따라서 전략 관점에 따라 계획되고 구분된 공간을 도입한" 것이었다(Lefebvre: 312). 전략적 공간을 도입하는 것은 오늘날도 추상공간 구성의 중요한 방식이다. 금융화 시대 추상공간의 대표적인 사례라 할 수 있는 기업가형 도시가 바로 그런 경우다. 기업가형 도시는 OECD가 권장한, 전략적 계획에 기반을 둔 접근법을 채택하는 경쟁적 도시에 해당한다(Charnock and Libera-Fumaz, 2011: 3).

금융화 시대 추상공간은 기존의 추상공간과 구분되는 모습을 드러내기 시작했다. 이런 변화가 처음 나타나기 시작한 곳도 미국이다. 하비에 따르면 민권 시위, 거리 폭동, 도심 봉기, 반전 데모, 반문화 행사 등으로 점철되고 있던 미국의 도시 스펙터클은 대략 1972년부터 연출된 상업적 스펙터클로 바뀌기 시작했다. 이런 변화를 주도한 것이 1960년대 도심 재개발을 이끈 엄격한 모더니즘적인 건축 미학과 구분되는, "표면의 화려함과 일시적 참여 기쁨, 과시와 덧없음, 열락jouissance 등의 감각을 지닌 스펙터클 건축" 즉 포스트모더니즘 건축 미학이다(Harvey, 1989: 90-91). 1970년대 미국에서 새로운 도시경관이 조성되기 시작한 것은 당시 경제위기를 맞아 각 도시가 자본 유치 경쟁을 위해 나설 수밖에 없었던 사정과 긴밀하게 관련되어 있었다.

> 자본가들이 세계 지리를 구성하는 공간적으로 분화된 특질들에 갈수록 민감해지면, 그런 공간을 장악한 사람들, 세력들은 그 공간을 고도로 유동적인 자본에게 덜 매력적이기보다는 더 매력적으로 보이게 바꾸는 것이 가능하다. 예컨대 지역의 지배 엘리트는 원하는 특정 공간에 개발 사업을 유치하기 위해 노동통제, 기술력 제고, 하부구조 공급, 세금 정책, 정부 규제 등의 전략을 도입할 수 있다(Harvey: 295).

각 지역 엘리트가 노조활동 억제(노동통제), 고급인력 유치(기술력 제고), 사회간접자본 조성(하부구조 공급), 세금정책(세금혜택), 정부 규제 관련 정책(규제 완화) 등을 통해 지역발전을 도모한 것은 1970년대 초에 발생한 공황의 여파가 만만치 않았고, 그에 대한 대응으로 대대적인 '공간적 조정'을 실시해야 할 필요가 컸음을 말해준다. '공간적 조정'은 이때 거대한 건조환경 조성을 통해 도시에 새로운 경관을 구축하는 일로 이어졌고, 포스모더니즘 미학에 기초한 스펙터클 건축이 이 경관을 지배하는 결과를 낳았다. 자본주의적 추상공간의 새로운 변신이 이루어진 것이다. 수정자유주의 시대 추상공간에서 복지국가와 관리형 도시가 중요한 역할을 했다면—1960년대 대중의 반란과 저항은 도시 폭동, 시위, 봉기 등의 형태로 주로 이런 도시로 집중되었다—오늘날 추상공간을 지배하는 것은 금융화의 논리요, 그에 따라 구축된 경쟁적 기업가형 도시다.

지방정부가 국가의 관리 기능을 맡고 있던 수정자유주의 시대의 추상공간은 '기계적'이었다고 할 수 있다. 이 시기에는 주택도 "들어가 사는 기계"로 취급되었다(Le Corbusier, 1986: 95). 르 코르뷔지에는 다음과 같이 말한 바 있다. "만약 우리가 가슴과 마음으로부터 주택 관련된 모든 죽은 개념들을 제거하고 이 문제를 비판적이고 객관적인 관점에서 바라본다면, 우리는 '주택-기계' 즉 우리 생활에 수반되는 노동 도구들이 아름답듯이 건강하고(도덕적으로도) 아름다운 대량생산 주택에 도달하게 될 것이다"(Le Corbusier: 227). 가르트먼David Gartman에 따르면, "모더니스트들이 정육면체나 실린더 같은 순수한 기본 형태를 선호했던 것은 그런 것이 '기계적 선택 법칙'의 결과라고 믿었기 때문이다." 이 법칙에 의하면, "대상들은 제조와 사용의 경제성에 의해 규정되는 표준형을 지향한다"(Gartman, 2009: 88-89). 공간에 대한 이런 기계적 이해는 포드주의가 주된 생산방식으로 작동하던 수정자유주의 시대까지 지배적 위상을 차지했다고 볼 수 있다.

금융화로 인한 새로운 공간 구성 원리를 보여주는 대표적인 사례 하나가 최근 스페인 바르셀로나의 포블레누 구역에서 기업가형 도시 모형으로 추진된 '22@바르셀로나' 개발 사업이다. 차녹Greig Charnock과 리베라-후마즈Ramon Libera-Fumaz에 따르면, 22@바르셀로나는 생산 공장과 소비 거리의 구분이 말끔하게 제거되어 있어서 "소비 자체가 생산 과정으로 고양되어 통합된 공간적 형태"다. 노동자들은 "이런 혁신적 환경에서 탄력적 시간제로 노동하고 다른 사람들과 사귀고 자주 만나지만, 꼭 '사무실'에서 그렇게 하지는 않으며, 최신 생산도구를 익히고 그것과 친근해지는 데 투자한다. 그들의 공간적 실천은 다른 곳과 구별되는 그 공간의 전반적 경쟁력에 도움이 되는 방식이다"(Charnock and Libera-Fumaz, 2011: 27-28). 공장과 거리, 노동과 소비 또는 일상의 명확한 구분이 사라진 이런 공간에서는 재정, 노동력, 정보, 역능, 기술 등을 중심으로 이루어지는 각종 자원 흐름을 최대한 원활하게 하는 것이 핵심적 과제로 떠오른다. 새로운 추상공간의 작동 방식은 그래서 근대적인 기계적 공간 즉 학교, 병영, 공장, 병원, 감옥 등의 '감금장치'와는 근본적으로 다를 수밖에 없다. 고정된 장소에 사람들을 배치해놓고 훈육하는 감금장치가 지배하는 사회는 '훈육사회'다. 반면에 새로운 공간은 '통제사회'로서, "사람들을 더 이상 감금하지 않고 계속적인 통제와 즉각적 소통을 통해 작동한다"(Deleuze, 1995: 174). 통제사회가 '계속적인 통제'와 '즉각적 소통'을 중시하는 것은 거기서는 정보나 재정, 역능, 기술 등 각종 자원의 흐름을 관리하는 것이 가장 중요하기 때문이다. 이때 '자원'은 위험risk으로 파악되고, '흐름'은 이 위험의 변동을 나타낸다. 22@바르셀로나 같은 새로운 공간이 유연하고 탄력적인 모습을 띠는 것은 이 때문이다. 테일러리즘의 기계적 기능성을 강조한 포드주의적 공간과는 달리, 금융화 시대 추상공간은 위험의 흐름을 지속적으로 통제하고 관리해야 하는 만큼 탄력적으로 작동해야 한다.

6. 도시의 경관화와 '안면성'의 지배

기획금융, MBS, 리츠, 부동산펀드 등 다양한 금융공학이 동원되어 전개된 최근의 부동산 개발은 거대 초고층 건축물을 만들어내고, 과거와는 질적으로 다른 도시경관을 형성해냈다. 최근 들어와서 대도시 공제선이 변한 것도 거대한 초고층 건물군이 들어서며, 새로운 경관이 도시를 지배하게 되었기 때문이다. 경관은 그렇다면 오늘날 어떤 공간적 논리를 가동시키며, 도시 공간을 어떻게 규정하고 있는 것일까?

'경관景觀'은 일본의 식물학자 미요시 마나부三好學가 1901년에 독일어 '란트샤프트Landschaft'를 번역한 뒤 한자권에서 사용해온 용어다. 독일어 '란트샤프트'는 같은 게르만어에 속하는 영어에서는 '랜드스케이프landscape'가 되지만, 라틴어 계열인 프랑스어와 이태리어에서는 페이자주paysage, 파에사지오paesaggio로 바뀐다. 주목할 것은 'Landschaft', 'landscape', 'paysage', 'paesaggio'에서 어미('-schaft', '-scape', '-age', '-aggio')는 어근('land', 'pays')의 경향성을 가리킨다는 점이다. 즉 이들 단어는 나라가 나라로서, 토지가 토지로서 가진 경향, 다시 말해 나라의 나라다움, 토지의 토지다움을 나타내는 것이다 (幽蘭, 2003: 85).[241] 이렇게 보면 오늘날 도시경관이 새롭게 형성되었다는 것은 도시를 도시답게 만드는 새로운 방식이 만들어졌다는 의미가 된다.

20세기 초에 한 서양어의 번역어로 도입되었다는 사실은 '경관'의 역사가 적어도 1세기가 넘음을 말해준다. 그렇다면 경관 전통은 서양에서 먼저 만들어져 동양으로 전해진 것일까? 그런 것 같지는 않다. 동북아시아에서는 서구에서 전래된 경관과는 사뭇 다른 '풍경風景'이라는 전통이 있었다. 이 전통은 4세기 무렵 등장한 '산수山水' 개념에서 비롯된 것으로 알려지고 있다. '산수'는 원래 '산과 물' 또는 '산에서 나는 물'을 가리켰지만, 당시 발달한 은둔사상과 더불어 단순한 자연 대상만이 아니라 미학적이고 윤리적인 대상으로 인식되기 시작했다(Berque, 2009: 4).[242]

중국에서 발전한 전통은 16, 17세기 유럽에서 발전한 경관 전통과는 일정하게 구분되는 것으로 보인다. 후자의 경우 조성되었거나 소유 대상이 된 자연 모습을 가리킨다면, 전자는 인위적 요소보다는 자연의 원래 모습을 강조하는 경향이 크다. 5장에서 살펴본 것처럼 근대 초기에 등장한 '풍경화'에 묘사된 경치나 토지는 그림 소유자의 소유물인 경우가 많았다. 게인즈버러의 유화 작품에 등장하는 앤드류스 부부는 존 버거에 따르면, 자신들이 지주임을 즐기는 모습이다(5장 9절 2항 참조). 반면에 풍경 전통에서는 자연과 인간의 관계를 다른 방식으로 묘사한다. 물론 풍경과 경관 사이에도 공

241_ 영어의 '랜드스케이프landscape'에서 '스케이프'는 '타운스케이프townscape', '씨스케이프seascape', '플로어스케이프floorscape' 등으로 사용되고 있듯이 "끝에서 끝까지의 파노라마, 눈에 들어오는 모든 것'이라는 의미가 있다." '랜드스케이프'는 "남자 중의 남자 한 사람'이라는 식으로, 그 토지의 가장 그 토지다운 특징"을 가리키기도 한다(進士五十八, 2010: 9).

242_ 두슈잉杜書瀛에 따르면, 사영운謝靈運의 "새벽서리에 단풍 잎 붉고, 저녁노을에 안개 흐리네曉霜楓葉丹, 夕曛嵐氣陰", "흰 바위 그윽이 높이 에워싸고, 푸른 대 맑은 물줄기 좋아하네白石抱幽右, 綠篠媚清漣", "못에는 봄풀 자라고, 뜰의 버들은 새 우짖게 하누나池塘生春草, 園柳變鳴禽", "우거진 골짜기 어둔 빛 모으고, 꽃구름은 밤비 오게 하네林壑斂暝色, 雲霞收夕霏" 같은 시구는 지금도 인구에 회자되지만, 위진 시대에 이르러 비로소 나올 수 있었다(杜書瀛, 2012.12.14).

통 요소가 없지는 않다. 산하나 들판의 풍경에도 고유한 모습이 깃들어 있는 법이고, 그것은 특정한 산을 특정한 산으로, 특정한 평야를 특정한 평야로 만든다. 하지만 경관의 경우 자신의 드러냄에 집착하는 측면이 강하다면, 풍경은 꼭 그렇지는 않다는 차이가 있다. 나카무라 요시오中村良夫가 지적하듯이, 풍경이란 발로 걸어간 사람의 눈앞에서만 펼쳐진다(나카무라, 2004: 44).243 지리산이나 알프스 등은 직접 찾아가지 않는 사람에게는 비경을 드러내지 않는 법이다. 이런 점은 풍경은 자신을 오히려 숨기려는 경향이 있음을 말해준다. 자본주의 발달 초기 산물인 '풍경화'와는 달리, '산수화'가 그 안에 인위적 요소를 담고 있다 하더라도 기본적으로 자연생태의 우위 속에서 그런 요소의 존재를 허용하는 시각적 구성을 지닌 것은 그 때문일 것이다.244 반면에 경관은 자신을 노출하려는 경향이 있다. 유리벽면으로 지어지는 오늘날 수많은 건조물들은 시선을 끌고자 경쟁하는 모습을 감추지 않는다. 이처럼 자신을 더욱 드러내며 시선을 끌고자 하는 것은 경관이 교환가치를 강조하는 상품으로 자신을 제시하고 있기 때문이다. 풍경이 자연생태에 속하고, 전자본주의적 상황의 자연 모습이라면, 경관은 같은 자연인 경우라도 자본주의적 소유 대상이 되었을 때의 모습이요, 특히 건조환경의 모습을 지니고 나타날 때 경관은 더욱 자신을 과시하려는 태도를 갖는다.

"경관의 문화, 풍경의 자연"이라는 말이 있다. "인간의 일이 만들어내는 경관은 문화의 표현, 자연의 일이 만들어내는 풍경은 생태의 표현"이라는 뜻이다.245 그렇다면 경관은 풍경으로 바뀔 수 없는 것일까. 꼭 그런 것은

243_ 요즘은 높은 산도 삭도차를 타고 오를 수 있다. 이런 식으로 접한 고산의 비경은 풍경이 되는 것일까, 경관이 되는 것일까?

244_ 예컨대 18세기 중엽에 그린 것으로 추정되는 강세황姜世晃의 <벽오청서도碧梧淸暑圖>에는 거암 절벽을 앞에 두고 소나무와 벽오동이 앞뒤로 선 작은 초가 마루에 걸터앉아 마당 쓰는 아이를 바라보는 선비 모습이 그려져 있는데, 그것은 자연으로 회귀한 인간의 모습이지 그 반대가 아니다. 정선鄭歚의 <장안연우長安烟雨>(1741)에서도 남산에서 바라본 한양 전경에서 군데군데 박힌 마을 모습은 나무숲에 가려 잘 보이지 않는다.

아니다. 신지 이소야進士五十八에 따르면, 풍경 정원의 경우 조성 초기에는 경관 모습을 띠더라도, 수십 년 세월에 걸쳐 주변과 어우러지면 풍경으로 바뀐다(進士五十八, 2010: 9). 서울의 북촌한옥마을도 그런 경우로 보인다. 이곳은 전통 가옥이 잘 보존된 곳으로 인식되고 있지만, 사실 일본강점기에 조성된 마을로서 식민지 근대에 처음 조성되었을 때는 풍경보다는 경관에 가까웠다. 하지만 오늘날 이곳이 서울의 전통 풍경으로 인식되는 경우가 많은 것은 100년 가까운 세월 동안 지나친 개발을 삼가고 자연의 모습을 닮은 풍속을 가꾸었기 때문일 것이다. 최근 도시에서 급속하게 사라진 골목들도 마찬가지다. '골목풍경'이라는 말이 있듯이, 이제는 사라지고 만 서울 종로의 피맛골 같은 골목은 사람들의 마음속에서 이미 풍경이 되었다고 할 수 있다. 이것은 그 안에서 어우러지는 삶의 모습이 세월과 함께 습속이 되어 자연의 일부로 변해서 생겨난 효과로서, 르페브르가 말한 '역사적 공간의 한 특징이다.

경관이 풍경으로 바뀌려면 자연생태와 닮는 과정을 겪는 것이 필수적이다. 경관은 문화의 산물인 반면에, 풍경은 자연의 산물이기 때문이다. 오늘날 조성되는 경관, 다시 말해 금융적 매개를 통해 거대한 규모로 건설되고 있는 초고층 건물이 풍경으로 전환될 가능성은 어떨까? 그럴 가능성은 매우 낮을 것 같다. 최근 조성되는 경관에서는 시간성이 크게 삭제되어 있다. 풍경이 자연의 산물이라는 것은 시간의 변화, 다시 말해 불확실성의 영향권 아래 있다는 말이기도 하다. 계절 변화와 같은 반복성을 띤 자연을 어떻게 불확실성 영역으로 볼 수 있느냐고 물을 수도 있겠지만, 자연은 지진이나 태풍 등 인위적 통제를 벗어난 활동을 하기 마련이라는 점에서 불확실성이 지배하는 영역임이 분명하다. 반면에 오늘날의 경관에서는 이런 불확실성을 허용하는 시간 작용이 최소화되어 있다. 하비가 지적하듯이 경관은 "영구히 존재하는 비갈등적 무대"로 작용하기 때문이다(Harvey, 2000: 168). 경

245_ 이 표현은 다테 요시노리伊達美德가 운영하는 『마치모리 통신(まちもり通信)』의 '풍경 문화론 사이트'(http://homepage2.nifty.com/datey/)에서 가져온 것이다.

관에서 갈등이 없다는 것은 그 내부가 위생 처리되고 평정된 상태라는 말이다. 갈등이 사라진 공간에서는 새로움을 가져오는 변화를 기대할 수 없다. 어떻게 이런 일이 가능한가? 6장에서 살펴본 것처럼, 오늘날 소비기금이나 고정자본으로 조성되는 건조환경은 미래까지 앞당겨 구축된 공간이다. 이런 공간은 시간이 초래하게 되는 변화로부터 벗어나게 되어 있다. 시간은 이런 곳에서 즉각적 노후화, 재개발 또는 자본 철수와 같은 '계획' 즉 인위적 공작의 효과로서만 나타날 뿐이다.

오늘날 대도시에서는 이런 경관이 대거 조성됨으로써 도시의 경관화가 일반적 현상이 되고 있다. 그런데 '경관화'는 단순히 특정한 공간에 경관이 조성된다는 뜻만은 아니다. 경관화는 이때 경관의 자승 작용, 다시 말해 경관이 계속 새로운 경관으로 바뀌어 경관의 곱하기 효과가 만들어지는 과정을 의미한다. 이 과정은 옛 피맛골이나 지금의 북촌한옥마을 같은 역사적 공간이 보여주는 것과는 정반대 모습이다. 역사적 공간에서 경관은 스러질 가능성, 시간과 더불어 퇴색할 여지가 있었다. 경관화 경향이 지배하는 곳에서는 그러나 경관의 풍경화와는 근본적으로 다른 운동이 전개된다. 경관화는 이때 들뢰즈Gilles Deleuze와 가타리Félix Guattari가 말하고 있는 '안면성'이 끊임없이 강화되는 것과 흡사하다.

다차원적 또는 다성적 기호학을 작동시키던 신체와 신체적 좌표들을 없애기 위해 일치된 노력이 이루어진다. 신체는 훈육되고, 신체성은 해체되고, 동물-되기는 내몰리고, 탈영토화는 새로운 문턱으로 밀려난다. 유기적 지층들로부터 의미생성 및 주체화 지층들로의 도약이 이루어지는 것이다. 단일한 표현 실체가 만들어진다. 하얀 벽/검은 구멍 체계가 구성되거나 기표의 전능과 주체의 자율을 허용하고 보장해야 하는 추상기계가 가동된다. 당신은 하얀 벽에 꽂혀 고정되고, 검은 구멍에 쑤셔 박히게 될 것이다. 이 기계는 얼굴의 사회적 생산이기에, 신체 전부와 그 주변 및 대상들의 안면화, 그리고 모든 세계와 환경의 경관화를 수행하기에, 안면성 기계라 불린다(Deleuze and Guattari, 1991: 181).

경관화는 끊임없는 재영토화에 해당한다. 거기서 경관의 형성은 하나의 응고 현상에 해당하고, 그 형성으로 인해 새로운 형태로 변할 수 있는 신체의 유연성은 소멸된다. 그 대신 등장하는 것이 의미생성을 주도하는 '하얀 벽'과 주체화를 주도하는 '검은 구멍'으로서, 이 둘이 합해져 하나의 얼굴 즉 경관이 탄생한다. 그런데 이 탄생은 한 번으로 끝나는 것이 아니라 끊임없이 계속된다는 점에서 한편으로는 탈영토화의 반복을 나타내지만, 다른 한편 그리하여 등장하는 것이 또 다른 얼굴, 경관이라는 점에서 재영토화의 반복이다.

탈영토화로서의 재영토화, 재영토화로서의 탈영토화는 자본주의적 추상공간의 기본적 변신 논리로서, 오늘날 이 운동은 거대한 체계를 이루며 작동하고 있다. 1장 끝 부분에서 언급한 오세훈 전 서울시장의 발언을 다시 되새겨 보자. 그는 2008년 10월 영국의 건축가 리처드 로저스와의 면담에서 당시 서울시가 추진하고 있던 도시 개발과 관련하여, "피맛골의 향수를 간직하기 위해 많은 노력을 했지만 현재의 시스템 안에서는 (보존을 위한) 뾰족한 수가 없다"고 말했다. "도시는 아무래도 효율을 중시하기 때문에 인구 밀도가 높은 도시의 경우 개발이 불가피하다"(한겨레, 2008.10.30)는 것이 그 이유였다. 오 시장이 말하는 '현재의 시스템'은 신자유주의적 금융화 논리에 따라 가동되는 공간 형성의 원리, 우리가 부동산의 금융적 매개라고 부른 것과 다르지 않다. ABS, ABCP, MBS, 리츠, 뮤추얼펀드, 사모펀드, 기획금융, 파생상품 같은 다양한 종류의 금융상품과 부동산 시장의 연계를 만들어내는 이 '시스템'의 공간적 효과가 피맛골의 역사성을 소거하고, 거기에 초고층 건물을 짓게 하는 것이다. 이 시스템은 자본의 회전만 원활하게 이루어진다면 지은 지 몇 년 되지 않은 건물도 쉽게 허물어 버린다. 용산 역세권 사업이 진행되고 있었을 때, 권내에 소재하는 개축한 지 10년 정도밖에 되지 않는 대림아파트건물이 철거될 예정이었던 것이 한 예다. 경관화는 이처럼 이미 경관으로 조성된 것도 다시 새 경관으로 바꿔내는 과정을 가리킨다.

이 결과 도시에서는 풍속을 담는 골목이 쇠락하고, 역사의 켜도 그에 따라 대거 사라져 버렸다. 오늘날 도시공간을 지배하며 주인 노릇을 하는 것은 그래서 초고층 건물들이다. 그런데 최근 들어선 초고층 건물들은 1980 년대 중반까지는 서울에서 가장 높았지만 높이가 110미터밖에 되지 않아 200미터 이상을 초고층으로 간주하는 기준에서 보면 초고층 급에는 끼지 못하는 31빌딩과도 대조적인 모습인 것으로 보인다.[246] 31빌딩은 1970년에 준공되었을 당시 주변 경관을 압도하는 예외적 공간이었다. 이것은 당시에 는 비견할 만한 높은 건물이 근방에 전혀 없어서 생긴 효과였겠지만, 31빌 딩이 위용을 갖춘 듯 보였던 것은 그 당당한 자태 때문이기도 했다. 그것이 미스 반 데어 로에Ludwig Mies van der Rohe가 전형을 만들어낸 고층건물, 특히 1958년에 미국 뉴욕에 건축한 시그램빌딩의 판박이라는 것, 그래서 건물 '정면'이 분명치 않다는 것은 여기서 크게 중요하지 않다. 르페브르는 이런 건물은 "무관심한 공간에 놓여 있고, 그들 자신이 공간에 무관심하여 철저한 수량화를 지향한다. …정면이 없으면 길이 사라진다. 원근법적 공간 이 그리하여 전적으로 새로운 공간에 의해 대체된다"고 하며 31빌딩 같은 건 물의 상호 차이 감각 결여를 문제로 지적한 바 있다(Lefebvre, 2009: 233).[247] 그러나 정면을 돋보이게 하는 원근법적 공간 효과가 최소화된 미스 반 데어 로에 식의 건물도 비슷한 고층건물들이 밀집한 뉴욕과는 공간적 조건이 근본적으로 다른, 1970년대 서울처럼 고층건물이 드문 곳에 들어서면서 다 른 효과를 만들어낸 것 같다. 31빌딩은 적어도 한동안은 주변 환경과 구분 되는 그 예외성과 함께 꼿꼿하게 선 모습이 고고하고 위풍당당하게 보였던 것이다. 반면에 1990년대 말 이후 서울에 들어선 초고층 건물들은 63빌딩보

246_ 세계초고층협회가 설정해 놓은 기준에 따르면, 그리고 한국에서 2013년 3월 23일부 터 시행된 '초고층 및 지하연계복합건축물 재난 관리에 관한 특별법'에 따르면, 지상 200미터 이상 또는 50층 이상이 되어야 초고층으로 간주된다(시사제주, 2014.4.14).
247_ 르페브르에 따르면 여기서 언급되는 '새로운 공간'은 국가의 부상과 함께 등장한다. 31빌딩이 들어선 1970년대 초 유신헌법의 제정과 함께 한국의 국가권력이 극도로 강화되기 시작했음을 생각해 봄직하다.

다도 더 높은 것들이 많지만 31층짜리 빌딩의 기품에 크게 미치지 못하는 것 같다.

2000년대 이후 타워팰리스, 하이페리온, 센트럴시티 등 다양한 기능을 갖춘 대형 주상복합건물들이 대거 건립되면서, 한국에서는 고층건물 간에 일종의 가시성 경쟁이 시작된 것으로 보인다. 31빌딩의 경우 '정면 효과'를 결여했지만, 자신 있게 우뚝 선 모습만으로도 위용을 뽐냈다고 한다면, 1990년대 말 이후에 들어선 초고층 건물들은 훨씬 더 높고 대규모인데도, 그런 자신감을 결여한 듯 서로 다른 형상성iconicity을 갖추어 자태를 드러내려는 경쟁에 돌입한 듯하다. 지금 들어서는 초고층 건물들은 적어도 당당함의 측면에서는 31빌딩에도 미치지 못하는 것이다. 초고층 건물은 대도시에서 서 있는 초대 거인과도 같다.248 하지만 이들 건물이 어쩐지 교태를 부리고 있고, 눈치 보는 것 같다고 하면 착각일까? 형상성 경쟁은 건물들이 각기 돋보이는 아이콘이 되고자 하는 노력이다. 건물이 아이콘이 된다는 것은 "다르고 고유"하며 "유명해지고 특별한 상징적/미학적 자질을 지니려고 하는" 공간이 된다는 말과 같다(Sklair, 2006: 28). 오늘날 건물들이 이처럼 고유한 형상성을 갖고자 하는 것은 스클레어Leslie Sklair에 따르면, "자본주의적 세계화의 새로운 조건" 아래 건설됨으로써, 무엇보다도 기업 이해의 지배를 받고 있기 때문이다. 오늘날 아이콘 건축물들의 "성격과 규모 그리고 그것들이 상징하는 바는 역사적으로 전례가 없는 방식으로 기업 이해에 의해 변했다"(Sklair: 26). 형상성에 대한 강조는 자신을 돋보이게 하지 못할까봐 불안해하는 건물들의 안간힘이 표현된 것으로, 오늘날 건축물의 형태적 특징을 결정하는 중요한 요인이다. 이 과정에서 건물들이 유난히 표면성 또는 안면성을 강조하는 것으로 보인다.

248_ 인지언어학자 레이코프George Lakoff가 9·11 사건으로 붕괴된 뉴욕의 세계무역센터를 두고 말한 것처럼, "은유적으로, 높은 빌딩은 서있는 사람이기도 하다. 높은 빌딩이 쓰러지는 것은 사람이 쓰러지는 것과 같다"(레이코프, 2006: 110). 높은 건물이 서있는 사람처럼 여겨지는 것은 건물과 서있는 사람의 모습이 유사하기 때문일 것이다.

7. 신자유주의적 공간 양극화

여기서 잠깐 건축에서의 모더니즘과 포스트모더니즘의 차이를 살펴볼 필요가 있을 것 같다. 모더니즘 건물의 한 특징은 자신을 외부와 철저히 구분한다는 데 있다. 31빌딩을 보면 수직 모습을 하고 있어서 주변과는 확연하게 구분되고, 출입구가 정면에 나 있어서 출입 의례를 공식화하는 효과를 갖는다. 제임슨Fredric Jameson에 따르면, 이전의 모더니즘적 건물은 "차양달린 입구", "위풍당당한 마차맞이 입구"를 통해 외부와 확연하게 구분되었다(제임슨, 1989: 184). "인터내셔널 스타일에서는 격리의 행위가 난폭하고 눈에 드러나며 또 아주 실제적인 상징적 의의를 가지고 있었다. 예컨대 르 코르뷔지에의 거대한 필로티의 경우에는 저질화되고 타락한 도시구조로부터 근대적인 새 유토피아적 공간을 급격히 분리시켜 분명히 그 도시구조를 비난하는 몸짓을 보여"준다(제임슨: 184-85). 반면에 포스트모던 건물의 특징은 외부와 내부 구분을 최소화한다는 것이며, 따라서 "입구의 기능을 의도적으로 아주 경시하고 축소한다"는 데 있다. 입구가 "이상스러울 만치 아무 표시가 없는" 것이다(184). 포스트모던 건물에서 입구의 기호적 유표성이 이처럼 축소되어 나타나는 것은 "차양달린 호텔 입구", "위풍당당한 마차맞이 입구"가 전제하는 '격식'이 생략되어 있기 때문이다.

하지만 유표성의 축소는 여기서 역설적으로 입구의 증식, 다변화를 통해서 이루어진다. 제임슨이 포스트모던 건물의 대표적 사례 하나로 살펴본 보나벤투라 호텔도 모두 세 개의 출입구가 있다지만, 최근 국내에 들어선 복합건물들에도 입구가 많다. 그 한 예가 국내 최초의 거대 복합건물에 속하는 롯데월드다. 백화점 등 롯데월드에 있는 개별 시설물은 대개 자체 입구를 가지고 있어서 롯데월드를 끼고 돌면 어디서건 그 안으로 들어가는 문을 만나게 된다. 이로 인해 만들어지는 효과는 입구가 입구처럼 여겨지지 않고 건물의 내부, 외부가 확연하게 구분되지 않고, 건물이 그 주변 환경에 거의 완전히 개방된 것처럼 느껴진다는 것이다(강내희, 1995). 입구를 이렇게 많이 설치해놓는 것은 최근에 신축한 복합건물들도 예외가 아니다. 하지만 이때 드러나는 개방성은 고도로 계산된 것으로서, 사실 어떤 배타성을 감추고 있는 것으로 보인다. 예컨대 주상복합 건물로의 접근이 무척 쉽다는 사실에서도 우리는 건물의 개방성 강조 이외의 다른 계산이 작용함을 읽어낼 필요가 있다. 그런 용이함은 무엇보다도 지상 1층으로의 접근을 최대한 쉽게 하기 위함이고, 이것은 저층들이 대부분 상가로 쓰이기 때문이다. 시각적으로 보면, 복합건물들의 외관상 '개방성'은 고층에까지 적용되는 것으로 보일 수도 있다. 최근에 지은 고층건물 외벽에 사용되는 재료는 대부분이 유리라서 속이 훤히 들여다보인다는 인상을 풍긴다. 이런 개방적 모습은 어떻게 만들어지고 그 효과는 무엇일까.

유리벽 건물은 "노출되어 벌거벗은 것 같고 투명해 보"여(Simpson, 2013: 11), '노출 건축architecture of nudity'의 전형적 형태를 이룬다. 카스텔스Manuel Castells에 따르면, 이런 건축은 "그 형태가 하도 중립적이고, 하도 순수하고, 하도 훤히 들여다보여서 어떤 것도 말하노라 주장하지 않는 건축"이다. 그리고 이 건축의 형태는 아무것도 말하지 않고 흐름 공간의 고독을 통해서 경험에 맞서고 있다"(Castells, 2010: 450). 카스텔스가 여기서 말하는 '흐름 공간'이란 '장소의 공간'과 구분되며, 오늘날의 지배적 공간 형태 또는 논리에 해당한다. 그에 따르면, "흐름 공간의 도래가 건축과 사회의 유의미한 관계를 모호하게 만들고 있다. 지배적 이해관계의 공간적 표현이 세계 전역에서, 문화들을 가로질러 나타나기 때문에 의미 배경으로서의 경험, 역사, 그리고 특수 문화의 뿌리 뽑힘이 무역사적, 무문화적 건축의 보편화로 이어지고 있다"(Castells: 449). 이런 공간 논리를 대변하는 노출 건축의 사례는 최근의 신축 공항건물, 역사, 쇼핑몰, 그리고 렘 쿨하스Rem Koolhaas 같은 "건축계의 현존 스타체계가 만들어내는 특정 유형의 건축물"이다(Genard, 2008).

노출 건축이 흐름 공간의 대표적 사례인 것은 그것을 '훤히 들여다보이

게' 만드는 유리가 정보를 광속도로 실어 나르는 데 널리 사용되기 때문이
기도 하다. 오늘날 유리벽 건물들은 예외 없이 광섬유 통신망으로 연결되
어 있다. 광섬유는 투명도 높은 석영 유리로 제조되어 정보가 빛의 속도로
움직일 수 있게 만든 물질로서, 유리 제품으로는 가장 첨단에 속한다. 이런
자재로 이루어진 케이블망을 내장하고 있는 유리벽 건물들은 따라서, 지
구적 정보망 내부에 위치해 있고, 각종 정보 흐름에 노출되어 있다고 봐야
한다. 유리를 가리켜 "후기 금융자본주의에 고유한 공식 배음(倍音)"이라고
할 수 있는 것도 이런 점 때문일 것이다(Jameson, 1998: 186). 심슨Tim
Simpson이 지적하듯 금융자본의 운동은 첨단기술 중에서도 광섬유를 포함
한 첨단 유리 제품을 물적 기반으로 하며, 여기서 "지구적 도시경관을 가로
지르는 통신망 및 유리 건축의 결정화한 모습은 신자유주의 금융화의 파
생 의제자본이 확산된 것을 반영한다"고 하는 주장이 나오게 된다(Simpson,
2013: 12). 유리가 지닌 투명한 성질은 정보와 자본의 흐름이 추구하는 개
방성을 그대로 반영하는 것 같지 않은가. 그러나 앞서 신자유주의 금융화
시대의 특징으로 언급한 '재무회계상의 투명성'을 이 맥락에서도 기억할
필요가 있다(5장 9절 1항). 재무회계는 "기업의 재무상태와 경영실적 정보
등을 측정하여 주주, 채권자, 정부 등과 같은 기업의 외부 이해관계자들에
게 재무정보를 제공"(위키백과)하는 것이 목적이다. 신자유주의 세계화와
더불어 자본시장 개방이 이뤄지면서 그 필요성이 더욱 강조되고 있지만,
재무회계는 사실 전문가가 아니면 이해하기 어렵다.249 주상복합건물 저
층에 설치된 다수의 출입구는 상점들로의 고객 흡수를 위함인 것이지, 건
물 전체로의 완전한 출입을 허용하기 위함은 아니다. 이런 점은 주상복합
아파트에 살고 있는 거주자를 위한 출입구와 상가로 통하는 출입구가, 그
리고 아파트 청소원 등이 드나드는 출입구가 구분되어 있다는 점으로도

249_ 한국의 주식시장에서 자주 볼 수 있듯이, 주식가격이 출렁일 때 손해를 보는 것은
예외 없이 '개미들'이라는 사실에 의해서도 여기서 말하는 '개방성'의 함정을 짐작할
수 있다.

확인된다.[250]

    서울 광화문 근처 한 사진관 진열장에 전시되어 있던 사진 하나가 아직도 내 뇌리에 남아있다. 1990년대 초 무렵 그곳에는 전에 보지 못하던 가족 사진 하나가 걸렸다. 그 사진이 새롭다고 느껴진 것은 통상 공원이나 고궁 아니면 사진관 내부의 연출된 장면을 배경으로 찍은 이전의 여느 사진들과는 달리 피사자들의 사적 공간인 거실을 배경하고 있었기 때문이다. 이런 사진 모습이 금융화 논리를 반영한다고 추론하면 잘못짚은 것일까? 랜디 마틴에 따르면 "투기와 신용 대상으로서의 가정집 재정의는 그 내부 디자인에 금융적 취향을 주입함과 동시에 가정생활을 다양하게 바꿔놓는다." 가정은 과거에는 공적 영역과는 확고하게 분리된 영역을 대변했고, 폭력이 일어나더라도 거기서는 "질서 잡힌 평온을 유지한다며 가부장적 권위의 양탄자 아래 은폐"되기 일쑤였다. 하지만 금융화 시대에는 "가족의 모습 또한 투명해져서 기업 중역실처럼 완전 공개되어 운영"되는 경향이 있다"(Martin, 2002: 195). 내밀함, 부끄러움, 또는 가정폭력까지 간직하고 있을 사적 공간을 사진으로 찍어서 지나다니는 사람들이 볼 수 있게 사진관에 거는 일이 1990년대 초부터 관행이 된 것은 당시 조성된 도시경관에 금융화 논리가 반영된 결과일 것이다.

    내가 그 사진을 본 것은 '커피숍'이 새로운 업태로 등장했던 때이기도

250_ 타워팰리스의 경우 내부인과 외부인이 사용하는 엘리베이터가 따로 구분되어 있다고 알려져 있다. 영국에서의 이런 차별은 더 노골적이다. 최근 런던 중심가에서 진행된 개발 사업은 공공주택을 의무적으로 포함하도록 되어 있지만, 개발업자들이 부유층과 공공주택 거주자가 같은 건물에 입주해야 할 경우, 두 계층이 다른 층에서 살도록 해놓고, 출입구나 엘리베이터, 주차장, 심지어 쓰레기통도 분리해서 "부유층 아파트 구입자들이 빌딩 내 공공주택 거주자들과 접촉하지 않도록" 해놓는 사례가 늘어난 것이다(Osborne, 2014.7.25). 다음은 엥겔스Friedrich Engels가 19세기 중반 맨체스터의 인구분리 양상에 대해 쓴 내용이다. "이 도시는 독특하게 지어져 있어 어떤 사람이 자신의 일과 즐거운 산보에만 한정하여 움직인다면 그는 노동자나 노동자가 사는 지역을 접촉하지도 않은 채 매일 왔다 갔다 하며 여러 해를 살 수도 있다. 이는 주로 공공연한 의식적인 결정에 의해서 뿐만 아니라 무의식적으로 암묵적인 합의에 의해서 노동자 거주지역은 중간계급을 위해 남겨둔 도시의 다른 부분과 철저하게 분리되어 있다는 사실에 기인한다"(엥겔스, 1988: 80).

하다. 커피숍은 1970년대 초반에 대학을 다닌 우리 세대가 드나들던 '다방'과는 분위기가 사뭇 달랐다. 어두컴컴하던 다방이 갑자기 '후지고 뒤쳐져' 보이기 시작한 것은 커피숍이 등장한 1990년대 초 이후다. 커피숍의 시각적 특징은 전면을 유리로 깔아 밖에서도 그 안이 훤히 들여다 보인다는 것이다. 커피숍 전면 유리를 통해 내부에 있는 사람들을 처음 봤을 때, 나는 왜 그들이 자신을 동물원의 동물처럼 '전시'하려는 것인지 이유를 알지 못했다. 하지만 커피숍에 앉아있는 사람들 가운데 유리벽을 통해 자신들의 사적인 모습이 드러나는 것을 부담스럽게 여긴 경우는 사실 드물었던 것 같다.

이런 '개방적' 태도는 그런데 외부 세계에 대한 어떤 근본적 거부를 담고 있는 것으로 보인다. 제임슨이 로스앤젤레스의 보나벤투라 호텔 조성 방식과 관련하여 강조한 것이 바로 이 점이다. 그는 보나벤투라에는 입구가 많지만 모두 기호적 무표정 즉 "이상스러울 만치 아무 표시가 없"음을 특징으로 하고 있다며, 그 이유를 "호텔 내부 공간을 지배하고 있는 폐쇄라는 새로운 범주"가 입구를 지배하고 있는 데서 찾는다(제임슨, 1989: 184). 최근 사진관에 전시되고 있는 가족사진에서 노출되는 사적 실내 공간, 커피숍 전면 유리를 통해 드러나는 내부 공간도 이와 비슷하다. 그런 공간은 그 안에 있는 사람에게는 모자람이 없는 곳, 그래서 당당하게 외부에 공개할 수 있는 공간이다. 하지만 이런 개방적 태도는 외부에 대한 거부를 담고 있기도 하다. 제임슨은 보나벤투라 호텔의 거대한 반사 유리면이 "건물 외부의 도시를 거부하는" 모습을 보여주는 것으로 읽어낸다(제임슨: 185). 호텔, 커피숍 등 최근의 경관들은 외부에 대해 개방적인 것 같은데 왜 외부를 거부한다는 것인가? 그것은 이런 곳이 '자족' 공간이라는 점과 무관하지 않을 것 같다. 새 사진관 사진의 사적 실내 공간, 커피숍이나 호텔의 내부 공간에서 사람들이 당당해 보이는 것은 그곳의 주인공임을 과시할 수 있기 때문이다. 이 과시는 외부에 대한 의존 없이도 내부가 안락한 자족성을 유지할 것이라는 믿음 또는 자신감에서 나온다. 한국에서 이런 안락한 자족성을 가장 잘 보여주는 곳이 서울에 등장한 최초의 포스트모더니즘 공간의 하나라 할 롯데월드다. "롯데월드는 미니도시라고 부름직한 곳"으로서 "일상생활을 하는 데에 큰 불편이 없"을 정도로, "'요람에서 무덤까지' 필요한 모든 것을 그 안에 구비하고" 있다(강내희, 1995: 33). 자신이 속한 공간이 '자족적'이라 여기는 사람들은 외부에 대한 의존 필요성을 느끼지 않을 가능성이 크고, 따라서 외부에 대해 무관심해질 가능성이 높다.

오늘날 도시경관을 지배하며 건축의 안면성 강조에 앞장서고 있는 유리 벽면 건물도 비슷한 효과를 지닌 것 같다. 외벽을 유리창으로 덮은 건물은 당연히 시선을 그 표면으로 향하게 한다. 하지만 주상복합 건물들처럼 유리 외벽으로 인한 투명성, 다수의 출입구로 인한 개방성은 상품미학이 내거는 끝내 실현되지 않는 사용가치의 약속과도 같다.[251] 그런 건물은 먼 곳에서도 자신이 매력적인 관심 대상으로 보이도록 노력하지만, 사실 거주민에게만 내부공간으로의 진입을 허용할 뿐이다. 초고층 건물의 안면성 강조가 상품미학으로 읽히는 것은 이처럼 한편으로는 내부공간의 매력을 즐기게 해줄 것 같은 심미적 약속을 수행하면서, 다른 한편으로는 내부로의 진입 즉 사용가치의 실제적 사용을 막고 있기 때문이다. 초고층 건물들은 오늘날 도시경관을 지배하고 있고, 대규모 경관 조성으로 풍경을 상실하게 된 신자유주의 금융화 시대 도시민에게는 아주 흔한 시각적 대상이 되었다. 그러나 사람들이 거기서 보는 것은 '그림의 떡'일 뿐이다. 도시에 경관이 나타나는 순간, 갈수록 많은 사람들은 이중도시dual city에 살게 된다. '이중도시'란 "한편으로 고가치 생성 집단 및 기능과 다른 한편으로 평가절하 받는 사회 집단 및 강등당한 공간들 간의 사회적으로나 공간적으로 양극화된 도시체

251_ 볼프강 하우크Wolfgang Fritz Haug에 따르면, 소비자본주의 하에서 상품미학이 발달하는 것은 상품의 판매를 위해 소비자의 감각과 욕구에 호소하는 이미지가 필요하지만, 자본축적이 계속되려면 이 욕구가 충족되어선 안 되기 때문이다. "외관은 언제나 지킬 수 있는 것보다 더 많이, 더욱 더 많이 약속한다. 이런 식으로 환상은 사람들을 속인다"(Haug, 1986: 50). 상품은 이때 결코 실현시킬 수 없는 사용가치(욕구 충족)에 대한 약속을 내놓고 있는 셈이다.

계"를 가리킨다(Castells, 1999: 27).

한국에서 경관 조성이 이런 양극화를 초래하며, 사회적 갈등을 야기함을 웅변적으로 보여준 것이 2009년 1월에 일어난 용산 참사다. 서울 용산역 일대를 초고층 건물들이 즐비한 국제업무지구 즉 '고가치 생성' 공간으로 조성하려던 계획은 당시 이 계획에 반대하며 농성을 벌이다 목숨까지 잃은 세입자들에게는 생활기반 상실의 의미밖에는 없었을 것이다. 오늘의 도시경관은 이처럼 이중도시를 전제하며, 그런 점에서 그것은 신자유주의적 도시 구성에 해당한다. 이런 구성을 단적으로 보여주는 것이 서울 도곡동에 들어선 타워팰리스와 인근 구룡마을의 대비. 타워팰리스는 한편으로는 자신의 존재감을 시각적으로 과시한다. 그것이 주변의 시선을 자신 쪽으로 집중시키는 것은 그 높이 때문이다. 하지만 타워팰리스는 자신의 모습을 사람들이 우러러보게 만들게 하면서도 아무나 접근하지 못하도록 하는 장치를 가동시킨다. 이 초고층 주상복합 단지는 예컨대 외부인은 내부인용 엘리베이터를 타지 못하도록 함으로써 안에서 자족적 안락함을 유지하려는 주민과 외부인을 철저하게 분리한다. 이런 곳은 그래서 멀리서 보고 부러워하는 것은 허용하되, 함부로 가까이 접근하는 것은 금하는 셈이다.

안면성이 강조되어 일견 개방적이고 투명한 오늘날의 도시경관을 조성하는 원동력은 금융자본이다. 그런데 퇴리야가 지적하듯이 금융적 매개는 "투자가 도시 위계와 긴밀하게 관련되어 있기 때문에, 국내 시장에서 공간의 순위 매김을 야기한다." 이리하여 주로 선호되는 것이 대도시이지만 여기서도 "투자는 특정 지역을 표적으로 삼는다"(Theurillat, 2011: 6). 앞에서 언급한 22@바르셀로나 사업도 그런 경우다. 이 사업이 진행되는 포블레누는 오늘날 도시 공간의 위계화 과정에서 선두를 차지한 지역인 셈이다. 포블레누에 이런 자격이 주어진 것은 거기서는 소비 영역, 나아가 일상생활까지도 지역 경쟁력 강화를 위해 작동한다는 점과 무관하지 않다. 하지만 그것은 동시에 이런 공간은 외부를 부정하고 배제한다는 말이기도 하다. 다음 말이 이런 상황에 대한 적절한 논평으로 읽힌다. "신자유주의는 강화된 도시 간 경쟁 논리를 따르고, 이는 특정 파편들에 가치를 부여함으로써 도시 공간을 위계화한다. 우리는 그래서 특권적 장소의 정치에 대해 말할 수 있다. 국가주의적 연대 원리를 외면하고 공간을 전략적 자원으로 동원하는 것이 기업가 도시의 결정적 특징이다"(Ronnenberger, 2008: 143).

도시공간의 위계화를 이끌어내는 도시 간 경쟁논리를 강화하는 것은 기업가 도시 모형이고, 이런 모형을 유발하는 것은 금융화임을 다시 확인하자. 공간과 관련한 신자유주의적 구조조정은 론넨베르거Klaus Ronnenberger에 따르면 두 가지 형태를 띤다. 한편으로 도시들은 점증하는 경제적 압박에 직면하는데, 그중에는 "금융 및 부동산 자본의 투기적 움직임, 다국적 기업의 유연적 위치 전략, 메트로폴리탄 지역 간의 가중된 경쟁 압박이 포함된다. 대부분 도시 정부는 모든 자원을 가동하고 일자리와 투자를 유치하려는 시 판촉 캠페인을 실시하여 심화하는 경제적 불안정에 대처하려고 한다." 다른 한편으로는 "신자유주의적 개념들이 지자체 발전 전략에 바로 도입된다. 사회적 하부구조의 공적 조달이라는 포괄적 복지 목표로부터 이탈하게 되면서 도시공간의 시장화가 갈수록 지방정부 정책에 중요해지는 것이다." 이 결과 "도시는 제도적 혁신과 정치적-이데올로기적 기획—공공-민간협력사업, 군살빼기 행정, 해외임대,252 도시정비, 사업투자지구, 그 밖의 비슷한 요상한 것들—을 위한 실험실이 된다"(Ronnenberger: 142-43). 이런 변화는 기본적으로 금융화의 강화와 함께 생겨났다. 작은 정부를 내세우며 중앙정부가 지방정부에 대한 재정 지원을 회피하게 되면, 공적 조달은 위축될 수밖에 없고, 이로 인해 필요한 재정을 금융시장 즉 사적 부문에서 조달하는 경향이 미국, 유럽, 그리고 세계 전역에서 일어난 것이다.

252_ 해외임대는 국제조세리스라고 부르기도 한다. "국제조세리스는 자산의 법적 소유권과 경제적 소유권에 대한 개별 해석이 가능한 서로 다른 국가(법률관할지)에서 일정 기간 자산을 리스(또는 판매)하고 재리스함으로써 양국 세법에서 발생하는 감가상각 등으로 인한 절세이익을 공유하는 금융상품이다"(김광윤 · 이춘희, 2010: 216).

8. 공간의 금융화와 문화정치경제

　신자유주의적 금융화와 연계된 공간 생산에서 일어난 변화를 문화정치
경제의 관점에서는 어떻게 이해할 수 있을까? 위에서 살펴본 공간적 변동
이 일어나려면, 문화와 정치와 경제의 관계는 어떻게 바뀌어야 하는 것일
까? 또 정치경제, 문화정치, 문화경제는 어떤 모습을 띠어야 하고, 정치경제
는 문화와, 문화정치는 경제와, 문화경제는 정치와 또 어떻게 서로 관계를
맺고 작동해야 하는가? 오늘날 공간의 금융화가 새로운 경제적 논리에 따
라 작동한다는 것을 부정하기란 어려울 것 같다. 그 흐름은 주로 '금융적
매개'를 통해 진행되며, 이 과정을 추동하는 것은 이자 낳는 자본의 증식
운동이 중심이 되는 M-M' 순환이기 때문이다. 지금까지 우리는 기획금융
과 파생상품, ABS, ABCP, MBS, MBO, CDO, 리츠 등 다양한 종류의 금융상품
또는 금융공학이 최근에 일어나고 있는 공간생산의 금융적 매개에 어떻게
동원되는지 부분적으로나마 살펴봤다. 동시대 공간의 생산이 그런 상품들
이 대거 동원되는 가운데 이루어진다는 것은 그만큼 그것이 자본의 흐름에
깊이 종속되어 있다는 것을 보여준다.
　하지만 금융 중심의 경제적 과정이 공간 생산을 주도하려면, 그런 과정
을 지원하는 정치적 조건이 반드시 마련될 필요가 있을 것이다. 최근에 한
국에서 초고층 주상복합아파트 건물 등 새로운 건조환경이 대규모로 들어
서게 된 것은 그런 공간적 변동을 허용하고 유도하는 정책, 다시 말해 그런
의사결정을 가능케 한 새로운 정치적 환경이 이루어졌기 때문이라고 할
수 있다. 한국의 중앙정부는 1990년대 말부터 부동산 개발에 동원될 수
있는 각종 금융상품 도입을 추진해 왔고, 지방정부 역시 곳곳에서 PPP 사
업을 벌이는 등 대규모 부동산 개발에 앞장서 왔다. 이런 변동은 한국의
지배블록이 금융자유화, 부동산 규제 완화 정책 등을 펼칠 수 있어서 일어
난 일로서, 2장에서 언급한 '87년 체제' 하의 '협약민주주의' 수립, 다시 말
해 신자유주의 운영을 놓고 경쟁하며 공존하는 권위주의 세력과 자유주의

세력 간의 정치적 타협을 전제한다고 할 수 있다. 물론 이 결과 실시된 신자유주의적 정책, 특히 공간 생산과 관련한 정책을 주도한 것은 금융화 흐름이고, 금융화는 이때 당연히 경제적 논리로 작용하겠지만, 우리는 아래에서 정치적 과정과 실천을 동반하지 않는 금융화는 없다는 사실도 지적하게 될 것이다.

공간의 금융화는 경제적 측면, 정치적 측면 이외에도, 그 작동을 위해 문화적 기제가 뒷받침될 필요가 있다. 기획금융으로 개발되는 부동산의 사업성 또는 상품 가치를 높이기 위해, 광고 등으로 대대적인 홍보 노력을 기울이는 것이 그와 같은 예에 해당할 것이다. 2000년대에 들어와서 한국에서는 부동산 건설사가 이영애 같은 슈퍼스타를 동원하여 자사 아파트를 선전하는 사례가 크게 늘어났다. 아파트 판매를 위해 대대적인 광고 행위를 하는 것은 금융화 시대의 현상으로, 과거에는 드문 일이었다. 부동산 광고는 "이미지 생산과 마케팅을 통한 회전시간 가속화"에 해당하며(Harvey, 1989: 290), 오늘날 아파트 광고가 늘어난 것은 이제는 주택이 주거 공간 즉 사용가치로서보다는 금융적 자산 성격을 더 많이 띰으로써 생긴 일일 것이다. 특정 부동산의 가치가 설령 높지 않다 하더라도, 광고 노력은 사라지기 어렵다고 봐야 한다. 상품을 더 매력적으로 만들어야 할 필요성, 즉 상품의 심미화에 대한 요청이 오히려 더 커질 것이기 때문이다. 중요한 것은 이럴 경우에도 개발되는 특정 부동산의 교환가치를 높이기 위해 이미지나 텍스트, 담론 등의 의미생산 기제가 흔히 가동된다는 점이다. 공간의 금융화는 필수적으로 공간의 상품화를 동반한다는 점에서, 그 과정에서 생산되는 상품의 가치와 매력을 높이기 위한 상품의 심미화, 경제의 문화화를 어떤 식으로든 가동하기 마련이다.

이런 점은 공간의 금융화가 경제적이면서 동시에 정치적이고 문화적인 과정임을 말해주고 있다. 공간의 금융화를 통해 문화와 정치와 경제는 어떻게 상호작용하는가? 아래에서는 공간의 금융화를 문화적 정치경제, 경제적 문화정치, 정치적 문화경제의 관점에서 간략하게 살펴보고자 한다.

1) 공간의 금융화와 문화적 정치경제

안면성을 강조하는 거대 경관의 조성은 오늘날 금융화 흐름과 불가분의 관계에 있다. 고덤이 지적한 대로, "MBS, SIV,[253] CMO, CDO 등이 만들어져 활용되면서 부동산 개발은 지역적 축적망을 벗어나서 지구적 자본시장과 연결되었다"(Gotham, 2009: 363). 금융공학을 기반으로 하는 부동산 개발이 이루어지면, '금융적 매개'로 인해 '개발의 세계화'와 함께 개발 사업의 거대화 현상이 나타나게 된다(Theurillat, 2011). 박근혜 후보의 대선 당선 뒤 1주일간 한국 뮤추얼펀드에 6억5000만 달러가 유입된 것이 그 한 증거다(이투데이, 2012.12.27). 박근혜 정권은 출범 초기 부동산 시장 활성화를 위해 임대주택 리츠 및 펀드 등의 활성화 조치를 취하며 부동산 증권화 정책을 강화했다(미디어스, 2013.4.2). 이런 일이 박근혜 정권에서 처음 나타난 것은 물론 아니다. 이미 1990년대 말에 IMF 구제금융을 수령하는 과정에서 금융자유화를 더 한층 강화하게 되면서, 외국 자본의 국내 부동산 시장 유입 허용, MBS와 리츠, 그리고 뮤추얼펀드 제도의 도입이 이루어졌다. 이 결과 한국 부동산 시장은 국제 금융체계와 긴밀하게 연계되었고, 무산되기는 했지만 용산역세권 사업, 에잇시티 사업 등 각종 대규모 지역개발 사업이 추진된 것이다. 이런 점은 경관 형태의 대규모 건조 환경 건설이 국내외 금융자본 흐름을 기반으로 하여 이루어짐을 말해주며, 금융자본의 흐름을 가능하게 하는 정치경제적 연계가 오늘날 공간 모습을 규정하는 지배체계의 일환으로 작동함을 보여준다.

이 지배체계는 신자유주의 축적체제로서, 지난 수십 년간 한국사회의 지배블록이 구축해온 것이다. 2장에서 살펴본 것처럼, 한국은 1987년 개혁 이후 권위주의 세력과 자유주의 세력이 경쟁적 공존을 통해 지배블록을 형성한 가운데 신자유주의 축적체제를 관리해 왔다. 1970-80년대 민주화 운동 시기에 개발 독재를 두고 상반된 입장을 취하던 두 세력이 이제는,

---

253_ 'SIV'는 'special investment vehicle'의 준말로, '특수목적투자기구'를 가리킨다.

서로 적대적 태도를 드러내는 것은 여전하더라도, 신자유주의 관리를 목적으로 하는 정권 쟁취를 위해 경쟁하는 공존관계에 들어선 것이다. 이 결과 1980년대 말, 특히 문민정부가 출범한 1990년대 초 이후 한국에서 정권을 획득한 세력은 모두 신자유주의자가 되었고, 금융화 또한 그에 따라 일관되게 강화되어 왔다. 이처럼 신자유주의적 금융화가 본격적으로 추진되었다는 것은 이 시기가 통념과는 다르게 '민주화'보다는 '자유화'의 지배를 더 많이 받았다는 말이 된다.

공간의 정치경제는 이 맥락에서 어떻게 작용하는 것일까? 신자유주의 금융화가 진행되면서, 국가, 자본, 노동의 권력관계로서의 정치경제는 한국을 위시한 많은 나라들에서 자본의 축적 조건을 개선하기 위해 국가가 노골적으로 나서는 형태를 띤 것으로 보인다. 앞서 살펴본 대로, 공간의 금융화를 추동하는 도시의 금융화, 부동산의 증권화는 부동산시장과 금융시장이 연계됨으로써 이루어졌다. 미국에서 패니메이와 프레디맥 등 정부지원기관(GSE)이 1980년대 초부터 리츠 상품을 개발하며 부동산 2차 시장을 만들어낸 것은 단순히 새로운 부동산 시장이 등장한 것이 아니라, 그런 시장을 등장시키는 정치적 세력이 나타났다는 것, 따라서 새로운 정치경제적 질서가 만들어졌다는 말이기도 하다. 공간정책에서 작동한 정치경제는 그리하여 '기업가형 도시', '경쟁 도시'를 출현시켰고, 노동자들과 여타 사회적 주체 다수를 부동산 개발 지지자로 만들었다. 노동자계급이 자본축적을 위한 정책의 지지자가 된 것은 신자유주의 축적체제가 노동권을 약화시키고 사회적 혜택을 줄인 가운데 민영화 등으로 국가의 공적 부문 사유화를 촉진하고, 특히 2000년대에 들어와서는 금융화 촉진을 위한 금리인하 정책으로 개인들로 하여금 저축보다는 대출에 의존하도록 만든 결과로 해석된다. 금융화는 노동자계급의 노후 복지를 위해 쌓은 연기금도 주식이나 펀드에 투자할 수 있게 만들었고, 노동하는 개인들도 이런 분위기 속에서 대거 부동산을 위시한 금융자산 투자자로 전환되었다.

한국에서 공간의 금융화가 빚어낸 정치경제의 지배적 모습은 발전주의가 종식된 뒤에도 공간 개발을 더욱 가속시킨 '신개발주의'다. 신개발주의는 "겉으로는 보전과 환경의 가치를 강조하면서 실제로는 개발을 더 부추기"는 현상, "경제를 여전히 팽창시키고 있는 우리 사회의 '발전 관성'이 새로운 방식으로 작동하는 현상으로 그 특징은 신자유주의 시대의 시장논리에 따라 환경을 이용·활용하는 데 있다"(조명래, 2003: 50). 여기서 주목할 점은 이 개발 강화 경향이 개발주의의 신자유주의적 변형이라는 점이다. 신개발주의는 '환경 보호', '지속가능한 개발', '녹색 성장', '삶의 질 향상' 등을 내걸고 '협치'를 바탕으로 추진되곤 한다. 신개발주의를 추진하는 세력은 흔히 '개발동맹', '성장연합', '토건마피아' 등으로 불리며, "정치가, 건설자본, 관료 및 공무원, 언론, 개발주의 학자, 부동산 업계, 금융기관 등의 연합세력"이다(강수돌, 2006: 206). 개발동맹 또는 성장연합이 영향력을 행사하며 오늘날 한국의 공간 환경을 새롭게 바꿔내는 것은 한국에 새로운 정치경제적 질서가 만들어졌다는 것을 말해주며, 이는 기본적으로 신자유주의적 금융화가 공간정책으로 발현될 때 나타나는 현상이라고 할 수 있다.

그런데 여기서 '문화정치경제'의 문제설정을 환기해보면, 이와 같은 정치경제가 작동하기 위해서는 특정한 문화가 그와 연동하여 작동해야 한다는 점도 기억할 필요가 있다. 예컨대 '신개발주의'가 신자유주의 시대 한국에서 지배적인 공간의 정치경제 체제로 작동하려면, 어떤 형태의 문화를 필요로 하는 것일까. '개발동맹', '성장연합', '토건마피아' 등 특정한 경제 세력이 대대적인 개발사업을 진행할 수 있으려면, 한편으로는 새로운 정치적 조건을 필요로 할 것이다. 신자유주의 시대에 들어와 성행한 '협치'가 그런 요건을 충족시키는 한 방안인 듯싶다. 정치인, 고위관료, 도시공학자, 자본가, 법률가 등 소수의 전문가 집단이 수조, 수십조 원이 소요되는 기획 금융 사업을 민주적 통제를 우회하여 추진하려면, 관련된 정치적 의사결정이 새로운 형태를 띠어야 하겠지만, 그런 사실은 또한 신개발주의가 반드시 정치에 대한 새로운 상상을 필요로 함을 보여준다고 할 수 있다. 다시 말해 신개발주의는 다른 한편으로, 담론적, 이데올로기적, 수사학적 환경을 중심으로 하는 특유한 문화적 구성체를 바탕으로 하여 작동하는 것이다. 강수돌에 따르면 신개발주의가 한국에서 작동하게 된 데에는 강력한 '교육효과'가 작용했다. 즉 IMF 긴축재정 과정을 거치며 "사상 초유의 폭력적 경험"이 작용하여 신개발주의를 압박했다는 것이다(강수돌, 2006: 211). 이것은 당시의 충격, 심리적 효과로 인해 이제는 환경도 경제적으로 경영해야 한다는 관념과 함께 '지속 가능한 개발,' '녹색 성장'과 같은 담론이 형성될 수 있게 되고, 그 결과 신개발주의가 작동할 수 있게 되었다는 것, 신개발주의의 정치경제가 문화적 차원을 대동하며 작동했다는 것을 가리킨다. 그밖에도 신개발주의는 더 유서 깊은 역사적, 전통적 맥락을 가지고 있다고 볼 수 있다. 알다시피 한국은 발전주의 전통 하에 있었기 때문에, 1960년대, 70년대 이래 어느 곳보다 강력한 '개발주의' 담론이 위력을 발휘해온 사회다. 박배균에 따르면, 신개발주의는 지역개발 세력의 헤게모니가 작동하는 가운데 기존의 개발주의 담론이 계속 영향력을 발휘되는 방식으로 추진되었다(박배균, 2008).

내가 보기에는, 앞에서 살펴본 '경관화'와 '안면화'의 작용 또한 공간의 금융화를 추동하는 정치경제적 질서를 작동시키는 중요한 문화적 요인으로 꼽아야 하지 않을까 싶다. 경관의 조성은 기본적으로 시각적 경험 조건을 변화시키는 것이며, 따라서 지각과 감각의 변화를 초래한다. 새로운 경관의 조성은 그렇다면 새로운 지각 및 감각의 조성과도 같다. 5장 9절 2항에서, 그리고 이 장 앞 절들에서 언급한 것처럼, 유리벽면을 주된 외관으로 가진 오늘날 도시경관을 지배하는 고층건물들은 유난히 시선 끄는 일에 몰두하면서 사람들로 하여금 그 속에 속해 있다고 느끼게 만드는, 그들로 하여금 경관세계와 동일시하게 하는 효과가 매우 크다. 이 효과의 구체적인 인간형태가 다음 장에서 살펴볼, 오늘날 크게 늘어난 '투자자 주체'다. 공간의 금융화가 강화될 수 있었던 데에는 앞서 살펴본 대로 금융적 매개가 활발하게 진행되고 있기 때문이지만, 이런 활동이 일어날 수 있는 것은 연금과 같은 노동자들의 복지기금이 국내외 개발사업에 투자될 수 있는 환경이 조성되었기 때문이다. 이 과정에서 노동자계급 상당 부분이 '화폐자본가'로 전환되었고, 공간의 금융화를 지원하는 세력으로 바뀌었다고 볼 수 있다. 이것은 새로운 감각의 형성이 새로운 정치적 태도로 이어질 수 있다는 말이기도 하다.

2) 공간의 금융화와 경제적 문화정치

공간의 금융화로 제기되는 문화정치는 새로운 공간생산을 통해 형성되는 시각적 경험, 특히 '스펙터클'을 둘러싸고 벌어지는 것으로 보인다. 이것은 공간적 조정을 통한 건조환경 조성으로 거대한 도시경관이 형성되고, 이 과정에서 안면성이 크게 강화됨으로써 생기는 일일 것이다. 문화정치가 "의미와 재현을 놓고 다투는 방식"이고(Hyrapiet and Greiner, 2012), 이 과정이 서로 다른 삶의 꼴과 형태, 주체성 등을 구성하기 위한 투쟁이라면, 스펙터클이 오늘날의 시각환경을 갈수록 지배하고 있는 것은 공간생산의 금융적 매개가 경관화를 추동하고 있기 때문이고, 자본의 문화정치가 승리하고 있기 때문이다. 스펙터클이 자본의 문화정치인 것은 거기서 형성되는 주체성은 자본이 원하는 형태라는 사실이 말해준다. 오늘날 공간적 스펙터클은 곳곳에 설치된 CCTV와 대형스크린, 새로운 건물에는 거의 어김없이 부착되는 유리벽면 등을 통해서도 만들어지고 있다. 앞에서도 살펴봤듯이, 이와 같은 스펙터클은 거대한 거울이 되어 '반사효과'를 만들어내며, 이를 통해 그것을 보는 사람들의 모습을 그들에게 되비침으로써, 그것을 자신의 것으로 여기게 한다(5장 9절 2항). 스펙터클을 통해 사람들이 보는 자신의 모습은 그 속에 빠져든 자신의 모습, 즉 상품의 물신성을 숭배하는 모습일 수밖에 없다는 점에서, 당연히 자본이 원하는 주체성이다.

스펙터클의 이런 작용은 갈수록 '화면 효과' 형태를 띠는 것으로 보인다. 그것은 오늘날 도시공간에서 경관이 주로 극장 또는 무대 성격을 띠며, 무대가 갈수록 화면으로 바뀌고 있기 때문이다(Lukinbeal, 2005). 도시가 극장,

무대, 화면이 된다 함은 추상공간의 특징을 띤다는 것이고, 특히 화면으로 전환된다는 것은 추상공간이 무엇보다도 금융화의 지배를 받는다는 증거다. 표현매체로서 화면은 금융거래를 가능케 하는 디지털기술과 가장 긴밀하게 연결되어 있고, 삶의 변동성이나 휘발성을 그대로 보여주는 것 같은 주사법走査法을 자신의 표현기술로 작동시킨다. CCTV, 광고판, 건물 유리 벽면 등 오늘날 시각환경의 주요 특징을 이루며 곳곳에 즐비한 화면은 이런 주사법을 가동하며 사람들의 모습을 비춰주는 대형 거울인 셈이다. 이 거울을 통해 사람들이 보는 것은 주로 자신이라 할 수 있다. 우리가 거울을 보는 것은 대개 우리 자신을 보기 위함이니까. 다만 눈여겨볼 것은 거울에 비친 '자신'은 이제 각종 자산을 포트폴리오로 만들어 관리하며, 위험 동향에 따라 보유한 금융상품의 '포지션'을 끊임없이 바꾸는 투자자의 모습과 별반 다르지 않다는 점이다. 오늘날 화면 경관을 구성하는 건조환경 조성 과정은 사람들이 부동산 기획금융에 적극 투자하고, 투자나 리츠, MBS 등으로 전환될 펀드나 채권 형성에 적극 참여하는 과정과 대개 중복된다. 우리가 갈수록 경관을 구성하는 화면, 또는 화면 속 경관세계와 동일시하는 것은 그렇다면 우리 자신이 이처럼 그런 세계를 존재시킨 당사자인 경우가 많기 때문인 셈이다. 도시경관은 이렇게 보면 거대한 거울효과를 만들어내면서 사람들의 새로운 정체성 형성에도 중요한 역할을 하는 매체라고 하겠다. 오늘날 화면은 르네상스 이래 사람들을 연기하는 존재로 만들어 근대적 정체성 형성에 영향을 미친 연극 무대에 이어, 정체성 형성의 새로운 공간으로 작용하게 된 것이다.[254]

254_ 무대와 극장이 처음 정체성 형성의 주요 기반이 된 때는 영국 르네상스 시대임을 기억하자. 이때 사람들은 인클로저 운동의 시작으로 장원의 구속된 삶으로부터 벗어나 대거 타지로 나갈 수밖에 없었다. 출신과 신분에 의해 정체성이 규정되던 장원을 떠난 사람들의 정체성 형성 방식은 크게 달라진다. 자신의 모습을 어떻게 연출하느냐가 더욱 중요해지며, 정체성도 그런 연출의 효과로 새로 형성되는 것이다. 르네상스 시대 영국에서 연극이 주요 장르로 떠오른 것은 사람들이 처음으로 대거 고향을 떠나 새로운 '인생의 무대'로 나서는 일이 많아진 것과 무관하지 않다.

유리벽면, 화면, 경관 등으로 구성되는 스펙터클은 이처럼 자본의 문화
정치가 펼쳐지는 무대로 작용하는 측면이 크지만, 그것이 지배효과를 발휘
한 것은 금융화 시대 이전부터라고 봐야 한다. 1960년대에 예컨대 '상황주
의자들'이 등장한 것은 무엇보다도 스펙터클의 지배에 저항하기 위함이었
다. 다만 당시 상황주의자들은 스펙터클의 작동원리를 시간의 문제로 한정
시켜서 생각한 측면이 있다. 기 드보르Guy Debord에 따르면, "스펙터클은
역사와 기억을 마비시키고, 역사적 시간을 기반으로 하는 어떤 역사도 억압
해버리는 지배 사회의 방책인 것으로 간주되며, 시간의 허위의식을 표상한
다"(Debord, 2002: para. 158). 이처럼 스펙터클을 시간 소외 현상으로 볼 경우,
중요한 과제는 '시간 해방'이 될 것이다. 상황주의자들이 '전용détournement'
전략을 중시했던 것도 '시간의 허위의식'으로서 스펙터클의 지배로부터 벗
어나기 위함이었다.255 오늘날도 스펙터클은 시간의 지배와 무관하게 작동
하지 않는다. 지금 스펙터클은 고층건물 유리벽면과 CCTV, TV, 컴퓨터, 나
아가서 스마트폰 등 도시의 실내외 경관을 수놓고 있는 수많은 화면들로
구성되어 있으며, 이런 경관의 조성에는 M-M' 순환의 강화가 중대한 요인
으로 작용한다. 다시 말해 스펙터클의 구축은 자본의 회전시간을 더욱 단축
하려는 자본주의적 시간 전략이 표현된 결과인 것이다. '전용' 전략은 반면
에 "자본주의 체제와 그 매체문화의 표현을 자본주의 체제에 등을 돌리게
하는 일"로서, 전복적인 성격을 갖는다(Holt and Cameron, 2010: 252). 맥도널
드사의 상표 M을 거꾸로 그려놓고, 그 아래에 노동을 뜻하는 'work'를 써넣
는 것이 그런 전략의 한 예로서, 이런 행위는 스펙터클을 지배전략으로 활
용하는 자본주의적 문화정치를 그 표적으로 겨냥하고 있다. 하지만 스펙터

255_ '전용détournement'은 '기존 미학적 요소들의 전용'을 줄인 말이다. 국제상황주의자들
     의 정의에 따르면 그것은 "현재 또는 과거 예술적 산물의 더 우월한 환경 구성으로의
     통합"이다. "이런 의미에서 상황주의적 회화나 음악은 있을 수 없고, 그런 수단에
     대한 상황주의적 활용만 있을 뿐이다. 좀 더 기본적인 의미에서, 구 문화영역들 내에
     서의 전용은 선전의 방법, 즉 그들 영역의 중요성 소진과 상실을 드러내는 방법이
     다"(Situationist International, 1958).

클이 자본주의적 생산과 지배에 종속된 시간 논리만 반영하는 것은 아니다. 르페브르에 따르면, 오늘날 시간의 소외는 공간의 소외에 종속되어 있고, 스펙터클은 추상공간의 영향 하에서 구축된 것이다(Ross, 1999). 이렇게 보면, 오늘날 사람들이 집적된 상품의 판타스마고리아에 매료되고, 외환딜러가 화장실 갈 여유도 없이 환율 변동을 주사하는 컴퓨터 화면에서 눈을 떼지 못하고, 도시에서 밤마다 축제의 야경이 펼쳐지는 것 등은 시간이 허위의식으로 변한 결과인 것만이 아니라, 공간이 자본에 의해 포획되어 나타나는 현상이기도 하다.

이런 상황에서 문화정치는 어떻게 이루어진다고 할 수 있는가? 이 질문은 공간의 금융화와 함께 어떤 종류의 담론이나 수사, 재현 양식 등을 통해 의미 생산이 이루어지고, 이 과정에서 권력관계는 어떤 변화를 겪고 있는지 묻는 것과 같다. 이 장 6절과 7절에서 나는 경관화와 안면화를 공간의 금융화 과정을 반영하는 두드러진 특징들로 꼽았다. 대규모 경관의 조성, 이렇게 조성된 경관에서 나타나는 안면성에 대한 강조는 오늘날 중대한 의미생산 기제로 작동하는 것이 무엇보다도 스펙터클을 중심으로 하는 시각적 경험임을 시사한다. 그렇다면 여기서 의미 생산은 어떻게 이루어지고 그와 함께 어떤 종류의 문화정치가 작동하는 것일까. 경관의 '의미'는 경관의 무엇임 즉 그 정체로서 '명백함'의 형태를 띠어야 한다. 이 명백함은 "하나의 단어로 하여금 '어떤 사물을 지칭하거나' '어떤 의미를 갖게' 만든다." 루이 알튀세르Louis Althusser가 지적한 것처럼, 이런 명백함은 "이데올로기적 효과, 기본적인 이데올로기적 효과다." 이때 이데올로기는 우리로 하여금 "그건 명백해!, 그게 맞아! 그게 사실이야!" 하고 말하도록 한다(Althusser, 2008: 45-46). 이런 이데올로기적 효과는 한편으로는 주체에게 가장 명백하게 즉 의미의 형태로 작용한다는 점에서 문화적이고, 다른 한편으로 그렇게 하여 주체를 지배질서에 종속시킨다는 점에서 정치적이며, 두 측면이 결합되어 있다는 점에서 문화정치적이라 할 수 있다. 경관은 우리로 하여금 "바로 그거야, 그래 저게 내가 원하는 거야" 하도록 만드는 이데올로기적 효과를 갖는다. 오늘날 사람들은 자신을 이런 경관의 일부로 만들고자 하는 경향이 아주 높다. 지금은 평범한 사람들도 화면에 등장하는 것이 거의 일상화된, 대중이 배우가 된 시대다. 결혼식 등의 통과의례 기록물에서 자신을 주인공으로 만드는 데서부터 셀카를 통해 자신의 이미지를 끊임없이 만드는 데까지,256 사람들은 이제 화면에 등장하는 일에 너무나 익숙하고, 경관 속 존재가 되기에 여념이 없다.

이런 문화정치적 효과가 어떤 경제적 의미를 갖는지 가늠해보려면, 그로 인한 일상적 실천이 사회적 부 또는 가치 생산과 어떻게 연동되는지 생각해볼 필요가 있을 것 같다. 상황주의자들의 '전용' 전략은 물론 스펙터클을 시간의 허위의식으로만 보고 공간의 문제로는 제대로 인식하지 못한 측면이 있었을지라도, 자본주의적 가치생산을 거부하기 위함이었다. 반면에 오늘날 경관화의 스펙터클과 판타스마고리아에 몰입하고 있는 대중은 그 화면에 등장하기 위해 (형편만 된다면) 각종 펀드나 채권, 그리고 부동산 기획금융에 투자할 준비가 된 투자자 주체에 가깝다고 봐야 한다. 금융화 또는 금융적 매개가 공간 생산의 지배적 기제로 작동하게 되면서, 갈수록 많은 사람들이 자신의 소득, 아니 더 정확하게 말해 부채에 기반을 둔 자산을 스펙터클 조성에 투자하고 있으니 말이다. 이것은 공간의 금융화로 인해 전개되는 지배적 문화정치에서, 사람들이 한편으로는 거대한 규모로 조성되는 경관과 그로 인해 펼쳐지는 스펙터클, 그리고 이와 더불어 작동하는 판타스마고리아 앞에 선 '거울 앞 존재'가 되고, 다른 한편으로는 자신이 '배우'로 참여할 거대한 화면 무대가 계속 펼쳐질 수 있도록 빚을 내서라도 새로운 건조환경 조성에 투자하는 존재가 된다는 것을 말해준다. '투자자'로 전환된 개인들은 무엇보다 경제적 주체가 되었다고 할 수 있다. 투자자, 경제적 주체야말로 경관과 스펙터클이 공간을 지배하는 오늘날 신자유주의 금융화 시대에 가장 잘 어울리는 인간형인 것이다. 물론

256_ 옥스퍼드 사전은 '셀카'의 영어 표현인 '셀피selfie'를 2013년 올해의 국제어로 선정한 바 있다(Australian Associated Press, Nov. 19, 2013)

이렇게 하여 대거 빚진 존재가 된 사람들이 처하게 될 질곡은 그대로 남을 테지만 말이다.

3) 공간의 금융화와 정치적 문화경제

금융화가 진행됨으로써 문화와 경제의 상호작용으로서 문화경제는 어떤 모습을 띠게 되고, 이것은 또한 주로 어떤 정치적 실천과 결합하게 되는 것인가? 이 항에서 제기하고자 하는 질문은 바로 이것이다. 지금까지 살펴본 바에 따르면, 오늘날 대규모 건조환경이 조성되고 있는 것은 최근 들어와서 자본의 M-M' 순환이 강화된 가운데, 고정자본 건설에 동원되는 의제자본의 규모가 거대해진 결과라고 할 수 있다. 한국의 경우 고정자본 건설은 특히 부동산 개발의 형태를 띠고 있다는 것이 눈여겨볼 점으로, 이 과정에는 '금융적 매개'가 깊숙이 작용한다. 전국 대도시에 초고층 주상복합아파트 건물이 들어서고, 지자체들이 PPP 형태로 진행하는 대규모 개발 사업이 빈번해진 것은 금융파생상품, 기획금융, ABS, ABCP, MBS, 리츠 등 다양한 금융상품 거래가 1990년대 말부터 제도화된 뒤다. 공간의 금융화가 이뤄지면서 '정치적 문화경제'가 어떤 식으로 작동하는지 알아보려면 따라서, 오늘날 부동산 개발 특히 금융적 매개를 통해 일어나는 개발은 어떤 방식으로 일어나고 있고, 이와 연결된 사회적 변동은 무엇인지 살펴볼 필요가 있겠다.

오늘날 도시경관을 지배하는 새로운 건조환경 조성에 금융화가 중요한 역할을 한다는 것은 신자유주의적 공간 생산을 위한 새로운 문화경제가 구축되었다는 것, 다시 말해 문화가 경제적 기능을 강화하고, 경제가 문화적 기능을 강화하는 방식이 새롭게 등장했다는 것이다. 이런 점을 단적으로 보여주는 예는 최근 들어 부동산 개발이 만연한 데서 찾을 수 있다. 금융화가 진행되기 전이라고 해서 부동산 개발이 없었던 것은 물론 아니지만, 과거에는 개발이 대체로 사용가치로서의 부동산 생산을 지향했다고 한다면, 오늘날은 부동산의 교환가치를 키우기 위함인 듯, 변별적 이미지나 상징성을 강조하며 이루어진다는 것이 다른 점으로 보인다. 아파트 단지 명칭을 '롯데캐슬', '현대하이페리온', '삼성타워팰리스' 등으로 시공사 이름을 넣어 브랜드화한다거나, 쌍룡건설과 금호건설이 광화문에 건설한 오피스텔 단지처럼 아예 '경희궁의 아침', '용비어천가' 같이 역사성을 지녔다는 느낌을 주는 이름을 사용하는 것이 좋은 예다. 이것은 아파트가 지배적인 주택 형태인 것은 예나 마찬가지라 해도, 최근에 들어와 용도나 기능을 강조하던 과거와는 달리, "극도의 상징성"을 드러내려 하는 모습으로서, 부동산 시장이 상품의 이미지 측면을 극대화하고 있음을 보여준다. 롯데캐슬의 경우 한 광고에서 자신을 '강변의 성'으로 제시하고 있는데, 이는 "이미지의 창조이며, 객관적으로 제공되는 정보들이 이 이미지로 통합되는 구조로 판단보다는 감성으로 느끼는 측면이 강화된 형태다"(신창헌, 2003: 44). 아파트가 이처럼 상품으로서 상징적 이미지를 강조하는 것이 '경제의 문화화'에 해당함을 다시 강조할 필요는 없을 것이다. 다만 한 가지 눈여겨볼 점이 있다면, 한국의 경우 금융자유화와 더불어 대중이 대거 금융상품 투자자로 전환된 시점, 아파트를 중심으로 한 주택이 주거를 위한 사용가치로서만이 아니라 교환가치로서 즉 유동자산에 더 가까워진 시점 이후에, 이런 경향이 나타났다는 사실이다. 이렇게 보면, 상품으로서의 아파트가 심미적 대상처럼 느껴지게 만드는 데에는 금융화가 더없이 중요한 작용을 했다고 할 수 있다.

물론 문화경제는 경제의 문화화만이 아니라 문화의 경제화도 함께 동반하는 사회적 실천의 차원이다. 주택을 무엇보다도 심미적 대상, 이미지로 제시하는 이유는 그것의 상품 가치를 높이기 위함에 있다고 봐야 할 것이다. 이것은 주택이 원래 가지고 있던 삶의 터전으로서의 성격이 크게 탈각되었다는 것, 삶의 양식 일부를 구성하고 있던 주택의 성격이 새롭게 바뀌었다는 것, 더 정확하게 말해 그것이 시장에서 거래되는 상품, 그것도 화폐와 거의 흡사한 자산상품으로서 투자 대상이 되었음을 말해준다. 사실 한국에서 아파트가 사람들이 가장 선호하는 주택 형태가 된 것은 '환금성'이 높다는 이유 때문이며, 아파트 상당 부분은 은행대출금에 담보로 잡혀서 채권으로 바뀌어 증권으로 유동화해 있다고 봐야 한다. 최근 들어와서 부동산 시장이 자산 시장으로, 자산 시장이 자본 시장으로 작용하고 있는 것은 이 과정에서 일어난 일이다. 이런 변화는 거주공간으로서의 주택이 이제는 시장에 깊숙이 흡수되어 있고, 일상적 삶을 구성하는 문화가 철저한 경제화 과정을 거치고 있다는 것, 1장에서 언급한 '4차 순환'이 진행되고 있다는 것, 즉 광의의 문화적 실천이 자본의 축적 논리에 포섭되고 있다는 것을 보여준다.

주택이 상품으로 광고될 때 상징적 이미지가 강조되고, 반면에 사용가치보다는 교환가치로서의 역할을 더 많이 하게 되는 일이 빈번해질수록, 경제와 문화의 구분은 그만큼 더 줄어들게 된다. 최근에 의미 있는 것, 좋은 것, 바람직한 것과 돈 버는 것, 부자 되는 것 사이에 의미 교환이 자주 일어나고 있는 것도 그 때문이라 할 수 있다. 탤런트 김정은이 유행시킨 BC카드 광고 문안("부자 되세요!")대로, 이제는 돈 벌어 부자 되는 일이 많은 사람들에게 권할 수 있는 멋있고 좋은 일이 되었다. 삶의 터전으로서의 주택이 자산으로 전환되는 것이 문화적인 것의 경제화를 의미한다면, 돈 버는 일을 멋있는 것으로 만드는 것은 경제적인 것의 심미화를 의미한다.

이미 언급했듯이, 오늘날 공간의 생산은 금융적으로 매개되는 경향이 높다. 공간 생산이 금융적 매개의 영향을 받게 될 때 문화경제상으로 일어나는 현상 가운데 주목할 것이 고장의 구체적 삶과 그 곡절은 무시한 채, 손익계산에 입각한 '원거리 결정'으로 이루어지는 부동산 개발이 빈번해진다는 것이다. '장소의 공간화' 또는 '구체적 공간의 추상공간화'라고도 할 수 있을 이런 경향의 증가는 부동산 거래나 투자가 갈수록 금융공학적으로, 다시 말해 리츠나 MBS 등 금융상품에 의한 매개를 통해, 한국에서 진행되는 PPP 사업에도 외국의 연금 자산이 투입될 수 있는 조건 즉 '개발의 세계화'가 진행됨으로써 생긴 일이다. 오늘날 "건조환경 시장은 갈수록 지구적 규모로 조직되고, 그 위에서 기능"하고 있다(Theurillat, 2011: 6). 이런 변동이 문화경제에 미치는 영향은 그렇다면 무엇인가? 금융파생상품과 관련하여 언급한 금융자본의 '탈현지화'와 그와 연동된 문화의 '탈맥락화' 경향(4장 8절 1항)을 다시 환기해 봄직하다. 주택담보대출로 부채를 자산화하는 개별 가정은 삶의 양상과 사정이 각기 다를 터이나, 그 대출금에 근거한 채권으로 만들어지는 CMO나 CDO 등에서 그런 차이는 신용범주(트랑쉐)에 속해 일반화되면서 특이성을 상실하게 된다. 이런 식으로 만들어지는 금융파생상품이 때로는 드론 폭격기와 다를 바 없다고 할 수 있는 것은 그것 역시 원거리 조종에 의해 사람들을 살육하는 것과 유사한 '부수적 피해'를 동반하곤 하기 때문이다. 금융적 매개를 통해 이루어지는 오늘날의 대규모 부동산 개발에서도, 고장의 전통이나 그 주민의 구체적 삶의 형태 즉 역사와 차이가 그 자체로 존중받는 경우는 별로 없다. 고장의 자연환경이나 역사적 맥락, 문화유산, 인구구성 등의 문화적 환경은 '입지조건'으로 전환됨으로써 경제적 가치로 환산되고, 투자를 위한 조건이 될 뿐이다. 문화는 이때 '신용평가'가 이루어지는 대상일 뿐인 셈이라 하겠다.

금융적 매개에 의한 공간 생산에서 나타나는 문화의 경제화가 이처럼 구체성의 탈각으로 나타난다면, 반면에 경제의 문화화는 경제적 가치의 전면화라는 형태를 띠며 새로운 구체성을 생산하는 효과를 갖는다고 할 수 있다. 경제적 가치는 이때 다른 종류의 가치들을 능가하는 가장 우선시되어야 할 것으로 간주된다. 금융적 매개에 의한 부동산 개발에서 생태와 문화유산, 고장 사람들의 삶의 터전이 파괴되곤 하는 것은 부의 생산이 무엇보다도 먼저 강조되기 때문이다. 물론 이런 구체성의 파괴가 또 다른 구체성을 만들어내는 효과가 전혀 없는 것은 아니지만, 새로운 구체성은 기존의 삶의 맥락 전체가 천지개벽을 겪고 변신해 획득된 것인 만큼 전적으로 새로운 모습일 수밖에 없다. 830미터로 세계 최고층 건물인 부르즈 칼리프를 건립해놓은 두바이는 최근 다시 트램이 다니는 7킬로미터 길이의 '실내도시'를 세계 최초로 건설하겠다는 계획을 발표한 바 있다. 해변이라지만 아라비아 사막 바로 위에 위치하고 있고, 평균 최고온도가 섭씨 40도가 넘는 사막기후 지역에 이런 거대한 규모의 실내도시가 들어서고 나면, 지금의 자연환경과 삶의 틀은 완전히 파괴되겠지만, 또 다른 구체성을 띤 공간이 조성될 것으로 보인다. 거기에는 스페인 바르셀로나의 라스 람블라스 거리를 본뜬 보도, 뉴욕 브로드웨이를 본뜬 광고간판 즐비한 극장지대, 런던의 옥스퍼드 스트리트를 닮은 쇼핑지역이 들어설 예정인 것이다(Wainwright, 2014.7.9).[257] 경제의 문화화는 이때 이런 형태의 건조환경의 조성과 그로 인해 나타날 새로운 삶의 방식 출현으로 구체화되는 현상을 가리킨다.

공간의 금융화 또는 금융적 매개에 의한 공간 생산과 함께 작동하는 문화경제는 이렇게 볼 때, 한편으로는 문화의 탈맥락화와 함께 자연환경이나 역사적 맥락, 전통적 습속을 포함한 다양한 삶의 의미와 방식이 경제적 가치로 환산되고, 다른 한편으로 경제적인 계산이 우선시됨으로써, 기획금융 등 금융공학이 가동되는 가운데 대규모 부동산 건설이 대규모로 빈번하게 진행됨에 따라 새로운 삶의 현장이 만들어지는 과정을 가리킨다고 할 수 있다. 이제 살펴볼 문제는 이런 문화경제적 실천은 그렇다면 정치적 실천과는 어떻게 결합되는가 하는 것이다. 새로운 문화경제가 형성됨으로써, 경제가 최우선이라는 생각 즉 부자로 사는 것이 가장 멋있는 삶이라는 인식이 팽배하게 되면 사람들의 정치적 태도 또한 바뀔 수밖에 없다. 공간의 금융화 또는 부동산의 증권화와 함께 나타난 개인들의 부동산 투자에의 관심 증가가 가져오는 정치적 효과는 명백하다. 한국에서 이명박 정권, 박근혜 정권이 출범하게 된 데에는 많은 사람들이 한나라당 혹은 새누리당이 집권할 경우 부동산시장을 더욱 더 활성화시킬 것으로 기대한 때문이다. 이런 점을 보면 공간의 금융화로 인해 형성되는 문화경제의 기본적인 정치적 효과는 보수적이라고 봐야 할 것 같다.

공간의 금융화와 함께 사람들이 보수적으로 바뀌는 가장 큰 이유는 공간

257_ 한국에서 추진되다가 무산된 '에잇시티'의 경우 "세계 최대 복합도시를 지향"하며 "마카오의 약 3배 규모인 80㎢ 규모로" "해양 스포츠와 골프, 컨벤션과 게이밍, 한류시설, 메디컬시설, 주거 및 비즈니스 시설 등을 갖춘 8개 지구로 조성"될 예정이었다 (뉴스토마토, 2012.10.31).

의 금융화와 함께 자신들의 삶의 터전인 주택을 자산으로 간주하게 되면서, 갈수록 많은 사람들이 '화폐자본가'로서 행세하게 되는 데서 찾아야 할 것이다. 랭리에 따르면, 영국의 미불 임대용 주택담보 대출금은 1998년 말 20억 파운드에서 2004년에는 470억 파운드로 늘었고, 미국에서는 2004년 구입된 모든 주택구매의 23퍼센트가 투자 목적으로 이루어졌다(Langley, 2007: 20-21). 2014년 현재 유럽연합에 1100만 채의 빈집이 있는 것도 사람들이 부동산 가격 상승을 기대하여 주택을 사놓고 방치한 결과 생긴 현상이다(Neate, 2014.2.23). 다주택자로 임대용 주택을 구입하는 경우가 아니더라도, 주거용 주택구입자 또한 투자를 겨냥한 경우도 없지 않으며, 이들은 '단타 매매자flippers'로서 팔고사기를 되풀이하는 경향이 높다. 이 결과 오늘날은 유례없이 많은 사람들이 부동산 투자자로 전환된 상황이며, 한국의 경우는 특히 2000년대 들어와서 금리 인하와 함께 투자 또는 투기 목적의 부동산 구입이 크게 늘어났다. 인구 가운데 이렇게 부동산 투자자가 늘어난다는 것은, 유동 자산가 정체성을 지닌 사람들이 늘어난다는 것, 즉 화폐자본가 또는 투자자 정체성을 지닌 인구 비율이 높아진다는 것이다. 자본의 논리에 포획된 사람들로부터 자본주의 사회를 변혁시키고자 하는 태도를 기대하는 어렵다고 하겠으며, 바로 여기서 공간의 금융화와 함께 형성되는 문화경제가 기본적으로 보수적 정치와 결합할 가능성이 높아지는 이유가 나온다고 하겠다.

9. 결론

시간의 금융화가 공간의 금융화와 분리될 수 없듯이 공간의 금융화도 시간의 금융화와 분리되지 않는다. 주택 200만호 건설 정책과 맞물린 한국의 부동산 시장 활황은 나름대로 중요한 공간적 조건 변화에 속하지만, 그것은 또한 최근의 시간경험 변화에도 중대한 영향을 미쳤다고 할 수 있다.

대규모 주택건설 사업이 시작된 1980년대 말, 한국 대중가요계에 소방차, 박남정, 나미, 김완선, 민해경 등 템포 빠른 음악을 선보인 댄스가수들이 대거 등장한 것이 우연이었을까. 1990년대 초 한국사회에서 금융화가 시도되고 공간적 연결성이 강화되는 세계화가 시작될 무렵, '서태지와 아이들'이 대중음악 무대를 석권한 것은 또 어떻게 이해할 수 있을까. 대중가요 속도를 당대 감수성의 한 지표로 볼 수 있다면, 빠른 속도를 특징으로 하는 댄스음악의 등장은 금융화의 작동과 함께 M-M' 순환이 한국사회의 사회적 신진대사를 지배하게 됨에 따라 눈에 띄게 빨라진 사회적 리듬을 반영했다고 할 수 있을 것이다. 대중음악에서 사회적 리듬의 가속은 이후에도 그치지 않아, 1990년대 말부터는 한류가 등장하고, 한류에서도 댄스음악을 중심으로 하는 K-팝이 성장하면서 더욱 강화되었다. 댄스음악의 유행은 음악장르도 더 이상 소리만이 아니라, 빛의 속도에 기반을 둔 시각적 자원까지 활용하게 되었음을 보여준다. 1980년대 말부터 고층아파트 건물이 밀집된 위성도시들이 건설되고, 이후 계속하여 PPP 등의 형태로 대규모 개발사업이 일어나 한국의 산하가 새롭게 바뀐 것이 이런 변화와 무관하다고 할수 있을까? 도시공간의 새로운 조성은 공간적 변화에 속하지만, 이것을 추동해낸 것은 지난 수십 년 사이 사회적 신진대사를 가속시켜 시간경험까지 바꿔낸 신자유주의적 금융화라고 할 수 있다. 서태지와 아이들, 클론, 그리고 K-팝 등으로 대변되는 댄스음악 즉 시각에 호소하는 음악이 유행한 시기가 대규모 개발사업이 전개된 시기였다는 사실은 시간과 공간은 서로 맞물려 있음을 말해준다.258

하지만 분석의 편의상 이 장에서 우리는 공간의 금융화에 초점을 맞추고 논의를 진행했다. 공간의 금융화는 자본의 M-M' 순환운동이 강화됨에 따

258_ 시간과 공간의 맞물림 현상을 보여주는 또 다른 사례는 한국의 수도권에 위성도시가 건설된 시점에 퀵서비스, 대리운전과 같은 공간이동 서비스가 새롭게 생겨난 데서 찾을 수 있다. 한국에서 퀵서비스는 1992년에 처음 등장했고, 대리운전도 비슷한 시기에 새로운 서비스상품으로 등장했다.

라, 오늘날 공간의 생산이 갈수록 금융적 매개의 영향을 받게 됨으로써 일어나는 일이다. 우리는 이 결과 건조환경의 거대화, 초고층화가 진행되고, 도시경관이 거대한 규모로 새롭게 조성되며, 이 과정에서 안면성을 강조하는 유리벽면이 시각환경을 지배하게 된다는 점을 확인했다. 이와 같은 공간환경의 변화는 한편으로는 시간적 경험 방식에도 영향을 주지만 주체형성의 새로운 조건으로도 작용하기 마련이다. 다음 8장에서는 지금까지의 논의가 어떻게 주체형성 논의와 연결될 수 있는지 살피게 될 것이다.

제8장

주체형성의 금융화

1. 서론

앞의 두 장에서 우리는 오늘날의 특유한 시간과 공간을 생산하고 조직하는 데 신자유주의적 금융화가 어떻게 작용하는지 알아보고자 했다. 시간과 공간은 통상 인간 경험의 보편적 조건으로서 인위적으로 바꿀 수 없는 것으로 간주되지만, 여기서 취하는 입장은 그런 조건이 사회적으로 생산된다는 것으로서 역사유물론적인 관점이다. 지금까지의 논의에 따른다면, 최근에 들어와서 시공간 양상과 경험을 가장 획기적으로 전환시킨 것은 금융파생상품, 기획금융, ABS, ABCP, MBS, 리츠, 뮤추얼펀드 등 새로운 금융상품을 도입한 신자유주의적 신용체계와 그로 인해 강화된 금융화 경향이다. 6장과 7장에서 우리는 이 금융화가 어떻게 미래할인 관행을 확산시키는 속도증가 기제로서 시간경험 방식을 변화시키고, 또 어떻게 새로운 공간의 생산과 공간적 경험 방식에 작용하는지 살펴보고자 했다. 이제 이 8장에서 따져보려는 것은 시공간 경험을 사회적으로 새롭게 주조하는 일은 어떤 유형의 주체를 전제하고, 그 과정에서 어떤 주체형태를 형성하느냐는 문제다. 시공간이 사회적으로 '생산'된다는 것은 '노동과정'을 거친다는 것이며, 이 과정은 '노동력' 즉 인간 주체의 개입을 필수적으로 전제한다. 오늘날 특유한 시공간의 생산은 어떤 주체형태를 요청하며, 새로운 인간형은 어떤 특징을 가지는 것일까?

맑스에 따르면, "사람들은 자신의 역사를 만들지만, 그들이 원하는 대로 만들지는 않는다. 그들은 그 역사를 이미 존재하며 과거로부터 주어져 내려오는 조건 아래서 만든다"(Marx, 1963: 15). 이 말은 역사 외부에 먼저 존재하는 개인들이 역사를 만들어가는 것이 아니라, 그 개인들이 '언제나 이미' 역사 속에서 특정한 모습으로, 역사에 의해 특정하게 주조된 형태로 존재한다는 의미이기도 하다. 신자유주의적 금융화로 인해서 생겨나는 시공간과 그것과 더불어 펼쳐지는 문화정치경제적인 복합적 실천에도 개인들의 참여가 당연히 이루어지겠지만, 이때 개인은 특정하게 호명되거나 형성된 존재임을 인식하는 것이 중요하다. 개인은 대체로 호명 과정을 거쳐 주체로 구성된다는 점에서 '소주체'에 해당하지만, 신이나 국가, 민족 등 자신을 지배하는 '대주체'와 동일시하는 경향이 있다. 하지만 오늘날 역사의 실제적 주체는 사실 자본, 그것도 금융화를 추동하고, 금융화에 의해 자신의 운동을 펼쳐가는 금융자본이라고 봐야 할 것이다. 물론 자본은 인간의 잠재성을 갉아 먹어야만 존립할 수 있는 것이기는 하다. 그것은 살아있는 노동력을 끊임없이 자본주의적 가치 생산자 즉 노동자로 소환해야만 자신의 생명을 연장할 수 있는 유령적 존재인 것이다. 그러나 자본주의적 생산양식이 지배하는 한, 이 유령이 가공할 힘을 발휘하는 것도 사실이다.259 오늘날 사람들이 주체로서 형성되는 방식은 그렇다면, 신자유주의적 금융화와 함께 가동되는 자본주의적인 문화정치경제의 영향을 받을 것이라고

259_ 프레드릭 제임슨은 포스트모더니즘의 계급적 기원을 '후기 자본주의'의 다국적 자본에서 찾으며, 다음과 같이 말한다. "이 탈신체화된 힘은 특수한 방식으로 훈련되어 있고, 자유로운 인간 창조성에 따라서 독창적인 국지 책략 및 실천을 발명해내는 인간 행위자들의 총체이기도 하다. …사람들이 '절호의 기회'를 보고 달려들어 돈을 벌고 새로운 방식으로 회사를 재조직하는 것은 후기 자본주의의 가능성 속에서다"(Jameson, 1991: 408).

볼 수 있겠다.

부르주아 정치경제학은 맑스가 지적한 것처럼, 가난한 대중 즉 프롤레타리아트를 노동하는 경우에만 인간으로 취급하며 노동하지 않는 프롤레타리아트는 "형사법적, 의사들, 종교, 통계표, 정치, 거지단속 경찰"의 문제로 삼는다(맑스, 1991: 228). 이것은 정치경제학이 가난한 사람들을 노동자계급으로만 취급하는 경향이 있으며, 대중을 생산자(=노동자) 대중과 비생산자 대중으로 구분한다는 말이다. 알다시피 정치경제학 비판의 전통은 정치경제학의 이런 대중 분할 관행을 줄기차게 비판해왔다. "정치경제학적 문제설정의 가동은 대중을 노동자계급으로 전환시켜 자본주의적 착취라는 역사의 수레바퀴 아래 깔리게 하는 체제의 가동"이라고 봤기 때문이다.

이런 대중 다루기는 이데올로기 작업으로만 그치는 것이 아니라 대중들의 분류, 이동, 체포, 감금, 배치 등 실질적인 사회적 과정들을 포함한다. 이리하여 부랑자, 거지, 광인, 나환자, 행려병자, 신체장애자들이나 농민, 어부, 수선공, 자영업자 등 다양한 방식으로 살아가던 사람들의 조합으로 이루어졌던 대중구성은 다양한 과정과 방식을 통해 노동자계급이 절대다수를 차지하는 대중구성으로 전환되었다(강내희, 1994: 109).

그러나 자본주의는 불변하는 체제가 아니며, 정치경제학 역시 단일한 인구정책을 고집하진 않는다. 게다가 앞에서 지적한 대로, 정치경제학적 문제설정만으로 오늘날 자본주의 체계의 작동을 이해하기도 어렵다. 정치경제학비판의 문제의식 이외에도 문화정치와 문화경제를 비판적으로 이해하고, 더 나아가서 이들 세 문제설정을 더 복잡하게 만드는 문화정치경제의 비판까지 시도할 필요가 있는 것은 그 때문이다. 이 장에서 나는 신자유주의적 금융화가 그 나름의 주체형성 전략을 작동시키며, 이 전략은 문화정치경제의 복잡한 전체와 맞물려 펼쳐진다는 인식을 바탕으로, 신자유주의적 금융화로 주체형성이 어떤 굴곡을 겪게 되는지 살펴보고자 한다.

2. 주체형성의 문제설정

흔히 '주체'는 이미 주어져 있고 완성되어 있으며, 자기의식의 중심이요, 스스로 책임지는, 따라서 자신의 주인인 존재라고 간주된다. 이런 주체의 구체적 모습은 다양하다. 그 몇 가지 예로 우리는 자신의 결정에 대해 책임지는 법적 계약의 당사자, 자유의지에 의해 정치적 공동체에 참여하는 개인, 사회적 책임과 의무 또는 권리를 갖는 것으로 이해되는 시민 등을 떠올릴 수 있다. 이런 주체적 존재가 향유하는 가장 큰 권능이자 특징이 있다면, 그것은 필시 개인적 자유가 아닐까 싶다. 주체가 자신의 주인이라고 치부될 수 있는 것은 이런 자유를 누리는 존재로 간주되기 때문일 것이다.

이런 주체 상을 유난히 강조하는 사상 전통이 있다면, 자본주의 역사를 통털어 이념적 헤게모니를 행사해온 자유주의다. 오늘날 지배적인 축적 전략으로 작동하고 있는 신자유주의를 포함한 자유주의는 개인들을 자기책임의 주체로 간주한다. 신자유주의 시대에 시장이 사회를 작동시키는 기본 원리로 떠오른 것도 이런 주체 상이 강력하게 작동한 결과로 볼 수 있다. 시장은 이때 개인들이 자기책임을 질 수 있는 존재로서 자유롭게 활동할 수 있는 최적 공간으로 제시된다. "사회란 것은 없다, 개인 남녀, 가족만 있을 뿐이다"라고 했을 때(Thatcher, 1987), 마거릿 대처가 남녀 개인들이 '사회'의 굴레에서 벗어나 자유롭게 활동하는 영역의 전형으로 생각한 것도 바로 이런 시장이었을 것이다. 시장에서 개인들은 각종 교환의 주체로 상정되며, 개인들이 시장에서 행해지는 자기결정에 대한 법적 책임을 져야 하는 것은 거기서는 그들이 자유로운 존재라고 전제되기 때문이다.260

260_ 맑스가 이런 시장 상황을 어떻게 이해했는지는 『자본』 1권에서 개인의 자유를 강조하는 시장이 어떤 종류의 '낙원'인지 언급하는 부분에서 여실히 드러난다. 이 시장에서 개인들 각자는 "자기 자신의 이익에만 관심을 기울이"는 것 같아 보이지만, 각자 자기책임 하에 행동한 결과는 불평등일 뿐이다. 자유로운 시장 교환의 결과는 다음과 같다. "이전의 화폐소유자는 자본가로서 앞장서 걸어가고, 노동력의 소유자는 그의 노동자로서 그 뒤를 따라간다. 전자는 거만하게 미소를 띠고 사업에 착수할 열의

개인 주체를 이처럼 자기책임 지는 존재로 이해하는 것은 그러나, 주체를 사회적 조건이 달라지면 새롭게 형성될 수 있는 역사적 존재로서보다는 이미 완성되어 있는 고유한 불변의 존재로 간주하는 것으로, 관념론적인 입장에 해당한다. 이미 완성된 자유롭고 고유한 존재란 문화적, 정치적, 경제적 실천들, 다시 말해서 사회적인 물질적 과정과는 무관할 수밖에 없다. 이런 주체 이해의 대표적 경우가 자유주의적 인간관의 핵심을 이루는 '인간주의humanism'다. 자유주의적 인간주의에서 인간의 본성은 보편적인 것으로, 개인의 자아는 불변하며, 설령 변하더라도 사회적 환경과는 무관하게 독자적으로 변하는 것으로 간주된다. 반면에 여기서 채택하려는 입장은 시간과 공간이 사회적으로 생산되듯이, 주체 역시 사회적으로 생산된다는 것이다. 우리는 통상 '자랑스러운 한국인', '건설의 역군', '충실한 회사원', '양순한 아내', '효성스러운 아들딸', '성실한 학생', '씩씩한 군인', '책임지는 시민', '상냥한 여성' 등 다양한 주체형태를 지닌 채 살아간다. 이들 주체는 각자 자유롭게 행동하는 것으로 보일지 모르나, 엄밀하게 보면 그런 행동은 사회적 요청에 따른 것이다. 특정한 인간형으로 살아가기 위해, 우리 각자는 개인으로서 가정 양육, 학교 교육, 매체에 의한 소통, 각종 노동 과정, 이미지 및 상품 소비 등 다양한 사회적 실천과정을 통해 호명되고 훈육된다. 사회적 실천과정은 다양하며, 그런 만큼 주체의 형태도 다양하고 가변적이라 할 수 있다. 이런 관점은 주체란 사회적으로 새롭게 구성되는 존재라고 이해한다는 점에서, 주체의 불변성과 보편성을 강조하는 자유주의적 인간주의와는 근본적으로 구별된다. 인간주의가 주체를 역사와 사회적 실천을 초월한 보편적인 이념적 존재로 간주하는 관념론에 해당한다면, 여기서 채택하려는 입장은 유물론적이라 하겠다. 이 후자의 관점에서 주체는 사회적으로 형성되는 존재 즉 개인들이 물질적으로 구성되는 다양한 사회

에 차 바삐 걸어가고 후자는 자기 자신의 가죽을 시장에서 팔아버렸으므로 이제는 무두질만을 기다리는 사람처럼 겁에 질려 주춤주춤 걸어가고 있다'(맑스, 2001a: 230-31).

적 제도와 실천을 통해서 형성되는 인간 형태로 이해된다.

주체가 사회적 과정을 거쳐 형성된다는 것을 인정할 경우, 그 과정과 거기서 이루어지는 각종 실천이 변함에 따라 주체가 형성되는 방식이나 주체의 형태도 변할 것이라는 예측이 가능하다. 우리는 신자유주의 시대에는 수정자유주의 시대와는 다른 사회적 실천이 이루어짐을 앞에서 확인한 바 있다. 정치경제나 문화정치, 문화경제의 측면이건, 아니면 시간과 공간의 차원이건 변화가 일어난 영역들은 다양하다. 이제 강조해야 할 것은 이들 영역의 구성 과정에서 일어나는 각종 사회적 변화와 함께 주체형성의 조건도, 주체형태도 바뀐다는 점이다. 이 맥락에서 금융화로 인해 주체형성의 조건은 어떻게 바뀌고, 어떤 유형의 주체가 탄생하느냐는 문제가 중요하게 떠오른다.

수정자유주의 하에서 금융은 일정하게 통제되었고, 생산을 중심으로 하는 실물경제의 원활한 작동을 위한 수단으로 간주되었던 편이다. 케인스는 20세기 초반 세계경제가 대공황을 겪은 것은 고전적 자유주의 즉 자유방임주의가 자본의 운동을 과도하게 허용했다고 보고, "교역 재화만이 아니라 자본 및 대부 가능 자금의 자유 운동을 허용함으로써 향후 세대 이 나라를 훨씬 더 낮은 물질적 번영에 처하게 할지 모르는 경제적 국제주의" 즉 금융자유화에 대해 강력하게 반대했다(Keynes, 1973: 349; Bryan and Rafferty: 144 에서 재인용). 케인스주의를 주요 경제정책으로 채택한 수정자유주의 하에서는 그래서 금융 활동에 대해 상당히 강력한 통제가 가해졌고, M-M'와 M-C-M'의 상호관계가 후자의 우위 하에 관리되었다. 3장 10절에서 언급한 대로, 포드주의가 수정자유주의 시대에 '전반적 사회 조절장치'로 작동할 수 있었던 것도 그것이 노동과 자본과 국가의 타협을 가능하게 했고, 당시 생산 중심의 실물경제가 이 타협의 물적 기반으로 작용할 수 있었기 때문이다. 이런 상황에서 주체형성은 푸코가 말한 근대적 훈육사회의 작동에 의해, 즉 개인들을 감옥, 군대, 공장, 병원, 학교 등의 '감금장치'에 배치하고 그들의 신체에 일정한 습속과 능력을 각인시키며 주체로 주조해내는 방식

으로 이루어졌다고 볼 수 있다.261

하지만 이와 같은 주체형성 방식은 대략 20세기 중반이 끝날 무렵까지, 다시 말해 포드주의나 발전주의가 작동하고 있던 시기까지 적용되었고, 신자유주의적 축적체제가 작동하고 금융화가 본격적으로 진행되면서부터는 새로운 형태의 주체형성이 작동하기 시작한 것으로 보인다. 이것은 자본주의가 금융화 전략을 중심으로 하는 신자유주의적 축적을 강화함에 따라서, 새로운 유형의 인간형태를 필요로 하여 생긴 일이다. 신자유주의 금융화 시대에 들어와서 지배적인 형태로 등장한 주체형성 방식은 그리하여 개인들을 특정 사회제도 또는 장소에 고정적으로 소속시키거나 감금하기보다는, 그들로 하여금 장소나 제도를 넘나들게 하면서도 자본주의 축적에 일관되게 기여하도록 하는 것이라 할 수 있다. 들뢰즈가 '통제사회'라고 부른 것이 그런 사회다.

이 사회에서 개인들은 한 장소에 감금되어 고정된 채 있을 것을 강요당하기보다는, 오히려 '자유롭게' 이동하도록 강제되거나 권유받는다. 지식, 전공, 직업, 직무 등 개인적 능력 차원에서건, 아니면 가정, 공장, 회사, 사무실 등 개인 활동 공간의 측면에서건, 과거처럼 하나의 능력, 장소에 고정될 필요 없이 성과를 내고 축적에 기여해야 하는 새로운 과제가 사람들에게 주어지는 것이다.262 사람들이 소속과 활동의 유연성을 갖춘 노동하는 신체로, 새로운 주체로 전환된다는 것은 축적 방식에서 변화가 생겨났다는 말이기도 하다. 새로운 축적 방식은 신자유주의 금융화의 그것이며, 여기서 개

261_ 국가 권력의 작용을 중시한 루이 알튀세르의 견해에 따른다면, 이 과정은 학교, 교회, 노조, 매체, 정당 등 이데올로기적 국가장치들의 상호 작용으로 이해될 것이다. 주체의 형성 기제를 이데올로기 국가장치로 보든, 감금장치로 보든, 근대사회는 개인들을 주요 사회적 장소 또는 제도에 소속하도록 만들어 특정한 형태의 인간으로 주조해냈다고 할 수 있다.

262_ '자율주의' 전통에서는 이런 상황을 설명하고자 '사회적 공장'(Tronti, 1966), '벽 없는 공장'(Negri, 1989) 개념을 도입한 바 있다. '사회적 공장'은 생산이 이제 기존의 방식으로 공장에서만 일어나지 않고, 공장 바깥에서 심지어는 길거리에서 백화점 진열장을 구경하는 행위조차 판촉에 사용될 정보로 처리되어 활용되는 상황을 가리킨다.

인은 이제 훈육적 규율을 대체한 자율적 규율의 대상이 된다. 개인들로 하여금 상이한 제도, 직업, 전공, 장소 등을 오가며 축적에 기여하도록 해야하는 만큼, 과거처럼 고정된 한 지점에서 명령을 내리는 방식으로는 능률을 올릴 수 없게 되자, 그들이 스스로 알아서 움직이도록 만드는, 축적을 위한 새로운 주체형성 전략이 구축된 것이다.

이 과정에서 강력하게 작동하는 것이 각종 조직에서 개인들의 '순현재가치'를 측정하도록 만드는 회계학적 규율이다(강내희, 2011a). 밀러Peter Miller에 따르면, 순현재가치를 측정하는 관행이 정착하면, 관리회계가 조직 규율의 원리가 된다. 그 이유를 우리는 "관리회계는 개인들이 자유롭게 그러나 명시된 경제적 기준에 따라 움직이게끔 그들의 행동에 영향을 미치"고(Miller, 2004: 180), "매니저들에게 어떤 투자를 선택하라고 하는 대신", "투자를 통해 벌어들일 일정한 회수율을 말해주고 선택은 매니저들이 결정하도록" 하는 데서 찾을 수 있다(Miller: 180). 중요한 것은 이 과정에서 매니저들이 일정한 이윤을 만들어낼 것을 요구받기는 하되, 그런 목적을 달성하는 방식은 각자 자율적으로 결정한다는 것이다. 이런 작용을 지닌 관리회계가 한국에서 본격적으로 작동하기 시작한 것은 1990년대 이후다. 이때부터 우체국이나 미술관, 박물관 등 공공기관, 정부부처, 지자체, 정부 산하기관 등 기업체 이외의 사회 조직 및 기관에서 경영 평가와 진단이 전면적으로 이루어진 것이다. 이런 변화는 '자기 계발하는 주체'의 탄생과 궤를 함께 한다. 아래에서는 이런 새로운 주체형태의 탄생이 한국사회에서 어떻게 이루어졌는지 간략하게 살펴보고, 이어서 그와 같은 주체형성 과정이 금융화와 어떻게 관련을 맺는지 알아볼 것이다.

3. 자기계발적인 주체의 등장

한국사회는 1990년대 초에 들어와 OCED, WTO 가입을 준비하며 신자유주의적 세계화 흐름에 동참하고자 사회구조를 신자유주의적 체제로 전환시키는 과정에서, 새로운 습속과 주체성을 지닌 노동하는 주체를 대거 양성할 필요를 느꼈던 것 같다. 새로운 주체성 형성이 시작되었음을 보여주는 한 예를 그 무렵 노동자 주체를 '자기 계발하는 주체'로 전환시키려는 다양한 시도가 일어난 데서 확인할 수 있다. 서동진에 따르면, 1990년대에 들어와서 '경영담론'이 인적자원개발담론 지형에서 헤게모니적 지위를 차지했고, 이 과정에서 개인적 태도, 성향, 지식, 역능 등까지 노동자, 나아가 기업의 자산으로 간주하는 변화가 일어났다. 이런 변화를 유발한 핵심 요인은 사회공학적 테크놀로지, 예컨대 기업에서 업적 평가를 위해 사용하는 '균형성과표balanced score card(BSC)' 같은 것의 광범위한 적용이었다. 균형성과표가 적용되기 시작하면, "지식과 학습, 감정적인 상호작용, 몰입과 헌신 등" "기존에는 경제적인 행위로 가치를 평가하지 않았던 다양한 사회적 삶"이 이제는 기업의 자산으로 간주된다(서동진, 2009: 198).

중요한 것은 기업 또는 자본만이 자산을 평가하고 계산하는 것이 아니라는 점이다. 균형성과표나 그와 유사한 경영기법이 적용되면 노동주체는 스스로 자신의 주체성을 주조하는 과정에 참여하게 되고, 이리하여 '계산 가능한 주체calculable subject', '책임지는 주체accountable subject'가 된다(서동진: 211).[263] 이런 주체가 등장한다는 것은 자신의 행위, 능력을 계량화하는 일에 익숙하고, 자신의 사회적 삶을 회계학적 지식의 대상으로 삼는 인간유형이 등장한다는 것이다. 앞서 우리는 순현재가치를 측정하는 관행이 정착하면, 관리회계가 조직 규율의 원리가 됨을 확인한 바 있다. 관리회계가 가동

263_ '계산 가능한 주체'는 서동진이 '계산할 수 있는 주체'라고 부른 것을 바꾼 것이다. 이 용어는 'calculable subject'의 번역어인데, 'calculable'의 의미는 '계산할 수 있는'보다는 '계산되는' 또는 '계산 가능한'에 더 가까워 보인다. '계산할 수 있는 주체'는 '계산되는 주체'를 의미할 수도 있지만, '계산하는 주체'라는 의미도 가질 수 있어 여기서는 오해의 소지를 줄이기 '계산 가능한 주체'라는 표현을 쓴다. '계산 가능한 주체' 또는 '계산되는 주체'는 니콜라스 로즈Nikolas Rose에 따르면, "상대적으로 안정적이고, 규정 가능하며, 수량화할 수 있고, 선형적이며, 정규분포로 이루어진 특징들을 갖추고" 있다(Rose, 1996: 65).

하는 지식은 회계학적 지식이다. 1990년대에 들어와 한국에서 노동주체가 계산하는 주체, 책임지는 주체로 바뀌기 시작했다는 것은 그런 점에서, 그때부터 경영담론이 기업 등 갈수록 많은 사회 조직에서 지배적 담론으로 부상하고, 그와 함께 회계학적 지식이 활발하게 가동되기 시작했다는 말이라 하겠다. 이는 금융논리가 이제 한국인의 주체형성에 깊숙이 작용하게 되었다는 것이기도 하다. '계산 가능한' 인간형이 등장했다는 것은 금융화 경향의 강화로 사용가치가 교환가치로 전환되고, 개인의 각종 태도나 능력도 고과표 상의 점수 획득이나 손실, 연봉 증가나 감소 등으로 나타나는 이해관계를 만들어내는 자산으로 치부되면서, 이런 자산 헤아리기를 중요한 과제로 삼는 새로운 주체형태가 나타났다는 말인 것이다.

계산 가능한 주체는 기본적으로 '자기 계발하는 주체'이고, 이런 주체의 형성은 푸코가 말한 '자아의 테크놀로지' 가동을 통해 이루어진다(Foucault, 1988). 자아의 테크놀로지는 국가나 당, 회사 등 외부의 권위로부터 오는 일방적 강압이 개인에게 적용되는 형태라기보다는, 개인이 자신이 원하는 자아 형태를 만들어가는 과정에서 자율적으로 채택한 기술에 가까우며, 그런 점에서 이데올로기적 호명과는 다른 방식으로 작동하는 것처럼 보인다. 자아의 테크놀로지를 통해 형성되는 주체는 다양한 의미의 '인재'이고, 자기를 경영하는 '기업가'이며, 자신의 역능과 행위, 그 결과 등에 대해 책임을 지는 '자율적' 존재로 나타나는 것이다. 자신의 모든 결정, 행동에 대해서 책임을 지는 만큼, 그런 존재는 언뜻 자기-책임의 주체 즉 '자유로운' 인간으로 보이는 것이 사실이다. 그러나 이런 주체야말로 사실 국가나 자본이 바라는 인간 형태라는 것, 그가 자유로운 만큼이나 자본과 국가의 변증법에 포획되어 있다는 사실을 잊으면 곤란하다. 인재, 기업가, 자율적 존재 등은 개인들이 자유롭게 선택해 만들어낸 주체형태이나, 결국 '권위', '주권'이 원하는 형태라는 점에서, 자아의 테크놀로지에 의한 주체형성 효과는 이데올로기적 호명이 만들어내는 효과와 별로 다를 바가 없다. 자아의 테크놀로지가 '통치성'의 작동기제에 속한다고 볼 수 있는 것은 이런 점 때문이라 할 수 있다. '통치성'은 이때 통치의 합리성, 사고방식, 또는 기제를 가리키며, 개인의 자율적 실천을 허용하되 결코 이 실천으로 인해 지배의 구조적 얼개가 와해되게끔 작동하지는 않는다는 특징을 갖는다.

3장 9절에서 언급한 것처럼, 1990년대 초부터 한국에서는 기업이나 유사 조직들에 대해 경영합리화와 함께 조직 관련 정보의 투명성 강화를 요구하는 목소리가 강하게 나왔다. 당시 이런 요구가 제출된 것은 한국사회가 1980년대 후반부터 진행된 우루과이라운드에 참여하고 있었고, 특히 WTO와 OECD 가입을 코앞에 두고 있었다는 점과 무관하지 않을 것이다. 이들 국제기구에 가입하기 위해 국내시장 개방에 대한 외국 자본의 요구를 일정하게 수용하려면, 국내에서도 기업 경영과 정보 공개를 '글로벌스탠더드'에 맞추는 것이 필수적이었다. 이런 요청이 당시 새로운 자아의 테크놀로지를 가동케 한 원동력으로 작용했던 것 같다. 1990년대 초 이후, 특히 문민정부가 출범한 뒤 한국사회에는 각종 형태의 '조직 쇄신' 바람이 불어닥쳤고, 이 과정에서 노동하는 주체도 변신할 것을 요구받았다. 변화의 바람이 분 곳은 자본이 직접 조직을 장악한 기업만이 아니었다. 중앙 및 지방 정부와 산하 기관, 나아가서 학교나 노조, 병원, 복지시설 등에서도 경영 진단을 받는 등 조직 점검이 수시로 이루어지기 시작한 것이다.

이 과정에서 생산, 사무, 행정, 서비스 업무에 종사하는 다양한 형태의 노동주체가 '인재'로 전환되었다고 할 수 있다. 인재로의 전환은 모든 종류의 생산자 또는 국가 구성원으로서의 국민 개개인 각자에게 제시되는 요구로서, 이 요구를 수용한 개인들은 자기-주체화 과정에 진입함으로써 '생애능력life competence'과 같은 역능을 획득하려는 노력 경주에 나서게 된다. "생애능력이란 언표는 '핵심역량core competence', '역량competence/capability', '인재', '고용 가능성/평생직업능력employability', '경력개발' 등 능력을 가리키는 숱한 다른 담론들과 '상호담론성'을 형성한다"(서동진, 2009: 110). 생애능력 획득에 대한 강조가 이처럼 숱한 다른 능력 획득을 위한 노력과 담론적으로 연계된다는 것은 사람들이 도처에서 새로운 주체형태로 변신할 것을 요구받는다는 말과 다르지 않다. 새로운 주체의 주된 행태적 특징은 끊임없는 자기계발에 나선다는 데 있을 것이다. 이런 흐름이 형성되기 시작한 것은 1990년대 초부터 조직개편, 구조조정 등이 빈번해진 것과 무관하지 않다. 갈수록 많은 노동주체들이 위에서 말한 '균형성과표'(BSC)를 작성하며 자신의 인적 자산을 증식시켜야 하는 상황에 처했던 것은 조직 유연화가 다양한 형태로 발생하는 가운데, '생애능력' 고양을 위해 각종 역능을 획득해야 할 필요성이 커졌기 때문이다.

1990년대 초에 자기계발적인 주체가 등장한 것은 한국의 주체형성 방식에서 새로운 변화가 이루어졌음을 말해준다. 이전에 한국인의 주체형성에 영향을 미친 힘들은 '외부'로부터 왔던 것 같다. 사회적 실천의 한 형태라는 점에서, 주체형성의 기제는 어느 시대건 그 역사적 조건에 따라 작동하기 마련이다. 예컨대 1980년대에도 한국인들은 당시 여건에 따라 일정한 주체형태가 될 것을 요구받았다. 당시 한국인들은 일상적 활동들이 상업화되는 것을 목격하게 되고, 이 과정에서 새로운 주체로 호명된 것이다. 3-S 정책의 효과로 운동과 같은 신체활동이, 구경하기를 포함한 여가활동이, 여타의 일상적 여흥이, 누리고 즐기려면 시장에서 구매해야 하는 대상으로 바뀌기 시작하면서, 사람들이 대거 소비자로 전환되기 시작했고, 이런 흐름은 '1987년 체제' 수립, '현존사회주의' 붕괴로 각종 자유화 조치가 취해짐으로써 더욱 강화된다. 특히 매체시장의 자유화는 한국사회를 대중매체가 생산한 정보, 광고, 이미지들로 넘쳐나게 했고, 새로운 시각 환경에 부합하는 '오렌지족' 같은 새로운 주체형태를 탄생시켰다. 1994년 김영삼 정부가 문화부 안에 문화산업국을 신설한 것은 이런 변화된 문화적 상황을 경제정책과 적극 연결하기 위함이었을 것이다. 그러나 엄밀하게 말해 이런 변화를 주체형성 기제가 작동한 결과로 보기는 어려울 듯싶다. 사람들이 이제 더 소비자 주체성을 더 많이 띠게 된 것은 사실이나, 그렇게 된 원인은 외부의 영향 즉 물리적으로 외부에 존재하는 상품시장의 영향에서 찾아야지, '핵심역량', '역량', '인재', '고용 가능성/평생직업능력', '경력개발' 등의 언표, '균형성과표'와 같은 전문적 평가 '기계'가 활용되거나 가동된 데 있었던 것은 아니기 때문이다. 반면에 1990년대 초부터 기업을 중심으로 경영담론이 만연했던 것은 좀 더 엄밀한 의미에서 주체형성 기제가 작동한 사례에 속한다.

물론 경영담론만 자기계발적인 주체형성에 기여한 것은 아니다. 1990년대 중반에 이르게 되면 한국에서는 새로운 주체형성을 위해, 국가가 정책적으로 직접 개입하는 일이 벌어진다. 그 단적인 예를 젊은 인구를 자기책임의 주체로 전환시키고자 한 교육정책의 실시, 지식인의 새로운 형상을 만들어내려 한 담론의 전개, 그리고 사회적 성공과 실패의 자기책임화를 강조한 대중매체 프로그램의 방영 등에서 볼 수 있다. 아래에서는 이런 다양한 새로운 주체형성 기제들이 경영담론과 공명하면서, 어떻게 일종의 자아 형성 테크놀로지 망을 구축하며 작동했는지 살펴보고자 한다.

4. 자율적 선택자 양성의 인구정책

1990년대 중반에 이르게 되면, 한국에서는 이전에 작동하던 것과는 다른 '인구정책'이 실시된 것으로 판단된다. 그 시점에 교육을 통한 새로운 신자유주의적 인간유형을 만들어내기 위해 국가가 계획적이고 체계적으로 개입하기 시작한 것이다. 1995년 대통령 직속 교육개혁위원회가 발표한 '5·31 교육개혁안이 단적인 예다. 과거에도 교육을 통한 신자유주의적 인구정책이 가동되지 않았던 것은 아니다.264 그러나 '5·31 교육개혁'이 실시되기 이전까지는 국가가 새로운 인간 유형을 만들어내고자 교육과정에까지 직접 개입했다고 말하기는 어렵다.265 반면에 1995년의 교육개혁안은 젊은

264_ 1980년대 초 전두환 정권에서 시작한 교복 및 두발 자율화는 통행금지 해제, 3-S 정책 등과 연계되어 당시 한국의 젊은 인구를 소비적 주체로 전환시키는 역할을 했다는 점에서, 중요한 인구정책의 하나로 이해할 수 있을 것이다.
265_ 바로 아래에서 보겠지만 전두환 정권이 대학교육의 대중화, 보편화를 진행시킨 것도 나름의 인구정책임은 분명하나, 아직 신자유주의적 주체형성을 위해 교육내용을 새

한국인들로 하여금 신자유주의 체제에 부응하는 방향으로 그들의 내면세계를 주조하도록 만들었던 것 같다.

주체형성 전략 또는 인구정책으로서 '5·31 교육개혁'은 젊은 세대를 '자율적 선택자autonomous chooser'로 전환시키는 데 핵심적인 역할을 했던 것으로 사료된다. '자율적 선택자'는 여기서 "외부의 기업관료적 압박으로부터 다양한 선택을 부과받는" 존재로서, "신자유주의적 철학에 따라 구성된 환경에 끊임없이 반응하는 식으로 제시된 선택능력을 행사하게 된다." 이때 "환경은 사회의 자동화, 탈규제, 민영화, 자유, 그리고 예컨대 신기술, 매체 및 홍보를 통한 끊임없는 정보 제공으로 구성된다"(Fitzsimons, 2002). 자율적 선택자는 그렇다면 진정 자율적인 존재인 것은 아닌 셈이다. 그는 자신이 가졌다(고 추정되)는 선택능력을 계속 발휘하도록 신자유주의적 환경에 의해 오히려 누구보다도 더 많이 강요당하고 있기 때문이다. 1990년대 중반에 이런 주체형태에 대한 요구가 나온 것은 젊은 인구의 노동시장 진입이 급속도로 어려워지게 된 것과 무관하지 않을 것이다. '5·31 교육개혁안'이 제출된 시점은 대학생 인구가 크게 증가해, 대학교육이 대중교육 수준을 넘어 보편교육으로 전환된 때다. 같은 연령대 인구 15퍼센트가 진학하게 되면 대학교육은 엘리트교육이 아닌 대중교육으로 성격이 바뀌고(Trow, 1973: 6), 50퍼센트 이상이 진학하게 되면 '보편적 접근' 단계에 이른 것으로 간주된다(김필동, 2004: 9). '5·31 교육개혁안'이 수립된 때는 바로 대학교육의 보편화가 이루어진 시점이다. 한국의 대학생 인구는 1990년에 149만명(이혜영, 1992: 1), 1996년에는 212만명으로 늘어났고, 2008년에는 330만명

롭게 구성하는 수준까지는 이르렀다 하기는 어렵다. 지배적 인구정책이 당시 그 정도로 정교하게 가동되지 못했던 것은 1980년대 초부터 폭증한 대학생 인구가 사회운동 전면에 나서고 있었다는 사실과 무관하지 않았을 것으로 판단된다. 대학생들이 사회변혁의 전위대로서 국가권력에 도전하고 있는 상황에서, 국가가 그들을 대상으로 교육내용 전환을 통해 신자유주의 인구정책을 펼칠 수는 없었을 것이다. 1990년대 초까지 대학생들은 자기-주체화를 위한 교육과정을 스스로 짜고 공식 학사일정에 영향을 미칠 정도로 강력한 자율적 권력을 누렸던 편이다(강내희, 2013a).

을 초과하여(장수명, 2009: 9), 당해 연령 인구의 80퍼센트 이상이나 대학에 진학할 정도가 되었다. 지금도 한국교육의 큰 줄기를 지배하고 있는 '5·31 교육개혁안'이 도입된 것이 이처럼 대학교육의 보편화가 일어나고 있던 시점이었다는 것이 우연일 수 없다. 1990년대 중반은 노동시장에 진입하려는 대학졸업자 수가 급증한 시점이지만, 동시에 노동시장이 급속도로 신자유주의적으로 재편되기 시작한 때이기도 하다. 한국의 노동시장 조건은 1990년대 말에 외환위기가 발생함으로써 특히 악화했다는 사실을 기억할 필요가 있다. 지난 20년 넘게 고등교육 과정을 통해 젊은 인구가 '자율적 선택자'가 될 것을 요구받은 것은 따라서, 교육시장과 노동시장에서 동시적으로 나타난 이런 변동과 긴밀하게 연결되어 있었던 것 같다. 외환위기 발생 이후 노동시장에서 대대적인 구조조정이 일어나고 있던 시점에, 교육개혁이 도입되어 젊은 층으로 하여금 자율적 선택자가 되도록 유도한 것은, 신자유주의적인 노동시장에서 갈수록 많은 사람들이 퇴출당하게 되자, 그들로 하여금 그런 실패에 대해 개인적으로 책임을 지게 만들 필요가 새로이 생겼기 때문일 것이다.

'5·31 교육개혁안'의 핵심 내용은 교육의 상품화로 요약된다. 특히 주목할 점이 교사와 교수 등 과거 '교육자'로 불러오던 이들을 '교육공급자'로, '학생'으로 부르던 이들을 '교육소비자'로 규정한 대목이다. 교육과정에 참여하는 주체가 '공급자', '소비자'가 된다는 것은 교육 현장이 시장과 닮은꼴이 되었다는 말과 같다. 당시 교육개혁 과정에서 제시된 '소비자'는 그런데 기존 시장에서 통용되던 '소비자'와는 상이 달랐다. 기존에 소비자는 '손님', '고객' 등 일견 대접 받는 것 같은 표현으로 불렸다곤 해도, 변별적인 개성을 지닌 존재라기보다는 불특정 다수의 일원으로 취급되었던 편이다. 대략 1980년대 말까지 소비자는 개인으로 등장하더라도 전체의 평균적 일부였던 것이지 각자 고유한 특성을 지닌 존재로 간주되지는 않았던 것이다. 그러나 교육개혁안이 도입될 무렵의 '소비자'는 각자 고유한 개인으로 간주되며, 교육 소비자로서의 '소비자'도 교육시장에서 구매하는 '상품'을 자신의 개별적 취향에 따라 선택하는 차이적 존재로 부각된다.

교육에 대한 변별적 요구를 지닌 학생은 '자율적 선택자'이기도 하다. 5·31 교육개혁안 도입과 더불어 대학에서 '학부제'를 실시함으로써, 학과제를 폐지하기까지는 않았더라도 크게 약화시킨 까닭의 일부를 여기서 찾을 수 있다. 학부제 도입은 학생들로 하여금 대학 입학 이후 전공 설계를 스스로 할 수 있게 만듦으로써, 입학 시 선택한 학과에 배타적으로 소속되어 거기서 전공 교육을 받고 졸업하게 해오던 종래 관행을 크게 약화시켰다. 굳이 말하자면 학생들의 교육 선택권이 강화된 셈인데, 이 결과 학생들은 그러나 자신의 선택에 대한 책임을 오롯이 지게 되었다. 다시 말해 학부제 도입으로 학생들은 각자 자신의 교육을 설계할 수 있게 되었다는 점에서, 이전보다 더 많은 자율성을 갖게 되긴 했으나, 그로 인해 자기책임만 강화된 것이다. 이것은 교육이 상품으로, 교육현장인 대학이 시장으로 발본적인 '기능전환'을 거치며 생긴 일이다. 교육이 시장에서 구매하는 상품과 다를 바 없게 되면, 그것을 구매한 학생은 소비자로서 자신의 행위에 대해 책임지도록 강요된다. 신자유주의적 교육개혁이 시작된 1990년대 중반 이후, 한국의 젊은 세대가 자신의 교육에 대한 자율적 선택자가 되었다는 것은, 교육의 소비자로서 자신이 구매한 교육에 대해 책임져야 하는 존재가 되었다는 말과 다르지 않다.

김영삼 정부가 교육개혁안을 실시한 뒤, 바로 노동관계법 개정을 시도한 것도 이런 맥락에서 이해될 수 있을 것 같다. 1996년 12월 말 김영삼 정부는 안기부법과 노동관계법을 통과시킴으로써, 한국 노동운동 역사에서 유례가 드문 총파업 사태를 초래하게 된다. 노동관계법의 핵심에는 노동유연화 정책이 자리잡고 있었다. 노동유연화가 이루어진다는 것은 노동현장에서 구조조정이 빈번해지며, 따라서 일자리가 불안정해진다는 것, 비자의적인 직장 및 직종 변경이 잦아진다는 말이기도 하다. 당시 노동관계법을 개정하여 노동자를 더 옭아매려던 시도는 1997년 벽두 노동계급의 총파업 투쟁에 직면해 일단 철회되었으나, 같은 해 말 외환위기가 발생함으로써 노동계급에 대한 통제 기도는 더욱 강화되었다. 노동유연화 등 신자유주의적 개혁이 IMF가 요구한 수준 이상으로 진행되었기 때문이다. 교육개혁 과정에서 자율적 선택자의 양성이라는 주체형성 전략은 이런 배경에서 더욱 활발하게 펼쳐졌다고 볼 수 있다. 대학개혁 과정에서 '학부제'가 도입된 것도 노동시장의 재구조화를 전제하지 않으면 이해하기 어렵다. 학부제 도입은 근대적 학문 및 교육 제도의 근간을 이루고 있던 분과학문체제가 고등교육을 중심으로 한 신자유주의적 인구정책에 의해 재편된 한 사례다. 학부제는 과거 학생들을 단일 학과에 배타적으로 소속시키던 분과학문체제의 전반적 와해는 아니더라도 그것을 크게 이완시켜, 학생들로 하여금 복수의 전공분야를 이수케 하며 이미 유연화된 노동시장에 대비케 했다.266 '5·31 교육개혁'으로 고등교육 과정에 학부제가 운영된 것은 신자유주의적 노동 조건에 적합한 주체형태를 형성하는 데, 교육정책이 자본주의적 인구정책으로 활용된 경우라 하겠다.

김대중 정부가 들어선 뒤 이런 흐름은 더욱 강화된다. 결정적 계기는 물론 1997년의 외환위기다. 외환위기 이후 신자유주의적 세계화의 흐름은 더욱 거세졌고, 한국인들은 이 흐름에 동참하고자 정부가 구축하고 있던 새로운 사회질서에 노골적으로 편입되었다. 한국정부는 IMF의 요구를 수용하는 과정에서, 사람들을 신자유주의적인 축적구조에 적합한 주체형태로 만들어내는 '인구정책'을 줄기차게 펼친 것으로 보인다. 이것은 이제 신자유주의가 외부 환경만이 아니라 내부적 힘으로도 작용하며, 사람들로 하여금 자신들의 내면적 자아를 변화시키도록 하는 압박으로 작용하기 시작했다는 말이다. 김대중 정권은 새로운 주체형성을 위한 다양한 시도를 종합하는 통합적인 신자유주의적 인구정책 효과를 만들어내고자, 김영삼 정권이 시작한 교육개혁을 더욱 강력하게 추진했다. 김대중 정권이 교육정책을 얼마나 중요한 인구정책으로 인식했던가는 출범과 함께 '교육부'의 명칭을

266_ 여기서 말하는 '분과학문체제의 와해'와, 지식생산의 파편화를 제도화하고 있는 분과학문체제 관행의 극복은 서로 다른 문제라는 점을 기억할 필요가 있다.

'교육인적자원부'로 바꾸고, 2001년에 이르러서는 교육부장관을 부총리급으로 격상한 데서 잘 드러난다.

김대중 정권은 신자유주의 교육정책에 그 나름의 지식인정책을 연결시켜 통합적인 신자유주의적 인구정책을 펼쳤다고 할 수 있다. '지식인정책'이란 여기서 김 정권이 강력하게 확산시킨 '신지식인론'을 두고 하는 말이다. '신지식인론'에 대한 김 정권의 관심은 정권 말기인 2002년 8월 부동산 투기 혐의 등으로 낙마한 매일경제 사장 출신 장대환을 총리에 임명하고자 시도한 데서 단적으로 드러난다. 매일경제는 1997년부터 '비전코리아'라는 이름으로 '한국재창조를 위한 범국민운동'을 시작하여, 지식기반경제로 나아가기 위한 구체적 대안과 행동방침을 제시하는 '국민보고대회'를 개최하는 등 한국에서 '신지식인론'을 처음 펼친 언론사다. '신지식인론'의 특징은 지식의 '무엇' 또는 내용 대신 '어떻게' 즉 노하우 측면을, 다시 말해 지식 활용의 중요성을 강조하는 데 있다. 김효근에 따르면, 신지식인은 "이론적 지식뿐만 아니라 문제 해결에 필요한 노하우 즉, 방법지(방법지)를 체득하고 제식의 생성-저장-활용-공유 과정에 필요한 마인드(정신 자세), 습관, 능력을 갖춰 부가가치를 높여가는 사람이다"(김효근, 1999: 7). 국민 다수를, 지식을 이처럼 부가가치를 높이는 방안으로 활용하는 '신지식인'으로 호명하기 위해, 김대중 정권은 범정부 차원의 노력을 기울였다. 1998년 10월 대통령자문기구인 '제2의 건국 범국민추진위원회'를 설립하여, 과거의 적폐 청산과 21세기 대비를 위한다며 벌인 5대 운동 가운데, '신지식인운동'을 포함시켜 정부가 신지식인론을 주도하게끔 한 것이 대표적인 예다.267 여기서 눈여겨볼 것이 신지식인으로 호명되는 과정에서 '국민'의 정체성이 새롭게 이해된다는 것이다. 신지식인으로 호명되는 '국민'은 앞에서 말한 '자율적 선택자'와 다르지 않다. 서동진이 적절히 지적하고 있듯이, 신지식인론에서 상정되는 국민은 "다양한 주체 위치들 사이에 놓인 차이를 지우면서

267_ 과거 적폐 청산은 '부정부패추방운동'과 '국민화합운동'으로, 21세기 대비는 '신지식인운동', '한마음공동체운동', '문화시민운동'으로 나타났다.

그를 초월적으로 종합하는 국민주체"가 아니라, 개별화된 주체, "'자기책임의 구현자'로서의 국민"인 것이다. 이렇게 보면 "신지식인 운동은 '자기'의 담론으로서의 특성"을 갖는다 할 수 있다(서동진, 2009: 80-83). 이런 '자기'는 '자율적 선택자'일 수밖에 없다.

'신지식인론'이 등장한 것은, 그리고 외환위기 발생 전에 도입된 '5·31 교육개혁'이 김대중 정권에 의해 본격적으로 추진되기 시작한 것은 한국사회가 '거대한 실패'를 경험하고 있던 와중이다. 한국에서 새로운 주체형성 기제가 작동하기 시작한 것이 국제통화기금(IMF) 관리체제가 막 가동하기 시작한 시점이라는 점이 중요하다. 외환위기와 IMF 긴축경제 과정에서 일어난 '5·31 교육개혁'과 '신지식인운동'을 통해 호명된 주체형태가 '자율적 선택자', '자기책임의 구현자'였던 이유는 분명해 보인다. 그것은 한국 자본주의의 작동 결과 나타날 수밖에 없었던 거대한 '사회적' 실패를 개인의 책임으로 돌리기 위함이었을 것이다. '사회' 대신 '개인'을 책임의 소재로 만드는 것은 신자유주의가 작동하는 기본 원리다. 하이에크를 추종했다고 알려진 영국의 마거릿 대처가 말한 것처럼, 신자유주의 세계에선 사회란 없고, 있는 것은 개인뿐인 것이다.

이런 맥락에서 당시 문화방송이 기획하여 크게 성공을 거둔 <성공시대>를 다시 생각해 봄직하다. 1997년 11월 23일 첫 방송을 시작하여 2001년 11월 4일 종영될 때까지 4년에 걸쳐 189회나 방영된 이 절목은 매회 방송분 구성이 비슷했다. 갖가지 도전과 고난에도 굴하지 않고 꿋꿋이 자기 갈 길을 가서는 결국은 성공을 거두고 마는 예외적 개인을 소개하는 방식이었던 것이다.268 <성공시대>의 방영 시기 역시 국제통화기금(IMF) 관리체제 시

268_ 첫 회에 소개된 현대그룹 회장 정주영을 위시하여, 이 절목에 등장한 인물들은 만화가 박재동, 소설가 황석영, 홈런왕 이승엽, 컴퓨터백신개발자 안철수 등 모두 성공한 사람들이라는 공통점을 지닌다. 문화방송은 iMBC를 통해 같은 절목에 대한 유료 제공을 시작하며, "정상에 선 사람들의 감동적인 삶의 역정을 돌아보며 '치열한 삶에 대한 아름다움'과 '땀의 가치'에 대해 다시 한 번 돌아보게 만드는 프로그램"으로 소개하고 있다. http://www.imbc.com/broad/tv/culture/success/index.html (2013년 1월 18일 검색.)

기와 정확하게 겹친다.269 당시 한국사회는 거듭되는 부도사태를 맞고, 수많은 회사들이 문을 닫거나 긴축 경영을 하게 되고, 그 과정에서 대대적인 구조조정이 이루어져 일자리를 잃는 노동자들이 크게 늘어나던 상황이었다. 수많은 가장이 '고개 숙인 아버지'가 되었으나, 차마 일자리를 잃었노라 실토하지 못해 아침에 출근복장을 한 채 집을 나서서 인근 산에 올라 시간을 때워야 했던 때이기도 하다. 이런 상황에서 <성공시대>의 방영은 '하면 된다' 신화를 사람들에게 주입해주는 효과를 발휘했다.270 그러나 이 절목 역시 '개인'을 성공과 책임의 주인으로 내세웠다는 점에서 '5·31 교육개혁안', '신지식인론'과 다르지 않다. 구조조정을 당해 일자리를 잃은 수많은 노동자들, 유일한 가용 자산인 퇴직금을 들고 불안에 떨며 자영업을 시작하는 사람들에게 <성공시대>가 제시한 전언은 분명하다. "보라, 얼마나 많은 사람들이 고난을 겪으며 성공을 거두었는가!" 이 전언은 자영업자로 변신하려던 이들에게 강력한 호소력을 가졌을 터이나,271 동시에 엄중한 경고를 담고 있기도 하다. 성공이든 실패든 책임은 개인의 몫이라는 게 바로 그것이다.

새로운 천년기가 시작되는 시점에 '5·31 교육개혁안', '신지식인론', <성공시대>가 앞서거니 뒤서거니 하며 나타난 것이 우연이었을 리 없다. 교육인적자원부, 행정부 등 정부 부처들이 직접 챙긴 정책, MBC 같은 영향력 있는 TV방송국이 장기 방송한 절목이 엇비슷한 시기에 등장한 것은 당시

269_ 한국의 IMF 관리체제는 구제금융을 받기로 양해각서를 체결한 1997년 12월 3일부터 구제금융 195억 달러를 전액 상환한 2001년 8월 23일까지 지속되었다.

270_ <성공시대>는 이 절목을 진행해온 변창립 아나운서가 2001년 11월 4일 방영된 최종회에서 말한 것처럼, 시청자들로부터 "자녀에게 보여주고 싶은 프로그램"으로 꼽힐 정도로 인기를 끌었다. http://ko.wikipedia.org/wiki/%EC%84%B1%EA%B3%B5%EC%8B%9C%EB%8C%80 (2014년 6월 30일 검색.)

271_ "우리나라 비임금 근로자(자영업자) 비중은 1980년 52.8%에서 1996년 37.2%까지 낮아졌는데, 농림수산업 취업자가 계속 줄었기 때문이다. 그러나 농림수산업을 빼고 보면, 비농 전산업의 취업자 중 비임금 근로자는 1992년 29.0%에서 2001년 31.0%(536만8천명)로 늘었다"(한겨레 21, 2004.12.16).

한국인들을 새로운 인간형으로 전환시키려는 일련의 통합적인 사회적 기제가 작동했음을 말해주는 것이 아닐까?[272] 그리고 우리는 이것을 한국의 지배세력이 푸코가 말한 '자아의 테크놀로지'를 광범위하게 작동시킨 사례로 이해할 수 있지 않을까?

5. 금융화와 투자자 주체의 부상

2000년대에 들어와서도 한국사회의 주체형성 방식은 1990년대에 확립된 신자유주의적 노선을 따랐다고 봐야 할 것이다. 대학교육의 경우 5·31 교육개혁안이 설정한 신자유주의적 노선이 지금까지 지배하고 있고, 신지식인론은 더 이상 펼쳐지고 있진 않으나 그에 의해 강조된 지식의 수단화는 그대로 지속되고 있으며, <성공시대> 역시 오래 전에 종영되었지만, 그 기본 정신으로 채택된 성공과 실패의 개인 자기책임화 원칙은 여전히 강력하게 작동 중이다. 3절에서 살펴본, 자기 계발하는 주체형성을 위해 작동하는 경영담론 역시 위력을 전혀 잃지 않았다. 이는 신자유주의적 주체형성을 위한 '자아의 테크놀로지' 또는 '인구정책'이 현재형으로 진행 중임을 말해준다.

그러나 최근에 들어와 신자유주의적 인구정책이 새로운 면모를 갖게 된 것도 사실이다. 무엇보다 자기 계발하는 주체의 '자발성'이 더욱 강화된 것으로 보인다. 1990년대 초에 작동한 경영담론, 1990년대 중반 이후 등장한 교육정책이나 신지식인 담론의 경우는 지식과 능력의 새로운 해석을 통해, 개인들의 내면세계를 새롭게 주조하여, 그들을 자기 계발하는 주체로 만들어냈지만, 모두 정부나 학교, 회사 등이 주도하여 운영한 주체형성 과정으로서, '위로부터의' 기획에 가까웠다. 최근의 주체형성은 반면에, 사람들이

272_ '5·31 교육개혁', '신지식인론', <성공시대>에 관한 아래 논의의 초기 형태는 필자의 다른 글(Kang, 2012) 참조.

'스스로' 자아의 기술을 가동하고, 자기 계발하는 주체로서 '더 한층 자발적으로' 움직인다는 데 그 특징이 있다. 이 변화는 1990년대 말의 외환위기 여파로 노동시장 유연화가 강화되고, 구조조정이 전면화해, 일자리 불안정성이 심화됨으로써, 개인들의 자기계발에 대한 필요성이 한층 더 커져 생겨난 것 같다. 이런 변화를 만들어낸 가장 큰 원인은 물론 금융화다. 이 금융화가 본격적인 모습을 드러내기 시작한 것은 1990년대 말, 2000년대 초다. IMF 관리체제 하에서 금융자유화가 강력하게 추진됨으로써, 파생상품, 기획금융, ABS, MBS, ABCP, 리츠, 뮤추얼펀드 등 각종 금융상품의 거래가 확대되고, 사람들의 일상생활이 금융화에 의해 크게 지배당하게 된 것이다. 다양한 금융상품 거래를 가능케 한 신용체계의 구축과 확산은 앞서 살펴본 대로, 시공간의 금융화를 유발하기도 하지만, 주체형성에도 중대한 영향을 미쳤다고 판단된다. 이 변화는 금융적 주체 또는 투자자 주체의 등장에서 찾아볼 수 있다.

'금융적 주체'가 충분한 투자 자본과 금융적 문해력, 그리고 수익성 높은 금융상품에 대한 독점적 정보를 보유한 엘리트 집단만 가리키는 것은 아니다. 부동산 단타 매매자flippers나 임대용주택구매자 등 주택을 사용가치로서보다는 교환가치 곧 자산으로 활용하는 사람, 설령 주택을 거주용으로 사용하고 있다고 해도, 집값 오르기를 기대하며 주택담보대출을 받아 펀드나 주식 등에 투자하는 사람들도 금융적 주체로 볼 수 있다. 랭리에 따르면, 2000년대 미국에서는 주택담보대출에 바탕을 둔 채권의 증권화가 확산되면서 빈곤층도 다수가 금융적 주체가 되었다(Langley, 2007). 여기서 나는 금융적 주체 가운데서도 특히 투자자 주체형태에 주목하고자 한다. 투자자 주체는 단순히 금융행위에 참여하기만 하는 것이 아니라, 자신의 일상생활 가운데 많은 부분을 금융활동에 투여하는 주체다. 투자자는 이때 주식, 파생상품 등을 대상으로 투기행위를 하는 당일거래자day trader 같은 전문 투자자는 물론이고, 부동산을 자산으로 삼아 대출을 일으키고 펀드, 주식, 파생상품 등에 투자하는 사람들을 포함한다. 투자자 주체에는 소극적인 금융적 주체도 포함될 수 있다. 예컨대 연금의 경우, 가입자가 인지하지 못하거나 내용을 잘 이해하지 못하는 상품에 투자되는 경우도 없지 않다. 한국에서 이뤄지는 부동산 개발에서 금융적 매개가 활용될 경우, 미국이나 캐나다의 연기금이 리츠를 통해 동원될 수 있지만, 그 나라 연금생활자는 자신이 기여한 연기금이 어떻게 사용되는지 정확하게 알기 어렵다. 그러나 이런 경우에도 연금 가입자는 자신이 기여한 재원이 리츠나 주식 등에 투자된다는 것을 정례 보고서를 통해 통지받거나, 원한다면 연금의 투자 내역을 확인할 수 있다는 점에서, 적어도 암묵적으로는 투자자 정체성을 지닌다 할 수 있다. 이런 경우까지 합친다면, 오늘날 투자자 주체는 인구의 상당 부분을 차지할 것이다.

한국에서도 2000년대에 들어와서 투자자 주체가 대거 탄생했다. 1990년대 초부터 경제 관료들에 의한 집요한 금융화 노력이 이루어졌음을 환기하면, 전에도 그런 인간형이 전혀 없지는 않았을 것이나, 투자자 주체가 본격 등장한 것은 아무래도 1990년대 말 외환위기를 겪으며 금융자유화가 큰 폭으로 이루어진 뒤라고 봐야 할 것이다. 앞서 확인했듯이, 한국에서는 2000년대 초 이후 가계대출 또는 가계부채 규모가 급속도로 증가했다. 이는 IMF 관리체제 하에서 한국의 금융정책이 크게 바뀌고, 3장 6절에서 살펴본 '금융의 민주화'가 본격적으로 이루어진 결과일 터이다. 자유주의 개혁세력이 세운 김대중 정권 이후 본격적으로 진행된 이 '민주화'는 여러 번 언급한 대로, 정부가 금리를 대폭 내려 사람들로 하여금 적극적으로 대출을 받아 부동산, 주식, 펀드 등에 투자하도록 만든 것을 가리킨다. 당시 국내 금융상품 거래가 크게 활발해졌음을 보여주는 한 예를 펀드에 가입한 사람들의 숫자가 크게 늘어난 데서 확인할 수 있다. 한국인의 펀드 계좌수는 2008년 9월 말 당시 인구 4926만명의 절반에 가까운 2444만 개였다(장영희, 2008.11.24). 펀드 이외에 주식과 부동산, 다른 금융상품에 투자하는 사람들까지 합친다면, 투자자 수는 훨씬 더 늘어날 것이다. 최근에 들어와 금융 투자는 이처럼 거의 보편적인 현상이 되어, 노동자계급 가운데서도 투자자 정체성을 갖는 일이 비일비재해졌다. 하비가 말한 '노동자의 화폐자본가화' 현상(하비, 1995: 352)이 한국에도 현실로 나타난 것이다.[273]

노동자의 화폐자본가화 또는 투자자 주체로의 전환은 노동자의 이해관계와 금융자본의 그것 사이에 긴밀한 연계를 만들어낸다. 하미스Adam Harmes에 따르면, "시민을 지배적인 사회 주체로 삼는 식으로 정치와 경제를 통합"하려는 것이 포드주의를 지원하던 브레턴우즈 시대의 기본 경향이었다면(Harmes, 2000: 52), "신자유주의적 수사 전략은 (노동자나 시민보다는) 소비자를 특권적인 사회 주체로 그려내고자" 하는 데 있다(Harmes: 64). 여기서 말하는 소비자는 수정자유주의/발전주의 시대의 시민, 국민과 궤를 함께 하던 소비자와는 그 정체성이 물론 다르다. 현단계 소비자가 노동자나 시민과 구분된다면, 그것은 그가 투자자이기도 하다는 것, 이 투자자는 '수동적' 저축자와 구분되는 '능동적' 인간형이라는 것 때문이다. 과거에 노동자는 주로 저축자였기 때문에, 자신의 자산 운영을 위해 직접 나서는 일이 별로 없었다. 저축자-노동자의 이런 태도를 단적으로 보여주는 것이 당시의 연금제도다. 수정자유주의 시대에 미국 노동자들이 노후의 재정 안전을 도모한 방식은 '확정급부형연금defined-benefit pension plan'에 드는 것이었다. 이 제도는 노동자가 퇴직 후 일정한 연금을 받을 수 있도록 자본에게 지급 의무를 지우는 방식으로 운영되어, 노동자로서는 굳이 개인적으로 노후 생활을 위해 펀드에 가입하는 등의 적극적인 투자행위를 할 필요를 없게 만든다. 그러나 금융화가 진행된 이후 미국의 연금시장에는 큰 변화가 일어나, 노동자로부터 갹출하는 금액은 정해놓지만, 수혜금은 주식, 펀드 등에 투자한 연금의 수익에 따라 변동하게 되는 '확정갹출형연금defined-contribution pension plan' 형태가 많아졌다.[274] 이 과정에서 노동자들은 새로운 주체성을 갖추게

273_ 물론 '화폐자본가화'가 노동자계급 전체에게 해당하는 일은 아니다. 금융자산을 보유한 경우는 비정규직 가운데서는 찾기 힘들 것이고, 정규직 가운데서도 상당한 수준의 소득을 지닌 경우에 국한될 가능성이 크다.

274_ 2000년대 초에 이르게 되면, 미국의 퇴직연금 시장에서 확정갹출형은 "45%를 차지하는 반면 도입 역사가 훨씬 오래된 확정급부형은 25.5%에 불과하다"(매일경제, 2001.

된 것으로 파악된다. 노동하는 사람들은 이제 노동력을 판매하여 삶을 꾸린다는 생각만 할 수 없게 되었다. 자신들이 가입한 연금이 주식이나 펀드, 리츠, 부동산 등 자산시장에서 얼마나 많은 수익을 내는가에 따라 노후의 재정상태가 결정되는 만큼, 투자자 정체성을 더 강하게 갖게 된 것이다. 이런 일은 연금에 들지 않은 경우라 하더라도, 대출금으로 각종 펀드나 주식, 부동산에 투자하고 있는 사람들에게도 해당한다고 볼 수 있다.[275] 한국에서는 2000년대부터 이런 '투자자' 주체형태가 대거 등장하기 시작했다. 사람들은 이제 저축보다는 대출을 더 많이 하기 시작했고, 금융파생상품, 기획금융, ABS, MBS, 각종 펀드의 거래에 참여하면서, 투자자 정체성을 강하게 갖게 된 것이다.

투자자가 저축자에 비해 '능동적'인 인간형이 되는 것은, 사람들로 하여금 투자자로 전환시키는 핵심 원인인 금융화가 기본적으로 '위험risk'을 '일용할 양식'으로 만들어 작동하고, 투자자의 경우 이 위험을 관리하는 데, 일상생활의 상당 부분을 바쳐야 하기 때문이다. 지금까지 살펴본 것처럼, 금융화 흐름에서 등장하는 위험은 확률변수로 작용하며, 고정되지 않고 변화하는 '값'을 갖는다. 펀드와 파생상품 등 각종 금융상품의 개발, 이것들의 관리 수단으로서의 개별적 금융 포트폴리오의 구성, 다양한 형태의 옵션 적용 등 금융과 관련한 활동이 늘어난 것은 변동하는 금융적 위험을 확률적으로 관리할 필요성이 그만큼 커졌다는 증거다. 금융적 위기의 관리가 정례적으로 필요해진 것은 4장 4절에서 잠깐 살펴본 것처럼, 브레턴우즈 협정의 붕괴(1971년) 여파로서, 환율과 이자율의 변동성이 금융적 거래에서 고정

4.5). 확정각출형연금이 불안정하다는 것은 동일한 연금에 가입한 엔론사 직원들이 2000년대 초 회사가 부도나는 바람에 큰 손해를 입은 데서 확인된 바 있다. 엔론사의 확정각출형연금 가운데 57.73퍼센트가 회사 주식에 투자되어 있었으나, 2001년 이 주식의 가치는 98.8퍼센트나 추락해버렸다(U. S. Government Printing Office, 2002).

275_ 1990년대에 멕시코 국가부도 사태가 났을 때 위기를 느낀 것은 투자회사 등 금융기관만 아니었다. 멕시코의 부도 사태는 뮤추얼펀드, 연금펀드와도 연계되어 있어서 평범한 미국인들의 소득에도 큰 영향을 미치는 사안이었던 것이다(Church, 6 March 1995: 35).

변수로 작용하게 되어 생긴 일이다. 이 변동은 금융적 거래 조건을 근본적으로 바꾸었고, 나아가 삶의 방식 및 사회적 신진대사에 중대한 변화를 초래했다. 변동환율이 적용되면서 사회적 부의 이동 즉 상이한 자본과 화폐의 교환은 더 이상 안정적인 교환체계에 의존하지 못해, 자본 및 화폐의 가치 비율을 수시로 조정해야 하는 '통약' 작업을 거쳐야 했으며, 그 결과 가치 교환 및 조정 작업이 관례화함에 따라, 각종 사회적 흐름을 관리하고 통제하는 일이 중요하게 되었다. 이 모든 것은 개인들의 삶에서 위험 관리의 필요성을 증대시킨다. 여기서 우리가 주목할 점은 이와 같은 변화로 말미암아, 금융과 관련한 정보, 지식, 역능, 기회 등의 흐름들을 포착하고 그에 대해 대응하는 일, 즉 위험의 관리가 개인들의 생존과 경쟁에서 중요해졌다는 사실이다. 투자자 주체의 능동성은 이 과정에서 만들어지는 것으로 보인다.

금융화 시대에는 '위험'의 의미가 새로워짐을 인식하는 것이 중요하다. 금융화 맥락에서 위험은 자연재해나 교통사고, 정치적 변란 같은 예기치 못했던 사안의 돌발만을 가리키지 않는다. 그것은 이제 "합리적 예상을 넘어서는 추정 불가능한 미래 변동성"인 불확실성과 구분되면서, "미래에 대해 통계학적으로 예측하는 추정"으로 간주되는 것이다(Langley, 2007: 12). 이 결과 위험을 대하는 태도에도 근본적인 변화가 일어나게 된다. 회피해야 할 부정적 상황(danger)이라기보다는, 예상 가능하고 관리도 가능한 확률 문제(risk), 즉 계산 가능한 것으로 여겨지면서, 위험은 사람들이 오히려 능동적으로 대처하고 수용해야 할 것으로 받아들여지는 것이다. 과거에는 위험을 회피하려는 사람을 가리켜 현명하다고 치부했을지 모르나, 이제 그런 사람은 "자신의 삶을 다른 사람이 경영하도록 하고, 다른 사람의 오판에 몸을 맡기고 따라서 자신에 대해 책무를 다하지 않는," 바람직한 능동성을 결여한 수동적 존재일 뿐이다(Martin, 2002: 106). 이처럼 위험을 감수하는 것이 바람직하다고 보면, 위험을 적극적으로 수용해 관리하는 일이 중요해진다. 오늘날 사람들이 자신의 위험을 '전문적으로' 그리고 자발적으로 관리하는 모습은 '깜냥 쌓기'를 포함한 각종 자산 포트폴리오 구성에 분주해진 데서 잘 드러나고 있다. 포트폴리오 이론에서 위험은 "특정 기간의 수익률 표준편차"로서(Svendsen, 2003), 예측 가능한 확률로 취급될 수 있기 때문에, 그에 대한 관리는 투자 이윤을 발생시킬 수 있는 계기가 된다. 이 이론은 1950년대에 제출되었지만, 그것이 금융거래에서 널리 활용된 것은 훨씬 뒤 즉 금융파생상품이 거래되기 시작한 뒤라는 점도 기억할 부분이다.276 포트폴리오 이론은 고정환율제를 지탱해온 브레턴우즈 체제가 붕괴된 뒤, 환율과 이자율 변동이 빈번하게 발생하면서 위험 요인이 증가함에 따라, 그 활용이 증가한 것이다. 오늘날 위험의 증가는 이처럼 무엇보다도 금융화와 관련되어 있다.

투자자 주체는 '자기 계발하는 주체'의 최신 판본일 것이다. 자기계발적인 주체는 역량강화를 위해 노력하고, 자신이 이룩해야 할 목표와 과업을 자율적으로 설정하며, 노동과 활동을 구분하지 않고, 직무분장에 연연하지 않고, 자신의 모습을 개선하는 데 헌신하는 등의 특징이 있다. 투자자 주체도 이런 주체와 비슷한 행태를 드러낸다. 투자자는 환율, 주식 가격, 이자율의 변동성 또는 위험을 상수로 놓고 투자를 하며, 그에 따른 결과를 모두 자기 책임으로 삼는다. 물론 자기계발적인 주체가 모두 투자자 주체인 것은 아니다. 투자자로 기능하려면 일정한 자산을 운용하고 있어야 할 것이나, 자기계발적인 주체가 모두 그렇지는 않을 것이기 때문이다. 그러나 자기계발하는 주체는 대개 일자리를 갖고 있는 등 이미 역량을 가진 주체로 인정받는 경우가 많다는 점에서,277 투자자 주체와 중복될 가능성이 높다고

276_ "모딜리아니-밀러 '무관련성' 명제, 포트폴리오 이론 및 자본자산 가격결정 모형, 그리고 무작위행보 모형 등 독자적으로 시작한 흐름들이 1970년에 이르면 금융시장에 대한 대체로 일관된 견해의 일부로 간주되었다"(MacKenzie, 2006: 66). 매켄지에 따르면, 투자 포트폴리오의 가치가 그 아래로 떨어지지 않는 바닥 설정을 위한 거래 안내용 옵션 이론 즉 포트폴리오 보험의 사용은 1980년대 초에 와서 확산되었다(MacKenzie, 2004b: 309-10).

277_ 경영담론에서 전제하는 자기 계발하는 주체는 이미 계발의 필요성을 제공하는 일자리를 갖고 있다고 봐야 한다. 반면에 비정규직 등 일자리가 없는 많은 사람들은 자기-

할 수 있다. 한국에서 자기계발적인 주체 가운데, 다수가 투자자 주체 성격까지 갖게 된 것은 이미 언급한 대로 2000년대에 들어와서 대출이 폭발적으로 늘어나고, 더불어 부동산, 주식, 펀드, 파생상품 등의 금융상품 시장이 팽창한 시기다.

투자자 주체는 자기 계발하는 주체라는 점에서 '호명된' 존재와는 다르다고 할 수 있다. 그러나 2000년대에 세계적으로 금융적 포섭이 전개되는 과정에서 투자자 주체로 전환된 개인들 또한 자본주의적 통치성에 깊숙이 포획되었다고 봐야 할 것이다. 라파비차스에 따르면, 2000년대 미국에서 비우량주택담보대출 시장이 형성된 것은 과거에는 낮은 소득 수준 때문에 담보대출을 받을 수 없었던 히스패닉, 흑인, 여성에게 대출해주는 수법을 개발하여 이들을 금융적으로 수탈한 경우다(Lapavitsas, 2009a). 한국에서도 같은 시기 은행금리 인하와 부동산 활성화로 가계부채가 급증했고, 이 과정에서 많은 사람들이 투자자 주체성을 갖게 되었다. 투자자 주체가 된다는 것은 삶의 위험을 개인화한다는 것이다. 과거에는 오늘날 투자자 주체 개인들이 떠맡게 된 위험 관리가 공적 또는 사회적 책임으로 간주되었던 편이다. 수정자유주의 시기에 개인은 삶의 위험에 봉착하게 되면 사회안전망, 사회보장 같은 공적인 보호의 대상이 되거나, 발전주의적 축적 시기 한국의 경우에는 아직 해체되지 않은 가족과 친지 또는 공동체에 의해 사회적으로 보호를 받은 편이다.[278] 신자유주의 시대 이후 자기 계발하는 투자자 주체가 등장한 것은 이와 같은 공적 안전망이 사적인 것으로 대체되었음을 의미한다. 투자자 주체의 투자 행위는 철저하게 개인의 책임으로 간주되고, 그 실패 또는 성공의 결과도 개인에게 귀착되는 것이다. 이것은 신자유주의적 통치 하에서 '자기책임화'가 "위험 관리가 개인에게 강요되고, 시장을 통해

계발할 수 있는 기회를 갖기 어렵다.

278_ 물론 한국과 같은 발전주의 국가에서 제공되는 '사회적 보장'은 사민주의, 케인스주의 등의 수정자유주의 체제가 제공하던 것과는 비교할 수 없을 정도로 불안정한 것이었다.

충족되는 새로운 형태의 위험예방(민영화된 위험계상)"이 성립된 결과다. 투자는 이때 "위험계산에 쓰이는 아주 중요한 '사적' 테크놀로지"이며, 개인의 안전과 자유 진작을 위해 투자가 필요하게끔 위험을 새롭게 관리하게 된 것은 안전 보장이 더 이상 "위험 관리의 '공적' 집단적 수단"에 의해 제공되지 않는다는 말이기도 하다(Langley, 2007: 12).

6. 계산적 인간의 증가

지금까지 신자유주의 금융화 시대에는 회계학이 중요한 역할을 하게 된다는 것을 몇 차례에 걸쳐 언급한 바 있다. 회계학적 지식이나 능력이 최근에 강조되는 것은 금융화의 논리가 다양한 인간 활동에 침투함에 따라, 각종 활동의 '순현재가치'를 측정하는 일이 중요해졌기 때문이다. 주택, 주식, 펀드, 파생상품 등에 투자하는 사람들이 늘어나면서 '측정문화'가 널리 퍼진 것도 순현재가치의 계산이 사람들의 일상적 활동 일부가 되었음을 말해준다. 우리는 3장에서 측정문화가 만연한 것은 금융화가 "삶의 모든 영역에 회계 및 위험 관리에의 지향을 주입"하여 일어난 현상이라는 랜디 마틴의 말을 인용한 바 있다(Martin, 2002: 43). 측정문화의 형성은 위험의 일상화와 무관할 수가 없다. 금융화 시대의 위험은 무엇보다도 계산해야 할 확률의 문제인 만큼, 곳곳에 위험이 숨어있다는 생각이 깊게 되면, 그것을 계산해야할 필요성도 더 커지게 된다. 무엇이든 계산 대상으로 삼는 회계학적 태도가 금융화 시대의 사회적 경향이 된 것은 따라서 우연이 아니다.

측정문화는 금융적 거래가 일어나는 곳에서만 나타나지 않는다. 측정에 대한 요구는 순현재가치를 판정할 필요가 생길 때마다 나올 것이며, 오늘날 그와 같은 필요성은 전문적인 금융거래가 일어나는 곳에서만 제출되는 것은 아니기 때문이다. 물론 순현재가치 측정 요구가 가장 강력하게 제기되는 곳이 이윤 생산을 존립 목적으로 삼고 있는 기업일 것임은 두말할 필요가 없다. 1990년대에 들어와서 한국에서 경영담론의 확산과 함께 노동하는 주체들에게 자기계발의 의무를 부과한 것도 스스로 자신의 순현재가치를 제고하라는 요구일 것이다. 그런데 기업에서 경영담론이 확산될 무렵 비기업 조직들에서도 비슷한 요구가 일어났다는 사실도 기억할 필요가 있다. 대학, 도서관, 박물관, 미술관, 우체국 등 이윤 생산을 그 직접 존립 목적으로 하지 않은 조직들에서도, 경영진단 등의 이름으로 경쟁력 측정 관행이 생겨난 것이다. 이는 측정의 논리가 신자유주의 금융화 과정의 한국사회에서 가동된 '인구정책'의 중요한 원칙으로 작용함을 말해주는 것이라 생각된다. 앞서 살펴본 대로, '관리회계'가 적용되면 비기업 조직에서도 기업에서 작동하는 것과 유사한 관리 효과가 만들어진다. 관리회계를 제도화한 조직은 조직 구성원을 '책임지는 계산적 개인'으로 훈육해내는 것이다.

비기업 조직에서도 이런 일이 일어나고 있다는 것은 최근 한국 대학에서 발생한 변화를 통해서도 확인할 수 있다. 최근 들어 한국 대학에서는 "종합적 품질관리, 경영컨설팅, 경영총장, 매칭 펀드, 니치 마케팅, 브랜드 마케팅 같은 경영언어가 대학행정을 규정하는 데 동원"되고(김누리, 2009: 177), "대학을 기업식으로 운영하는 인물이 대학 정책의 최고결정자"가 되는 일이 부쩍 늘었다(고부응, 2009: 102). 이런 변화가 두드러지게 나타난 것이 앞서 살펴본 '5·31 교육개혁'이 실시된 뒤라는 것을 다시 말할 필요가 있겠는가. 1990년대 중반 이후 한국의 대학은 경쟁력 향상을 목적으로 대학의 수월성을 제고하고 각종 지표를 개선하는 데, 구성원 특히 교원의 역할이 중요하다며, 그 책무성을 강조하는 일이 잦아졌다. 최근 대학에서 갖가지 평가제도가 도입된 것은 이와 연계된 일로서, 교원의 수월성, 책무성에 대한 강조가 이루어진 것은 교육개혁 과정에서 학생들을 교육 상품의 소비자로, 교원을 그 공급자로 규정한 흐름의 연장선상으로 보인다.

여기서 드는 의문은 '수월성'이라 하면 일견 질과 관련된 개념으로 보이고, 따라서 계산적 관행과는 무관한 듯 보이는데, 어떻게 계산을 중시하는 오늘날 측정문화의 주요 지표로 제시될 수 있느냐는 것이다. 대학의 수월성을 강조하게 되면서 대학사회가 측정문화의 지배를 받게 되는 것은 수월성은 필연적으로 대학 구성원, 특히 교원 다시 말해 '교육 공급자'의 책무성과 관련되고, 이 책무성은 수치로 표현되기 마련이기 때문이다.[279] 책무성을 가리키는 영어 단어(accountability)가 회계를 가리키는 말(accounting)과 어근이 같다는 데 주목할 필요가 있다. 수월성을 강조하는 '기업적 대학'이 20세기 후반 미국에서 등장하는 경향을 살펴본 레딩스Bill Readings가 꼬집어 말하듯이, "책무성은 엄밀하게 말해 회계의 문제다"(Readings, 1996: 32). '회계 accounting'는 한편으로는 '설명'이란 의미를 갖는다. 유네스코에 제출한 한 보고서에서 카발Alfonso Borrero Cabal은, 대학은 이제 "품질, 수월성, 효율성, 그리고 적절성"을 판단하도록 해주는 "수행 지표"를 가지고 끊임없는 자기 평가를 할 필요가 있음을 강조하고, '책무성'이란 "자신의 역할, 사명, 기능을 자신에게 설명하는 대학의 역능, 그리고 이런 역할, 사명, 기능이 어떻게 효율적인 서비스로 전환될translated 것인지 사회에 설명하는 대학의 역능"에 해당한다고 언급한 바 있다(Cabal, 1993: 212-13; Readings: 32에서 재인용). 카발의 발언에 나오는 '설명'의 의미를 제대로 이해하기 위해서는, '전환'이라는 표현에도 주목하는 것이 필요하다. 레딩스에 따르면, "'설명accounting'이라는 말은 단순히 돈 문제가 아니라는 점에서 부기(簿記)의 차원을 넘어서는지 모르지만, [여기서] 전환의 원리로 작용하는 것은 비용과 편익의 원리다"(Readings: 32). 이것은 대학의 수월성과 책무성을 강조하게 되면, 대학에서 진행되는 모든 활동에 대해 비용-편익 분석이 적용되고, 대학의 존재 이유를 '설명하기' 위해서도 회계 논리가 가동될 필요가 있다는 말이다.

오늘날 한국에서 이런 식의 회계학적 사고와 행동이 지배하는 관행은 회계학을 교양필수로 만든 일부 사립대학들에만 국한되지 않는다.[280] 최근 서울대학교가 법인으로 전환되고, 아울러 다른 국립대학교들이 법인화 압

279_ 이하 세 문단의 내용은 강내희(2011a)에서 가져와서 고친 것이다.
280_ 필자가 재직해온 중앙대학교에서는 2010년부터 재벌 기업 총수 출신 재단이사장의 지시에 따라 회계학을 1학년 교양필수로 가르치기 시작했다.

박을 받게 되면서, 이제는 국립대학들도 계산적 관행의 지배를 노골적으로 받게 되었다. 그리고 회계학적 '계산과 '설명'을 통해 존립 근거를 대야 하는 사회 조직은 대학에만 한정되지도 않는다. 초중등 학교에서는 몇 년 전부터 교원성과연봉제 실시를 통해, 그리고 서울의 세종문화회관이나 국립극장 등 공공문화시설에서는 책임경영제도를 도입함으로써 '책무성'을 강조하고 있고, 이런 모습을 보이는 것은 병원과 복지기관 등 기업과는 다른 운영 원리를 따라야 할 것 같은 조직들도 마찬가지다. 최근에 들어와서 지방정부들이 공공-민간협력(PPP)을 통해 대규모 건설사업을 자주 벌이기 시작한 것도 미래할인의 회계학 담론이 널리 퍼진 것과 무관하지 않아 보인다. PPP 사업이 빈발하는 것은 적어도 부분적으로는 그런 사업으로 제공된다는 각종 '서비스'가 지방정부의 "품질, 수월성, 효율성, 그리고 적절성"을 보여주는 것으로 '설명'될 수 있기 때문일 것이다. 이런 모든 미래할인 관행의 확산은 각종 사회 조직들이 양의 시간 선호에 따라, 순현재가치를 만들어내는 활동에 열중하고 있음을 보여준다고 하겠다.

순현재가치 계산의 적용 즉 미래할인 관행이 기업 이외의 다른 사회 조직들에도 광범위하게 적용되고 있는 것을 '회계학 우위' 현상이라고 볼 수 있다면, 이것은 최근에 들어와서 경제적 이성의 지배에 중대한 변화가 생겨났고, 계산적 이성이 다른 경제적 이성까지도 지배하면서 사회적 이성 전반을 압도하게 되었다는 것을 말해주는 것으로 보인다.[281] 역사적으로 보면, 회계학의 우위는 20세기 초에 등장한, 생산성 향상을 위해 신체 움직임을 분석하여 육체노동의 기계화에 기여한 테일러리즘이 자본주의적 주체형성

281_ '경제적 이성'은 통상 시장경제적 이성으로 간주되지만 반드시 그것에 국한될 필요는 없을 것이다. '경제'(economy)의 어원에 생태를 의미하는 '오이코스'(oikos)와 질서를 뜻하는 '노모스'(nomos)가 들어 있음을 생각하면, 경제적 이성은 시장경제의 합리화만이 아니라 삶의 질서 전체의 이성적 관리를 겨냥하는 인간적 능력으로 간주할 수도 있다. 이런 점에서 오늘날 회계학 담론이 성행한다는 것은 신고전주의 경제학자 뵘-바베르크, 피셔도 외면할 수 없었던 도덕경제의 문제를 오늘날 경제학은 철저히 외면하고 있다는 증거다.

에서 누렸던 지배적 위치를 계승하는 현상이다. 아민Ash Amin과 스리프트 Nigel Thrift는 테일러리즘을 '신체의 계량관리bodily accountancy'로 보고 있는데, 이는 테일러주의적 계량관리와 오늘날 지배적인 지식양식으로서 회계학의 공통점을 가리키는 명명법이라 하겠다. 20세기 초 테일러리즘이 도입된 시점의 회계학과 오늘날 사회에 만연하고 있는 회계학 사이에는 물론차이가 없지 않다. 테일러리즘이 인간의 신체를 대상으로 하고 있다면, 오늘날의 회계학은 "노동자의 만족감 같은 비-정량적 요인들에 더 많은 관심을 기울"이고 있기 때문이다(Amin and Thrift, 2004: xvii). 회계학이 비-정량적 요인들까지도 통제 대상으로 삼고 있다는 것은 이제 계산적 이성이 지배하는 범위가 신체의 규율에 한정되지 않고, 주체성을 구성하는 내면세계로까지 확장되었음을 말해준다.

이 결과 사람들은 대거 '계산적calculative' 인간으로 전환되었다. 계산적 인간은 한편으로는 그 역량과 업적이 수치로 평가되는 인간 즉 '계산 가능한calculable' 주체이지만, 다른 한편으로는 자신을 포함한 주변 환경의 가치를 끊임없이 측정하는 '계산하는calculating' 주체이기도 하다. 계산적 인간으로의 전환은 각종 사회 조직에서 구성원 통제를 위한 관리회계가 작동하고, 개인들의 책무성이 강조됨으로써 생겨난 현상으로서, 개인들이 자신이 처한 갖가지 상황을 위험으로 산정할 필요성이 높아져 일어난 일이라 할 수 있다. 오늘날 위험산정 기법이 널리 적용되는 것은 위험의 일상화 결과인 것이다. "위험산정 기법은 단지 인구의 규칙성들을 보여주기 위함보다는, 개연성 있는 결과를 추정해 현재 취하는 행동의 위험을 계산하고자 통계를 사용한다." 위험의 계산은 미래의 불확실성을 통제하기 위해 모종의 합리성을 도입하는 것과 같다. "위험은 미래에 대한 두려움과 불안을 심어 넣지만 곤혹스러운 불확실성에도 불구하고 행동 진로를 세우게 한다. 구체적으로, 위험은 사람들을 현재 상황이 초래할지도 모르는 미래의 가능한 결과에 대비하여 현재 상황을 측정하는 계산적 주체로 전환한다"(Grove, 2014: 25). 오늘날 사람들이 대거 계산적 인간형으로 바뀐 것은 불확실성을 위험으로 산정해야 할 필요성이 사회 전반에 걸쳐 증가하고, 갈수록 많은 사람들이 투자자 주체가 된 결과다.

7. 차입 의존적 삶과 빚진 존재

이미 지적한 대로 금융화가 진행된 뒤 한국의 가계부채는 엄청나게 증가했다. 2012년 말 현재 가계부채 규모는 1103조원으로, 1795만 가구당 약 6천144만원, 5000만 인구 1인당 약 2천2백만원에 이른다. 부채가 없는 가구와 개인도 이 수치에는 포함됨을 감안하면, 실제 부채를 지고 있는 가구와 개인의 부채규모는 훨씬 더 클 것이다. 부채규모가 이처럼 커졌다는 것은 한국에도 '부채경제'가 형성되었다는 말이다. 부채경제란 "대출을 통해 수입보다 많은 지출을 가능케 하는" 경제를 가리킨다(홍석만·송명관, 2013: 34).

부채경제가 저절로 형성되었을 리가 없다. 사람들로 하여금 수입보다 지출을 더 많이 할 수 있도록 하려면, 그들에게 그만한 재원이 공급되어야 한다. 최근 금융기관의 대출 관행이 바뀐 것을 이런 맥락에서 이해할 수 있다. 과거 개인들이 대출받기가 쉽지 않았던 것은 금융기관이 주로 산업자본 즉 실물경제 부문에 자금을 대출해 주고 거기서 나오는 이윤을 배분받는 수익구조를 갖고 있었기 때문이다. 그러나 대략 2000년 이후에는 한국의 금융기관도 이윤보다는 이자를 겨냥하여 대출을 해주고, 또 대출된 자금을 대상으로 채권을 발행하여 증권화하는 새로운 수익 창출 기법을 따름으로써, 개인들의 자금 대출이 더 쉽게 이루어질 수 있게 되었다. 이 시기 은행금리가 낮아진 것은 개인들로 하여금 대출을 더 많이 하도록 한 유인책이었을 것이다. 2000년대에 미국에서 비우량주택담보대출이 대대적으로 이루어진 데에도 '신용평점credit scoring 제도', '미끼금리teaser rates' 같은 신종 대출기법이 중요한 역할을 했다고 알려져 있다(Langley, 2008; Lapavitsas, 2011: 622). '신용평점'이란 개인의 신용파일 분석에 기반을 두고 작성된 수치로서 개인의 신용도를 나타낸다. 이런 수치로 개인의 신용도를 평가할 경우, 과거처럼 금융기관 직원이 직접 고객의 영업 현장에 나가 그의 신용상황을 일일이 점검할 필요가 없어진다. 랭리에 따르면, 비우량주택담보대출 시장에서 실질 신용도가 낮은 저소득 인구층이 대거 대출을 받을 수 있었던 데는 이와 같은 '신용평점 제도' 활용이 큰 작용을 했다. 당시 금융기관이 이런 대출 관행을 마다하지 않았던 것은 담보대출금을 채권으로 만들고, 이것을 다시 유동화해 시장에 내다 팔아 수익을 창출할 수 있었기 때문이기도 하다. 다른 한편 금융기관들은 기준금리 수준이 역사적으로 낮은 가운데, 일정 기간 더 낮은 금리를 미끼로 제공함으로써, 사람들이 더 많이 대출하도록 유도하기도 했다. 한국에서는 이미 몇 차례 언급한 것처럼, 김대중 정권 이후 모든 정부가 저금리 정책을 펼쳤는데, 이는 국가가 사람들로 하여금 더 많은 대출을 하도록 유도한 셈이라 하겠다.

사람들이 수입보다 더 많이 지출하도록 대출을 조장한 부채경제가 작동함에 따라, '차입 의존적' 삶이 확산되었다고 할 수 있다. '차입 의존적' 삶이란 노동의 보상으로 받은 임금 소득 대신, 대출에 의존해서 필요한 비용을 충당하는 삶에 해당한다. 차입에 의존하는 삶은 근래 기업계에서 흔히 벌어지는 인수합병 과정에 동원되는 차입매수leveraged buy-out(LBO)와 닮은꼴이다. 차입매수란 기업의 인수합병 과정에서 기업 자산이나 향후 현금 흐름을 담보로 은행 등 금융기관에서 돈을 빌려 기업을 인수하는 것을 말한다. 1000억원 가치가 있는 기업을 인수할 때, 자신의 자본은 500억원밖에 되지 않아도 나머지 500억원을 인수대상 기업의 자산과 예상 실적을 담보로 은행에서 돈을 빌릴 수 있으면, 기업 인수가 가능하다. 믿기지 않지만, 돈은 장부상으로만 왔다 갔다 하고 인수자는 실제로 한 푼도 내지 않고 기업을 인수하는 경우도 없지 않다고 한다. 기업의 차입매수 관행은 1980년대 미국에서 정크본드 투자자로 악명을 떨친 마이클 밀켄Michael Milken이 활용한 기업 인수 방법으로, 미국에서 이루어지는 기업 인수합병의 7-80퍼센트를 차지하고 있다.[282] 기업의 차입매수에서는 외부에서 차입한 자본이 지렛대가

되어 기업 인수에 활용된다. 오늘날 이처럼 외부 자본을 지렛대로 삼아 자산을 획득하는 일은 기업인수에만 국한되지 않는다. 부동산 시장 거품이 한창이었을 때, 구입할 주택을 담보로 큰 액수의 대출을 받아 주택 구입을 하곤 하던 관행 역시, 주택도 이제는 기업처럼 "차입 투자의 대상"이 되었음을 보여주는 예일 것이다(Langley, 2009: 15).

주택 담보 대출자는 매입 대상 주택을 장차 수익을 가져올 자산인 것으로 간주하고 부채를 차입하여 투자한다는 점에서, '차입 투자자'에 해당한다. 오늘날 이런 유형의 차입 투자자는 한국 도처에 널려 있다. 자녀의 사교육을 위해, 친구들 못지않은 패션 유지를 위해, 성형 수술을 받기 위해, 각종 깜냥을 쌓기 위해 채무를 지는 가정, 개인이 얼마나 많은가. 멀쩡한 휴대전화, 자동차를 처분하고 새 모델로 바꾸는 소비자도 많고, 자기 소득으론 감당하기 어려운 비싼 레스토랑 고객이 되는 사람도 있다. 이들 가운데 부채경제를 통해 지출을 하는 비율이 당연히 높을 터, 그들은 부동산이나 주식, 펀드 투자를 위해 수시로 차입을 서슴지 않는 사람들과 크게 다를 바 없다 할 것이다. 최근 들어 발급되고 개설된 신용카드나 마이너스통장 숫자가 크게 늘어난 것도 이런 맥락에서 이해될 수 있을 것 같다. 한국인에게 발급된 신용카드 수는 2002년에 1억장이 넘었고(머니투데이, 2003.2.24), 국내 시중은행의 마이너스통장 계좌 수는 2006년 6월 현재 457만5천169개에

282_ 한국의 경우 차입매수는 불법이라는 판결이 나오는 가운데서도 일부는 인정되고 있는 것으로 보인다. 인수자의 배임 고의성이 인정되면 불법으로 처벌하지만, 그렇지 않으면 처벌하지 않는 것이다. 이에 따라서 법무법인 세종에서는 다음과 같은 법률 조언을 제시하고 있다. "LBO 방식의 거래에 있어서 인수자의 배임의 고의 인정 여부는 대상회사의 향후의 현금흐름 및 외부차입금 규모와 상환일정에 비추어 LBO를 통해 조달한 외부차입금의 상환이 현실적으로 가능한 것인지 여부, 그리고 인수자가 이러한 외부차입금의 상환에 대해 어느 정도의 위험을 부담하고 있는지 여부 등을 종합적으로 고려하는 것이 합리적이라고 보며, 실제 법원의 판결들도 대체로 LBO의 위법성을 판단할 때 대상회사의 현금흐름과 자산을 고려한 합리적인 LBO의 설계 여부, 인수자의 경영능력과 자금조달 기여도, 인수자의 LBO위험부담 정도 등을 종합적으로 고려하여 대상회사의 가치를 현저히 훼손할 때 비로소 유죄 판결을 내린 것으로 판단됩니다"(송옹순 · 이창원 · 최병선, 2008).

달했다(연합뉴스, 2006.11.1).

이리하여 등장한 인간유형이 있으니, 바로 '채무자 주체' 또는 '빚진 존재'다. 이들 다수는 투자자 주체와 겹친다고 봐야 할 것이다. 대규모 자기자본을 보유한 경우에도, 예컨대 환율 변동을 놓고 벌어지는 파생상품의 차익거래 과정에서 '승수효과'를 창출하기 위해 외부 자본을 끌어들이는 일이 잦은 데서 알 수 있듯이, 오늘날 대부분의 투자 행위에는 차입이 동반된다. 이런 사실은 금융화가 진전되면서 갈수록 많은 사람들이 차입 의존적인 인간형으로, 즉 빚진 존재로 변한다는 것을 말해준다고 하겠다. 꼭 투자자가 아니어도 신자유주의 시대에는 대대적인 복지 해체로 생활수단을 확보하려면, 부채에 의존해야만 하는 인구가 크게 늘어났다. 신용편의에 의존하여 대금이월자로 생활하는 사람이 늘어난 것이 한 예다. 카드 돌려막기가 관행으로 퍼진 지 오래된 한국에서도, 차입 의존적 삶이 광범위하게 퍼져있다고 봐야 할 것이다.

갈수록 많은 사람들이 채무자 주체로 전환되었다는 것은 그들이 개인으로서 겪고 있는 주체적이고 내면적인 변화를 통해서도 확인된다. 다른 맥락에서도 언급했지만, 오늘날 젊은 세대는 '깜냥 쌓기'로 여념이 없다. 해외어학 연수, 각종 자격증 따기, 인턴직 연수, 봉사활동 증명 받기, 성형수술 받기, 포트폴리오 만들기 등 자기의 능력이나 가치를 높일 방안과 기회를 찾아 얼마나 부산한지 모른다. 이런 모습은 일견 젊은 세대가 '자기에의 배려'에 열중하고 있음을 보여주는 것 같기도 하지만, 집착적으로 자기 계발 노력을 경주한다는 것이 정상적이라 할 수는 없다. 깜냥 쌓기에 급급한 젊은 세대, 생애능력 획득에 총력을 기울이는 자기계발적 주체, 금융자산 포트폴리오 관리에 여념이 없는 투자자 주체의 공통 특징은 모두 자신의 현재 모습에 만족하지 못한다는 것, 자신을 뭔가 모자란 사람으로 여긴다는 것, 자신에게 늘 빚져있다고 느끼는 것이다. 자기배려, 자기계발, 투자 등을 위한 노력이 그치는 법이 없는 것도 그 때문이 아닐까. 사람들은 현재 자신과의 불화, 자신에 대한 미안함으로 인해 더 나은 자아를 만들고자 하는

집착에서 벗어나지 못하는 것으로 보인다.[283]

금융화 시대의 주체형성은 그래서 일종의 투기 행위에 가깝다. 자기계발이 생애능력 고양과 연결되는 한, 사람들은 일단 한번 시작된 자신의 정체성 형성에 계속 참여하지 않을 수 없다. 오늘날 다수의 다른 자아, 정체성, 자격을 가진 사람들이 적지 않은 까닭도 여기에 있을 것이다. 불필요할 정도로 많은 자격과 정체성을 갖게 되는 것은 사람들이 자기에 대한 투기를 그치지 않아서 생기는 일이다. 그들은 이런 자기의 계발을 자율적 선택자로서 수행하지만, 자율적 선택자를 만들어내는 것은 신자유주의적 세계, 즉 "모든 인간이 자신의 삶을 경영하는 기업가이고, 또 기업가로서 행동해야 하는" 세계다(Fitzsimons, 2002). 자신의 삶을 경영한다는 것은 자신을 계속 계발한다는 것, 다시 말해 자신을 '더 나은 자아'로 변신시키는 노력을 끊임없이 하는 것이다. 이런 자기계발적인 주체는 자신을, 자신이 더 나은 개선된 자아가 되는 데 써먹을 자산으로 계속 활용하며, 자신에게 끊임없는 투자를 한다는 점에서 자기투기적이라 할 수 있다. 투기적 주체란 그렇다면 본질적으로 자신에게 빚진 존재인 셈이다. 이 빚진 존재는 공허한 존재이기도 하다. 그가 현재의 자기 모습에 만족하지 못하는 것은 자기 내부에 어떤 본질적 결여가 있다고 느끼기 때문이고, 그가 자신에 대한 투자를 끊임없이 하는 것은 그 결여를 채우려 해도 채워지지 않기 때문이다. 오늘날 한국인 가운데 이런 사람들이 다수라고 하면 지나친 말일까?

지극히 우울한 사실이지만 빚진 존재, 부채자 주체가 다다르는 곳은 많은 경우 죽음의 골짜기다. 3장 7절에서 살펴본 것처럼, 2010년 기준 한국의 자살률은 인구 10만명 당 33.5명으로 OECD 회원국 평균치인 12.8명의 2.6배나 된다(연합뉴스, 2012.9.9). 무엇이 사람들을 자살로 이끄는 것일까? 한국의 자살률이 최근 10여 년에 걸쳐 두 배로 늘어났다는 데서 그 단서를 찾을 수 있을 것이다. 자살률이 급격하게 높아지기 시작한 것은 1990년대 말로서

283_ 신자유주의적 주체가 타자들로 구성된 사회에 대한 무관심해 보이는 것도 거의 배타적으로 자기에게만 관심을 두고 있기 때문일 것이다.

바로 한국사회가 1997년 외환위기를 겪고 경제위기 국면으로 내몰렸을 때다. 부채도 이때부터 증가했다. 자살률의 증가를 야기한 가장 큰 이유는 이렇게 볼 때 경제적인 여건의 악화, 이런 사회적 조건을 외면하는 정치경제적 여건의 악화 등에서 찾아야 할 것이다. 이때는 한국인들이 대거 금융화 흐름을 따라 투자자 주체, 채무자 주체로 전환된 시기이기도 하다.

8. 시공간의 금융화와 주체형성

이 절에서는 시간과 공간의 금융화가 진행된 결과 주체형성에서 어떤 변동이 일어났는지 살펴보고자 한다. 미래할인 행위가 빈번하게 이루어지고 속도증가 기제가 광범위하게 작동하게 되면, 그리고 기업가형 도시 출현 등 추상공간의 새로운 변화가 일어나면, 사람들은 어떤 인간형으로 변신하게 되는 것일까. 시공간의 금융화로 생기는 가장 큰 변화 하나는 각종 개발 행위의 폭증이라 할 수 있다. 금융화가 급속도로 진행된 신자유주의 시대에 엄청난 GDP 성장을 이룬 국가들이 많다. 한국의 경우 1980년 39.1조원에 불과하던 GDP가 2011년에 이르러서는 1237조원으로 무려 32배나 증가했고(국회예산정책처, 2011; 한겨레, 2013.3.26), 중국의 경우도 1980년 2024.6억 달러에서 2011년 6조9884.7억 달러로 한국과 엇비슷하게 34.5배로까지 증가했다(Sedghi, 2012). 짧은 기간에 이런 급격한 성장이 일어났다는 것은 이들 나라에서 그동안 온갖 종류의 개발이 일어났을 것임을 말해주고 있다. 과거 풍경을 구성하던 산수 곳곳에 경관이 들어서고 경관화가 오늘날 공간 경험의 주된 경향으로 나타나고, 아울러 자연과 역사의 연속성이 크게 해체된 것은 그 결과다.

금융화로 인해 시간경험에서 일어난 변화로서 특히 주목해야 할 것이 있다면, 역시 미래할인 관행의 확산 및 그와 연동된 속도증가 현상일 것이다. M-M' 운동이 강화되고 이자 낳는 자본의 역할이 증대함에 따라, 신자유주의 시대 사회적 신진대사는 중대한 변화를 겪었다. 시간의 금융화 작용 가운데 주체형성 문제와 관련하여 중시할 점은 그 경향이 신용체계를 확대하여 각종 금융 활동이 활발해지도록 하고, 사람들로 하여금 금융자산 증식 활동에 매진하게 만든다는 것이다. 앞서 살펴본 것처럼 신용체계를 확대하게 된 것은 자본의 회전시간을 단축시키기 위함이고, 이 변동은 생산·유통·소비 체계, 일상생활 체계, 개성 체계, 역능 체계, 교통 체계, 매체 체계 등의 작동과 긴밀하게 관계를 맺음으로써, 사회적 신진대사의 속도를 증가시킨다.

여기서 강조하고 싶은 점은 이런 변화와 더불어 사람들의 행동 방식, 인간형이 근본적으로 바뀌게 된다는 것이다. 이 변화는 M-M′ 운동과 M-C-M′ 운동 두 차원에서 일어난다고 할 수 있다. 먼저 M-M′ 운동의 측면에서 일어나는 변화가 어떤 주체형성 효과를 만들어내는지 살펴보자. M-M′ 운동의 강화는 사람들의 관심과 활동을 금융상품 거래나 그와 관련된 행위에 집중시킴으로써, 오늘날 사람들을 대거 투자자로 전환시키는 것으로 보인다. 투자자 주체란 주식, 펀드, 부동산, 자산 시장에서 끊임없이 변동하는 금융적 위험을 관리하며, 자신의 포트폴리오 가치를 높이는 데 여념이 없다는 점에서, 세계 전역 금융시장 동향을 항시 꿰뚫고 있어야 하는 외환딜러가 단적으로 보여주듯이 한시도 한가로울 수 없는 삶을 영위해야 하는 존재다. 오늘날 갈수록 많은 사람들이 분주하고 부산한 삶을 살고 있는 것은 대중 다수가 그런 주체형태로 전환했다는 징표일 것이다.

외환시장에서 일어나는 '차익거래arbtrage'가 투자자를 어떻게 행동하게 만들고 있는지 보면, 금융적 거래가 사람들의 주체형성에 어떤 영향을 미치는지 알 수 있을 것 같다. 차익거래란 원화나 달러화 등 동일 상품의 환율이 단시간 내에 서로 다른 시장에서 다르게 형성될 때, 두 시장 간의 가격 차이를 겨냥하여 이루어지는 거래다. 이런 거래에서 중요한 것은 환율 변동의 타이밍을 잘 잡아 상이한 환율 간의 간극을 적시에, 최단시간에 포착하는 일이다. 외환 딜러의 책상 위에 컴퓨터 화면이 즐비한 것은 환율의 실시간 변동에 따른 시장 간 특정 통화의 가치 차이를 가늠하는 일이 고도의 정보통신 기술을 동원해야만 가능함을 보여준다. 그런데 차익거래를 환율시장에 국한되어 일어나는 현상으로만 볼 것은 아닌 듯싶다. 삶의 각 영역에서 발생하는 각종 간극을 제때에 포착하는 일이 갈수록 중요해진 것이다. 부랴사랴 바쁘게 사는 것만이 능사가 아니다. 삶의 변화 흐름을 가늠하고 그 흐름을 제때에 타야, 다시 말해 삶의 트렌드를 정확하게 포착해 제대로 대응해야 한다. 다만 이런 트렌드는 단명성을 그 특징으로 하며, '15분의 명성'으로도 불리는 연예인의 반짝 인기와도 같다.

금융화는 M-C-M' 운동 차원에서도 중대한 변화를 불러일으킨다. M-M' 운동의 강화로 M-C-M' 운동에서 변화가 일어나는 것은 이자 낳는 자본의 활동이 최근 새롭게 강화됨으로써, 생산과정에 변동이 생기기 때문이다. 그 한 예를 우리는 전통적인 굴뚝산업을 포함한 많은 기업들에서 주주가치가 강조되고, 더불어 '단기실적주의'가 만연하는 데서 보게 된다. 『파이낸셜타임스』 어휘설명에 의하면, "단기실적주의는 장기적 이익을 희생하며 단기적 결과에 과도하게 집착하는 것"으로서, "기업 경영 및 투자의 복잡성만 아니라 그런 전략과 연관된 주요 기회 및 위험을 제대로 반영하지 않는 회계 주도 분석과 이윤 극대화에 기반을 둔" 기업운영 방식이다(*Financial Times*, 연도미상). 단기실적주의가 기업운영의 원리로 지배하게 되면, '순현재가치'의 측정에 대한 압박이 더욱 커질 가능성이 높다. 순현재가치의 계산이 일상화되면, "다양한 결정과 계획에 이전에는 없던 가시성, 계산가능성, 그리고 비교가능성이 부과"되고, "각 조직의 관리 또는 경영 책임자들의 활동이 이제부터는 다른 활동과 연계될 수 있게" 되며(Miller, 2004: 186), "양의 순현재가치를 지닌 사업만 수용된다"(185). 앞에서 우리는 근래에 들어와서 비금융 기업들이 기업의 생산라인 강화를 위해 금융서비스를 사용하기보다는 회사의 금융자산 몫을 키우려 한다는 것, 배당금 지불, 주식환매, 합병과 인수 등을 통해 주주 수익률을 증가시키는 데 회사 이익 증가분을 활용하는 경우가 많다는 것을 확인한 바 있다(Milberg, 2008:

435-39; 본 책 3장 10.1절 참고). 이런 식으로 회사를 운영한 대표적 인물이 20년간 제너럴일렉트릭의 최고경영자로 지내며 전통적 굴뚝 산업이었던 이 회사의 이익 구조를 금융활동 중심으로 전환시켜, 그 자산 규모를 엄청나게 팽창시킨 공로로 『포춘』지가 정하는 '세기의 매니저' 칭호를 받은 잭 웰치Jack Welch다.[284]

이처럼 주주가치를 높이자는 데 회사운영의 주안점을 주게 되면, 그리고 차익거래가 환율시장만이 아니라 삶의 영역 곳곳으로 관행이 되어 확산되면, 사람들의 아비투스가 근본적으로 바뀔 것임은 두 말이 필요하지 않을 것이다. 계산적 인간, 투자자 주체, 자기계발적인 주체, 빚진 존재 등 우리가 신자유주의적 금융화 시대에 새로이 등장한다고 본 주체형태는 거의 예외 없이 트렌드에 따라 부산하고 분주한 삶을 산다고 할 수 있다. 이들 모두에게는 자연적으로 주어진 시간이 늘 짧을 수밖에 없기 때문에 결국 시간을 최대한 절약해야만 하고, 따라서 비생산적인 시간을 최대한 줄이기 위해 잠자는 시간도 아껴야 한다. 신자유주의화의 강도가 세계 어디보다 강한 한국사회의 수면시간이 유난히 짧은 이유도 여기서 찾을 수 있을 것이다.[285]

284_ 웰치는 제너럴일렉트릭 사의 자산 규모를 자신이 최고경영자로 취임하기 한 해 전인 1980년 168억 달러에서 2000년 1300억 달러로 확대시키는 데 핵심적인 역할을 했다. 하지만 그가 회장에 취임한 뒤 제너럴일렉트릭의 직원 수가 1980년 41만1천명에서 1985년에는 29만9천명으로 급감했다는 사실은 주주 또는 자산 가치를 중심으로 회사를 운영할 경우 어떤 결과가 나타나는지 잘 보여준다 하겠다. 위키피디아의 "Jack Welch" 항목 참조 (2014년 6월 8일 검색).

285_ 신자유주의 지배의 강화로 상황이 열악해지면 잠자는 시간도 줄어들게 된다. 한국인은 OECD 국가에서 가장 긴 노동시간을 갖고 있다. 2010년에 OECD가 발표한 바에 따르면, 회원 국가들의 2008년 기준 평균 노동시간은 1764시간으로 1998년의 1821시간보다 약간 줄어든 것으로 나타났다. 이 통계를 보면 근대 이후 한국의 사회운영에 가장 큰 영향력을 미친 일본과 미국이 유럽 국가들에 비하여 노동시간이 상당히 길다는 사실을 알 수 있다. 미국의 경우 노동시간이 1792시간이고, 일본은 1772시간인 반면에 유럽 국가들은 영국이 1653시간, 아일랜드가 1601시간, 프랑스가 1544시간, 독일이 1430시간, 네덜란드가 1389시간인 것이다. 미국과 일본의 노동시간은 OECD 회원국 평균과 거의 비슷하지만 유럽 국가들의 그것보다는 더 긴 것을 알 수 있다. 하지만 노동시간이 긴 나라로는 한국이 단연 앞선다. 한국의 노동시간은 2256시간으

이제 공간의 금융화가 오늘날의 주체형성 방식과 어떤 관련을 맺는지 살펴보자. 우리는 7장에서 공간의 금융적 매개가 공간의 모습을 새로 바꿔내며 새로운 주체의 탄생에도 일정하게 기여한다는 점을 살펴본 바 있다. 같은 '추상공간'이라 하더라도 수정자유주의에서 신자유주의로 넘어오는 과정에서, 도시는 '관리형'에서 '기업가형'으로 바뀌게 된다. 공간의 구성 방식이 바뀌면, 그 작동 방식도 바뀌기 마련이다. '관리형' 도시가 지배적인 도시형태였을 때, 공간은 생산과 소비, 거주 등 사람들의 활동을 상당히 엄격하게 기계적으로 구분하며 작용했던 편이다. 당시에는 푸코가 말한 '훈육사회'의 원리에 따라 가정, 학교, 공장, 병영, 병원, 감옥, 백화점 등 핵심적 사회적 공간들이 감금장치로 작동하는 경향이 높았다고 할 수 있다. 이처럼 오랫동안 고정된 장소에 배치되어 있으면 사람들은 각 장소에 특유한 습속을 형성하기 마련이고, 이 결과 동일한 개인일지라도 가정과 공장과 백화점에서 가족 일원, 노동자, 소비자로서 각기 다른 정체성을 가지게 된다. 그렇다면 신자유주의적인 금융화 흐름 속에 등장한 '기업가형' 도시에서는 어떤 새로운 주체형성 조건이 마련되는 것인가. 7장 8절에서 살펴본 것처럼, 기업가형 도시는 '통제사회'로 작동하며, 여기서 핵심적인 사회적 과제로 떠오른 것은 인간과 자본, 정보의 흐름을 통제하는 일이다. 이것은 추상공간이 더 큰 유연성을 획득하게 된다는 말이지만, 이제 주목할 것은 그와 더불어 필요한 주체형태도 바뀐다는 점이다. 사람들이 과거에는 공장에서는 노동자, 가정에서는 가족, 그리고 시장에서는 소비자로서 분할된 주체가 되어 살다가, 추상공간이 22@바르셀로나처럼 기업가형 경쟁도시로 바뀐 이후 모두 '인적 자본human capital'으로 전환되는 것이 좋은 예다. 새로운 도시에서 이들 인적 자본의 "공간적 실천은 그 도시 공간의 전반적 경쟁력에 도움

로, 2위와 3위로 등록된 그리스(2120), 칠레(2095)보다 100여 시간이 더 길며, 일본과 미국보다 500시간 정도 더 길고, 최단 노동시간을 가진 네덜란드와 비교하면 놀랍게도 867시간이나 더 길다. 8시간 노동일을 기준으로 계산하면 한국인은 네덜란드인에 비해 108일 3시간 즉 3개월 18일 이상을 더 일하는 셈인 것이다(*New York Times*, 2010.5.12).

이 되는 실천이다. 그들은 자신을 더 이상 '노동자'로 보지 않는다. 상품-형태에 속하는 사회적 관계는 '한물간 것'이 된다. 그들은 '고장 출신'이건 세계 전역에서 유치했건 '인재talent'인 것이고, 그 덕분에 그 공간에 거주할 자격을 갖는다"(Charnock and Libera-Fumaz, 2011: 28).

이제 특히 주목하고 싶은 것은 금융화로 인해 구성되는 자본주의적 추상공간에서 일어나는 경관화 현상이다. '경관화'는 자연공간과 역사공간을 해체하여 등장한 경관마저도 다시 새로운 경관으로 바꿔내는 경향을 가리킨다. 금융화 시대에 들어온 뒤로 공간 생산은 과거와는 비교할 수 없을 만큼 속도가 증가했다고 할 수 있다. 공간 변화의 속도를 실감하게 해주는 것이 세계 도처에서 새로운 경관을 만들어내는 '공간고급화gentrification'가 일어나고 있다는 사실이다. 일정한 생애주기를 가진 상품의 수명을 단축시켜 소비를 촉진시키는 판매 기법인 '계획적 진부화planned obsolescence'는 원래 상품의 생애주기를 단축시킴으로써 상품 판매를 촉진시키는 전략이지만, 최근에 들어와서는 공간의 소비에도 널리 적용되는 것으로 보인다. 무산된 서울 용산의 역세권 개발이 추진되는 동안 권내에 소재하며 개축한 지 10년 남짓한 대림 아파트 등이 철거 위험에 처한 것이 단적인 예로서,[286] 이런 일은 공간이 갈수록 더욱 노골적으로 상품으로 전환되고 있어서 생겨난 것이다. 오늘날 공간의 계획적 진부화를 추동하는 가장 강력한 힘은 물론 금융화다. 예컨대 부산 해운대의 자연경관을 해체시키며 초고층 건물이 들어서도록 하는 데에는, 리츠 같은 수법을 통해 미국, 캐나다의 연기금이 한국의 부동산 개발 사업에 투자되도록 하는 금융의 지구적 네트워크가 큰 작용을 한다. 이 과정에서 경관화는 어떤 방식으로 주체형성에 참여하는 것일까?

최근에 들어선 건물들은 7장에서 언급한 것처럼, 그 외관이 주로 유리에

286_ 용산역세권 사업이 추진되고 있는 동안 대림아파트 외벽에는 "살려 주세요. 오세훈과 삼성이 우리 아파트를 빼앗으려 해요"라는 호소 문구가 페인트로 칠해져 있었다. 나는 2014년 여름까지도 이 문구가 그대로 남아있는 것을 봤다.

의해 지배되고 있고, 이로 인해 도시경관에서 안면성이 강조되고 있다는 점을 기억하자. 경관이 오늘날 시각 환경을 지배하는 것은 공간 개발에서 금융적 매개가 갈수록 중요한 역할을 하고, 그 결과 각종 건조물의 교환가치가 강조됨으로써 건물들이 자신을 상품으로 제시해야 할 필요성이 커진 데서 찾아야 할 것이다. 이는 우리 눈앞에 펼쳐지는 경관이 거대한 판타스마고리아로 작용한다는 말과 다르지 않다. 판타스마고리아는 18세기 서구의 연극전통에서 도입된 시각기술로서, 관객으로 하여금 극중 사건에 참여하도록 만드는 효과가 있다. 처음 판타스마고리아를 관람했을 때, 갑자기 환영이 눈앞에 나타나는 것을 보고 놀라 지팡이를 뒤흔들며 환영을 쫓아내려고 한 사람들이 많았다고 한다.[287] 이것은 환영의 급작스런 출현이 뒤에서 조정한 조명으로 생긴 기술적 효과임을 관객이 알지 못해 일어나는 일이지만, 관객으로 하여금 판타스마고리아에 참여토록 하는 효과도 갖는다 할 수 있다. 베냐민은 이런 효과를 지닌 판타스마고리아를 맑스가 말한 '상품 물신성'과 유사하다고 보고, "상품의 유혹에 사로잡혀 실제 원인을 분별하지 못하는 자본주의 하의 직접 경험 양식"으로 이해했다(Gunning, 2004: 12). 세계적으로 도시화가 크게 진행되어 거대한 경관이 도처에 펼쳐지고 있는 오늘날,[288] 직접적인 자본주의적 경험 양식으로서의 판타스마고리아가 작동하지 않는 곳은 거의 없다고 할 수 있을 것이다.

주체형성이란 측면에서 볼 때, 금융적 매개로 형성된 거대한 경관은 사람들로 하여금 독특한 '면경자아looking-glass selves'를 형성하게 만드는 것 같다. 이 자아는 우리가 '거울 앞에 선 존재'가 됨으로써 생겨난 것으로,

---

287_ "새로운 공포효과는 판타스마고리아 관객을 정말 뒤흔들어 놓았다. 여자들은 기절하고 남자들을 벌떡 일어나 위협하는 것만 같은 환영을 지팡이로 내리쳤다"(Van den Broek, 2014: 73).

288_ 20세기 후반까지도 농촌이 더 지배적이었던 중국에서도 이제는 도시화가 50퍼센트 이상 진행되었고, 세계보건기구에 의하면, 2010년 현재 세계인구 50퍼센트 이상이 도시 지역에서 살고 있다. http://www.who.int/gho/urban_health/situation_trends/urban_population_growth_text/en/(2014년 7월 25일 검색.)

근래에 들어와서 사람들이 대거 '배우'가 된 것과 무관하지 않다. 금융화 시대에 형성된 거대한 도시경관이 판타스마고리아를 구성하고 있다면, 그 것은 경관이 오늘날 사람들이 일상적으로 참여하고 있는 연극 무대, 아니 그보다는 영화 스크린처럼 작용하고 있기 때문일 것이다. 오늘날은 판타스 마고리아가 무대보다는 주로 스크린 형태를 띠고 나타난다는 것은 도시 건물들이 대형 유리 외벽으로 치장하고 있을 뿐더러, TV, 컴퓨터, 비디오, 게임기, 스마트폰, 아이패드, DVD, CCTV 등 도처에 스크린이 편재한다는 점이 증명해주고 있다. 다만 판타스마고리아 역시 역사적 변천을 거치며 발달해 왔다는 점도 고려해야 한다. 지금의 관객은 판타스마고리아를 접하고 경악하던 과거와는 달리 오히려 그 세계에 적극 참여하는 모습을 드러내고 있다. 이런 점은 금융화 시대의 지배적 주체형태가 자기계발적인 경향을 띠게 된 것과 무관하지 않을 터, 경관을 거울 또는 카메라로 삼아 이루어지는 '배우 되기'도 그래서 거의 보편적 현상이 된 것으로 보인다. 보드리야르 Jean Baudrillard가 디즈니랜드와 미국의 관계에 대해 지적한 것이 여기서도 적용될 법하다. 보드리야르에 따르면, 20세기 후반에 들어와 "디즈니랜드 가 가상적인 것으로 제시되는 것은 우리로 하여금 나머지가 실제라고 믿게 만들기 위함이다. 하지만 로스앤젤레스 전체와 그것을 둘러싼 미국은 더 이상 실제적이지 않으며 과다현실 질서, 시뮬라시옹 질서에 속한다" (Baudrillard, 2001: 175). 사람들이 배우 되는 일도 마찬가지다. 배우 되기가 꼭 돌날, 결혼일, 밸런타인데이 등 특정한 날에만 일어나는 일로 보면, 오늘날 경관–판타스마고리아의 주체형성 기제로서의 작동 방식을 제대로 파악 하지 못한 일일 것이다. 이런 날을 기념일로 삼고, 특별하게 배우로 연기하는 것은 사실이지만, 우리가 언제나 이미 배우로 처신하고 있다면, 특정한 날의 배우 되기는 일상의 연장에 불과하다고 봐야 한다. 우리는 이제 사방에 널린 거울, 스크린을 통해 경관의 판타스마고리아에 빠져들고, 그곳을 일상의 무대로 삼아 살아가는 배우다.[289]

이런 과정이 공간적 경험으로만 이루어지는 것은 아닌 것 같다. 유쾌함,

부산함, 화려함 등은 사람들이 공간적으로 표현하는 모습임과 동시에 그들이 특정한 시간경험을 하고 있음을 보여주는 징표이기도 하다.[290] 사실 공간은 시각적으로 확인할 수 있지만, 시간은 느낌 이외의 방법으로는 확인할 길이 없다. 시간은 오직 속도로만 인지되고, 속도는 공간상의 이동으로만 체험된다. 금융화를 기반으로 하여 조성된 공간이 경관으로 현현된다면, 시간은 그래서 사물이 공간에서 움직이는 속도로 그 작용이 가능되며, 즉시성, 휘발성, 일시성, 단명성, 경박성, 부박함, 부산함 등 우리가 오늘날 시간경험의 특징으로 간주하는 현상 및 경향도 대체로 사물, 사람의 움직임과 그 속도로 체험된다. 이런 점에서 오늘날 거대한 규모로 조성돼 있는 경관에서 형성된 스펙터클과 판타스마고리아는 공간적 특징이자 동시에 시간적 특징임을 말해준다 하겠다.

한국의 경우 새로운 변화가 생긴 시점은 대략 1990년대 초 이후부터다. 이때 다방 대신 커피숍이 등장했고, 많은 소비공간의 건물 외벽이 콘크리트 등 불투명 물질에서 투명한 유리로 바뀌었다. 전면유리로 된 커피숍 안에서 소비행위를 하는 사람들은 자신을 기꺼이 노출한다. 이 노출은 우리를 거울 앞에 선 존재로 만드는 경관의 시각적 효과의 일환이기도 하다. 여기서 확인되는 자신의 드러냄이 역량의 산정과 평가를 위해 노동하는 주체

289_ 영화 <트루먼 쇼>(1998)의 마지막 장면에서 주인공 트루먼이 자신의 동네가 허구를 만들어내는 거대한 세트장임을 깨닫고 거기서 벗어나 '현실'로 들어가는 것이야말로 이렇게 보면, 진정한 환상이라고 할 수 있다. 허구를 진정으로 필요로 하는 장소는 트루먼 자신을 둘러싸고 모든 사람들이 연기를 하고 있는 세트장이 아니라, 그 세트장에서 연출되는 드라마를 소비하는 '현실'일 것이기 때문이다.

290_ 반대로 '타이밍의 예술로 불리는 차익거래도 시간의 금융화만이 아니라 공간의 금융화를 동시에 반영하는 거래 형태라고 할 수 있다. '차익거래'는 원화나 달러화 등 동일한 상품의 환율이 한국거래소나 뉴욕거래소 등 서로 다른 시장에서 다르게 나타날 때 싼 곳에서 상품을 사서 비싼 곳에서 팔아 차익을 남기는 행위다. 이런 거래를 전문으로 하는 외환딜러는 하루를 거의 24시간으로 살아야 한다. 매일경제 매경닷컴의 경제용어 설명에 따르면 "최근 국제외환시장이 24시간 거래 시장의 성격을 갖게 됨에 따라, 외환딜러들의 업무시간은 통상 주간의 8시간으로 되어 있으나 주임거래자의 경우에는 REUTERS와 AP TELERATE 수신기를 각자의 가정에 설치해두고 일과 후에도 시장정보를 입수하면서 필요한 경우 거래 및 포지션 조정을 지시하게 된다."

가 자신을 주체화하는 방식을 가시화하는 것에 해당한다고 보는 것은 지나친 일일까. 자신을 거울 앞에 세움, 자신의 드러냄은 또한 자기 연출 행위이기도 하다. 많은 사람들이 배우 되기에 접어든 것이다. 이런 배우 되기가 더욱 보편적인 현상이 된 것은 금융화가 본격적으로 진행된 2000년대 이후다. 초고층 건물이 대거 들어서고, 유리로 된 외벽이 대거 등장한 시기 이후 한국인들은 시공간의 금융적 매개에 더욱 속박되는 부산한 삶을 살게 되었다.

9. 주체형성 금융화와 문화정치경제

지금까지 이 장에서 우리는 신자유주의 금융화로 인해 어떤 새로운 주체형성 방식이 작동하게 되었는지 간략하게 살펴본 셈이다. 선진 자본주의 국가들에서는 대략 1980년대부터, 한국의 경우는 1990년대 이후 '자기계발적인 주체'가 신자유주의적 사회질서에 어울리는 주체형태로 등장했고, '금융의 민주화' 또는 좀 더 구체적으로 금리 인하 등으로 일상의 금융화가 확산되면서는, 많은 개인들이 금융적 주체, 투자자 주체, 빚진 존재 등 과거와는 크게 다른 인간형으로 변모한 것으로 보인다. 미국이나 영국 등에서 금융적 주체, 투자자 주체가 인구의 중요한 부분을 점하기 시작한 것이 1990년대라면, 한국에서는 2000년대부터 그런 주체형태가 눈에 띄게 등장했다. 최근에 들어와서 주체형태가 이렇게 바뀐 것은 대중의 이해관계, 관심, 성향 등이 갈수록 자본의 금융화와 긴밀하게 연계됨으로써 일어난 일임이 분명하다. 이제 이런 현상이 나타난 것은 금융화로 인해 새롭게 작동하게 된 문화정치경제와 어떤 관련을 맺고 있는지 살펴볼 필요가 있다.

통상 주체가 형성되는 과정은 기본적으로 문화적인 성격을 갖는 것으로 간주된다. 주체형성은 주체의 주체됨을 규정하는 것으로 개인들이 특정한 인간형으로 살아가도록 만드는 일이며, 이 과정은 주로 의미와 가치 등을 생산하는 사회적 실천이기 때문이다. 그런데 의미와 가치는 표현되어야 하며, 따라서 담론과 재현의 과정을 거칠 필요가 있다. 금융적 주체, 투자자 주체, 채무자 주체 등 금융화 시대의 특유한 주체들이 형성되는 것은 금융 담론, 투자담론, 소비담론 등 각종 금융활동을 주요 주제로 설정해놓은 담론 지형에서 주된 '인물상'으로 제시됨으로써 이루어지는 일인 것이다. 은행이나 증권회사, 대부업체 등에서 대중매체를 통해 유포하는 광고 말고도, 주식과 환율, 파생상품 관련 정보가 일간지 등을 통해 일상적으로 제공되고 있고, 펀드, 주식, 부동산에의 투자를 회유하는 온갖 선전물이 난무하고 있으며, 수많은 개인들이 블로그 등을 통해 자신의 투자 경험을 공유하고 있는 것이 오늘날의 실태다. 하지만 이 장에서 살펴본 것처럼 신자유주의 금융화 과정에서 새로운 주체형태가 등장했다는 사실은 주체형성의 조건 마련은 문화적 층위에 국한된다기보다는 경제적 과정과도 밀접한 관계를 맺고 있으며, 나아가서 금융화가 금융자본의 이해를 지지하는 각종 법적 제도적 의사결정을 동반하며 이루어진다는 점에서 정치적 과정과도 무관하지 않음을 말해준다. 이것은 주체형성의 금융화가 문화, 정치, 경제의 어느 한 요인에 의해 이루어진다기보다는 문화와 정치와 경제가 서로 맞물려 관계를 맺는 과정, 즉 복잡한 전체를 구성하는 '문화정치경제'가 작동하는 과정에서 일어나는 현상이라는 말이기도 하다.

3장에서 살펴본 것처럼 금융화 경향 자체와 관련된 문화정치경제적 실천의 문제도 있지만, 여기서 우리가 주목하고자 하는 것은 금융화가 주체형성과 관련을 맺는다는 측면에서 도드라지는 문화정치경제의 작동과 변동이라는 문제다. 금융화는 신자유주의적 축적구조를 전제하며, 이 축적구조는 다시 금융화에 의해 강화된다고 봐야 한다. 금융화와 신자유주의는 상호 전제의 관계를 맺고 있는 것이다. 주체형성의 문제는 이 맥락에서 사회적 필요노동에 종사하게 될 노동하는 신체 또는 가치 생산자로서의 노동자를 어떻게 양성하느냐는 문제로 보인다. 신자유주의를 위해서도 금융화를 위해서도 새로운 욕망과 태도, 상식, 능력 등을 갖추거나 지향하는 주체들이 필요할 터이니까. 신자유주의적 금융화가 그리하여 자신의 주체형성 전략을 펼친다고 한다면, 문화정치경제의 복잡한 전체도 문화적 정치경제, 경제적 문화정치, 정치적 문화경제 각 층위가 서로 새롭게 맞물리는 식으로 작동하게 될 것이다. 아래에서 살펴보고자 하는 것이 이런 과정이다.

1) 주체형성 금융화와 문화적 정치경제

신자유주의적 주체형성 전략이 작동하기 시작한 1990년대 이후 한국에서는 많은 노동하는 주체들이 '인재'로 호명되기 시작했고(서동진, 2009), 금융화가 본격적으로 가동되기 시작한 2000년대 이후에는 '투자자' 정체성을 갖는 사람들이 크게 늘어났다. '인재', '투자자'의 출현은 발전주의 시대 '시민', '국민', '근로자'와는 다른 종류의 인간형이 한국사회에 필요해졌다는 말이다. 물론 지금도 시민, 근로자 등의 언표가 사용되지 않는 것은 아니나, 이제 그런 언표는 새로운 담론구성체에 편입된 결과 의미가 이전과는 근본적으로 달라졌다고 봐야 한다. 소속 담론구성체가 달라지면 동일한 언표도 의미 생산을 달리하는 법,291 '시민', '근로자' 등은 이제 '인재'의 의미망에 포함될 것이기 때문이다. 8절에서 우리는 22@바르셀로나 개발사업을 통해 기업가형 도시로 탈바꿈한 포블레누 지역에서는 신자유주의적인 공간적 실천을 통해 노동자, 가족, 소비자가 모두 인적 자본, 또는 인재로 간주된다는 것을 확인했었다.

세계 자본주의 차원에서 볼 때 이 변화는 신자유주의가 수정자유주의 축적체제를 대체하면서 일어난 일이다. 수정자유주의 하에서 '근로자'나 '시민'은 포드주의라는 정치경제적 질서의 지배적 담론구성체가 작동시키는 의미망 속에 있었다고 할 수 있다. 포드주의는 사회적 질서로서 '구조화된 응집성structured coherence'을 갖추고 있었고(Harvey, 1985: 140), 여기서 핵

291_ 예컨대 '자유'의 경우 부르주아 담론구성체에서 사용될 경우에는 시장의 자유, 교환의 자유가 되겠지만, 노동자운동에서 사용될 경우는 결사의 자유, 저항의 자유라는 의미를 지닐 수가 있다.

심적으로 작용한 것은 노동과 자본과 국가의 타협이었다. '인재'와 '시민'의 차이는, 전자가 자율적 선택자이자 자기계발적인 주체로서 자신의 역능 개발이나 노후 복지 등 개인적인 안녕에 대해 자기책임을 져야 하는 반면, 후자는 국가와 자본이 제공하는 일정한 혜택을 공적으로 누릴 수 있는 권리를 지닌 존재로 간주되었다는 데 있다. 수정자유주의 하에서는 노동자도 시민으로 호명되었다. 당시 노동 대중이 사회적 권리를 지닌 시민으로 인정받을 수 있었던 것은 노동과 자본이 거의 대등한 힘을 지니고 대립한 가운데, 국가가 양자의 거중조정자로 나서는 3자간 타협구도가 형성되어 가능했던 일이다.292 포드주의가 "시민을 지배적인 사회 주체로 삼"았던 것은 이렇게 보면, "정치와 경제의 통합" 결과였던 셈이다(Harmes, 2000: 52). 포드주의 하에서 '시민'은 핵심적인 사회적 주체로 간주되었다고 할 수 있다. 반면에 신자유주의는 "노동자나 시민보다는 소비자를 특권적인 사회적 주체로 그려내고자" 하는데(Harmes: 64), 이는 노동과 그에 기반을 둔 사회적 권리가 더 이상 당연하게 여겨지지 않는다는 말로서, 정치와 경제의 새로운 통합이 이루어졌음을 말해준다.

'소비자'도 수정자유주의 하의 지배적 담론구성체에서와는 다른 의미 자장에 들어왔다고 볼 수 있다. 포드주의 하에서 소비자는 노동자의 연장이었고, '유효수요'를 창출하는 수단, 다시 말해 생산을 중심으로 하는 사회체제를 위해 기능하는 존재였다. 그가 시장에 나온 것은 생산적 기능을 하기 위함, 즉 포드주의에 의해 생산된 내구재들을 구입해 생산체제가 계속 가동하도록 하기 위함이었던 것이다. 반면에 오늘날 소비자는 생산 활동과는 대체로 단절된 채 거의 전적으로 시장에만 속한 것처럼 보인다. 사람들의 시장 출입은 과거처럼 임금이나 저축에만 기반을 두고 이루어지지 않는

292_ 물론 한국과 같은 발전주의 국가에서는 이와 같은 타협은커녕 전태일 같은 노동운동가를 분신으로 몰아갈 정도로 노동에 대한 일방적 강요와 탄압이 횡행했지만, 수정자유주의가 실현한 포드주의 또는 착근 자유주의는 발전 도상의 국가가 향해갈 미래의 상으로는 유효했다고 할 수 있을 것이다.

것이다. 그들의 소비자 정체성이 강화된 것은 무엇보다도 부채경제가 만들어내는 자산에의 의존 즉 부채의 자산화로 생긴 현상이다. 시장은 이제 생활수단 구입을 위한 곳으로만 작동하지 않는다. 그뿐만 아니라 그것은 주식, 펀드, 부동산 등의 금융자산, 자격증 획득이나 어학실력 향상 등으로 구축되는 역능자산, 성형수술이나 패션스타일에 대한 투자로 축적된 매력자산 등이 구입되고 판매되는 자산시장 성격이 크게 강화되었다. 오늘날 소비자가 대거 투자자 주체성을 갖게 된 것은 이런 점과 무관하지 않을 것이다. 과거의 소비자가 임금에 기반을 둔 소득과 저축의 한계 안에서 소비를 했다면, 지금의 소비자는 차입 가능한 부채까지 자신의 자산으로 활용한다. 하미스는 이런 변화를 두고, 사람들이 '수동적 저축자'에서 '능동적 투자자'로 대거 전환된 것으로 파악하고 있다(Harmes: 6).

이 전환은 신자유주의 금융화 시대에 들어와서 사회적 권력관계가 새롭게 형성되어 일어난 일이다. 투자든 소비든 개인들의 지출을 위해 임금이나 저축보다는 대출에 의존하는 일이 늘어난 것은 노동의 세력 약화에 따른 공공복지의 후퇴에 그 주된 원인이 있다. 노동자계급이 계급투쟁에서 계속 패배함에 따라 과거 구축된 복지제도가 해체되고 실질임금도 감소하게 되자 사람들은 생활비 마련을 위해서도 부채에 의존하는 일이 많아졌고, 형편이 좀 나은 개인들도 소비나 삶의 위험 관리를 위해 '민영화된' 복지에 의존해야 하는 경우가 늘어났다. 최근 개인들이 자신의 위험 관리자 즉 투자자로서의 정체성을 지닌 경우가 많아진 것도 그들이 실상 대거 채무자로 전환되었으며, 금융화가 대중을 규율하는 새로운 방식을 만들어냈다는 말일 것이다. 대중이 대거 채무자가 된 것은 그들의 부채 감당능력을 높이는 이자율 인하, 신용평점 제도, '무원금변동금리주택담보대출interest only adjustable rate mortgages' 같은 제도와 정책을 시행해, 그들을 "상승중인 부동산시장의 위험을 적극 수용하는 계산적이고 차입 의존적인 투자자"로 불러낸 결과다 (Langley, 2009: 16). 사람들로 하여금 무원금 ARM을 받도록 하고, 능력에 부치는 부채를 계속 감당하도록 하기 위해 단기 상환 금액을 낮추는 조치

등이 동원되었는데, 랭리에 따르면 이는 사람들의 자가 소유를 가능하게 했을 뿐만 아니라, 그들로 하여금 차입 의존적 투자라고 하는 '기업가적 조정' 수법을 쓰게끔 만들었다. 이때 중요한 것은 "저당 채무자가 월 상환금이 상승하게 될 금리변동일 이전에 차환을 하게 될 것이라는 점에서, 미결제 채무에 대한 기업가적 조정은 중대한 자기-규율" 효과를 갖게 된다는 점이다(Langley: 16). 이것은 빚을 지고 있는 동안 사람들은 자신의 부담능력과 신용도 조절 및 관리에 신경을 쓰지 않을 수 없다는 말로서, 부채가 훈육효과를 발휘한다는 것을 보여주는 중요한 예에 해당한다. 부채는 역사적으로 강력한 훈육효과를 발휘해 왔지만,[293] 개인들이 유례가 없을 정도로 많은 부채를 짊어지게 된 것은 금융화를 핵심적 축적 전략으로 삼고 있는 신자유주의 시대라는 점에서, 부채의 훈육효과가 가장 큰 위력을 발휘하게 된 것은 최근의 일로 볼 수 있다. 마무드Tayyab Mahmud가 지적하듯, "신자유주의 경제정책과 그에 따르는 개인 책임 담론이 부채와 훈육의 공생을 위한 근거를 제공"했기 때문이다(Mahmud, 2013: 42).

투자자-채무자로의 전환 현상이 최근 새로운 정치경제적 질서가 작동하게 됨으로써 나타난 것임을 누가 부정할 것인가. 인구 다수가 필요한 지출을 하려면 대출에 의존하도록 하는 부채경제의 형성은 자본 특히 금융자본의 자유와 권력을 강화시킨 권력구도가 구축됨으로써 나타난 결과다. 이런 변동의 한 예가 20세기 초의 대공황을 야기한 주범으로 지목된 금융자본의 활동을 제한시킨 글래스스티걸법Glass Steagall Act을 20세기 말에 이르러 사문화시킨 것이다(홍석만 · 송명관, 2013: 40-41). 6장 9절에서 살펴본 대로 동법을 사문화시킨 것은 금융자본의 활동 무대를 확장시키기 위해 은행, 금융자본으로 구성된 경제세력과 의회를 중심으로 한 미국의 정치세력의 협력 하에 이루어진 일이다. 한국에서 투자자-채무자를 대거 출현시킨 것

293_ "도덕적 훈육에서 부채가 행한 역사적 역할은 모든 인도유럽어에서 부채를 가리키는 말은 죄, 죄책감을 가리키는 말과 동의어라는 사실로써 입증되고 있다"(Mahmud, 2013: 41).

도 비슷한 것으로, 외환위기를 계기로 IMF의 구제금융을 받는 과정에서 김대중 정권으로 하여금 강력한 금융자유화 조치를 취하게 만든 정치경제적 질서다. 이 질서는 정치적으로는 과거 권위주의 세력과 그에 대항하던 자유주의 세력이 구축한 '협약민주주의'로서, 두 세력 간의 정치적 타협 즉 경쟁을 통한 양자의 공존 체제이며(2장 6절 참조), 금융자본의 활성화를 통해 한국자본주의를 새로운 신자유주의적 축적구조로 전환시키는 데 기여했다고 할 수 있다. 이런 사실은 투자자 주체의 형성을 위해서는 금융화, 부채경제, (확정갹출형)연금제도 등을 허용하는 새로운 시장 즉 경제적 질서의 구축이 필요하지만, 이런 일이 정치적 과정이기도 함을 보여준다.

이 책에서 채택한 문화정치경제의 문제설정 측면에서 보면, 주체형성의 금융화를 지원하는 정치경제적 실천은 당연히 문화적 실천과도 관계를 맺을 것이다. 투자자 주체가 등장하기 위해서는 개인들의 대출을 유도하는 정책의 채택, 부채경제의 형성, 새로운 연금제도 도입과 같은 법적 제도적 개혁이 요구된다. 이런 변화는 노동과 자본과 국가의 권력관계 변동을 전제한다는 점에서 당연히 정치경제적 성격을 띠지만, 그에 적합한 문화적 환경 조성도 요구하기 마련이다. 예컨대 사람들을 대거 부동산 투자로 내몰아간 신개발주의도 '개발동맹', '성장연합', '토건마피아'를 형성시킨 정치경제적 질서 외에, 대중의 호응, 우호적 여론 같은 '분위기'를 등에 업었다고 할 수 있다. 강수돌에 따르면, 이 분위기를 조성하는 데 크게 기여한 것이 "'IMF 사태'라는 사상 초유의 폭력적 경험"이 만들어낸 '교육효과'다(강수돌, 2006: 211). 사람들을 대거 부동산 투자자로 내몬 신개발주의가 2000년대 한국에서 창궐한 데에는, 외환위기를 빌미로 경제를 최우선시하는 담론적, 이데올로기적, 수사학적 환경이 조성된 것이 적잖은 작용을 했다는 말인 셈이다. 한국에서는 이런 변화가 1990년대부터 일어났다고 할 수 있다. 인적자원개발담론 지형에서 경영담론이 헤게모니적 지위를 차지함에 따라, 개인의 태도나 성향, 지식, 역능이 노동자와 기업의 자산으로 기능하기 시작한 것이다(서동진, 2009). 이로 인해 한국인 상당수는 이미 자기계발적인 계산적 인간형으로 전환되어 있던 터였는데, 그 기초 위에 'IMF 사태'가 터진 것은 신자유주의적 주체형성의 환경을 더욱 불가역적으로 만들었을 것이다. 경제가 최우선이라는 신자유주의적 상상은 이제 거의 아무런 제제도 받지 않고 펼쳐지게 되었고, 사람들은 금융화가 요구하는 투자자 주체, 채무자 주체 등으로 바뀌어 갔다. 이런 흐름을 더욱 강화시킨 것이 2000년대 이후 부쩍 만연한 금융담론, 투자담론이다. 이런 점은 금융화로 전개되는 주체형성의 과정에는 정치경제적 질서 이외에 문화적 실천이 반드시 동반됨을 보여준다 하겠다.

2) 주체형성 금융화와 경제적 문화정치

신자유주의적 금융화와 함께 자기계발적인 금융적 주체인 투자자 주체, 나아가서 빚진 존재가 대거 새로운 주체형태로서 등장한다는 것은 오늘날 문화정치가 어떤 변동을 겪고 있음을 보여주는 것일까. 다시 말해 투자자 주체, 빚진 존재의 형성은 어떤 새로운 문화정치가 작용해서 만들어진 효과인 것일까. 문화정치는 문화의 정치화와 정치의 문화화라는 서로 긴밀하게 작용하는 두 차원의 사회적 실천들이 교직되는 양상으로서, 삶의 꼴과 의미, 가치, 규범 등의 결정을 놓고 전개되는 권력투쟁과 관련된 것으로 이해된다. 삶의 꼴과 의미, 가치, 규범이 바뀐다는 것은 무엇보다도 주체성이 바뀌는 것이다. 특정한 의미와 가치, 규범은 모두 특정한 주체를 위해 존재하는 것이고, 따라서 주체성에 따라 의미와 가치, 규범의 모습 다시 말해 삶의 꼴도 달라지기 때문이다. 오늘날 이런저런 금융적 주체가 등장했다는 것은 그렇다면, 최근에 주체형성과 관련하여 새로운 문화정치가 가동되고 있음을 의미한다고 하겠다.

문화정치는 요즘 어떤 식으로 작동하는가. 근래에 들어와 삶의 지배적 특징은 그 중심이 생산 활동에서 소비 활동으로 크게 이동하고, 노동자나 생산자보다는 소비자나 투자자가 지배적 주체형태로 표상되는 경향이 높아졌다는 데서 찾을 수 있다. 생산하는 노동자가 사라진 것은 당연히 아니다. 그러나 표상의 수준에서 생산 활동은 이제 뒷전으로 물러나고, 전면에 나선 것은 소비와 투자임을 부인하기는 어렵다.[294] 이 결과 문화정치는 과거의 집단적 모습을 많이 탈각하고, 주로 개인주의적 성격을 띠게 된 것 같다. 금융자본보다는 산업자본이 우위를 차지하고, 경제가 금융이나 유통 대신 생산과 실물경제를 중심으로 작동하던 때, 노동하는 개인들은 노동자계급, 노동조합의 일원으로서 집단적 정체성을 강하게 지녔던 편이다. 과거 사람들의 정체성은 '평생직장', 노동조합, '학과' 등에의 소속감과 그것이 주는 어떤 익숙함에 기반을 두고 형성되었고,[295] 문화정치가 표현하고자 한 것도 주로 조직적 정체성이었다. 노동조합에 의한 집단적 교섭이 빈번했던 것도 조직적, 집단적 정체성 표현의 사례에 해당할 것이다. 오늘날도 집단교섭이 완전히 사라진 것은 아니다. 한국에서는 신자유주의 시대에 들어와

294_ 포드주의, 발전주의 시대에도 소비와 투자는 있었다. 다만 당시의 소비는 대체로 생활필수품, 내구재 등의 형태를 띤 사용가치의 소비였고, 투자는 삶의 안정을 목적으로 하여 이루어졌다고 봐야 한다. 과거에도 '소유권 사회'가 형성되지 않았던 것은 아니나, 소유 대상은 주로 사용가치로서의 주택이었고 주택 소유의 주된 목적은 거주였으며, 과거에도 대중적 투자가 있었으나 주로 저축이나 (확정급부형) 연금 형태로 이루어져 미래의 불확실성에 대비하고자 함이 그 목적이었다. 이런 상황에서 문화정치는 노동과 생산, 생존권을 중심으로 이루어지게 된다. 사람들은 경제를 부흥시킬 '역군' 즉 노동자로 주로 호명되고, 소비자도 '유효수요'를 창출하는 수단으로서 생산적 기능을 담당하는 것으로 이해되었으며, 파업은 (적어도 수정자유주의가 지배한 사회에서처럼 그것이 가능했던 곳에는) 그런 기능을 담당한 인간의 생존권 행사로 여겨졌다. 포드주의 체제에서 복지제도가 상당히 발전했던 것은 한편으로는 노동하는 인간의 권리를 보장하기 위함이었지만, 다른 한편으로는 당시의 지배적 삶이 위험 감수보다는 안정 확보를 중심으로 영위됨으로써 '보험' 또는 '보장' 논리가 지배했기 때문이었을 것이다. 보험과 보장을 마련하는 목적은 삶의 위험에 대비하려는 것으로, 위험은 이때 회피해야 할 문제 상황으로 간주된다. 포드주의가 작동하고 있던 미국을 위시한 선진 자본주의 국가들에서는 대략 1970년 이전, 그리고 발전주의가 작동하고 있던 한국과 같은 후발 자본주의 국가들에서는 대략 1980년 이전까지, 삶은 노동 중심이었고, 소비나 유흥은 부가적인 의미만 지녔던 편이다. 여가는 노동 이후의 삶으로서, 예컨대 바캉스와 같은 특별한 시기에 누릴 수 있는 일이었다.

295_ 이때 '익숙함'은 비전문 탈숙련 노동의 모습과 흡사하다. 포드주의 노동이 정착하기 이전에 노동은 자본주의 이전의 생산방식을 계승한 숙련노동이 지배적이었다. 숙련 전문노동은 장인들을 중심으로 이루어졌고, 따라서 오랜 전통을 전제로 한 것이었다. 반면에 포드주의 체제에서는 장인적인 숙련 노동도 잔존하지만, 비교적 짧은 기간에 숙달할 수 있는 노동 형태가 지배적이라 할 수 있다.

서 노조가 합법성을 인정받게 됨에 따라, 최근에 와서야 임금협상을 위한 투쟁이 관례화되었다. 하지만 노조의 집단적 교섭은 잔존하고는 있지만, 이제는 과거와는 비교할 수 없을 만큼 그 세력이 약해졌다고 봐야 한다.[296] 이는 금융화 시대에 노동계급 일부가 '화폐자본가'로 전환됨에 따라, 다시 말해 생산적 노동자도 (금융)시장에 나서 금융상품을 구입하고 거래하는 소비자, 투자자로 탈바꿈한 경우가 많아져, 노동자계급의 집단적 정체성이 해체된 결과일 것이다. 금융화 과정에서 등장한 금융적 주체, 투자자 주체, 차입 의존적인 주체가 개인주의적 성향을 갖는 것은 각자 자기 책임으로 안게 된 위험의 관리자로서 개별적으로 행동하기 때문이다. 이런 주체의 주요 특징은 자율적이라는 것이다. 투자자 주체는 자기 책임 하에 부채를 조달하고, 투자를 결정하며, 위험을 관리한다. 이런 일들을 하는 동안 그(녀) 는 개인으로서 사회와 철저히 분리되어 있다.[297]

오늘날 문화정치가 스타일, 패션, 디자인 등 표현 문제를 중심으로 이루 어지는 것도 이런 변화와 무관하지 않을 터이다.[298] 수정자유주의 시대의 소비자와 신자유주의 시대 소비자의 차이는 전자가 기본적으로 평균적 개 인으로 행동하는 반면, 후자의 경우 변별적, 차이적 개인이라는 데서 나온

296_ 노조의 집단적 교섭이 위력을 크게 잃었음을 단적으로 보여주는 것이 일본에서 맹위 를 떨치던 '춘투'의 쇠퇴다. '춘투'는 매년 3-4월 임금인상 교섭을 위해 산별노조가 주도하는 노동조합의 통일투쟁으로서 1955년에 시작되었는데, 1970년대의 오일쇼크 이후 물가안정을 위해 임금인상 요구를 자제하는 '경제정합성론整合性論'이 등장하 며 세력이 약하졌고, 1990년대부터는 임금인상 요구방식도 '평균임금인상'보다는 '개 별임금방식'으로 전환되었다(경총, 2006.12.14).

297_ 부채의 조달, 투자의 결정, 위험의 관리가 오늘날 대중의 주요 과업이 된 것은 수정자 유주의의 사회적 질서가 와해되어 노동조합의 권력 약화, 공적 안전망의 해체 등으 로 사람들이 개인들로 분해되었기 때문이다. 투자자 주체가 등장한 것은 사회적 공 동체보다는 개인, 집단적 연대보다는 개인적 탁월성, 노동의 권리보다는 '인재'의 자 유, 임금과 저축보다는 대출과 자산이 중요해지고, 그 결과 사회적 연대가 무너져서 나타난 일이다.

298_ 오늘날 스타일에 대한 강조는 라이프스타일에 대한 강조로 나타나는 경우도 많다. 반 리우웬Theo van Leeuwen에 따르면, "전통적인 '사회적 스타일'과는 달리 라이프스 타일은 다양하다. 그것은 동질성을 줄이고 선택을 늘리며 연령, 성차, 계급, 직업, 심지어는 민족에 따라 옷을 입도록 하는 규제도 없앤다"(van Leeuwen, 2004: 146).

다. 포드주의 체제에서 소비는 내구재나 생활필수품을 중심으로 이루어졌고, 이에 따라 소비하는 제품의 다양성이 그리 높지 않았지만, 오늘날의 소비는 생산영역에서 '다품종소량생산 체제라고 하는 새로운 생산방식을 광범위하게 확산시킬 정도로 디자인이나 스타일을 대상으로 이루어지는 경향이 높다. 디자인과 스타일의 선택을 통해 각자의 취향을 표현하는 소비가 늘어난 것은 투자자 주체와 같은 새로운 주체형태가 대거 나타난 것과 공명을 이룬다. 소비자 개인은 이때 자기 '매력자산의 일부로서 스타일과 디자인, 패션 등에 투자하여 넓은 의미로 역능을 넓히는, 자기의 자산포트폴리오 관리자로 행동한다고 볼 수 있다. 스타일과 디자인, 패션에 의해 변별되는 차이적 개인의 부상은 금융화 시대의 위험과 변동성 증가와도 무관하지 않다. 차이적 개인이 트렌드에 민감한 스타일과 패션 등에 관심을 갖는 것은 이제 귀속되어 동일시할 지속적인 사회 조직이 크게 해체된 탓이기도 하다. 수정자유주의나 발전주의 체제 하에서는 관례적으로 지속되는 것이 표현되고 재현될 가치가 있는 것으로 간주되었다 할 수 있다. 반면에 금융화 시대의 관심사는 그런 지속성보다는 환율과 이자율이 보여주는 것 같은 끊임없는 가치의 변동, 위험의 확률, 그리고 이런 변화하는 것들이 보여주는 동향이다. 최근에 들어와서 스타일과 디자인, 패션에 대한 관심이 커진 것은 그런 것이 이런 동향의 징표가 되고 있기 때문일 것이다.

사람들은 이제 끊임없이 새로운 트렌드를 추구하고, 자신의 역량과 자산을 관리하는 포트폴리오를 바꿔가는 혁신의 흐름에 몸을 실어야 하며, 따라서 자아를 끊임없이 쇄신해 나가야만 한다. 투자자 주체가 투기적 주체, 빚진 존재가 되는 것은 자신을 언제나 뭔가 모자란 존재로 간주하고, 더 나은 자아를 위해 자기에게 계속 투자하는 모습을 보이기 때문이다. 조직의 경우 이런 현상은 끝없이 이어지는 조직 개혁 운동의 전개로 나타난다. 투자자 주체가 쉬지 않고 자신의 자산포트폴리오를 관리하고 그 가치를 측정해야 하듯이, 금융화 시대 각 조직은 평가제도의 혁신을 거듭하면서 구성원 각자의 순현재가치를 측정하며 자산 증식에 매진하도록 만드는 것이다. 이런 상황에서 개인들이 자신의 스타일과 패션에 관심을 기울이게 되는 것은 늘 자신을 측정문화의 평가 대상으로서 '가시적 존재'로 제시해야 하기 때문이다. 표현과 스타일의 정치 즉 문화정치가 근래에 개인들에게 더욱 중요하게 다가오는 것은 이렇게 보면, 금융화 시대에는 역능과 자산처럼 스타일도 평가와 측정의 대상이 되었기 때문이라 하겠다.

그렇다면 주체형성의 금융화와 연결된 문화정치는 어떤 경제적 실천과 접속하며 관계를 맺는 것일까? '경제'란 기본적으로 부의 생산을 중심으로 전개되는 사회적 실천을 가리킨다. 문화정치의 경제적 차원, 또는 문화정치와 결합하는 경제적 실천은 따라서 문화정치 즉 삶의 지배적 모습 구축을 놓고 벌어지는 갈등과 투쟁의 과정이 부의 생산과 관계 맺는 차원의 문제라 할 수 있다. 오늘날 주체형성의 금융화와 함께 새로운 문화정치가 행해진다면, 이 변화는 어떤 새로운 형태의 경제적 실천을 동반하는 것일까? 과거 수정자유주의 또는 발전주의가 지배적 축적체제로 작동했을 때, 삶의 모습은 기본적으로 사용가치의 생산과 소비를 중심으로 이루어졌다고 할 수 있다. 자본주의적 생산양식이 작동한 것은 당시도 마찬가지였던 만큼, 그때도 이 사용가치가 상품 성격을 지녔다는 것을 물론 부정할 수는 없다. 그러나 당시 지배적인 경제논리였던 케인스주의에 의해 M-C-M' 운동의 우위 하에 M-M' 운동이 관리되고 따라서 금융자본의 유통이 생산 부문의 실물경제의 원활한 작동을 위해 통제된 것처럼, 사용가치의 상품으로서의 성격 역시 상당히 통제되고 제한되었던 것도 사실이다. 과거에는 주택이 주로 거주를 목적으로 구입된 것이 중요한 예다.299 반면에 앞에서 살펴본 것처럼, 최근에는 주택 구입이 거주보다는 투자를 목적하는 하는 경우가 많으며, 주택이 사용가치보다는 교환가치, 특히 유동자산으로 취급되는 경우가 더욱 빈번해졌다. 이는 주택을 담보로 대출된 수백 조원 가운데 상당 부분

299_ 수정자유주의 시절에는 노동자가 주택을 거주용으로만 사용하여, 소유하지 않은 경우도 많았다고 할 수 있다. 3장 8절에서 본 것처럼, 영국에서는 1970년대까지 노동자들이 세들어 살던 공공주택이 전체 주택의 3분의 1을 차지할 정도였다.

이 채권으로 전환되고 증권화되어 있을 한국도 마찬가지다. 이런 사실은 오늘날 주택 매매라는 경제적 실천은 과거와는 달리 금융화 논리에 더 깊이 종속되어 있고, 문화정치와의 맥락에서 특히 중요한 사실이겠지만, 사람들을 투자자 주체로 만드는 일이 만연해 있음을 보여주고 있다. 주택의 유동자산으로의 전환이 중요한 것은 그것이 한편으로는 오늘날 경제적 실천의 새로운 모습을 보여준다는 점 때문이지만, 다른 한편으로는 사람들을 다양한 형태의 투자자로 만드는 중요한 물적 기반으로 작용한다는 점 때문이다. 부동산을 유동자산으로 활용할 수 있게 되면서 사람들은 주식, 펀드, 증권 등의 사용한 형태의 금융상품에 투자할 재원을 마련하고, 이로 인해 더 한층 측정문화에 익숙한 계산적 인간형으로 바뀌면서 동시에 빚진 존재가 된다고 할 수 있다.

3) 주체형성 금융화와 정치적 문화경제

금융화가 진행되는 동안 새로운 주체형태가 출현할 때, 문화는 어떻게 경제적 과정과 결합하고, 경제는 어떻게 문화적 실천과 결합하며, 나아가서 이런 이중 과정은 정치적 실천과 어떻게 관련을 맺게 되는가? 이 질문은 주체형성의 금융화와 정치적 문화경제가 어떻게 서로 작용하는지에 대한 것으로서, 한편으로 금융화 과정에서 등장한 특징적 주체형태의 사회적 실천이 문화적인 것의 경제적 전환과 경제적인 것의 문화적 전환과 맺는 관계, 다른 한편으로는 이런 변동이 오늘날 대중의 지배적인 정치적 실천에 미치는 영향을 살펴보자는 데 그 취지가 있다. 주체형성의 금융화 맥락에서 나타나는 지배적 문화경제의 모습은 문화의 경제화와 경제의 문화화가 서로 결합되면서 나타나는, 오늘날의 헤게모니적 주체라 할 금융적 주체에서 찾아볼 수 있지 않을까 한다. 금융적 주체는, 한국에서는 대략 1990년대 초부터 자기계발적인 자율적 선택자로 호명된 개인들이 외환위기 이후 금융상품 거래가 급속도로 확산된 가운데 투자자로 전환된 주체형태로서, 수적으로는 최대라 할 수는 없을 터이나, 신자유주의 금융화 체제가 요구하는 지배적 주체형태일 것이다. 여기서는 이 금융적 또는 투자자 주체에 초점을 맞춰 문화의 경제화와 경제의 문화화가 각기 또는 서로 어떻게 연계되는지 살펴본 뒤, 그 결합이 가져오는 정치적 효과를 가늠해 보고자 한다.

금융화 시대의 '투자자'는 기본적으로 금융자산에 대한 투자자로 볼 수 있겠지만, 꼭 금융 투자자만 가리킨다고 할 일은 아닐 것 같다. 예술작품, 주택 등도 이제는 유동자산과 다를 바 없어진 만큼, 금융자산 이외의 자산에 투자하는 사람들이 갈수록 많아지고, 이들 역시 투자자 정체성을 드러내기는 마찬가지이니 말이다. 이렇게 보면 문화의 경제화를 통해 상당히 많은 유형의 '투자자'가 출현했다고 할 수 있다. 오늘날 개인 포트폴리오를 만들어 자격증이나 시험 성적, 경력 등을 적립하며 자신의 '상품가치'를 높여가는 사람들은 개인의 금융자산을 관리하는 금융 투자자와 별로 다를 바가 없다. 곧 취업이나 계약 성사를 통해 경제적 자본으로 전환될 수 있는 자원을 비축하고 있다는 점에서, 그런 사람은 '문화자본'을 축적하는 데 몰두하는 셈이다. 문화자본은 "사회적으로 추구하고 소유할 값어치가 있다고 지목된 상징적 부 전유를 위한 수단"으로서(Bourdieu, 1977: 488), 학력, 기술, 말솜씨, 연기력, 심미안, 지적 능력, 스타일감각, 신체적 매력, 출신 가문 등 개인이 누리는 다양한 자원을 포함하며, "특정한 조건에서 경제자본으로의 전환이 가능하다"(Bourdieu, 1986: 47). 이런 자원과 자본을 경제적 자본으로 전환시키는 경향은 금융화 시대에 들어와서 과거 어느 때보다 강화되었다고 할 수 있을 것이다. 각종 깜냥을 획득하여 개인포트폴리오에 모아 관리하는 관행이 오늘날처럼 만연한 적이 있었던가. 이런 점은 신자유주의적 금융화가 갈수록 사람들을 경제적 인간으로 전환시켜, 문화적 자원도 경제자본의 물적 기반이 되게 만든다는 것을 보여준다고 하겠다.

주체형성의 금융화가 진행되면, 경제의 문화화 과정은 어떻게 진행되는 것일까. 경제의 문화화는 일반적으로 상품의 심미화로 나타난다고 하겠지만, 상품이 심미적 대상으로 등장한다는 것의 의미는 이중적인 것으로 보인다. 심미화 과정은 한편으로 상품이 자신의 상품으로서의 정체성, 즉 경제적 대상으로서의 정체성을 상실하는 것처럼 보여 경제적인 것이 문화적인 것으로 전환되는 현상일시 분명하다. 그러나 다른 한편으로 그것은 실인즉 상품의 가치를 높이기 위함이라는 점에서, 최근 들어와서 자본주의적 생산이 상품의 경제적 의미를 새로운 방식으로 강화하는 것임을 강조할 필요도 있다. 상품은 상징, 이미지, 언어, 기호 등 다양한 표현 요소들을 특정한 방식으로 배치하고 있다는 점에서 문화적 코드를 널리 장착하고 있다 할 수 있지만, 그렇게 하는 까닭은 상품의 생산 및 소비의 개선과 증진이라는 경제적 목적에서 찾아야 한다. 오늘날 "모든 형태의 경제적 지식에는 상징적 기초"가 있지만(Peters and Besley, 2006: 28), '상징적 기초'가 여기서 경제를 위해 작동한다는 점을 어떻게 부정하겠는가. 이런 점은 금융화와 더불어 형성되는 문화경제적 질서에서 주안점은 경제로서, 문화는 부차적인 것이지 그 역은 아님을 말해준다. 물론 그렇다고 문화의 자율성이 전적으로 부정되는 것은 아닐 터, 문화의 참여 없이 문화경제는 성립할 수가 없고, 문화의 자율적 작용 없이는 그 효과를 기대할 수도 없다. 문화경제의 일환으로 작용하는 문화의 경제화에서 문화자본이 널리 활용되고, 또 다른 일환인 경제의 문화화에서 경제적 효과가 문화의 작용으로 생산된다는 것은 문화가 그만큼 중요하다는 말이다. 그러나 그럼에도 불구하고 문화의 경제화에서 이루어지는 문화자본 활용은 자본주의적 체제 하에서는 궁극적으로 비경제적 자원의 경제자본으로의 전환을 염두에 둔 일이고, 경제의 문화화에서도 실질적 목표로 작용하는 것은 경제적 성공이라는 사실이 부인되진 않는다. 경제의 문화화는 언뜻 보면 경제를 수단으로, 문화를 목적으로 만드는 과정인 것 같으나, 오늘날 상품의 심미화가 보여주는 것은 상품을 심미적 대상인 양 만드는 일도 경제를 문화로 탈바꿈시키기 위함이라기보다는, 그런 변신을 통해 상품의 매력을 강화함으로써 판매라는 경제적 목표를 더 원활하게 달성하기 위함이다. 오늘날 헤게모니적인 주체형태가, 자본의 논리에 포획되어 자신을 측정문화에 적합한 계산적 인간으로 만들어가는 자기계발적 주체, 보장과 보험이 갈수록 민영화되는 가운데 삶의 변동성과 위험을 개인 책임으로 받아들여 자신의 자원, 자산을 포트폴리오로 관리하는 투자자 주체가 된 것은 문화경제가 이처럼 경제적 논리의 우위 속에서 가동되고 있는 것과 무관하지 않다. 일견 상품이 상품이기를 포기하는 것 같은 경제의 문화화야말로 상품의 경제적 가치를 더 높이려는 일로서 문화의 경제화와 다를 바 없는 일이라 하겠다.

투자자 주체의 형성에서도 비슷한 일이 발생하고 있다. 오늘날 이런 주체가 대거 등장했다는 것은 경제적인 것을 가장 가치 있는 것으로 보는 사람들이 늘어났다는 것이며, 경제의 문화화가 사실은 문화적 가치를 경제적인 것 중심으로 재조정하는 일이기도 함을 보여준다. 1장에서 언급한 제숍의 지적대로 신자유주의적 축적구조가 원활한 작동을 위해 새로운 경제적 상상을 필요로 한다면, 이제 이 상상은 그 무엇보다 경제를 우선시하는 것이 되어야 하는 것이다. 경제 다시 말해 투자하고 부자 되는 일 등은 이 결과 그 자체로 멋있고 아름다운 것으로 분장된다. 최근에 들어와 금융적 위험을 회피하는 저축자는 수동적인 반면 그런 위험을 마다하지 않는 투자자는 능동적인 존재로 인식되고(Harmes, 2000: 6), 투자자 즉 "위험 감수자 risk taker는 역사의 지당한 주인공이고, 위험에 처한 사람은 쓰레기통에 버려지"는 일이 허다한 것이다(Martin, 2007: 21). 석가나 공자, 예수, 모하멧은 결코 용인했을 것 같지 않으나, 이제 계산적인 인간이 더 매력적이고 멋있는 사람으로 나타나는 것이라 하겠다.

투자자는 일견 자율적이고 자기계발적이며, 따라서 가장 자유로운 주체 형태인 것처럼 보인다. 하지만 그(녀)는 자신의 자유를 자본의 논리 안에서만 구가할 뿐이라는 점에서, 누가 그보다 더하랴 싶을 만큼 철저한 자기 착취와 수탈의 존재인 셈이다. 그(녀)의 투자 행위, 자본을 위한 복무 행위는 자유의지의 발휘로 이루어진다는 점에서 '경제의 문화화'에 속한다 할 수 있다. 자산과 자본 획득을 위한 노력이라는 점에서 그것은 경제적 실천이지만, 이 실천을 자유롭게 수행한다는 것은 거기에 특별한 가치와 의미를 부여한다는 것으로, 경제적 행위를 문화적으로 수행하는 셈이다. 그러나 이 문화화는 즉시 경제화로 작용하기 마련인데, 그것은 이때 행해지는 문화적인 자율적 행위란 결국 경제적인 의미의 자산 및 자본축적에 그 목표가 있기 때문이다. 이 문화경제의 순환고리에서 벗어나지 못하는 투자자의 미래가 암울하다는 것은 오늘날 노동자계급을 포함한 많은 투자자들이 도달하는 곳은 갈수록 부채의 늪이요 자살의 계곡이라는 사실이 말해주고 있다.

　신자유주의적 문화경제를 실천하는 투자자 주체의 특징적인 정치적 실천은 어떤 모습인 것일까? 오늘날 대중이 대거 투자자 주체로 전환되었다는 것은 특히 노동자들이 사회적 권리 대신 개인적 성공에 더 많이 집착하게 되었다는 말과 다르지 않다. '확정급부형연금'에서 '확정갹출형연금'으로 노후 보장 수단을 바꾼 노동자들이 늘어나고, 저축보다는 대출에 의존하여 지출을 영위하는 인구가 늘어남으로써, 갈수록 많은 사람들이 자산 관리자 역할에 몰두하게 되면, 노동과 자본의 대립 및 투쟁 양상에는 중대한 변화가 일어날 수밖에 없다. 금융화가 핵심적인 축적 전략으로 채택된 신자유주의 시대에 국가가 흔히 '경찰국가'의 모습을 띠게 되는 것은 우연이 아니다. 민영화, 시장화, 자유화/개방화, 구조조정, 유연화, 세계화, 탈규제, 복지 해체 등 신자유주의 시대에 일어나는 각종 경향에 대해 노동이 저항할 때마다 국가는 이제 강력한 공권력을 행사한다. 이것은 3자 타협의 조합주의를 유지하던 수정자유주의 시절과는 달리 국가가 노동과 자본 사이를 조정하려 하기보다는, 자본의 편을 들며 일방적으로 노동을 탄압하는 모습이다. 하지만 국가의 이런 기능 전환은 노동의 태도 변화와 무관하지 않다는 것도 지적할 필요가 있다. 주체형성의 금융화 과정에서 대거 투자자 주체로 형성됨에 따라, 사람들은 갈수록 자본의 변증법에 깊이 포획되었다 하겠고, 이런 점은 화폐자본가로 행세하게 된 노동자계급 다수에게도 적용된다. 다시 말해 오늘날 국가의 경찰국가화는 노동자계급이 그 내부의 반-노동 경향 즉 자본에 대한 비적대적 태도의 증가로 인해 세력이 약해짐에 따라, 국가가 더욱 노골적으로 자본의 보호자 역할을 자임하며 노동을 옥죄고 있는 현상인 것이다. 사회적 주체들 간의 적대와 갈등을 조정하는 정치의 성격도 이 결과 근본적으로 바뀌게 된 것으로 보인다. 랑시에르의 지적대로 오늘날 정치가 '치안과 다를 바 없어져 사실상 소멸했다고 볼 수 있다면(Rancière, 2004: xiii), 그것은 사회적 적대와 갈등이 새롭게 관리됨에 따라생기는 일이다. 주체형성의 금융화는 이렇게 볼 때, 새로운 문화경제를 가동시킴으로써 새로운 정치적 효과도 만들어냈다고 할 수 있겠다.

10. 결론

이상으로 우리는 이 장에서 신자유주의적 금융화로 인해 주체형성이 어떻게 이뤄지며, 이와 함께 문화정치경제가 어떤 변동을 겪게 되는지 살펴본셈이다. 금융화는 기본적으로 그 작동에 적합하게 행동하는 금융적 주체를필요로 하고, 사람들을 다양한 종류의 투자자로 행동하도록 만든다고 할수 있다. 신자유주의 체제 하에서는 인구의 양극화가 심각한 수준으로 진행되고, 자본주의적 축적에 참여할 기회를 부여받는 것은 갈수록 배타적 소수라는 점에서, 투자자 주체가 인구의 수적 다수를 차지할 수 있는 것은 아니다. 수정자유주의 하에서 '시민'이 지배적 주체형태가 되었다면, 그것은 사회적 권리를 지닌다는 인간 전체 즉 불특정 다수를 대변하는 것으로 간주되었기 때문일 것이다. 반면에 증가하는 각종 위험을 포트폴리오로 만들어자기책임 하에 관리할 수 있는 개인으로서, 투자자 주체는 선별적 소수에해당한다고 봐야 한다. 하지만 그렇다고 하더라도 오늘날 그런 주체가 헤게모니적 위상을 갖는다고 보는 것은 금융화로 인해 M-M' 순환이 강화되는축적구조에 가장 적합한 주체로 간주된다고 할 수 있기 때문이다.

한국에서 투자자 주체가 등장한 것은 신자유주의적 '인구정책'이 경영담론이나 교육정책, 지식인담론, 대중매체 등을 통해 통합적인 '자아의 테크놀로지'로서 일정한 효과를 만들어내기 시작한 1990년대 말에 이르러, 금융자유화가 본격적으로 작동한 결과로 보인다. 2000년대에 들어와서 ABC,

ABCP, MBS, 기획금융, 파생상품, 리츠, 펀드 등 과거에 유통되지 않던 금융상품이 도입되고, 그런 상품의 거래가 확대되고 그런 상품에 투자하는 사람들이 늘어남에 따라서 '일상의 금융화'가 크게 진전된 것이다. 하지만 이 결과 갈수록 많은 사람들이 차입 의존적인 인간형, 빚진 존재로 바뀌고, 한국사회의 자살률도 유례없이 높아졌다는 사실이 무엇을 말해주는지는 분명해 보인다. 신자유주의 금융화가 요구하는 주체형성이 지속될 경우 부채의 늪에 빠지고 죽음의 골짜기를 헤매는 사람들은 더욱 늘어날 것이다. 다음 장에서는 이런 디스토피아적 상황에서 벗어나기 위한 길을 어떻게 찾아야 할는지 모색해 보고자 한다.

제9장

문화사회를 향하여

1. 문화사회의 문제설정

이 책 전반을 통해 내가 견지해온 관점은 신자유주의는 수정자유주의를 대체하며 등장한 현단계의 지배적 축적체제이고, 이 체제에서는 금융화가 핵심적인 축적 전략으로 작동해 왔다는 것, 그리고 이 전략은 시간과 공간의 생산, 주체형태의 형성과 긴밀한 관련이 있으며, 이런 일련의 사회적 관계는 오늘날 전개되고 있는 문화정치경제 변동의 특징이나 방향과 무관하지 않다는 것이었다. 이에 따라서 나는 한국을 포함한 선진자본주의 국가들에서 파생상품, 기획금융, ABS, ABCP, MBS, CMO, CDO, CDS, 리츠, 부동산펀드, 뮤추얼펀드 등의 금융상품 거래가 증가하는 과정에서 문화정치경제는 어떤 변동을 겪었고, 이와 아울러 시공간과 주체형태는 어떤 식으로 새롭게 조직되고 형성되는지 살펴보고자 했다. 이 마지막 장에서 펼치려는 논의는 지금까지와는 달리, 기본적으로 미래 지향적이다. 신자유주의 금융화로 구축된 사회의 모습은 일견 유토피아로 보일지 모르나, 자본에게만 그러할 뿐이지 빈민, 비정규직, 소수자, 노약자, 장애자, 여성, 노동자 등 민중에게는 참기 어려운 고통을 갖다 안기는 디스토피아에 불과하다. 오늘날 인류는 거대한 사회적 부를 축적했지만, 동시에 절체절명의 유적 위기에 처했다. 부의 생산 과정에서 온갖 종류의 개인적, 사회적, 자연적 파괴가 일어났기 때문이다. 유적 위기가 심각한 만큼 그에 대한 해결책을 찾는 일도 시급해졌다. 이제 나는 인류에게 다가온 위기를 돌파하려면 새로운 민중적 유토피아의 전망이 필요하다는 판단에서, 대안사회로서 '문화사회'를 구축할 필요성을 강조하고, 이 사회는 어떤 모습을 갖추어야 할는지 생각해보고자 한다.

유토피아적 전망은 자칫 허황한 꿈으로 비칠 수 있다. 맑스와 엥겔스가 『공산당 선언』(1848), 『유토피아에서 과학으로의 사회주의의 발전』(1882) 등에서 19세기의 유토피아적 사회주의에 대해 신랄하게 비판한 것은 널리 알려진 사실이다. 고전 맑스주의의 비판은 유토피아적 사회주의가 비현실적이고 비과학적이라는 것이었다. 하지만 나는 이런 견해를 유토피아에 대한 전면적 거부로 보는 것은 잘못이라고 보고, 맑스와 엥겔스의 비판을 어떻게 독해하느냐에 따라 새로운 해석도 가능하다고 믿는다. 두 사람은 유토피아주의자들이 역사 발전의 주역인 프롤레타리아트의 성장 및 역할과는 무관하게 사회변혁 구상과 전략이 구축하는 것을 비판하긴 했으나, 그들이 제시한 사회 비판, 발전 전망까지 깡그리 무시한 것은 아니라고 보는 것이다.

'유토피아'를 논할 때는 그 기원 즉 이 발상의 탄생 측면과 그것이 제시하는 계획 및 전망을 구분하고, 양자의 관계를 새롭게 설정하는 것이 중요해보인다. 사람들이 마음속에 유토피아를 떠올리는 것은 주로 현실에 대한 불만 때문이다. 현실의 참을 수 없는 조건이 유토피아로 향한 염원을 치솟게 하는 '샘물'인 것이다. 그리고 그 염원의 강도는 현실의 열악함이 얼마나 강렬한가, 그 정도에 비례한다. 문화사회에 대한 염원과 전망 또한 오늘날 당면한 더 이상 견딜 수 없는 역사적 현실에서 그 근거를 찾아야 할 것 같다. 문화사회 구축의 필요성은 신자유주의 금융화와 함께 새로운 문화정치경제가 구축되면서, 현실이 갈수록 디스토피아로 바뀌고 있는 만큼 커지는 것이다. 나는 오늘날 현실이 갈수록 견디기 어려운 것은 신자유주의적 축적체제가 인류에게 더욱더 많은 고통을 안기는 '노동사회'를 구축하고 있기 때문이라고 보고, 문화사회를 그 대안으로 제시한다.

노동사회는 노동이 중심이 되는 사회이며, 자본주의 사회의 또 다른 이름이다. 자본주의는 자신의 존립 목표와 근거를 자본축적에 두고, 자본이 노동력—피와 살을 지닌 생명력!—을 구매하여 노동과정에 투입한 뒤, 이 결과 생산된 잉여가치를 착취함으로써 사회적 부를 독점하는 사회체계다. 자본주의 하에서 노동력—노동자=프롤레타리아=대중=여성+노동자+이주노동자+빈민+소수자 등의 생명—은 자본의 비민주적 관리와 통제 하에 놓여 자주성, 창의력, 자유 등 생명(=인간)으로서 자신의 주요 역능을 잃게 되었다. 오늘날 '자기 계발하는 주체'라는 새로운 노동자 모습이 등장했다고 해서 이런 점이 달라진 것은 아니다.[300] 자본주의 하에서 노동력이 떠맡는 일은 주로 '노동'과 '소비'이며, 양자는 서로 결합되어 있지만, 중심은 역시 노동이라고 봐야 한다. 노동사회는 노동을 하지 않는 사람들의 소비 참여 기회를 좀체 허용하지 않기 때문이다. 최근에 들어와서 미국과 영국, 일본, 한국을 포함한 선진자본주의 국가들에서 노동이 희귀해지고 있기는 하지만, 이때에도 노동은 희귀성을 토대로 그 중요성을 오히려 강화한다. 세계 전반을 놓고 봐도 노동은 결코 줄어들지 않았다. 중국, 인도, 브라질, 남아프리카 등에서 새로운 노동시장이 형성됨으로써 노동은 오히려 어느 때보다 확대되었다. 노동사회에서도 노동labor은 사용가치를 만들어낸다는 점에서는 '작업work'과 비슷하지만, 후자가 과거 장인이 하던 것과 같은 자율적 활동을 가리킨다면, 노동은 자본의 관리와 통제를 받고 이루어진다는 점에서 궁극적으로 자율성이 결여되어 있다. 자본주의는 그

300_ 오늘날 자기 계발하는 자율적 노동자로서 선택된 개인들은 뛰어난 역능을 발휘할지 모르지만, 그들의 선택이 이미 수많은 배제를 낳고 있고, 나아가서 그들의 활동이 주로 생태계와 공적 부문의 해체를 목적으로 이루어지고 있다는 점에서 과연 유적 존재인지 의문이 들 정도다.

러나 이런 노동을 생존을 위한 지배적 조건으로 만들어 대중이 거기에 목매달고 살아가도록 하며, 신자유주의 단계에서 이런 경향은 더욱 강화되었다.

반면에 문화사회는 일정한 자율성을 지닌 문화 활동을 중심으로 이루어지는 삶을 주축으로 하는 사회로서, 노동으로부터의 자유 획득이 그 성립의 기본 조건이다.301 문화사회 건설을 사회운동의 중요한 목적으로 처음 제시한 앙드레 고르André Gorz도 노동의 최소화를 중요한 과제로 제시한 바 있다. 고르는 노동해방은 노동 내에서의 해방만이 아니라 노동으로부터의 해방도 함께 의미하며, 문화사회 건설을 위해서는 노동시간을 획기적으로 단축하는 것이 중요함을 역설했다(Gorz, 1989). 문화사회에서 '문화'는 '실존적 의미existential significance'를 생산하는 사회적 실천(=활동) 층위로서(Tomlinson, 1999: 19), 다시 말해 인간됨을 구현하는 활동을 일컫는 말이다. 실존적 의미를 지닌 활동이라 함은 '그 자체가 목표'이고 '그 자체 가치를 지닌' 인간 활동으로서, 기본적으로 자유로운 활동을 가리킨다. 맑스는 이것을 "그 자체 목적이 되는 인간 역능 발전"을 위한 활동, 즉 인간의 자기실현 활동이라고 보고, '필연의 영역'과는 구분되는 '진정한 자유의 영역'에 속한다고 간주했다(Marx, 1962: 800). 문화사회는 이런 영역이 최대한 확장된 사회를 가리킨다. 노동이 자본주의 사회에서 자본 통제 하에 들어가서 잉여가치를 생산해야 하는 강제성을 띤 활동이라면, 문화는 이런 강제성에서 벗어나서 사람들이 자유롭게 자신의 인간적 역능을 발휘하는 활동이다. 이런 활동이 중심이 되는 문화사회는 따라서 '비자본주의적' 사회여야만 한다. 자본주의 하에서는 그 자체로 가치 있는 활동들, 즉 인간 역능 계발을 주된 목적으로 삼는 활동들은 대체로 교환가치 생산에 종속되어 있고 축적을 위한 수단이

301_ 문화사회에 대한 논의는 필자가 편집에 참여한 계간 『문화/과학』에서 많이 찾아볼 수 있다. 15호(1998년 가을), 16호(1998년 겨울), 17호(1999년 봄), 20호(1999년 겨울), 35호(2003년 가을), 43호(2005년 가을), 46호(2006년 여름), 50호(2007년 여름) 등을 참고할 것. 문화사회에 대한 필자의 글들은 주로 강내희(2008b)에 수록되어 있다.

될 뿐이기 때문이다. 이처럼 자본주의가 극복되어야만 제 모습을 드러낸다면, 문화사회는 '코뮌주의'의 또 다른 이름에 해당한다고 할 수 있을 것이다.302 이는 문화사회의 구상, 그 건설을 위한 기획은 자본주의를 넘어서려는, 다시 말해서 오늘날 지배적인 사회구성의 근본적 변혁을 지향하는 기획임을 말해준다.

그러나 우리가 잊지 말아야 할 것은 문화사회를 염원하는 것과 그것을 실현하는 것 사이에는 넘기 어려운 거대한 간극이 있다는 사실이다. 현실은 '지금 여기'에 있고 문화사회는 '아직 저기'에 있다. 문화사회가 유토피아적 전망의 소산이라는 것은 이런 점을 말하는 것이며, 그런 점에서 그것은 코뮌주의처럼 '규제적 이념'에 속한다.303 유토피아로 상정된다고 문화사회를 허황한 것이라 할 수 있을까. 그렇게 본다면 더 나은 미래사회를 향한 염원은 결코 실현될 수 없고, 사회변혁을 위한 노력과 투쟁 결과는 패배일 뿐이라고 예단하는 것이리라. 이런 패배주의에서 벗어나는 것이 필요하다. 그러나 현실의 참을 수 없는 상태에서 벗어날 수 있으려면, 유토피아적 전망을 실현 가능한 것으로 만드는 것이 중요하다.

유토피아적 전망은 크게 두 가지 조건을 충족시켜야 할 것 같다. 첫째, 유토피아에 대한 희구가 절박해야 한다. 새로운 대안 사회를 얼마나 간절히 바라느냐에 따라 유토피아로 나아가려는 염원의 강도가 결정될 것이고, 이 강도가 강렬해야만 유토피아 실현을 위한 실천도 강력하게 전개될 수 있고, 유토피아적 전망의 실현 가능성도 높아질 것이다. 여기서 요구되는 절박함은 현실이 얼마나 디스토피아적으로 인식되는가에 달려 있다. 현실이 참을

302_ 여기서 20세기 이후 한자문화권에서 공통적으로 사용해온 '공산주의共産主義' 대신 '코뮌주의communism'라는 표현을 사용하는 것은 전자의 경우 생산주의적 함의가 너무 크다고 보기 때문이다. 코뮌주의는 반면에 공동체, 공통성, 호혜 등의 중요성을 강조하는 느낌이 크다.

303_ 영혼, 세계, 신 등이 규제적 이념의 예다. 이들 이념은 경험의 결과로 귀납되는 것이 아니라 상정된 것이다. 가라타니 고진에 따르면, 맑스에게 '코뮌주의'는 '규제적 이념'으로 요청된 것이다(가라타니, 2005).

수 없는 디스토피아로 드러날수록 거기서 벗어나려는 절박감은 더 커질 것이다. 둘째 조건은 전망의 현실성과 관련되어 있다. 유토피아를 꿈꾼다고 해서 환상으로 그 내용을 채울 수는 없다. 유토피아적 전망으로서의 문화사회가 코뮌주의의 한 형태라면, 문화사회는 '현실의 지양'으로서 구상되어야 하고, 그런 점에서 '필연의 영역'을 그 바탕으로 삼아야 한다. 문화사회는 노동사회가 지양되어야만 실현되겠지만, 그렇다고 노동이 아예 사라진 상황을 생각할 수는 없다. 이런 사실은 자본주의가 작동시키는 노동사회를 어떻게 지양하느냐에 따라서 문화사회의 모습이 결정될 것임을 말해준다. 유토피아적 전망으로서의 문화사회 구축을 위해 이 두 가지 조건이 필요하다는 것은 '필요는 발명의 어머니'라는 격언이 여기서도 적용됨을 말해준다. 문화사회에 대한 필요성이 얼마나 큰가에 따라서 문화사회를 기획하고 구상하려는 노력이 강화되고, 이런 노력 과정에서 문화사회의 구현 가능성이 더 커질 것이다.

2. 자본의 유토피아

신자유주의적 금융화가 전개되고 시공간의 직조 및 주체형태가 새로워짐으로써, 그리하여 문화정치경제 전체가 복잡한 변동을 겪음으로써, 우리의 삶은 얼마나 좋아졌는가? 우리는 지금 얼마나 더 안전하고 풍요로운 삶을 누리게 되었는가? 삶의 속도는 얼마나 여유로우며, 일상생활의 리듬은 얼마나 만족스러운가? 우리가 살고 있는 사회환경과 자연환경은 어떠한가? 자연생태는 잘 보존되고 있거나 더 좋은 상태로 바뀌고 있는가? 공기품질은 얼마나 양호한가? 눈앞의 풍광은 어떤 모습인가? 도시의 공제선은 자연환경과 조화를 이루고 있고 골목과 거리는 안전하고 쾌적한가? 그리고 우리의 정치체제는 더 민주적이 되었고, 경제적 관계는 더 평등해졌으며, 개인들은 자유를 한껏 만끽하고 더 창의적인 삶을 누리게 되었는가?

우리 자신, 가족, 친지, 친구, 동료가 삶의 위험에 빠졌을 경우 어떤 보살핌을 받을 수 있는가? 우리는 가족, 이웃, 또는 다양한 타자들을 보살피고 배려할 수 있는 심적, 시간적, 경제적 여유를 얼마나 지니고 있는가? 이런 질문들과 함께 우리 자신의 모습은 어떻게 바뀌었는지도 물어야 한다. 우리는 지금 얼마나 좋은 사람이 되었을까? 우리는 약자, 소수자, 타자를 어떻게 대하고 있는가? 타자들과 멋있는 호혜, 연대, 환대의 관계를 구축하고 있는가? 가족이나 친척, 친구, 동료들과는 얼마나 깊은 사랑과 우정을 나누고 있는가? 이런 질문들은 결국 신자유주의 금융화와 더불어 우리가 더 행복해졌는지 묻는 셈이 된다. 다시 물어보자. 우리는 지금 인간으로서 어떤 상태에 있는가?

당연히, 이들 질문에 대한 답을 섣불리 내놓을 수는 없다. 무엇보다도 여기서 '우리'가 누구인지 분명치 않다. '우리'란 단일한 통일체, 동일한 개체들의 단순한 집합이 아니다. '우리'가 하나의 집합체라면, 성욕, 성차, 민족, 인종, 지역, 세대, 학력, 취향 등 흔히 언급되는 다양한 사회적 분할선에 의해 그 내부가 균열되어 있다고 봐야 할 터, 그것들 간에는 복잡한 상호작용이 일어나게 마련이다. 이런 점을 고려하면, 오늘날 인구 속에 펼쳐지는 정체성의 양상은 실로 복잡할 것이다. 사회적 분할선의 작용 효과에 덧붙여 개인적 체험까지 가미되면 그 복잡성은 더욱 커진다. 신자유주의적 금융화와 함께 전개된 사회적 변화를 통해 형성되는 '우리'도 이런 복잡한 구성을 갖기는 마찬가지일 터이다. 하지만 그렇다고 해도 신자유주의적 금융화와 더불어 분명한 지배적 경향이 생겼다는 것, 인구 속에서 거대한 양분 현상이 일어났다는 것을 부인하긴 어렵다. '우리'는 그동안 복수의 정체성들로 다양하게 쪼개지기만 한 것이 아니다. 2011년 세계적 규모로 전개된 항의운동과 점령운동에서 참여자들은 스스로 상층 '1퍼센트'에 저항하는 '99퍼센트'로 호명하고 나섰다. '1대 99'의 구호가 나왔다는 것은 사회적 분열, 불평등의 골이 극도로 심각해졌고, 오늘날 '우리'가 내부에 갈등과 분열, 모순을 일으키는 사회적 분할선과 다양한 주체형태를 지니게 되었다 하더라도, 인구가 비대칭적으로 양분되는 경향이 지배적임을 말해준다.

이 책에서 나는 신자유주의적 금융화가 이런 변화를 일으킨 가장 중요한 원인인 것으로 보고 논의를 전개해왔다. 신자유주의가 금융화 전략을 핵심으로 삼아 자신의 지배적 축적체제를 작동시킨다고 판단했기 때문이다. 물론 신자유주의는 금융화 이외에도 민영화, 노동유연화, 복지 축소, 시장화, 자유화, 세계화, 탈규제, 구조조정 등 다양한 전략을 구사하는 것이 사실이다. 하지만 이 책을 통털어 살펴본 것처럼 금융화는 축적 전략으로서 다른 전략들을 지휘하고 종합하는 위상을 갖는다. 예컨대 민영화, 복지 축소는 공유재 또는 공통적인 것을 사적 자산으로 전환시키는 조치로서 금융세력의 지대수익을 높이려는 것이었고, 노동유연화는 노조의 세력 약화를 통해 노동자계급의 사회적 권리를 박탈하거나 약화시켜 그들로 하여금 공적 보장 대신 사적 자산에 의존해서 재정적 또는 다른 사회적 안정을 도모하도록 했고, 시장화는 과거 공적 부문 또는 전자본주의적 생산 또는 활동 영역을 상품화하는 것으로 일부 민영화와 관련되어 있지만, 다른 한편으로는 자유화를 통해 자본의 활동을 가능하게 하는 것으로, 그것 역시 금융화와 관련되어 있다고 할 수 있으며, 끝으로 세계화는 생산과 소비의 세계적 연결망을 강화하는 것임과 동시에 사실 기본적으로는 금융자본으로 하여금 국경을 초월하여 자유롭게 이동할 수 있게 하는 점이라는 점에서, 역시 금융화 현상이다. 금융화가 신자유주의 축적에서 이런 중심적 역할을 하는 것은 무엇을 말해주는가? 금융화는 축적에서 생산 부문과 유통 부문이 지닌 상대적 중요성에 변화가 일어난 것을 가리키는 개념이다. 그것은 지대소득이 과거에 비해 더욱 중요한 축적 수단이 되었음을 의미한다.[304] 이런 변화는

304_ 지젝에 따르면, "잉여가치의 주된 형태가 이윤에서 지대로 전화되는 장기적 추세"가 현대 자본주의의 한 주요 특징을 이룬다(이진경, 2014: 22). 잉여가치가 이윤보다 지대에서 나온다는 주장은 오늘날은 생산보다는 유통, 또는 착취보다는 수탈이 축적에서 더 중요해졌다는 주장과도 통한다. 이런 주장이 사실과 부합하는지는 아직도 논쟁거리다. 오늘날 '강탈에 의한 축적'이 증가하고는 있지만 그렇다고 착취가 줄어들었다고 말하기는 어렵다. 최근에 세계적 부가 증가한 것은 중국, 인도, 브라질 등에서

신자유주의 시대에 들어와서 민영화, 노동유연화 등을 통해서 과거 자본주의 유통의 외부에 있던 공적 부문, 비상품 부문이 시장화와 상품화, 그리고 자산화가 진행됨으로써 일어난 것으로, 금융화로 촉진된 일이다. 근래에 들어와서 대규모 개발로 지표면에 거대한 규모로 새로운 건조환경이 만들어진 것도 금융자본의 운동이 크게 활발해진 결과다. 우리는 앞 장들에서 이런 변화로 인해 자본주의적 문화정치경제가 최근에 들어와 어떤 모습을 하게 되었는지는 살펴본 바 있다. 지대수입을 중심으로 하는 축적 전략 즉 금융화가 강력하게 추진됨으로써 일어난 문화정치경제의 변화를 간략하게 다시 요약해보자.

먼저 문화적 정치경제의 관점에서 보면, 미국, 영국, 한국 등 선진자본주의 국가에서는 신자유주의적 성격을 띤 경제적 상상의 작동과 더불어 국가와 자본과 노동의 관계가 새롭게 바뀌었다. 이 변화는 신자유주의 시대에 들어와서 노동이 계급투쟁에서 계속 패배해 왔음을 가리킨다. 신자유주의는 축적 위기를 극복하고자 금융화를 추구하면서 공적 부문 및 비상품 영역의 민영화와 시장화를 도모했고, 노동자 및 민중에 대한 공격을 통해 이들의 사회적 혜택과 권리를 축소했다. 이 과정에서 세계화도 동반되었는데, 이는 국민국가의 독립적 정책 결정 권한을 축소함으로써 자본의 운동을 더욱 원활하게 하는 조건을 마련하기 위함이었다. 이와 같은 정치경제적 질서의 구축은 물론 제도적인 비담론적 변화를 수반하지만 아울러 신자유주의적인 새로운 경제적 상상이 작동하는 각종 담론적 수사학적 지형의 형성을 통해서 이루어진 일이다.

다른 한편, 자본주의는 신자유주의 시대에 들어와서 새로운 경제적 문화정치를 작동시키기도 했다. 문화정치의 견지에서 볼 때, 핵심적인 변화는

착취당하는 인민이 급증한 결과이기도 하기 때문이다. 내가 여기서 취하는 입장은 유통, 지대, 수탈의 비중이 생산, 이윤, 착취보다 더 커졌다는 것이라기보다는 전자의 상대적 비중이 적어도 과거보다 더 커졌으며, 이것이 중대한 변화를 낳고 있다는 것이다.

새로운 '정치의 심미화'가 진행된 것일 게다. 신자유주의 시대에 들어와서 정치적 지배는 일상적으로 명령이나 훈육에 의한다기보다는 자율과 통제에 의하는 측면이 커졌다. 한국에서는 이런 차이가 박정희 시대와 그 이후의 차이로 나타났다. 박정희 시대의 일상은 감시와 훈육, 동원으로 점철되었던 반면, 전두환 시대에는 물론 광주의 기억이 말해주듯 군사정부의 잔인함이 사라진 것은 아니나 일상생활의 차원에서는 통행금지 해제, 두발 자유화, (3-S 정책을 중심으로 한) 문화 자유화 정책 등 새로운 '정치의 심미화'가 시도되었다고 할 수 있다.[305] 우리는 물론 '정치의 심미화'가 나치즘의 발명품이라는 사실을 기억할 필요가 있다. 1987년 이후의 '민주화 체제' 하에서도, 특히 1990년대 말 이른바 민주세력에 의한 정권교체가 이뤄진 뒤 자유주의적 정치의 심미화는 더욱 심화되었으나, 그렇다고 신자유주의적 경찰국가의 모습이 사라진 것은 아니다. 경찰국가에 대한 필요성은 배제된 자의 수가 갈수록 늘어나는 것과 비례하여 커진다고 할 것이다. 그럼에도 불구하고 일상의 삶에서 '심미적인 것'에 대한 강조는 더욱 강화되었고, 그에 부응하는 정치적 효과로서 정치의 심미화가 크게 진전되었다고 할 수 있다.[306] 정치의 심미화는 일상의 결, 삶의 양식을 바꾸는 작업으로서 무엇보다도 삶의 상품화를 더욱 심화시킨 것으로 보인다. 사회적 불평등이 더욱 악화된 신자유주의 시대에 소비가 늘어난 것도 그와 무관하지 않다. 최근 들어와 소비자본주의가 강화된 데에는 부채 증가를 통해 만들어진 자산효과가 중요한 역할을 했다고 볼 수 있다. 신자유주의적 문화정치는 이런 점에서 오늘날 자본주의 경제에 꼭 적합한 것인 셈이다.

신자유주의 금융화와 더불어 정치적 문화경제는 그렇다면 어떤 모습을

305_ 베냐민이 '정치의 심미화'를 본격 추진한 것이 나치세력이었다고 지적한 점을 기억한다면, 박정희 시대에도 정치의 심미화가 없었다고 할 수는 없을 것이다. 박정희 시대에 이루어진 '정치의 심미화'는 그러나 훈육과 동원이 중심이었다고 봐야 한다.

306_ 한 예로 전두환은 재임시절 야구, 씨름, 축구의 '전문화'를 시도했고, 주요 경기에서 시구나 시축을 하여 스포츠대통령이라는 명칭을 얻었으며, 86년의 아시안게임, 88년의 올림픽게임을 유치함으로써 자신의 학살자 이미지를 희석시키고자 했다.

그리게 되었는가? 정치가 심미화한 것처럼 경제도 심미적이 되었다. 근래에 각종 금융상품이 개발되어 대량 거래되고 있는 것은 생산보다는 금융활동, 이윤보다는 이자 획득을 통한 자본축적이 더 유리하다고 간주하는 경향이 커졌음을 말해준다. 이런 변화는 경제의 문화적 측면 즉 경제에 대한 특정한 상상이 작용한 결과이기도 하다. 부의 축적은 사용가치 생산과 유통, 그리고 (노동하는 개인의) 임금과 저축에 기반을 둔 소득 증대보다는 개인의 투자, 계산, 역능에 의해서 마련되어야 한다는 생각이 지배한 것이다. 수정자유주의 시대에 노동은 적어도 오늘날에 비해서는 자본 외부에 더 많이 나가 있었던 편이다. 당시 선진자본주의 국가들에서 자본과 노동이 국가 개입으로 일정한 타협을 이룰 수 있었던 것은 자본에 저항할 수 있는 노동의 힘이 그만큼 컸음을 말해준다. 반면에 오늘날 노동하는 주체는 축적에 더욱 효율적으로 기여하고자 스스로 역능을 계발하는 모습을 보이고 있다(서동진, 2009). 이런 변화가 일어났다는 것은 오늘날 노동자는 자본 권력을 더욱 강화하는 형태로 자기 이익을 추구하려 한다는 것, 다시 말해 자본의 정치에 더욱 복속되었다는 것과 같다. 노동자계급은 이제 연대행위에 기반을 두고 삶의 안전을 추구하기보다는, 개인적 계산의 경제를 중심으로 자신과 가족의 안녕을 보장받으려 할 뿐이다. 이는 신자유주의 금융화와 함께 형성된 문화경제가 정치를 개인화했으며, 노동의 정치가 더 이상 자본의 정치와 적대적 형태를 띠지 않게 되었다는 의미일 것이다.

이리하여 만들어진 것이 자본의 유토피아다. 이 유토피아의 모습은 너무나 '아름답다'. 오늘날 자본주의는 '심미적인, 너무나 심미적인' 것이다(서동진, 2011). 유토피아의 아름다운 모습은 무엇보다도 우리 눈앞에 웅장하게 펼쳐지는 도시경관으로 나타난다. 그동안 축적된 거대한 사회적 부가 마치 건조환경으로 탈바꿈한 듯, 세계 각지는 도시화되었고, 도처에 초고층 건물들이 즐비하다. 이렇게 조성된 경관에서 대중은 꽤나 유복하고 안락해 보인다. 도시경관 속을 사람들이 여유만만하게 그리고 부산스럽게 돌아다니는 모습, 그것은 일견 유토피아의 전형적 모습이다. 곳곳이 스펙터클이요, 축제가 아닌가. 삶의 리듬도 그리하여 즐겁고 쾌적한 것처럼만 보인다. 그 리듬은 물결이 되어, 신상품 출시와 함께 물신적 이미지와 기호가 경관의 바다로 거듭 밀려올 때마다 출렁인다. 사람들이 즐거운 것 같은 것은 신자유주의적 자본주의가 만들어내는 이런 파고를 회피하지 않고 잘 타고 넘는 듯 보이기 때문이다. 자기계발적인 주체, 투자자 주체는 오늘날 거듭 다가오는 위험을 수단 좋게 관리하며 모험 가득 찬 멋있는 삶을 영위하는 것만 같다. 자본의 변증법이 손길 닿지 않는 곳이 없는 이곳에서 자본은 드디어 자신의 꿈을 실현한 것으로 보인다. 그동안 외부에서 자신에게 저항하던 노동자계급도 자기 계발하는 주체로 변신하며 종복이 되지 않았는가. 자본에게 이제 남은 것은 마치 만족의 웃음을 감추는 데 드는 노고밖에는 없는 것 같다. 이 유토피아는 자본에게는 너무나 멋진 신세계다.

3. 민중의 디스토피아

그러나 그 '멋진 신세계'는 소수를 위한 것일 뿐이다. 대부분의 사람들, 다시 말해 갈수록 1퍼센트로부터 배제되는 나머지에게 그 유토피아는 디스토피아일 수밖에 없다. 신자유주의 금융화가 진행된 뒤로 인류는 그 생존을 위협받을 정도로 유적 위기를 맞게 되었다고 봐야 한다. 오늘날 인류가 어떤 위기를 맞게 되었는지 간략하게 정리하면 다음과 같다.

먼저, 사람들이 참 나빠졌다. 사람들의 모습은 좋을 때도 나쁠 때도 있겠지만, 오늘날 사람들의 모습은 너무나 나빠진 것으로 보인다. 가장 큰 원인은 대부분이 계산적인 인간으로 변한 데 있을 것이다. 이것은 최근에 들어와 자본의 논리에 포획된 자기 계발하는 주체, 자율적 선택자가 늘어났다는 것, 그리고 투자자 주체가 크게 증가했다는 말이다. 계산적 인간은 타자와의 각종 교통을 거래로서 수행한다. 이런 점을 단적으로 보여주는 것이 신자유주의 시대에 들어와서는 효도, 우애, 사랑, 우정, 환대, 친절, 호혜 등의 인간관계가 갈수록 관광, 선물, 서비스 등의 상품으로 표현되고 있다는 점이다. 인간관계를 영위하기 위해서도 이처럼 상품교환이 필요하게 되면, 사람들 간의 교류는 대부분 계산 대상이 되고 만다. 우리가 직관적으로 알고 있듯이, 계산할 필요가 많아지면, 세상은 그만큼 각박해지는 법이다. 계산적 거래의 증가는 각종 교환이 그 상징성을 잃게 된다는 말이기도 하다. 상징적 교환이 지배하던 시기 개인의 인간적 가치는 그(녀)의 사람됨, 그 크기에서 나왔다. '위신경제', '낭비경제'는 포트래치potlatch가 보여주듯이 타인에게 얼마나 많이 베풀 수 있느냐로 지도자의 사람 그릇 크기를 쟀던 것이다.[307] 자본주의화 이후 상징적 교환이 상품교환으로 대거 전환된 것은 사실이나, 그래도 금융화가 지금처럼 크게 진전되기 전까지는 상품거래로부터 자유로운 인간관계가 제법 남아 있었던 편이라 할 수 있다. 수정자유주의 하에서는 노동조합의 자율성이 그런대로 높아서 노동자들의 독자적 활동이 일정하게 이루어졌고, 박정희 정권 하 한국처럼 권위주의적 발전주의의 지배를 받고 있던 사회에서는 아직 일상의 시장화가 크게 진전되지 않아서 기존의 공동체적 생활방식이 제법 존속하고 있었기 때문이다. 그러나 근래에 들어와서는 주택 같은 개인의 재산, 자격이나 역능 같은 개인적 자질, 예술작품 같은 감상 대상 등 갈수록 많은 일상의 요소들이 자산 성격을 띰에 따라, 이들 자산을 둘러싼 사람들의 활동은 거래의 성격이 훨씬 더 커졌다. 이것은 호혜, 환대, 연대의 관계 즉 인간적 교류가 과거 같지 않다는 것, 사람이 사람으로서 사는 맛이 나지 않는 세상이 됐다는 말과 같다.

둘째, 생태파괴의 문제가 너무나 심각하다. 계산적 행위가 만연하면 인

307_ '포트래치'는 오늘날 캐나다와 미국 북서 태평양 연안에 사는 토착 부족들이 벌이던 선물주기 축제다. 마르셀 모스Marcel Mauss에 따르면, 포트래치는 의무적인 증여와 수혜, 답례의 삼각구도로 이루어진 '전면적 급부체계total prestation'로서, 경쟁적 성격을 띤다(Mauss, 1967).

간관계만 삭막해지지 않는다. 계산과 거래의 증가는 미래할인 관행의 확산과 밀접한 관련을 가지니, 오늘날 생태계를 파괴하는 가장 큰 요인이 이 관행이다. 지금 인류사회는 급속도로 도시화를 추진하고 있고,[308] 이로 인해 대대적인 미래할인을 전개하고 있다. 미래할인으로 인한 거래 행위의 증가가 자연 파괴를 낳고 이로 인한 자연으로부터의 괴리가 다시 미래할인을 부추기는 일종의 악순환이다.[309] 개발은 모든 종류의 자연(하천, 산과 삼림, 생물자원, 인간 유전정보 등)과 자연화된 역사(유적지, 오래된 골목, 습속 등)를 대상으로 행해진다. 문제는 세계적인 네트워크를 이루고 있는 '금융적 매개'로 추진되는 이런 식의 거대 부동산 개발은 고장의 고유한 필요와 염원과는 무관하게 벌어진다는 것이다. 개발이 일어나는 곳은 언제나 반드시 고유한 자연환경, 역사적 전통을 지닌 구체적 고장이지만, 이런 점을 무시해야만 작동하는 것이 금융적 매개인 것이다. 개발은 또한 각종 공유지, '공통적인 것'을 이윤 추구의 수단으로 만들어 사적 자산으로 전환시킨다. 어디 그뿐인가. 할인율을 적용하여 일어나는 각종 PPP는 삶 환경을 결정할 미래세대의 권리를 빼앗아 오기도 한다. 자연과 역사가 대규모로 파괴되고, 미래세대의 권리가 회복될 길 없이 짓밟히고 있는 것은 600년 역사의 피맛골을 없앤 서울 종로 일대의 개발, 뉴타운 개발, 해운대일대 개발, 4대강 개발 등 무수한 개발이 이루어진 한국도 마찬가지다.

셋째, 금융화가 크게 진전된 자본주의 사회에서 개인의 삶에 가장 큰 고통과 폐해를 가져오는 단 하나의 요인을 꼽으라면 그것은 필시 늘어나는 부채일 것이다. 세계 도처에서 부채가 위험할 정도로 증가한 것은 사람들로 하여금 임금 소득과 저축보다는 대출에 의존하여 지출하도록 만든 부채경

308_ 2009년 현재 세계인구의 절반가량이 도시 지역에 거주하고 있으며, 개발도상국은 44퍼센트, 개발국은 75퍼센트의 도시화가 이루어져 있다(Newbold, 2010: 191).

309_ 최근의 한 연구에 따르면, "사람들은 인공적인 도시 환경과는 다른 자연 환경의 풍경에 노출되어 있으면 미래할인을 줄이게 된다"(Van der Wal, Schade, Krabbendam and van Vugt, Nov. 6, 2013: 3).

제가 작동해서 생긴 일이다. 부채경제는 한동안 사람들로 하여금 실질임금이 떨어지고 있는 상황에서 은행에서 빌린 돈으로 부동산과 주식, 펀드 등에 투자하여 자산을 형성하게 함으로써 자산효과를 맛보게 했지만, 2008년 이후 상황이 완전히 바뀌었다. 금융위기의 여파로 "부채경제 순환 시스템이 고장 나고 실물경제가 장기 불황에 직면"함으로써(홍석만·송명관, 2013: 147), 가공할 부채전쟁이 벌어진 것이다. 오늘날 부채전쟁은 그동안 신용창조를 통해 국가, 지자체, 기관, 개인들이 짊어진 부채를 어떻게 정리할 것인가를 두고 일어나는 계급투쟁이다. "과잉 부채를 어떻게 처리할 것인가를 두고 각자 도생의 전투가 벌어"지는 이 투쟁 과정에서 가장 흔히 일어나는 일이 "사회적으로 가장 약한 사람들에게 고통을 전가"하는 것이다(홍석만·송명관: 243). 개인의 관점에서 보면 이런 고통은 곧 죽음의 형벌과 다를 바 없다. 금융위기가 발생한 2008년 이후 세계 각국의 자살률이 크게 늘어난 것이 어찌 우연이겠는가. 한국의 경우 1997년 외환위기 이후 부채가 급증하는 동안 자살률이 세계 2위, OECD 국가들 가운데서 1위로 '등극'했다. 문제는 신자유주의적 금융화가 거대한 위기를 만들어낸 지금도 미국의 재무부와 FRB, 유럽의 3인방(트로이카) 등 금융화 세력이 위기를 관리함으로써, 부채경제는 해체될 기미가 없다는 것이다. 이는 대중의 삶이 앞으로도 계속 어려워질 것임을 의미한다.

넷째, 시공간의 직조 변화도 우리의 삶을 나락으로 빠뜨리는 중대한 요인이다. 미래할인과 개발이 만연하면서 삶의 속도가 견디기 어려울 정도로 빨라지며 신체리듬의 왜곡 현상이 늘어나고 있고, 숨 쉬는 것도 어려워지는 곳이 늘어났다.[310] 시공간의 새로운 조직으로 일상생활의 흐름도 크게 왜곡되었다. 오늘날 거대한 건조 환경 축조로 도시생활이 만연함에 따라서 아침

310_ 중국의 경우 최근에 들어와서 오염이 극심하여, 베이징, 티엔진, 난징, 상하이, 충칭 등 수많은 도시의 오염수치가 공기질량 300이 넘는 날이 빈번해졌다. 공기질량은 0-50이 우수, 50-100 양호, 100-150 민감한 사람에게 유해, 150-200 유해, 200-300 아주 유해, 300 이상은 위험으로 간주된다. 가끔 동일 수치가 200에 육박하곤 하는 한국에서도 공해의 심각함은 더 이상 남의 일이 아니다.

의 일출과 저녁의 일몰을 제때 볼 수 있는 여유를 지닌 사람은 많지 않을 것이다. 설령 사철의 변화와 같은 자연현상, 별들의 진행과 같은 우주의 모습을 보고 싶어 하더라도 인류 다수가 거주하는 도시의 인공적 환경으로 인해 낮에도 해를 보기 어렵고, 밤에 별을 보는 것은 더욱 어려워졌다. 자연 풍경은 급속도로 진행되는 새로운 경관화로 인해 대거 파괴되고 있고, 그동안 그나마 자연생태와 공유지를 유지하던 대지의 많은 부분도 민영화되거나 사유화됨으로써, 이득을 얻기 위한 수단으로 전락하고 있다. 과거 강과 산, 들판은 대부분이 공통재로서 사람들에게 제공되었지만, 이런 공간이 갈수록 사유화됨에 따라서 대중은 이제 자연도 휴식처로 여기기 어렵게 되었다.

다섯째, 부채 문제와 함께 '배제된 자'의 증가가 중대한 사회적 문제로 떠올랐다. 프리터족freeters, 니트족NEETs, 프레카리아트precariat, 호모 사케르homo sacer, 비정규직 등 다양한 형태의 배제된 자들이 늘어난 것은 기본적으로 신자유주의 시대에 노동에 대한 공격이 격화되고, 갈수록 많은 사람들이 일자리와 안정적 소득을 잃어버린 결과다. 사람들은 한편으로는 자본의 변증법에 의해 스스로 역량 강화에 나서는 자기계발적 주체가 될 것을 강요받지만, 다른 한편으로는 오늘날 사회적 부 생산을 독점하고 있는 자본의 외부로 내몰리고 있다.[311] 2011년 세계적으로 항의운동과 점령운동이 일어났을 때, 대중의 분노가 인구의 상위 1퍼센트를 향해 분출되었던 것은 결코 우연이 아니다. 배제된 인구가 늘어난 것은 기본적으로 신자유주의

311_ '자본의 변증법'은 "노동을 자본의 운동법칙에 종속된 경제적 실재로 환원함으로써 (경제주의), 노동주체를 노동력, 그것도 직접적인 고용관계에 종속된 노동자로 한정한다." 이것은 자본의 변증법이 "경제적 삶 바깥에 놓인 자본의 운동을 이차적인 배경이나 조건, 아니면 '상부구조로 환원함으로써 자본이 재생산되기 위해 사회적인 삶 자체를 생산해야 한다는 것을 간과"한다는 말이기도 하다(서동진, 2009: 125). 이 결과 자본의 눈에는 노동하는 인간, 그것도 자본의 종속 하에 노동하는 인간만이 자격 있는 인간이 된다. 오늘날 신자유주의 지배하에 확산된 역량 담론은 그래서 "역량이 부족하거나 희박한 주체는 처음부터 노동이라는 사회적 삶에 참여할 기회를 잃"게 된다(서동진: 245).

시대에 들어와서 광범위하게 진행된 노동에 대한 공격의 결과 많은 사람들이 일자리를 잃은 결과다. 배제는 당연히 사회적으로 취약한 처지에 있는 사람들을 주 대상으로 삼는다.312

여섯째, 사회적 위기를 관리한다는 명목으로 민주주의의 가공할 후퇴가 일어나고, 경찰국가가 세계를 지배하고 있다(김세균, 2007). 신자유주의는 '개인의 자유' 억압을 이유로 사민주의를 포함한 모든 사회주의에 반대했지만, 신자유주의 통치 하에서 오히려 자유를 잃는 개인들의 수가 훨씬 늘어났다. 미국의 현황이 이런 점을 가장 잘 보여주고 있다. 미국은 세계인구의 5퍼센트를 차지하지만 수감자는 25퍼센트를 차지한다. 2009년 말 미국의 수감자는 인구 10만명 당 743명이었고, 2011년 말 총수감자 수는 2,266,800명으로 전체인구의 0.94퍼센트를 차지했다. 보호관찰, 가석방, 수감 등의 형태로 법률적 통제 하에 있는 인구는 6,977,700명으로 미국 성인의 2.9퍼센트에 달했다.313 수감자, 법률 감시 대상자가 이렇게 늘어난 것은 레이건이 반마약법 등을 통과시킨 1980년대 이후의 일로서 미국의 주류사회가 '범죄와의 전쟁'을 일으킨 결과다. 이것은 신자유주의 하에서 시장 논리의 강화로 국가 역할이 약화된다는 통념과는 다르게 오히려 국가가 더욱 권위적이고 위력적인 경찰국가로 전환해 왔음을 보여준다.

이상의 문제점들을 근거로 삼아 오늘날 인류는 '유적類的 위기'를 맞고 있다고 말한다면 잘못일까. 지구 생태계에서 개인적 유전자에 이르기까지, 세계질서에서 개인 행태에 이르기까지, 기십 년 후 미래세대에서 오늘날 노인들과 청소년에 이르기까지 이제는 어느 자연적 사회적 단위, 어느 주체 하나 파괴되지 않고 삶의 위험에 노출되지 않은 것이 드물다. 인류의 생존

312_ 신자유주의 시대에 들어와서 여성의 취업 기회가 일부 늘어났다는 지적이 있다. 다만 여성의 취업 증가가 사실이라 하더라도, 그것을 여성 권리의 신장으로 볼 수는 없을 것이다. 여성 취업자가 늘어난 것은 남성 노동자들이 대거 해고된 뒤, 더욱 열악해진 일자리에 여성 노동자들을 충원한 결과이기 때문이다.

313_ 이상의 내용은 위키피디아 "Incarceration in the United States" 항목에서 확인한 것이다. (2014년 7월 13일 검색)

을 위한 질내적 기반으로서의 자연 환경과 생물학적 공통성, 인류의 공동 번영을 위해 지키고 가꾸어야 할 문화적 자원과 사회적 공통성이 너무나 많이 무너져버렸다. 각종 시공간적 조건과 주체성 형태의 파괴 및 왜곡으로 인류의 미래가 지금처럼 어둡고 불길한 전망에 휩싸인 적은 없었다. 그런데 오늘날 우리를 짓누르는 이런 불길함은 과거 특정 개인들이 내놓곤 하던 묵시록적 예언과 질적으로 다르다는 점을 지적할 필요가 있다. 우리의 미래를 어둡게 만드는 것은 심리적, 신체적, 생물학적, 물리화학적, 역사적, 문화적 차원에 걸친, 다시 말해서 유적 존재로서의 인류의 현실적 생존 자체와 관련된 위험인 것이지, 어떤 초인적 능력으로 투시된 미래의 모습인 것은 아니다. 우리의 절망은 현실에서 비롯되었다고 봐야 하고, 우리에게 유토피아적 전망이 절실하게 필요한 것은 바로 그 때문이다.

4. 과학적 또는 유효한 유토피아주의[314]

만하임Karl Mannheim에 따르면 사람들의 마음 상태는 "그것이 처한 현실 상태와 어울리지 않을 때" 유토피아적인 것으로 바뀐다(Mannheim, 1936: 192). 마음이 현실 상태와 어울리지 않는다 함은 현실을 불만족스럽게 여긴다는 말과 다르지 않다. 유토피아적인 마음 상태가 이처럼 현실에 대한 불만에 기초하고 있다면, 현실 문제가 심각하고 암울할수록 유토피아에 대한 요구도 절실해질 것이다. 이것은 신자유주의 금융화와 함께 구축된 문화정치경제적 질서와 시공간 및 인간 주체의 모습이 얼마나 디스토피아적이며, 또 이 상태가 얼마나 열악한가, 즉 인류가 오늘날 당면한 유적 위기가 얼마나 심각한가에 따라서, 현재 상태를 지양하려는 노력의 필요성도 더욱 커질 것임을 말해준다. 지젝Salvoj Žižek도 비슷한 말을 하고 있다. "유토피아는

314_ 이 절의 논의는 Kang(2013)에서 전개한 것을 가져와서 보강한 것이다.

한가한 상상 같은 것이 아니다. 유토피아는 내밀한 절박함의 문제라서 생각하지 않을 수 없는 것이다. 그것은 유일한 출구다"(Taylor, 2005에서 재인용). 지젝이 말하는 '내밀한 절박함'은 현실에 대한 불만이 얼마나 강렬한가에 의해 그 강도가 결정될 것이다. 이런 점은 언뜻 보면 현실도피적인 것으로 보이는 유토피아적 태도, 유토피아주의가 사실 현실로부터 탄생한 것임을 말해준다. 하지만 신자유주의 금융화와 함께 구축된 인류의 유적 위기라는 현실을 과연 유토피아주의로 돌파할 수 있을 것인가에 대해서는 여전히 의문이 가시지 않는 것이 사실이다. 그리고 그것은 문화사회를 건설하자는 제안에 대해서도 마찬가지다. 문화사회가 유토피아적 관점에서 설정되었다면, 그것은 어떻게 구현될 수 있을까?

문화사회를 건설하자는 제언은 생태위기, 인간적 공통성 파괴, 사회적 불평등 심화 등 이제는 더 이상 방치할 수 없는 유적 위기를 사회적 실천의 방향 전환을 통해서 해결하자는 것이다. 나는 이때 요청되는 유토피아적 전망은 과학적이어야 함을 강조하고 싶다. '과학적 유토피아주의'는 일견 어불성설로 보인다. 유토피아주의는 통상 비현실적이고 비과학적인 것으로 간주되어 왔다. '유토피아적' 사회주의를 한국에서 '공상적' 사회주의로 번역하는 것도 그런 관점을 은연중 표명하는 사례일 것이다. 통상 우리는 실현 가능성이 없는 뜬구름 잡는 이야기로 들리는 제안들을 '유토피아적'이라고 간주한다. 그러나 과연 유토피아는 과학과 대립하기만 하고 실현 가능성과는 아무런 관련이 없는 것일까. 심광현이 최근 내놓은 견해에 따르면, "유토피아와 과학을 대립항으로 설정하는 대신, 유토피아와 이데올로기를 대립항으로 설정할 필요가 있다. 그럴 경우 과학과 유토피아의 관계를 이데올로기와 신화라는 다른 개념들과의 복잡한 관계 속에서 재구성할 수 있다"(심광현, 2011a: 26). 여기서 '복잡한 관계'란 유토피아(미래에 대한 전망), 과학(실재에 대한 지식), 이데올로기(실재의 왜곡), 신화(과거의 신비화) 네 항 간에 이루어지는 관계로서, 심광현은 이 관계에서 대립은 과학과 유토피아 사이가 아니라, 과학과 이데올로기 사이, 그리고 유토피아와 신화 사이에 발생하는 것이라고 말한다. 보다시피 이 해석은 과학과 유토피아 간의 대립을 설정하고 사회주의는 유토피아적인 것에서 과학적인 것으로 발전해야 한다고 주장해온 정통 맑스주의 관점을 수정하고 있다. 유토피아와 과학의 관계는 오히려 상호보완적이라는 것이다. 어떻게 이런 관계가 가능할 수 있는가?

심광현에 따르면, 과학이 유토피아와 결합될 수 있는 가능성은 과학이 '뉴턴적인 <단순성의 과학>'에서 '포스트뉴턴적인 <복잡계 과학>'으로 전환됨으로써 확보된다. '단순성의 과학'이 유토피아를 목적으로 보고 과학을 수단으로 간주해 수단과 목적을 분리하고 단절시킴으로써 양자의 결합 가능성을 차단했다면, '복잡계 과학'의 관점을 택할 경우 과학은 목적과 수단을 결합한 형태가 되기 때문에 유토피아와의 화해가 가능하다는 것이다. 복잡계 과학에서 목적과 수단이 결합될 수 있는 것은, 복잡계 과학은 '자기-되먹임'을 허용하기 때문이다. 복잡계 과학에서는 '멱집합'이 작동하여 전체 역시 하나의 부분집합이 될 수 있다. 이런 멱집합적 사고에서 유토피아는 단지 미래에만 존재하는 것이 아니라 "미래에 도달해야 할 목표 전체"로서 "현실적 과정의 부분으로서 내재"할 수 있게 된다. 과거 유토피아를 달성하기 위한 혁명은 '단순성의 과학' 관점에 입각해, 유토피아를 정치적 실천과 과학적 실천의 결합에 의해 이루어야 할 미래의 상으로만 봤지만, '복잡계 과학'에서 유토피아는 '과학적인 정치적 실천'과 함께 이미 현실 속에서 작동하고 있는 원리로 간주되는 것이다. 이때는 과학적 실천도 유토피아와 분리되는 것이 아니라 유토피아를 자신의 실천과 결합시킨 형태를 띠게 되니, 이것을 가리켜 "목적과 수단이 '자기-되먹임'의 관계에 놓인" 상태라 할 수 있다(심광현: 43). 이런 해석이 중요한 것은 그동안 과학과 유토피아의 관계에 대해 가진 오해를 불식시키고, 양자가 서로 대립함을 강조하는 일보다는 양자의 관계를 제대로 구축하는 것이 문제요 과제임을 일깨워주기 때문이다. 우리에게 진정 필요한 것은 더 나은 미래에 대한 염원을 담은 유토피아적 전망과 현실에 대한 올바른 지식으로서의 과학적 지식을 결합한 '과학적 유토피아주의'로 디스토피아를 만들어낸 오늘날의 문화정치경제를 문화사회의 그것으로 전환시키는 더 강력한 동력을 확보하는 일일 것이다.

심광현의 과학적 유토피아주의는 월러스틴이 제출한 '유토피스틱스utopistics'라는 개념을 일부 수용한 것이다. 월러스틴에 따르면, "유토피스틱스는 가능한 유토피아들, 그것들의 한계, 그리고 그 성취에 가해지는 제한에 대한 분석이다. 그것은 현재의 실제 역사적 대안들에 대한 분석적 연구다. 그것은 진리 추구와 선 추구의 조화다"(Wallerstein, 1997). 우리가 여기서 눈여겨 볼 점은 유토피스틱스 개념을 통해 월러스틴이 유토피아를 실현 가능한 것으로 제시한다는 것이다. 월러스틴은 방금 인용한 글과 거의 비슷한 시점에 단행본으로 펴낸 『유토피스틱스』(1998)에서 자본주의 현단계 위기의 성격을 복잡성 과학에서 빌려온 '분기' 개념으로 설명한 바 있다. 복잡계에서는 "체계가 평행상태에서 멀어지는 때, 체계가 분기하는 때"에는 "작은 동요도 큰 파장을 불러일으키는" 법이다. 월러스틴은 자본주의 체계가 지금 바로 그런 분기점에 이르렀다는 판단에서, 과거에는 큰 변수로 작용하지 않던 개인들의 선택이 이 체계의 변동 방향을 결정하는 핵심적 요인으로 작용할 것이라는 진단을 내놓는다. 앞으로 사람들이 어떻게 행동하느냐에 따라서, "2050년의 세계는 우리가 만드는 모습대로일 것"이라는 말이다(Wallerstein, 1998: 64). '가능한 유토피아' 건설을 위한 분석이자 연구로서 유토피스틱스가 필요한 것은 그런 맥락에서다. 월러스틴은 "완벽한(그리고 불가피한) 미래 모습이 아닌, 대안적이며 분명 더 낫고 역사적으로 가능한(그러나 확실하지는 않은) 미래 모습"에 대한 "냉철하고 합리적이고 현실적인 감정"으로 유토피스틱스를 제시한다(1-2).

이런 생각은 유효하지 않은 유토피아는 유토피아로 부를 수 없다고 보는 만하임의 입장과 크게 다르지 않다. 만하임은 "당장의 상황과 불협하여 그것을 초월하려는 마음 상태라고 해서 모두 유토피아적이라고 보면 안 된다"고 하면서, "행동으로 전환되어 당시의 지배적 질서를 부분적으로나 전

면적으로 혁파하려는, 현실을 초월하려는 경향들만 유토피아적인 것"으로
볼 것을 제안했다(Mannheim, 1936: 192). 한편, 심광현의 과학적 유토피아주
의는 유토피아를 유효하게 만들기 위해서는 유토피아 개념과 과학 개념의
결합이 필요하다는 입장이다. 나는 유토피아적 전망을 실현 가능한 것으로
만들려면 과학과 유토피아의 결합이 필요하다는 점을 인정하면서, 그런 관
점을 '유효한 유토피아주의efficacious utopianism'로 개념화하고자 한다(Kang,
2013). 유효한 유토피아주의는 유토피아주의와 과학 특히 제대로 된 과학의
결합을 가리킨다.

『철학의 빈곤』(1847)에서 맑스는 19세기의 유토피아주의를 비판하면서
그 이유를 후자가 '교조적 과학'을 추종하기 때문인 것으로 밝힌 바 있다.
그에게는 유토피아적 사회주의자나 코뮌주의자가 프롤레타리아트의 역사
적 출현 의미를 전혀 이해하지 못한 채, 자신들의 '과학적' 체계만 고집하는
사람들로 비쳤던 것 같다.

> 이들 이론가들은 억압받는 계급들의 필요에 부응하고자 체계들을 임시변통해내
> 고 재생regenerating 과학을 찾아다니는 유토피아주의자들일 뿐이다. 그러나 역사
> 가 전진하고 그와 함께 프롤레타리아트의 투쟁이 더 명확한 윤곽을 드러내게
> 되면, 그들은 더 이상 그들 마음속에서 과학을 찾을 필요가 없고, 눈앞에 벌어지
> 는 것을 보기만 하면 되고, 그 대변자가 되기만 하면 된다. 그들이 과학을 추구하
> 며 체계들을 만들어 내기만 하는 한, 투쟁의 초입부에 있는 한, 그들은 빈곤 속에
> 서 오직 빈곤만 볼 뿐 낡은 사회를 타도할 그것의 혁명적인 전복적 측면을 보는
> 것이 아니다. 이 측면이 보이는 순간부터, 역사적 운동에 의해서 그리고 이 운동
> 과 의식적으로 제휴함으로써 이루어지는 과학은 교조적임을 멈추고 혁명적이
> 된다(Marx, 1984: 177-78).

이 구절은 생각할 거리를 많이 제공하는 듯싶다. 여기서 맑스가 유토피아주
의를 비판하고 있다는 것은 의문의 여지가 없다. 하지만 그의 비판 방식은

세심한 검토를 요구하는 것 같다. 우선 맑스가 유토피아주의를 비판하는 것은 후자가 과학을 외면하기 때문이 아님을 확인할 필요가 있다. 유토피아주의가 체계를 임시변통해내고 재생 과학을 찾아다닌다는 점을 맑스가 문제 삼는 것은 분명하다. 나아가서 그는 역사 발전으로 프롤레타리아트가 계급투쟁을 전개하는 시점에 이르러서는 유토피아주의자들은 과학을 객관적 사실 즉 눈앞에 벌어지는 것의 단순한 목격으로, 다시 말해 사실의 실증으로만 여긴다고 비판한다. 유토피아주의자들은 체계와 과학을 만들어내고 찾아다니지만 그것은 임시변통한 체계요, 마음속 과학일 뿐이라는 것이다. 하지만 맑스의 유토피아주의 비판 이유가 후자는 과학이 아니라고 보기 때문은 아니라는 사실도 중요하다. 알다시피 엥겔스가 『유토피아에서 과학으로의 사회주의의 발전』(1880)에서 사회주의를 유토피아와 단절시키고 과학과 접목시킨 이래 과학을 유토피아와 단절된 것으로 보는 것이 맑스주의적 통념이다. 하지만 맑스는 여기서 과학과 유토피아의 관계에 대해 그런 통념과는 다른 이해 가능성을 제시한다.

맑스가 19세기 사회주의자들, 코뮌주의자들을 비판한 것은 그들이 과학을 외면하는 것이 아니라, 마음속에서 "체계들을 만들어내기**만**" 하고, 실증주의적으로 "눈앞에 벌어지는 것을 보기**만**"(강조는 필자) 한다고 여겼기 때문이다. 반면에 그는 체계를 만들되 프롤레타리아트의 역사적 운동과 결합된 과학 즉 혁명적 과학을 추구하고자 했다. 단 이 과학은 유토피아주의를 비판하되 거부하지는 않는다. 그것이 거부하는 것은 노동자계급 투쟁이라는 역사적 현실을 외면하는 유토피아주의다. 맑스가 유토피아주의를 버리고 과학으로 나아갈 것을 역설했다는 통념은 따라서 수정될 필요가 있다. "프루동, 오웬 등에서 맑스주의로의 발전은 '유토피아'로부터 '과학'으로의 발전이 **아니라**, '교조적' 과학에서 '혁명적' 과학으로의 발전"이었던 것이다(Suvin, 1976: 68. 원문 강조). 혁명적 과학과 교조적 과학의 차이를 규정하는 중요한 요인 하나는 유토피아주의에 대한 태도다. 혁명적 과학은 사회주의, 코뮌주의는 완성된 것으로 보지 않고 자신을 미래로 향해 열어놓으며, 과학과 함께 유토피아주의도 필요한 것으로 여긴다. 과학과 유토피아주의의 이런 결합을 우리는 유토피아적 과학, 과학적 유토피아주의, 또는 유효한 유토피아주의라고 부를 수 있겠다. 유효한 과학적 유토피아주의가 머릿속으로 체계를 지어내는 것 이상이 되려면 그것이 실현될 수 있는 조건이 구비되어야 한다. 맑스는 혁명적 과학의 조건으로서 프롤레타리아트의 투쟁을 들었지만, 역사적으로 이 투쟁은 일어났다고 해도 산발적이었고, 또 대체로는 개량적인 형태로 진행되었을 뿐이다. 혁명적 과학도 이렇게 보면 아직은 유효한 유토피아주의로 작용하지 못했던 셈이다.

유효한 유토피아주의는 '알맞은 시공간'을 필요로 한다. 월러스틴은 "한 체계가 위기에 처해 다른 체계로의 이행 과정에 있음이 분명해 보이는 것은 그 체계의 붕괴가 눈에 띌 때"라고 하면서, 20세기 말 인류는 바로 그런 시공간 즉 '카이로스kairos'를 맞았다고 쓴 적이 있다(Wallerstein, 2001: 146). 카이로스는 '알맞은 시간' 또는 '알맞은 장소'를 가리키는 말로 형식적 또는 양적 시간 개념인 '크로노스chronos'와 구분되며, 사람들이 '위기'의 긴박함과 '이행'의 필요성을 절감하는, 중요한 결단을 내리기에 적합한 시간 또는 시공간을 가리킨다. 월러스틴이 이런 카이로스 개념에 주목하는 것은 자본주의적 세계체계가 이제 동요하기 시작했다고 보기 때문이다. 체계가 위기에 처해 동요하면 사람들은 그동안의 관습에 더 이상 의존할 수 없게 되고, 체계의 구조를 새롭게 만들어 거기서 자신의 위치를 다시 설정해야 한다. 이는 카이로스가 "인간적 선택을 위한 시공간", "자유의지가 가능한 드문 순간"이 된다는 말과 같다(147). 카이로스의 시공간이 펼쳐졌다는 점에 주목한 월러스틴이 『유토피스틱스』(1998)를 저술한 것은 바로 '21세기의 역사적 선택들을 하기 위한 방안을 찾기 위함이었을 것 같다.315 그는 '유토피스

315_ 카이로스 개념을 다룬 글("The Inventions of TimeSpace Realities: Towards an Understanding of Our Historical Systems")은 월러스틴(Wallerstein, 2001)에 수록되어 있지만, *Geography*, LXXIII, 4 (October 1988)에 처음 발표되었다.

틱스'를 "역사적 대안들에 대한 신중한 평가, 가능한 대안적 역사적 체계들의 실질적 합리성에 관한 우리의 판단력 발휘"로 규정한다(Wallerstein, 1998: 65). 유토피스틱스가 월러스틴 식의 유효한 유토피아주의로 제시될 수 있다면 그것은 이 지적 기획이 오늘날 자본주의에 대한 '가능한 대안'을 추구하려 한다는 점 때문일 것이다.

월러스틴이 유토피스틱스 구상을 펼친 것과 비슷한 시점에 데이비드 하비도 유효한 유토피아주의에 대한 나름의 구상을 펼친 적이 있다. 하비가 제시하는 것은 '변증법적 유토피아주의'다. 그는 현실사회주의와 신자유주의를 유토피아주의가 좌 판본, 우 판본으로 나타난 역사적 사례로 보고, 현실사회주의 또는 "공산주의는 유토피아적 기획으로서 널리 불신되어 왔고, 이제는 신자유주의가 갈수록 성공할 수 없는 유토피아적 기획으로 이해되고 있다"는 진단을 내린다(Harvey, 2000: 195). 그가 보기에 유토피아 기획, 특히 그 좌 판본이 실패한 것은 충분히 변증법적이지 못했기 때문이다. "사회주의/공산주의를 사유하는 전통적 방식은 경쟁으로부터 협동, 협력, 상호부조로의 말하자면 전면적 이동이란 관점"을 취하는 오류를 범했다는 것이다(Harvey: 211). 전면적 경쟁 폐지 시도를 하비는 유적 존재로서의 인류의 진화에 불가결한 조건을 없애려한 처사로 간주한다. 그가 보기에 경쟁은 협동만큼이나 인류가 자연 및 사회적 환경에서 생존하고 공존하는 데 필수적이다. 그리고 경쟁을 바로 넘어서서 협동의 사회로 가자는 것은 환상적인 유토피아주의로 빠지는 것이기도 하다. 이런 생각은 인간은 역사를 만들어내지만 과거로부터 내려오는 조건 속에서 만들어낸다는 맑스의 지적을 환기시킨다(Marx, 1963: 15). 하비에 따르면, 오늘날 신자유주의적 자본주의를 넘어서려면 현재의 지배적 유토피아주의 즉 신자유주의적 질서의 내적 모순들을 찾아내는 것이 중요하다. "그 내적 모순들이 대안을 위한 원재료를 제공"하기 때문이다(Harvey, 2000: 193). 하비의 유토피아 구상은 신자유주의적 자본주의 사회가 노출하고 있는 각종 모순들을 요인으로 삼고, 나아가서 인류가 유적 존재로서 지닌 한계, 특징, 잠재력 등을 재료로 삼아 새로운 사회를 만들 것을 제안한다는 점에서 변증법적 유토피아주의에 해당한다.

지금까지 만하임, 심광현, 맑스와 엥겔스, 월러스틴, 하비 등의 논의를 통해 유효한 유토피아주의의 가능성을 검토해 봤다. 유효한 유토피아주의는 새로운 사회에 대한 염원을 담고 있다는 점에서 유토피아적이지만, 그런 염원을 환상에 머물지 않게 하고 실현 가능한 것으로 만들고자 한다는 점에서 과학적이고 혁명적인 성격을 띠어야 할 것이다. 자본주의에 대한 대안을 추구하되 그런 대안을 실현 가능한 것으로 만드는 것이 핵심이다. 가능한 대안을 만들기 위해서는 그동안 자본주의 비판 및 새로운 사회 구상과 관련하여 제출된 다양한 논의를 검토할 필요가 있다. 다만 이 장에서는 그동안 신자유주의 금융화의 문제를 시공간과 주체형태의 생산과 형성을 중심으로 살펴온 앞서의 논의를 감안하여, 유효한 유토피아주의의 관점에서 시공간과 주체형태를 어떻게 변혁할 수 있을 것인지 살펴보는 것으로 논의를 제한하고자 한다.

5. 시공간과 리듬

아인슈타인 이래 시간과 공간은 상관적인 관계에 놓여 있다는 것이 과학적 지식이 되었다. 빅뱅 이론에 따르면 시간과 공간은 우주 탄생을 통해 형성되었으며, 따라서 우주 속에 존재한다. 시간과 공간이 우주의 탄생으로 생겨났다는 것은 양자가 우주 탄생이라는 사건의 함수라는 것, 따라서 우주 속에서만 그 지위를 갖는다는 말이다. 상대성 이론에서는 시간과 공간은 그래서 서로 상대적이며, 양자는 하나의 '시공간' 장을 형성하는 것으로 이해된다. 시간과 공간이 이처럼 시공간의 장을 형성한다는 것은 양자가 결합하여 하나의 사건이 된다는 말과 같다. 시공간이 사건인 것은 그것이 빅뱅으로 일어난 우주적 진화의 특정 모습이기 때문이다. 예컨대 어떤 혜성이 특정한 '시공간에 놓이는 것, 즉 우주의 어느 한 지점에 놓이는 것은 특정한 시간, 특정한 공간, 그리고 특정한 에너지와 운동량이 결합되는 하나의 특정한 사건이 일어났음을 가리킨다.

하지만 자연과학, 천체물리학에서는 이런 사실에 대한 지식이 비교적 널리 공유되고 있을지 몰라도, 여타의 지식분야에서 시간과 공간은 르페브르가 『리듬분석』에서 지적한 것처럼, "두 개의 독립체, 혹은 두 개의 분명 판이한 실체"로 사고되는 경향이 더 크다(Lefebvre, 2004: 89). 오늘날 인문사회과학 논의에서 "시간과 공간의 질문들은 분리되어 다뤄질 수 있는 것처럼 진행"되는 경우가 허다하고, "시간이 사회의 공간적 구성과 얼마나 긴밀하게 연결되어 있는지(그리고 그 역도 마찬가지로) 인정하는" 일은 드물다(May and Thrift, 2001: 3). 이 책에서 내가 6장에서는 '시간의 금융화'를, 7장에서는 '공간의 금융화'를 다룬 것도 이런 관행에서 크게 벗어나지 않는다.

유토피아를 추구하는 전통에서도 이런 경향이 없지 않다. 하비에 따르면 역사적으로 '공간적 형태의 유토피아주의'와 '사회적 과정의 유토피아주의'는 서로 분리된 채 추구되어 왔다. 문제는 이처럼 시간과 공간 관점으로 분리되면 유토피아주의는 결코 목적을 달성할 수 없다는 것이다. 하비가 볼 때 공간 중심의 유토피아는 "사회적 변화 촉진자로서보다는 장애물"로 작용하기 십상이고(Harvey, 2000: 170), 시간 중심의 유토피아는 그것이 필요로 하는 "궁극적 공간적 형태"를 부여받지 못한다(Harvey: 174). 이런 문제의 해결책으로 하비가 제안하는 것이 "사회적 과정과 공간적 형태를 통합하는 더 강력한 유토피아주의"다. 그는 "시간과 공간 양자와 관계하여 작용할 수 있는" 이런 유토피아주의를 '시공간적 유토피아주의'라고 부르며, "유토피아주의의 더 변증법적인 형태"로 간주하고 있다(196). 시공간적 유토피아주의는 그가 말한 '변증법적 유토피아주의'의 다른 이름인 셈이다. 나는 여기서 이 유토피아주의의 한 시도로서 신자유주의 금융화 과정에서 구축된 자본주의적 시공간을 넘어서는 새로운 시공간적 실천을 생각해 보고자 한다.

하비가 공간적 형태와 사회적 과정으로 분리된 유토피아주의를 극복하기 위해 시공간적 또는 변증법적 유토피아주의를 구상하면서 내놓는 실천 방안은 위에서 잠깐 살펴본 것처럼 신자유주의적 자본주의의 내적 모순들을 새로운 대안을 위한 원재료로 활용하는 것이다. 신자유주의적 금융화로 인해 인류사회가 시공간적 디스토피아로 전락했다면, 이제 우리는 새로운 시공간을 선택할 필요가 있다. 하비는 유토피아의 실현을 위해서 변증법적 접근을 시도할 때에는 불가피하게 어떤 닫힘을 감수할 수밖에 없다고 본다. 변증법은 그에게 '양자긍정both/and'이라기보다는 '양자택일either/or'의 방법인 것이다. 이 맥락에서 떠오르는 것이 문화사회 또는 코뮌주의로 나아갈 것인가, 아니면 신자유주의는 해체하되 새로운 자유주의, 즉 자본주의의 새로운 형태로 갈 것인가의 문제다. 신자유주의나 그것을 새롭게 개비한 자유주의와 사회주의를 섞은 어정쩡한 길은 당연히 우리가 선택할 길이 아니다.

시간과 공간은 상대적인 관계를 맺고 있으며 항상 시공간으로 등장하고 있음을 규명한 과학 이론이 이미 1세기 전에 나왔는데도, 오늘날 양자가 여전히 분리된 채 사유되고 있는 것은 양자를 분리시켜 바라보는 데카르트적, 뉴턴적 인식론을 지배적인 것으로 만들어내는 사회체계가 작동하기 때문일 것이다. 데카르트와 뉴턴의 과학체계에서 시간과 공간은 측정의 대상이다. 시간은 지속으로, 공간은 연장으로 취급됨으로써 양자는 모두 균질적인 구성으로 즉 수량적으로 측정될 수 있는 것으로 여겨진다. 근대과학이 이런 시공간 개념을 바탕으로 크게 발전했다는 점을 부인하기는 어렵다. 그러나 고전물리학인 동역학에서 시간은 공간과 같이 취급되어 시간의 지속은 공간의 연장처럼 안정성, 절대성을 갖는 것으로 인식되었다. 시간은 거기서 선형적 전개 운동이기는 하지만, 화살 방향을 갖지 않는 운동으로서 앞으로 가든 뒤로 가든 동일한 것으로 간주된다. 뉴턴 과학에서 시간과 공간은 그래서 우주 탄생과는 무관한 불변하는 절대적 질서를 구성한다. 빅뱅으로 우주가 탄생했고, 시공간이 형성되면서 우주가 진화한 결과 생명과 자연이 나타나고 이후 인류의 탄생과 함께 역사와 문화의 가능성이 열렸다는 진화론적 인식은 거기서 찾을 수 없다. 자본주의 하에서 사회적 시간과 공간은 기본적으로 이런 관점의 지배를 받았고, 이 결과 시간과 공간이 어우러져 만들어내는 변화의 흐름, 자연과 역사, 삶의 리듬 또한 그 영향을 받았다고 할 수 있다. 르페브르가 지적하듯이 자본주의 하에서는 "상품이 모든 것을 지배한다. (사회적) 공간과 (사회적) 시간은 교환에 의해 지배되어 시장의 시간과 공간이 된다. 시간과 공간은 사물인 것은 아니나 리듬을 포함하며 제품 속으로 들어간다"(Lefevbre, 2004: 6) 이것은 시간과 공간이 자본주의적 생산양식에 의해서 새롭게 규정된다는 것이며, 시공간은 그래서 자본주의적 리듬을 갖게 된다는 말이기도 하다.

여기서 양자택일의 변증법을 실천해야 한다면 이와는 다른 삶의 리듬을 창조해야 한다는 말일 것이다. 다시 말해 자본주의적 가치생산이 강제하는 것과는 다른 에너지, 삶의 동력을 만들어내는 쪽으로의 전환이 필요하다. 가치생산을 위해서 노동력(피와 살을 갖고 있고 생명력에 넘치는!)이 관리되어 현란하고 복잡하지만 사실상 가치생산의 단조로움에 포획된 삶의 리듬을 벗어나야 한다. 새로운 삶의 리듬을 찾아내 인간의 신체적, 자연적, 우주적 조건에 맞게 조정해야 하는 것이다. 신체는 신진대사를 수행하며 생물학적 주기를 따르고 있고, 자연은 수십억 년 전의 생명 탄생과 함께 태양계 환경에 따른 연월일의 순환을 보여주며, 우주는 그 속에 시간과 공간, 에너지 등을 품고 이 모든 것의 관계를 조건 짓는다. 자본주의가 사회적 시공간을 지배하게 된 이후, 특히 최근에 들어와서 신자유주의적 금융화가 강화된 이후 형성된 사회적 시공간과 리듬은 인간의 신체적, 자연적, 우주적 조건, 한계, 특징, 환경 등을 무시하거나 왜곡하는 방향으로 발전해 왔다. 가치생산이 주조를 이루는 리듬으로 전환된 것이다. 오늘날 매일 밝아오는 새벽의 설렘을 느끼고, 별들이 밤하늘에서 벌이는 향연을 즐기며, 봄철 개화나 초여름 신록이 가져오는 희열을 느끼는 사람들이 얼마나 될까. 우주의 신비를 일상의 삶 속에서 느끼며 사는 사람들은 또 얼마나 되겠는가. 오늘날 삶은 각종 속도와 움직임, 반복들이 만들어내는 '다(多)리듬polyrhythmia'이 자본의 축적 전략에 따라 단조로운 '동형리듬isorhythmia'으로 전환되지 않았으면 왜곡된 '난(亂)리듬arrhythmia'으로 바뀌어버려, 그 안에서 신체적, 자연적, 우주적 질서가 어우러지는 '정(整)리듬eurhythmia'을 경험하는 것이 극히 어려워졌다.316 이런 점에서 새로운 리듬을 찾는 일은 자본주의 발전과 함께 인류가 수없이 잃어버린 정리듬을 삶의 주된 리듬으로 되찾는 일이 될 것이다.

정리듬이 중심이 되는 삶은 어떻게 회복할 수 있을 것인가? 정리듬 회복을 위해서는 그것이 어떻게 구성되는지 살펴볼 필요가 있다. 르페브르에 따르면 리듬은 시간, 공간, 에너지의 세 요소로 구성된다(Lefebvre, 2004: 15). 시간, 공간, 에너지로 구성된다면, 리듬은 하나의 사건인 셈이다. 사건은 반복 속에 등장하는 차이의 현상이다. 사건이 리듬으로 작용할 수 있는 것은 그것이 (차이와 더불어) 반복적으로 나타나기 때문이다. 그런 대표적인 경우가 자연의 순환 현상이다. 새벽은 매일 다가오지만 언제나 새롭다. 이런 리듬을 우리는 매일 해와 달, 별이 뜨고 지는 데서, 강물이 흐르고 바다가 파도치는 데서, 새소리에서 또는 나뭇잎의 움직임에서 볼 수 있고, 사철의 흐름에서 볼 수 있다. 그런데 오늘날 이런 리듬을 지배하는 것은 자본주의적으로 구축된 일상으로서, 이 일상은 최근에 자본주의가 신자유주의 축적체제와 금융화 축적전략을 강화함에 따라 더욱 심각한 난리듬의 모습을 드러내고 있는 중이다.

난리듬으로 악화된 시공간을 변화시키지 않고서는 세상을 바꿀 수 없다. 르페브르는 『공간의 생산』(1974)에서 공간의 변화 없이는 사회 변혁은 없다고 강조한 바 있다. 삶의 변화, 사회 변화를 부르짖는 혁명적 구호라 하더라도 "적합한 공간의 생산 없이는 아무런 의미도 없다"는 것이다(Lefebvre,

---

316_ '다리듬', '동형리듬', '난리듬', '호리듬' 등은 모두 르페브르가 『리듬분석』에서 제시한 상이한 리듬형태들이다(Lefebvre, 2004: 16-26).

1991: 59). 이것은 거리의 모습, 건조환경의 사용방식, 도시계획의 새로운 변화 등이 사회변혁에서 생략할 수 없는 과제라는 말로 해석될 수 있다. 그런데 공간은 언제나 시공간의 한 부분 또는 측면임을 생각할 때, 삶의 근본적 변화를 위해서 요청되는 공간 변화는 반드시 시간의 변화를 요구한 다는 점에서 사실상 시공간의 변화인 셈이며, 더 나아가 이것은 새로운 리듬의 구축을 의미할 것이다. 르페브르가 말년에 펴낸 『리듬분석』에서, 공간과 시간은 서로 분리될 수 없으며 상대적인 관계를 이룬다는 아인슈타인의 시공간 개념을 환기시킨 것은 이런 오해를 불식시키기 위함이었던 것으로 보인다. 이런 점을 고려할 때 삶의 모습을 근본적으로 바꾸는 혁명은 시공간 변혁을 동반할 수밖에 없다.

그렇다면 시공간을 어떻게 변혁시킬 수 있을 것인가? 시공간 변혁의 방법이나 효과를 여기서 자세하게 논하기는 어렵다. 시공간 변혁을 위해서는 시간과 공간이 각기 어떤 모습이고 서로 어떤 관계인지 세밀하게 분석할 필요가 있고, 오늘날의 그 지배적 형태를 바꿀 전략은 어떠해야 할는지에 대한 정밀한 연구와 풍부한 상상이 필요하다. 하지만 이런 작업은 지금까지 진행한 것보다 훨씬 더 많은 노력을 필요로 하기에, 여기서는 시공간 변혁과 관련하여 개인적으로 나아갈 방향이라고 생각하는 것을 제시하는 정도로 만족하고자 한다. 르페브르는 시공간 변혁의 필요성을 지적하면서 자본주의적 삶으로부터 벗어나기 위해서는 방향이 필요함을 지적했었다. "그것은 분리와 분열, 특히 (고유한 즉 창조자 혹은 예술가 주체의 그리고 단일하고 반복되지 않는 순간의 특징을 지닌 대상인) 작품과 (반복 가능한 즉 반복적 제스처의 결과이며 따라서 복제 가능하고 궁극적으로 사회적 관계의 자동 재생산을 초래할 수 있는) 제품 간의 분리와 분열을 극복하려는 지향이다"(Lefebvre, 1991: 422). 작품과 제품의 분리와 분열을 극복하는 것은 생산과 소비 등의 조건을 이루는 시간과 공간의 구성을 새롭게 한다는 것이고, 따라서 새로운 사회적 시간의 구성과 사용, 새로운 사회적 공간의 사용과 구성을 요구한다고 할 수 있다. 그와 같은 시공간 구성과 사용은 어떻게 이루어질 수 있을 것인가? 새로운 시공간 구성을 위해서는 새로운 시간계획과 공간계획이 필요하다고 본다.

6. 문화사회의 시간계획[317]

먼저 시간계획을 생각해보자. 자본주의적 시간은 '척도'로서의 시간이다. 시간을 척도로서 보는 관점은 고전물리학적 시간 개념으로서, 그것은 빛의 속도로 측정된다. 여기서 시간은 균일한 흐름을 갖는 것으로 간주되며, 이에 따라서 '평균시간'으로 작용한다. 그러나 시간이 꼭 척도로서만 경험되는 것은 아니다. 예컨대 '사회적 시간'의 경우 '천문학적 시간'과는 구분된다. "천문학적인 시간은 균일하고, 동질적이다. 그것은 순수하게 양적이며, 질적인 변주가 제거되어 있다"(Sorokin and Merton, 1937: 621). 반면에 "사회적 시간은 천문학의 시간과는 대조적으로 질적이며 순수하게 양적이지 않다." 사회적 시간의 특징은 "집단에 공통되는 신념과 관습으로부터 유래"한다는 것, 그리고 "사회의 리듬, 맥박, 박자를 드러내는" 데 있는 것이다(Sorokin and Merton: 623). 이와 같은 사회적 시간을 흔히 절대적 시간으로 여기는 "균일하고 동질적인" 천문학적 시간으로 환원할 경우 어떻게 될까. 인간이 유적 존재로서 영위해야 할 사회적 삶, 질적으로 다양한 시간들로 구성되어야 풍부해지는 삶은 파괴되고, 개인들은 다양한 활동을 할 수 있는 여유를 잃게 될 것이다. 그런데 자본주의 사회의 사회적 시간은 알다시피 노동시간이 중심이며, 따라서 모든 이질적 시간은 노동시간으로 평균화된다고 할 수 있다. 이는 노동시간이 언제나 평균값을 전제하는 '사회적 노동시간'으로 작용하기 때문이다. 자본주의에서 개별 생산현장의 경쟁력 확보는 동일한 상품의 생산량을 사회적(으로 필요한) 노동시간보

317_ 앞 절의 일부 내용과 이 절과 아래 두 절의 일부 내용은 강내희(2013b)를 가져와 대폭 수정하고 보완한 것이다.

다 더 짧은 시간에 달성하는 능력에서 나온다. 경쟁력은 기술력이나 노동력의 생산성 향상을 통해 향상되지만, 경쟁의 보편화로 인해 다시 추월되기 마련이며(한때 크게 성공한 기업도 곧잘 망하는 데서 볼 수 있듯이), 이에 따라 노동시간은 자본주의 시장에서 계속 평균화되는 경향을 드러낸다. 경쟁력 강화를 위한 '최소 시간 전략'이 전체 노동시간을 결코 축소시킬 수 없다는 것은 오늘날 가장 유능하다는 기업 간부의 정신없이 바쁜 삶이 보여주고 있다.

문화사회를 건설하려면 다양한 활동 조건으로서 시간 확보가 필수적이며, 이를 위해서는 무엇보다도 노동시간 축소가 요구된다. 노동시간 축소가 필요한 것은 사회적으로―즉 집단적으로나 개인적으로―가용할 수 있는 '전체 시간 가운데서 노동시간으로부터 해방된 시간의 양을 최대한 늘리기 위함이다. 이는 곧 '사회적 필요노동'을 계획할 필요가 있음을 말해준다.[318] 사회적 필요노동의 계획과 조정은 한편으로는 과잉생산을 막아 불필요한 노동을 줄임으로써 인간에 의한 인간의 착취와 수탈을 제거하고, 다른 한편으로는 인간에 의한 자연의 착취 및 수탈을 예방하기 위해서 필요한 것이다. 이는 곧 문화사회 건설을 위해서는 새로운 시간계획이 필요하다는 말이다. 맑스는 『정치경제학 비판 개요』(1843)에서 코뮌사회의 '시간의 경제'에 대해 다음과 같이 말하고 있다.

318_ 사회적 필요노동 계획은 계획경제의 수립을 통해서만 가능하다고 하겠다. 그러나 그동안 현실사회주의의 역사적 사례를 보면 계획경제가 무조건 좋다는 생각은 위험하며 설득력도 없다. 문화사회 건설을 위한 사회적 필요노동의 계획은 계획경제 수립 조건으로서 사회주의 혁명을 요구하겠지만, 동시에 '참여계획경제'와 같은 '계획의 민주화가 필요할 것으로 판단된다. 마이클 앨버트Michael Albert에 따르면, 참여계획경제는 '사회적 소유', '참여계획 할당', '평의회 구조', '균형적 직군', '노고에 대한 보상', '참여적 자율관리', '무계급성'을 특징으로 하며, '공평성', '자율관리', '다양성', '연대', '효율성' 등을 그 주된 가치로 갖는다(앨버트, 2003: 48, 54). 참여계획경제에 대한 국내 논의는 이정구(2006), 정성진(2007), 심광현(2011b) 등을 참고할 것. 최근 국내의 대안적 사회체제로의 이행 논의는 '기본소득'을 둘러싸고 진행되고 있다. 이에 대한 논의로는 강남훈(2010), 강남훈 외(2014), 곽노완(2013, 2011, 2010, 2007), 곽노완·금민(2010), 권정임(2013), 심광현(2011b) 등을 참고하라.

코뮌적 생산에 기초할 경우, 시간을 결정하는 일이 물론 핵심적이다. 밀, 가축 등을 생산하는 데 드는 시간이 적을수록, 사회는 물질적이든 정신적이든 다른 생산을 위해 얻는 시간이 많아진다. 개인의 경우와 꼭 마찬가지로 사회의 발전, 향유, 활동의 다양성은 시간의 경제화(절약)에 의거한다. 시간의 경제, 여기에 모든 경제는 궁극적으로 환원된다. 사회는 마찬가지로 그 전반적 필요에 적합한 생산을 이루기 위하여, 자신의 시간을 합목적적인 방식으로 배분해야 한다. …따라서 시간의 경제는 다양한 생산 부문에서의 계획된 노동시간 배분과 더불어 코뮌적 생산에 기반을 둔 제일의 경제법칙으로 남는다. 그것은 거기서 더 고도의 법칙이 된다(Marx, 1986: 109).

코뮌사회에서 시간의 경제가 '제일의 경제법칙'이 된다는 것은 무엇을 말하는 것일까? 맑스는 인용문에 바로 이어서 여기서 말하는 코뮌주의 하의 시간 경제가 노동시간을 기준으로 교환가치들을 측정하는 자본주의적 경제와는 다르다는 점을 강조하고 있다. 동일한 노동 부문 개인들의 노동, 상이한 작업 종류는 서로 양적으로만 아니라 질적으로도 다르지만 자본주의는 그것을 모두 오직 양적으로만 차이가 있는 것으로 간주한다는 것이다. 맑스의 말은 코뮌주의적인 시간의 경제가 실현되면, 노동이 더 이상 양적 차이로만 측정되지 않고, 서로 질적인 차이가 있는 것으로 평가된다는 것으로 들린다. 물론 코뮌주의에서도 양적 차이에 따른 노동 측정이 완전히 사라지지는 않을 것이다. 모든 노동이 질적 차이만 갖게 된다면 '노동생산성'을 달성하기 어렵고, 코뮌주의는 자본주의보다 생산성이 크게 떨어질 가능성이 크다. 노동의 가치를 질적 차이로만 측정하는 일은 이처럼 코뮌주의의 생존 능력을 떨어뜨릴 수 있으므로, 양적 측정을 필요로 하는 인간 활동을 노동으로 인정은 하되 노동 활동의 필요성을 최소화하고, 질적 차이를 구현하는 인간 활동은 노동 이외의 형태로 만드는 것이 더 현실적일 것 같다.

노동의 불가피성은 노동으로부터의 완전한 해방은 불가능함을 말해준다. 사회적 필요노동이 사라질 것이라 본다면 그것이야말로 환상이다. 『자본론』 3권에서 맑스는 '진정한 자유의 영역'을 추구할 것을 주장하면서도 이 영역이 '필연의 영역'을 전제한다고 말하고 있다. 필연의 영역은 사회적으로 필요한 노동을 평등하게 배분해서 실행해야 하는 공간이다. 맑스에 따르면 '진정한 자유의 영역', 즉 '그 자체가 목적이 되는 인간 역능 발전'은 이 영역 너머에 있지만, "오직 이 필연의 영역을 그 기반으로 해서만 만개" 할 수 있다. 이 필연의 영역은 따라서 결코 생략될 수 없는 것이나, 최소화 되는 것이 중요하다. 맑스는 필연의 영역이 사라지지 않을 것임을 인정하면서, 진정한 자유의 영역 만개를 위해서는 "노동일의 단축이 그 기본 전제"라고 지적하고 있는 것이다(Marx, 1962: 800).

맑스가 말한 시간의 경제는 자유의 영역을 확장하기 위한 경제이고, 인간의 활동을 크게 '사회적으로 필요한 노동'과 이와 분리된 '자유로운 활동'으로 구분했을 때 후자의 활동을 최대한 확장하기 위한 경제라고 할 수 있을 것이다. 그리고 코뮌사회 또는 문화사회가 '노동일의 단축'을 최대한 실현하는 '시간의 경제' 수립을 전제로 하여 구축되는 것이라면, 이제 새로운 '시간예산'을 짜는 일이 매우 중요해 보인다. 문화사회의 시간예산 편성에서도 사회적으로 필요한 노동시간을 계산하여 배치하는 일이 중요하겠지만, 이에 못지않게 아니 궁극적으로 더 중요한 것이 '사회적으로 필요한 자유시간'을 계산하여 이를 민주적으로 조직하고 배분하는 일이다. 사회적 필요 노동시간(의 경제화=절약)에 바탕을 두고, 사회적으로 평등한 시간 배분을 하기 위해서는 개인들의 자유시간 확보를 기본인권으로 인정하고, '최소 임금'에 버금가는 '최소 자유시간'을 확정할 필요가 있다. 이를 위해서는 사회적 시간예산을 면밀하게 짜고, 시간계획과 관련한 사회적 기반과 역능을 조직하고 강화해야 할 것이다. 그리고 '자유시간'이 인간적 삶의 영위와 어떤 관계가 있고, 그런 삶의 물적 기반으로 어떻게 작용하는 것인지 체계적으로 연구하는 일도 필요하다. 노동시간의 최소화, 자유시간의 최대화, 그리고 사회적 필요노동 시간의 민주적 배분이 코뮌주의적 문화사회를 위한 시간의 경제 운영 원칙이 되어야 할 것으로 보인다.

7. 공간계획

문화사회 건설을 위해서는 새로운 공간 계획도 필요하다. 이 계획의 목적은 문화사회에 적합한 공간을 만들어내는 데, 무엇보다도 질적 차이를 지닌 공간을 구성하는 데 있다. 오늘날 공간이 시간과 함께 균질적인 것으로 간주되는 것은 공간이 소유와 투자 즉 시장교환의 대상으로 취급되고 있기 때문이다. 교환 대상으로서 공간은 화폐 단위로 분절될 수 있는 것으로 취급된다. 이런 공간은 르페브르의 표현을 쓰자면 '추상공간'에 해당한다. 추상공간은 "균질성을 그 목표, 그 지향, 그 '렌즈'로 지닌" 공간이다. 르페브르에게 추상공간은 맑스의 추상노동과 유사하다. 추상노동이 "자본주의적 발전에 의해 좌우되고 자본주의적 발전의 추가적 성공을 가능하게" 하는 것처럼 르페브르가 추상공간이라 부르는 공간은 "자본주의적 생산, 분배, 소비 과정을 가능하게 한다." "자본주의 발전 과정에서 공간 자체가 상품으로 바뀌고…동시에 균질적이자 파편적이 된다"(Stanek, 2008: 76). "추상노동은 시간에 의해서 측정되고," "공간의 역사적 상품화 과정은 상이한 공간 조각들을 변별적이며 비교 가능한 특성을 지닌 것으로 나타내는 재현체계의 구현과 병행되었다"(Stanek: 71). 추상공간을 구성하는 '공간 조각'은 '장소'와 근본적으로 다르다. 장소는 "흐릿한 경계를 특징으로 하고 정체성, 자연적 특이성들, 지형, 권위, 종교, 전통, 그리고 역사에 의해 질적으로 규정"되는 반면(71), 공간의 조각은 동질적이며 파편적인 것이다.

우리가 추구할 것은 '차이공간'이다. "균질성의 경향, 즉 기존의 차이들이나 특이한 것들을 제거하는 경향"을 지닌 추상공간과 달리, 차이공간은 "차이들을 강조하지 않으면 탄생할(생산될) 수 없다"(Lefebvre, 1991: 52). 추상공간을 지배하는 것이 오직 자본의 축적 논리 하나라면 차이공간은 다양성을 특징으로 한다. 그것은 기본적으로 '지방신gunius loci'이 거하는 공간일 것이기 때문이다. 조방신, 안방신, 빨래터신, 뒷간신, 장독신, 곡간신, 마굿간신, 삽짝신, 터주대감, 용왕신, 산신, 고목신, 나무신 등 지방신의 이름은 신들이 출현하는 장소만큼이나 다양하다.319 그리고 이들 신은 이름이 같아도 거하는 장소에 따라 서로 다른 존재다. 예컨대 조방신은 하나만 있는 것이 아니라 집집마다 따로 부엌에 거한다. 차이공간의 구성은 이제는 거의 다 사라진 이런 신들을 다시 살려내는 일, 그 신들이 거하는 장소를 다시 만들어내는 일이다. 지방신들을 다시 살려내자는 것은 물론 과거로의 회귀, 즉 사람들의 일상이 지방신에 종속되어 있던 전근대로의 복귀를 제안하는 것이 아니다. 오늘날 '지방신'의 귀환이 가능하려면 추상공간이 해체되어야 하고, 문화사회 건설이라는 탈근대적 기획이 성공해야 한다. 지방신이 다시 나타나려면 서로 다른 공간 조각들이 더 이상 동일한 자본의 논리에 의해 포획되지 않고, 각기 특이성을 지녀야 할 것이기 때문이다.

차이공간의 구성 또는 지방신이 거하는 장소 조성은 새로운 공간계획을 필요로 할 것이다. 이 계획에서 사회적 필요공간이 빠질 수 없다. '사회적 필요시간'이 있다면 '사회적 필요공간'도 있어야 할 터니까. 이런 공간에는 두 가지 종류가 있겠다. 먼저 '공통공간'을 조성해야 할 것이다. 바다, 산, 들판, 천문대, 항만, 도로, 공원, 운동장, 학교, 도서관, 미술관, 박물관, 병원 등 사람들이 공유하는 공간과 시설이 있다. 이것들에는 이미 자연적으로 주어진 것과 사회적으로 생산된 것이 포함되며, 어떤 경우든 사람들이 공통으로 사용하는 공간에 속한다. 이런 공간을 사회적 소비기금으로 얼마나 많이 확보하고 있느냐, 그 운영이 얼마나 효율적이며 민주적인가가 문화사회가 제공하는 삶의 질을 가늠하는 중요한 한 기준이 될 것이다. 사회적 필요공간의 또 다른 범주는 '개인적 공간'이다. 이것은 버지니아 울프

319_ 지방신이 많다는 것은 '만신'이라는 명칭의 존재로 확인된다. '만신'이라는 말은 사방 천지에 '신'이 있음을 시사한다.

Virginia Woolf가 말한 '자신만의 방'과 같은 것으로, 개인의 창조적이고 자율적인 활동을 위해 확보해야 할 공간이다. 울프는 85년 전 여성이 소설이나 시를 쓸 수 있으려면 "1년에 500파운드와 문에 자물쇠가 붙어 있는 방 하나 갖는 것이 필수적이다"고 했다(Woolf, 2009: 113). 그녀에 따르면 르네상스 시대에 셰익스피어 같은 여성 작가가 등장하지 못한 것은 독자적인 소득과 자신만의 방이 없었기 때문으로, 셰익스피어만큼 똑똑한 누이가 있었다면 그녀는 결혼해서 아이를 갖고 결국 절망에 빠져 자살하고 말았을 것이다. 울프가 예리하게 지적한 것처럼 여성, 그리고 나아가서 다른 소수자들이 자율적이고 창의적인 삶을 살 수 있으려면, 안정적인 경제적 소득과 자신만의 방이 꼭 필요하다. 문화사회에서 이것은 사회적으로 보장되어야 하고, 구체적으로는 기본소득의 보장과 사회적으로 필요한 개인적 공간의 확보를 통해 이루어져야 할 것이다. 이런 점에서 '최소 자유시간' 보장에 못지않게 '최소 개인공간'을 보장하는 일도 중요하다고 본다.

개인적 공간, 공통공간을 포함한 사회적 필요공간이 필요한 것은 그런 공간에서의 거주와 활동이 보장되어야만 사회적 필요시간 가운데 배정되어야 하는 자유시간이 제대로 향유될 수 있을 것이기 때문이다.[320] 문화사회의 우주적, 자연적, 신체적, 사회적 리듬이 최대한 정리듬으로 흐르도록 하기 위해서는 시간계획과 공간계획이 각기 필요한 만큼 양자가 조화를 이루도록 하는 노력도 중요하다. 일상적 공간의 크기, 예컨대 도시 규모도 그런 점에서 새롭게 조정될 필요가 있다. 출퇴근을 위해 승용차나 버스, 지하철 등 교통수단을 장시간 활용해야만 하는 조건을 극복하려면 도시를 쪼개 소단위로 만들고, 이들 단위들 간의 연계는 인터넷과 같은 새로운 기술을 통해 해결하도록 하는 것도 필요하다. 시간과 공간은 상호작용을 통해

320_ 개인적 자유시간과 개인적 공간의 확보가 기본적 권리임을 주장하고, 시공간의 기본권을 회복하는 운동을 벌일 필요가 있다고 본다. 막스 베버의 『프로테스탄티즘의 윤리와 자본주의 정신』에 따르면, 공장노동시간이 정착하기까지 과거 작업시간을 자율적으로 운영했던 숙련노동자, 특히 장인들의 저항이 거셌다(베버, 1996). 자본주의적 시간습관에서 벗어나려면 대대적인 사회운동이 필요할 것이다.

시공간의 사건으로 결합되고, 이 사건이 삶의 리듬을 만들어낸다. 삶의 리듬이 정리듬의 모습을 갖도록 하려면 공간이 시간을, 시간이 공간을 자본축적의 논리에 더욱 속박되도록 만드는 문화정치경제적 질서를 바꿔야만 한다. 이것은 정치적 혁명 못지않게 시공간의 변혁이 문화사회 건설에 핵심적임을 우리에게 말해준다.

8. 주체형태의 변혁

새로운 시공간과 그에 적합한 삶의 리듬 구축은 새로운 주체형태의 출현을 요구할 수밖에 없다. 문화사회를 건설하려면 신자유주의, 나아가서 자본주의가 요구하는 것과는 다른 '주체형태'를 형성해야 하지 않겠는가. '자본주의적 주체'는 현단계 자본주의적 가치생산에 동원되고 있고, 그에 따른 시공간적 실천에 투철하게 복무하는 존재다. 이 존재는 한편으로는 "시간의 가치는 같은 시간에 행한 일에 대해 다른 누군가가 지불하고자 하는 정확한 화폐량과 등가라고 보는 자본주의적 발상"의 소유자요(Fuehrer, 2007), 다른 한편으로는 지대나 교환가치 등을 지닌 공간의 독점적 소유자가 아니면 그런 사람이고자 한다. 시간과 공간을 배타적 소유와 사용 대상으로 간주하는 사람들이 오늘날 지배적인 주체형태인 것이다. 시간과 공간을 화폐 또는 자본에 의한 교환 대상으로 보는 자본주의적 주체는 자신의 경험을 규정하는 시간과 공간이 모두 동질적이고 균질적으로 구성된 것으로, 그리하여 척도의 단위로서만 작용하는 것으로 간주한다. 시간과 공간이 이리하여 등가교환의 준거나 대상이 되면, 시간과 공간에 '차이'가 틈입할 수 없고, 따라서 시간과 공간이 질적으로 경험될 수 있다는 점은 무시된다. 자본주의 하에서 시간과 공간의 동질화는 그것들이 '사적 소유'의 대상이 된 결과다.

이 동질화는 감각 경험 차원에서 일어나는 일이기도 하다. 청년 맑스에 따르면, "사적 소유는 우리를 너무나 멍청하고 편파적으로 만들어서 대상은 우리가 그것을 가질 때—그것이 우리에게 자본으로 존재할 때 또는 우리가 그것을 직접 소유하고 먹고 마시고 입고 거주하거나 할 때, 요컨대 우리에 의해 그것이 사용될 때—에만 우리 것이 될 뿐"이다. 자본주의 하에서는 인간의 다양한 감각들이 '가짐' 하나의 감각으로 환원된다는 것이다. 맑스는 사적 소유의 확립과 함께 **"모든** 물리적 정신적 감각들 대신 이 **모든** 감각의 철저한 멀리함 즉 **가짐** 감각이 들어왔다"고 지적한다(Marx, 1975: 300. 원문 강조). 가짐만을 대상과 맺을 수 있는 실제 유일한 관계방식으로 여기고, 그것만을 모든 감각들 가운데 가장 확실한 감각으로 갖는 사람들의 사회는 '소유적 개인주의'가 지배하는 사회라 할 수 있다. 소유적 개인주의는 개인들이 자신들의 소유물로써 서로 구분될 수 있다는 관점으로, 여기서 개인의 자아는 소유물에 의해 규정된다. 개인의 자아 역시 개인만이 소유하는 것이 되는 만큼 여기서 '나'는 '자기-소유의 존재'가 된다. 개인의 자아는 개인의 신체와 역능을 포함한 자아를 배타적 소유물로 지배한다는 의미에서 자기-소유의 존재다(Sugishima, 2001).

소유적 개인주의는 자본주의 이래 계속 강화되어 왔지만 근래에 그 강도가 최고조에 다다랐다. 소유 개념도 이제는 바뀌었다. 발전주의 시대에도 '내 집 마련'의 꿈이 작동했지만, 당시 주택의 용도는 주로 그것의 사용가치인 거주에 있었다고 할 수 있다. 반면에 은행대출을 통해 구입한 오늘날의 주택은 같은 사적 소유라도 유동성을 지닌 자산 즉 교환가치의 성격이 더 크다. 자기-소유의 양상도 달라졌다. 오늘날 이 소유는 유난히 자격, 역능, 자산 등의 소유로 부상된다. 교환가치로서의 주택에 투자하려면 대출이 필요한바, 이는 '부채의 자산화'에 해당한다. 그런데 부채는 신용을 전제하고, 신용은 개인의 능력이라는 점에서 여기서 자산이 되는 것은 주로 이 능력이다. 능력의 자산화가 오늘날 초미의 관심사가 되었음을 단적으로 보여주는 것이 젊은 층에 광범위하게 퍼진 깜냥 쌓기다. '깜냥'은 그 자체로 가치를 지닌 개인들의 자질, 역능, 취향, 취미 등이 자산으로 전환된 모습으로서,

'노동력' 즉 피와 살을 지니고 숨을 쉬는 생명력이 축적을 위한 계산 단위로 전락한 꼴이다. 깜냥 쌓기는 역능의 최대화 시도가 사람들로 하여 자본의 하수인이 되게 함으로써 오히려 인간적 위엄을 축소시키는 대표적인 사례라 하겠다.

비자본주의적 주체형태의 형성은 새로운 역능 강화와 이를 위한 새로운 감각의 계발을 필요로 할 것이다. 감각은 신체적이고 정신적인 측면을 포괄하며, 당연히 가짐 즉 소유의 감각으로만 환원되지 않는다. 르페브르는『공간의 생산』에서 "혁명은 오랫동안 국가 차원의 정치적 변화 아니면 생산수단의 집합적 또는 국가 소유라는 측면"에서, 다시 말해 "생산의 합리적 조직과 "사회의 마찬가지로 합리화된 관리"라는 측면에서만 주로 이해되어 왔으나, 이제는 "공간의 집합적 소유와 관리"도 사회변혁의 과제에 포함되어야 한다고 주장하면서(Lefebvre, 1991: 422), 새로운 감각의 계발이 필요하다는 제안을 내놓은 바 있다. 그는 "우리는 '감각—지각하는 기관, 지각될 수 있는 방향, 그리고 지평선을 향해 나아가는 직접 체험되는 운동—이라 부를 수 있는 것에 관심이 있다'고 말한다(Lefebvre: 423). 여기서 '감각'은 내가 이 책에서 계속 '의미'로 불러온 것과 내용이 크게 다르지 않다. '감각'은 르페브르가 모국어로 사용한 프랑스어에서 지각, 느낌, 의의, 의미, 방식, 흐름, 방향 등의 뜻을 갖는 '상스sens'로 일컬어진다. 르페브르가 '감각'에 관심이 있다는 것은 오늘날 "수많은 가능성들에 열린 변혁된 일상적 삶의 사회적 기반으로서의 지구적 규모의 공간 창조(또는 생산)"가 필요하다는 것이다(422).

새로운 감각의 주조는 삶의 의미를 새롭게 만드는 일이 아닐 수 없다. 삶의 의미는 삶의 감각과 방향을 가리키며, 시공간의 변혁을 통해 우리가 추구하는 것은 삶의 지배적 의미를 바꾸려는 것, 그리하여 삶에 대해 우리가 지닌 지배적 감각을 바꿔 삶의 방향 자체를 바꾸자는 것이다. 하지만 르페브르는 삶의 감각, 방향, 의미를 바꿀 필요성을 느끼면서도 새로운 삶의 의미를 만들어내기 위한 체계적 접근을 회피하려 했다. "우리는 조금이라도 체계를 닮은 어떤 것에도 관심이 없다'고 한 것이다(423). 그러나 그가 자본주의적 리듬의 주된 특징이라고 본 동형리듬과 난리듬을 통제하고, 정리듬이 주조를 이루는 사회를 만들기 위해서는, 새로운 체계를 구상하고 설계하는 작업이 생략될 수는 없을 것 같다.

이 작업에는 시공간의 변혁과 함께 주체형태의 새로운 형성이 핵심적 과제로 포함되어야 할 것이다. 오늘날 인류가 디스토피아에 갇히게 된 것은 자본주의적, 최근에 들어와서는 신자유주의적인 자본주의적 주체로 전락한 때문이기도 하다. 문화사회에서 개인들은 소유적 개인주의의 굴레에서 벗어나서, 그 자체로 가치 있는 인간 역능 계발에 적극 참여하는 주체형태, 다시 말해 문화사회의 건설과 발전에 기여할 새로운 인간형을 어떻게 발굴할 것인가? 새로운 주체형성 전략은 필시 우리가 갖고 태어났으나 자본주의화 과정에서 잊어버렸거나 잃어버린 감각들의 회복, 새로운 건강한 감각들의 구성을 필요로 할 것이다. 시각, 냄새, 소리, 맛, 촉각 등 신체적 감각에 대해, 아울러 한가함, 증오, 혐오, 즐거움, 행복 등 정신적 감각에 대한 새로운 민감성을 길러내는 일 같은 것 말이다. 이런 민감성의 주조는 당연히 새로운 시공간의 구축을 전제하고 그 역도 마찬가지다. 시공간의 새로운 직조는 삶의 리듬을 바꾸는 일로서, 이 작업 자체가 감각 구성의 새로운 조직을 필요로 할 것이기 때문이다. 시공간 변혁은 기본적으로 새로운 삶의 리듬 창조와 불가분의 관계를 맺는다. 난리듬이나 동형리듬이 지배하는 오늘날의 리듬 형태와는 달리 유적 존재 인류에게 적합한 신체적, 자연적, 사회적, 우주적 리듬을 만들어내야 한다. 새로운 시공간을 구축하려는 마음은 즐거움, 아름다움, 여유로움, 한가함, 게으름 등에 대한 새로운 태도를 전제하며, 이런 '삶의 물적 기반이 전제될 때 냄새, 소리, 촉각, 시각, 미각 등의 감각에 대한 감수성도 새롭게 편성될 수 있다. 감수성이 풍부해지면 이성적 활동, 영성적 활동의 활성화도 이루어질 것이다.[321]

321_ 여기서 말하는 '영성'은 현실종교가 추구하는 마음상태와는 구분된다. 그것은 넓은 의미의 종교성으로서, 인간이 자기중심성을 벗어나서 비인간에 대해서도 가지는 경

시공간 및 주체형태의 변혁은 인류가 지구상에서 유적 존재로서 적합하게 살아가기 위해, 문화사회가 지속할 수 있기 위해 꼭 필요한 과제다. 그런 변혁은 우리로 하여금 자본의 변증법이 강요하는 삶의 리듬을 벗어나 자유로운 개인으로서 우리 자신의 삶 리듬을 조절할 수 있는 역능을 갖출 것을 요구한다. 문제는 이런 역능을 갖추는 일이 필수적이라 하더라도 아직은 실현되지 않은 희망사항으로 남아 있다는 것이다. 새로운 주체형성의 전략이 필요한 것은 그 때문이기도 하다. 이런 사실은 사회를 근본적으로 변혁시키는 혁명은 반드시 문화혁명이기도 해야 함을 말해준다. 새로운 주체형성 없이는 변혁과 혁명은 불가능하고, 주체형성은 무엇보다도 삶의 방식을 새롭게 만들어내는 일, 다시 말해 문화혁명의 과제인 것이다. 여기서 새로운 주체형성을 위한 문화혁명에서 빠뜨릴 수 없는 것이 가짐/소유의 감각에 포획된 다른 감각들을 되찾는 일임을 다시 한 번 확인할 필요가 있겠다. 삶의 방향과 의미, 감각을 새롭게 주조하는 것, 그것이야말로 문화적 실천의 핵심일 것이다. 단, 감각은 일상적으로, 수시로 주조된다는 점을 잊지 않아야 한다. 자본주의가 지배체제로 군림하는 것은 그것이 요구하는 감각을 사람들이 잃지 않도록, 한시도 쉬지 않고 그 감각체계를 효율적으로 작동시키고 있기 때문이라 할 수 있다. 자본주의를 넘어서서 코뮌주의적 문화사회로 나아가려면, 우리도 비자본주의적 감각을 주조할 수 있는 능력을 갖추고, 그 감각을 일상적으로 즐길 수 있어야만 한다.

여기서 제시하는 주체형태는 따라서 혁명적 주체이되 '즐거운 혁명'의 주체다. 자본주의를 넘어서기 위해서는 혁명이 필요하고, 혁명을 위해서는 주체가 필요하다는 점에 대해서는 반론이 있을 수 없겠다. 그러나 이 주체가 희생적이거나 영웅적이기만 해서는 곤란하다. 디스토피아를 벗어나려는 유토피아적 염원이 아무리 절실하다고 해도 소수의 몸부림으로 끝나서는 곤란하다. 사실 아직도 혁명을 레닌 식 전위정당의 몫인 양 여기는 경향

외감이기도 하다. '지방신'에 대한 존중이 그런 것이다. 산골짜기, 모롱이 또는 고목나무 선 언덕에 대한 조심스러움이 그런 영성이다.

이 없는 것은 아니다. 하지만 그런 정당이 필요했던 시기는 볼셰비키가 혁명적 실천에 임했을 때처럼, 대중이 대체로 '무지'했을 때다. 반면에 '대중지식인'의 출현이 말해주듯, 오늘날 대중은 혁명적 이념에 대해서도 '영리한 savvy 소비자'로 행동한다. 이런 소비자가 신자유주의적 금융화의 포획에서 벗어나지 못하는 것은 사실이고, 그래서 그런 소비자가 새로운 주체형태로 전환될 필요가 있는 것도 맞는 말이다. 하지만 그렇다 하더라도 이 주체형태가 광범위하게 모방 가능하고 반복 가능해야 한다는 사실이 변하지는 않는다. 우리에게 필요한 주체는 평범한 대중의 일원으로서 자본주의를 넘어서려는 주체다.

9. 문화사회와 문화정치경제—유토피아적 단상

각종 자연적 사회적 자원을 자본축적을 위한 가치 생산의 재료와 수단으로 삼아온 자본주의적 생산양식이 신자유주의적 금융화와 함께 새로운 단계로 발전하게 됨으로써, 다시 말해 M-M' 순환에 의한 자본 운동 규정의 강도가 최근 질적으로 강화되는 비약이 이루어짐으로써 인류사회는 중대한 위기를 맞았다. 자연생태의 파괴, 인류 공통성의 훼손, 사회적 배제의 심화, 시공간과 주체형태의 왜곡, 민주주의의 후퇴 등으로 인해 동형리듬과 난리듬이 사람들의 삶을 옥죄고 파괴하고 있다. 오늘날 지배적인 삶 형태와 리듬, 주체형태가 이처럼 인간의 신체적, 자연적, 사회적, 우주적 질서를 훼손하고 생존 가능성까지 위협하는 위기를 인류는 어떻게 극복해야 할 것인가. 신자유주의적 축적체제와 그 주요 전략으로서의 금융화 경향이 지속되는 한, 역사적이고 문화적인 존재로서, 그리고 신체적이자 자연적이며 사회적이고 우주적인 존재로서 인간의 온전한 모습이 회복될 것을 기대하기는 어렵다. 파괴되고 축소된 정리듬을 회복하려면 신자유주의를 넘어서야 한다. 아니 그것만으로도 부족하다. 인류가 새로운 삶의 희망을 갖기 위해서는 자유주의 자체, 자본주의 자체까지 극복하는 것이 필요하다. 인류로 하여금 우주가 허용한 자연 질서 속에서 정리듬이 주조를 이루는 사회질서를 만들 수 없게 만든 근본 원인은 자본주의요, 그 지배이데올로기이자 전략인 자유주의이기 때문이다. 신자유주의는 자체적으로 문제가 많다고 하더라도 자유주의의 한 변형일 뿐이다. 신자유주의만이 아니라 자유주의를 극복하고 그와 함께 자본주의를 넘어서려면 무엇이 필요한가. 사회적 실천 전반을 새롭게 구축해야 할 것이다. 다시 말해 이 책에서 우리가 검토한 사회적 실천의 복잡한 전체로서 문화정치경제의 작동 방식을 근본적으로 바꿀 필요가 있다. 시공간과 삶의 리듬을 새롭게 구축한 문화사회에서 문화정치경제는 어떤 모습을 해야 하는 것일까? 이 질문에 대한 답을 찾으려면, 문화사회가 오늘날 자본주의 사회와는 근본적으로 달라야 한다는 점, 즉 그것의 문화적 정치경제, 경제적 문화정치, 정치적 문화경제가 오늘날의 그것과는 판이한 모습을 하고 있어야 한다는 점이 전제되어야 할 것이다. 아래에서 문화사회의 문화정치경제의 모습을 상상해 보고자 한다.

1) 문화사회와 문화적 정치경제

문화사회에서 문화적 정치경제는 기본적으로 어떤 모습을 띨 것인가. 문화사회의 정치경제를 먼저 생각해본다면, 문화사회에서는 국가와 자본과 노동의 관계가 지금과는 획기적으로 다른 모습이어야 하리라. 문화사회가 비자본주의적인 사회인 한, 거기서 국가와 자본은 더 이상 지금처럼 작동하거나 존립할 수 없을 것이다. 자본주의 하에서 노동과 국가의 기본 역할은 자본의 축적을 위해 작동하는 데 있다. 국가는 효율적인 사회 관리와 통제를 통해 자본의 축적 조건을 향상시키거나 적어도 악화하는 것을 방지하고자 하고, 노동은 끊임없이 착취와 수탈의 대상이 되면서도 자본의 외부로 나가 독자적인 사회적 관계를 구성할 자신의 역능을 차단당하고 있는 것이 자본주의 사회인 것이다. 문화사회의 성립은 반면에 자본주의 사회가 이미 변혁되었을 것이며, 가치생산을 위한 착취의 권력 구조도 이미 해체되었을 것임을 전제한다. 문화사회에서 자본과 국가는 이미 사라지고 없는 상태인 것이다. 이것은 문화사회의 사회적 권력 구조가 오늘날과는 판이하게 다르고, 따라서 노동의 모습도 전적으로 다를 것임을 의미한다.

국가와 자본과 노동의 관계가 근본적으로 변혁되어야 문화사회가 건설될 수 있다면, 노동의 모습도 근본적으로 바뀌어야만 할 것이다. 노동은 이제 더 이상 자본에 의해 착취당하고 국가에 의해 동원되어 통제되는 인간 활동이 아니어야 한다. 그것은 물론 사용가치의 사회적 생산을 위해 새롭게 조직되어야 하겠지만, 사회적 부를 생산하는 유일한 활동이 될 수 없다. 문화사회에서 사회적 부는 노동을 통해 생산되는 사용가치의 축적으로도 이루어지겠지만, 문화사회가 만들어내는 사용가치의 상당 부분, 아니 더 많은 부분은 노동 이외의 활동으로도 생산될 수 있어야 한다. 여가, 보살핌, 자연 보호, 개인의 역능 강화, 취미 생활, 성생활, 친교, 창작, 연주, 스포츠, 배움과 가르침 등 오늘날 상품으로 전환되어 있는 수많은 활동들 가운데 사회적으로 필요하지만 필요노동으로 해결하지 않으면 안 되는 것들을 제외하고는 모두 자율적 활동으로 바뀔 것임을 생각하면, 문화사회에서 노동은 완전히 제거될 수는 없다 하더라도 그 비중이 획기적으로 줄어들 것이다.

이런 점에서 문화사회의 정치경제는 한편으로는 크게 축소된 노동의 사회적 배분과 관리, 통제를 위한 권력 관계로 그 모습이 바뀌어야 할 것 같다. 자본주의를 극복한 이후에도 사라지지 않고 남게 될 사회적 필요노동을 관리하는 민주적 의사결정 과정도 필요할 것이다. 다른 한편으로 문화사회의 정치경제는 그 주된 작업 또는 목표를 '그 자체로 가치 있는 인간 역능의 생산과 관리에 둘 것으로 전망된다. 이런 일이 문화사회에서 주된 과제가 되는 것은 자본주의 하에서와는 전적으로 다른 정치경제가 작동하게 되면서 새로운 권력관계가 형성되어야 할 것이기 때문이다. 언뜻 생각하면 코뮌주의적 문화사회에서 '권력관계'나 '정치경제'가 사라지지 않는다고 보는 것은 정치경제학을 자본주의적 인구학으로 간주하고 이를 비판한 맑스주의 관점을 부정하는 것처럼 보일 수도 있다. 그러나 자본주의 사회가 나름의 정치경제질서를 통해 인구를 관리하고 통제하는 권력관계를 형성하고 있는 것을 비판하는 것과 자본주의 이후 사회에서 사회적 부의 생산을 둘러싼 권력관계가 여전히 계속될 것으로 보는 것이 서로 양립할 수 없는 관점인 것은 아니다. 문화사회가 나름의 시공간과 주체형태를 보유하면서 고유한 문화정치경제적 질서를 재생산하는 한, 그와 관련된 사회적 일관성을 유지하기 위한 정치적, 경제적 실천은 계속된다고 봐야 한다. 다시 말해서 문화사회에서도 갈등과 경쟁이 없을 수 없고, 따라서 권력관계가 소멸하지는 않겠지만, 중요한 것은 그때의 갈등과 경쟁, 권력관계를 새로운 사회적 원리에 따라서 관리한다는 것이다.

이런 점에서 문화사회의 정치경제는 자율적 활동 즉 문화적 활동을 근간으로 하는 사회운영을 위한 수단이 되어야 할 것 같다. 다시 말해 정치경제는 맹목적인 가치생산을 위해 작동하는 것이 아니라 그 자체로 가치 있는 것들을 생산하고 영위하는 문화적 삶을 위해 복무해야 하는 것이다. 이런 사회가 '문화'사회인 까닭은 분명하다고 하겠다. 거기서 문화, 문화적 실천은 지금까지와는 달리 정치경제의 수단이 아니라, 개인적 사회적 삶 운영을 위한 중심 목표이자 원리일 것이기 때문이다. 문화사회에서 정치와 경제, 문화의 위상은 새롭게 정립된다 하겠고, 정치경제는 이제 자율적이며 그 자체로 가치 있는 인간 역능 발전을 위해, 즉 자유의 영역을 최대한 확대하기 위해 작동될 것이다.

2) 문화사회와 경제적 문화정치

문화사회에서 문화정치는 어떻게 진행될 것인가. 문화정치가 삶의 꼴, 형태, 의미, 가치 등의 생산과 관리를 통해 권력관계를 만들어내는 것이라면, 삶의 꼴과 의미, 가치 등을 특정한 방향으로 끌고 가려는 투쟁의 문제라면, 문화사회에서 문화정치는 '목가적 경쟁' 형태를 띨 가능성이 높다. 목가시에 등장하는 목동들은 누가 노래를 더 잘하나, 누가 연인을 더 많이 흠모하나를 놓고 경쟁을 벌인다. 물론 이런 식의 목가시 해석은 이상화와 낭만화의 소산이기도 하다. 16세기 영국시인 스펜서Edmund Spenser가 목가시『콜린 클라우트 다시 돌아오다』(1595)에서 자신의 시적 분신 콜린 클라우트와 자신을 후원해준 월터 롤리Walter Ralegh의 분신 '대양의 목동'이 만나는 장면을 노래하는 방식이 그런 경우다. "그가 피리 불면 나는 노래했고, 그가 노래하면 나는 피리 불었네/번갈아가며, 서로 상대를 즐겁게 하며/누구도 상대를 부러워하거나 부러움 사지 않고"(Spenser, 1970: 537). 여기서 경쟁이 있다면 그것은 상대방을 더 즐겁게 하기 위해 치러진다(Montrose, 1996: 98). 물론 스펜서와 롤리는 모두 식민지 지배자였다는 점을 잊어선 안 될 것이다. 인용 구절에서 스펜서는 당시 영국의 식민지 아일랜드에 거주하는 동안 그가 영접한, 역시 아일랜드의 지주이자 신대륙 개척자 롤리의 방문을 회상하고 있다. 두 사람의 목가적 전원은 식민지 아일랜드였던 셈이다. 그러나 우리가 문화사회를 유효한 과학적 유토피아주의의 실천을 통해 현실로 만들었을 경우, 목가적 경쟁이 현실의 일부가 되지 말라는 법은 없다. 목가적 경쟁은 이때 서양 시 전통에서만 나오는 것이 아니라 자본주의 이후 즉 자본의 축적 논리가 지양된 상황에서 일어나는 것으로도 상정된다. 그것은 더 나은 삶의 꼴, 의미, 가치를 만들기 위한 노력들 간의 경쟁이라는 형태가 될 것이라는 점에서 목가적 경쟁이요, 그런 노력들이 자본주의적 사회적 부를 축적하기 위함이 아니라는 점에서 비자본주의적 경쟁이 될 것이다.322

322_ 플라톤이『향연』에서 사랑을 주제로 파이드로스(Phaedrus), 아리스토파네스(Aristophanes), 파우사니아스(Pausanias), 에릭시마커스(Eryximachus), 알키비아데스(Alcibiades), 아가톤(Agathon), 소크라테스(Socrates) 사이에 벌어진 토론도 비슷한 경쟁을 보여준다. 여기서 경쟁은 누가 사랑에 대해 가장 훌륭한 주장을 펼치느냐의 문제다. 아리스토파네스가 발언을 끝내며 먼저 발언한 에릭시마커스에게 자기 발언을 갖고 놀리지 말라고 하고, 에릭시마커스가 아직 발언하지 않은 아가톤과 소크라테스가 사랑의 문제에 대해 잘 몰랐다면—물론 그는 그들이 사랑에 대해 잘 알고 있다고 보지만—아리스토파네스의 발언을 듣고 무척 걱정했을 것이라고 하자, 소크라테스는 그대로 자기 발언 순서가 아가톤보다 뒤라 몹시 두렵다고 하고, 아가톤은 또 그대로 소크라테스가 사람들로 하여금 자기 발언에 대해 기대를 갖도록 만들어 자기를 당황하게 만든다고 말하는 모습에서 우리는 토론자들 모두 경쟁 압박감을 느낀다는 것을 알 수 있다(Plato, 1967: 147-49). 하지만 이런 분위기를 상쇄하는 것이 또 다른 분위기 즉 포도주 잔이 오가는 친교 넘치는 분위기다. 여기서 경쟁은 잔치 즉 향연이다. '향연'

문화사회에서도 삶의 꼴과 의미를 특정한 방향으로 끌고 가려는 경쟁은 지속되겠지만, 이 경쟁은 더 멋있는 삶을 주조하는 능력을 놓고 벌어질 것이라는 점에서 여기서 정치적 권위나 권력의 의미는 새로워질 것으로 기대된다. 물론 지금 이런 경쟁을 말하는 것은 구름 잡는 이야기로 들리는 것이 사실이다. 그러나 멋지다 싶은 것이 큰 힘과 호소력을 갖는 것은 지금도 마찬가지다. 사실 우리는 이미 오래 전부터 고도로 심미화한 상품들에 의해 심각하게 영향을 받고 있다. 자본주의적 문화정치의 권위와 권력은 상징적 의미를 띤 상품들의 교환이 일상의 삶을 지배해고 우리가 그 흐름, 리듬에 길들여져 우리 자신이 자본축적의 수단이 됨으로써 형성된다. 문화사회가 성립하려면 이런 리듬과는 다른 리듬이 형성되고 경쟁의 의미가 근본적으로 바뀌어야 한다.[323]

상징적 교환이 오늘날 자본주의적 상품 교환의 주요 특징이 된 것은 자본주의가 이 교환 형태가 전근대적 공동체 사회에서 지녔던 중요성을 자본축적을 위해 활용하게 된 결과다. 의미, 가치, 꼴을 새롭게 만들어내야만

을 뜻하는 '심포지엄'은 '식자들의 연회 모임'를 의미하는 그리스어 'symposion'에서 왔다. 'Symposion'은 '동료 술꾼'의 뜻을 지닌 'sympotes'와 연결되어 있고, '함께'라는 의미의 'syn-'과 '술 마시기'라는 의미의 'posis'의 합성어다(*Online Etymology Dictionary*). 단 이 향연에서도 철학자들이 자유롭게 사랑에 대한 더 좋은 해석을 내놓기 위해 경쟁하는 동안, 노예와 여성 등은 억압 속에서 노동을 강요당했다는 사실을 잊으면 곤란하다(강내희, 2010b). 프랑스어에서 '노동'을 뜻하는 'travail'의 어원이 라틴어에서 '고문도구'를 뜻하는 'trepalium'이라는 사실이 잘 보여주듯이, 철학자 또는 자유인 대신 '아랫것들'만 노동을 해야 했던 것은 노동이 고역으로 간주되었기 때문이다. 이런 점은 문화사회의 경쟁이 노동시간의 최소화와 더불어 사회적 필요노동이 민주적으로 관리되는 조건에서 이루어져야 할 것임을 말해준다.

323_ 아무런 경쟁이 없는 사회를 상상할 수는 없다. 하비는 경쟁은 협동만큼이나 인류가 자연 및 사회적 환경에서 생존하고 공존하는 데 필수적인 것으로 본다. 그에 따르면 중요한 것은 경쟁을 없애는 것이라기보다는, 환경 적소에 대한 적응과 변형, 협력과 협동과 상호부조를 위한 사회조직 창출, 환경의 전환(자연을 인간적 요건에 부합하는 인간화한 자연으로 변형 및 조정), 시간 배치(생체적, 사회적, 문화적 '시계'의 수립), 공간 배치(탈주, 방어, 조직 공고화, 교통, 소통, 나아가 개인과 집단과 종 유지를 위해 필요한 공간적 조직 등을 위한 각종 목적의 공간 생산에 필요한 이동과 이주) 등 인류의 다른 유적 특징 및 조건들과의 관계에서 경쟁이 적합한 위상을 갖게끔 하는 것이다(Harvey, 2000: 209).

문화사회가 성립할 수 있다면, 새로운 상징적 교환의 질서를 만들어내는 것이 문화사회 건설의 중요한 과제가 될 것이다. 물론 전근대의 상징적 교환을 그대로 재생한다고 해서 문화사회가 형성될 수는 없다. 상징적 교환을 성행케 한 호혜적인 사회적 관계는 오늘날 더 이상 가능하지 않다. 가라타니 고진柄谷行人에 따르면 역사적으로 교환은 공동체 중심의 호혜적 교환, 국가 중심의 약탈 및 재분배, 시장 중심의 화폐적 교환이 있었다. 그는 오늘날 이 교환은 국가와 시장의 결합을 통한 자본주의적 교환에 의해 지배된다고 보고, 맑스에 대한 나름의 독해를 통해 네 번째 교환형태인 연합association의 교환을 해방의 기획으로 제안한다(Karatani, 2003: 14-17). 문화사회론이 제안하는 것도 가라타니의 제안과 기본적으로 비슷하다. 가라타니에 따르면, 어소시에이션 또는 연합적 교환은 역사적 국가사회주의가 행한 오류를 넘어선 새로운 호혜적 교환양식이다(가라타니, 2007: 49). 이런 교환이 이루어졌을 경우 상징적 교환은 새로운 위상을 갖게 되고, 목가적 경쟁, 향연 또한 새롭게 펼쳐질 수 있을 것이다. 그리고 이런 일이 가능하려면 새로운 경제, 새로운 교환관계가 형성되어야 한다. 코뮌주의적 문화사회에서 그 교환은 국가가 해체되고 자본주의 시장이 해체된 뒤 '자유로운 개인들의 연합들' 간의 교환을 전제한다.

3) 문화사회와 정치적 문화경제

문화의 경제화와 경제의 문화화 과정에서 경제와 문화가 융합된 형태를 문화경제로 이해할 경우, 최근 신자유주의 금융화의 진전과 함께 문화경제는 상품의 심미화와 문화의 상품화 심화라는 현상으로 나타난다. 그리고 이에 따라서 정치가 드러낸 경향은 자본의 논리에 대한 사회의 추가적인 종속, 아니 더 이상은 없다할 정도로 심도 깊은 종속을 의미하는 보수화, 우경화다. 월러스틴에 따르면 "1848년 이래 우익세력이 요즘만큼 강력한 적이 없었다"(월러스틴, 1999: 140). 노동의 경우 수정자유주의 때까지는 그래도 자본의 변증법 외부에 위치해 있다는 가정 또는 상상이 일정한 유효성을 띠고 있었지만, 오늘날은 자본의 변증법에 자발적으로 깊숙이 종속된 형국이다. 노동자들은 이제 자기 계발하는 주체로서 각종 역능을 길러 자본의 축적을 위한 자발적 실천을 위해 능동적으로 참여하고 있지 않은가. 문화사회에서는 자본의 변증법이 해체되고 그것에 종속되어 있던 사회적 기능들이 새로운 결합논리로 구성되어야 한다. 문화경제는 그리하여 새로운 지향을 드러내야 하고, 이 흐름은 새로운 정치로 나타나야 하는 것이다.

문화사회의 문화경제는 비자본주의적 경제와 비자본주의적 문화의 결합형태가 될 것으로 전망된다. 다시 말해 사회적 부 또는 사용가치의 생산 목적이 특정 계급의 자본 및 권력 축적이 아니라 인구 일반의 욕구와 수요 충족에 두어지고, 아울러 가치생산을 사회적 생산의 핵심 목표로 삼지 않는 인간 활동이 중심이 되도록 삶의 주된 의미, 목표, 방향이 완전히 새롭게 정립되는 것이다. 이 말은 경제 즉 사회적 부의 생산이 자본축적을 위해 작동하는 것이 아니라 그 자체로 가치 있는 삶을 위한 기반이 되기 위해 작동해야 함을 의미한다.324 이것은 인류가 이미 달성했고 앞으로 달성하게 될 과학기술의 발전, 이와 함께 계발된 인간 역능을 기반으로 생산된 사회적 부가 사회적으로 필요한 사용가치를 충분히 제공함으로써 인구 전체의 삶이 풍부해진다는 말이다. 여기서 삶이 풍부해진다 함은 물질적 풍족함의 달성만을 가리키진 않을 것이다. 경제가 자본의 축적에 종속되지 않고 사회적 부가 생산될 수 있으면 인류는 새로운 삶의 가능성을 얻게 된다. 『고타강령비판』(1875)에서 맑스는 높은 단계의 코뮌주의 사회에서는 "노동 분할에 대한 개인의 예속적 종속"과 "정신적 육체적 노동 간의 대립"이 사라지고 "노동이 삶의 수단일 뿐 아니라 일차적인 삶 욕구"가 될 것이며, "생산력

324_ 맑스는 『자본』 1권에서 다음과 같이 말하고 있다. "이리하여 자본가는 사회의 생산력의 발전과, 또 [각 개인의 완전하고도 자유로운 발전을 그 기본원칙으로 삼는] 더 높은 사회형태의 유일한 현실적 토대로 될 수 있는 물질적 생산조건(物質的 生産條件)의 창조에 박차를 가한다"(맑스, 2001b: 806-07).

도 개인의 전면적 발전과 함께 증가하고" "협동적 부의 모든 샘물이 더욱 풍부하게 흐를" 것으로 예상하고, 오직 그럴 때에만 부르주아적 권리라는 좁은 지평이 극복되어 사회는 "각자 자신의 능력에 따라" 사는 상태에서 더 나아가 "각자 자신의 필요에 따라" 사는 것이 가능할 것이라 말하고 있다.325 각자 자신의 능력에 따라 살 수 있는 사회와 각자 자신의 필요에 따라 살 수 있는 사회는 구분된다. 전자의 경우는 일견 '공정한 사회로 보이지만, 그 공정함은 부르주아적 권리 개념에 여전히 오염된 상태라고 봐야 할 것 같다. 각자 자신의 능력에 따라 노동을 하는 것은 자본주의적 관행이 아직 남아 있는 상태인 것이다. 반면에 각자 자신의 필요에 따라 노동하고 활동할 수 있는 사회가 진정한 의미에서 코뮌주의 사회다. 각자의 필요에 따라 사람들이 노동하고 활동해도 제대로 돌아가는 사회는 사회적 생산력이 자본주의적 생산관계에서 완전히 해방되어 있으면서 아울러 인구 전반의 주체형태가 새로워진 사회일 것이다. 이런 사회에서 개인들은 꼭 능력에 따라 노동할 것을 강요하지 않아도 자발적으로 필요한 활동을 하게 될 것으로 기대된다.

물론 이때에도 정치 다시 말해서 권력관계가 사라질 것으로 예상해서는 곤란하다. 코뮌주의적 문화사회가 지구상에는 존재할 수 없는 완벽한 유토피아인 것은 아닐 터이니, 거기서도 정치적 투쟁은 전개될 것으로 봐야 한다. 다만 이 투쟁이 유토피아적이라면 그것은 새로운 가치 생산과 새로운 의미 생산을 둘러싸고 이루어질 것이며, 문화사회에서 작동하는 문화경제를 위한 정치적 실천은 거기에 걸맞은 형태를 취해야 할 것이다.

325_ 한 한국어판에서 이 부분은 "각자는 능력에 따라, 각자에게는 필요에 따라!"로 나와 있다(맑스, 1997: 377). 하지만 독일어 원문("Jeder nach seine Fähigkeite, jedem nach seine Fähigkeite!")은 다른 해석 여지를 제공하는 것으로 보인다. 내가 참조한 영어 번역은 "From each according to his ability, to each according to his needs"로 되어 있는데, 이것은 "'각자 자신의 능력에 따라'에서 '각자 자신의 필요에 따라로'로 해석하는 것이 가능하다. 나는 이 해석을 수용하지만, 영어 번역에서 사용된 남성대명사(his)는 남녀를 모두 가리킬 수 있는 'one's'로 바꿔야 할 것 같다.

10. 결론

유토피아는 아직 오지 않은 미래사회의 모습을 그린 것으로서 '지금 여기'가 아닌 '아직 저기'에 속한다. 내가 여기서 소묘한 문화사회와 그 문화정치경제도 아직 없는 사회의 모습으로서, 많은 사람들에게는 '구름 잡는' 이야기로 들릴 수 있다. 그러나 신자유주의 금융화와 함께 인류가 만들어낸 사회의 모습, 거기서 강제되는 삶의 난리듬이 우리가 견딜 수 없는 디스토피아라면, 문화사회와 같은 유토피아를 이제 희구해야 하지 않겠는가. 유토피아에의 전망을 허황된 것으로 보는 사람들에게 나는 지금이야말로 그런 전망을 품을 '알맞은' 시공간이 우리 눈앞에 펼쳐졌다고 말하고 싶다. 이것은 유토피아주의가 더 이상 교조적이지 않고 혁명적인 과학이 될 수 있는 기회가 왔다는 것이다. 물론 이렇게 되려면 유토피아주의는 오늘날의 지배적 생산 조건, 다시 말해 자본주의적 생산양식의 변혁을 그 주된 과제로 삼아야만 한다. 아울러 맑스주의로서도 유토피아주의를 거부해야 혁명적 과학으로 발전할 것이라는 통념을 버리는 것이 중요하다. 유토피아적 염원과 혁명적 과학의 결합, 그것이 현재 상태를 지향하는 코뮌주의 운동의 원리가 되어야 하고, 문화사회를 건설하는 원리가 되어야 한다. 이를 위해서 맑스주의가 유토피아주의를 혐오하거나 기피해서는 안 될 것이고, 유토피아주의 역시 맑스주의를 기피해온 관행을 극복할 필요가 있다. 맑스주의적 노동운동도 유토피아적 협동조합 운동을 자신의 품 안에 끌어들여야 하고, 유토피아적 협동조합 운동도 맑스주의적 노동운동을 자신의 운동으로 만들어야 한다(Kang, 2013). 비판적인 맑스주의와 생산적인 유토피아주의의 현실적 연대가 요구되는 것이다. 신자유주의 금융화가 초래한 인류의 디스토피아를 극복하려면 신자유주의는 물론이고 자유주의 자체의 한계에서 벗어나서, 다시 말해 자본주의를 넘어서서 새로운 전망을 가질 필요가 있다. 이를 위해서는 새로운 문화정치경제의 질서를 구축하는 것이 필수적이다. 이 질서를 만드는 원리는 코뮌주의적 문화사회

를 건설하는 원리요, 따라서 그것은 맑스주의와 유토피아주의를 결합한
유효한 과학적 유토피아주의라고 나는 믿는다.

■ 인용문헌

<한국어 자료>

가라타니 고진. 2007. 『세계공화국으로』, 조영일 역, 도서출판 b

_____. 2005. 『트랜스크리틱—칸트와 마르크스 넘어서기』, 송태욱 역, 한길사

강남훈. 2010. 「기본소득 도입 모델과 경제적 효과」, 『진보평론』 45호

강남훈 외. 2014. 『기본소득의 쟁점과 대안사회』, 박종철출판사

강내희. 2013a. 「변혁운동의 거점에서 신자유주의 지배공간으로—1980년대 이후 한국의 대학」, 『역사비평』 104호

_____. 2013b. 「문화사회를 위한 시공간 재편과 주체 형성—맑스 주제에 따른 변주곡」, 제6회 맑스코뮤날레 기획세션 11 발표문. 2012년 5월 10-12일, 서강대학교

_____. 2012a. 「금융파생상품의 작동 원리와 문화적 효과」, 『마르크스주의 연구』 28, 제9권 제4호

_____. 2012b. 「공황과 혁명, 그리고 문화」, 『문화/과학』 70호

_____. 2012c. 「세계화시대 한국의 시공간 탈구—기획금융의 문화정치적 함의」, 『아시아에서 '문화경제'와 '문화도시'』(제1회 문화연구 국제학술대회 <아시아에서 "문화경제"와 "문화도시"> 자료집). 2012년 2월 10일

_____. 2012d. 「21세기 세계혁명 조짐으로서의 2011년 항의운동」, 『안과 밖』 32호

_____. 2011a. 「미래할인 관행의 확산과 일상문화의 변화」, 『경제와 사회』 92호.

_____. 2011b. 「시간의 경제와 문화사회론」, 『마르크스주의 연구』 24, 제8권 제4호

_____. 2011c. 「근대 세계체계에 대한 68혁명의 도전과 그 현재적 의미」, 『문화/과학』 67호

_____. 2010a. 「학문의 비환원주의적 '통섭'을 위한 초분과적 기획과 문화연구」, 『한국사회과학』 제32권

_____. 2010b. 「인문학과 향연: 시학과 발명학으로서의 인문학」, 『영미문화』 Vol. 10, No. 3

_____. 2008a. 「문화와 시장—신자유주의 시대의 한국 문화」, 『마르크스주의 연구』 10, 제5권 제2호

_____. 2008b. 『신자유주의 시대 한국문화와 코뮌주의—문화사회론적 접근』, 문화과학사

_____. 2007a. 「신자유주의 시대 문화지형의 변동과 문화운동」, 『마르크스주의 연구』 7, 제4권 제1호.

_____. 2007b. 「신자유주의와 자유의 독점」, 『현대문화 이해의 키워드』, 김누리·노영돈 편, 이학사

_____. 2004. 「문화적 관점」, 『문화/과학』 39호

_____. 2000. 「재현체계와 근대성—재현의 탈근대적 배치를 위하여」, 『문화/과학』 24호.

_____. 1995. 「독점자본과 '문화공간—롯데월드론」, 『공간, 육체, 권력』, 문화과학사

_____. 1994. 「대중문화, 주체형성, 대중정치」, 『문화/과학』 6호

강수돌. 2006. 「건설 마피아와 집단적 성장중독증」, 『녹색평론』 통권 86호

경제투데이. 2011.9.21. 「3300조 '부채공화국', 한국경제 위협할 폭탄인가」

경총. 2006.12.14. 「일본 춘투의 변천과 게이단렌(JBF)의 대응」. http://www.kefplaza.com/labor/relations/normal_list.jsp (2014년 1월 19일 검색)

경향신문. 2013.3.13. 「용산역세권개발 좌초」

_____. 2013.1.29. 「한국 노인 자살률, OECD 평균의 4배」

_____. 1995.10.11. 「OECD 가입 앞서 자본시장 더 열어라」

_____. 1981.6.1. 「국풍인파연천만…'열기 5일', 오늘밤 폐막」

_____. 1974.10.24. 「경협다변화 길목을 따라(중)—오일달러의 향방」

고부응. 2009. 「대학의 기업화: 미국과 한국의 대학」, 『인문학 연구』 43집, 중앙대인문과학연구소

고완, 피터. 2001. 『세계 없는 세계화: 금융패권을 통한 미국의 세계 지배전략』, 홍수원 역, 시유시

곽노완. 2013. 「노동의 재구성과 기본소득—기본소득은 프레카리아트의 계급 형성과 진화에 필수적인가?」, 『마르크스주의 연구』 31, 제10권 제3호

_____. 2011. 「기본소득은 착취인가 정의인가?—판 돈젤라의 기본소득반대론에 대한 반비판과 마르크스주의 기본소득론의 재구성」, 『마르크스주의 연구』 22, 제8권 제2호

_____. 2010. 「글로컬아고라와 기본소득—코뮌공간 및 코뮌재의 도시철학과 경제철학」, 『마르크스주의 연구』 17, 제7권 제1호

_____. 2007. 「기본소득과 사회연대소득의 경제철학」, 『시대와 철학』 제18권 2호

곽노완·금민. 2010. 『해방적 기본소득의 현실적 비전』, 기본소득학교 자료집. http://basic
    income.kr/bbs/board.php?bo_table=TmP&wr_id=152&page=

국민권익위원회. 2009. 「공공-민간 합동형 PF사업 개선방안」

국회예산정책처. 2011.5. 「NABO 경제 및 재정 통계」

권정임. 2013. 「기본소득과 젠더」, 『마르크스주의 연구』 32, 제10권 제4호

그람시, 안토니오. 1993. 『그람시의 옥중수고 II: 철학·역사·문화편』, 이상훈 역, 거름

금융감독원. 2011.2. 『금융감독용어사전』

_____. 2000.8.7-12. 「금융감독정보」, 제2000-32호

기획재정부. 2010. 『시사경제용어사전』

김경무. 2014.1.22. 「2013년 ABS 발행시장 분석」, *Korea Ratings Weekly*, 통권 642호

김광윤·이춘희. 2010. 「국제조세리스의 위험회피 사례연구」, 세무학연구, 제27권 제2호

김기태. 2011.5.2. 「건설사 무너지니 저축은행 흔들린다」, 『한겨레21』 858호

김누리. 2009. 「주식회사 유니버시티—대학의 기업화와 학문공동체의 위기(I)」, 『안과밖』
    제27호

김명록. 2008. 「증권화(securitization)와 서브프라임 위기」, 『마르크스주의 연구』 11, 제5권
    제3호

김세균. 2007. 「신자유주의 경찰국가와 한국 민주주의」, 『마르크스주의 연구』 8, 제4권
    제2호

김세완. 2013.9.23. 「노령화 시대의 세계 뮤추얼 펀드산업」(KERI 칼럼), 한국경제연구원

김완중·손정락·김지환·김승룡. 2012. 「국내 부동산 개발금융 현황과 시사점」. 하나금
    융경영연구소

김용창, 2005. 「공간-자본시장의 통합과 도시개발금융의 다양화 방법」, 『지리학논총』 제
    45호

김필동. 2004. 「21세기를 향한 한·일·중 대학개혁의 비교연구—조직개혁을 중심으로」,
    『한국사회학』 38집 3호

김현정·손종칠·이동렬·임현준·나승호. 2013. 「우리나라 가계부채의 증가 원인 및 지
    속가능성 분석」, BOK 경제리뷰. Discussion Paper Series, No. 2013-5.

김효근. 1999. 『신지식인』, 매일경제신문사

나카무라 요시오. 2004. 『풍경학 입문』, 김재호 역, 문중

내일신문. 2014.4.23. 「삶의 만족도 낮고, 자살률은 제일 높아」

노명우. 2011.5.6. 「1998년 이후 자살률의 고공행진에 숨은 무서운 진실」, 경향신문

노컷뉴스. 2013.3.16. 「숫자로 본 한 주간: '111'…바벨탑의 저주, 용산을 겨누다」

_____. 2013.2.27. 「작년 주택저당증권(MBS) 발행 규모가 사상 최대」

뉴스1코리아. 2013.7.4. 「거래소, 파생상품 거래량 세계 11위로 '추락'」

뉴스토마토. 2013.7.19. 「만들고 버리고…줄지않는 지갑속 카드」

_____. 2012.10.31. 「용유・무의도 317조원 '에잇시타'로 탄생…'마스터플랜 확정'」

뉴시스. 2013.5.7. 「신용카드 발급, 5년 만에 '감소'…작년말 1억1637만장, 전년比 4.7%↓」

다스, 사트야지트. 2011. 『파생상품―드라마틱한 수익률의 세계』, 김현 역, 아경북스

데이터뉴스. 2012.2.21. 「2월 졸업 대학생, '빚'나는 졸업장만…」

동아일보. 1984.3.8. 「편리하면서도 불편한 '제3의 돈' 백과 '신용카드'의 현주소」

들뢰즈, 질. 2006. 『칸트의 비판철학』, 서동욱 역, 민음사

레이코프, 조지. 2006. 『코끼리는 생각하지 마』, 유나영 역, 삼인

레이코프, 조지・마크 존슨. 2002. 『몸의 철학―신체화된 마음의 서구 사상에 대한 도전』,
        임지룡・윤희수・노양진・나익주 역, 도서출판 박이정

로트만, 유리. 2008. 『기호계―문화연구와 문화기호학』, 김수환 역, 문학과지성사

마르틴, 한스 페터・하랄트 슈만. 1997. 『세계화의 덫』, 강수돌 역, 영림카디널

마이데일리. 2012.5.2. 「용산국제업무지구, 스카이라인 최종 확정 '620m 트리플원 눈길'」

맑스, 칼. 2004a. 『자본론 II』, 제1개역판, 김수행 역, 비봉출판사

_____. 2004b. 『자본론 III-상』, 제1개역판, 김수행 역, 비봉출판사

_____. 2001a. 『자본론 I-상』, 제2개역판, 김수행 역, 비봉출판사

_____. 2001b. 『자본론 I-하』, 제2개역판, 김수행 역, 비봉출판사

_____. 1997. 「고타강령초안비판」, 『마르크스・엥겔스 저작선집』 4권, 박종철출판사

_____. 1991. 『1844년의 경제학 철학 수고』, 박종철출판사

매일경제. 2012.10.22. 「'34만 깡통아파트' 전세입자에 부채 폭탄」

_____. 2010.2.17. 「돈줄 막힌 공무형 PF…100조원대 사업 사실상 올스톱」

_____. 2001.4.5. 「美 기업연금 '401K' 수신고 1조7230弗 달해」

_____. 1995.12.2. 「왜 바꿨나 OECD 가입행보 박차」

_____. 1990.10.24. 「신용카드 발급 1천만매 돌파」

매일경제 경제용어사전. http://dic.mk.co.kr/index.php(2013년 8월 검색)

머니위크. 2013.3.26. 「무너지는 '마천루의 꿈들'」, 273호

머니투데이. 2011.7.11. 「올 1분기 파생상품 거래규모 1.9경…전년比 26%↑」

_____. 2011.4.14. 「지난해 국내 파생상품 거래 6경6731조…'급증'」

_____. 2010.4.23. 「새벽2시 잠, 4시반 출근…외환딜러 탐구생활」

_____. 2006.2.15. 「"신용카드 색깔이 신분증?"」

_____. 2003.2.24. 「카드사 작년 하반기 대폭 적자」

문보경. 2012.8.23. 「박원순 '마을 공동체 정책', 과유불급 안되려면…」, 프레시안

문화일보. 2012.2.17. 「전국 50층 이상 초고층 건물 현황 알아보니…」

미디어스. 2013.4.2. 「5개 부처가 공동 브리핑한, "사상초유" 박근혜 부동산 대책」

미디어오늘. 2013.1.28. 「부동산폭락 937조 가계부채폭탄 터지기 직전」

_____. 2011.9.8. 「김현종, FTA 기밀 제공…미국 위해 필사적」

미래에셋투자교육연구소. 2009.3.4. 「자본시장법 알아야 투자가 보인다」

박배균. 2008. 「이명박 정부의 신개발주의 노선과 이에 대한 평가」, 『21세기의 '진보'와
    진보학술운동의 과제』(학술단체협의회 창립 20주년 기념 연합심포지엄 자료집)

박병일. 2011.4.18. 「금융감독원, PF대출 문제 관리 뒷북치기」, 『아시아투데이』

방경식. 2011. 『부동산용어사전』, 부연사

박승. 2009.12.28. 「박승의 고난 속에 큰 기회 있다」, 『한국일보』

박연우·김필규·이현진·정재선. 2008.7. 「모기지의 조기상환 모형에 근거한 MBS 가격
    결정에 관한 연구」, 한국증권연구원

박종진. 2013.1.16. 「산업은행, 2012 PF 금융주선 '국내 최초' 세계 6위」, 『머니투데이』

박지훈. 2007. 「한국신자유주의의 기원」, 서강대학교 석사학위논문

백인길·손진수. 2008. 「공모형 PF 사업의 특성에 관한 연구—공모지침서를 중심으로」,
    『부동산학연구』 제14집 제3호

베버, 막스. 1996. 『프로테스탄티즘의 윤리와 자본주의 정신』, 박성수 역, 문예출판사

뵈메, 하르트무트·페터 마투섹·로타 뮐러. 2009. 『문화학이란 무엇인가』, 손동현·이상
    엽 역, 성균관대학교출판부

삼성경제연구소. 2010.7.7. 「비즈니스의 새로운 기회, Slow」

서동진. 2011. 「심미적인, 너무나 심미적인 자본주의—문화연구의 위기와 그 비판적 전환
    을 위하여」, 『경제와 사회』 92호

_____. 2009. 『자유의 의지 자기계발의 의지—신자유주의 한국사회에 자기계발하
    는 주체의 탄생』, 돌베개

_____. 2008. 「자본주의의 심미화의 기획 혹은 새로운 자본주의의 소실매개자로서
    의 68혁명」, 「문화/과학」 53호

서울경제. 2014.2.25. 「입지규제최소지구, 공모형 PF 구원투수 되나」

_____. 2013.8.28. 「압구정에 '한류스타거리' 조성」

_____. 2013.7.14. 「부동산 시장 맥 못추지만⋯부동산펀드 · 리츠는 살아있네」

_____. 2011.4.17. 「저축은 부실사태 피해자 4만명 넘는다」

서울신문. 2011.2.16. 「해운대 초고층 빌딩 경쟁」

손정목. 2004.10.28. 「서울만들기 (25) 말죽거리 신화」, 일간투데이

송웅순 · 이창원 · 최병선. 2008. 「차입매수(LBO) 방식 M&A에 대한 법원 판단 및 쟁점」, www.shinkim.com

시사뉴스라인. 2012.2.13. 「한국, 파생상품시장 거래량 세계1위」

시사상식사전. 2013. 박문각

시사제주. 2014.4.14. 「초고층 논란 '드림타워' 사전재난영향성검토 '비공개'」

신광영. 2013. 『한국 사회 불평등 연구』, 후마니타스

_____. 2002. 「경제위기와 복지정책」, 『국가전략』 8호

신규섭. 2013.12.27. 「사모펀드 투자 바이블—134조⋯특별한 투자 대안 급부상」, 『한국경제매거진』 103호

신성우. 2006. 「세계는 이미 '극초고층'시대를 준비하고 있다」, 『건설저널』, v. 64

신창헌. 2003. 「인쇄매체 광고를 통해 본 우리나라 주거문화의 경향에 대한 고찰」, 서울대학교 석사학위논문

심광현. 2013. 「마르크스 사상의 역시지리적 생태과학으로의 확장과 사회주의 페미니즘과의 만남」, 『마르크스주의 연구』 29, 제10권 제1호

_____. 2012. 「『문화/과학』 20년의 이론적 궤적에 대한 비판적 회고: 개혁과 혁명의 변증법적 리듬 분석을 중심으로」, 『문화/과학』 70호

_____. 2011a. 「19세기 유토피아에서 21세기의 유토피스틱스로」, 『문화/과학』 68호

_____. 2011b. 「기본소득, 노동(운동)과 문화(운동)의 선순환의 고리」, 『도시인문학연구』, Vol. 3, No. 1

_____. 2005. 『흥한민국』, 현실문화연구

아리기, 조반니. 2008. 『장기 20세기—화폐, 권력, 그리고 우리 시대의 기원』, 백승욱 역, 그린비

아시아경제. 2013.6.1. 「시간차 · 자녀명의 가입⋯교묘한 은행 꺾기에 中企 눈물」

_____. 2013.3.21. 「지난해 세계 파생상품 거래량 15.3% 감소」

아시아투데이. 2012.5.17. 「부동산펀드, 국내보다는 해외가 좋았다」

안종범. 2007.5.21. 「부동산 세제의 실효성과 개선과제」. 여의도연구소 토론회('부동산 세제 이대로 좋은가?') 발제논문

알튀세르, 루이. 2007. 『재생산에 대하여』, 김웅권 역, 동문선

_____. 1992. 『당내에서 더 이상 지속되어선 안될 것』, 이진경 역, 새길

앨버트, 마이클. 2003. 『파레콘―자본주의 이후, 인류의 삶』, 김익희 역, 북로드

약업신문, 2012.10.3. 「아스트라제네카 새 CEO 주식환매案 유보 발표」

엥겔스, 프리드리히. 1988. 『영국노동자계급의 상태』, 박준식·전병유·조효래 역, 두리.

연합뉴스 2014.3.12. 「'전두환 미술품 경매 마무리…낙찰총액 72억원」

_____. 2013.6.30. 「자살률 2000년 13.6명→2011년 31.7명 급증」

_____. 2012.9.9. 「한국, 자살률 증가…OECD평균의 2.6배」

_____. 2011.11.15. 「금융파생상품 거래액 연내 '3경원' 돌파한다」

_____. 2006.11.1. 「은행, 대출금리 제멋대로 적용」

_____. 1996.3.4. 「작년 카드 현금서비스금액 1인당 평균 81만원」

오마이뉴스 2003.10.23. 「권력형 비리 수사, '몸통' 면죄의 역사」

_____. 2002.12.16. 「반미, 그 때를 아십니까?」

오윤섭. 2008.8.28. 「MB식 규제완화 속도에 한발 앞서라」, 닥터아파트

월러스틴, 이매뉴얼·백낙청. 1999. 「21세기의 시련과 역사적 선택―세계체제, 동아시아 그리고 한반도」, 월러스틴, 『유토피스틱스―또는 21세기의 역사적 선택들』, 백영경 역, 창작과비평사

위키트리. 2013.7.19. 「2013년 상반기 ABS 발행총액 26.8조원」

은승진. 2012.9. 「인프라스트럭처 PF시장 현황과 트렌드」, 『해외건설』

이강익. 2010. 「미국의 경제적 불평등과 빈곤」, 『미국사연구』 제32집

이데일리. 2014.4.1. 「SM엔터, EXO가 돌아온다…다시 1조 클럽」

_____. 2013.8.5. 「황금알 낳던 대형 개발사업 줄줄이 좌초」

이동연. 2010. 『문화자본의 시대―한국 문화자본의 형성 원리』, 문화과학사

이연호. 2007.2.1. 「IMF 프로그램 하의 자본자유화」, 국가기록원. http://contents.archives.go.kr/next/content/listSubjectDescription.do?id=006736

이은미·문외솔·손민중. 2011. 「가계저축률 하락 원인 진단과 과제」, CEO Information 제806호, 삼성경제연구소

이정구. 2006. 「새로운 대안경제의 모색―참여경제('파레콘')를 중심으로」, 『마르크스주의 연구』 6, 제3권 제2호

이진경. 2014. 「실재의 정치학과 배제된 자들의 공산주의」, 『마르크스주의 연구』 33, 제11권 제1호

이태일. 2001. 「도시—한국의 도시」, 『브리태니커백과사전』, 한국브리태니커

이투데이. 2012.12.27. 「한국 뮤추얼펀드 유입 규모 급증 의미는?—하나대투증권」

_____. 2011.5.2. 「거래소, 파생상품시장 개설 15주년 맞아」

이현우. 2012. 「참여민주주의 모델의 대안적 구상: 선택대표자의 개념을 중심으로」, 『한국정당학회보』 22, 제11권 제3호

이혜영. 1992. 『대학입학정원 결정의 사회적 동인에 관한 연구』, 서울대학교 박사학위논문

일간건설신문. 2012.8.2. 「TIF, 뉴타운 사업 자금줄로 급부상」

일리, 제프. 2008. 『The left 1848-2000: 미완의 기획, 유럽좌파의 역사』, 유강은 역, 뿌리와이파리

임동근. 2008. 「역자 해설」, 데이비드 하비, 『신자유주의 세계화의 공간들』, 임동근 · 박훈태 · 박준 역, 문화과학사

장석준. 2001.11.19. 「누가 테러리즘을 조장하는가? 테러리즘의 역사」, 『오마이뉴스』

장성수. 2005. 「주택 200만호 건설 이후 주택시장의 전개: 문민 3 대통령의 주택정책 평가 시론」, 『환경논총』 제43권

장수명. 2009. 「5 · 31 대학정책 분석—규제완화를 중심으로」, 『동향과 전망』 77호

장영희. 2008.11.24. 「대한민국 펀드에는 곡소리가 넘쳐난다」, 『시사IN』

전창환. 2011. 「1997년 한국의 외환 · 금융위기 이후 구조조정과 증권화」, 『동향과 전망』 81호

정기용. 2008. 『사람 · 건축 · 도시』, 현실문화

정성진. 2007. 「'21세기 사회주의'와 참여계획경제의 가능성」, 『진보평론』 30호

_____. 2004. 「1997년 경제위기 이후 한국자본주의의 변화」, 『경제와 사회』 64호

정영완 · 김도현 · 김성봉. 2008. 『내 인생의 30년 부를 결정짓는 명품 투자학』, 다산북스

제윤경. 2012.6.15. 「총 · 칼도 들지 않은 '강도'가 들었습니다」, 『오마이뉴스』

제임슨, 프레드릭. 1989. 「포스트모더니즘—후기자본주의의 문화논리」(강내희 역), 정정호/강내희 편, 『포스트모더니즘론』, 문화과학사

조명래. 2003. 「한국 개발주의의 역사와 현주소」, 『환경과 생명』 37호

조복현. 2009. 「미국 금융위기와 신자유주의 경제질서」, 『사회경제평론』 32호

조선비즈. 2013.5.13. 「올 들어 세계 증시에서 한국 비중 감소」

_____. 2012.10.31. 「복합 레저단지 에잇시티, 내년 상반기 사업 본격화」

조선일보. 2013.5.31. 「광역시·도 17곳중 9곳, 이미 재정위기」

_____. 2011.11.16. 「30,000,000,000,000,000(3경)원…국내 파생상품 규모」

_____. 2008.10.25. 「'경제의 신(神)' 고해성사하다」

주은우. 2013. 「문화(정치)경제학과 현대 자본주의 비판」, 『경제와 사회』 99호

_____. 2004. 「스펙터클과 시선의 도시공간」, 『문화/과학』 39호

줄레조, 발레리. 2007. 『아파트 공화국』, 길혜연 역, 후마니타스

중앙일보. 2013.3.12. 「말만 한류월드…8년동안 절반 비어 있다니」

_____. 2007.6.13. 「이명박 부인 20년간 주소지 15회 바꿔」

지주형. 2011. 『한국 신자유주의의 기원과 형성』. 책세상

초스도프스키, 미셸. 1998. 『빈곤의 세계화—IMF 경제신탁통치의 실상』, 이대훈 역, 당대

최병두. 2012. 『자본의 도시』, 한울

KB금융지주경영연구소. 2013. 「주요국의 주택가격 비교와 시사점」, KB경영정보리포트 2013-11호

_____. 2013.7.16. 「KB daily 지식 비타민—가계부채 통계 현황」.

KBS. 2010.10.26. <부동산 개발투자(PF), 거품은 꺼지는가>

파이낸셜뉴스 2013.7.20. 「"신흥시장發 위기 온다" 라가르드 IMF 총재 경고」

_____. 2013.1.11. 「취득세 한시적 인하 혜택에, 주택대출 규모 10년來 최대」

_____. 2012.12.2. 「경매 내놔도 대출금 못갚는 '깡통주택 보유자 19만명'」

_____. 2011.11.20. 「대출확대·공모형PF 지원 등 부동산 활성화 대책 나온다」

포항부동산, 2010.10.5. 「자산유동화증권(ABS)발행현황[국내]」. http://pheo.co.kr/30674

폴라니, 칼. 1991. 『거대한 변환—우리시대의 정치적·경제적 기원』, 박현수 역, 민음사

프라임경제. 2012.10.9. 「9월 국내펀드시장은 '파생상품 스타일'」

프레시안. 2013.7.16. 「전두환 일가 고가 미술품 발견…비자금 은닉 통로?」

_____. 2012.7.10. 「'리보 스캔들, 월가가 바닥을 뚫고 들어갔다」

_____. 2012.1.12. 「김학헌 에이스저축은행 회장 자살: 저축은행 고위 관계자 잇따른 자살」

플루서, 빌렘. 2001. 『코무니콜로기: 코드를 통해 본 커뮤니케이션의 역사와 이론 및 철학』, 김성재 역, 커뮤니케이션북스

PMG지식엔진연구소. 2013. 『시사상식사전』, 박문각

하비, 데이비드 1995. 『자본의 한계—공간의 정치경제학』, 최병두 역, 한울

_____. 1994. 『포스트모더니티의 조건』, 구동회·박영민 역, 한울

하우징헤럴드. 2012.9.11. 「뉴타운·재개발사업 자금줄 '조세담보금융' 도입 검토」

하우크, 볼프강 F. 1994. 『상품미학비판』, 김문환 역, 이론과실천

하이데, 홀거. 2000. 『노동 사회에서 벗어나기』, 강수돌 외 역, 박종철출판사

하태형. 2012.9.6. 「하태형의 투자전망대: 자산시장 규모」, 경기일보

한겨레. 2013.3.26. 「'1인당 국민소득=2559만원'의 착시」

_____. 2012.12.3. 「'깡통주택' 보유자 19만명…절반이 상호금융서 대출」

_____. 2008.11.25. 「미 구제금융액, GDP 절반 넘어서」

_____. 2008.10.30. 「오세훈 시장, 세계적 건축가 로저스 경과 면담」

_____. 2008.1.21. 「에버랜드 '창고'서 고가미술품 수천 점 발견」

_____. 2007.7.4. 「'시가총액 1000조원' 증시 날마다 새 역사」

_____. 2007.5.31. 「한국 증시 시가총액 1조달러 돌파」

한겨레 21. 2004.12.16. 「자영업은 정말 과잉인가」

한국경제. 2014.2.13. 「'공개시장조작' 대상에 주택금융공 MBS 포함시켜」

_____. 2013.8.27. 「이랜드그룹, 연예기획사와 손잡고 '한류' 공연사업 벌인다」

_____. 2007.10.16. 「부동산 공시가격 총액 3825조원」

한국금융신문. 2009.9.23. 「'신용카드 장려정책' 최대 수혜자는 고객」

한국뉴스투데이. 2012.2.13. 「한국, 파생상품시장 거래량 세계1위」

한국일보. 2012.6.1. 「상암동 DMC 랜드마크 타워 무산」

_____. 2012.4.6. 「그리스 70대 연금생활자 '공개 자살'」

허용호. 2009. 「'그들'이 만들려했던 공동체—1980년대 대학 대동제 연구 서설」, 『일본학』
        제29집

홍석만·송명관. 2013. 『부채전쟁—세계 경제 위기의 진실, 누가 이 빚을 갚을 것인가?』,
        나름북스

홍성태. 2007.12. 「삼성경제연구소와 삼성이데올로기」, 『시민과 세계』 12

<외국어 자료>

進士五十八. 2010. 「景觀と風景」, Re (建築保全センター機關紙), 2010年1月, No. 165

幽蘭(Yolaine Escande). 2003. 「景觀：中國山水畫與西方風景畫的比較硏究 I」, 『二十一世紀
        雙月刊』, 2003年8月號總第七十八期

杜書瀛. 2012.12.14. 「從"詩文評"到"文藝學"一重新考察中國文論及其發展軌迹」, 『文化研究』.
http://www.culstudies.com/html/lilunqiangyan/dangdaiwenyixuedebiangeyuzouxia/2012/
1214/9903.html

Ahmed, Priscilla A. and Xinghai Fang. 1999. *Project Finance in Developing Countries*.
   Washington, D. C.: International Finance Corporation

Akyüz, Y. 1995. "Taming international finance." In: J. Michie and J. Grieve Smith, eds.,
   Managing the Global Economy. Oxford: Oxford University Press

Althusser, Louis. 2008. "Ideology and Ideological State Apparatuses (Notes towards an
   Investigation)." In: *On Ideology*. London & New York: Verso

Amin, Ash and Nigel Thrift. 2004. "Introduction." In: Amin and Thrift, eds., *The Blackwell
   Cultural Economy Reader*. Malden, MA and Oxford: Blackwell Publishing

Andreou, Alex. July 29, 2013. "If you think you know what 'debt' is, read on," *The Guardian*

Aquinas, Thomas. 2008. *The Summa Theologica of St. Thomas Aquinas*. Tr. Fathers of the English
   Dominican Province. Online edition. http://www.newadvent.org/summa/3078.htm

Arnoldi, Jakob. 2004. "Derivatives: Virtual Values and Real Risks," *Theory, Culture & Society*,
   Vol. 21 (6)

Assa, Jacob. January 2012. "Financialization and its Consequences: the OECD Experience,"
   Finance Research, Vol. 1. No. 1

Australian Associated Press. Nov. 19, 2013. "Selfie: Australian slang term named international
   word of the year," *The Guardian*

Aveline-Dubach, N. 2008. *L'Asie, la bulle et la mondialisation*. Paris: CNRS éditions

Baudrillard, Jean. 2001. *Selected Writings*. Ed. Mark Poster. Stanford, CA: Stanford University
   Press

Becker, Jo, Sheryl Gay Stolberg and Stephen Labaton. December 21, 2008. "Bush drive for
   home ownership fueled housing bubble," *New York Times*

Benjamin, Walter. 2007. "The Work of Art in the Age of Mechanical Reproduction." In:
   Illuminations: Essay and Reflections. Tr. Harry Zohn. New York: Schocken

_____. 2006. *The Writer of Modern Life: Essays on Charles Baudelaire*. Cambridge, MA
   and London: Harvard University Press

_____. 1998. *Understanding Brecht*. Tr. Anna Bostock. London & New York: Verso

Benton, Ted. 2002. "Problematic." In: William Outhwaite, ed., *The Blackwell Dictionary of Modern Social Thought. Blackwell Reference Online.* http://www.blackwellreference.com/public/book.html?id=g9780631221647_9780631221647

Berger, John. 1972. *Ways of Seeing.* London: Penguin

Berque, Augustin. 2009. "Des eaux de la montagne au paysage." http://www.mfj.gr.jp/web/wp/WP-C-15-IRMFJ-Berque-09-24.pdf

Best, Jacqueline and Matthew Paterson. 2010. "Introduction: Understanding Cultural Political Economy." In: Best and Paterson, eds., *Cultural Political Economy.* London and New York: Routledge

Bidet, Jacques. 2013. "Communism: Between Philosophy, Prophecy, and Theory." A paper presented at the 'East Asia and Utopia' International Conference organized by Shanghai University Center for Contemporary Culture Studies, Inter-Asia School Shanghai Office, and Wisconsinsin China Initiative at the University of Wisconsin at Madison

Blackburn, Robin. 2006. "Finance and the fourth dimension," *New Left Review* 39

Blaut, J. M. 1993. *The Colonizer's Model of the World: Geographical Diffusionism and Eurocentric History.* New York and London: The Guilford Press

Böhm-Bawerk, Eugen von. 1921. *Positive Theorie des Kapitales.* Jena: Gischer Verlag

Booth, William James. 1991. "Economies of Time: On the Idea of Time in Marx's Political Economy," *Political Theory,* Vol. 19, No. 1

Bourdieu Pierre. 1986. "The forms of capital." In: J. Richardson, ed., *Handbook of Theory and Research for the Sociology of Education.* New York: Greenwood Press

_____. 1977. "Cultural Reproduction and Social Reproduction." In: Jerome Karabel and A. H. Halsey, eds., *Power and Ideology in Education.* New York: Oxford University Press.

Bresser-Pereira, Luiz Carlos. May 2010. "The Global Financial Crisis and a New Capitalism?" Working Paper No. 592. Levy Economics Institute of Bard College

Bryan, Dick and Michael Rafferty. July 2009. "The Global Financial Crisis: Where does labour fit?" Paper presented to AWGF Seminar A Crisis Like No Other, held at University of Sydney

_____. 2007. "Financial derivatives and the theory of money," *Economy and Society,* Vol. 36, No. 1

_____. 2006. *Capitalism with Derivatives: A Political Economy of Financial Derivatives, Capital and Class*. Basingstroke and New York: Palgrave-Macmillan

Buffet, Warren. 2002. *Berkshire Hathaway Report*. Omaha, Neb.: Berkshire Hathaway, Inc

Bürger, Peter. Winter 1985-1986. "The Institution of 'Art' as a Category in the Sociology of History," *Cultural Critique*, 2

Cabal, Alfonso Borrero. 1993. *The University as an Institution Today*. Paris and Ottawa: UNESCO and IDRC

Castells, Manuel. 2010. *The Rise of the Network Society*, Vol. 1, 2nd ed. Oxford: Wiley-Blackwell

_____. 1999. "The Information City Is a Dual City: Can It Be Reversed?" In: D. A. Schon, B. Sanyal and W. C. Mitchell, eds., *High Technology and Low-Income Communities: Prospects for the Positive Use of Advanced Information Technology*. Cambridge, MA: MIT Press

Castillo, Mariano. Sept. 11, 2012. "Chilean court confirms Allende suicide," CNN

Chance, Don M. 2008. "A Brief History of Derivatives." In: *Essays in Derivatives: Risk-Transfer Tools and Topics Made Easy*, 2nd Edition. Hoboken, NJ: John Wiley & Sons, Inc. http://husky1.stmarys.ca/~gye/derivativeshistory.pdf

Charnock, Greig and Ramon Libera-Fumaz. 2011. "A New Space for Knowledge and People? Henri Lefebvre, Representations of Space, and the Production of 22@Barcelona." file:///C:/Users/user/Downloads/CharnockRibera_EPD_proofchanges.pdf

Chatterjee, Partha. 2001. "On Civil and Political Society in Postcolonial Democracies." In: Sudipta Kaviraj and Sunil Khilnani, eds., *Civil Society: History and Possibilities*. Cambridge: Cambridge University Press

Church, George J. March 6, 1995. "Mexico's troubles are our troubles," *Time*

Clarke, Simon. 1988. *Keynesianism, Monetarism, and the Crisis of the State*. Aldershot, England: Edward Elgar

Clayton, James L. 2000. *The Global Debt Bomb*. New York: ME Sharpe

Clinton, William J. June 5, 1995. "Remarks on the National Homeownership Strategy." *Public Papers of the Presidents of the United States: William J. Clinton* (1995, Book I). U. S. Government Printing Office

Cohen, Peter. 2010 "Big Risk: $1.2 Quadrillion Derivatives Market Dwarfs World GDP," *DailyFinance*.

http://www.dailyfinance.com/2010/06/09/risk-quadrillion-derivatives-market-gdp/

Debord, Guy. 2002. *The Society of the Spectacle*. Canberra: Hobgoblin

Debt Support Trust. "Debt and Suicide." http://www.debtsupporttrust.org.uk/debt-advice/ debt-and-suicide

Deleuze, Gilles. 1990. *The Logic of Sense*. Tr. Mark Lester. Ed. Constantin V. Boundas. New York: Columbia University Press

_____. 1995. *Negotiations: 1972-1990*. Tr. M. Joughin. New York: Columbia University Press

Deleuze, Gilles and Félix Guattari. 1987. *A Thousand Plateaus: Capitalism and Schizophrenia*. Tr. Brian Massumi. Minneapolis: University of Minnesota Press

Derrida, Jacques. 1982. "Différance." In: *Margins of Philosophy*. Tr. Alan Bass. Chicago: The University of Chicago Press

_____. 1976. *Of Grammatology*. Tr. Gayatri Spivak. Baltimore and London: The Johns Hopkins University Press

Devine, Nesta. 1999. "Friedrich von Hayek: Economics, Politics and Education." In: M. Peters, P. Ghiraldelli, B. Žarnić, and A. Gibbons, eds., *Encyclopaedia of Philosophy of Education*

Dodd, Randall. 2000. "The Role of Derivatives in the East Asian Financial Crisis," *Financier*, Vol. 7

Dörre, Klaus. Fall 2010. "Social Classes in the Process of Capitalist Landnahme: On the Relevance of Secondary Exploitation," *Socialist Studies/Études socialistes* 6(2)

Duggan, Lisa. 2003. *The Twilight of Equality? Neoliberalism, Cultural Politics, and the Attack of Democracy*. Boston: Beacon Press

Duménil, Gérard and Dominique Lévy. 2011. *Crisis of Neoliberalism*. Cambridge, MA: Harvard University Press

_____. May 25, 2007. "Neoliberal Dynamics—Imperial Dynamics." http://www.raumplanung. tu-dortmund.de/irpud/presom/fileadmin/docs/presom/external/WS_Paris_June_2007/Du menil_Levy.pdf

Durbin, Michael. 2011. *All about Derivatives*. New York: McGraw Hill

Elliott, Larry. March 17, 2014. "Britain's five richest families worth more than poorest 20%," *The Guardian*

Enright, Theresa. 2012. "Building a Grand Paris: French Neoliberalism and the Politics of Urban

Spatial Production." Dissertation (University of California-Santa Cruz)

Epstein, Gerald A. 2005. "Introduction: Financialization and the World Economy." In: Epstein, ed., *Financialization and the World Economy*. Cheltenham: Edward Elgar

Erturk, Ismail, Julie Froud, Sukhdev Johal, Adam Leaver, and Karel Williams. 2006. "The Democratization of Finance? Promises, Outcomes and Conditions," *Journal of Management and Social Sciences*, Vol. 2, No. 1 (Spring 2006)

Esty, Benjamin C. 2004. *Modern Project Finance: A Casebook*. New York: John Wiley & Sons

Esty, Benjamin C. and Irina L. Christov. 2002. "An Overview of Project Finance—2001 Update." https://faculty.fuqua.duke.edu/~charvey/Teaching/BA456_2004/Esty_Overview_project_finance.pdf

Esty, Benjamin C., Suzanne I. Harris and Kathleen G. Krueger, 1999. "An Overview of the Project Finance Market." Harvard Business School N9-200-028. https://faculty.fuqua.duke.edu/~charvey/Teaching/BA491_2000/Overview_project_finance.pdf

Feigenbaum, Harvey, Jeffrey R. Henig, and Chris Hamnet. 1994. "The Political Underpinnings of Privatization: A Typology," *World Politics*, Vol. 46, Issue 2.

Fight, Andrew. 2005. *Introduction to Project Finance*. Amsterdam: Butterworth-Heinemann

Financial Crisis Inquiry Commission. 2011. "The Financial Crisis Inquiry Report: The Final Report of National Commission on the Causes of the Financial and Economic Crisis in the United States"

Financial Times. n.d. "Definition of short-termism." *Financial Times Lexicon*. http://lexicon.ft.com/term?term=short_termism(2014년 6월 12일 검색)

Fine, Ben. 2010. "Locating financialization," *Historical Materialism* 18(2)

Fine, Ben and David Hall. 2010. "Contesting Neoliberalism: Public Sector Alternatives for Service Delivery." Working Paper n. 2010-27. IX Milan European Economic Workshop, Università degli Studi di Milano, 10-11 giugno 2010

Finnerty, J. D. 1996. *Project Financing: Asset-Based Financial Engineering*. New York: John Wiley & Sons

Fitzsimons, Patrick. 2002. "Neoliberalism and education: the autonomous chooser," *Radical Pedagogy*

Foster, John Bellamy. April 2008. "The Financialization of Capital and the Crisis," *Monthly Review*

_____. April 2007. "The Financialization of Capitalism," *Monthly Review*

Foster, John Bellamy and Fred Magdoff. 2009. *The Great Financial Crisis: Causes and Consequences*. New York: Monthly Review Press

Foucault, Michel. 2008. *The Birth of Biopolitics* (Lectures at the College de France). Tr. Graham Burchell. New York: Palgrave Macmillan

_____. 1988. "Technologies of the Self." In: L. H. Martin, et al., eds., *Technologies of the Self: A Seminar with Michel Foucault*. London: Tavistock

_____. 1984. "Of Other Spaces: Utopias and Heterotopias." Tr. Jay Miscowiec. In: *Architecture, Mouvement, Continuité* ("Des Espaces Autres," March 1967). http://web. mit.edu/allanmc/www/foucault1.pdf (2014년 3월 29일 검색)

_____. 1980. *Power/Knowledge: Selected Interviews and Other Writings 1972-1977*. Ed. Colin Gordon. Tr. Colin Gordon, Leo Marshal, John Mepham and Kate Sober. London: Harvester

Froud, Julie, Sukhdev Johal, Adam Leaver, and Karel Williams. 2006. *Financialization and Strategy: Narrative and Numbers*. London: Routledge

Fuehrer, Paul. 2007. "Bad Money vs. Good Times? The Reconceptualization of Wealth and the Moral Economy of Time in Late Modernity." http://www.atususers.umd.edu/wip2/papers_ i2007/Fuehrer.pdf

Galbraith, James K. March 31, 2008. "The Collapse of Monetarism and the Irrelevance of the New Monetary Consensus." 25th Annual Milton Friedman Distinguished Lecture at Marietta College

Galbraith, John Kenneth. 1967. *The New Industrial State*. New York: New American Library

Gartman, David. 2009. *From Autos to Architecture: Fordism and Architectural Aesthetics in the Twentieth Century*. New York: Princeton Architectural Press

Genard, Jean-Loius. 2008. "Architecture and Reflexivity." In: G. Pflieger, L. Pattaroni, C. Jemelin, and V. Kaufmann, eds., *The Social Fabric of the Networked City*, Lausanne: EPFL Press/Routledge

Gorz, André. 1989. *Critique of Economic Reason*. Tr. Gillian Handyside and Chris Turner. London: Verso

Gotham, Kevin Fox. 2009. "Creating Liquidity out of Spatial Fixity: The Secondary Circuit of Capital and the Subprime Mortgage Crisis," *International Journal of Urban and Regional*

Research 33.2

Gramsci, Antonio. 1971. *Selections from Prison Notebooks*. Ed. and tr. Quintin Hoare and Geoffrey Nowell Smith. New York: International Publishers

Grandin, Greg. 17-19 Nov. 2006. "Milton Friedman and the Economics of Empire: The Road from Serfdom," *Counterpunch*. http://www.counterpunch.org/2006/11/17/the-road-from-serfdom/

Green, Francis. 2006. *Demanding Work: The Paradox of Job Quality in the Affluent Economy*. Princeton, NJ: Princeton University

Grossberg, Lawrence. May 2010. "Modernity and Commensuration: A reading of a contemporary (economic) crisis," *Cultural Studies*, Vol. 24, No. 3

Grove, Kevin. 2014. "Biopolitics." In: Carl Death, *Critical Environment Politics*. New York: Routledge

Guinn, Jeff and Douglas Perry. 2005. *The Sixteenth Minute: Life In the Aftermath of Fame*. New York: Jeremy P. Tarcher/Penguin

Gunning, Tom. 2004. "Illusions Past and Future: The Phantasmagoria and Its Specters." http://www.mediaarthistory.org/refresh/Programmatic%20key%20texts/pdfs/Gunning.pdf

Hall, Stuart. 1992. "Cultural Studies and Its Theoretical Legacies." In: Lawrence Grossberg, Cary Nelson, and Paula A. Treichler, eds., *Cultural Studies*. New York & London: Routledge
_____. 1982. "The Rediscovery of 'Ideology': The Return of the 'Repressed' in Media Studies." In: Micahel Gurevich, Tony Bennet, James Curran, and Janet Woollacott, eds., *Culture, Society and the Media*. London: Methuen

Harmes, Adam. 2000. "Mass Investment: Mutual Funds, Pension Funds and the Politics of Economic Restructuring." Doctoral dissertation. York University. Toronto, Ontario

Harrison, David M. 2000. "Complementarity and the Copenhagen Interpretation of Quantum Mechanics." http://www.physics.umd.edu/courses/Phys270/Jenkins/BellsInequalityCompendium.pdf

Harvey, David. 2012. *Rebel Cities: From the Right to the City to the Urban Revolution*. London & Brooklyn, NY: Verso
_____. 2005. *A Brief History of Neoliberalism*. Oxford and New York: Oxford University Press
_____. 2001. "Globalization and the Spatial Fix," *Geographische Revue* 2

_____. 2000. *Spaces of Hope*. Edinburgh: Edinburgh University Press

_____. 1990. "Flexible Accumulation through Urbanization Reflections on 'Post-Modernism' in the American City," *Perspecta*, Vol. 26

_____. 1989. *The Condition of Postmodernity: An Enquiry into the Origins of Cultural Change*. Cambridge, MA & Oxford, UK: Blackwell

_____. 1985. *The Urbanisation of Capital*. Oxford: Blackwell

Hassan, Ghali. Jan. 5, 2005. "How free is 'free trade'? A case study," *New Matilda*. http://www. newmatilda.com/home/articledetail.asp?ArticleID=404

Hewitt EnnisKnupp. 2013. *Investment Option Review*. Report conducted by Hewitt EnnisKnupp for the Federal Retirement Thrift Investment Board (FRTIB)

Hilferding, Rudolf. 1981. *Financial Capital: A Study of the Latest Phase of Capitalist Development* (1910). London: Routledge & Kegan Paul

Holt, Douglas and Douglas Cameron. 2010. *Cultural Strategy: Using Innovative Ideologies to Build Breakthrough Brands*. Oxford: Oxford University Press

Horkheimer, Max and Theodor W. Adorno. 1982. *Dialectic of Enlightenment* (1944). Tr. John Cumming. New York: Continuum

Hunt, Philip J. and Joanne E. Kennedy. 2000. *Financial Derivatives in Theory and Practice*. London: Wiley

Hyrapiet, Shireen and Alyson L. Greiner. October 2012. "Calcutta's Hand-Pulled Rickshaws: Cultural Politics and Place Making in a Globalizing City," *The Geographical Review*, Vol. 102, No. 4

IMF. April 2012. "Dealing with Household Debt," Chapter 3 of *World Economic Outlook (WEO): Growth Resuming, Dangers Remain*. http://www.imf.org/external/pubs/ft/weo/ 2012/01/pdf/text.pdf

Isaacs, Gilad. Spring 2011. "Contemporary Financialization: A Marxian Analysis," *Journal of Political Inquiry*, Issue 4. http://www.jpinyu.com/uploads/2/5/7/5/25757258/contemporary-financialization-a-marxian-analysis.pdf

Jameson, Fredric. 1998. "The Brick and the Balloon: Architecture, Idealism, and Land Speculation." In: Jameson, *The Cultural Turn: Selected Writings on the Postmodern, 1983-1998*. London and New York: Verso

_____. 1991. *Postmodernism, or, The Cultural Logic of Late Capitalism*. Durham: Duke

University Press

Janiak, Andrew. 2012. "Kant's Views on Space and Time," In: Edward N. Zalta, ed., *The Stanford Encyclopedia of Philosophy* (Winter 2012 Edition). http://plato.stanford.edu/archives/win2012/entries/kant-spacetime/

Jessop, Bob and Stijn Oosterlynck. 2008. "Cultural political economy: On making the cultural turn without falling into soft economic sociology," *Geoforum*, Vol. 39, No. 3

Kang, Nae-hui. 2013. "Utopia in Reality and Efficacious Utopianism: Gwangju Uprising, Daedongje, and the Nonamegi Movement." Paper presented at "East Asia and Utopia International Conference." Oct. 26-27, 2013

_____. 2012. "The Vacillation of Culture in Neoliberal South Korea." SOAS-AKS Working Papers in Korean Studies, No. 37

Kant, Immanuel. 1998. *Critique of Pure Reason*. Tr. Paul Guyer and Allen Wood. Cambridge: Cambridge University Press

Karatani, Kojin. 2003. *Transcritique: On Kant and Marx*. Tr. Sabu Kohso. Cambridge, MA & London: The MIT Press

Karl, Terry L. 1986. "Petroleum and Political Pacts: The Transition to Democracy in Venezuela." In: Guillermo O'Donnell, Philippe Schmitter and Laurence Whiteheads, eds., *Transitions from Authoritarian Rule: Latin America*. Baltimore: Johns Hopkins University Press

Kevin, S. 2010. *Commodity and Financial Derivatives*. New Delhi: PHI Learning

Keynes, John M. 1943. "The Objective of Price Stability," *Economic Journal*, Vol. 53

_____. 1973. "The General Theory of Employment, Interest, and Money (1936)." In: *The Collected Writings*. London: MacMillan

_____. 1980. "Proposals for an International Clearing Union (1943)." In: *The Collected Writings*, vol. 25, *Activities 1940-45, Shaping the Post-War World: The Clearing Union*. London: Macmillan

Khanom, Nilufa Akhter. 2009. "Conceptual Issues in Defining Public Private Partnerships (PPPs)." Paper for Asian Business Research Conference 2009

Knight, Frank H. 1921. *Risk, Uncertainty and Profit*. Boston and New York: Houghton Mifflin

Kotz, David M. May 2013. "Social Structures of Accumulation, the Rate of Profit, and Economic Crises." Political Research Institute Working Paper Series No. 329. http://www.peri.umass.edu/fileadmin/pdf/working_papers/working_papers_301-350/7.1Kotz.pdf

_____. 2008. "Neoliberalism and Financialization." Paper written for a conference in honor of Jane D'Arista at the Political Economy Research Institute, University of Massachusetts Amherst, May 2-3, 2008. http://people.umass.edu/dmkotz/Neolib_and_Fin_08_03.pdf

Krippner, Greta R. May 2005. "The financialization of the American economy," *Socio-Economic Review*, Vol. 3, No. 2

Kummer, Steve and Christian Pauletto. 2012. "The History of Derivatives: A Few Milestones." EFTA Seminar on Regulation of Derivatives Markets, Zurich, 3 May 2013

Langley, Paul. 2009. "Debt, Discipline and Government: Foreclosure and Forbearance in the Sub-Prime Mortgage Crisis." http://dro.dur.ac.uk/11326/1/11326.pdf

_____. 2008. "Sub-prime mortgage lending: a cultural economy," *Economy and Society*, Vol. 37, No. 4

_____. Winter 2007. "The uncertain subjects of Anglo-American financialization." http://dro.dur.ac.uk/11439/1/11439.pdf

_____. 2005. "The Consumer Credit Boom in Anglo-America: A Cultural Political Economy." Paper presented at the British International Studies Association

Langlois, Richard N. and Metin M. Cosgel. July 1993. "Frank Knight on Risk, Uncertainty, and the Firm: A New Interpretation," *Economic Inquiry*, Vol. XXXI

Lapavitsas, Costas. 2011. "Theorizing Financialization," *Work, Employment, & Society* 25

_____. 2009a. "Financialized Capitalism: Crisis and Financial Expropriation," *Historical Materialism*, Vol. 17

_____. 2009b. "Financialization, or the Search for Profits in the Sphere of Circulation." Research on Money and Finance Discussion Paper No. 10

Lazonick, William. 2010. "Innovative Business Models and Varieties of Capitalism: Financialization of the U.S. Corporation," *Business History Review*, Vol. 84

Le Corbusier. 1986. *Towards a new architecture*. Mineola, NY: Dover Publications

Lee, Chung H. 2005. "Institutional Reform in Japan and Korea: Why the Difference?" http://www2.hawaii.edu/~lchung/Institutional%20reform%20in%20Japan%20and%20Korea%5BRevised-2005%5D.pdf

Lee, Dong-yeon. March 31, 2011. "Monopoly in Korea's Culture Industry," *Korea Focus*

_____. Autumn 2004. "Consuming Spaces in the Global Era: Distinctions between Consumer Spaces in Seoul," *Korea Journal*, Vol. 44

Lee, Richard E. 2004. "Cultural Studies, Complexity Studies and the Transformation of the Structures of Knowledge," *International Journal of Cultural Studies* 10 (1)

Lefebvre, Henri. 2009. *State, Space, World: Selected Essays*. Eds., Neil Brenner and Stuart Elden. Tr. Gerald Moore, Neil Brenner, and Stuart Elden. Minneapolis and London: University of Minnesota Press

_____. 2004. *Rhythmanalysis: Space, Time, and Everyday Life*. Tr. Stuart Elden and Gerald Moore London and New York: Continuum

_____. 1991. *The Production of Space*. Trans. Donald Nicholson-Smith. Oxford UK & Cambridge USA: Blackwell

Leon, Tony. 2011. "The State of Liberal Democracy in Africa." In: Irving Lewis Horowitz, ed., *Culture and Civilization: Globalism*, Vol. 3. New Brunswick, NJ: Transaction Publishers

LiPuma, Edward and Benjamin Lee. 2004. *Financial Derivatives and the Globalization of Risk*. Durham and London: Duke University Press

Lukács, Georg. 1971. *The Theory of the Novel: A Historico-philosophical Essay on the Forms of Great Epic Literature*. Tr. Anna Bostock. London: The Merlin Press

Lukinbeal, Chris. Fall/Winter 2005. "Cinematic Landscapes," *Journal of Cultural Geography*, 23: 1

MacKenzie, Donald. 2007. "The material production and virtuality: innovation, cultural geography and facticity in derivatives markets," *Economy and Society*, Vol. 36, No. 3

_____. 2006. *An Engine, Not a Camera: How Financial Models Shape Markets*. Cambridge, MA & London: The MIT Press

_____. 2004a. "Physics and Finance: S-Terms and Modern Finance as a Topic for Science Studies." In: Ash Amin and Nigel Thrift, eds., *The Blackwell Cultural Economy Reader*. Malden, MA and Oxford, UK: Blackwell Publishing

_____. 2004b. "The big, bad wolf and the rational market: portfolio insurance, the 1987 crash and the performativity of economics," *Economy and Society*, Vol. 33, No. 3

_____. 2003. "Long-Term Capital Management and the sociology of arbitrage," *Economy and Society*, Vol. 32, No. 3

MacKenzie, Donald and Yuval Millo. 2003. "Constructing a Market, Performing Theory: The Historical Sociology of a Financial Derivatives Exchange," *AJS*, Vol. 109, No. 1

Macpherson, C. B. 1962. *The Political Theory of Possessive Individualism*. Oxford: Oxford University of Press

Magdoff, Harry and Paul M. Sweezy. May 1983. "Production and Finance," *Monthly Review*, Vol. 35, No. 1

Mahan, Rakesh. Nov. 21, 2006. "Central banks and risk management: pursuing financial stability." Address at the 4th Annual Conference on Cash, Treasury and Risk Management in India, New Delhi. http://www.bis.org/review/r061122f.pdf

Mahmud, Tayyab. 2013. "Debt and Discipline: Neoliberal Political Economy and the Working Classes," *Kentucky Law Journal*, Vol. 101, No. 1

Mannheim, Karl. 1936. *Ideology and Utopia: An Introduction of the Sociology of Knowledge*. New York and London: Harcourt Brace Jovanovich

Marsden, Richard. 1999. *The Nature of Capital: Marx after Foucault*. London: Routledge

Markowitz, Harry M. December 7, 1990. "Nobel Prize Lecture: Foundations of Portfolio Theory." http://www.nobelprize.org/nobel_prizes/economic-sciences/laureates/1990/markowitz-lecture.pdf

Marthinsen, John E. 2009. *Risk Takers: Uses and Abuses of Financial Derivatives*. 2nd Ed. Boston: Pearson Education

Martin, Randy. 2002. *Financialization of Daily Life*. Philadelphia: Temple University Press

_____. 2007. *An Empire of Indifference: American War and the Financial Logic of Risk Management*. Durham and London: Duke University Press

_____. 2009. "The Twin Towers of Financialization: Entanglements of Political and Cultural Economies," *The Global South*, Vol. 3. No. 1

Martin, Randy, Michael Rafferty and Dick Bryan. 2008. "Financialization, Risk and Labour," *Competition & Change*, Vol. 12, No. 2

Marx, Karl. 1988. *Economic Manuscripts of 1861-63. A Contribution to the Critique of Political Economy*. Karl Marx and Frederick Engels, *Collected Works*, Vol. 30. Karl Marx: 1861-63. Moscow: Progress Publishers

_____. 1986. *Outlines of the Critique of Political Economy*. Karl Marx and Frederick Engels, *Collected Works*, Vol. 28. Karl Marx: 1857-61. Moscow: Progress Publishers

_____. 1984. *The Poverty of Philosophy*. Karl Marx and Frederick Engels, *Collected Works*, vol 6. Moscow: Progress Publishers

_____. 1975. *Economic and Philosophical Manuscripts of 1844*. Karl Marx and Frederick Engels, *Collected Works*, Vol. 3. Moscow: Progress Publishers

_____. 1973. *Grundrisse*. Harmondsworth, Middlesex: Penguin

_____. 1967. *Capital*. New York: International Publishers

_____. 1963. *The Eighteenth Brumaire of Louis Bonaparte*. New York: International Publishers

_____. 1962. *Capital: A Critique of Political Economy*, Vol. III. Moscow: Foreign Languages Publishing House

Marx, Karl and Frederick Engels. 1984. *The Manifesto of the Communist Party*. Karl Marx and Engels, Collected Works, Vol. 6. Moscow: Progress Publishers

Matai, M. K. 2010. "Derivatives Quadrillion Play: How Far Away Are We From A Second Financial Crisis?" DK Matai's Instablog

Mathews, John A. 1998. "Fashioning a New Korean Model out of the Crisis: the Rebuilding of Institutional Capabilities," *Cambridge Journal of Economics* 22

Matterhorn Capital Management. 2007. "Deconstructing the Credit Bubble," *Investor Update*, 3rd Quarter 2007. http://www.matterhorncap.com/pdf/3q2007.pdf

Maurer, Bill. 2005. *Mutual Life, Limited: Islamic Banking, Alternative Currencies, Lateral Reason*. Princeton, NJ: Princeton University Press. http://press.princeton.edu/chapters/s7998.html

_____. 2002. "Repressed futures: financial derivatives' theological unconscious," *Economy and Sociology*, Vol. 31, No. 1

Mauss, Marcel. 1967. *The Gift: Forms and Functions of Exchange in Archaic Societies*. New York: Norton Library

May, Jon and Nigel Thrift. 2001. *TimeSpace: Geographies of Temporality*. London and New York: Routledge

Milberg, William. 2008. "Shifting Sources and Uses of Profits: Sustaining US Financialization with Global Value Chains," *Economy and Society*, 37 (3)

Miller, Peter. 2004. "Governing by Numbers: Why Calculative Practices Matter." In: Ash Amin and Nigel Thrift, eds., *The Blackwell Cultural Economy Reader*. Malden, MA and Oxford: Blackwell

Miyazaki, Hirokazu. 2003. "The Temporalities of the Market," *American Anthropologist*, 105(2)

Miyoshi, Masao. 1998. "'Gllobalization', Culture, and the University." In: Fredric Jameson and Masao Miyoshi, eds., *The Cultures of Globalization*. Durham and London: Duke University Press

Montrose, Louis. 1996. "Spenser's Domestic Domain: Poetry, Property, and the Early Modern Subject." In: M. de Grazia, et al. eds., *Subject and Object in Renaissance Culture*. Cambridge: Cambridge Univ. Press

Neate, Rupert. Feb. 23, 2014. "Scandal of Europe's 11m empty homes," *The Guardian*.

Negri, Antonio. 1989. *The politics of subversion: a manifesto for the twenty-first century*. Cambridge: Polity

Nevitt, P. K. and F. J. Fabozzi. 2000. *Project Financing*, 7th edition. London: Euromoney Books

Newbold, K. Bruce. 2010. *Population Geography: Tools and Issues*. Lanham: Rowman and Littlefield Publishers

Obstfeld, Maurice, and Alan Taylor. May 2001. "Globalization and Capital Markets." Paper presented at NBER conference, Globalization in Historical Perspective, Santa Barbara, CA
_____. 2004. *Global Capital Markets: Integration, Crisis, Growth*. Cambridge: Cambridge University Press

OECD. 2009. *Promoting Entrepreneurship, employment and business competitiveness: The experience of Barcelona*. Leed Programme local development agency review series. Paris: OECD

Osborne, Hilary. Jul. 25, 2014 . "Poor doors: the segregation of London's inner-city flat dwellers," *The Guardian*

Öztürk, Özgür. 2011. "The Question of Financialization." www.iippe.org/wiki/images/c/c1/ CONF_ 2011_Özgür_Öztürk.pdf

Panitch, Leo. Feb. 16, 2009. "The Financial Crisis and American Power: An Interview with Leo Panitch," *The Bullet* 186. www.socialistproject.ca/bullet/bullet186.html

Peters, Michael A. and Tina Besley. 2006. *Building Knowledge Cultures: Education and Development in the Age of Knowledge Capitalism*. Lanham: Roman & Littlefield Publishers

Philibert, Cédric. 2006. "Discounting the Future." In: David J. Pannell and Steven G. M. Schilizzi, eds., *Economics and the Future: Time And Discounting in Private And Public Decision Making*. Cheltenham, UK: Edward Elgar

Piketty, Thomas. 2014. *Capital in the Twenty-First Century*. Tr. Arthur Goldhammer. Cambridge, MA & London: Harvard University Press

Plato. 1971. *Republic*. In: Hazard Adams, ed., *Critical Theory since Plato*. New York: Hartcourt

Brace Jovanovich

_____. 1967. *Symposium*. Tr. W. R. M. Lamb. Cambridge, MA: Harvard University Press

Plimmer, Gill and Mary Watkins. Feb. 10, 2013. "Funding for infrastructure projects dwindles," *Financial Times*

Poitras, Geoffrey. 2009. "From Antwerp to Chicago: The History of Exchange Traded Derivative Security Contracts." http://www.sfu.ca/~poitras/franck_$$$$.pdf

_____. 2000. *The Early History Of Financial Economics, 1478 - 1776: From Commercial Arithmetic to Life Annuities and Joint Stocks*. Aldershot, UK: Edward Elgar Publishing

Polanyi, Karl. 1954. *The Great Transformation*. Boston: Beacon Press

Pryke, Michael and John Allen. 2000. "Monetized time-space: derivatives—money's 'new imaginary'?" *Economy and Society*, Vol. 29, No. 2

Ramesh, Randeep. May 7, 2013. "One in four UK children will be living in poverty by 2020, says thinktank," *The Guardian*

Ramesh, Randeep and agencies. June 14, 2012. "Child poverty figures drop, but remain above 2 million," *The Guardian*

Rancière, Jacques. 2004. *Disagreement: Politics and Philosophy*. Tr. Julie Rose. Minneapolis: University of Minnesota Press

_____. 2001. "Ten Thesis on Politics," *Theory & Event*, Vol. 5, No. 3. http://www.egs.edu/faculty/jacques-ranciere/articles/ten-thesis-on-politics/

Readings, Bill. 1996. *The University in Ruins*. Cambridge, MA and London: Harvard University Press

Robinson, Joan. 1973 "Lecture delivered at Oxford by a Cambridge economist" (1953). In: Robinson, *Collected Economic Papers*, vol. 4. Oxford: Blackwell

Ronnenberger, Klaus. 2008. "Henri Lefebvre and urban everyday life: in search of the possible." In: Kanishka Goonewardena, Stefan Kipfer, Richard Milgrom, and Christian Schmid, eds., *Space, Difference, Everyday Life: Reading Henri Lefebvre*. New York and London: Routledge

Rose, Nikolas. 1996. *Inventing Our Selves: Psychology, Power, and Personhood*. Cambridge: Cambridge University Press

Ross, Kristen. 1999. "Review of Henri Lefebvre's The Production of Space." *Not Bored* #30. http://www.notbored.org/space.html

Russo, Alberto and Adelino Zanini. 2011. "On the expansion of finance and financialization." Munich Personal RePEc Archive. http://mpra.ub.uni-muenchen.de/26828/1/MPRA_paper_26828.pdf

SB Treasury Company L.L.C. 1998. "9.40% Noncumulative Preferred Securities, Series A." http://www.smbc.co.jp/aboutus/english/stock-bond/pdf/opco.pdf

Sahoo, Pranab. 2011. "A Brief History of Derivatives." http://www.slashdocs.com/mtkiyh/a-brief-history-of-derivatives.html

Samuelson, Paul A. Fall 1994. "Two Classics: Böom Bawerk's Positive Theory and Fisher's Rate of Interest Through Modern Prisms," *Journal of the History of Economic Thought*, Vol. 16, Issue 2

Sedghi, Ami. Mar. 23, 2013. "China GDP: how it has changed since 1980," *The Guardian*

Shaviro, Steven. 2010. "The 'Bitter Necessity' of Debt: Neoliberal Finance and the Society of Control." http://www.shaviro.com/Othertexts/Debt.pdf

Shiller, Robert. 2003. *The New Financial Order: Risk in the Twenty-First Century*. Princeton, NJ: Princeton University Press

Shin, Kwang-yeong. 2012. "The Dilemmas of Korea's New Democracy in an Age of Neoliberal Globalisation," *Third World Quarterly*, Vol. 33, No. 2

Shively, Gerald. 2002. "Disappearing Future: Discounting and the Tyranny of the Present." http://www.agecon.purdue.edu/staff/shively/disappearing_future.pdf

Simons, Jon. 2009. "Aestheticizaion of Politics: Benjamin, Fascism, and Communism." Conference paper. National Communication Association. http://www.academia.edu/1558359/ BENJAMIN_FASCISM_AND_COMMUNISM

Simpson, Tim. 2013. "Scintillant Cities: Glass Architecture, Finance Capital, and the Fictions of Macau's Enclave Urbanism," *Theory, Culture & Society* 30 (7-8). Published on online. http://tcs.sagepub.com/content/early/2013/10/08/0263276413504970

Situationist International. June 1958. "Definitions," *Situationist International* 1. http://www.cddc.vt.edu/sionline///si/definitions.html

Sklair, Leslie. April 2006. "Iconic architecture and capitalist globalization," *City*, Vol. 10, No. 1

Slivker, Anastasia. 2011. "What Is Project Finance and How Does It Work?" http://ebook.law.uiowa.edu/ebook/sites/default/files/Anastasia%20FAQ.pdf

Snyder, Michael. March 12, 2012. "The Horrific $1.5 QUADRILLION Derivatives Bubble,"

Running 'Cause I Can't Fly. http://coyoteprime-runningcauseicantfly.blogspot.kr/

Sombart, Werner. 2001. *The Jews and Modern Capitalism* (1911). Tr. M. Epstein. Kitchener. Ontario: Batoche Books

Sorokin, Pitirim A. and Robert K. Merton. 1937. "Social Time: A Methodological and Functional Analysis," *The American Journal of Sociology*, Vol. XLII, No. 5

Spenser, Edmund. 1970. "Colin Clouts Come Home Againe." In: J. C. Smith and E. de Selincourt, eds., *Spenser: Poetical Works*. Oxford and New York: Oxford University Press

Spess, Laura. 2011. "A City for No One: Theories of Financialization and the Landscape of Abstract Space in New York City." Abstract title presented as part of the Paper Session: Creating and Destroying Urban Landscapes for the AAG Annual Meeting

Stanek, Lukasz. 2008. "Space as concrete abstraction: Hegel, Marx, and modern urbanism in Henri Lefebvre." In: Kanishka Goonewardena, Stefan Kipfer, Richard Milgrom, and Christian Schmid, eds., *Space, Difference, Everyday Life: Reading Henri Lefebvre*. New York and London: Routledge

Sugishima, Takashi. 2001. "What Is Identity?" *Field Lectures*, No. 9, 21st Century COE Program 'Aiming for COE of Integrated Area Studies'. http://areainfo.asafas.kyoto-u.ac.jp/english/fwft/lectures/sugishima/root.html

Suvin, Darko. 1976. "'Utopian' and 'Scientific': Two Attributes for Socialism from Engels," *Minnesota Review*, No. 6

Svendsen, Soren. 2003. "The Debt Ratio and Risk." International Farm Management Congress. http://ageconsearch.umn.edu/bitstream/24384/1/cp03sv01.pdf

Sylla, Richard, Jack W. Wilson and Robert E. Wright. March 2002. "Trans-Atlantic Capital Market Integration, 1790-1845." Preliminary draft, February 2002. http://pages.stern.nyu.edu/~ekerschn/pdfs/readingsother/sylla-transatlanticver3.pdf

Tan, Willie. 2007. *Principles of Project and Infrastructure Finance*. New York: Taylor & Francis

Taylor, Astra. 2005. *Žižek!* Zeitgeist Video production

Taylor, Mark C. 2011. "Financialization of Art," *Capitalism and Society*, Vol. 6, Issue 2, Article 3

Thatcher, Margaret. Oct. 31, 1987. "Aids, education and the year 2000!" (an interview), *Women's Own*

The Economist. April 7, 2012. "Clear and present danger: Clearing-houses may add danger as well as efficiency"

Theurillat, Thierry. 2011. "The negotiated city: between financialisation and sustainability." http://www2.unine.ch/files/content/sites/socio/files/shared/documents/publications/working papers/wp_2009_02_e.pdf

Thoma, Mark. Sept. 26, 2006. "Globalization and the Yield Curve," *Economist's View.* http://economistsview.typepad.com/economistsview/2006/09/globalization_a.html

Thwaites, Tony, Lloyd Davis, and Warwick Mules, *Introducing Cultural and Media Studies: A Semiotic Approach.* New York: Palgrave

Tomlinson, John. 1999. *Globalization and Culture.* Chicago: The University of Chicago Press

Tronti, Mario. 1966. *Operai e Capitale* (Workers and capital). Turin: Einaudi

Trow, Martin. 1973. "Problems in the Transition from Elite to Mass Higher Education." In: *Politics for Higher Education, from the General Report on the Conference of Future Structures of Post-Secondary Education.* Paris: OECD

Turner, Graeme. 2003. *British Cultural Studies: An Introduction.* London & New York: Routledge

U. S. Government Printing Office. 2002. *House Hearing, 107th Congress: Retirement Security and Defined Contribution Plans.* Washington. http://www.gpo.gov/fdsys/pkg/CHRG-107hhrg80332/html/CHRG-107hhrg80332.htm

Van den Broek, Isabelle. 2014. "Visions of Death: Robertson's Phantasmagoria as a Visual Paradigm for Goya and Blake," *Journal of the Lucas Graduate Conference* 2014-02

Van der Wal, Arianne J., Hannah M. Schade, Lydia Krabbendam and Mark van Vugt. November 6, 2013. "Do natural landscapes reduce future discounting in humans?" *Proceedings of the Royal Society B*

Van Leeuwen, Theo. 2004. *Introducing Social Semiotics: An Introductory Textbook.* London: Taylor & Francis

Van Liederkerke, Luc. 2004. "Discounting the Future: John Rawls and Derek Parfit's Critique of the Discount Rate," *Ethical Perspectives*, Vol. 11, No. 1

Velez de Berliner, Maria. March 25, 2007. "Chávez, Lula, and the Expectations Revolution in Latin America: Which Model Will Survive?" *Latin Intelligence Corporation.* http://www.lat-intel.com/2007/03/chavez-lula-and-the-expectations-revolution-in-latin-america-which-model-will-survive/

Veltmeyer, Henry and James Petras. 2005. "Foreign Aid, Neoliberalism and US Imperialism."

In: Alfredo Saad-Filho and Deborah Johnston, eds., *Neoliberalism: A Reader*. London & Ann Arbor, MI: Pluto Press

Voluntaryist, Feb. 3, 2013. "We're Droned: The Unintended Consequences of Aerial Drones," *The Allegiant*

Wainwright, Oliver. July 9, 2014. "The world's first indoor city: a greatest hits mashup of London and New York," *The Guardian*

Wallerstein, Immanuel. 2001. *Unthinking Social Science: The Limits of Nineteenth-Century Paradigms*. Philadelphia: Temple University Press

_____. 1998. *Utopistics: Or, Historical Choices of the Twenty-first Century*. New York: New Press

_____. March 1997. "Social Science and the Quest for a Just Society," *CII*, 5. http://www2. binghamton.edu/fbc/archive/iwquest.htm

_____. 1991. "1968, revolution in the world-system." In: Wallerstein, *Geopolitics and geoculture: Essays on the changing world-system*. Cambridge and New York: Cambridge University Press

Warde, Alan. 2002. "Production, consumption, and 'cultural economy." In: Paul du Gay and Michael Pryke, eds., *Cultural Economy: Cultural Analysis and Commercial Life*. London: Sage

Weber, Rachel. 2010. "Selling City Futures: The Financialization of Urban Redevelopment Policy," *Economic Geography*, Vol. 86, No. 3

Weiss, Linda. September-October 1997. "Globalization and the Myth of the Powerless State," *NLR* I/225

Wettenhall, Roger. 2003. "The Rhetoric and Reality of Public-Private Partnerships," *Public Organization Review: A Global Journal* 3

Williams, Raymond. 2003: *Television: Technology and cultural form*. London and New York: Routledge

_____. 1989. *Resources of Hope: Culture, Democracy, Socialism*. London and New York: Verso

_____. 1976. *Keywords: A Vocabulary of Culture and Society*. London: Croom Helm

_____. 1960. *Culture and Society, 1780-1950*. Garden City, NY: Anchor Books

Wise, J. McGregor. 2002. "Mapping the Culture of Control: Seeing through The Truman Show,"

Television & New Media, Vol. 3 (1)

Woolf, Virginia. 1977. *A Room of One's Own*. London: Grafton

Yescombe, E. R. 2002. *Principles of Project Finance*. Amsterdam: Academic Press

Zacune, Joseph. March 2013. "Privatising Europe: Using the Crisis to Entrench Neoliberalism."
    http://www.tni.org/sites/www.tni.org/files/download/privatising_europe.pdf

Žižek, Slavoy. 2000. "Coke as *objet petit a*." In: *The Fragile Absolute: Or Why Is the Christian
    Legacy Worth Fighting For*. London: Verso

찾아보기